Für meine liebe Kollegin Inge
mit den besten Wünschen für
einen erfolgreichen Abschluß
der großen Arbeit

im September 1991

Der Ort Kaiser Wilhelms II. in der deutschen Geschichte

Schriften des Historischen Kollegs

Herausgegeben
von der
Stiftung Historisches Kolleg

Kolloquien
17

R. Oldenbourg Verlag München 1991

Der Ort Kaiser Wilhelms II.
in der deutschen Geschichte

Herausgegeben von
John C. G. Röhl
unter Mitarbeit von
Elisabeth Müller-Luckner

R. Oldenbourg Verlag München 1991

Schriften des Historischen Kollegs

im Auftrag der
Stiftung Historisches Kolleg im Stifterverband für die Deutsche Wissenschaft
herausgegeben von
Horst Fuhrmann
in Verbindung mit
Knut Borchardt, Lothar Gall, Hilmar Kopper, Karl Leyser, Christian Meier, Horst Niemeyer,
Arnulf Schlüter, Rudolf Smend, Rudolf Vierhaus und Eberhard Weis
Geschäftsführung: Georg Kalmer
Redaktion: Elisabeth Müller-Luckner
Organisationsausschuß:
Georg Kalmer, Franz Letzelter, Elisabeth Müller-Luckner, Heinz-Rudi Spiegel

Die Stiftung Historisches Kolleg hat sich für den Bereich der historisch orientierten Wissenschaften die Förderung von Gelehrten, die sich durch herausragende Leistungen in Forschung und Lehre ausgewiesen haben, zur Aufgabe gesetzt. Sie vergibt zu diesem Zweck jährlich bis zu drei Forschungsstipendien und ein Förderstipendium sowie alle drei Jahre den „Preis des Historischen Kollegs". Die Forschungsstipendien, deren Verleihung zugleich eine Auszeichnung darstellt, sollen den berufenen Wissenschaftlern während eines Kollegjahres die Möglichkeit bieten, frei von anderen Verpflichtungen eine größere Arbeit abzuschließen. Professor Dr. John C. G. Röhl (Sussex/England) war – zusammen mit Professor Dr. Wilfried Barner (Tübingen) und Professor Dr. Hartmut Boockmann (Göttingen) – Stipendiat des Historischen Kollegs im siebten Kollegjahr (1986/87). Den Obliegenheiten der Stipendiaten gemäß hat John C. G. Röhl aus seinem Arbeitsbereich ein Kolloquium zum Thema „Der Ort Kaiser Wilhelms II. in der deutschen Geschichte" vom 6. bis 9. Juli 1987 in der Bayerischen Akademie der Wissenschaften gehalten. Die Ergebnisse des Kolloquiums werden in diesem Band veröffentlicht.

Die Stiftung Historisches Kolleg wird vom Stiftungsfonds Deutsche Bank zur Förderung der Wissenschaft in Forschung und Lehre und vom Stifterverband für die Deutsche Wissenschaft getragen.

CIP-Kurztitelaufnahme der Deutschen Bibliothek

Der Ort Kaiser Wilhelms II. in der deutschen Geschichte /
hrsg. von John C. G. Röhl unter Mitarb. von Elisabeth Müller-
Luckner. – München : Oldenbourg, 1991
 (Schriften des Historischen Kollegs : Kolloquien ; 17)
 ISBN 3-486-55841-2
NE: Röhl, John C. G. [Hrsg.]; Historisches Kolleg ‹München›:
Schriften des Historischen Kollegs / Kolloquien

© 1991 R. Oldenbourg Verlag GmbH, München

Das Werk einschließlich aller Abbildungen ist urheberrechtlich geschützt. Jede Verwertung außerhalb der Grenzen des Urheberrechtsgesetzes ist ohne Zustimmung des Verlages unzulässig und strafbar. Das gilt insbesondere für Vervielfältigungen, Übersetzungen, Mikroverfilmungen und die Einspeicherung und Bearbeitung in elektronischen Systemen.

Gesamtherstellung: R. Oldenbourg Graphische Betriebe GmbH, München
ISBN 3-486-55841-2

Inhalt

Zur Einführung
John C. G. Röhl VII

Verzeichnis der Tagungsteilnehmer XIV

I. Wilhelm II. und das System des „Persönlichen Regiments":
   Strukturen, Grenzen, Konsequenzen

   Isabel V. Hull
   „Persönliches Regiment" 3

   Wilhelm Deist
   Kaiser Wilhelm II. als Oberster Kriegsherr 25

   Katharine A. Lerman
   The Chancellor as Courtier: The Position of the Responsible Government
   under Kaiser Wilhelm II, 1900–1909 43

   Terence F. Cole
   German Decision-Making on the Eve of the First World War:
   The Records of the Swiss Embassy in Berlin 53

   Karl Möckl
   Der „unvollendete" Föderalismus des zweiten deutschen Kaiserreiches ... 71

II. Zur Funktion und Auswirkung des Kaisergedankens in der
    wilhelminischen Gesellschaft

   Fritz Fellner
   Wilhelm II. und das wilhelminische Deutschland im Urteil österreichischer
   Zeitgenossen 79

   Christian Simon
   Kaiser Wilhelm II. und die deutsche Wissenschaft 91

   Hartmut Pogge von Strandmann
   Der Kaiser und die Industriellen. Vom Primat der Rüstung 111

   Marina Cattaruzza
   Das Kaiserbild in der Arbeiterschaft am Beispiel der Werftarbeiter in
   Hamburg und Stettin 131

Bernd Sösemann
Der Verfall des Kaisergedankens im Ersten Weltkrieg 145

III. Schlachtflottenbau und Weltmachtkonzepte: Zu den Zielen der wilhelminischen Weltmachtpolitik bis zur Kriegsauslösung 1914

Volker Berghahn
Des Kaisers Flotte und die Revolutionierung des Mächtesystems vor 1914 . 173

Peter Winzen
Zur Genesis von Weltmachtkonzept und Weltpolitik 189

Ragnhild Fiebig-von Hase
Die Rolle Kaiser Wilhelms II. in den deutsch-amerikanischen
Beziehungen, 1890–1914 223

Fritz Fischer
Kaiser Wilhelm II. und die Gestaltung der deutschen Politik vor 1914 259

IV. Der Kaiser, die nationalsozialistische „Machtergreifung" und der „Vernichtungs-Antisemitismus" in Deutschland von Wagner bis Hitler

Willibald Gutsche
Monarchistische Restaurationsstrategie und Faschismus. Zur Rolle
Wilhelms II. im Kampf der nationalistischen und revanchistischen Kräfte
um die Beseitigung der Weimarer Republik 287

Hartmut Zelinsky
Kaiser Wilhelm II., die Werk-Idee Richard Wagners und der „Weltkampf". 297

Personen- und Ortsregister 357

Zur Einführung

Aus der achtzigjährigen Geschichte des ersten deutschen Nationalstaates ragen drei sehr unterschiedliche Gestalten hervor, die bis zu einem gewissen Grade zugleich ihre jeweilige Epoche zu verkörpern scheinen. Am Anfang steht Otto von Bismarck, der gewaltige Gründer des preußisch-deutschen Kaiserreiches, am Schluß Adolf Hitler, der wütende Alles-oder-Nichts-Zerstörer, und in der Mitte – nicht nur chronologisch gesprochen – Kaiser Wilhelm II., dessen wirtschaftlich und kulturell blühende dreißigjährige Regierungszeit mit der Entlassung Bismarcks begann und mit dem Ersten Weltkrieg, dem ersten deutschen Zusammenbruch und der Flucht des Kaisers nach Holland am 9. November 1918 endete. Über Bismarck und über Hitler sind unzählige Bücher geschrieben worden, ihre Reden und Schriften liegen in kritischen Ausgaben vor, Biographien lösen sich in fast ununterbrochener Reihenfolge ab. Über Wilhelm II. herrschte bis vor kurzem hingegen ein merkwürdiges Schweigen. Er galt allgemein als „Schattenkaiser", beinahe als Unperson, seine Reden und Briefe sind bis heute nicht kritisch ediert worden, eine wissenschaftliche Biographie steht noch aus. Noch 1973 konnte ein führender deutscher Historiker, den Wissensstand der Zeit reflektierend, Überlegungen über „Hitlers Ort in der Geschichte des preußisch-deutschen Nationalstaates" anstellen, ohne den letzten Hohenzollernkaiser mit einem Wort zu erwähnen[1]. Die weitgehende Ausblendung einer Gestalt von der Bedeutung Wilhelms II. aus der deutschen Geschichte führte naturgemäß zu einer entstellten und verkürzten Perspektive, in der sich Bismarck und Hitler oft fast unvermittelt gegenüberzustehen schienen. Von dieser Warte aus gesehen konnte Hitler manchem mehr wie eine Ausgeburt der Hölle als ein Produkt der Historie erscheinen, Auschwitz als deutsche „Antwort" auf eine irgendwie „ursprünglichere", „asiatische" Untat Stalins, die nationalsozialistische Vernichtungspolitik vergleichbar allenfalls mit dem mörderischen Pol Pot Regime im fernen Kambodscha.

In den vergangenen drei Dekaden hat sich der Forschungsstand in bezug auf Wilhelm II. und seine Ära grundsätzlich geändert. Die zwei großen Werke Fritz Fischers[2] über das Weltmachtstreben und die Kriegszielpolitik des späten wilhelminischen Kaiserreiches, gefolgt von der wegweisenden Untersuchung Volker Berghahns[3] über die Ziele des 1897 begonnenen Tirpitz'schen Schlachtflottenbaus, haben den

---

[1] *Klaus Hildebrand*, Hitlers Ort in der Geschichte des preußisch-deutschen Nationalstaates, in: Historische Zeitschrift 217/3 (1973) 584–632.
[2] *Fritz Fischer*, Griff nach der Weltmacht. Die Kriegszielpolitik des kaiserlichen Deutschland 1914–18 (Düsseldorf 1961); *ders.,* Krieg der Illusionen. Die deutsche Politik von 1911 bis 1914 (Düsseldorf 1969).
[3] *Volker R. Berghahn*, Der Tirpitz-Plan. Genesis und Verfall einer innenpolitischen Krisenstrategie unter Wilhelm II. (Düsseldorf 1971).

Wilhelminismus in den Mittelpunkt einer internationalen Auseinandersetzung über die Kontinuität in der neueren deutschen Geschichte gerückt. Damit stand auch Wilhelm II. wieder auf der Tagesordnung, denn es lag auf der Hand, daß der Wilhelminismus ohne Wilhelm nicht zu verstehen war. Vier wenn nicht fünf Kaiser-Biographien befinden sich heute in Vorbereitung[4]. Wichtige Quelleneditionen[5], wissenschaftliche Studien[6] und Tagungen[7] förderten neue Erkenntnisse über die Persönlichkeit und

[4] Der erste Band der zweibändigen Kaiser-Biographie des amerikanischen Wilhelminismus-Experten Lamar Cecil ist soeben veröffentlicht worden. Siehe *Lamar Cecil,* Wilhelm II, Prince and Emperor, 1859–1900 (Chapel Hill und London 1989). Die psychologische Studie *Thomas A. Kohuts* wird demnächst bei der Oxford University Press erscheinen. Die Wilhelm-Biographie des Erfurter Historikers *Willibald Gutsche* steht ebenfalls kurz vor der Veröffentlichung. Der amerikanische Hitler-Biograph *Robert G. L. Waite* hat eine Biographie Wilhelms II. begonnen. Der erste Band der Kaiser-Biographie des Herausgebers erscheint demnächst im C. H. Beck-Verlag, München.

[5] Hervorgehoben seien vor allem folgende neuere Quelleneditionen zur Geschichte der Regierung Kaiser Wilhelms II.: *Norman Rich* und *M. H. Fisher* (Hrsg.), Die Geheimen Papiere Friedrich von Holsteins, 4 Bände, deutsche Ausgabe bearbeitet von *Werner Frauendienst* (Göttingen 1956–63); *Walter Görlitz* (Hrsg.), Regierte der Kaiser? Kriegstagebücher, Aufzeichnungen und Briefe des Chefs des Marine-Kabinetts Admiral Georg Alexander von Müller 1914–1918 (Göttingen 1959); *ders.,* Der Kaiser ... Aufzeichnungen des Chefs des Marinekabinetts Admiral Georg Alexander v. Müller über die Ära Wilhelms II. (Göttingen 1965); *Rudolf Vierhaus* (Hrsg.), Das Tagebuch der Baronin Spitzemberg geb. Freiin v. Varnbüler. Aufzeichnungen aus der Hofgesellschaft des Hohenzollernreiches (Göttingen 1960); *Walter Bußmann* (Hrsg.), Staatssekretär Graf Herbert von Bismarck. Aus seiner politischen Privatkorrespondenz (Göttingen 1964); *Hartmut Pogge von Strandmann* (Hrsg.), Walther Rathenau, Tagebuch 1907–1922 (Düsseldorf 1967); *Harald von Königswald* (Hrsg.), Sigurd von Ilsemann, Der Kaiser in Holland, 2 Bände (München 1967–68); *Walther Peter Fuchs* (Hrsg.), Großherzog Friedrich I. von Baden und die Reichspolitik 1871–1907, 4 Bände (Stuttgart 1968–1980); *Wilhelm Deist,* Militär und Innenpolitik im Weltkrieg 1914–1918, 2 Bände (Düsseldorf 1970); *Karl-Dietrich Erdmann* (Hrsg.), Kurt Riezler, Tagebücher, Aufsätze, Dokumente (Göttingen 1972); *Ernst Deuerlein* (Hrsg.), Briefwechsel Hertling–Lerchenfeld, 1912–1917. Dienstliche Privatkorrespondenz zwischen dem bayerischen Ministerpräsidenten Georg Graf von Hertling und dem bayerischen Gesandten in Berlin Hugo Graf von und zu Lerchenfeld, 2 Bände (Boppard-am-Rhein 1973); *Gerhard Ebel* (Hrsg.), Botschafter Graf Paul von Hatzfeldt. Nachgelassene Papiere 1838–1901, 2 Bände (Boppard-am-Rhein 1976); *John C. G. Röhl* (Hrsg.), Philipp Eulenburgs politische Korrespondenz, 3 Bände (Boppard-am-Rhein 1976–1983); *Hans Dieter Hellige* und *Ernst Schulin* (Hrsg.), Walther Rathenau – Gesamtausgabe, Band 6, Briefwechsel Walther Rathenau–Maximilian Harden (München, Heidelberg 1981); *Bernd Sösemann* (Hrsg.), Theodor Wolff, Tagebücher 1914–1919, 2 Bände (Boppard-am-Rhein 1984).

[6] Aus der Fülle der Monographien zum wilhelminischen Kaiserreich seien in dieser Einführung – die Forschungsschwerpunkte der Kolloquiumsteilnehmer vorstellend – nur einige Schriften erwähnt: *Isabel V. Hull,* The Entourage of Kaiser Wilhelm II 1888–1918 (Cambridge 1982); *Katharine Anne Lerman,* The Chancellor as Courtier. Bernhard von Bülow and the Governance of Germany, 1900–1909 (Cambridge 1990); *Karl Möckl,* Die Prinzregentenzeit. Gesellschaft und Politik während der Ära des Prinzregenten Luitpold in Bayern (München, Wien 1972); *Marina Cattaruzza,* Arbeiter und Unternehmer auf den Werften des Kaiserreichs (Wiesbaden 1988); *Christian Simon,* Staat und Geschichtswissenschaft in Deutschland und Frankreich 1871–1914 (Bern, Frankfurt 1988); *Peter Winzen,* Bülows Weltmachtkonzept (Boppard-am-Rhein 1977); *Ragnhild Fiebig-von Hase,* Lateinamerika als Konfliktherd der deutsch-amerikanischen Beziehungen 1890–1903. Vom Beginn der Panamerikapolitik bis zur Venezuelakrise von 1902/03, 2 Bände (Göttingen 1986); *Hartmut Zelinsky,* Richard Wagner – ein deutsches Thema (Frankfurt/Main 1976).

Weltanschauung des Kaisers, über den Freundeskreis und die Hofgesellschaft, über die politischen Einflußmöglichkeiten und die Grenzen seiner Macht zutage, die eine Neubestimmung seiner – politischen und symbolischen – Rolle in der eigenen Regierungsepoche und darüber hinaus seines Ortes in der deutschen Geschichte auf ihrem Weg von Bismarck zu Hitler geradezu erforderlich machte. Dieser Band, der die Beiträge zu einem im Sommer 1987 in München stattgefundenen internationalen Kolloquium enthält, stellt einen ersten Versuch dar, diese Neuortung vorzunehmen.

Die sechzehn Einzeluntersuchungen sind um vier Themenkomplexe gruppiert. In einem ersten Abschnitt wird die kontroverse Rolle Wilhelms II. im politischen Entscheidungsprozeß ausgeleuchtet. In einem breitangelegten historiographischen Essay weist die amerikanische Historikerin Isabel Hull nach, wie sowohl nach 1918 (nicht zuletzt durch die Kriegsschuldfrage und die damit verbundene drohende Auslieferung des Kaisers als „Kriegsverbrecher" an ein internationales Tribunal) als auch nach der Hitler-Diktatur von 1933–1945 nationalpolitische Rücksichten in Deutschland eine bewußte Unterbewertung der Macht Wilhelms II. gezeigt haben. Sie zeigt ferner, wie in neuerer Zeit die Faszination der in Deutschland dominanten neuen Struktur- und Sozialgeschichte für Modernisierungsprozesse ebenfalls zu einer Unterbeleuchtung der Entscheidungsmechanismen auf höchster Ebene sowie zu einer Vernachlässigung der Geschichte der persönlichen Sphäre führte. Der tatsächliche Einfluß Wilhelms II. und seines Hofes auf die Gestaltung der deutschen Politik blieb dadurch auf lange Zeit verdeckt. Mit Recht weist Hull auf die inzwischen als gesichert geltenden Forschungsergebnisse hin, wonach Wilhelm II. durch seine unbestrittene Beherrschung der Personalpolitik und die persönliche Verpflichtung seiner höchsten Ratgeber ein System des „Persönlichen Regiments im guten Sinne" (Bernhard von Bülow, 1896) durchsetzen konnte, in welchem er – vor allem in der auswärtigen Politik und im militärischen Bereich, aber auch in wichtigen Fragen der Innenpolitik – die Richtlinien der Politik bestimmen konnte. Die Beiträge von Wilhelm Deist (Militärgeschichtliches Forschungsamt Freiburg) über die erhebliche extrakonstitutionelle Machtstellung, die der Kaiser als Oberster Kriegsherr innehatte, von der in Wales lehrenden Bülow-Expertin Kathy Lerman über das ungleiche Verhältnis zwischen Kaiser und Kanzler in der entscheidenden Ära Bülow sowie von dem an der Universität Edinburgh dozierenden Terence Cole, der uns die bisher unbekannten Berichte des schweizerischen Gesandten Alfred de Claparède über den Entscheidungsprozeß am Vorabend des Ersten Weltkriegs – darunter ein wichtiges neues Dokument über den vieldiskutierten, im Berliner Schloß am 8. Dezember 1912 abgehaltenen „Kriegsrat" – mitteilt, bestätigen in eindrucksvoller Weise die Ausführungen Isabel Hulls. Der Hin-

Fortsetzung Fußnote von Seite XIII

[7] Die Beiträge zu einem im September 1979 auf der Insel Korfu abgehaltenen einwöchigen Kolloquium über Wilhelm II. sind zusammengefaßt in: *John C. G. Röhl* und *Nicolaus Sombart* (Hrsg.), Kaiser Wilhelm II – New Interpretations. The Corfu Papers (Cambridge 1982). Im September 1982 fand in Darmstadt ein deutsch-französisches Historikerkolloquium über die königlichen Höfe im 19. Jahrhundert statt, auf dem auch die wilhelminische Hofgesellschaft diskutiert wurde. Siehe *Karl Ferdinand Werner* (Hrsg.), Hof, Kultur und Politik im 19. Jahrhundert (Bonn 1985). Im Oktober 1990 veranstaltet die German Studies Association in Buffalo, New York eine Tagung über Wilhelm II.

weis Deists auf den Umstand, daß im Kaiserreich, wie schon im Königreich Preußen zuvor, der Eid eines jeden Offiziers und Soldaten nicht auf die Verfassung, sondern auf die Person des Monarchen in seiner Eigenschaft als Oberster Kriegsherr geschworen wurde, weist bereits auf längerfristige mentalitätsgeschichtliche Konsequenzen des monarchischen Systems hin. Der erste Abschnitt endet mit einer Betrachtung des Bamberger Historikers Karl Möckl über die Aushöhlung des föderalistischen Prinzips in der Verfassungswirklichkeit des Kaiserreichs durch die cäsaristischen und zentripetalen Tendenzen des von Wilhelm II. neu entwickelten und ausgesprochen kraftvoll vertretenen Kaisergedankens.

Im zweiten Teil des Bandes wird das Blickfeld erweitert, indem die Auswirkung dieses zugleich neuen und alten wilhelminischen Kaisergedankens auf staatsbürgerliche Haltungen in Deutschland untersucht wird. Der Salzburger Historiker Fritz Fellner schildert in seinem aufschlußreichen Aufsatz, wie österreichische Beobachter Wilhelm II. und das deutsche Kaiserreich einschätzten. Christian Simon von der Universität Basel geht dem Verhältnis zwischen dem Kaiser und der deutschen Wissenschaft nach, während Hartmut Pogge von Strandmann (Oxford) die Bedeutung der Beziehungen Wilhelms II. zu den deutschen Industriellen vor allem im Hinblick auf die deutsche Rüstungspolitik hervorhebt. Als Kontrast dazu beleuchtet Marina Cattaruzza (Triest) in ihrem Beitrag das zwiespältige Kaiserbild der deutschen Werftarbeiter. Der Berliner Historiker Bernd Sösemann schließlich analysiert in einer materialreichen Untersuchung die Stimmung in den führenden politischen, publizistischen und wirtschaftlichen Kreisen Berlins während des Ersten Weltkriegs und weist nach, wie sich im Krieg der Kaisergedanke von der Person Wilhelms und von der Hohenzollerndynastie überhaupt löste, um – wie schon im Hindenburg-Mythos sichtbar geworden war – als „Führergedanke" auf neue Träger überzugehen. So gesehen stellen die wilhelminischen Wurzeln des „Führerprinzips" ein Element der Kontinuität in der preußisch-deutschen Geschichte dar, welches mit Gewinn weiter untersucht werden könnte.

Die Kontinuitätsfrage steht im Mittelpunkt auch des dritten Abschnitts, in welchem der Tirpitz'sche Schlachtflottenbau und die Ziele der wilhelminischen Weltmachtpolitik behandelt werden. Prägnant faßt der jetzt an der Brown University in den Vereinigten Staaten lehrende Volker Berghahn auf wenigen Seiten die Hauptergebnisse seiner bedeutenden Studie über die innenpolitischen Voraussetzungen und die revolutionäre, gegen England und das von ihm garantierte internationale Mächtesystem gerichtete Zielsetzung des Tirpitz-Plans zusammen. Auch hier tritt das System des „Persönlichen Regiments im guten Sinn" in geradezu klassischer Form hervor: Wilhelm II. ist der „unermüdlich begeisterte" Initiator und Anfeurer – mit Schrecken hatte seine Mutter schon im Oktober 1896 erkannt, daß Wilhelm von der „absurden, fantastischen Idee" besessen sei, durch den Bau einer Riesenflotte die englische Weltvorherrschaft für Deutschland abzuringen[8] –, während Tirpitz und seine Mitarbeiter im Reichs-Marine-Amt die exakten Konzepte ausarbeiteten und dem Monarchen zur

---

[8] Kaiserin Friedrich an Queen Victoria, October 1896, zit. in *John C. G. Röhl*, Wilhelm II. Deutscher Kaiser 1888–1918, in: *Anton Schindling* und *Walter Ziegler* (Hrsg.), Die Kaiser der Neuzeit 1519–1918 (München 1990) 433.

Unterschrift vorlegten, ohne dessen Vertrauen sie handlungsunfähig gewesen wären. Der Schlachtflottenbau war freilich „nur" Mittel zum Zweck. Das ungeheure Ausmaß der weltpolitischen Ambitionen des wilhelminischen Deutschland wird in den Beiträgen von Peter Winzen (Bergisch Gladbach) und Ragnhild Fiebig-von Hase (Universität Köln) ersichtlich. Winzen macht darauf aufmerksam, daß in dem Weltmachtkonzept Bülows und Wilhelms ein künftiger Krieg zwischen England und Rußland vorgesehen war, in dem zum Schluß das Reich die russische Seite ergreifen würde, um das Britische Imperium aus den Angeln zu heben. Mit dem Gelingen eines solchen Schlages wären allerdings die deutsche Hegemonie über das europäische Festland ebenso gesichert gewesen wie die Seewege nach den fernen Kontinenten. Mit geradezu atemberaubenden neuen Quellen demonstriert das Kapitel von Ragnhild Fiebig-von Hase über die Rolle Kaiser Wilhelms II. in den deutsch-amerikanischen Beziehungen die globale Dimension des deutschen Weltmachtstrebens. Sie weist nach, wie Lateinamerika ein bevorzugtes Ziel der wilhelminischen Expansionspolitik darstellte, das somit zwangsläufig neben der britischen auch die amerikanische Gegnerschaft herausforderte; sie hebt jedoch hervor, daß gleichzeitig und parallel dazu die deutsche Vorherrschaft in Europa angestrebt wurde und nicht etwa als späteres pis-aller in das Kalkül der Berliner Machthaber aufgenommen wurde, als die Übersee-Expansion gescheitert war. Der Kolloquiumsbeitrag Fritz Fischers wurde von allen Teilnehmern als unvergeßlicher tour de force empfunden. Mit niederregender Frische legte der achtzigjährige Emeritus eine unvergleichliche Kenntnis der Vorkriegsgeschichte an den Tag, indem er die realitätsferne Ideenwelt und die vorantreibende Rolle Wilhelms II. bei der Gestaltung der deutschen Politik in den verhängnisvollen Jahren 1907–1914 schilderte.

Der Band schließt mit einer Untersuchung des Erfurter Historikers Willibald Gutsche[9] über den Kampf des kaiserlichen Exilhofes und der monarchistischen Restaurationsbewegung um die Beseitigung der Weimarer Republik sowie mit einer aufsehenerregenden ideengeschichtlichen Studie des Münchener Germanisten und Sinologen Hartmut Zelinsky über das Verhältnis Wilhelms II. zu dem „Vernichtungs-Antisemitismus" Wagners und Hitlers. Trotz unterschiedlichem Ansatz stellen beide Beiträge somit die Frage nach der Kontinuität zwischen dem Wilhelminismus und dem Hitlerismus in eindringlicher, beklemmender Form. Sicher werden die Ausführungen Zelinskys von der geistigen Nähe Kaiser Wilhelms II. zu Bayreuth und den pathologischen Judenhassern und Rassisten Adolf Stoecker, Alfred Graf von Waldersee, Julius Langbehn, Philipp Graf zu Eulenburg, Houston Stewart Chamberlain und Hans Blüher bittere Kontroversen auslösen; angesichts der Fülle und Brutalität der jetzt schon bekannten Äußerungen Wilhelms über seine jüdischen Untertanen – im ganzen Reich waren es weniger als 600 000, also knapp ein Prozent der deutschen Be-

---

[9] Im Anschluß an das Münchener Kolloquium hat sich Gutsche abermals zu der allgemeinen Thematik dieses Bandes geäußert. Siehe *Willibald Gutsche*, Zur Beurteilung der Rolle Wilhelms II. in der deutschen Geschichte, in: Zeitschrift für Geschichtswissenschaft 38/4 (1990) 291–302.

völkerung! – wird man aber sagen können, daß die empirische Geschichtsforschung ihm Recht geben wird[10].

Kurz vor seinem Tode hat Kaiser Wilhelm II. seine Einordnung in die deutsche Geschichte selbst vorgenommen. Seine eigene Regierungszeit sah er als logische Fortführung der großen kriegerischen Erfolge Friedrichs des Großen und Wilhelms „des Großen" und gleichzeitig als Vorstufe zu den blitzartigen Siegen Adolf Hitlers – aus dynastischer Eitelkeit blendete er die Verdienste des „Handlangers und Pygmäen" Otto von Bismarck aus der Geschichte aus. Nach dem Blitzkrieg Hitlers gegen Polen meinte Wilhelm beglückt, dieser Feldzug sei „wunderbar" und im „Altpreuss. Geist" geführt worden; die siegreichen Heerführer seien aber aus „seiner Schule"[11]. Unter dem „tiefergreifenden Eindruck der Waffenstreckung Frankreichs" im Mai 1940 telegraphierte Wilhelm dem „Führer" Adolf Hitler, er beglückwünsche ihn und die gesamte deutsche Wehrmacht „zu dem von Gott geschenkten Sieg mit den Worten Kaiser Wilhelms des Großen im Jahre 1870: ‚Welch eine Wendung durch Gottes Fügung'. In allen deutschen Herzen erklingt der Choral von Leuthen, den die Sieger von Leuthen des Großen Königs Soldaten anstimmten."[12] Im September 1940 heißt es in einem Brief an einen amerikanischen Freund, dieser Krieg sei doch eine „Folge von Wundern! Der altpreußische Geist von Frd. Rex, von Clausewitz, Blücher, York [sic], Gneisenau etc. hat sich wieder offenbart, wie 1870–71 ... Die brillanten führenden Generale in diesem Krieg kamen aus *Meiner* Schule, sie fochten unter meinem Kommando als Leutnants, Hauptmänner und Majore im [Ersten] Weltkrieg. Geschult durch Schlieffen haben sie die Pläne, die er unter mir ausarbeitete, in die Praxis umgesetzt, genau so wie wir es 1914 taten."[13] Im November 1940 schrieb der Kaiser triumphierend: „Die Hand Gottes schafft eine neue Welt und wirkt Wunder ... Es entstehen die *Vereinigten Staaten von Europa* unter deutscher Führung, ein einiger europäischer Kontinent." Hitler hätte es sogar fertiggebracht, frohlockte Wilhelm, in allen Ländern Europas die Juden aus ihren gemeingefährlichen [nefarious] Stellungen auszutreiben[14]. Wenn der Kaiser mit solcher Überzeugungskraft seine Rolle als Vorläufer Hitlers markiert, mit welchen guten Gründen widerspricht da der Historiker?

*

Aus dem Münchener Kolloquium, dem ein öffentlicher Vortrag im Herkules-Saal der Residenz voranging, habe ich ungewöhnlich viele Anregungen und wertvolle Informationen erhalten, wofür ich allen Referenten und Diskussionsteilnehmern mei-

---

[10] Siehe vor allem *Lamar Cecil,* Wilhelm II. und die Juden, in: *Werner E. Mosse* (Hrsg.), Juden im wilhelminischen Deutschland (Tübingen 1976) 313–347.
[11] Kaiser Wilhelm II. an die Schwester, 18. Oktober 1939, zit. *John C. G. Röhl,* Kaiser Wilhelm II., „Eine Studie über Cäsarenwahnsinn" (Schriften des Historischen Kollegs, Vorträge 19, München 1989) 7.
[12] Kaiser Wilhelm II. an Adolf Hitler, Telegramm, Mai 1940, BA-MA Freiburg, Nachlaß Dommes, N 39/259, fol. 54.
[13] Kaiser Wilhelm II. an Poultney Bigelow, 14. September 1940, zit. *Röhl,* Cäsarenwahnsinn, 7.
[14] Kaiser Wilhelm II. an die Schwester, 3. November 1940, zit. ebenda.

nen herzlichen Dank auch an dieser Stelle aussprechen möchte. Ermöglicht wurde das Kolloquium durch die Großzügigkeit des Stiftungsfonds Deutsche Bank und des Stifterverbandes für die Deutsche Wissenschaft, die als Träger der Stiftung Historisches Kolleg die Mittel zur Verfügung stellten. Dem Geschäftsführer des Historischen Kollegs, Herrn Georg Kalmer, gebührt für seine Unterstützung, manchmal auch in schwierigen Situationen, ebenfalls Dank. Ohne die Hilfe meiner Assistentinnen Carmen Jakobs und Friederike Köchling wäre die Vorbereitung dieser Doppelveranstaltung nur Arbeit gewesen. Den größten Dank aber schulde ich Frau Dr. Elisabeth Müller-Luckner für ihre selbstlose Mitarbeit an diesem Band. Ihr verständiger Rat und ihre unerschöpfliche Geduld trugen wesentlich dazu bei, das Jahr als Mitglied des Historischen Kolleg angenehm und fruchtbar zu gestalten.

Kingston-near-Lewes, Sussex, im September 1990 *John Röhl*

Verzeichnis der Tagungsteilnehmer

Prof. Dr. Volker Berghahn, Providence, R.I./USA
Dr. Marina Cattaruzza, Triest
Terence F. Cole, Edinbourgh
Prof. Dr. Wilhelm Deist, Freiburg i. Br.
Dr. Volker Dotterweich, Augsburg
Prof. Dr. Fritz Fellner, Salzburg
Dr. Ragnhild Fiebig-von Hase, Köln
Prof. Dr. Fritz Fischer, Hamburg
Prof. Dr. Walther Peter Fuchs, Erlangen
Prof. Dr. Willibald Gutsche, Erfurt
Prof. Isabel V. Hull, Ithaca, N.J./USA
Prof. Dr. Helmut Krausnick, Stuttgart
Dr. Katharine A. Lerman, Lampeter/Wales
Prof. Dr. Karl Leyser, Oxford
Prof. Dr. Karl Möckl, Bamberg
Dr. Elisabeth Müller-Luckner (Historisches Kolleg)
Prof. Dr. Thomas Nipperdey, München
Dr. Hartmut Pogge von Strandmann, Oxford
Prof. Dr. Gerhard A. Ritter, München
Prof. Dr. John C. G. Röhl, Brighton/Sussex (Stipendiat des Historischen Kollegs 1986/87)
Dr. Christian Simon, Basel
Dr. Nicolaus Sombart, Berlin
Prof. Dr. Bernd Sösemann, Berlin
Prof. Dr. Anneliese Thimme, München
Prof. Dr. Rudolf Vierhaus, Göttingen
Dr. Peter Winzen, Bergisch Gladbach
Dr. Hartmut Zelinsky, München

I. Wilhelm II. und das System des „Persönlichen Regiments": Strukturen, Grenzen, Konsequenzen

Isabel V. Hull

„Persönliches Regiment"

1892 schrieb Maximilian Harden eine Fabel für seine Zeit. Sie handelte von einem König, der, nach Meinung seines Sohnes Phaeton, „zu früh sich des Gottesgnadenthums entkleidet und das farblose Gewand eines geschäftigen Verwalters angetan hatte". Nachdem der Sohn den Thron bestiegen hatte, klammerte er sich „an den Schein und wollte der Menschheit zeigen, daß er (...) der Erste der Menschen (...) heißen durfte". Er machte sich „ans Beherrschen, (...) [entwarf] Gesetze, [spann] Reformpläne und [war] immer bedacht, das Universum an seine, des Allumfassers, wachsame Existenz zu gemahnen". Von den Jungen des Reiches angespornt und auf die Probe gestellt, und weil „die Luftfahrt persönlichen Neigungen des Königs entsprach", fuhr Phaeton im goldenen Wagen zur Sonne hinauf, um das Licht für die Armen zurückzuholen. Brennend fiel er nieder; die Häuser der Armen gingen in Flammen auf. „Es gab keinen König mehr (...). Zum geschäftigen Verwalter berief man nun einen Bürger." Wer war an König Phaetons Ende schuld? „Nicht Zeus (...). König Phaeton fiel durch den alten Chronos, sein Vernichter war der rächende Gott der Zeit."[1]

I

„Persönliches Regiment" ist kein eindeutiger Begriff. Wie „Weltpolitik" oder „Burgfrieden" diente auch „Persönliches Regiment" im Kaiserreich politischen Zwecken. Als Kampfbegriff war er vieldeutig interpretierbar, ein Umstand, der es dem Historiker heute schwer macht, ihn als Instrument für eine historische Analyse heranzuziehen. Schon am Anfang der Regierungszeit Kaiser Wilhelms II. hatte das „persönliche Regiment" einen schlechten Ruf. So mußte Bernhard von Bülow in seinem berühmten Brief an Philipp zu Eulenburg die qualifizierende Phrase „in gutem Sinne" hinzufügen, als er ihm schwor, er wolle als das treue Werkzeug des kaiserlichen „persönlichen Regiments" fungieren[2].

Im Kaiserreich kursierten vier verschiedene Deutungen des Begriffs. Die publizistisch wirksamste stammte vom Kaiser selbst, der immer behauptete, die Politik im großen wie im kleinen bestimme er: Sein Königtum sei „von Gottes Gnaden"; einer

---
[1] *Maximilian Harden,* König Phaeton, in: Die Zukunft 1 (15.10.1892) 132–136.
[2] Bülow an Eulenburg, 23.7.1896, in: *John C. G. Röhl* (Hrsg.), Philipp Eulenburgs politische Korrespondenz (Boppard am Rhein 1976–1983) Bd. 3, 1714, Nr. 1245; im folgenden zitiert: *Röhl,* Eulenburgs Korrespondenz.

nur sei „Herr im Reich, keinen anderen dulde ich" und „suprema lex regis voluntas". Seine lautstarken Ansprüche darauf, die Macht selbst ausüben und Verantwortung tragen zu wollen, hallten förmlich im ganzen Land wider und setzten den Rahmen, in dem das Publikum politische Ereignisse bewertete.

Am nachdrücklichsten war vom „persönlichen Regiment" 1908, während der „Daily-Telegraph-Affäre", die Rede. Die kritische Publizistik und die Reden der Abgeordneten und Minister im Reichstag kannten drei verschiedene, einander zwar verwandte, jedoch im einzelnen unterschiedliche Interpretationen des Begriffs. Bei weitem am häufigsten wurde „persönliches Regiment" im Zusammenhang mit Protesten dagegen verwendet. Ein Beispiel ist die Rede des Abgeordneten Bassermann, der sich gegen „das Eingreifen Seiner Majestät des Kaisers in die offizielle Politik Deutschlands, gegen das, was man im Lande das persönliche Regiment nennt", verwahrte. Bassermann wollte die politische Leitung lieber in den Händen „des verantwortlichen Herrn Reichskanzler" sehen, denn nur „derjenige, der Tag für Tag die Fäden dieses vielgestaltigen Gewebes [der auswärtigen Politik] in Händen hat, kann Verwirrung verhüten (...)"[3]. „Persönliches Regiment" bedeutete hier die gelegentliche und unerwartete Einmischung des Kaisers oder, mit den Worten des Abgeordneten Wiemer, „die impulsiven Äußerungen des monarchischen Subjektivismus, Gefühlswallungen und Plötzlichkeiten"[4], die Unstetigkeit schufen und dadurch den ruhigen Gang der Politik (besonders der auswärtigen Politik) störten und schwächten.

Eine weitere Bedeutung des Begriffs „persönliches Regiment" war eng mit der vorhergehenden verknüpft; allerdings wurde er im Zusammenhang mit der Kritik am angenommenen Ursprung des Problems, den Überresten des Absolutismus, gebraucht. Wenn der Abgeordnete Wiemer von „ein[em] zu weit getriebene[n] monarchische[n] Subjektivismus" in Gestalt des persönlichen Regiments sprach, verurteilte er in der Hauptsache den Freiraum, den die Verfassung dem Kaiser immer noch einräumte, und der diesem gestattete, seine Willkür auf die deutsche Politik auszudehnen. Wiemer zögerte nicht, diesen Zustand als „Absolutismus" zu bezeichnen[5]. Hellmuth von Gerlach äußerte sich vorsichtiger, teilte aber im Grunde Wiemers politische Diagnose. Er schrieb: „Der Zusammenbruch eines ganzen Systems vollzieht sich vor unseren Augen. Kaiser, Kanzler, Diplomatie haben gleichmäßig versagt. Die alte Form des Halbabsolutismus hat gründlich Schiffbruch erlitten. Nur die Demokratie kann uns Erneuerung im Innern und nach außen bringen."[6] Diese Kritik, die besonders die Linksliberalen und Sozialdemokraten äußerten, hatte ihren Schwerpunkt im Systematischen. „Es handelt sich nicht um Einzelfälle, nicht um einmalige Entgleisungen", warnte der Abgeordnete Singer (SPD), „nein, das System des persönlichen Regiments treibt hier seine Früchte". Und er fuhr fort: „Die Schaden liegen doch nur zum Teil in

---

[3] Bassermann, Rede am 10.11.1908, exzerpiert aus: *Hans Fenske* (Hrsg.), Unter Wilhelm II. (Darmstadt 1982) 265.
[4] Abg. Wiemer, am 10.11.1908, in: ebd., 267.
[5] Ebd., 266.
[6] *Hellmuth von Gerlach*, Adieu, Bülow!, in: Die Welt am Montag, 14. Jg. Nr. 44 (2.11.1908), in: ebd., 261.

den Personen, sie liegen im System."⁷ In dieser Hinsicht war das „persönliche Regiment" ein gefährliches Zeichen für Deutschlands politische Zurückgebliebenheit, die nur durch eine modernere Regierungsform hätte beseitigt werden können, indem man den Kaiser zur reinen Symbolfigur „emporgehoben" hätte, während Minister, die dem Reichstag, nicht dem Kaiser verantwortlich gewesen wären, das politische Geschehen bestimmt hätten. Die wiederholte Kritik „unverantwortlich" kennzeichnet diese zweite Interpretation des „persönlichen Regiments".

Eine dritte meinungsbildende Gruppe hatte nichts gegen den Quasi-Absolutismus einzuwenden, begrüßte ihn im Gegenteil sogar und empfand einen energischen Kaiser, der sein eigener Kanzler sein wollte, als geeignetes Instrument, nach innen Deutschlands fragile Einheit zu verkörpern und nach außen den Aufstieg zur Weltmacht zu steuern. Der berühmteste Befürworter dieses Standpunkts war Friedrich Naumann. Ihm zufolge ist aus den Ruinen der alten monarchischen Form, die Bismarck 1870/71 endgültig vernichtet hatte, etwas völlig Neues gestiegen: „das militärische Kaisertum, in dem der Machttrieb des Hohenzollernstaates sich mit dem Machttrieb des Nationalgedankens einte, eine Neubildung, die einen ganz neuen Zeitabschnitt einleitet"⁸. Innerhalb dieser Schöpfung sei dem Kaiser größtmögliche Macht zuteil geworden, wie Naumann schrieb: „kein Monarch der absoluten Monarchie hat soviel wirklichen Einfluß gehabt wie heute der Kaiser"⁹. Deutschlands rasches Wirtschafts- und Bevölkerungswachstum verursache den Verfall des Adels, aber nicht gleichzeitig die politische Reife der industriellen Schichten des Bürgertums oder des Proletariats. „Es klafft jene Lücke zwischen alter und neuer Zeit (...) und damit ist die Situation gegeben, in der persönliche Fürstenenergie sich ausleben kann."¹⁰ Pflicht des Kaisers sei es, aus Deutschlands gespaltenem inneren Zustand eine kraftvolle Politik zu „schmieden" und dadurch dem Land eine seiner wirtschaftlichen Bedeutung gerechte Stellung auf der Weltbühne zu schaffen. Bis zum „Daily-Telegraph"-Fiasko begrüßte Naumann Wilhelms Versuch, „sein eigener Reichskanzler zu sein"¹¹.

Auch ausgesprochene Kaisergegner hatten weniger gegen diesen Versuch einzuwenden, als gegen die unbefriedigenden Resultate, die er erzeugte. Maximilian Harden drückte diese Meinung 1902 so aus: „Von [dem Kaiser] sind alle wichtigen politischen Entscheidungen der letzten zwölf Jahre ausgegangen (...). Seine Ziele waren fast ausnahmslos richtig erkannt, seine Mittel und Wege nicht glücklich gewählt."¹²

Die drei nicht-kaiserlichen Interpretationen des „persönlichen Regiments" lassen sich nun folgendermaßen zusammenfassen: Die erste ist eine reine Beschreibung der Regierungswirklichkeit, wie die Zeitgenossen sie erlebt hatten, nämlich als Mißerfolg,

---

[7] Abg. Singer, 10.11.1908, in: Verhandlungen des Reichstags, XII. Legislaturperiode, 1. Session, Bd. 233 (Berlin 1909) 5387, 5391.
[8] *Friedrich Naumann*, Demokratie und Kaisertum. Ein Handbuch für innere Politik (Berlin ²1900) 159; im folgenden zitiert; *Naumann*, Demokratie und Kaisertum.
[9] Ebd., 160.
[10] Ebd., 169.
[11] *Friedrich Naumann*, Die Politik des Kaisers, in: Die Hilfe, Bd. 14, Nr. 45 (8.11.1908) 719.
[12] *Maximilian Harden*, Die Feinde des Kaisers, in: Zukunft 20 (1902) 340, zit. nach: *Elisabeth Fehrenbach*, Wandlungen des deutschen Kaisergedankens 1871–1918 (München/Wien 1969) 97; im folgenden zitiert: *Fehrenbach*, Wandlungen.

verursacht durch unberechenbares kaiserliches Eingreifen. Das Problem war taktischer Natur und die Lösung bürokratisch. Die zweite Deutung faßte den Begriff eher historisch-politisch auf. „Persönliches Regiment" war unzeitgemäßer Quasi-Absolutismus. Die dritte Interpretation ging eher dahin, das „persönliche Regiment" als Hoffnung oder Chance zu begreifen, die leider an der Unfähigkeit des Kaisers scheiterte. Das „persönliche Regiment" wurde hier nicht als überalterte Regierungsform betrachtet, sondern als neue Möglichkeit, moderne Probleme zu lösen. Alle drei Interpretationen implizieren aber, daß das „persönliche Regiment" des Kaisers – so erfolglos, gefährlich oder enttäuschend es auch sein mochte – real existierte.

II

Nach dem katastrophalen Zusammenbruch des Kaiserreichs und der Gründung der Weimarer Republik mußten Historiker, die beides erlebt hatten, sich mit der fatalen wilhelminischen Regierungsweise beschäftigen. Einer der ersten war Fritz Hartung, dessen 1923 geschriebenes Buch „Deutsche Geschichte" das einflußreichste historische Urteil über das „persönliche Regiment" des Kaisers fällte[13]. Hartung begriff das „persönliche Regiment" als absolutistische Regierungsform, in der der Monarch à la Friedrich der Große selbst die politischen Richtlinien setzte, sowie die taktische Durchführung derselben überwachte. Im Vergleich mit Friedrich allerdings wurde Wilhelm II. von Hartung als zu schwach befunden. „Es fehlt (...) der wahre Ernst, die Ehrfurcht vor gründlicher Arbeit", schrieb er; letztlich sei Wilhelm II. keine „überragende Persönlichkeit" gewesen, und daher „erlangten die Höflinge und Kabinettsräte die entscheidende Stimme"[14]. Am Schluß seines Werks faßte Hartung die Lage so zusammen: „Nicht nur die Kleinarbeit des täglichen Aktenbetriebes, sondern auch die politische Leitung blieb in der Hand der Minister", die Wilhelm zwar „mit plötzlichen Eingriffen, Vorschlägen, Ankündigungen" belästigte, gegen die er sich aber nicht erfolgreich habe durchsetzen können[15]. Daher habe es kein „persönliches Regiment" gegeben, höchstens leere kaiserliche Rhetorik, die eine zeitlang das deutsche Publikum und in noch viel stärkerem Maße das Ausland getäuscht habe[16].

Ebenso wie die Sozialdemokraten und Fortschrittsliberalen des wilhelminischen Kaiserreiches tadelte auch Hartung die Verfassung, die Wilhelm zuviel und dem Reichstag zuwenig Macht einräumte, obschon Wilhelm nicht imstande war, diese Macht eindeutig und konsequent auszuüben. Nach Hartung sollte „der Monarch in die Stellung zurückgeführt [werden], die allein ihm in der modernen Zeit und im konstitutionellen Staat gebührt und für ihn möglich ist, der ruhende Pol in der Erschei-

---

[13] *Fritz Hartung,* Deutsche Geschichte vom Frankfurter Frieden bis zum Vertrag von Versailles 1871–1919 (Bonn/Leipzig ²1924).
[14] Ebd., 149f.
[15] Ebd., 233.
[16] Ebd., 150.

nungen Flucht zu sein und losgelöst von dem Streit der Tagesmeinungen die Stetigkeit der Politik zu verkörpern" – wohl gemerkt „zu verkörpern", nicht zu steuern[17].

Hartungs eher einer progressiven Kritik der deutschen Verfassungsgeschichte entstammende Meinung, wonach es ein „persönliches Regiment" nicht gegeben habe, konnte nach dem Kriege auch der nationalen Apologetik dienen. Hermann Oncken z. B. stimmte – wie die meisten Historiker – mit Hartung darin überein, daß eben in Wilhelms Lieblingsbereich, der Außenpolitik, die Leitung vom Auswärtigen Amt ausgegangen sei, während der Kaiser „vielmehr die persönliche impulsive Begleitmusik [war], die das Gleichgewicht im öffentlichen Leben störte"[18]. Die chaotischen Folgen und gerade Wilhelms Unfähigkeit, „das Problem der Machtverteilung in der Reichsregierung"[19] durch seinen persönlichen politischen Willen zu lösen, widersprächen der Behauptung der Entente, daß Deutschland den Krieg geplant oder willentlich riskiert habe. Mangels eines erfolgreichen „persönlichen Regiments" habe es „weder die Einheitlichkeit der Absichten noch die Entschlossenheit der Durchführung" gegeben, die die Kriegsschuldthese hätten bestätigen können[20].

Das Dritte Reich vor Augen scheint Erich Eyck sein ungewöhnliches Urteil über das Zweite, das Kaiserreich, formuliert zu haben[21]. Seiner Ansicht nach erfüllte Kaiser Wilhelm II. sehr wohl die Bedingungen eines tatsächlichen Herrschers: er habe eigene politische Ideen entwickelt, sowohl in der Innen- wie in der Außenpolitik, und sie auch durch eine energische Personalpolitik und ständiges Eingreifen in die Realität umgesetzt. Diesen Standpunkt belegt Eyck mit einer Fülle von Details aus veröffentlichten Quellen, einer Fülle, hinter der die Argumentationsführung manchmal verschwindet.

Aber gerade diese Anhäufung von Einzelheiten vermochte es nicht, Skeptiker zu überzeugen. Am wenigsten Fritz Hartung, der seine frühere Meinung in einer wichtigen Rezension im Jahre 1952 wiederholte[22]. Diesmal aber zog Hartung einen deutlicheren Vergleich zum Absolutismus: „Es war die gleiche Regierungsweise, wie sie in Preußen unter Friedrich Wilhelm II. und Friedrich Wilhelm III. bis 1806 bestanden hat."[23] Er schrieb von „der persönlichen Struktur der Reichsverfassung", die am Fehlen einer führenden Persönlichkeit, wie es Bismarck gewesen war, gelitten habe, zugleich aber nicht imstande gewesen sei, sich „gegen Willkür und Launen des Monarchen" zu schützen, und dadurch „Stetigkeit, Zusammenhang und Ordnung im Geschäftsgang der Ministerien [zu] gewährleisten". Eine solche Regierung, die allein aus Entscheidungen einer einzigen Person bestanden habe, sei schon im 18. Jahrhundert

---

[17] Ebd., 236.
[18] *Hermann Oncken*, Das Deutsche Reich und die Vorgeschichte des Weltkrieges, Bd. 2 (Leipzig u.a. 1933) 637.
[19] Ebd., 633.
[20] Ebd., 882–923.
[21] *Erich Eyck*, Das persönliche Regiment: politische Geschichte des Deutschen Kaiserreiches von 1890 bis 1914 (Erlenbach/Zürich 1948).
[22] *Fritz Hartung*, Das persönliche Regiment Kaiser Wilhelms II., in: Sitzungsberichte der deutschen Akademie der Wissenschaften zu Berlin 3 (1952) 3–20; im folgenden zitiert: *Hartung*, Regiment.
[23] *Hartung*, Regiment, 18.

unmöglich gewesen, geschweige denn „im modernen Großstaat" an der Wende zum 20. Jahrhundert[24].

In den folgenden Jahren blieben Hartungs aus dem Absolutismus hergeleitete Kriterien für das „persönliche Regiment" des Kaisers maßgebend für die Geschichtswissenschaft. Wilhelm Schüßler folgte ihnen ausdrücklich[25], und Elisabeth Fehrenbach zog aus denselben Voraussetzungen den Schluß, daß „das erstrebte persönliche Regiment Wilhelms II. (...) eine bloße Fiktion [blieb]"[26]. Sie war aber die erste, die sich über einige der realen Folgen dieser „Fiktion" Gedanken machte. Ihr schien es von großer Wichtigkeit zu sein, daß so viele Zeitgenossen „die Fiktion des Selbstherrschertums aufrechterhielten und sein Gelingen wünschten"[27]. Sie erkannte den Nutzen des kaiserlichen „persönlichen Regierungsstils" für den erstrebten Ausgleich zwischen konservativem Partikularismus einerseits und der modernen bürgerlichen Gesellschaft andererseits. Die Macht der kaiserlichen Symbolik sei jedoch gescheitert, vielleicht an der widersprüchlichen Aufgabe selbst, und „die cäsaristischen Tendenzen des persönlichen Regiments" seien daher wirkungslos geblieben, wenn man von der tiefen Enttäuschung mancher Zeitgenossen einmal absehe[28]. Fehrenbachs Überlegungen nahmen zum ersten Mal die zeitgenössische Überzeugung ernst, daß es doch ein „persönliches Regiment" gegeben habe, womit sie sich von der Auffassung entfernte, daß das „persönliche Regiment" etwas Altmodisches (und daher Unmögliches) sei. Gleichzeitig ließ sie damit die Möglichkeit zu, daß es vielleicht doch eine Art „Versöhnungsrolle" in der modernen Zeit hätte spielen können. Diese Überlegungen gaben wieder der Interpretation Vorschub, die das „persönliche Regiment" als geeignetes Instrument betrachtete, die Einheit Deutschlands nach innen zu verkörpern.

1967 wurde die Einstimmigkeit der Meinungen, die von der Nicht-Existenz des „persönlichen Regiments" ausgingen, von John Röhl unterbrochen[29]. Anhand umfangreicher privater und öffentlicher Dokumente, besonders der Eulenburg-Papiere, konnte er die systematischen Versuche der 1890er Jahre aufdecken, die darauf zielten, ein „persönliches Regiment" anderer Art zu schaffen, das keinen Neo-Absolutismus anstrebte, der verlangt hätte, den Kaiser an seinen Arbeitstisch zu ketten. Dazu war der Kaiser nicht in der Lage, was allgemein bekannt war. Statt dessen verfolgten Eulenburg und seine „Mitverschwörer" die Absicht, eine Regierung aus treuen, abhängigen Ministern zu bilden, die zwei Hauptaufgaben zu erfüllen hatten. Erstens sollten sie die monarchische Macht des Kaisers gegen alle eventuellen Einschränkungen aufrecht erhalten, und zweitens sollten sie die politischen Träume des Kaisers in konkrete Politik umsetzen, eine Aufgabe, die er selbst, wegen seiner Weltfremdheit und Unstetigkeit, nicht ausführen konnte. Dies kann man als eine weitere – fünfte – Interpretation von „persönlichem Regiment" auffassen, die aber nie richtig an die Öffentlichkeit gelangte.

---

[24] Ebd., 17.
[25] *Wilhelm Schüßler,* Kaiser Wilhelm II.: Schuld und Schicksal (Göttingen 1962) 56.
[26] *Fehrenbach,* Wandlungen, 95.
[27] Ebd., 97.
[28] Ebd., 97–104.
[29] *John C. G. Röhl,* Germany without Bismarck (London 1967).

Eulenburgs Pläne entfalteten sich in drei Etappen: die Ausschaltung unabhängiger Minister (Bismarck, Marschall von Bieberstein, Bötticher u.a.), die Ausbalancierung der politischen Kräfte (preußischer Konservatismus gegen süddeutschen Liberalismus, wechselnde Blockbildung im Reichstag, Betonung des Gegensatzes von Bürgertum und Arbeiterklasse), damit das Patt zugunsten der kaiserlichen Macht ausgenutzt werden konnte, und die Ernennung von kaisertreuen Ministern und Staatssekretären, bzw. von Ministern, die schon für eine dem Kaiser nützliche Politik eingetreten waren (Bülow, Tirpitz, Miquel).

Das Jahr 1897 betrachtet Röhl als das Jahr der Wende zum „persönlichen Regiment". In den folgenden drei Jahren, bevor Bülow 1900 Kanzler wurde, sei Wilhelm „sein eigener Kanzler" gewesen[30], danach seien die Eulenburgschen Pläne, die er wenigstens in der Form, wenn schon nicht immer im Inhalt vorbereitet hatte, zur Geltung gelangt[31].

Mit den zahlreichen Dokumenten, die er entdeckt hatte, konnte Röhl die Ereignisse der neunziger Jahre und die erfolgreichen Vorbereitungen zum „persönlichen Regiment" überzeugend darstellen. Seine Arbeit war und bleibt das grundlegende historische Werk für das Kaiserreich in dieser Zeitspanne. Leider endet die Untersuchung aber mit dem Jahr 1900, so daß die tatsächliche Wirkung des Systems unter der Kanzlerschaft Bülows nicht mehr zur Sprache kommt. Das war allerdings nicht der Grund, warum Röhls Ergebnisse vorerst ohne jeglichen Nachhall in der historischen Zunft blieben.

Seit den sechziger Jahren ist die vorherrschende Forschungsrichtung der deutschen Geschichtsschreibung die Sozialgeschichte (bis vor kurzem aber nicht „social history"). Die organisierten Interessen der bürgerlichen Gesellschaft, ihre Konflikte und Strukturprinzipien wurden zum Schwerpunkt der Forschung, während die „große Politik" mitsamt ihren Institutionen und Strukturen mehr oder weniger aus dem Blickfeld verschwand, mit Folgen, die ich später noch ansprechen werde. Folglich wurde die Untersuchung des „persönlichen Regiments" als naiv, als zu personenbezogen und für die wichtigen strukturellen Entwicklungen schlechthin irrelevant abgetan. Niemand machte sich mehr die Mühe, sich mit Röhls These oder mit seinem Quellenmaterial auseinanderzusetzen.

In der Zwischenzeit erschienen weitere für die Politik des Kaiserreiches wichtige Quelleneditionen[32], die Röhl den Anlaß gaben, in zwei Aufsätzen seine Auffassung über das „persönliche Regiment" zu präzisieren und sie zugleich von dem engeren

---

[30] Ebd., 278.
[31] Eulenburg war z. B. Gegner des Flottenprogramms. Er faßte das „persönliche Regiment" als „Selbstregierung [des Monarchen] mit den Conservativen" gegen die liberalen Parteien auf. Er lehnte auch die andere „logische" Form des kaiserlichen Selbstregierens ab, nämlich den Imperialismus, der das „Ende der Monarchie" hätte bedeuten müssen. D.h. für Eulenburg war „persönliches Regiment" inhaltlich konservativ, sogar reaktionär. Siehe Eulenburg an Holstein, 2.12.1894, in: *Johannes Haller* (Hrsg.), Aus 50 Jahren. Erinnerungen, Tagebücher und Briefe aus dem Nachlaß des Fürsten Philipp zu Eulenburg-Hertefeld (Berlin 1925) 170ff.
[32] Zwei der wichtigsten neuen Quelleneditionen waren *Röhls* Ausgabe der Eulenburg-Papiere (siehe Anm. 2) und *Walther Peter Fuchs* (Hrsg.), Großherzog Friedrich I. von Baden und die Reichspolitik 1871–1907, 4 Bde. (Stuttgart 1968–1980).

Rahmen der Eyck-Hartungschen Diskussion zu lösen, indem er sowohl die Formen der kaiserlichen Macht wie ihre Ausübung subtiler auffaßte, als es die Anhänger der Neoabsolutismus-Theorie tun konnten[33]. Röhl unterschied fünf verschiedene Phasen der kaiserlichen politischen Tätigkeit (1888–1890; 1890–1897; 1897–1908; 1908–1914; 1914–1918), wobei er als Hauptphase des eigentlichen „persönlichen Regiments" die Regierungsjahre Bernhard von Bülows (1897–1908) beschreibt. Diese Jahre seien allerdings nicht durch direktes kaiserliches Eingreifen gekennzeichnet, sondern durch die treue Umsetzung seines Willens seitens des Kanzlers und anderer Minister in die praktische Politik. Zu den positiven Maßnahmen, die dadurch zustande kamen, rechnet Röhl auch die zahlreichen politischen Möglichkeiten hinzu, die dieses System ausschaltete, einen Prozeß, den er als „negatives persönliches Regiment" bezeichnet. Um die tiefgreifende, aber schwer meßbare Wirkung der kaiserlichen (und königlichen) Macht in den Bereichen der Personalpolitik, des Zeremoniells und der Hofgesellschaft zu verdeutlichen, griff Röhl auf das soziologische Konzept des „Königsmechanismus" von Norbert Elias zurück[34]. „Jeder Staatsmann und Beamte, jeder Armee- und Marineoffizier, jede politische Gruppe innerhalb der führenden Elite, jedes Mitglied der Hofgesellschaft – alle waren dazu verdammt, um die Gunst der ‚Allerhöchsten Person' zu werben."[35] Unterstützung und Ausweitung des „persönlichen Regiments" stellten nach Röhl die offiziellen Institutionen des Verwaltungsapparates (Hausministerium, Kabinette, maison militaire) ebenso dar wie die inoffizielle Umgebung, bzw. der Freundeskreis des Kaisers. Der Hof umfaßte insgesamt 3500 Leute, und die Kosten dafür stiegen fast in dem Ausmaß wie die des Staatsetats. Rein institutionell betrachtet war der preußisch-deutsche Hof des späten 19. Jahrhunderts weit davon entfernt, unterzugehen[36].

Diese letzten Überlegungen Röhls zum ‚Königsmechanismus' legen neue analytische Möglichkeiten nahe, die die methodologischen Schranken der bisherigen Debatte über „persönliches Regiment" durchbrechen könnten. Dies zeigt neue Forschungsmöglichkeiten in bisher kaum beachteten Themenbereichen auf. In den genannten beiden Aufsätzen nimmt Röhl selbst die alte Debatte kurz wieder auf, indem er die politikleitenden Initiativen des Kaisers nochmals belegt. Neu daran ist, daß er nun den Schwerpunkt seiner Argumentation auf die Innenpolitik legt, statt auf die Außenpolitik, die bisher die klassischen Beispiele des „persönlichen Regiments" bot. Der Flottenbau kann ebenso außen- wie innenpolitisch betrachtet werden, darüber

---

[33] *John C. G. Röhl*, Kaiser Wilhelm II., Großherzog Friedrich I. und der „Königsmechanismus" im Kaiserreich, in: HZ 236 (1983) 539–577; im folgenden zitiert: *Röhl*, Königsmechanismus, und ders., Hof und Hofgesellschaft unter Wilhelm II., in: *Karl Ferdinand Werner* (Hrsg.), Hof, Kultur und Politik im 19. Jahrhundert (Pariser Historische Studien 21, Bonn 1985) 237–289; im folgenden zitiert: *Röhl*, Hof und Hofgesellschaft, bzw. *Werner*, Hof. Beide Artikel sind jetzt in *John C. G. Röhl*, Kaiser, Hof und Staat. Wilhelm II. und die deutsche Politik (München 1987) erschienen.
[34] Siehe *Norbert Elias*, Die höfische Gesellschaft. Untersuchungen zur Soziologie des Königtums und der höfischen Aristokratie (Frankfurt 1983 [1. Ausgabe 1966]) bes. 41 f.; im folgenden zitiert: *Elias*, Die höfische Gesellschaft.
[35] *Röhl*, Königsmechanismus, 556.
[36] *Ders.*, Hof und Hofgesellschaft, 241–247, 250–261.

hinaus zeigt Röhl, daß die Sozial- und Sozialistenpolitik und die preußische Kanalpolitik vom Kaiser inauguriert und gegen teilweise heftigen Widerstand durchgesetzt wurden[37].

1985 wurde Röhls Arbeit endlich in einer längeren Rezension von Geoff Eley aufgegriffen[38]. Leider war es offensichtlich Eleys Aufgabe, nur das neue Quellenmaterial (die von Röhl edierte Eulenburg-Korrespondenz) im Kontext des „persönlichen Regiments" zu bewerten, eine Aufgabe, die er zumeist im Rahmen von Röhls 1967 erschienener Untersuchung zu erfüllen versuchte. Das hatte zur Folge, daß die volle Bedeutung des Eulenburgschen und des anderen neuen Materials nicht ganz ersichtlich wurde und die methodischen Konsequenzen der späteren Argumentation, z.B. des „Königsmechanismus", unausgewertet blieben. Trotzdem bietet Eley die ausführlichste Kritik der neueren Forschung über das „persönliche Regiment". Neben dem neuen Stand in der Debatte über die kaiserliche Macht zeigt sein Aufsatz auch, wo die alten Sackgassen noch nicht überwunden sind. Er distanziert sich von den dogmatischeren Gegnern Röhls und versucht, Bilanz zu ziehen. Während er Röhls Wissen und Methodik lobt und einen gewissen Einfluß des Kaisers auf die wilhelminische Politik einräumt, bewertet er das „persönliche Regiment" als ein höchst negatives Element von „rather limited constructive or systematic importance"[39]. Seine Kritik besteht aus zwei Teilen: im ersten behandelt er das „persönliche Regiment" in drei Machtbereichen, im zweiten entwickelt er einen breiten theoretischen Rahmen für ein zukünftiges Konzept des „persönlichen Regiments".

Der erste Teil von Eleys Kritik geht von der Annahme aus, daß Wilhelm selbst regieren wollte und die Verfassung ein solches Vorgehen durchaus erlaubte. Während er Röhls Beweisführung akzeptiert, daß ein „persönliches Regiment" vorbereitet wurde und mittels einer erfolgreichen Personalpolitik auch teilweise zustande kam, erkennt Eley keine bleibende Wirkung innerhalb der Militär- oder Zivilbürokratie in den Jahren nach 1897. Wilhelms technische Inkompetenz und seine Sprunghaftigkeit hätten rasch zu einem Vertrauensverlust seitens des Militärs geführt (hier folgt Eley der Argumentation Wilhelm Deists[40]), womit er den Eindruck erweckt, daß dieser Vertrauensverlust zu einem gewissen Widerspruch zwischen „military policy-making" und „persönlichem Regiment" geführt habe, ohne daß er jedoch genau definiert, was er unter „military policy-making" versteht. Hier drängt sich die Frage auf, ob wirklich eine Militärpolitik – etwa Kriegspläne oder innenpolitisch orientierte Vorbereitungen – ohne, geschweige denn *gegen* Wilhelms Willen hätte durchgesetzt werden können, die damit seine Kommandogewalt bzw. monarchische Stellung beeinträchtigt hätte. Aber wichtiger noch ist die Frage, ob die verhängnisvolle politische Stärke und Aktivität der Militärs in Preußen-Deutschland um die Jahrhundertwende nicht Zei-

---
[37] *Ders.,* Königsmechanismus, 558–562.
[38] *Geoff Eley,* The View from the Throne: the Personal Rule of Kaiser Wilhelm II, in: The Historical Journal 28,2 (1985) 469–485; im folgenden zitiert: *Eley,* Personal Rule.
[39] Ebd., 483.
[40] *Wilhelm Deist,* Kaiser Wilhelm II in the context of his military and naval entourage (im folgenden zitiert: *Deist,* Kaiser Wilhelm II.), in: *John C. G. Röhl* und *Nicolaus Sombart* (Hrsg.), Kaiser Wilhelm II. New Interpretations (London/New York 1982) 169–192; im folgenden zitiert: *Röhl* und *Sombart,* Kaiser Wilhelm II.

chen eines „persönlichen Regiments" gewesen ist. Monarchische und militärische Macht waren zwei sich gegenseitig stützende Säulen, ja, standen in geradezu symbiotischem Verhältnis zueinander. Da Wilhelm nicht nur seine Macht, sondern auch seine Persönlichkeit mit dem Militär gleichsetzte, spielten bei ihm militärische Verhaltensweisen, Einsichten, Vorurteile, Prioritäten usw. eine ungeheure und einengende Rolle, die niemals deutlicher zutage trat als kurz vor dem Krieg. Andererseits wirkte Wilhelm aber auch persönlich auf das Militär ein, und das mit Folgen für die Struktur der Armee. Die ganze Umgestaltung des militärischen Etats zugunsten der Flotte beruhte vollkommen auf Wilhelms Initiative, er reorganisierte Deutschlands Militärwesen radikal, beschränkte die Entwicklungsmöglichkeiten der Armee und machte letztlich eine Finanzreform erforderlich, die dann ein Jahrzehnt lang die Innenpolitik des Reiches bestimmen sollte. Auch der Entscheidungs- und Planungsprozeß im militärischen Bereich allgemein erhielt Wilhelms Stempel, und zwar nicht nur durch sein Tun – wie etwa bei der Einrichtung der Flotte oder bei den durch Wilhelms Spielerei nutzlos gewordenen Manövern –, sondern auch durch sein Lassen. Wilhelm scheint, sowohl durch seine Unfähigkeit zu arbeiten als auch durch seine altmodischen Vorstellungen, ein starkes Hindernis für den militärischen Entscheidungsprozeß gewesen zu sein. Er konnte weder selbst die Planungen der verschiedenen Waffengattungen integrieren, noch gestattete er, eine Institution zu schaffen (oder regelmäßige Ministerialsitzungen dafür zu nutzen), die diese Integrationsarbeit hätte leisten können. Aus den gleichen Gründen war er auch nicht imstande, politische Erwägungen in die militärische Planung einzubringen. Dies hinderte Wilhelm aber nicht daran, lange Zeit die Institution der Militär-Attachés als Störfaktor in der (Außen-)politik zu benutzen. All dies hatte systematische und institutionelle Folgen. Folgenreich war auch die militärische Personalpolitik, obwohl ihre Auswirkungen schwerer zu dokumentieren sind. Dreißig Jahre lang kontrollierte Wilhelm II. durch seine Militär- und Marinekabinette und seine rege Teilnahme an militärischen Entscheidungen aller Art die Besetzung aller Offiziersstellen, man beachte nur die folgenschwere Berufung Hellmuth von Moltkes als Chef des Generalstabes – eine ausschließlich vom Kaiser getroffene Entscheidung.

Eley will auch in der Personalpolitik der Zivilbürokratie keinen bleibenden Erfolg erkennen. Als Beleg für seinen Standpunkt führt er die Sammlungspolitik an. Diese Hervorhebung der Innenpolitik als Prüfstein für das „persönliche Regiment" reflektiert den „Primat der Innenpolitik", wie ihn die neue Sozialgeschichte formuliert. Weil die traditionelle Sphäre der unbeschränkten monarchischen Macht (nicht nur in Deutschland) die Außenpolitik blieb und weil Wilhelms mißlungene politische Tätigkeit dort am spektakulärsten war, erleichtert die Konzentration auf die Innenpolitik das Argument gegen „persönliches Regiment"[41]. Um seinen Standpunkt zu untermauern, trennt Eley Innen- und Außenpolitik ziemlich streng: in seinen Bestrebungen, Sammlungspolitik parlamentarisch zu gestalten, habe Miquel die Flotte kaum bedacht, während Bülow sich fernhielt und Tirpitz sich ausschließlich mit der Flotte,

---

[41] Siehe dagegen *Röhl*, Königsmechanismus, 558–562 für treffende Beispiele von kaiserlichen Initiativen in der Innenpolitik.

aber nicht mit der Innenpolitik beschäftigte[42]. In einem früheren Artikel über dieses Thema hat Eley überzeugend gezeigt, daß, wenigstens für Miquel, der die treibende Kraft war, die Sammlungspolitik in der Anfangsphase tatsächlich fast ohne Rücksicht auf die Flotte konzipiert wurde[43]. In seinem Buch beschreibt Eley nun die unerwarteten innenpolitisch-gesellschaftlichen Folgen der Propagandatätigkeit von Bülow und Tirpitz, besonders die Mobilisierung des Kleinbürgertums im Hinblick auf die Umgestaltung der passiven Flottenorganisationen in aggressive Agitationsinstrumente, die die Sammlungs- und Außenpolitik gleichermaßen stark beeinflußten[44]. Eleys Argumentation bezüglich des persönlichen Regiments verdeckt aber die ständigen, wenn auch schwankenden Wechselwirkungen zwischen Innen- und Außenpolitik, auf die er sonst zu Recht Wert legt. Zugleich aber, und das ist hier wichtig, fällt er hinter die Erkenntnisse seines früheren Artikels zurück, in dem er beschrieb, daß grundlegende Entscheidungen ad hoc, fast taktisch und ohne jegliche integrierte Beratung getroffen wurden. Die politischen, gesellschaftlichen und sozialen Strukturen, die sich teilweise aus diesen Entscheidungen ergaben, teilweise schon in ihnen gespiegelt und später durch sie verändert wurden, nahmen die Historiker (wie Eckart Kehr oder Hans-Ulrich Wehler) erst im nachhinein wahr. Diese Strukturen waren nicht unbedingt die bewußte oder unbewußte Ursache der eigentlichen Entscheidung.

Der sonderbare Entscheidungsprozeß und das wechselseitige Verhältnis von Innen- und Außenpolitik (und jeder Bewertung) sind zwei Hauptprobleme, mit denen sich eine Analyse des „persönlichen Regiments" beschäftigen muß. In einem anderen Kontext werde ich noch darauf zurückkommen.

Die Beobachtung, daß Bülow nach 1900 selber Personalpolitik betrieb, die darauf zielte, seine eigene Macht zu festigen, vielleicht auch gegen die des Kaisers, dient Eley als weitere Begründung dafür, daß es eine erfolgreiche Personalpolitik des Kaisers nicht gegeben hat. Die Jahre der Kanzlerschaft Bülows sind deshalb zentral für jede politische Bewertung des „persönlichen Regiments". Damit rückt das Problem der Person Bülows und seiner erstaunlichen Verlogenheit, die eine richtige Beurteilung seiner Absichten und Wirkung erschwert, in den Mittelpunkt. In Ermangelung einer genauen Analyse der Bülowzeit[45] streiten sich die Historiker hauptsächlich über zwei Fragen: ob Bülows „Weltmachtkonzept" anstelle des kaiserlichen die deutsche Außenpolitik gestaltete, und ob Bülow es nach 1906 darauf anlegte, den Reichstag gegen den Kaiser auszunutzen als Gegengewicht gegen dessen „persönliches Regiment". Die erste Interpretation beruht auf der Annahme, daß Bülow ein chamäleonartiger Taktiker war und tatsächlich unabhängige und von Wilhelms Vorstellungen sich unterscheidende politische Prinzipien vertrat, eine Behauptung, die Bülows Zeitgenossen sicher erstaunt haben würde. Eine andere Variante dieser Perspektive rekurriert auf die unbestrittene Tatsache, daß die komplizierte Liebe des Kaisers zu England es Bülow

[42] Ebd., 477–549.
[43] *Geoff Eley*, Sammlungspolitik, social imperialism and the Navy Law of 1898, in: Militärgeschichtliche Mitteilungen 15 (1974) 29–63.
[44] *Ders.*, Reshaping the German Right (New Haven/London 1980); im folgenden zitiert: *Eley*, German Right.
[45] Vgl. die Studie von *Katharine Lerman*, The Chancellor as Courtier. Bernhard von Bülow and the Governance of Germany, 1900–1909 (Cambridge 1990).

schwer machte, die anti-englischen Konsequenzen der Weltmachtpolitik immer zuzugestehen. Bülows Blick war in diesem Punkt klarer; außerdem war es gerade seine Aufgabe, die großen Züge der kaiserlichen Weltmachtpolitik konsequent in Taktik umzuwandeln. So erwartete man von ihm größere Stetigkeit. Schließlich aber hatten Wilhelms Flottenpläne den Rahmen der Bülowschen Außenpolitik festgesetzt, wie letzterer später klagte[46].

Die zweite These, die ich sehr stark in Zweifel ziehe, geht davon aus, daß das sichtbare Debakel dieser Außenpolitik durch den „Dreadnought" (und nach Meinung der Nation durch kaiserliche Ungeschicklichkeit) Bülow vielleicht dazu getrieben hätte, in seiner Kanzlerschaft auf Distanz zum Kaiser zu gehen und diese mittels eines verstärkten Reichstages zu retten[47]. Die Vermutung einer solchen Strategie aber zeigt, wie eng Bülows Kanzlerschaft mit der Person des Kaisers identifiziert wurde, und wie sehr zugleich die Quelle von Bülows Macht wie auch die Form seiner Ausübung auf der persönlichen Beziehung zwischen ihm und dem Kaiser basierte. Kritiker, die 1908 der Überzeugung waren, daß Wilhelms Machtbefugnisse durchaus konstitutionell eingeengt sein müßten, wollten unbedingt an Bülow festhalten, als dem „einzigen Menschen (...), der auf den Kaiser einen bestimmenden Einfluß haben kann"[48]. Am Ende ist man zu der Frage gezwungen, ob Bülows Macht nicht gerade ein Zeichen von „persönlichem Regiment" war, nicht aber eine Barriere dagegen. Bis neue Forschungen das Gegenteil aufzeigen können, bleibt das ältere Bild einer relativ stabilen, krisenfreien Staatsleitung zwischen 1897 und 1905/06, die sich auf die Übereinstimmung zwischen Kaiser, Kanzler und den leitenden Ministern und Sekretären in großen politischen Fragen stützte. Der Eulenburg-Plan konnte genauso gut, ja sogar noch besser, von einem starken als von einem schwachen Bülow erfüllt werden.

Eleys drittes Argument gegen das „persönliche Regiment" ist schließlich eine Wiederholung des alten Hartungschen Standpunkts: der Kaiser sei zu faul, zu oft abwesend, politisch zu naiv gewesen, um selbst zu regieren. Weil er selbst keinerlei Vorstellungen von praktischer Politik gehabt habe, habe Eulenburg für die politischen Richt-

---

[46] Siehe *Bernd Sösemann* (Hrsg.), Theodor Wolff Tagebücher 1914–1919. Der Erste Weltkrieg und die Entstehung der Weimarer Republik in Tagebüchern, Leitartikeln und Briefen des Chefredakteurs am „Berliner Tageblatt" und Mitbegründers der „Deutschen Demokratischen Partei", 2 Teile (Boppard am Rhein 1984) 1. Teil, 539. Das Bild eines relativ unabhängigen Bülow wird bei *Peter Winzen*, Bülows Weltmachtkonzept. Untersuchungen zur Frühphase seiner Außenpolitik 1897–1901 (Schriften des Bundesarchivs 22, Boppard am Rhein 1977) und in seinem Beitrag zu diesem Band entworfen. Die entgegengesetzte Meinung vertritt *Isabel V. Hull*, Bernhard von Bülow, in: *Wilhelm von Sternburg* (Hrsg.), Die deutschen Kanzler von Bismarck bis Schmidt (Königstein/Ts. 1985) 69–85.
[47] *Terence F. Cole* vertritt diese Meinung in seinem Aufsatz: The Daily Telegraph Affair and its Aftermath: The Kaiser, Bülow and the Reichstag, 1908–1909, in: *Röhl* und *Sombart*, Kaiser Wilhelm II., 249–268; ebenso in: Kaiser versus Chancellor: The Crisis of Bülow's Chancellorship, 1905–1906, in: *Richard J. Evans* (Hrsg.), Society and politics in Wilhelmine Germany (London/New York 1978) 40–70. Vgl. aber auch den Beitrag von *Kathy Lerman* in diesem Band.
[48] *Friedrich Neumann*, der 1908 endgültig die Idee einer Versöhnung von „Kaisertum und Demokratie" aufgab, in seinem Artikel: Die Kaiserfrage, in: Die Hilfe, Bd. 14, Nr. 47 (22. November 1908) 750. Diese Meinung charakterisierte auch die Haltung der Nationalliberalen in der Reichstagsdebatte im November 1908.

linien sorgen müssen, und nach dessen Ausschaltung 1897 habe es nur noch einen Zickzackkurs gegeben. Der Kaiser habe sich gar nicht für die „major political questions of the period, such as tariffs or the finance reform" interessiert, womit Eley nochmals den Primat der Innenpolitik betont[49]. Selbst die Sammlungspolitik habe Eulenburgs Vorstellungen inhaltlich nicht entsprochen, sie war zu katholisch. Kurzum, Eley wie auch Hartung messen „persönliches Regiment" am aufgeklärten Absolutismus, wo der Monarch alles *persönlich, detailliert,* aber *bürokratisch-systematisch,* möglichst nach einem theoretischen Plan festgesetzt und geregelt habe. Und das gab es im Kaiserreich eben nicht[50].

Immerhin gesteht Eley dem Kaiser viel mehr Bedeutung zu als frühere Kritiker des „persönlichen Regiments". Er erkennt zehn Bereiche, in denen der „decisive impact" Wilhelms deutlich zutage getreten sei[51]:

1. "on the course of ministerial politics for most of the 1890s",
2. "a general endorsement of expansionist foreign policy",
3. "an equally general legitimation of the 'illiberal' anti-parliamentary and anti-SPD forces within the domestic establishment",
4. "a tendency to complicate the execution of German foreign policy by his own unpredictable and changeable interventions",
5. "an unfavourable and disquieting impression on Germany's neighbours",
6. "consistent support for Tirpitz's naval policy",
7. "equally consistent failure to curb the operational war plans of the military",
8. "very strong support for Austria-Hungary in the years following 1908",
9. "deliberate fostering of alternative lines of communication and responsibility within the government – what Röhl calls 'polycratic chaos'",
10. "the 'kingship mechanism' (...) 'both as a means of regulating the access of rival groups to the throne and as an instrument of legitimation and mediation' through 'medals, titles, ennoblements, imperial favours, promotions, banquets, parades and festivals'."

Eley versucht hier nun Röhls Definition des „negativen persönlichen Regiments" zur Anwendung zu bringen, wobei unverständlich bleibt, warum er diese Bereiche von „decisive impact", die ja doch sehr umfangreich und von großer Tragweite sind, im folgenden Absatz als „rather limited constructive or systematic importance" darstellt.

Auch wenn seine Kritik genau besehen inkonsistent und begrenzt ist, macht Eley am Schluß seiner Betrachtungen doch eine treffende und anregende Bemerkung. Es sei die Aufgabe der Historiker, die sich mit dem Problem des „persönlichen Regiments" beschäftigen, zu erklären, wie dieser Begriff uns über das Wesen des Staates und insbesondere über sein Verhältnis zur bürgerlichen Gesellschaft unterrichte[52]. Daß ein solcher theoretischer Ansatz bisher fehlte, ist tatsächlich einer der Hauptgründe dafür, warum der Begriff „persönliches Regiment" bis jetzt so schwammig und

---

[49] *Eley,* Personal Rule, 481.
[50] Auch im Absolutismus nicht, obwohl das Idealbild des allwissenden, überall tätigen Monarchen in dieser Regierungsform seinen Höhepunkt erreicht hat.
[51] Ebd., 483. Die ersten acht Punkte und die darin enthaltenen Zitate stammen von *Paul Kennedy,* The Kaiser and German Weltpolitik: Reflections on Wilhelm II's place in the making of German foreign policy, in: *Röhl* und *Sombart,* Kaiser Wilhelm II., 157–164. In den Punkten 9 und 10 folgt Eley Röhl; die Zitate stammen von *Röhl,* Introduction, in: ebd., 17.
[52] *Eley,* Personal Rule, 483 f.

so umstritten geblieben ist. Das sieht man an den zwei geläufigen Kritikmustern, die ich in diesem Aufsatz simplifizierend mit Hartung bzw. Eley identifiziert habe. Im folgenden möchte ich dieses theoretische Problem unter den beiden Gesichtspunkten Staat und Struktur diskutieren.

III

Hartungs Kritik faßt den Staat bürokratisch-rationalistisch auf und identifiziert ihn mit seinen Institutionen. Der moderne Staat des 20. Jahrhunderts sollte einfach der alte bürokratisch-institutionelle Kern sein, von einem demokratischen Reichstag umhüllt und dirigiert. Deshalb kann Hartung sich problemlos mit der Außenpolitik und dem Entscheidungsprozeß innerhalb der Regierung beschäftigen, aber den Einfluß der verschiedenen Gesellschaftskräfte auf die Politik nur unzureichend wahrnehmen. Der neuere Staatsbegriff, wie ihn Eley und andere formulieren, ist viel differenzierter[53]. Er gründet sich auf die neue Fragestellung nach Organisation und Funktionieren der bürgerlichen Gesellschaft, womit sich der Blick des Historikers von den zentralen Institutionen des Staates abwendet, um sich auf die Konflikte zwischen organisierten Gesellschaftsgruppen ebenso zu konzentrieren wie auf die Konflikte zwischen diesen Gesellschaftsgruppen und den verschiedenen Erscheinungsformen des modernen Staates. Diese Konflikte sind Ausdruck fließender Grenzen zwischen Gesellschaft und Staat, den man hier vielleicht als ein „Feld der Machtverhältnisse" beschreiben kann. Das symbiotische und komplexe Verhältnis zwischen staatlichen Institutionen und gesellschaftlichen Organisationen wird durch diesen neuen Blickwinkel erst richtig deutlich. Die historische Forschung ist dadurch einen entscheidenden Schritt im Verständnis der Kaiserzeit weitergekommen, obwohl dies nur die Hälfte des bestehenden modernen Systems erfaßt und die Untersuchung des Bereichs der sogenannten Privatsphäre noch immer aussteht. Diese Verlagerung der Fragestellung und die damit erfolgte Entinstitutionalisierung des Staatsbegriffs, d.h. die Redefinition des Staates als eine Plattform für Machtkämpfe, führt zwar zu neuen Erkenntnissen, löst gleichzeitig allerdings den Entscheidungsstaat völlig auf[54]. Einzelne Entscheidungen der zentralen Regierung sind von dieser Position aus allerdings praktisch nicht mehr zu entdecken, und dadurch wird auch keinerlei Entscheidungsmuster sichtbar. Sie treten im Gegenteil als Epiphänomene auf, die hinter den langen Trends (la longue durée) verblassen. Und so haben wir zwei radikal verschiedene Begriffe vom Staat, die sozusagen aneinander vorbei schießen.

Beide Staatsbegriffe sind sich aber in einem Punkt einig, daß sie nämlich unter „Struktur" oder „System" etwas ziemlich eng Gefaßtes verstehen, das prinzipiell jedes

---

[53] Eine gute Einführung in die neue Diskussion um den Charakter des Staates findet man bei *Charles Bright* und *Susan Harding* (Hrsg.), Statemaking and Social Movements. Essays in History and Theory (Ann Arbor 1984) und früher bei *Charles Tilly* (Hrsg.), The Formation of National States in Western Europe (Princeton 1975).

[54] Um genau dieser Schwierigkeit zu entgehen, benutzt *Eley* den enger gefaßten Staatsbegriff der zentralen administrativen Regierung in seinem Buch über politische Wandlung im Kaiserreich. *Eley*, German Right, hier bes. das Schlußwort 349–361.

„persönliche Regiment" ausschließt. Für einen Hartung, dessen Staatsidee aus dem 18. bzw. 19. Jahrhundert stammt, verstößt jeder Monarch, der sich nicht dem Willen der Gesamtheit fügt, verkörpert durch Bürokratie oder Reichstag, gegen die Rationalität und verfällt dadurch in reine Willkür. Nur was rational ist, kann in Hartungs Augen systematisch sein oder Strukturen hinterlassen; Launen können das nie. Gerade das „Persönliche" im „persönlichen Regiment" kennzeichnet es demzufolge als partikularistisch und deshalb als vorübergehend, kontingent [abhängig], dem wahren Universalen untergeordnet. Der Staatsbegriff von Eley entwickelt diese im Grunde genommen aufgeklärte Betrachtungsweise nun weiter, indem er Strukturen in der Wirtschaft und den organisierten Interessen entdeckt und das Systematische mit dem Gesellschaftlich-Kollektiven, dem Organisierten gleichstellt. Interessen werden bei ihm zur verkörperten Rationalität, und wiederum nur sie ist das wahre Bleibende.

Die Geschichtswissenschaft als Disziplin hat sich seit ihren Anfängen im 19. Jahrhundert stark nach den Wertmaßstäben der Aufklärung gerichtet. Mit dem Telos dieser Entwicklung, der Rationalität, Systematik und Universalität vor Augen, hatte sie die Tendenz, manches Bestehende als bloßes Übergangsphänomen wegzuinterpretieren. Beispiele hierfür sind der Adel, der Altmittelstand, die Landwirtschaft und die Monarchie. Sie sind in der Tat dem Bürgertum, der Arbeiterklasse, der Industrie und der Republik (bzw. Diktatur) nach und nach gewichen, aber wie dies geschah, was es bedeutete, wie die Transformationsprozesse auf die neue Gesellschafts- und Regierungsstruktur wirkten, diese Fragen wurden durch die Überzeugung beiseite geschoben, daß die alten Formen angesichts notwendiger und unaufhaltsamer Entwicklungen zum Aussterben verurteilt waren. „[Ihr] Vernichter war der rächende Gott der Zeit."

Der Ausblendungsprozeß der Historiker folgte der Reaktion des breiten Publikums auf die politischen Katastrophen des 20. Jahrhunderts. Wie Karl Ferdinand Werner treffend schreibt: „Die Deutschen haben die lange verehrte Monarchie nach 1918 aus ihrem politischen Denken verdrängt, mit einer Blitzartigkeit und anschließenden Beharrlichkeit des inneren Stellungswechsels, die man zumindest für drei Daten ihrer neueren Geschichte in vergleichbarer Weise beobachten kann: 1866, 1918 und 1945."[55] Es gab damals praktische Gründe, bestimmte Tatsachen einfach zu vergessen und sich so schnell wie möglich veränderten Zuständen anzupassen. Die Monarchie in ihrer modernen Form, dem „persönlichen Regiment", war Opfer dieses doppelten Verdrängungsprozesses. Es liegt mir fern, ein Plädoyer gegen die Aufklärung zu halten oder mittels Wiederbelebung der romantischen Tendenz der älteren Geschichtsschreibung große Männer zu verherrlichen. Im Gegenteil möchte ich die von der Aufklärung stammenden Staats- und Systembegriffe erweitert sehen, um das Neue wie auch das dem System Immanente im „persönlichen Regiment" beschreiben und analysieren zu können. In diesem Sinne möchte ich zum Schluß einige Vorüberlegungen zu einem solchen Revisionsprojekt anstellen:

1. Die Historiker, mit denen ich mich hier auseinandergesetzt habe, finden „Per-

---

[55] *Karl Ferdinand Werner,* Fürst und Hof im 19. Jahrhundert, in: *ders.,* Hof, 33; im folgenden zitiert: *Werner,* Fürst und Hof.

sönlichkeit" partikular, was sie natürlich auch zum Teil ist. Formell gesehen teilen sie das Urteil der bürgerlichen Denktradition, wonach „Persönlichkeit" als Sphäre der Freiheit und Äußerung der „Individualität" zu definieren sei. Historiker müssen aber das Interesse erkennen, das die Gesellschaft insgesamt und ihre Gruppierungen im einzelnen daran haben, bestimmte Persönlichkeitstypen zu erzeugen und zu gestalten. Dies ist eine der Hauptfunktionen der sogenannten „Privatsphäre" und ein Hauptgrund, warum wir nie die Wechselwirkung zwischen Staat und Gesellschaft werden verstehen können, ohne diesen dritten Teil des Gesamtsystems einzufügen. Der König bzw. Kaiser stellt ein besonders gutes Beispiel für die Wechselwirkung zwischen Öffentlichkeit und Privatsphäre dar, weil seine Kindheit und Erziehung ausnahmsweise gut dokumentiert sind und dies nicht nur für Historiker, sondern auch für das damalige Publikum. Der Monarch führte nämlich seit dem 19. Jahrhundert sozusagen „öffentlich ein privates Leben", diente als Muster[56] und verkörperte die Spannungen zwischen Öffentlichkeit und Privatleben. Das sieht man auch an der Architektur der königlichen Paläste, nicht nur in Preußen, wo neben den repräsentativen Räumen nun auch „private Räume" für das königliche Familienleben auftauchten[57]. Diese Spannung zwischen den öffentlichen Pflichten und dem Privatleben des Monarchen drückte sich besonders stark in der Furcht mancher Zeitgenossen aus, die Familienbindung des Kaisers zu England könnte die Treue zu Deutschland gefährden. Während der „englische Einfluß" der Mutter auf den jungen Kaiser am Hofe mit Argusaugen beobachtet wurde, ärgerte sich 1901 offensichtlich die ganze Nation darüber, daß Wilhelm so lange am Sterbebett seiner Großmutter, der Königin Victoria, weilte und seine ganze Liebe zu ihr demonstrierte[58]. Diese Vorgänge bildeten den Hintergrund für Mißstimmigkeiten, die 1908 in Deutschland aufkamen, als es schien, als habe der Kaiser seinen englischen Verwandten während des Burenkriegs mit Rat und möglicherweise sogar mit Kriegsplänen geholfen. Friedrich Naumann äußerte die weit verbreitete Ansicht, daß „wer eine so einzigartige Aufgabe hat wie der deutsche Kaiser, muß auch seine verwandtschaftlichen Beziehungen in den Dienst seines einzigen erhabenen Lebenszwecks stellen. Wir verlangen vom letzten Manne im Volke eine rückhaltlose nationale Haltung, vom letzten Manne und vom ersten."[59] Dieser Meinung kam auch Reichskanzler Bülow entgegen, als er dem Reichstag versprach, der Kaiser würde „auch in Privatgesprächen" „Zurückhaltung" üben[60]. Hier prallten zwei Prinzipien der modernen Gesellschaft zusammen: Nationalismus gegen Familiengefühl, öffentlich gegen privat[61].

[56] Man denke an das Image von Königin Luise oder an die Huldigung für Kaiserin Auguste Viktoria als vorbildliche Mutter.
[57] *Helmut Börsch-Suppan,* Wohnungen preußischer Könige im 19. Jahrhundert, in: *Werner,* Hof, 99–120 und *Colombe Samoyault-Verlet,* Les Appartements des Souverains en France au XIXe siècle, in: ebd., 121–138.
[58] Eulenburg an Bülow, 16.2.1901, in: *Röhl,* Eulenburgs Korrespondenz, III, Nr. 1446.
[59] *Friedrich Naumann,* Die Politik des Kaisers, in: Die Hilfe, Bd. 14, Nr. 45 (8.11.1908) 719.
[60] Bülow, am 10.11.1908, in: Verhandlungen des Reichstages, Bd. 233, S. 5396. Siehe auch Abg. Gamp-Massaunen über die Unmöglichkeit, im monarchischen System privat von öffentlich zu trennen. Ebd., 5408.
[61] Max Weber wollte „den dynastischen innenpolitischen Machtkitzel" und seine außenpoliti-

Persönlichkeit ist nur im beschränkten Sinn „privat". Sie ist (bewußt und unbewußt) gesellschaftlich bedingt, strukturiert und verändert sich mit den Epochen[62]. Das gilt nicht nur für Individuen, sondern auch kollektiv für Gruppen, wie ich am Beispiel der kaiserlichen Umgebung zu zeigen versucht habe[63]. In der Umgebung des Kaisers befanden sich zwei Gruppierungen. Einerseits gab es die gewöhnlichen, quasi-bürokratischen Berater, die zum Hof zählten und in der Hofrangliste aufgeführt waren, andererseits den Freundeskreis[64]. Persönliche Erwägungen spielten eine größere Rolle bei der Wahl der zweiten Gruppe, obwohl sie auch bei der ersten vorhanden waren. Es entwickelten sich daraus Kommunikations- und Verhaltensformen, eine komplizierte Gruppendynamik, die sichtbare politische Folgen hatte. Die Gruppendynamik war selber teilweise das Produkt der persönlichen Eigenart des Kaisers. Um solche Vorgänge zu verstehen, muß man mit Norbert Elias Individuen als „offene, gegenseitig aufeinander ausgerichtete Eigensysteme" begreifen, „die durch Interdependenzen verschiedenster Art miteinander verbunden sind und die kraft ihrer Interdependenzen miteinander spezifische Figurationen bilden. Auch die, im Sinne spezifischer gesellschaftlicher Werthaltungen, größten Menschen, auch die mächtigsten Menschen haben ihre Positionen als ein Glied in diesen Abhängigkeitsketten."[65]

2. Wir sollten die „irrationalen" Aspekte des Kaiserreichs näher und sorgfältiger betrachten, um ihre verborgene, dem „persönlichen Regiment" verbundene Systematik entdecken und erklären zu können. Ich rede jetzt nicht nur von der Mentalität der Eliten, die in der Geschichtsschreibung teilweise als „Lernunfähigkeit"[66], teilweise als Ideologie auftaucht, sondern von dem konkreten Entscheidungsprozeß, der dem Kaiserreich eigen war. Er hatte institutionelle Ursachen, z.B. die Zersplitterung der Entscheidungsinstanzen, die nirgendwo vereinigt waren[67], oder die Nachahmung der kaiserlichen Reiselust seitens hoher Minister, die einer akribischen Arbeitstätigkeit entgegenlief[68]. Dieser Entscheidungsprozeß wurde durch Merkmale bestimmt, die sich

---

Fortsetzung Fußnote von Seite 18
schen Folgen völlig zugunsten nationaler „Interessenpolitik" beiseite schieben. Weber an Friedrich Naumann, 6.2.1907, in: *Marianne Weber,* Max Weber. Ein Lebensbild (Heidelberg 1950) 443; im folgenden zitiert: *Marianne Weber,* Max Weber.

[62] Sozialhistoriker fangen erst jetzt an, die verschiedenen Strukturen und ihre Wechselwirkungen zu untersuchen, die „Persönlichkeit", „Charakter" und „Emotionen" in vergangenen Gesellschaften produziert haben. Siehe *Hans Medick* und *David Sabean,* Emotionen und materielle Interessen in Familie und Verwandtschaft: Überlegungen zu neuen Wegen und Bereichen einer historischen und sozialanthropologischen Familienforschung, in: *Hans Medick* und *David Sabean* (Hrsg.), Emotionen und materielle Interessen (Göttingen 1984) 27–54; und *Peter N. Stearns* und *Carol Stearns,* Emotionology: Clarifying the History of Emotions and Emotional Standards, in: American Historical Review 90, Nr. 4 (1985) 813–836.

[63] *Isabel V. Hull,* Entourage of Kaiser Wilhelm II (London/New York 1982); im folgenden zitiert: *Hull,* Entourage.

[64] Vgl. die Beobachtungen des Hofchronisten *Fedor von Zobeltitz,* Chronik der Gesellschaft unter dem letzten Kaiserreich, 2 Bde. (Hamburg 1922), hier: Bd. 2, 155–163.

[65] *Elias,* Die höfische Gesellschaft, 46f.

[66] So *Hans-Ulrich Wehler,* Das deutsche Kaiserreich 1871–1918 (Göttingen 1983) 236–239.

[67] *Deist,* Kaiser Wilhelm II, 169–192.

[68] *Hartung,* Regiment, 8. Diese „Reise- und Urlaubspolitik", wie Bassermann es nannte, wurde

z. B. in einem sehr engen Horizont der wahrgenommenen politischen Alternativen ausdrückten, in einer Unfähigkeit, die nötigen planerischen Vermittlungsinstitutionen zu schaffen, um Fernziele mit Taktiken zu vereinigen, in einer unrealistischen Suche nach mechanischer oder technischer Sicherheit, um politische Probleme loszuwerden (Fetischismus der Taktik) oder in der Verdrängung der eigenen Tätigkeit durch eine vermeintliche Passivität, die in eine auf andere projizierte Bedrohung (z. B. „Einkreisung") mündete[69]. Zusammengenommen beschreiben diese Charakteristika einen Entscheidungsprozeß, der fast rückwärts lief. Ohne die notwendigen Informationen gesammelt oder kritisch diskutiert zu haben, ging man von unreflektierten und zum Teil nicht zugegebenen Entschlüssen aus, und Schritt für Schritt bereitete man die äußeren Zustände vor, die man zwar auch nicht „gewollt" hatte, die einen aber zu der unausweichlichen endgültigen Entscheidung zwangen. Dieses in den ersten zwanzig Jahren des Kaiserreiches nicht vorhandene Muster wiederholte sich während der gesamten Regierungszeit des letzten Kaisers.

3. Meines Erachtens sollten wir „persönliches Regiment" als eine moderne Form der Monarchie betrachten, als einen Versuch, Monarchie auf das bürgerliche oder eben Massenzeitalter zuzuschneiden. Die deutsche Monarchie war tatsächlich neu, und sicher waren auch die politischen Bedingungen (das breite, organisierte Publikum, die Klassenspaltungen usw.), unter denen sie existierte, neu. Relikte aus der vormodernen Vergangenheit gewinnen durch den neuen Kontext eine andere Bedeutung. Deswegen ist es wahrscheinlich wenig fruchtbar, „persönliches Regiment" mit Absolutismus oder idealistischen Staatstheorien zu vergleichen. Ein Monarch, der selbst Macht ausübte, verkörperte sämtliche bürgerlichen Ideale wie Individualismus, Entscheidungsfreudigkeit [nach dem Modell: erfolgreiche Fabrikbesitzer][70], die Heiligkeit der Familie und die Macht ihres Oberhauptes, Erbschaft und Besitz[71]. Zu solchen Abstrakta kamen unter Wilhelm auch Modernismen wie eine Vorliebe für Technik und die neuen Wissenschaften, für moderne statt klassische Bildung, für Sport und Reisen. Auch sein Kunstgeschmack, Genrebilder statt neuer Kunstexperimente, entsprach dem Geschmack großer Teile des Bürgertums. Aber viel wichtiger war seine Politik. Faßt man die großen Züge der wilhelminischen Politik zusammen – Marine, Weltpolitik, Antisozialismus, sehr geringe Sozialversicherung, stufenweise Verminderung der agrarischen Vorteile (Kanalbau, Handelsverträge, die für die Junker zwar akzeptabel, aber nicht gerade auf sie zugeschnitten waren[72]), Betonung der nationalen Stimmung –

Fortsetzung Fußnote von Seite 19
von den Zeitgenossen ständig beklagt. Vgl. Verhandlungen des Reichstages, Bd. 233, S. 5377 (Bassermann), S. 5382 (Wiemer), S. 5404 (Liebermann v. Sonnenberg).
[69] Siehe *Hull,* Entourage, 249–265, 280–284.
[70] Diese beiden Charakteristika betont *Naumann* in Demokratie und Kaisertum, 81–89, 142. Wilhelm II. selber erkannte in seiner Beziehung zu Alfred Krupp diese Analogie; siehe *Hull,* Entourage, 159 f.
[71] *Heinz Dollinger,* Das Leitbild des Bürgerkönigtums in der europäischen Monarchie des 19. Jahrhunderts, in: *Werner,* Hof, 339; im folgenden zitiert: *Dollinger,* Leitbild.
[72] Die Bülowschen Handelsverträge waren ein echter Kompromiß zwischen Junkern und Bürgertum. *Kenneth D. Barkin,* The Controversy over German Industrialization 1890–1902 (Chicago/London 1970) 211–270.

so sieht man: Diese Politik war eine bürgerliche. Genauer gesagt waren die Ziele bürgerlich, während die Politik in Führung und Verantwortung von oben herab gemacht wurde. Dieser Zustand war lange Zeit den meisten Bürgern der Mittelschichten willkommen, wie die SPD immer schimpfte[73], weil er sie vor den Gefahren des (sozial-) demokratischen Reichstags schützte und vor der politischen Verantwortung überhaupt. „Persönliches Regiment" war eine Art Bürgerkönigtum ohne Plebiszite. Aufgabe des Kaisers war es, die Wünsche des Bürgertums richtig zu erkennen und diese direkt und womöglich ohne die Vermittlung des politischen Prozesses in Politik und Propaganda umzuwandeln. Woher diese Harmonie zwischen Kaiser und Bürgertum kam, blieb genauso unklar wie in der berühmten Beschreibung dieser Symbiose von Heinrich Mann, in *Der Untertan*. Diederich Hessling verfaßt darin ein kaiserliches Telegramm, das im nachhinein vom Kaiser akzeptiert und als sein eigenes veröffentlicht wird, worauf Hessling sich wundert: „Hatte er richtig vorausempfunden, was der Kaiser sagen würde? Sein Ohr reichte in diese Ferne? Sein Gehirn arbeitete gemeinsam mit – –? Die unerhörtesten mystischen Beziehungen überwältigten ihn (...)"[74]. Diese Mystik zerbröckelte schnell. Wie Max Weber damals bemerkte, mußte der Inhaber charismatischer Autorität, die einen Teil der Dynamik des „persönlichen Regiments" ausmachte, schließlich Erfolg zeigen[75]. 1905/06 wurde der Bankrott der Weltpolitik immer deutlicher sichtbar, und mit ihm wuchs die Enttäuschung des Bürgertums. Der Kaiser war nicht mehr in der Lage, die Träume des Bürgertums richtig zu interpretieren. Das Zeichen seiner Unfähigkeit, selbst zu regieren, lag in der Tatsache, daß Wilhelm „so oft in Widerspruch (...) mit den Anschauungen der gesamten Bevölkerung"[76] trat. Diese Ansicht teilten Sprecher fast aller politischen Parteien[77]. Um Reichsleitung und Volksmeinung wieder in Einklang zu bringen, schlugen sie entweder den Reichstag oder die Minister als Vermittler vor, je nach ihrer politischen Einstellung. Der Kaiser und sein „persönliches Regiment" kamen nicht mehr in Frage.

---

[73] Abg. Wiemer (SPD) im Reichstag: „(...) die Majorität dieses Reichstages, die Parteien eingeschlossen, deren Vertreter wir soeben gehört haben [Nationalliberale und Freisinnige Volkspartei], [sind] nicht unschuldig an diesen Zuständen, (...) weil sie stets des Byzantinismus, die Verherrlichung des Trägers des persönlichen Regiments bis zum Exzeß getrieben haben." (10.11. 1908), in: Verhandlungen des Reichstages, Bd. 233, S. 5386. Max Weber fand es auch unerträglich. „Wir werden isoliert, weil dieser Mann uns in dieser Weise regiert und wir es dulden und beschönigen." Er zitierte besonders „Zentrum, ebenso wie Konservative und Nationalliberale [die] an das System des scheinkonstitutionellen, persönlichen Regiments angegliedert sind." Weber an Naumann Ende 1906, in: *Marianne Weber*, Max Weber, 442. Die Popularität des „persönlichen Regiments" – die „Jungen" der Fabel von König Phaeton – hatte Harden von Anfang an rasend gemacht. Daher seine Empfindlichkeit den verherrlichenden Schriftstellern und der ganzen zeremoniellen Schau am Hofe gegenüber. Siehe z.B.: König Phaeton, 134f. und Gegen den Kaiser, III. Persönliches Regiment, in: Die Zukunft 65 (21.11.1908) 302.
[74] *Heinrich Mann*, Der Untertan (München 1964) 131.
[75] *Max Weber*, Die drei reinen Typen der legitimen Herrschaft, III. Charismatische Herrschaft, in: *ders.*, Gesammelte Aufsätze zur Wissenschaftslehre, hrsg. von *Johannes Winckelmann* (Tübingen ⁵1982) 483f.
[76] Frhr. v. Gamp-Maasaunen (Reichspartei) am 11.11.1908, in: Verhandlungen des Reichstages, Bd. 233, S. 5408.
[77] So Bassermann (Nationalliberale), Singer (SPD), Hertling (Zentrum), Liebermann von Sonnenberg (Anti-Semiten), in: ebd., 5379, 5393, 5400, 5402.

Das Prinzip und das Bedürfnis nach einer charismatischen, politikaufhebenden Führerfigur dauerte an, allerdings ohne die persönliche Bindung an das Kaisertum. Ihre Verkörperung fand diese Vorstellung lange vor dem Nationalsozialismus in den militärischen Führern Ludendorff und Hindenburg im Ersten Weltkrieg wie auch in der Weimarer Republik.

Ich neige also zu der zeitgenössischen Auffassung, daß „persönliches Regiment" eine vielsagende Beschreibung des tatsächlichen Regierungsstils war und ist. Monarchie ist, wie der Name schon sagt, ein auf den Monarchen bezogenes System, und diese Wirklichkeit gestaltet und durchdringt die Institutionen, Verhaltensweisen und Erwartungen, die darauf beruhen oder damit in Berührung kommen. In bezug auf Kaiser Wilhelm II. sollte man zwischen „Person" und „Persönlichkeit" (oder „Amt" und „Person") unterscheiden. Es gab Verhaltensweisen und Institutionen, die sozusagen allgemein monarchisch waren und andere, die sich aus Wilhelms Eigenarten entwickelten. Seine sonderbaren Charakterschwächen und seine lange Regierungszeit verstärkten diesen Prozeß, aber letzten Endes ist es eine Hauptfunktion der Monarchie, die Äußerung solcher Eigenschaften und ihre konkreten Auswirkungen zu ermöglichen. Monarchisch gesinnte, aber kritische Zeitgenossen spielten mit der (unsauberen) Trennung von „Amt" und „Person", um die Monarchie vor dem Monarchen zu retten. Weil „das Institut der Monarchie Not leidet, wenn der Monarch mit eigener Person Fehler begeht", schlugen sie „wirksame Gegengewichte", „konstitutionelle Regierungsweise", die „niemandem mehr [nützte] als dem Monarchen selbst und der Monarchie"[78], vor. Harden schrieb unverhohlen vom „Schutzwerth konstitutioneller Goldgitter"[79]. Die Konservativen durchschauten diese Spielerei. Für sie war der Kaiser „eine Person", der sie „persönlich dienen" wollten, „so lange wir leben", im Gegensatz zu den Befürwortern der Trennung von Amt und Person, für die „der Kaiser eine Einrichtung" war[80]. Die Spannung zwischen Monarch und Monarchie zeigt die Krise des ganzen monarchischen Systems am Ende des 19. Jahrhunderts[81].

Der Prozeß, durch den die Monarchie als persönliches System Institutionen, Verhalten, Kommunikation und andere Gesellschaftsebenen prägte, ist bisher nur für zwei Bereiche untersucht worden: für die Symbolik des Kaisergedankens, der königlichen und kaiserlichen Zeremonien, der Denkmäler usw.[82] und für den „Königsme-

---

[78] Conrad Haußmann (Deutsche Volkspartei) am 11.11.1908, in: ebd., 5425.
[79] *Maximilian Harden,* Die Feinde des Kaisers, in: Die Zukunft 40 (30.8.1902) 343.
[80] Elard v. Oldenburg-Januschau (Konservative) am 11.11.1908, in: Verhandlungen des Reichstages, Bd. 233, S. 5437.
[81] Nach *Dollinger* hing „die Trennung von Amt und Person (...) engstens zusammen mit der Trennung von Staat und Gesellschaft". Leitbild, 335.
[82] *Fehrenbach,* Wandlungen; *Isabel V. Hull,* Prussian Dynastic Ritual and the End of Monarchy, in: *Carol Fink, Isabel V. Hull, MacGregor Knox* (Hrsg.), German Nationalism and the European Response 1890–1945 (Norman OK/London 1985) 13–42; *Thomas Nipperdey,* Nationalidee und Nationaldenkmal in Deutschland im 19. Jahrhundert, in: *ders.,* Gesellschaft, Kultur, Theorie. Gesammelte Aufsätze zur neueren Geschichte (Göttingen 1976); *Werner K. Blessing,* The Cult of Monarchy, Political Loyalty and the Workers' Movement in Imperial Germany, in: Journal of Contemporary History 13 (1978) 357–375.

chanismus"[83]. Die politische Wirkung beider Bereiche ist so breit wie verschleiert und subtil. Die notwendige Bearbeitung steht erst am Anfang.

Zwei sichtbarere Charakteristika der wilhelminischen politischen Kultur sind zum Großteil ebenso Folgen des persönlichen monarchischen Systems wie die Symbolik oder der „Königsmechanismus", werden aber meist nicht als solche erkannt. Die erste ist die „Militarisierung", d.h. die wichtige und lebendige Rolle des preußischen Militärs in Politik und Gesellschaft. Werner beschreibt die „Militarisierung der Monarchie" im 19. Jahrhundert bis zu dem Punkt, wo die symbiotische Machtbeziehung zwischen Monarch und Militär nicht mehr zu trennen war[84]. Diese Symbiose war nirgendwo ausgeprägter als in Preußen-Deutschland. Der Kitt des Systems bestand aus dem persönlichen Verhältnis jedes Offiziers zur Person des Monarchen. Die Macht des Kaisers ging letzten Endes, wie er oft betonte, vom Militär aus, während er wiederum dessen Legitimation und *raison d'être* war. Monarch und Militär stützten sich gegenseitig und engten sich ein. Die Spannungen, die der Zusammenstoß von persönlicher Treue und beruflicher Pflicht erzeugte, erkennt man exemplarisch an der Person Admirals von Müller[85]. Die politischen Folgen dieses symbiotischen Systems mündeten in den Ersten Weltkrieg. Monarchie und Militär sind getrennt voneinander nicht zu verstehen.

Eine zweite politische Eigenart des persönlichen Regierungssystems ist die Doktrin vom Primat der Außenpolitik, wobei natürlich auch andere Triebfedern dafür nicht übersehen werden dürfen wie z.B. das internationale Staatensystem. Aber die Diplomatie wie das Militär waren schließlich das letzte Monopol kaiserlicher Macht, der letzte Ort, an dem nicht nur Wilhelm, sondern auch das Publikum die Politik personifizierend aufgreifen konnte, und endlich der Ort, wo das imperialistisch gestimmte Bürgertum durch monarchische Taten befriedigt werden konnte. Kein Wunder, daß niemand im Kaiserreich den Primat der Außenpolitik je in Frage stellte. Er war eine systematische Notwendigkeit, eine formelle Widerspiegelung des „persönlichen Regiments".

Die persönliche Struktur der Macht im Kaiserreich bedeutete auch, daß politische Kritik persönlich verstanden wurde. Deshalb traten anstelle politischer Krisen Skandale auf. Unzufriedenheit äußerte sich meist gegenüber Personen, nicht gegenüber Institutionen. Diese Eigenart der wilhelminischen Politik war eine angemessene und verständliche Reaktion auf das tatsächlich bestehende politische System, wenn sie auch kaum imstande war, das System zu verändern.

Durch diese wenigen Beispiele wollte ich kurz andeuten, wie sehr das persönliche Regierungssystem, das „persönliche Regiment", die politische Kultur des Kaiserreichs durchdrang. Die volle Tragweite des Systems wird nur dann klar, wenn wir es nicht als historisch unzeitgemäß betrachten, sondern als eine Regierungsform der Moderne.

[83] *Röhl*, Königsmechanismus.
[84] *Werner*, Fürst und Hof, 36–46.
[85] *Walter Görlitz* (Hrsg.), Der Kaiser ... Aufzeichnungen des Chefs des Marinekabinetts Admiral Georg Alexander von Müller über die Ära Wilhelms II. (Göttingen/Berlin/Frankfurt/Zürich 1965) und *ders.* (Hrsg.), Regierte der Kaiser? Kriegstagebücher, Aufzeichnungen und Briefe des Chefs des Marinekabinetts Admiral Georg Alexander v. Müller, 1914–1918 (Göttingen/Frankfurt/Berlin 1959).

Wilhelm Deist

Kaiser Wilhelm II.
als Oberster Kriegsherr

Nach den jüngsten, eindringlichen Studien[1] zur Persönlichkeit Wilhelms II. liegt die Vermutung nahe, daß sich aus der Analyse seines Handelns als Oberster Kriegsherr kaum ein grundlegend anderes, d.h. positiveres Bild seiner Persönlichkeit und seiner Herrschaftsweise gewinnen lassen wird, insbesondere dann, wenn – wie es das Thema nahezulegen scheint – des Kaisers Rolle im Ersten Weltkrieg im Vordergrund des Interesses stehen sollte. In diesem ersten industrialisierten Krieg auf europäischem Boden kann von einer dominierenden oder gar wegweisenden Einflußnahme des Monarchen auf das Geschehen nicht mehr die Rede sein. Das Wort vom „Schattenkaiser" trifft wohl auf keine Zeitspanne der dreißigjährigen Herrschaft Wilhelms II. so sehr zu wie auf die vier Jahre des Weltkrieges, in denen andere Akteure und Kräfte die politische und militärische Bühne beherrschen.

Wilhelm II. als Oberster Kriegsherr im Ersten Weltkrieg bietet durchaus den Stoff für eine makabre Satire voller grotesker Szenen. So hat der damalige Oberstleutnant v. Seeckt aus den letzten Tagen des Oktober 1914 eine Begebenheit überliefert, die als Auftakt einer solchen Satire nicht ungeeignet wäre[2]. Bei einem seiner spontanen Frontbesuche begrüßte Wilhelm das 12. preußische Grenadierregiment, das seit dem Abmarsch aus Frankfurt/Oder bereits über ein Drittel seines Personalbestandes verloren hatte, mit den denkwürdigen Worten: „Brandenburger, Euer Markgraf spricht zu euch auf Frankreichs Boden." Ähnliche Äußerungen, „Sprüche" aus allen Phasen des Krieges finden sich fast in jedem der überaus zahlreichen Memoirenwerke, erinnert

---

[1] Vgl. *Michael Balfour*, Der Kaiser. Wilhelm II. und seine Zeit (Berlin 1973); *Isabel V. Hull*, The Entourage of Kaiser Wilhelm II. 1888–1918 (Cambridge 1982); *John C. G. Röhl* und *Nicolaus Sombart* (Hrsg.), Kaiser Wilhelm II – New Interpretations (Cambridge 1982), im folgenden zitiert *Röhl/Sombart*, Kaiser Wilhelm II. *John C. G. Röhl*, Kaiser, Hof und Staat. Wilhelm II. und die deutsche Politik (München 1987), im folgenden zitiert: *Röhl*, Kaiser.

[2] Zu Seeckts Brief vom 26.10.1914 vgl. Militär und Innenpolitik im Weltkrieg 1914–1918, bearb. v. *Wilhelm Deist* (Quellen zur Geschichte des Parlamentarismus und der politischen Parteien, 2. Reihe, 1), Nr. 87, S. 207, Anm. 5; im folgenden zitiert: Militär und Innenpolitik. Vgl. hierzu *Walter Görlitz* (Hrsg.), Regierte der Kaiser? Kriegstagebücher, Aufzeichnungen und Briefe des Chefs des Marine-Kabinetts Admiral Georg Alexander von Müller 1914–1918 (Göttingen 1959) 66; im folgenden zitiert: *Müller*, Regierte der Kaiser. Sowie *Ernst v. Schönfeldt*, Das Grenadier-Regiment Prinz Karl von Preußen (2. brandenburgisches) Nr. 12 im Weltkriege (Erinnerungsblätter deutscher Regimenter, 103, Oldenburg 1924) 35 f. Dort ist die Ansprache in offenbar überarbeiteter Form wiedergegeben.

sei in diesem Zusammenhang insbesondere an die Aufzeichnungen des Chefs des Marine-Kabinetts, Admiral v. Müller³. Jedoch ist mit dem Urteil über die Persönlichkeit noch keine befriedigende Antwort auf die Frage gefunden, welche historische Bedeutung der Funktion des Obersten Kriegsherrn zuzumessen ist und wie diese Funktion von Wilhelm II. während seiner dreißigjährigen Herrschaft wahrgenommen worden ist.

Der Terminus „Oberster Kriegsherr" findet sich weder in den Verfassungen von 1867 und 1871, noch in den Verträgen und Konventionen mit den süddeutschen Staaten. Greifbar wird er erst in dem Fahneneid für die Offiziere, Beamten, Unteroffiziere und Mannschaften der Kaiserlichen Marine⁴. Aus dem Vergleich mit den anderen gültigen Eidesformeln wird die dem Begriff von den Zeitgenossen zugeordnete Bedeutung erkennbar: Die Marine verkörperte von Anfang an den Reichsgedanken, sie war Bestandteil der Reichsexekutive, in ihr hatte das föderalistische Kontingentssystem keinen Platz. Der Begriff, der um die Jahrhundertwende allgemein Verwendung fand⁵, brachte demnach zum Ausdruck, daß der Kaiser im Frieden wie im Kriege als der tatsächliche Oberbefehlshaber der gesamten bewaffneten Macht des Reiches betrachtet wurde. Diese militärische Variante der generellen Entwicklung einer immer stärkeren Betonung des Kaisertums als Symbol der nationalen Einheit barg aber wie selbstverständlich auch die ältere Vorstellung in sich, daß der Oberste Kriegsherr in letzter Instanz über Struktur und Verwendung der bewaffneten Macht entschied⁶. Vor allem aber verband sich mit dem Begriff die Vorstellung, daß der Monarch als Souverän die für die Existenzsicherung der Nation notwendige Koordination der Planungen und Maßnahmen der Exekutive garantierte.

Gerade in dieser Hinsicht aber, so lautet das nahezu einhellige Urteil der Historiker, ist Wilhelm dem Anspruch nicht gerecht geworden. Nach Gerhard Ritter stand Wilhelm II. „ziemlich hilflos der großen, durch niemanden sonst zu lösenden Aufgabe gegenüber, ein gesundes Gleichgewicht zwischen militärischen und politischen Instanzen zu erhalten", und er führt dies auf „den Mangel eines wirklich souveränen Willens" zurück⁷. Hans Herzfeld konstatierte eine „völlig versagende Resignation" des Kaisers „vor seiner verfassungsmäßigen Aufgabe", die ihm die Rolle „des Obersten

---

³ Neben *Müller*, Regierte der Kaiser, vgl. in diesem Zusammenhang auch *Karl-Heinz Janßen* (Hrsg.), Die graue Exzellenz. Zwischen Staatsräson und Vasallentreue. Aus den Papieren des kaiserlichen Gesandten Karl Georg von Treutler (Frankfurt/M. 1971).
⁴ Die Eidesformel gegenüber „Seiner Majestät dem Deutschen Kaiser Wilhelm I., meinem Obersten Kriegsherrn" wurde von Wilhelm I. am 4.5.1875 genehmigt, auf seine Anweisung aber nicht im Marineverordnungsblatt veröffentlicht, vgl. Bundesarchiv-Militärarchiv Freiburg, RM 1/v. 112. Vgl. im übrigen *Rudolf Absolon*, Die Wehrmacht im Dritten Reich, Bd. 1 (Schriften des Bundesarchivs 16/I, Boppard 1969) 163 ff.; im folgenden zitiert: *Absolon*, Wehrmacht (1).
⁵ Vgl. entsprechende Artikel im „Grenzboten" 1903, zitiert nach Wort und Brauch im deutschen Heer, Transfeldt 7. Auflage (Hamburg 1976) 55.
⁶ Vgl. *Elisabeth Fehrenbach*, Wandlungen des deutschen Kaisergedankens 1871–1918 (Studien zur Geschichte des neunzehnten Jahrhunderts 1, München 1969) 122ff., 170ff.; im folgenden zitiert: *Fehrenbach*, Wandlungen.
⁷ Vgl. *Gerhard Ritter*, Staatskunst und Kriegshandwerk, Bd. 3: Die Tragödie der Staatskunst. Bethmann Hollweg als Kriegskanzler (1914–1917) (München 1964) 22.

Schiedsrichters in den Konflikten der deutschen Politik" auferlegte[8]. Karl-Dietrich Erdmann ist der Meinung, daß Wilhelm II. – „Symbolfigur jener Epoche deutscher Geschichte" – die ihm im Verfassungssystem zukommende Aufgabe, die „Bildung eines staatlichen Gesamtwillens zu fördern", nicht zu lösen vermocht, ja, daß er im Kriege auf einen „eigenen politischen Willen oder gar [auf einen] Führungsanspruch" verzichtet habe[9]. Hans-Ulrich Wehler schließlich lehnt – über Herzfeld hinausgehend – den Begriff des Wilhelminismus als irreführend ab, bezeichnet die Vorstellung eines „nationalen Imperators als Integrationsfaktor" als einen Traum, der an der „schwächlichen Figur" Wilhelms II. zerbrach, und sieht in diesem Kaiser während des Weltkrieges – wie Hans Delbrück – nur den „Schattenkaiser"[10].

So begründet diese Urteile im einzelnen auch sein mögen, und so zutreffend die Einschätzung der Rolle Wilhelms II. im allgemeinen auch erscheinen mag, so hat sich doch in jüngster Zeit durch die Forschungen John Röhls erwiesen, daß sie revisions- und ergänzungsbedürftig sind. Mit der Feststellung des doppelten Versagens als Person und Funktionsträger ist die Frage noch nicht beantwortet, ob dieses Versagen tatsächlich – wie Hans-Ulrich Wehler meint – zu einem Machtvakuum geführt hat, bzw. ob und gegebenenfalls welche Wirkungen von dem „Schattenkaiser" auf das Gesamtsystem des wilhelminischen Kaiserreiches ausgegangen sind, wobei der Versuch, deutlich voneinander sich abhebende Phasen der Wirksamkeit zu unterscheiden, immer mehr Anklang findet.

Die Figur und die Funktion des Obersten Kriegsherrn scheint mir besonders geeignet, die mit diesen Fragen verbundenen Probleme zu verdeutlichen, insbesondere auch deswegen, weil die Diskussion sich an dem im Zentrum der Auseinandersetzung stehenden Begriff des „persönlichen Regiments" festgefahren hat[11]. Übereinstimmung herrscht zumindest in einem Punkte, nämlich daß Wilhelm II. ab 1888/1890 tatsächlich ein „persönliches Regiment" anstrebte. Ebenso unstrittig dürfte sein, daß zu verschiedenen Zeiten unterschiedliche politische Kräfte diese Absicht des Monarchen aus klar zu definierenden Motiven unterstützten. In den Augen Wilhelms und seiner nächsten Umgebung handelte es sich zunächst schlicht um die Wiederherstellung der Monarchie nach der Kanzlerdiktatur Bismarcks. Dieser Versuch war – gegenüber den ursprünglichen Absichten – spätestens mit der Daily-Telegraph-Affäre 1908 gescheitert. Charakteristisch für die gesamte historische Diskussion um Realität und Illusion des „persönlichen Regiments" ist, daß die vorgetragenen Argumente sich fast ausschließlich auf den außen- und innenpolitischen, den personal-politischen Bereich beschränken. Das Militär, Entwicklungen und Ereignisse in Armee und Marine wurden und werden nur dann in die Betrachtung einbezogen, wenn sie in einer nicht mehr zu übersehenden, unmittelbaren Verbindung zum politischen, meist außenpolitischen

---

[8] Vgl. *Hans Herzfeld,* Der Erste Weltkrieg (dtv-Weltgeschichte des 20. Jahrhunderts 1, München 1968) 21.
[9] Vgl. *Karl Dietrich Erdmann,* Der Erste Weltkrieg (Gebhardt Handbuch der deutschen Geschichte. Neunte, neu bearbeitete Auflage, Taschenbuchausgabe 18, München ³1982) 20, 34, 176.
[10] Vgl. *Hans-Ulrich Wehler,* Das Deutsche Kaiserreich 1871–1918 (Deutsche Geschichte 9, Göttingen 1973) 70, 72; im folgenden zitiert: *Wehler,* Kaiserreich.
[11] Vgl. hierzu die Ausführungen und Nachweise bei *Röhl,* Kaiser, 125 ff.

Geschehen stehen. Eine derartige Betrachtung wird der Bedeutung der Funktion der bewaffneten Macht im politischen und gesellschaftlichen System des Kaiserreichs nicht gerecht, wie bereits ein Blick auf die verfassungsrechtliche Konstruktion des Kaiserreiches zeigt.

Ernst Rudolf Huber sieht das Wesen des deutschen Konstitutionalismus in erster Linie bestimmt durch einen konservativ-liberalen Kompromiß, der die Synthese zwischen dem in der Wiener Schlußakte formulierten „monarchischen Prinzip" und dem „Repräsentativprinzip" der liberalen Bewegung ermöglichte[12]. Dieser Kompromiß fand seinen Ausdruck vor allem in der preußischen Verfassung 1850 und in der Reichsverfassung 1871. Beide Verfassungen zeichnen sich durch den klaren Vorrang, durch das Übergewicht des monarchischen Prinzips aus, wodurch die konstitutionelle Monarchie mit Hilfe der existentiellen, wesensbestimmenden Vorbehaltsrechte der Krone sich als konstitutionelle Königsherrschaft definierte. In dieser Sicht lag das Konstitutionelle dieser Königsherrschaft in der Einschränkung des absoluten Herrschaftsanspruches durch die Mitwirkungsrechte der Volksvertretung und in der Einrichtung einer verantwortlichen Ministerregierung. Damit sind die wichtigsten Begriffe genannt, die das Koordinatensystem bestimmen, in dem die Position von Monarch und bewaffneter Macht im Verfassungssystem des Kaiserreiches beschrieben werden kann. Für diese Position war entscheidend, daß Armee und Marine im Sinne des monarchischen Prinzips und in Verbindung mit der Unabhängigkeit des Monarchen als Oberbefehlshaber der bewaffneten Macht – als eines der existentiellen Vorbehaltsrechte – weitgehend dem Einfluß des Parlaments und – worüber Huber den Leser im unklaren läßt[13] – der verantwortlichen Ministerregierung entzogen waren. Das kam beispielhaft in der Regelung des Belagerungszustandes nach Artikel 68 der Reichsverfassung zum Ausdruck, die allein dem Kaiser „Verhängung und Ausübung, Leitung und Kontrolle des Ausnahmezustandes"[14] übertrug und das Militär zum Exekutor des kaiserlichen Willens machte. Letztes Auskunftsmittel des Monarchen im Verfassungsstaat war der Rückgriff auf die Instrumente des Preußischen Militärstaates[15]. Konsequenterweise wurde in der Verfassung vom 31. Januar 1850 die eidliche

---

[12] Vgl. *Ernst Rudolf Huber*, Deutsche Verfassungsgeschichte seit 1789, Bd. 3: Bismarck und das Reich (Stuttgart 1969) 9; im folgenden zitiert: *Huber*, Verfassungsgeschichte (3). Vgl. hierzu die überzeugende Argumentation gegen die Charakterisierung des deutschen Konstitutionalismus als eines „systemgerechten Modells verfassungspolitischer Selbstgestaltung" durch *Ernst-Wolfgang Böckenförde*, Der Verfassungstyp der deutschen konstitutionellen Monarchie im 19. Jahrhundert, und durch *Rainer Wahl*, Der preußische Verfassungskonflikt und das konstitutionelle System des Kaiserreichs, in: *Ernst-Wolfgang Böckenförde* u. a., Moderne deutsche Verfassungsgeschichte (1815–1918) (Köln 1972) 146 ff., 171 ff.
[13] Vgl. die Ausführungen in *Huber*, Verfassungsgeschichte (3), 21 und 816 f. Von den „gefährlichsten Einbruchstellen des Krypto-Absolutismus" ist in *Huber*, Verfassungsgeschichte (4), 525 ff. nur noch unter der Perspektive „Vorrang der politischen Gewalt" die Rede.
[14] Hierzu *Hans Boldt*, Rechtsstaat und Ausnahmezustand. Eine Studie über den Belagerungszustand als Ausnahmezustand des bürgerlichen Rechtsstaates im 19. Jahrhundert (Schriften zur Verfassungsgeschichte 6, Berlin 1967) 190 ff.
[15] Im Falle der sozialdemokratischen „Reichsfeinde" hat Wilhelm II. auf dieses Mittel zurückgegriffen, vgl. *Wilhelm Deist*, Die Armee in Staat und Gesellschaft 1890–1914, in: *Michael Stürmer* (Hrsg.), Das kaiserliche Deutschland. Politik und Gesellschaft 1870–1918 (Düsseldorf 1970)

Bindung des Soldaten an die Verfassung ausdrücklich abgelehnt. So blieb für das preußische Kontingent des Reichsheeres bis zur Revolution 1918 die Eidesformel der Allerhöchsten Kabinettsordre vom 5. Juni 1831 in Kraft[16], die nicht nur den Berufssoldaten, sondern unter dem Regime der allgemeinen Wehrpflicht auch die Millionen Wehrdienstleistender „in Krieges- und Friedenszeiten" allein an die Person des Monarchen band.

Die Bedeutung dieser Tatsache für die Verankerung der Monarchie in der Bevölkerung, für die Machtposition des Monarchen, auch Wilhelms II., als Oberster Kriegsherr sollte nicht unterschätzt werden. Ganz der Tradition entsprechend hatte Wilhelm II. am Todestag seines Vaters das Kommando über Armee und Marine übernommen und in sehr persönlich gehaltenen Befehlen die besondere Bindung jedes einzelnen Soldaten an den Kriegsherrn hervorgehoben[17]. An der Vorstellung einer unauflöslichen Gemeinschaft mit der Armee, die der uneingeschränkten Verfügungsgewalt des Kriegsherrn unterlag, hat Wilhelm II. bis in den November 1918 hinein festgehalten. In besonderem Maße galt dies natürlich für das Offizierkorps, dessen Ausrichtung auf den Monarchen und dessen Abhängigkeit von ihm durch ein ganzes System subtiler Vorkehrungen abgesichert war[18]. Es ist nicht ohne Belang, in diesem Zusammenhang die Selbstverständlichkeit zu betonen, daß auch die führenden Repräsentanten von Armee und Marine sich in erster Linie als dienende Offiziere des Monarchen empfanden. Die beiden Moltkes und Schlieffen standen auch als Generalstabschefs unter der Befehlsgewalt des Obersten Kriegsherrn. Bei der Interpretation des Konflikts in der deutschen Führung im Winter 1870/71 wird durch die Konzentration auf die Auseinandersetzung zwischen Bismarck und Moltke die Rolle Wilhelms I. meist nur am Rande wahrgenommen. Er zeigte sich als militärischer Experte durchaus in der Lage, die Probleme der immer noch im Stile von Kabinettskriegen geführten Operationen zu beurteilen, und er entschied als Oberster Kriegsherr die Kontroverse seiner Berater. Undenkbar, daß Moltke einem ausdrücklichen königlichen Befehl nicht nachgekommen wäre! Von Schlieffen ist bekannt, daß er trotz besserer Einsicht nichts gegen die realitätsfernen Eingriffe Wilhelms II. in die Kaisermanöver unternommen hat, ja er ist in seinem Verhalten gegenüber Wilhelm II. als ein Höfling bezeichnet worden[19]. Und schließlich der jüngere Moltke: Die in der Mobil-

Fortsetzung Fußnote von Seite 28
316 ff.; im folgenden zitiert: *Deist,* Armee. Im Ersten Weltkrieg hat Wilhelm II. dagegen das Instrument des Belagerungszustandes in keiner Weise genutzt, vgl. Militär und Innenpolitik, XXXI ff., XL ff.

[16] Vgl. den Wortlaut bei *Absolon,* Wehrmacht (3), 163.
[17] Armee-Verordnungs-Blatt, 22. Jg. (1888) 133; Marineverordnungsblatt, 19. Jg. (1888) 123.
[18] Allgemein hierzu *Karl Demeter,* Das Deutsche Offizierkorps in Gesellschaft und Staat (Frankfurt/M. ⁴1965); *Gerhard Papke,* Offizierkorps und Anciennität, in: Untersuchungen zur Geschichte des Offizierkorps. Anciennität und Beförderung nach Leistung (Beiträge zur Militär- und Kriegsgeschichte 4, Stuttgart 1962) 181 ff.; *Manfred Messerschmidt,* Werden und Prägung des preußischen Offizierkorps – ein Überblick, in: Offiziere im Bild von Dokumenten aus drei Jahrhunderten (Beiträge zur Militär- und Kriegsgeschichte 6, Stuttgart 1964) 68 ff.; sowie *Hans Hubert Hofmann* (Hrsg.), Das deutsche Offizierkorps 1860–1960 (Boppard 1980).
[19] *Gerhard Ritter,* Der Schlieffenplan. Kritik eines Mythos (München 1956) 105, korrigierend hierzu *ders.,* Staatskunst und Kriegshandwerk, Bd. 2 (München 1960) 372, Anm. 1.

machungssituation des 1. August 1914 zwar ungerechtfertigte, dennoch verständliche, scharfe Kritik Wilhelms II. an der Starrheit des Aufmarschplanes und der Eingriff des Kaisers in die Durchführung des Aufmarsches führten zu einem seelischen Zusammenbruch des Generalstabschefs[20], der seine Funktion offenbar nur wahrnehmen konnte, wenn er vom Vertrauen seines Obersten Kriegsherrn getragen war. Das änderte sich bereits erkennbar mit Falkenhayn, dem Nachfolger Moltkes als Chef des Generalstabes, und mit der Berufung von Hindenburg und Ludendorff kam es in dieser Hinsicht zu einer grundsätzlichen Wende.

Diese in ihrer politischen und gesellschaftlichen Wirkung kaum zu überschätzende, persönliche Bindung des Soldaten an den Monarchen muß im Zusammenhang gesehen werden mit weiteren existentiellen Vorbehaltsrechten der Krone und deren Konsequenzen. Dazu gehörten das Notverordnungsrecht der Krone, das Vetorecht des Monarchen gegen Parlamentsbeschlüsse – von dem Rechtsliberalen Friedrich-Christoph Dahlmann als das „Recht der rettenden Tat" bezeichnet –, vor allem aber die Verfügung des Monarchen über die zivile Exekutivgewalt, über die auswärtige Gewalt und die Kommandogewalt[21]. Das Parlament, insbesondere der Reichstag, wahrte durchaus auch gegenüber Armee und Marine seine Budgetgewalt sowie seine definierte Gesetzgebungsgewalt. Doch mit der Kommandogewalt waren alle Fragen der Personalpolitik, der Ausbildung und Ausrüstung sowie des Einsatzes der militärischen Machtmittel dem Einfluß des Parlaments entzogen. Auch die Organisation der Führungsinstitutionen von Armee und Marine fiel in den Bereich der Kommandogewalt, und auf diesem Felde hat sich insbesondere Wilhelm II. mit einer ganzen Reihe von Initiativen betätigt. Die Zerschlagung der zentralen militärischen Kommandobehörde, des preußischen Kriegsministeriums, war bereits unter Wilhelm I. erfolgt, sein Enkel hat diese Entscheidung nicht revidiert, sondern hat im Gegenteil die Zahl der Immediatstellen in Armee und Marine ganz erheblich gesteigert mit der Absicht, seine Befehlsgewalt unmißverständlich und unmittelbar deutlich zu machen[22]. Für jeden einzelnen Schritt auf diesem Wege der Aufsplitterung der militärischen Führungsverantwortung lassen sich unterschiedliche, zum Teil sehr spezielle Anlässe und Ursachen ausmachen, aber für die allgemeine Richtung des eingeschlagenen Weges war die Überlegung maßgebend, daß nur auf diese Weise der Bereich der Kommandogewalt von parlamentarischen Einflüssen freigehalten werden könne. Weder das 1889 gegründete „Kaiserliche Hauptquartier", noch die Militär- und Marinekabinette waren unter diesen Umständen in der Lage oder dazu gedacht, dem Oberbefehl des Kaisers eine sachbezogene Basis zu schaffen[23]. Der Hinweis auf Wilhelm I. macht allerdings darauf aufmerksam, daß die kritisierte mangelnde Koordination der Herrschaftsinstrumente nicht allein auf das persönliche Versagen Wilhelms II. zurückzuführen ist, daß sie vielmehr auch als eine Konsequenz der unbestrittenen Kommandogewalt des Monarchen interpretiert werden kann.

---

[20] *Gerhard Ritter*, Staatskunst und Kriegshandwerk, Bd. 2: Die Hauptmächte Europas und das wilhelminische Reich (1890–1914) (München 1960) 335f.
[21] *Huber*, Verfassungsgeschichte (3), 9, 16 ff.
[22] Vgl. hierzu *Wilhelm Deist*, The Kaiser and his military entourage, in: *Röhl/Sombart*, Kaiser Wilhelm II., 176 ff.
[23] Ebd., 180 ff.

Die Wirkungen, die vom Oberbefehl des Kaisers, seiner Kommandogewalt ausgingen, sollten sich erklärtermaßen nicht auf den rein militärischen Bereich beschränken. Die Auseinandersetzungen um die Reform der Militärstrafgerichtsordnung (MStGO) in den 90er Jahren sind hierfür ein aussagekräftiges Beispiel[24]. Die Reform zielte unter anderem auf die Einführung einer, wenn auch beschränkten Öffentlichkeit des Verfahrens sowie auf den Übergang des Bestätigungsrechts für die Urteile vom Kontingentsherrn auf einen Obersten Gerichtshof. Beide Aspekte der Reform betrachtete der Kaiser als eine Gefährdung der ausschließlich auf ihn als Obersten Kriegsherrn hin orientierten soldatischen Gemeinschaft. Er hat den Kampf gegen die entsprechenden Bestimmungen des Reformentwurfs mit Hilfe seiner engsten Umgebung über Jahre hinweg mit aller Rigorosität und im Endeffekt erfolgreich geführt. Er hat seinen Willen dabei gegen den durchaus selbstbewußt auftretenden preußischen Kriegsminister Walter Bronsart v. Schellendorff, das preußische Staatsministerium, den Reichskanzler und auch den Reichstag durchgesetzt. Diese Aufzählung demonstriert die Priorität, die bestimmten Strukturelementen der bewaffneten Macht vor allen politischen Überlegungen eingeräumt wurde. In der Behandlung der Zaberner-Affäre 1913/14 durch den Kaiser und seine militärische Umgebung, aber auch durch die zivile Exekutive und den Reichstag ist dieses Grundmuster des deutschen Konstitutionalismus noch einmal mit aller wünschenswerten Deutlichkeit bekräftigt worden[25]. Die Bindung des Offizierkorps an den Kaiser blieb bis in den Sommer 1918 hinein im wesentlichen unangetastet.

Nach dem Vorbild der preußischen Verfassung von 1850 war auch für das Reich das Prinzip der Ministerverantwortlichkeit in Gestalt des verantwortlichen Reichskanzlers übernommen worden. Nach der damals herrschenden staatsrechtlichen Lehre galt diese Verantwortlichkeit nicht für Akte des Kaisers auf Grund seiner Kommandogewalt gegenüber Armee und Marine[26]. Diese gravierende Durchbrechung des Prinzips wurde in ihrer Wirkung noch wesentlich gesteigert durch die schlichte Tatsache, daß die preußischen Generale an der Spitze des Kriegsministeriums und die Admirale als Staatssekretäre des Reichsmarineamts sich nach ihrem Selbstverständnis dem Kaiser gegenüber in erster Linie als Offiziere ihres Obersten Kriegsherrn empfanden. Ganz abgesehen von dem komplizierten Verhältnis zwischen dem Reichskanzler und dem preußischen Kriegsminister war damit die Funktionsfähigkeit einer den Richtlinien des Reichskanzlers folgenden Reichsleitung dauernd in Frage gestellt. Das markanteste Beispiel hierfür ist die Marinerüstungspolitik unter Hollmann und Tirpitz. Es ist kein Zweifel, daß der Flottenbau der 90er Jahre nicht dem ursprünglichen politischen Konzept der jeweiligen Reichskanzler entsprach, daß Tirpitz seine Politik zu wiederholten Malen gegen den Widerstand des allein verantwortlichen Reichskanzlers

---

[24] Hierzu vgl. ebd. 173 ff.; sowie *Deist,* Armee, 315 ff.; *Helge Berndt,* Zur Reform der Militärstrafgerichtsordnung 1898. Die Haltung der Parteien im Reichstag, in: Militärgeschichtliche Mitteilungen 14 (1973) 7 ff.; sowie *Röhl,* Kaiser, 134.
[25] Zu Zabern vgl. Militär und Innenpolitik, XXVff.; *Huber,* Verfassungsgeschichte (4), 582 ff.; *David Schoenbaum,* Zabern, 1913. Consensus Politics in Imperial Germany (London 1982).
[26] *Huber,* Verfassungsgeschichte (3), 1000 ff.

mit Hilfe des Kaisers durchzusetzen vermochte[27]. So kombiniert der Flottenbau in sich die innen- und außenpolitischen Wirkungen des Handelns des monarchischen Oberbefehlshabers. Auch wenn das ausgefeilte militärpolitische Konzept der Seerüstung auf den Admiral und seine Crew zurückzuführen ist, so war doch der Kaiser für die Öffentlichkeit des In- und Auslandes der Propagandist und Repräsentant der neuen Seemachtpolitik des Reiches. Zwar nahm die Aktivität des Monarchen in Fragen der Seemachtpolitik und der allgemeinen Marinepolitik in den Jahren vor Ausbruch des Krieges deutlich ab, aber die Durchsetzung der Flottenbaupolitik ist ohne die Billigung und nachdrückliche Unterstützung der einzelnen Schritte des Staatssekretärs durch Wilhelm II. ganz und gar undenkbar. Dieses Beispiel verdeutlicht erneut, daß eine enge verfassungsrechtliche Definition der Kommandogewalt der Krone die tatsächlich mit ihr gegebenen politischen und militärischen Wirkungsmöglichkeiten des Monarchen verkennt.

Nach der Auffassung von Ernst-Rudolf Huber bestand die Aufgabe und übergeordnete Zweckbestimmung des Repräsentativprinzips im konstitutionellen Staate darin, die „Integration der bürgerlichen Gesellschaft in den monarchisch geleiteten Staat" herbeizuführen[28]. Es kann aber nicht übersehen werden, daß im Bereich von Armee und Marine, auf dem Exerzierfeld der „Schule der Nation", diese Integration sich weitgehend als eine Unterwerfung des bürgerlichen Elements unter die von der vorkonstitutionellen Kommandogewalt bestimmten Bedingungen darstellte. Jedenfalls unternahmen der Inhaber der Kommandogewalt und die führenden Repräsentanten des Militärs alle Anstrengungen, um die Organisationsform und die Wesensmerkmale dieser „Schule der Nation" der direkten Einflußnahme der Volksvertretung zu entziehen[29]. Noch weitaus entschiedener wandten sie sich gegen die Gruppierung, die am Rande der bürgerlichen Gesellschaft immer stärkeren Zulauf erhielt. Nach dem Willen der Führung wurde vor allem die Armee dazu bestimmt, im Kampf gegen die sozialdemokratische Arbeiterbewegung sowohl als letztes und entscheidendes Auskunftsmittel zu dienen als auch die ideologische Auseinandersetzung mit ihren Mitteln zu führen[30]. Von Integration konnte in diesem Falle überhaupt nicht die Rede sein. Die gelegentlich noch immer als „rein militärisch" apostrophierte Kommandogewalt der Krone war demnach eine sehr wirksame politische Waffe in der innenpoli-

---

[27] Zum Verhältnis Caprivi-Hollmann vgl. z.B. *Hans Hallmann*, Der Weg zum deutschen Schlachtflottenbau (Stuttgart 1933) 72 ff.; zu Hohenlohe und der Flottennovelle 1900 vgl. *Volker R. Berghahn*, Der Tirpitz-Plan. Genesis und Verfall einer innenpolitischen Krisenstrategie (Düsseldorf 1971) 213 f.; im folgenden zitiert: *Berghahn*, Tirpitz-Plan; Kaiser und Reichskanzler zur Flottennovelle 1906 vgl. ebd., 492 ff.
[28] *Huber*, Verfassungsgeschichte (3), 19.
[29] Vgl. *Eckart Kehr*, Zur Genesis des Königlich-Preußischen Reserveoffiziers, in: *Hans-Ulrich Wehler* (Hrsg.), Der Primat der Innenpolitik (Berlin 1965) 53 ff.; *Holger Herwig*, Das Elitekorps des Kaisers. Die Marineoffiziere im Wilhelminischen Deutschland (Hamburg 1977) 37 ff.; *Deist*, Armee, 320 ff.; *Hartmut John*, Das Reserveoffizierkorps im Deutschen Kaiserreich 1890–1914. Ein sozialgeschichtlicher Beitrag zur Untersuchung der gesellschaftlichen Militarisierung im Wilhelminischen Deutschland (Frankfurt/M. 1981), sowie die Nachweise in Anm. 18.
[30] Hierzu insbesondere Militär und Innenpolitik, XIX ff., XXXIV ff.; *Deist*, Armee, 326 ff. sowie *Wilhelm Deist*, Armee und Arbeiterschaft 1905–1918, in: *Manfred Messerschmidt* u.a. (Hrsg.), Militärgeschichte. Probleme – Thesen – Wege (Stuttgart 1982) 171 ff.

tischen Auseinandersetzung um die Struktur von Staat und Gesellschaft und wurde auch bewußt als solche eingesetzt.

Es bleibt die Frage, welche Folgen sich für die bewaffnete Macht aus ihrer herausragenden Funktion für dieses besondere konstitutionelle System ergaben. Die Handhabung der extrakonstitutionellen Kommandogewalt im Interesse des monarchischen Prinzips hatte zu einer derartigen Parzellierung der militärischen Führungsinstitutionen geführt, daß es auch im Kriege bis zuletzt zu einer umfassenden und einheitlichen militärischen Führung nicht gekommen ist[31]. Dieser Umstand hat ganz wesentlich dazu beigetragen, daß es vor dem Kriege zu einer dem Begriff auch nur einigermaßen gerecht werdenden strategischen Planung überhaupt nicht gekommen ist. Einmal ganz abgesehen von den faktisch nicht existenten Vorbereitungen für eine Koalitionskriegführung mit dem einzigen Verbündeten Österreich-Ungarn, ist hierfür die unkoordinierte Rüstungspolitik des Reiches ein aussagekräftiges Beispiel. Die Rüstung der Armee orientierte sich an und gegen Frankreich und Rußland, die der Marine an und gegen Großbritannien. Eine immerhin denkbare Abstimmung erfolgte nicht. So entstand die absurde Situation, daß trotz der Verdoppelung der Rüstungsausgaben im ersten Jahrzehnt des Jahrhunderts das Reich militärisch relativ schwächer und nicht stärker geworden war[32].

Auch die operativen Planungen von Armee und Marine wurden nicht in gegenseitiger Absprache entworfen. Die von der Marine ins Auge gefaßte Seeschlacht in der Nordsee stand in keinem erkennbaren oder gar geplanten Zusammenhang mit der von Schlieffen vorbereiteten Umfassungsschlacht im nördlichen Frankreich. Es ist ganz offensichtlich, daß Wilhelm II. auf dem Gebiet der strategischen wie operativen Planung seiner Funktion als Oberster Kriegsherr nicht gerecht wurde. Dieses Versagen hatte weitreichende politische und militärische Konsequenzen, die in vielerlei Hinsicht das Bild der deutschen Politik bis zum Ausbruch des Weltkrieges bestimmten. Es wäre jedoch unangemessen, allein die Person Wilhelms II. für diese Fehlentwicklung verantwortlich zu machen. Bei der Vorlage von Operationsplänen hat der Kaiser durchaus gelegentlich Direktiven für eine konkrete Zusammenarbeit von Admiralstab und Generalstab erteilt[33]. Aber durch Direktiven in Einzelfällen war das generelle Problem einer strategischen sowie einer zwischen Armee und Marine abge-

---

[31] Selbst der 3. OHL gelang eine völlige „Gleichschaltung" der übrigen Immediatbehörden nicht. Scheers Seekriegsleitung und die Phalanx der Militärbefehlshaber bewahrten sich die Selbständigkeit ihrer Immediatstellung.
[32] Zur Rüstungspolitik des Kaiserreiches vgl. jetzt *Stig Förster,* Der doppelte Militarismus. Die deutsche Heeresrüstungspolitik zwischen Status-quo-Sicherung und Aggression 1890-1913 (Wiesbaden 1985); im folgenden zitiert: *Förster,* Militarismus; sowie *Gerhard Granier,* Deutsche Rüstungspolitik vor dem Ersten Weltkrieg. General Franz Wandels Tagebuchaufzeichnungen aus dem preußischen Kriegsministerium, in: Militärgeschichtliche Mitteilungen 38 (1985) 123 ff.; im folgenden zitiert: *Granier,* Rüstungspolitik, sowie *Volker R. Berghahn, Wilhelm Deist,* Rüstung im Zeichen der wilhelminischen Weltpolitik. Grundlegende Dokumente 1890-1914 (Düsseldorf 1988).
[33] So ordnete er z. B. die Heranziehung des Generalstabes zur Operationsplanung der Marine gegen die USA an, vgl. *Holger H. Herwig* und *David F. Trask,* Naval Operations Plans between Germany and the United States of America 1898-1913. A Study of Strategic Planning in the Age of Imperialism, in: Militärgeschichtliche Mitteilungen 8 (1970) 5 ff.

sprochenen operativen Planung nicht zu lösen. Bei der Vielzahl der dabei zu berücksichtigenden militärischen, politischen und wirtschaftlichen Probleme, die den Zeitgenossen durchaus bewußt waren, war der Oberste Kriegsherr als einzige Koordinierungsinstanz schlicht überfordert. Vergleichbare Entwicklungen in Frankreich und Großbritannien, der Entente Cordiale, wurden mit Hilfe des Conseil Supérieur de la Guerre und des Committee of Imperial Defence auch nur mühsam und unvollkommen, aber eben doch schließlich gemeistert[34]. Eine solche Gremien-Lösung konnte sich in Preußen-Deutschland im Zeichen der auf den Monarchen fixierten Kommandogewalt, die das Prinzip von Befehl und Gehorsam in sich schloß, nicht entwickeln. Die unzureichende militärische und politische Führungsorganisation des Kaiserreiches war insofern eine Konsequenz der erfolgreichen Bemühungen, die extrakonstitutionelle Stellung der bewaffneten Macht, wie sie in der Kommandogewalt des Obersten Kriegsherrn zum Ausdruck kam, gegenüber den befürchteten parlamentarischen Einflüssen abzusichern. Die Kommandogewalt, nach Wehler das „Kernstück spätabsolutistischer Herrschaft"[35], beeinträchtigte auf diese Weise in ihren Konsequenzen zu Beginn des 20. Jahrhunderts die Verteidigungsfähigkeit des Reiches.

Wie aber verhält es sich mit dem umstrittenen „Kriegsrat"[36] vom 8. Dezember 1912? Ist bei dieser Zusammenkunft führender Militärs mit dem Kaiser nicht doch eine strategische Entscheidung getroffen worden, die unter Beweis stellen würde,

1. daß der Oberste Kriegsherr seiner Koordinationsfunktion durchaus gerecht geworden ist,
2. daß die Entscheidungsgewalt nach wie vor beim Kaiser lag, der sich zunehmend auf die führenden Militärs und nicht mehr auf den Reichskanzler abstützte und schließlich
3. daß die politische und militärische Führung des Reiches und ihr Repräsentant der Kaiser, trotz aller institutionellen Hemmnisse und persönlichen Schwächen ihre Fähigkeit zu langfristigem Planen und Handeln nicht eingebüßt hatten.

Zunächst muß wohl festgestellt werden, daß dieser „Kriegsrat" in der Führungsorganisation des Reiches nicht institutionell verankert war. Es war vollkommen in das Belieben des Kaisers gestellt, ob und in welcher Zusammensetzung er eine Konferenz der Spitzen aus Politik und Militär berief. Dieser Hinweis mindert in keiner Weise die Bedeutung, die dem „Kriegsrat" bei der Charakterisierung der deutschen Politik in der unmittelbaren Vorgeschichte des Krieges zugemessen wird. Zur Debatte steht ausschließlich die Frage nach dem „kausalen Zusammenhang" zwischen dem „Kriegsrat" vom 8. Dezember 1912 und der Juli-Krise 1914. Nach dem augenblicklichen, an den Quellen orientierten Forschungsstand läßt sich ein solcher unmittelbarer Zusammen-

---

[34] Hierzu *Samuel R. Williamson Jr.*, The Politics of Grand Strategy. Britain and France prepare for War (Cambridge 1969) sowie die Aufsätze von *J. McDermott* und *S. R. Williamson* in dem Sammelband *Paul M. Kennedy* (Hrsg.), The War Plans of the Great Powers 1880–1914 (London 1979) 99 ff., 133 ff.
[35] *Wehler*, Kaiserreich, 151.
[36] Vgl. die neueste zusammenfassende Darstellung von *John C. G. Röhl*, Der militärpolitische Entscheidungsprozeß in Deutschland am Vorabend des Ersten Weltkrieges, in: *Röhl*, Kaiser, 175 ff.

hang nicht nachweisen. John Röhl hat die von einzelnen Ressorts im Anschluß an den „Kriegsrat" initiierten Maßnahmen – soweit sie bisher bekannt geworden sind – aufgezählt[37]: Vorsorge für die Volks- und Heeresernährung im Kriege, vorbereitende Maßnahmen zur Sicherstellung des erhöhten Geldbedarfs im Mobilmachungsfalle, erhebliche Verstärkung der Goldreserven der Reichsbank etc. Angesichts der seit Sommer und Herbst 1911 als äußerst gespannt empfundenen politischen Lage könnten diese vorbeugenden Bemühungen um eine Sicherung der wirtschaftlichen Grundlagen der Kriegführung auch als längst überfällig bezeichnet werden. Der „Kriegsrat" hätte somit dazu beigetragen, daß einzelnen Vertretern der Exekutive allmählich bewußt wurde, daß bei einem Krieg zwischen den industrialisierten Staaten Europas die Maßstäbe des Krieges von 1870/71 nicht mehr gültig sein würden.

Im Zusammenhang mit den gestellten Fragen ist jedoch vor allem zu überprüfen, wie die von Wilhelm II. gegebenen konkreten Anweisungen von den führenden Militärs praktisch umgesetzt wurden. Der Kaiser hatte zunächst diplomatische Möglichkeiten zur Verbesserung der politischen Ausgangslage auf dem Balkan als Voraussetzung einer deutschen militärischen Offensive im Westen nach dem Muster des Schlieffen-Planes erörtert. Demgemäß habe sich die Flotte auf den Krieg gegen England vorzubereiten, der mit „Unterseebootskrieg gegen englische Truppentransporte in der Schelde bzw. bei Dünkirchen" und mit Minenkrieg in der Themse zu eröffnen sei[38]. Und von Tirpitz forderte er: „Schleunige Mehrbauten von U-Booten etc." Der Staatssekretär ist dieser klaren Forderung nicht nachgekommen. Im ersten Halbjahr 1912 waren insgesamt 15 der seit November 1910 mit Dieselmotoren ausgestatteten Boote (Fahrbereich 5000 sm) in Auftrag gegeben worden. Von Mitte 1912 bis Kriegsbeginn wurden nur noch Aufträge für 3 Boote erteilt (10.7.1913/22.6.1914). Dagegen bestellte das Reichsmarineamt allein im August 1914 insgesamt 11 Boote[39]. Welche Gründe für diese bemerkenswerte Nichtbeachtung der Forderung des Kaisers bei Tirpitz vorlagen, ist nicht bekannt. Obwohl ihm zu diesem Zeitpunkt die wachsenden Zweifel an der Wirkungsmöglichkeit der Schlachtflotte in einem Krieg gegen Großbritannien seit langem bewußt waren, ergriff er die ihm gebotene Chance nicht[40], sondern plädierte für eine Verschiebung des Krieges um anderthalb Jahre. Auch in dem Operationsbefehl für den Nordseekriegsschauplatz vom 30. Juli 1914 ist der U-Bootkrieg gegen englische Truppentransporte nicht ausdrücklich erwähnt. Vier U-Boote stießen zwar im August 1914 in Richtung auf den Kanal vor, ihr Ziel waren aber nicht

---

[37] Ebd., 198 ff.
[38] Dies entsprach den beim Immediatvortrag des Admirals v. Heeringen am 3.12.1912 vom Kaiser genehmigten Operationsplänen der Marine, insbesondere den, in einer besonderen Denkschrift zusammengefaßten Vorschlägen zur Schädigung der englischen Truppentransporte, vgl. *John C. G. Röhl*, An der Schwelle zum Weltkrieg: Eine Dokumentation über den „Kriegsrat" vom 8. Dezember 1912, in: Militärgeschichtliche Mitteilungen 21 (1977) 83f., im folgenden zitiert: *Röhl*, An der Schwelle.
[39] Vgl. Der Handelskrieg mit U-Booten bearbeitet von *Arno Spindler*, Bd.1: Vorgeschichte (Der Krieg zur See 1914–1918, hrsg. vom Marine-Archiv 4, Berlin 1932) 148.
[40] Auch gegenüber dem Reichskanzler erhob er am 14.12.1912 nur die Forderung einer Baubeschleunigung bei den Panzerkreuzern und Mehrforderungen für das Flugwesen der Marine, vgl. *Röhl*, An der Schwelle, 109.

die Truppentransporter, sondern die sie sichernden britischen Kriegsschiffe[41]. Die Admirale Tirpitz, Heeringen und Müller waren im Umgang mit ihrem Obersten Kriegsherrn sehr erfahrene Offiziere. Es galt, der allgemeinen Intention des Kaisers zu entsprechen und direkte Befehle in Einzelfragen nach Möglichkeit zu verhindern. Hatte doch der Kabinettschef wenige Wochen zuvor zu der die Herbstmanöver der Flotte abschließenden Kritik des Kaisers in seinem Tagebuch vermerkt[42]: „Es gehört eine Mordsstirn dazu, um vor so vielen Sachverständigen so viel laienhaften Unsinn zu reden."

Mit dem Auftrag des Kaisers an Tirpitz, mit Hilfe des Nachrichtenbureaus des Reichsmarineamts „die Volkstümlichkeit eines Krieges gegen Rußland" zu propagieren, hat es eine besondere Bewandtnis. Ganz abgesehen von dem Umstand, daß ein Krieg gegen das Zarenreich der politischen Linie des Staatssekretärs nicht entsprach und daß sein Votum für einen Aufschub des Krieges um anderthalb Jahre ihn nicht gerade zum überzeugten Propagandisten in dieser Frage prädestinierte, befand sich auch die Pressepolitik des Reichsmarineamts in einer Krise. Im Zusammenhang mit der Flottennovelle 1912 und der sie begleitenden Pressekampagne war es zu einem ernsthaften Konflikt mit dem Reichskanzler über die Aktivitäten des Nachrichtenbureaus gekommen. Der Staatssekretär sah sich im Sommer 1912 gezwungen, gegenüber dem Reichskanzler die volle Verantwortung für die Aktivitäten seiner Offiziere zur Beeinflussung der öffentlichen Meinung zu übernehmen. Damit war der Spielraum für eine im Sinne der Flottenpolitik erfolgreiche Presse- und Informationspolitik entscheidend eingeschränkt worden[43]. Die eindeutige Sprache des Reichskanzlers gegenüber dem preußischen Kriegsminister und dem Staatssekretär des Reichsmarineamts am 14. Dezember 1912, er könne „irgendwelche Preßtreibereien" aus den Ressorts zugunsten der Wehrvorlagen „unter keinen Umständen dulden", hatte daher keineswegs nur deklamatorischen Charakter[44]. In der Tat ist vom Nachrichtenbureau des Reichsmarineamts auch in den Monaten nach dem „Kriegsrat" eine den Intentionen des Kaisers entsprechende Kampagne nicht ausgegangen[45].

An dieser Stelle soll noch einmal betont werden, daß diese Bemerkungen die historische Bedeutung des „Kriegsrates" nicht in Frage stellen, in dem die sich allseits zuspitzende politische Lage des Reiches in dramatischer Weise zum Ausdruck kam und seitdem das Bewußtsein der politisch und militärisch Handelnden beherrschte. Es geht vielmehr nach wie vor um die Frage, in welcher Weise der Kaiser als Oberster

---

[41] Der Krieg in der Nordsee bearbeitet von *Otto Groos,* Bd. 1: Vom Kriegsbeginn bis Anfang September 1914 (Der Krieg zur See 1914-1918, hrsg. vom Marine-Archiv 1, Berlin 1920) 54, 252 f.
[42] *Walter Görlitz* (Hrsg.), Der Kaiser ... Aufzeichnungen des Chefs des Marinekabinetts Admiral Georg Alexander v. Müller über die Ära Wilhelms II. (Göttingen 1965) 167 (20.9.1912).
[43] Vgl. hierzu *Wilhelm Deist,* Flottenpolitik und Flottenpropaganda. Das Nachrichtenbureau des Reichsmarineamtes 1897-1914 (Beiträge zur Militär- und Kriegsgeschichte 17, Stuttgart 1976) 312 ff.
[44] *Röhl,* An der Schwelle, 109.
[45] Was nicht ausschließt, daß die vom Auswärtigen Amt und vom Reichskanzler in diesem Zusammenhang erwähnten Artikel von Tirpitz und seinen Gehilfen außerhalb des Nachrichtenbureaus angeregt wurden, doch auch in diesem Falle könnte von einer regelrechten, gesteuerten Pressekampagne nicht die Rede sein.

Kriegsherr die Richtlinien der Politik zu bestimmen in der Lage war. Unter dieser Fragestellung muß auch noch ein Blick geworfen werden auf die Heeresvorlage 1913, die als das „wichtigste unmittelbare Ergebnis" des „Kriegsrates" bezeichnet wird. In der Tat hat die Planung dieser Rüstungsmaßnahme durch den „Kriegsrat" wohl den entscheidenden Impuls erhalten[46]. Es sollte jedoch nicht übersehen werden, daß der Kaiser, knapp zwei Monate zuvor, unter dem Eindruck der türkischen Niederlagen im ersten Balkankrieg die Initiative zu dieser Heeresvorlage ergriffen hatte. Noch bemerkenswerter ist, daß der Vorschlag des Kaisers zunächst ausgerechnet beim preußischen Kriegsminister und dem Chef des Generalstabes auf Widerspruch stieß. Moltke, der von Oktober 1912 bis Ende Januar 1913 erkennbar unter dem Einfluß des Chefs der 2. (Aufmarsch-)Abteilung, dem Obersten Ludendorff stand, ist sehr schnell zu einer anderen Auffassung der Dinge gelangt. In den Auseinandersetzungen um die Heeresvorlage erwies er sich allerdings keineswegs als der starke Mann, als der er nach seinen auf einen Präventivkrieg drängenden Äußerungen im „Kriegsrat" erscheinen könnte. Der dem Reichstag vorgelegte Entwurf der Heeresvorlage ist das Ergebnis einer harten und bitteren Auseinandersetzung zwischen dem preußischen Kriegsministerium und dem Generalstab, in der sich Kriegsminister v. Heeringen in wesentlichen Punkten durchsetzte, da er sich der Unterstützung des Kaisers und des Kanzlers zu versichern wußte. Bethmann Hollweg schließlich hatte sich ebenfalls lange vor dem „Kriegsrat" für eine Heeresvorlage ausgesprochen[47]. Als er nach dem 8. Dezember 1912 von dem Generalobersten v. Plessen erfuhr, daß der Kaiser eine Heeres- und eine Marinevorlage wünsche, hat er – wie im Vorjahre – seine Konzessionsbereitschaft gegenüber den Heeresforderungen geschickt und vor allem mit Nachdruck benutzt, um eine Flottenvorlage zu verhindern. Gemessen an den Vorgängen im Winter 1911/12 glückte es ihm relativ rasch, dieses Ziel bei dem zunächst widerstrebenden Kaiser durchzusetzen[48]. So gelang es dem Reichskanzler, trotz der politischen Begleitumstände und des enormen Umfangs der Heeresvorlage, doch in einem gewissen Maße die allgemeine Linie seiner Politik beizubehalten.

Fragt man vor diesem Hintergrund nochmals nach der Fähigkeit der politischen und militärischen Führung des Reiches unter Wilhelm II. zu einvernehmlichem und verantwortlichem Handeln aufgrund einer längerfristigen politischen Konzeption, so erweist sich, daß der Oberste Kriegsherr dazu nicht in der Lage war. Seine impulsiven Anregungen trafen zwar oft den Kern der Dinge, doch seine Direktiven blieben ohne Ergebniskontrolle mit den entsprechenden Folgen. Der ehemalige Kriegsminister v. Einem bezeichnete 1915 treffend den tieferen Grund für das Versagen Wilhelms II. vor seiner Koordinationsaufgabe: Das Reich habe „seit ¼ Jahrhundert ein arbeitendes Staatsoberhaupt nicht gehabt"[49]. Dennoch, keine der wichtigeren Entscheidungen

---

[46] Röhl, Kaiser, 198 sowie *Förster*, Militarismus, 247 ff., insbesondere 252.
[47] Zur Entwicklung der Heeresvorlage 1913 insgesamt vgl. *Förster*, Militarismus, 247 ff. sowie *Granier*, Rüstungspolitik, 127 ff.; 141 ff. und *Volker R. Berghahn, Wilhelm Deist*, Rüstung im Zeichen wilhelminischer Weltpolitik. Grundlegende Dokumente 1890–1914 (Düsseldorf 1988) 371 ff.
[48] *Röhl*, An der Schwelle, 91 ff.; *Alfred v. Tirpitz*, Der Aufbau der deutschen Weltmacht (Stuttgart 1924) 368 ff.; *Volker R. Berghahn*, Germany and the Approach of War in 1914 (London 1973) 130 f.
[49] Militär und Innenpolitik, Nr. 425, 1136, Anm. 5.

konnte ohne den Kaiser getroffen werden. Es ist die Meinung vertreten worden, daß mit dem „Kriegsrat" vom 8. Dezember 1912 deutlich geworden sei, daß das Militär in seinen führenden Repräsentanten, den „Getreuen von Heer und Flotte", nunmehr den ausschlaggebenden Einfluß auf dieses Staatsoberhaupt, diesen Obersten Kriegsherrn, gewonnen hätte[50]. Obwohl gar kein Zweifel daran bestehen kann, daß Wilhelm II. die militärische Umgebung allem anderen vorzog und einer entsprechenden Einflußnahme zugänglich war, so muß doch darauf hingewiesen werden, daß „das Militär" aufgrund der Führungsorganisation keine Einheit bildete. Die Figuren des Dezember 1912, Moltke und Heeringen, Tirpitz und Müller, verfolgten alle unterschiedliche Ziele. Nur deshalb war es Bethmann Hollweg möglich, dieser zunächst übermächtig erscheinenden militärischen Lobby die Waage zu halten und seine politische Linie – mit Abstrichen – durchzuhalten. Diese Konstellation führte dazu, daß von allen Repräsentanten der politischen und militärischen Führung, die sich ohne Ausnahme über die Sprunghaftigkeit und Unzuverlässigkeit dieses Monarchen im klaren waren, der Kaiser als die entscheidende Instanz für ihre Vorhaben angesehen wurde. Eine längerfristige politische oder militärische Konzeption, wie sie Bethmann Hollweg zweifellos besaß, war unter diesen Umständen nur dann mit immer ungewisser Aussicht auf Erfolg durchzusetzen, wenn auch administrative Methoden und das Mittel der politischen Intrige verwandt wurden. Zwischen Tirpitz und Bethmann Hollweg ergeben sich in dieser Hinsicht überraschende Parallelen.

Die Unverzichtbarkeit kaiserlicher Entscheidungen als Oberster Kriegsherr zeigte sich auch im Weltkrieg, als nach der herrschenden und wohlbegründeten Meinung Wilhelm II. als „Schattenkaiser" vor dem erdrückenden Anspruch seines Amtes ganz offensichtlich versagte und in Resignation verfiel. In der Führungskrise[51] der Jahreswende 1914/15 wie bei der Berufung der 3. OHL[52] Ende August 1916 stand mit der vom Kaiser zu treffenden Personalentscheidung jeweils ein alternatives Kriegsprogramm zur Debatte. Es sollte dabei nicht übersehen werden, daß alle Beteiligten gemeinsam der Überzeugung waren, die von ihnen gewünschte Lösung der Krise könne nur durch eine Entscheidung des Kaisers herbeigeführt werden. Das gleiche gilt für eine der wenigen strategischen Weichenstellungen des Ersten Weltkrieges, der Entscheidung über die Aufnahme des unbeschränkten U-Boot-Krieges am 9. Januar 1917[53]. Aus historischer Perspektive wurde mit der Entscheidung dieses Tages eine seit dem Winter 1914 immer häufiger und immer heftiger geführte Auseinandersetzung beendet, in die der Kaiser verschiedentlich – unter anderem gegenüber dem

---

[50] *Röhl*, Kaiser, 180.
[51] Vgl. zuletzt *Ekkehart P. Guth,* Der Gegensatz zwischen dem Oberbefehlshaber Ost und dem Chef des Generalstabes des Feldheeres 1914/15. Die Rolle des Majors v. Haeften im Spannungsfeld zwischen Hindenburg, Ludendorff und Falkenhayn, in: Militärgeschichtliche Mitteilungen 35 (1984) 75 ff.
[52] Nach wie vor nicht überholt *Karl-Heinz Janßen,* Der Kanzler und der General. Die Führungskrise um Bethmann Hollweg und Falkenhayn (1914–1916) (Göttingen 1967), insbesondere 221 ff.
[53] *Gerhard Ritter,* Staatskunst und Kriegshandwerk, Bd. 3: Die Tragödie der Staatskunst. Bethmann Hollweg als Kriegskanzler (1914–1917) (München 1964) 349 ff.

Seeoffizierskorps[54] – eingegriffen und die Politik des Reichskanzlers gegen die zahlreichen, sehr einflußreichen Befürworter dieser Form der Kriegführung gestützt hatte. Wichtig erscheint in diesem Zusammenhang, daß wiederum von allen Beteiligten – so kritisch und ablehnend sie auch dem Verhalten des Kaisers gegenüberstanden – seine Entscheidung für notwendig und unentbehrlich gehalten wurde.

Diese nach wie vor bedeutende politische Position des „Schattenkaisers" wird nur dann verständlich, wenn – über die verfassungsgeschichtliche Analyse hinausgehend – die mit dem Kaisertum verbundenen Vorstellungen, Überzeugungen und politischen Leitbilder in die Überlegung einbezogen werden. Elisabeth Fehrenbach hat in ihrer grundlegenden Studie herausgearbeitet[55], wie sich das Kaisertum unter Wilhelm II. zum Symbol der Nation und der Reichsmonarchie von Gottes Gnaden entwickelte und sich verband mit den imperialen wie cäsaristischen Vorstellungen der Zeit. Sie hat vor allem darauf hingewiesen, daß diese dem Kaisertum zugeschriebenen Symbolwerte eine überraschende und starke politische Wirksamkeit zeigten. Für die Stärke dieser politischen Kraft, die der Kaisergedanke gewann, spricht das erstaunliche Phänomen, daß die hellsichtige und zum Teil sehr massive Kritik, die innerhalb der Führungsschicht und auch in der Öffentlichkeit, in Reichstag und Presse unüberhörbar geäußert wurde, an der Faszination und an der Bindekraft dieses Symbols nur wenig oder nichts zu verändern vermochte. Die Feierlichkeiten zum 25jährigen Jubiläum der Thronbesteigung im Jahre 1913, ihr Echo in der Öffentlichkeit haben – bei allem damit verbundenen Byzantinismus – die starke und tiefe Verankerung des Kaisertums in den Kreisen der Bevölkerung deutlich gemacht, die die etablierte innere Ordnung nicht in Frage stellten. Dazu dürfte nicht zuletzt die ganz auf den Monarchen ausgerichtete Militärorganisation auf der Grundlage der allgemeinen Wehrpflicht beigetragen haben. Neben die Millionen Wehrpflichtiger, die im Laufe der Jahrzehnte die Armee durchliefen und die sehr gezielt im Sinne des monarchischen Staates unterwiesen worden waren, traten die ebenfalls Millionen umfassenden, militärisch organisierten und kontrollierten Kriegerverbände, deren Bedeutung für die verschiedenen sozialen Schichten der Bevölkerung zwar noch genauer untersucht werden sollte, deren innenpolitische Funktion im Sinne der Systemstabilisierung aber außer Frage steht[56]. Die Breite dieser sich mit dem Symbol der nationalen Einheit identifizierenden Bewegung ging jedoch weit über den Rahmen der nationalen Organisationen hinaus. Für diese Zeitgenossen war das Kaiserbild auch die Projektion der eigenen Wünsche und Vor-

---

[54] Vgl. *Holger H. Herwig*, Das Elitekorps des Kaisers. Die Marineoffiziere im Wilhelminischen Deutschland (Hamburg 1977) 143 f.
[55] Vgl. *Fehrenbach*, Wandlungen, 89 ff., 221 ff.
[56] *Klaus Saul*, Der „Deutsche Kriegerbund". Zur innenpolitischen Funktion eines „nationalen" Verbandes im kaiserlichen Deutschland, in: Militärgeschichtliche Mitteilungen 6 (1969) 95 ff.; *Klaus Saul*, Der Kampf um die Jugend zwischen Volksschule und Kaserne. Ein Beitrag zur „Jugendpflege" im Wilhelminischen Reich, in: Militärgeschichtliche Mitteilungen 9 (1971) 97 ff.; *Dieter Düding*, Die Kriegervereine im wilhelminischen Reich und ihr Beitrag zur Militarisierung der deutschen Gesellschaft, in: *Jost Dülffer* u.a. (Hrsg.), Bereit zum Krieg. Kriegsmentalität im Wilhelminischen Deutschland 1890–1914 (Göttingen 1986) 99 ff. Neuerdings die grundlegende Studie von *Th. Rohkrämer*, Der Militarismus der „kleinen Leute". Die Kriegervereine im Deutschen Kaiserreich 1871–1914 (Beiträge zur Militärgeschichte 29, München 1990).

stellungen. Der „Friedenskaiser" in der möglichst martialischen Aufmachung als Oberster Kriegsherr war für sie kein Widerspruch, denn Kaiser und bewaffnete Macht gewährleisteten Frieden, Ruhe und Ordnung nicht nur an den Grenzen, sondern auch im Innern des Reiches, und für weite Teile der Gesellschaft schien nach den Reichstagswahlen 1912 die innere Ordnung zumindest gefährdet.[57] Vor diesem Hintergrund, vor dem Kaiser, Armee und Marine als die Garanten, als die stabilisierenden Elemente der bestehenden Ordnung erschienen, wird die Stärke der Akklamation in einer Phase verständlich, in der auch die Kritik anschwoll und sich zuspitzte. Der Kriegsbeginn, mit der Reaktion auf den Mobilmachungsbefehl vom 1. August einerseits, auf das Wort des Kaisers vor den Reichstagsabgeordneten am 4. August, er kenne keine Parteien mehr, er kenne nur noch Deutsche andererseits, demonstrierte die Verbreitung und die politische Wirkung dieses Kaiserbildes in beeindruckender Weise[58]. Die Identität von Kaiser und bewaffneter Macht, der Kaiser als der Garant der Machtposition des Reiches, aber auch als Garant der Aufrechterhaltung und Weiterentwicklung der bestehenden inneren Ordnung – all dies schien der Kriegsbeginn stichhaltig unter Beweis gestellt zu haben.

Wie stark die hinter diesem Bild stehenden Überzeugungen und Bindungen waren, mußte auch die Nationale Rechte, der es an großzügiger Unterstützung durch die einflußreichsten politischen, wirtschaftlichen und gesellschaftlichen Gruppen wahrlich nicht mangelte, während des gesamten Krieges erfahren[59]. Alle ihre Überlegungen und Pläne für eine zielbewußte und zugleich effiziente Kriegspolitik und Kriegführung kamen an der Person des Kaisers nicht vorbei. Die Ausschaltung des Kaisers, von Wenigen aus dem alldeutschen Umfeld – unter ihnen allerdings ein Mann wie Tirpitz – gewissermaßen als Voraussetzung der erstrebten Wende ins Auge gefaßt, erwies sich als unmöglich. Der Kaisermythos erwies sich stärker als die beschämende Realität. Das persönliche Versagen Wilhelms II. erschütterte zunächst die Basis, die sein Kaisertum trug, nur geringfügig.

Als der erwartete Sieg jedoch auf sich warten ließ und die Konsequenzen des industrialisierten Krieges sich überall in erschreckender Weise zeigten, mußte Wilhelm II. mit den Siegern von Tannenberg, Hindenburg und Ludendorff, „Feldherrn" an die Spitze der Armee berufen, von denen Hindenburg durchaus dem Bilde des „Führers der Nation" entsprach. Das Kaiserbild hatte seit der Jahrhundertwende immer auch das Element des „Volkskaisertums" enthalten, das sich immer mehr mit dem radikalen Gedankengut der Alldeutschen verbunden hatte[60]. Der aus der vielgestaltigen Idee des Kaisertums erwachsende Symbolgehalt trennte sich nunmehr immer mehr von der Person des Kaisers und ging auf die Dioskuren Hindenburg und Ludendorff, insbesondere Hindenburg, über. Nichts charakterisiert den Wandel so deutlich, wie der

---

[57] Vgl. u.a. *Werner T. Angress,* The Impact of the „Judenwahlen" of 1912 on the Jewish Question. A Synthesis, in: Year Book of the Leo Baeck Institute XXVIII (1983) 367 ff.
[58] Einschränkend hierzu *Volker Ullrich,* Kriegsalltag. Hamburg im ersten Weltkrieg (Köln 1982) in bezug auf die Reaktion der Hamburger Arbeiterschaft.
[59] Vgl. hierzu umfassend *Bruno Thoß,* Nationale Rechte, militärische Führung und Diktaturfrage in Deutschland 1913–1923, in: Militärgeschichtliche Mitteilungen 42 (1987) 27–76.
[60] Vgl. *Fehrenbach,* Wandlungen, 216 ff.

Bericht des ehemaligen preußischen Kriegsministers v. Einem vom 16. Oktober 1917 über die Geburtstagsfeierlichkeiten zu Ehren Hindenburgs[61]: „hervorgetreten ist das ganz ausgezeichnete Verhältnis S.M. zu Hindenburg. Nicht nur die Reden haben das erwiesen, sondern auch das Verhalten des Kaisers, der ehrerbietig [!] gewesen ist. Er hat sich um seinen Generalstabschef gesorgt und damit bekundet, daß er weiß, welchen Wert Hindenburg für den Krieg, für Deutschland und die Monarchie hat. Es ist das Walten des göttlichen Willens, daß wir diesen Mann haben, der einen Pol in der Zerrissenheit unseres Volkes bildet." Der Weg zum „Ersatzkaiser" war nicht mehr weit.

Diese Wendung der Dinge ist im Offizierkorps und in der politischen Führungsschicht des Reiches ohne nachhaltigen Widerspruch zur Kenntnis genommen worden – ein Reflex der nunmehr auch im höheren Offizierkorps weitverbreiteten, scharfen und bitteren Kritik an dem persönlichen Verhalten, an der Inaktivität des Kaisers. Doch diese Kritik änderte nichts an der Loyalität des Offizierkorps gegenüber Wilhelm II. als dem monarchischen Staatsoberhaupt. Sicherlich gab es eine relativ kleine Gruppe von Offizieren um Ludendorff, die in der Nation, im Vaterland einen höheren Wert als in der durch den Hohenzollern diskreditierten Monarchie sahen, und über die politische Haltung der Masse der jungen Frontoffiziere liegen nur unzureichende Zeugnisse vor. Aber für die Masse des Offizierkorps stand die durch den Eid geprägte Loyalität zur monarchischen Spitze des Reiches, zum Kaiser bis in die Anfänge des revolutionären Umbruchs im Oktober 1918 nicht zur Debatte.

Das eigentliche Problem der militärischen Führung im Weltkrieg aber war, daß dieser Krieg mit Menschen in der Front und in den Fabriken geführt werden mußte, die bis zum Kriegsbeginn als „Reichsfeinde" gegolten hatten und von der Armee entsprechend behandelt worden waren. Die Armee als Garant der etablierten Ordnung geriet damit in eine außerordentlich schwierige Lage, die durch das Prinzip von Befehl und Gehorsam sowie propagandistische Bemühungen alleine nicht zu überwinden waren[62]. In Ludendorffs Offensive 1918 mit ihrer Überforderung der Armee auf allen Gebieten ist dieser Gegensatz zwischen Führung und Truppe zum Ausdruck gekommen und hat mit der militärischen Niederlage das konstitutionelle System zum Einsturz gebracht.

Im Endeffekt sind Armee und Marine in ihrer militärischen Funktion für die Nation korrumpiert worden durch die Aufgaben, die sie zur Absicherung der preußischdeutschen Form des Konstitutionalismus und der ihr entsprechenden gesellschaftlichen Interessen zu übernehmen hatten. Das persönliche Versagen Wilhelms II., des Obersten Kriegsherrn, hat zweifellos zu dem im Ersten Weltkrieg sich vollziehenden Untergang des Kaiserreiches beigetragen, die tieferen Ursachen liegen jedoch in den

---

[61] Militär und Innenpolitik, Nr. 425, 1137, Anm. 5.
[62] Vgl. hierzu die in Anm. 30 nachgewiesenen Untersuchungen. Ein Seeoffizier, Korvettenkapitän v. Selchow, schrieb angesichts der schlechten Nachrichten von der Westfront in sein Tagebuch (30.5.1918): „Übersieht Ludendorff das? Glaubt er wirklich, das bloße sic jubeo genüge heute noch?" Militär und Innenpolitik, Nr. 458, 1226, Anm. 1. Zum Folgenden vgl. *Wilhelm Deist*, Der militärische Zusammenbruch des Kaiserreichs. Zur Realität der „Dolchstoßlegende", in: *Ursula Büttner* (Hrsg.), Das Unrechtsregime. Festschrift für Werner Jochmann, Bd. 1 (Hamburg 1986) 101 ff.

Bedingungen und Konsequenzen der Herrschaftsorganisation jener besonderen Form des preußisch-deutschen Konstitutionalismus, dessen Repräsentant er war.

Wenn in diesem Beitrag vor allem den strukturellen Bedingungen, unter denen Wilhelm II. seine Funktion als Oberster Kriegsherr auszuüben hatte, nachgegangen und den in der Person des Kaisers liegenden Umständen weniger Aufmerksamkeit geschenkt wurde, so könnte leicht der Eindruck entstehen, als ob einer deterministischen Perspektive das Wort geredet würde. Thomas Nipperdey hat in einem glänzenden Plädoyer gerade für das Kaiserreich eine solche Betrachtungsweise zurückgewiesen und auf das vielgestaltige Erneuerungspotential innerhalb der bürgerlichen Gesellschaft aufmerksam gemacht[63]. Er hat sich allerdings explizit auf diesen Teil der Gesellschaft konzentriert. Der Militärhistoriker konzentriert sich seinerseits auf das Umfeld der bewaffneten Macht, und das Militär repräsentiert im Normalfall den auf dem Herkommen beharrenden Teil der Gesellschaft, die im Falle des Kaiserreiches ihre bestimmende Rolle mit der militärischen Niederlage im Weltkrieg verlor. Mit anderen Worten: ein zutreffendes Bild der wilhelminischen Gesellschaft wird erst dann entstehen, wenn es gelingt, die in einzelnen Ausschnitten dargestellte Befindlichkeit der „segmentierten" wilhelminischen Gesellschaft zu einem Ganzen zu fügen.

Es wäre reizvoll, abschließend noch einen Blick zu werfen auf die Nachwirkungen der Sonderstellung der bewaffneten Macht im Kaiserreich auf die Verhältnisse in Reichswehr und Wehrmacht. Dabei wäre nicht nur die Seeckt'sche Definition der Position der Reichswehr im republikanischen Staate zu erwähnen, sondern auch an die von der Wehrmachtführung unter Blomberg in Selbsttäuschung gerne aufgegriffene Zwei-Säulen-Theorie zu erinnern, wonach der nationalsozialistische Staat politisch von der NS-Bewegung und militärisch von der Wehrmacht, dem einzigen Waffenträger des Reiches, getragen werde. Die bloßen Stichworte machen deutlich, wie stark und politisch folgenreich diese Nachwirkungen gewesen sind. Sie lieferten den Stoff für eine eigene Untersuchung, vor allem, wenn man sie mit der Frage kombinierte, welche Bedeutung dem wissenschaftlich erörterten Phänomen zukomme, daß im Zweiten wie im Dritten Reich ein politisch wirksamer Mythos eine Rolle spielte, der Kaiser- und der Hitlermythos[64].

---

[63] *Thomas Nipperdey,* War die Wilhelminische Gesellschaft eine Untertanen-Gesellschaft?, in: Nachdenken über die deutsche Geschichte (München 1986) 172 ff.
[64] Zu Letzterem vgl. *Ian Kershaw,* Der Hitler-Mythos. Volksmeinung und Propaganda im Dritten Reich (Schriften der Vierteljahrshefte für Zeitgeschichte 41, Stuttgart 1980).

Katharine A. Lerman

The Chancellor as Courtier:
The Position of the Responsible Government
under Kaiser Wilhelm II, 1900–1909*

Bernhard von Bülow always intended to be a different kind of Chancellor from his predecessors. Unlike Bismarck who had been "a power in his own right" or Caprivi and Hohenlohe who, he claimed, had sought support from the Ministers and the legislature[1], Bülow consciously based his position between 1900 and 1909 on his ability to retain the confidence of the monarch, Kaiser Wilhelm II. Of course, all Chancellors needed the support of the Kaiser who had appointed them; and in part Bülow's decision to cultivate a close relationship with Wilhelm II was a serious political calculation and designed to "help Germany through" what was bound to be a very difficult period[2]. In 1897, before officially taking over the State Secretaryship, Bülow admitted as much in a letter to his friend, Lindenau, an official in the German Foreign Office, when he wrote that he would have to organise his time in Berlin effectively.

> "The main reason is that I will otherwise lose the synoptic view over the broad sweep of our politics and in particular the indispensable composure, freshness and *(last not least)* [English original] time for His Majesty. But here, given the present relations, lies the centre of gravity of my activity. In any other respect I could certainly be easily and advantageously replaced, but not with and *vis-à-vis* His Majesty. If I don't maintain constant (verbal and written) contact with His Majestiy, the *status quo*, which was welded together with difficulty, will fall apart at the seams and a change will result, the direction of which, given our general situation and the inner disposition of His Majesty, is easy to predict."[3]

---

* The following observations are based on my book, The Chancellor as Courtier: Bernhard von Bülow and the Governance of Germany, 1900–1909 (Cambridge 1990).
[1] *John C. G. Röhl,* Germany Without Bismarck. The Crisis of Government in the Second Reich, 1890–1900 (London 1967) 194. See also *John C. G. Röhl* (ed.), Philipp Eulenburgs politische Korrespondenz, 3 vols. (Boppard am Rhein 1976–83) III, Bülow to Eulenburg, 28 July 1896, 1714.
[2] *Anton Monts,* Erinnerungen und Gedanken des Botschafters Anton Graf Monts, eds. *Karl Nowak* and *Friedrich Thimme* (Berlin 1932) 155.
[3] Bundesarchiv (BA) Koblenz, Bülow Papers, 99, Bülow to Lindenau, 20 November 1897. See *Katharine Lerman,* The decisive relationship: Kaiser Wilhelm II and Chancellor Bernhard von Bülow, 1900–1905, in *John C. G. Röhl* and *Nicolaus Sombart* (eds.), Kaiser Wilhelm II: New Interpretations (Cambridge 1982) 233. See also *Johann Bernstorff,* Memoirs (American edition, New York 1936) 59.

The cultivation of a close personal and political relationship with the Kaiser was bound to be time-consuming and have implications for the Chancellor's position within the government system and his conduct of German policy. Bülow's sense of priorities did not change when he assumed the Chancellorship in October 1900. "As I now have to turn my attention mainly to domestic questions and to correspondence with His Majesty", he told his subordinates in the Foreign Office, "I request that until further notice only the most necessary and most urgent matters be submitted to me from the Foreign Office department."[4] Bülow continued to regard the confidence of the monarch as the main source of his strength, but his efforts to retain that confidence eventually exceeded the bounds not merely of constitutional necessity but also of political expediency. For although as Chancellor he did much – at least in the short-term – to restore the political authority and public image of his office, which had been disastrously weakened during the constitutional struggles of the 1890s, the reality of his position within the government system increasingly defied public perceptions.

Between 1900 and 1909 Bülow occupied the highest responsible political office in a country which was rapidly being transformed into a predominantly urban and industrial society. Yet in several important respects Bülow's priorities, methods and general approach reveal a mentality not commonly associated with prominent figures in European public life in the twentieth century, but one which has been brilliantly exposed by Norbert Elias in his study of court society under Louis XIV[5]. The German Chancellor was not unique in having to contend with a monarch who possessed real powers as well as with parliaments and pressure groups. In Berlin – and other capitals too – before the First World War, Ministers, State Secretaries and bureaucrats all had to accommodate themselves to the very different social hierarchy and political pressures emanating from the monarch's Court. But Bülow proved more adept at accommodating himself to these pressures than most and his survival as Wilhelm II's longest serving Chancellor must be attributed to this source. The nature of his relationship with the Kaiser, his much admired social, diplomatic and conversational skills, and his manifest concern for "externals" – the appearance as well as the substance of power, the forms of behaviour, the primacy of the "how" over the "what" in many procedures, the overriding importance of the relationship and a person's power and status – clearly demonstrate Bülow's indebtedness to the heritage of the court society[6]. Furthermore, Bülow ultimately reduced the role of the Chancellor within the executive to that of a

---

[4] Politisches Archiv (PA) Bonn, IA, Deutschland 122, No. 13, vol. 1, Bülow to Foreign Office, 19 October 1900.
[5] Norbert Elias, The Court Society (English edition, Oxford 1983).
[6] For a discussion of the importance of status, appearance and "externals" in the court society, see ibid., 55 ff., 62 ff., 93 f., 109 f. It is interesting to note that Bülow's "favourite philosopher", Schopenhauer (see *Bernhard von Bülow,* Denkwürdigkeiten, 4 vols. [Berlin 1930–31] IV, 399), was the unlikely translator of Balthazar Gracian's The Oracle, one of the most popular textbooks on the art of successful behaviour for leading European courtiers. It seems almost inconceivable that Bülow had not read this collection of aphorisms which emphasise the value of skilful conversation, the merits of nonchalence and charm, the superiority of appearances over ability, the need to keep in with the right people and how to make use of enemies as well as friends. See *Sydney Anglo,* Courtly lessons for today's careerist, in: Listener (2 July 1987) 15 f.

courtier, imprisoned by the relationship with the Kaiser he had painstakingly created and by its crucial contribution to his political effectiveness.

Bülow's devotion of time and energy to his relationship with the Kaiser helped to make his period in office the longest and, in the early years, smoothest Chancellorship during Wilhelm II's reign. Bülow established a relationship of deep trust with Wilhelm II and although the Chancellor was manipulative, calculating and insincere, the Kaiser came to depend on him both as an adviser and as a friend. Bülow was a very convenient Chancellor for Wilhelm II: he shielded him from the more onerous tasks of government, always told him everything was going well, never let things come to a confrontation if he could help it and never insisted dogmatically on his own views. The intensity of Wilhelm II's later bitterness and disillusionment with Bülow can only be appreciated against this background[7].

As Elias confirms, "To lead one's higher-ranking interlocutor almost imperceptibly where one wishes is the prime requirement of the courtly manner of dealing with people"[8]. Both a close reading of Bülow's letters to the Kaiser as well as the observations of contemporaries amply attest to his flattery of the monarch, his ostensible sycophancy, his manipulation of the Kaiser, his fostering of Wilhelm's delusions and his willingness to indulge in fawning praise and Byzantine servility[9]. A letter written in February 1901 as a response to the Kaiser's obvious concern about the level of anti-English feeling in Germany is an apt illustration.

> "Only a German can indeed understand the deeper sources of German anglophobia, and these have never been better characterised than [they were] by Your Majesty a year ago to Chamberlain and Balfour. I have spoken with the Minister of Interior and with the Police President about the journalistic excesses *[publizistischen Auswüchse]* of the current anglophobia and think that this will be of some use. An article in the *Reichsanzeiger* would only please the Fronde which could draw *[schöpfen]* from it new material for its polemics. The agitation will run aground on its own inner emptiness *[Hohlheit]* when the English treat us with more consideration than hitherto, particularly in African affairs, and the German people become more and more convinced that their Kaiser is led merely by true, real German interests, without predilection or aversion to this or that neighbour, who are indeed all only chess pieces in Your Majesty's political game."[10]

Here one sees Bülow's multi-layered manipulation of Wilhelm, how he flattered the Kaiser's understanding of political issues and helped to foster his delusions of grandeur and omnipotence through encouraging an essentially one-dimensional view of international relations. At the same time the Chancellor sought to convey an impression of action on a matter of importance to Wilhelm while he was actually complacent about the issue and preferred to do nothing, either secretly welcoming the agitation or relying on it burning itself out. Finally Bülow skilfully managed to convey an implicit criticism of Wilhelm – the suggestion that Germany did have some grounds for anti-

---

[7] See Haus-, Hof- und Staatsarchiv (HHSA) Wien, PA III, 167, Szögyényi to Aehrenthal, 18 November 1908, 25 November 1908 and 9 December 1908.
[8] *Elias,* Court Society, 108.
[9] See Bülow's letters to the Kaiser in Zentrales Staatsarchiv (ZStA) Merseburg, Hausarchiv, Rep. 53J, Lit. B. No. 16a. See also *Lerman,* The decisive relationship, 226f.
[10] ZStA Merseburg, Zivilkabinett, 3584, Bülow to Wilhelm II, 17 February 1901.

English feeling and that the monarch might do well not to display any special preference for England – but this was couched in terms that would be acceptable to the Kaiser and in no way affront his self-esteem. At no time did Bülow press the argument or express his view categorically. Rather, his approach echoed that of an earlier courtier, Saint-Simon, who, in conversation with the Dauphin, sought "to impregnate him gently and thoroughly with my feelings and views on all these matters" while ensuring that the French Crown Prince remained convinced that he had arrived at such views himself[11].

Bülow's approach with Wilhelm II was successful in the early years because neither man had an interest in precipitating a show-down. There was no shortage of potential sources of conflict between Kaiser and Chancellor but Bülow skilfully managed to deflect Wilhelm from making unfortunate political choices in most cases and worked to neutralise the effects of his more impetuous proposals. The Chancellor never openly opposed the Kaiser or threatened to resign, relying on persuasion rather than coercion and truckling to the monarch's will when this was unavoidable. Only in 1905 did Bülow submit his resignation over the Kaiser's amendments to the Björkö treaty with Russia, a move he calculated would "teach the Kaiser a lesson" since he knew Wilhelm would not accept it[12]. However, while the threat achieved the desired effect in the short-term, it ultimately back-fired on the Chancellor. The nature of the relationship between the monarch and his chief political adviser was such that it could not accommodate outbursts of wilful independence on the part of the Chancellor[13].

The relationship between Kaiser and Chancellor clearly had its ups and downs, and Bülow himself identified three phases in their collaboration: the "honeymoon period" before 1902 (when a crisis over Anglo-German relations clouded their relations and was never fully resolved[14]); the years between 1902 and 1906; and the period from 1906[15]. Bülow lost the Kaiser's confidence during the protracted crisis of 1905–6 – the Björkö episode and the Moroccan crisis were decisive in this respect but the cumulative effects of parliamentary difficulties, problematical personnel appointments and the direct confrontation between the two men over the Podbielski crisis in late 1906 were also important[16]. The Chancellor regained Wilhelm II's confidence by dis-

---

[11] *Elias,* Court Society, 108.
[12] See especially *Otto Hammann,* The World Policy of Germany 1890–1912 (English edition, London 1927) 165. For Bülow's irritation with Wilhelm II in 1905, see Bundesarchiv-Militärarchiv (BA-MA) Freiburg, Tirpitz Papers, N253/21, Tirpitz's notes, 4 January (1905).
[13] For Wilhelm II's initial reaction, see *J. Lepsius, A. Mendelssohn-Bartholdy* and *Friedrich Thimme* (eds.), Die große Politik der Europäischen Kabinette, 1871–1914, 40 vols. (Berlin 1922–27) XIX, 496 ff.: Wilhelm II to Bülow, 11 August 1905 and *Bülow,* Denkwürdigkeiten, II, 145 ff. For the Kaiser's reaction to the Björkö incident a few weeks later, see BA Koblenz, Eulenburg Papers, 77, "Spaziergang mit dem Kaiser am 25. September 1905".
[14] See especially *Helmuth Rogge* (ed.), Friedrich von Holstein. Lebensbekenntnis in Briefen an eine Frau (Berlin 1932) 214 ff., Holstein to Stülpnagel, end of November 1902, and *Norman Rich* and *M. H. Fisher* (eds.), The Holstein Papers, 4 vols. (Cambridge 1955–63), IV, 268 ff.: diary entries of 7 and 11 November [1902].
[15] BA Koblenz, Bülow Papers, 153, note 196.
[16] See *Lerman,* The Chancellor as Courtier, chapter 4. See also *Terry Cole,* Kaiser versus Chancel-

solving the Reichstag in December 1906, a desperate measure he took to stay in office, which was condemned by one observer as "personal policy, not sensible Reich policy"[17]. However, after the initial euphoria in the wake of the elections of 1907, the old confidentiality between Kaiser and Chancellor was never fully restored and Bülow lost his monopoly of influence over Wilhelm.

After 1907 the decline in their relationship was rapid. Bülow had no new strategy for dealing with Wilhelm II during the Bloc years and the one that he had became markedly less effective. He ultimately sandwiched himself between the will of the Kaiser on the one hand and the needs of a very artificial parliamentary majority on the other. The Kaiser resented the time the Chancellor now had to spend in discussions with parliamentarians and the *Blockpolitik* limited Bülow's freedom of manoeuvre within the executive. Bülow's commitment to the conservative-liberal Bloc marked a shift of emphasis away from the period when the relationship between Kaiser and Chancellor had constituted the pivot of his political system. During the Bloc crisis of December 1907 Bülow publicly expressed his readiness to resign and his refusal to continue conducting affairs if he was not sure of the parliamentary majority[18]. This new assertion that Wilhelm II's confidence alone was not sufficient to permit his remaining in office had profound implications for their relationship even before the *Daily Telegraph* affair brought the final rupture.

These ups and downs in the relationship between Bülow and the Kaiser crucially affected the position of the responsible government between 1900 and 1909[19]. The Chancellor's authority was at its height between 1900 and 1905 when no one doubted that he enjoyed the monarch's unswerving support. Yet during this period Bülow made no attempt to gain the personal allegiance of his ministerial colleagues and subordinates or to create a power base for himself in the executive. He frequently displayed a dismissive attitude to the Ministers and their work and, since he rarely saw them outside the meetings of the Prussian Ministry of State, he gained a reputation as an elusive Chancellor who chose to bypass official channels when possible and relied on a few, close advisers. Decisions were taken in little committees of intimate associates, and the responsible bodies – the State Ministry and the Bundesrat – were often presented with *faits accomplis*. Bülow simply mobilised the Kaiser when he encountered difficulties. Moreover, his secretive and personal methods encouraged a situation where there was a general lack of information about the overall direction of govern-

---

Fortsetzung Fußnote von Seite 46

lor: The crisis of Bülow's Chancellorship 1905–6, in *Richard J. Evans* (ed.), Society and Politics in Wilhelmine Germany (London 1978) 40–70.

[17] Stadtarchiv Köln, Bachem Papers, 259, note of 20 December 1906. In January 1908 the Baden ambassador bemoaned, "We are pursuing purely personal politics and living from hand to mouth." See Generallandesarchiv (GLA) Karlsruhe, 34813, Berckheim's Report, 23 January 1908.

[18] See especially Hauptstaatsarchiv (HSA), München, 1079, Lerchenfeld's Reports, 4 and 5 December 1907.

[19] See especially *Lerman*, The Chancellor as Courtier; see also *Lerman*, The decisive relationship, 228 ff. Interesting insights into Bülow's style of leadership and work methods are provided by Loebell (his Chancellery Chief from 1904) in his unpublished memoirs in BA Koblenz, Loebell Papers, 27.

ment policy within the executive. Since the Chancellor took little interest in the details of departmental work, the Ministers became increasingly "atomised" and, in some respects, were able to enjoy considerable autonomy.

Bülow's approach within the executive exacerbated the centrifugal tendencies latent in the Bismarckian system. These tendencies became even more marked after the Chancellor's collapse in the Reichstag in April 1906 and his removal from Berlin for a long period of convalescence. His loss of the Kaiser's confidence had repercussions throughout the government as his authority was eroded and new favourites, such as the State Secretary of the Foreign Office, Tschirschky, were well-placed to hasten his eclipse[20]. The Chancellor admittedly had the Prussian Ministry behind him when he had to insist on the resignation of Podbielski, the Minister of Agriculture, in 1906 (although even then Bülow was prepared to capitulate to the Kaiser's will until his advisers made it clear to him that Podbielski could not possibly stay on)[21]. But the effects of the Reichstag dissolution and the inauguration of the *Blockpolitik* were ultimately to impose new strains on the executive.

The problem of working with different parliamentary majorities in the Reichstag and the Prussian Landtag aggravated the tensions between the Reich and Prussian executives. The presence of very conservative Ministers such as Rheinbaben, the Minister of Finance, in the Prussian government impeded the conservative-liberal pairing[22]. Moreover, the practical difficulties inherent in trying to work without the Centre Party largely fell to the State Secretaries who apparently had to prepare legislation, for example the Navy Bill and the financial reform, in a form that would be acceptable to the Bloc[23]. Bülow soon found himself reaping the consequences of ten years of neg-

---

[20] For Tschirschky's role in dispelling Wilhelm II's illusions about Germany's international position in 1906, see *Monts,* Erinnerungen, 441: Tschirschky to Monts, 28 March 1906. Bülow resented Tschirschky's appointment and immediately began working to undermine his position. See especially ZStA Potsdam, Hammann Papers, 11, Bülow to Hammann, 23 January 1906 (2 letters). He welcomed Tschirschky's resignation in September 1907 but acquiesced against his better judgement in the appointment of another imperial favourite, Schön, as Tschirschky's successor. See ZStA Merseburg, Rep. 53J, Lit B. No.16a, IV, Bülow to Wilhelm II, 16 September 1907; HSA München, 1079, Lerchenfeld's Report, 4 October 1907.

[21] See especially HSA München, 2684, Ortenburg's Report, 24 August 1906; ZStA Potsdam, Hammann Papers, 12, Bülow to Hammann, 5 October 1906; and *Walther P. Fuchs* (ed.), Großherzog Friedrich I. von Baden und die Reichspolitik 1871–1907, 4 vols. (Stuttgart 1968–1980) IV, 661: Berckheim to Marschall, 8 November 1906.

[22] See especially HSA Stuttgart, Speth's Report, 1 July 1907; HSA München, 1079, Lerchenfeld's Report, 4 December 1907; and HHSA Wien, 165, Szögyényi's Report, 10 December 1907.

[23] For some gloomy assessments of the government's ability to work without the Centre, see HSA München, 1079, Lerchenfeld's Report, 9 March 1907 and GLA Karlsruhe, 34812, Berckheim's Report, 13 May 1907. The Centre Party supported the Navy Bill in March 1908 but the new parliamentary alignment nevertheless created difficulties for the State Secretary of the Reich Navy Office. See BA-MA Freiburg, Tirpitz Papers, 9, Capelle to Tirpitz, 17 August 1907 and Tirpitz to Bülow, 14 August 1907. The Bavarian State Secretary of the Treasury, Stengel, had been selected to work with the Centre, was not very sympathetic to liberal demands and eventually was replaced by Sydow who also realised that the financial reform could not be concluded without the Centre. See HSA Stuttgart, Varnbüler's Report, 25 November 1907; *Karl Bachem,* Vorgeschichte, Geschichte und Politik der Deutschen Zentrumspartei, 9 vols. (Cologne 1927–32) VII,

lect in the executive. For, as the Austrian ambassador in Berlin reported in December 1907, a major difficulty was "that Prince Bülow cannot rely completely on any of his colleagues in the State Ministry and at the same time is not in a position to effect a personnel change without kicking major parties in the teeth *[vor den Kopf stoßen]*"[24].

The loss of the Kaiser's confidence and the difficulties inherent in the new Reichstag strategy also took a personal toll on the Chancellor in 1907–9. Bülow's fear of possible successors and tendency to set himself up on Olympian heights had left him relatively isolated in government and society circles, and with few personal friends. Increasingly bitter and disillusioned with his achievements, he became preoccupied with his personal reputation and future place in history, conveying a pessimistic, disappointed and lonely impression to perceptive observers[25]. Growing lethargic, if not actually weary of office, he operated with unusually little finesse in trying to get the financial reform accepted by the Bloc, and his tactical mistakes and errors of judgement confirmed the impression of his isolation within the executive and his reliance on limited advice[26]. During his last year in office, he also scarcely attempted to conceal the chaos in the German Foreign Office and his inability to provide effective leadership[27].

It was the *Daily Telegraph* affair in November 1908 which set the seal on Bülow's Chancellorship by destroying Wilhelm II's belief that Bülow always carried out his orders faithfully and put his interests first. The affair dealt an irreparable blow to the relationship between Kaiser and Chancellor for, despite a very brief reconciliation in March 1909, the two men only saw each other on a handful of occasions after the No-

---

Fortsetzung Fußnote von Seite 48
13, 44 f.; HHSA Wien, 165. Szögyényi's Report, 7 January 1908; *R. von Sydow*, Fürst Bülow und die Reichsfinanzreform 1908–9, in: *Friedrich Thimme* (ed.), Front wider Bülow. Staatsmänner, Diplomaten und Forscher zu seinen Denkwürdigkeiten (Munich 1931) 110; *Peter-Christian Witt*, Die Finanzpolitik des Deutschen Reiches von 1903–1913 (Lübeck 1970) 215. Bülow deluded himself in 1908–9 in believing that the financial reform could be made into a national issue, elevated above party political considerations and Centre Party rancours. See especially BA Koblenz, Loebell Papers, 6, Bülow to Loebell, 27 April 1908; HSA München, 1080, Lerchenfeld's Report, 21 May 1908; ZStA Potsdam, Hammann Papers, 14, Bülow to Hammann, 14 June 1908.
[24] HHSA Wien, 165, Szögyényi's Report, 10 December 1907.
[25] Ibid. See also ibid, Szögyényi's Report of 7 January 1909 and 167, Szögyényi's Report of 6 July 1909; HSA Stuttgart, Varnbüler's Report, 19 May 1907.
[26] See HSA München, 2687, Lerchenfeld to Podewils, 26 January 1909 and 1081, Lerchenfeld's Report, 2 February 1909; *Rich*, Holstein Papers, IV, Holstein to Bülow, 20 January 1909; *Witt*, Finanzpolitik, 255f., 267ff., 279f.; Hauptstaatsarchiv-Kriegsarchiv München, D4, II, Report of Bavarian military plenipotentiary, 11 July 1909; *Rudolf Vierhaus* (ed.), Das Tagebuch der Baronin Spitzemberg: Aufzeichnungen aus der Hofgesellschaft des Hohenzollernreiches (Göttingen 1960) 505: 27 May 1909. For complaints about Bülow's failure of leadership even before 1908, see *Rich*, Holstein Papers, IV, 456f.: diary entry, 5 March 1907; *Vierhaus*, Spitzemberg, 472 (12 April 1907); *Monts*, Erinnerungen, 451: Tschirschky to Monts, 23 May 1907 (P.S. of 25 May).
[27] See HSA München, 2686, Lerchenfeld's Report, 6 October 1908; Foreign and Commonwealth Office, London, Holstein Papers, 34, Bülow to Holstein (25 October 1908); *Vierhaus*, Spitzemberg, 502 (28 March 1909).

vember days[28]. In many ways the crisis was symptomatic of Bülow's style of work within the executive and it indicated his increasingly nonchalant attitude towards everything but the most major issues. But his procedure in 1908 also revealed his naivety and his underestimation of the effects of the crisis on Wilhelm II's confidence.

The Chancellor assembled an impressive array of support for himself in November 1908, with the Bundesrat, State Ministry, Reichstag and press all basically behind him and convinced that the monarch should concede constitutional guarantees. Yet the remarkable aspect of the crisis is how little Bülow used this support. "Do not forget, Your Excellency, that you are not Court Chancellor but Reich Chancellor *[nicht Hof-, sondern Reichskanzler]*", Bethmann Hollweg implored Bülow before his decisive audience with the Kaiser on 17 November[29]. But by this time the Chancellor had invested so much in his relationship with the Kaiser that he was unable to heed the advice. He deemed it best not to tell Wilhelm that he had the backing even of the Prussian Ministers[30] and he deliberately handled the crisis on a personal level, avoiding any intimation that the Kaiser had been placed in the kind of position of constraint which had so angered him in the 1890s[31]. Bülow's behaviour transformed the affair from a political crisis into a personal crisis between Kaiser and Chancellor and did much to ensure that its only lasting consequence would be Bülow's fall. The world had to conclude implicitly from the fact that Bülow remained Reich Chancellor after the audience that the monarch had given him the assurances he had demanded in his Reichstag speech of 10 November[32]. Yet no firm constitutional guarantees were achieved and his procedure brought no long-term advantages either to the position of the Chancellor or to the cause of constitutional government in Germany. In March 1909 Bülow even apologised to Wilhelm for the *Daily Telegraph* affair and reputedly "howled like a dog in a yard" in an effort to regain the Kaiser's confidence[33]. Wilhelm II ultimately saw the entire crisis as one which arose from the wrongs of his Chancellor and he told Eisendecher in May 1909 that Bülow "was quite small, now he understands me ... must do what I want"[34].

---

[28] See ZStA Merseburg, Hausarchiv, Rep. 53 F, Adjutantenjournale, 12 and 13, entries for December 1908 to June 1909.
[29] BA Koblenz, Loebell Papers, 7, Bülow to Loebell, 15 November 1911.
[30] ZStA Merseburg, Staatsministerium, 157, 17 November 1908.
[31] See especially *Röhl*, Germany Without Bismarck, 144 ff. Bülow later claimed that he wanted to teach Wilhelm II a lesson during the crisis and make him "more reasonable" but he believed he could do this on his own. See BA Koblenz, Bülow Papers, 33, "Ad November Krise 1908".
[32] BA Koblenz, Bülow Papers, 33, Jenisch to Bülow, 14 November 1908; HSA München, 1080, Lerchenfeld's Report, 19 November 1908.
[33] *Vierhaus,* Spitzemberg, 509 (25 March 1909); HSA München, 699, Lerchenfeld's Report, 12 March 1909. Even allowing for later embellishments, the Kaiser's account of the audience was remarkably consistent whereas Bülow's memoir account of it, particularly the implication that he was able to achieve the reconciliation by repeating the interpretation of the crisis he had held to since November 1908, is unconvincing. See for example HSA München, 1081, Lerchenfeld's Report, 14 July 1909 and HSA Stuttgart, Weizsäcker Papers, Varnbüler to Weizsäcker, 14 July 1909. Cf. *Bülow,* Denkwürdigkeiten, II, 446–50.
[34] PA Bonn, Eisendecher Papers, 1/7, "Notiz betreffend Äußerungen S.M.", 16 May 1909.

Bülow's predicament in 1908–9 confirmed the bankruptcy of a system of government in which the pivotal relationship was that between Kaiser and Chancellor. Wilhelm II did not rule personally in any unconstitutional sense between 1900 and 1909. Indeed he told Varnbüler bitterly in June 1909 that there had been no question of an autocratic regime circumnavigating the Chancellor, that he had had a confidential and intimate relationship with Bülow, consulted him for hours daily and always remained in close contact with him when away from Berlin[35]. Yet a close examination of Bülow's Chancellorship illustrates only too clearly the plight of a responsible government or Minister who had to work within the framework of a hereditary monarchy in which the monarch had real political powers. The crucial fact remained that the Chancellor's survival in office depended on the will of the Kaiser and that in order to make the system work at all the Chancellor had to find a working relationship with Wilhelm II. When it came to a direct confrontation any Chancellor had either to threaten to resign, a gesture which may or may not have succeeded in bringing Wilhelm to heel but which certainly would have damaged the relationship, or to submit and ostensibly assume the role of a servile courtier. Bülow had taken greater cognisance of this fact than his predecessors and was too ambitious to surrender his office voluntarily. He played the role of courtier better than most and, with the courtier's manipulative guile, was able to avoid such confrontations in most cases. The necessary corollary of this approach was unqualified submission when all other avenues were closed. Hence Bülow survived in office longer than the others, but his personal survival was ultimately achieved at a greater political cost.

Yet in the final analysis the Kaiser's potential and real political and military powers did not merely affect the position of the Chancellor but in addition had a corrupting effect on the entire system of government. The crucial role that the monarch's confidence could and did play was equally evident to those who did not enjoy Wilhelm's special favour as to those who basked in its light. In a letter of resignation in July 1907 the State Secretary of the Reich Justice Office, Nieberding, made it clear that even the ostensible lack of imperial confidence vitally undermined his official activity by damaging his prestige in the public eye and, above all, in the bureaucracy.

> "The circles of the federal governments, in which a State Secretary primarily has to work, are more than sensitive to the extent to which His Majesty the Kaiser's interest and good-will is directed towards a Reich Office and its representative. The consideration which is paid to one of the Reich Offices corresponds very considerably to the attention which His Majesty deigns to display towards the office. The less this is, the greater becomes the task to which the office has to do justice. And some observations have already made me doubt whether I am not injuring the prestige of the Reich Justice Office and the duties it has to perform if, despite everything, I remain in my position."

Nieberding found it virtually impossible to push through legislative proposals in the executive which (although designed to win liberal support in the Reichstag) were opposed by Ministers who had recently been decorated with imperial honours. "For

---

[35] HSA Stuttgart, Weizsäcker Papers, Varnbüler to Weizsäcker, 14 July 1909.

someone in my weak position it is difficult to stand up to such favoured opponents", he complained[36].

This apt illustration of how the "kingship mechanism" permeated the entire government structure and could even have deleterious effects where its operation was not overt and visible, is reinforced by a bleak assessment of the Wilhelmine political system written by Dernburg, the former State Secretary of the Reich Colonial Office, in 1927. But Dernburg shifted the blame for the government's impotence away from the personalities of the Kaiser, Chancellor and Ministers, and instead placed it squarely on the antiquated structure of the Prussian state. Prussian Ministers, he claimed, "had no political support among the people and only the choice between obedience or dismissal *[zwischen Sichfügen und fortgejagt werden]*". They had no means of opposing the monarch when they were simultaneously determined to keep their privileges. "Given the nature of the ruler it was completely insignificant who was Minister at any one time" for each "was equally as powerless and dependent on 'handling the King' as any of his predecessors if [Germany] was to be ruled *at all*". Dernburg argued that subservience to the "All-Highest Lord" was not only a feature of Wilhelmine government, but permeated the entire political system down to the smallest electoral district where each "lord" expected a similar degree of servility and Byzantinism from the mass of the electorate[37]. Clearly Bülow's personal mentality and approach need to be set within the wider context of the ideology of Prussian monarchism. For just as the Kaiser's Court was the pinnacle in the social hierarchy, so it ultimately determined the political boundaries within which Wilhelmine government had to operate.

---

[36] BA Koblenz, Reichskanzlei, 1616, Nieberding to Loebell, 11 July 1907 and enclosed memorandum of 11 July 1907.
[37] BA Koblenz, Wolff Papers, 8, Dernburg to Zedlitz, 4 January 1927.

Terence F. Cole

German Decision-Making on the Eve of the First World War: The Records of the Swiss Embassy in Berlin

Alfred de Claparède (1842–1922) was Swiss Minister in Berlin from 1904 until his retirement in 1917. He thus ended his diplomatic career where he had begun it, in 1869, when he had been appointed secretary of legation in the Swiss embassy in Berlin, later becoming chargé d'affaires. In 1888 he moved to Washington as minister-plenipotentiary. He returned to Europe in 1893 when he was appointed minister in Vienna and he went back to Berlin in 1904 after more than a decade in the Austro-Hungarian capital. De Claparède had therefore spent nineteen years as a middle-ranking diplomat in Berlin, from before the time of unification until the end of the reign of Kaiser Wilhelm I; he subsequently spent eleven years in fin-de-siècle Vienna and a further thirteen years in the German capital. Few if any members of the European diplomatic community can have rivalled his knowledge and experience of central European affairs in the half-century up to and including the First World War.

De Claparède was able to speak with authority on German affairs first and foremost because of this intimate acquaintance with them. But that authority also derives in part from the vantage-point from which he observed them. As a diplomatic representative of Switzerland he was perhaps in a position to take a more genuinely objective view of events in Germany than were some of his fellow diplomats. As a neutral country Switzerland was not tied into any alliance system. Consequently in his second period in Berlin from 1904 onwards, when the rival alliances were beginning to harden and the ambassadors of France, Russia and Britain found themselves gradually slipping into the role of representatives of countries hostile to the host government, de Claparède was able to build up his reputation as a wholly discreet and disinterested representative of a friendly though detached country, one which could offer no conceivable threat to Germany but also one which was not angling for favoured treatment either. This last point occasionally worked to the disadvantage of the Austro-Hungarian ambassador whose allied status aroused a certain suspicious aloofness rather than intimacy, at least at certain key times[1].

De Claparède therefore occupied a unique position. He had an unrivalled experience of German affairs and yet was not too close for the comfort of the host government. The duration of his mission to Berlin ensured that many doors to the inner

[1] See below, p. 65.

sanctum of the Wilhelmine establishment were opened to him, and yet the strongly democratic attitudes arising from his Swiss background and perhaps reinforced by his experiences in the United States, ensured that he would maintain a robustly sceptical approach to the more reactionary elements of Wilhelmine Germany. At the same time his educated understanding of the cultural and political traditions of Germany made him a sympathetic observer of the country's problems and dilemmas. No other member of the diplomatic community of Berlin possessed quite this range of attributes, and this makes it all the more surprising that until now no historian of Wilhelmine Germany appears to have examined the reports which de Claparède wrote during his time as minister there. Those in particular deriving from the last years before the outbreak of war in 1914 add significantly to our knowledge of the attitudes which prevailed in the Wilhelmine governing elite of that period. In a number of striking instances they cast a fresh light on the state of mind of Kaiser Wilhelm II. Taken together they form an impressive record of the near disintegration of the political leadership of Germany on the eve of the First World War. He describes both the desperation which gripped it and the facile optimism in which its members occasionally took refuge. From his unique position he observes the wilful, almost nihilistic way in which they sought to run against the grain of the times and thus prepared their own and their country's downfall.

It is from 1911 onwards that de Claparède's reports begin to be shot through with a sense of mounting crisis. In April of that year, for example, he reflected on the domestic problems facing the Chancellor. Bethmann's relationship with the Reichstag, in particular, was a delicate one given the tenuousness of the conservative-centrist alliance on which the government had been forced to rely since the disintegration of the Bülow-Block in 1909. Now, it was widely felt, the situation in which the government found itself was certain to deteriorate as the political tide seemed to be running in a distinctly leftwards direction, and this was bound to affect the outcome of the forthcoming general election:

> „Es herrscht überall ein ungeheuer Wirrwarr, in der Presse, in den Wahlversammlungen, im Reichstag, wo man nur auf Wahlreden stößt, so daß für den Rest der Legislaturperiode eine sachliche Beratung der noch zu verhandelnden Agenden schwer durchzuführen sein wird. Wie wird es mit dem Reichskanzler werden, wenn die ihm und der Reichsregierung besonders am Herzen liegenden Gesetzesvorlagen, wie die Verfassung für Elsaß-Lothringen, die Reichsversicherungsordnung, die Schiffahrtsabgaben und andere nicht mehr verabschiedet oder nicht nach ihrem Sinne verabschiedet werden könnten? Wie wird es mit ihm, wenn bei den kommenden Reichstagswahlen der konservativ-klerikale Bloc in die Brüche gehen sollte? Und wenn bei diesen Anlässen Herr von Bethmann zurücktreten sollte, wer könnte dann seine Erbschaft mit Aussicht auf Erfolg übernehmen?["2]

The recurring pattern of political stalemate arising from the adversarial relationship between executive and legislature was once more threatening to paralyze the government. The normal processes of administration were already being undermined, de Claparède felt, by the excitement generated in the pre-election atmosphere, and the possible consequences of the expected leftward shift in the election he evidently

---

[2] BA Bern 2300 Berlin 17.3, De Claparède's Report, 8 April 1911.

found painful to contemplate. Three weeks before the election was to be held he deepened his analysis of the issues and attitudes at stake:

„Es wird ein Kampf sein, weniger gegen die herrschende Regierung als gegen die patriarchalen Prinzipien derjenigen Parteien, welche dieselben unterstützen und die althergebrachten und veralteten Anschauungen, aus egoistischen Klasseninteressen und in ihrem Wohlbefinden unter der gegenwärtigen staatlichen Ordnung, für die Forderungen neuer Klassen blind sind und die Bedeutung von Industrie, Wissenschaft und Handel verkennen und ignorieren wollen."[3]

De Claparède clearly perceived the fundamental clash of interests which underlay the current political struggle, that between the entrenched ultra-reactionary elements of society sheltering behind the structure of the state and the new socio-economic forces which were largely alienated from it.

By the end of January 1912 the two phases of the general election had been completed and the expected triumph for the parties hostile or potentially hostile to the government had been achieved. De Claparède returned to his analysis of the government's failings in the light of the election result:

„Wenn man sich nach den Ursachen umsieht, welche das Ergebnis der letzten Wahlen zur Folge gehabt, so kann man nicht leugnen, daß die Reichsregierung Fehler begangen, die sich schwer gestraft haben. Sie hat den Zug der Zeit, welcher nach links geht, nicht genug gewürdigt und an Entgegenkommen da gefehlt, wo sie hätte, ohne große Opfer zu bringen, nachgeben können, wie z.B. im letzten Herbste bei der Beratung der Interpellationen wegen der Teuerung der Lebensmittel, wo sie eine gegenüber den Uebertreibungen der Sozialisten vielleicht objektiv richtige Meinung vertreten, ohne zu erwägen, daß sie den Sozialisten die erwünschtesten Waffen für die damals vor der Türe stehenden Wahlen in die Hände spielte. Wenn Frau und Kinder im Hause über Teuerung der Lebensmittel schreien, stimmt der Wähler gegen diejenigen, welche diese Preiserhöhung angeblich verursacht haben. Das hätte man berücksichtigen müssen, statt dessen hat der Reichskanzler zu trocken und doktrinär auch für die Zukunft das Festhalten an den gegenwärtigen wirtschaftlichen Grundsätzen proklamiert."[4]

Having already analysed the intractable strategic difficulties facing the Chancellor, de Claparède here drew attention to the tactical clumsiness which was something of a hallmark of Bethmann's years in office and which stood out in stark relief when contrasted with the finely-honed political skills of his predecessor, Bernhard von Bülow.

If de Claparède found the Chancellor and the government inept in their handling of domestic policy, the same certainly applied in the realm of foreign policy. In particular he found much to criticize in their conduct of the second Moroccan crisis and its aftermath. As his reports show, he found an increasingly yawning gap between the government's perceptions of the crisis and the mood of influential sections of public and political opinion. In a report of 20 December 1911 he referred to the severe criticisms levelled against the government in the Reichstag, most damagingly on the part of the Conservative leader von Heydebrand:

„Diese Vorwürfe haben z.T. ihre Berechtigung, selbst wenn man auf Grund späterer Mitteilungen der Reichsregierung zugeben muß, daß sich die politische Lage Anfangs August namentlich mit Bezug auf England derart zugespitzt hatte, daß Presseerörterungen hüben und drüben die kritische Lage nur zu verschärfen geeignet gewesen wären. Die Reichsregierung

---

[3] BA Bern 2300 Berlin 17.40, De Claparède's Report, 18 December 1911.
[4] BA Bern 2300 Berlin 17.2, De Claparède's Report, 28 January 1912.

glaubte, während den Verhandlungen mit Frankreich schweigen zu müssen, das kann zugegeben werden. Nachdem aber die Verträge vom 4. November abgeschlossen waren und der Inhalt derselben durch die französische Presse bekannt geworden war, so lag kein Grund mehr vor, bei dem Zusammentritt des Reichstages mit der Sprache zurückzuhalten und nicht gleich über die Differenzen, welche zwischen Deutschland und England Anfang August bestanden, rückhaltlose Erklärungen abzugeben, bzw. dem Reichstage die Auskunft zu erteilen, welche Herr von Kiderlen-Waechter der Kommission des Reichstages später gegeben hat. Damit hat der Reichskanzler Türe und Angel für die Angriffe geöffnet, welche ihm nachher nicht erspart worden sind und die um so schärfer ausfielen, als dieselben zu Wahlreden in großem Umfang verwertet werden konnten und verwertet worden sind. Insbesondere wäre Herr von Bethmann den Angriffen des Konservativen von Heydebrandt nicht ausgesetzt gewesen, welcher ihm vorwarf, England gegenüber die Ehre und die Interessen der Nation nicht wahrgenommen zu haben, indem er das Schwert gegen England nicht zog."[5]

Later in the same report de Claparède drew attention to the increasingly belligerent mood among the public and to the Chancellor's apparent failure to monitor this change:

„Allein Herr von Bethmann scheint die Aenderungen unberücksichtigt gelassen zu haben, welche sich von der Zeit, wo Fürst Bülow erklärte, das deutsche Volk sei für einen Krieg wegen Marokko nicht zu haben, bis jetzt vollzogen haben, wo Blätter wie die Post, die Tägliche Rundschau, die Rheinisch-Westfälische Zeitung, das deutsche Volk von Tag zu Tag gegen Frankreich verhitzen und die Kriegstrompete täglich bliesen. Auch scheint er sich davon nicht Rechenschaft gegeben zu haben, wie sich in jüngster Zeit die Stimmung in den Kasernen, auf der Kanzel, ziemlich überall verschlechtert hat."[6]

On his appointment as Chancellor in 1909, Bethmann Hollweg had had, by his own admission and by common consent, at best a tenuous grasp on the complex foreign policy issues facing Germany. His first two years in office had if anything increased his distaste for this area of his responsibilities, particularly because of the populist pressures which were playing an ever more prominent role in the development of foreign policy. For a man of the detached, remote, philosophical character of Bethmann, the era of pressure groups, publicity machines, mass propaganda, was wholly alien. He warned of the dangers of governments being driven to actions by the relentless force of public opinion against which rational judgement was unable to prevail. But the more that Bethman sought to resist the clamour for action, the greater the pressure on him became. De Claparède understood this well[7]. Later in the report he referred to a discussion he had had with the Secretary of State in the Foreign Office. Kiderlen had spoken with disarming optimism of the outcome of the Moroccan crisis, claiming that the German government had succeeded in averting war and had indeed removed the possible causes of future wars. The Swiss minister remained sceptical:

---

[5] BA Bern E 2001 (A) 656, De Claparède's Report, 20 December 1911.
[6] Ibid.
[7] De Claparède respected the Chancellor's modest and restrained bearing. In April 1911 he wrote in his report: „Als ruhiger, nüchterner Staatsmann hascht er nie nach Effekten und Beifall, wie sein Amtsvorgänger; er spricht nicht um Reden zu halten, sondern um seine Meinung klar auseinanderzusetzen; Selbstlob ist ihm fremd." BA Bern 2300 Berlin 17.3, De Claparède's Report, 22 April 1911. Later de Claparède was more critical of Bethmann's sometimes clumsy Reichstag performances.

„Trotz alledem ist das seit Jahren bestehende gegenseitige Mißtrauen heute stärker als je zuvor. Die Zeitungen des In- und Auslands haben die Kriegsäxte nur scheinbar vergraben; jedes Vorkommnis im Ausland, selbst von geringfügigster Bedeutung, wird aufgebauscht. Beinahe jede Woche finden hier und drüben Verhaftungen wegen Spionage statt. Warum diese feige und unehrliche Kundschaft, wenn der Krieg nicht in der Luft liege und nicht für eine baldige Zukunft erwartet werde?"[8]

De Claparède ended his report by expressing the view that in this instance it was the Kaiser who had been instrumental in averting war:

„Es ist heuer vermieden worden, wohl durch den deutschen Kaiser, welcher nach seiner Rückkehr aus Norwegen eine schwierige Situation vorfand und sich für eine friedliche Lösung entschied. Allein trotz seines ernsten Strebens kann er doch in eine Lage getrieben werden, welche mit seinen friedlichen Absichten nicht mehr vereinbar wäre."[9]

In Germany the most striking consequence of the second Moroccan crisis was the outbreak of unprecedentedly bitter hostility towards Britain. As can be seen from de Claparède's reports and also from other diplomatic sources, the conviction was widespread that Britain had engineered a humiliation for Germany, merely the most recent in a long series. The British ambassador in Berlin, Sir Edward Goschen, commented:

"I wish I could give a better report of Anglo-German relations, but as my few England-loving German friends tell me that they have never known the feeling of irritation against England so strong and so widespread as it is at present, I am afraid that that is the case."[10]

Two days later the British minister in Darmstadt, Lord Acton, offered a more subtle analysis in a lengthy dispatch to the Foreign Secretary, Sir Edward Grey:

"It is universally felt that the size of German armaments which call for so many sacrifices on the part of the poorer classes under the present distribution of the burden of taxation, is disproportionate to the results obtained by German diplomacy. This feeling has become crystallized to a certain extent in the form of aversion to Prussian dictatorship, and to the despotism of the Agrarians, to whose fiscal policy the rise in the cost of living is ascribed. But despite this sullen feeling of hostility towards Berlin, a sentiment of Imperial solidarity has been engendered among the constituent parts of the Empire by the suspicion, which has now been fostered into a conviction, that the unwarranted interference of Great Britain in the Morocco conversations last Summer prevented the attainment by Germany of the full measure of her ambition. Thus the undercurrent of discontent with the existing regime is held in check by the prevailing hatred of England, a hatred more passionate now than it ever was during the worst period of the South African war. Therefore, although the relative discomfiture of the Right may restrain the power for evil of the men who carry their swords in their mouths it will not necessarily bring the world one step nearer to the ideal of assured peace."[11]

The anti-British sentiment detected by Sir Edward Goschen and Lord Acton extended deep into the heart of the political establishment. The Austro-Hungarian ambassador, Graf von Szögyény, reported on a private conversation he had had with the Kaiser at a dinner marking a gathering of the Order of the Black Eagle:

---

[8] BA Bern E 2001 (A) 656, De Claparède's Report, 20 December 1911.
[9] Ibid.
[10] PRO London FO 371.1373.116-9. Goschen to Nicolson, 12 January 1912.
[11] PRO London FO 371.1370.352-361, Action to Grey, 14 January 1912.

„Seine Majestät versicherte mir, daß ernste Komplikationen, die auch Deutschland in Mitleidenschaft ziehen könnten, nach seiner Ansicht nicht zu befürchten wären, doch herrsche jetzt in ganz Europa bekanntlich ein unerquicklicher Zustand, deren Ende nicht abzusehen sei. ‚Bei allem und jedem, was in der Welt vorkomme, sei England das böse Karnickel!' Es sei eine abgedroschene Redensart, doch könne Er sich keiner anderen bedienen, wenn Er behaupte, daß die Politik Englands schon seit jeher, aber ganz besonders in neuerer Zeit darauf hinauslaufe, im Trüben zu fischen. Die Hetzereien gegen den Friedensbund der drei kontinentalen Mächte hätten jetzt den Höhepunkt erreicht, wenn englischerseits verkündet wird, daß Er, Kaiser Wilhelm, sich dahin geäußert hätte, daß die nach den jüngsten Reichstagswahlen erhöhte sozialdemokratische Gefahr Ihm die Pflicht auferlege, die deutsche Volksseele durch einen Krieg zu stärken! Er habe den Auftrag erteilt, gegen diesen Unsinn in offiziöser Weise journalistisch aufzutreten und bei dieser Gelegenheit die blöde Behauptung mehrerer englischer Zeitungsblätter, daß Er, Kaiser Wilhelm, sich angesichts des Anwachsens der Sozialdemokratie in Deutschland auf den Katholizismus stützen müsse und zu dessen Stärkung Gebietsteile der Habsburg'schen Monarchie annektieren wolle, lächerlich zu machen."[12]

Added to the Kaiser's evident outrage at what he judged to be the sinister and malevolent manoeuvrings of Britain, he also felt piqued by the treatment he thought he had received from British statesmen on his last visit to London:

„Bei Seiner letzten Anwesenheit in London habe Er wiederholt versucht, mit den maßgebenden englischen Staatsmännern, ein ernstes Wort zu sprechen. Dies sei Ihm aber keineswegs gelungen und insbesondere Sir Edward Grey habe immer, sobald Er mit ihm Politik reden wollte, ein anderes Thema angeschlagen. Er habe nicht ermangelt, hierzu König Georg Kenntnis zu geben, doch ohne Erfolg, es scheine hierin ein System zu liegen, dessen Erfolge aber sich in der Zukunft für beide Teile recht unangenehm fühlbar machen dürften. Mit Frankreich hingegen werden englischerseits alle großen und kleinen politischen Vorkommnisse in vertraulichster Weise eingehend besprochen."[13]

In the case of a personality such as that possessed by Kaiser Wilhelm II, the significance and possible consequences of this type of brush-off – whether real or imagined – should not be underestimated. What would have been for a more mature and stable man a matter at worst of passing irritation, could become for the Kaiser the personally wounding proof of British high-handedness towards both himself and his country. His resentment at this aloof and dismissive attitude on the part of British statesmen was no doubt deepened the following month when, in response to feelers which had gone out from the Kaiser to the effect that Grey should visit Berlin in order to seek an improvement in Anglo-German relations, the British Foreign Secretary responded that he was not prepared to undertake this visit unless he could be assured in advance that concrete results would be achieved[14]. Grey was obviously referring to the naval agreement which the British government was hoping at this time to negotiate with Germany, but his lukewarm response was open to the interpretation that it amounted to an insult. In this already unpromising atmosphere Grey agreed to send Lord Haldane to Berlin instead, but the latter's mission now had no real hope of success. It resulted in no new initiatives in policy terms, serving only further to reinforce existing anta-

---

[12] HHStA Vienna PAIII Preußen 170.11–15, Szögyény to Aehrenthal, 19 January 1912.
[13] Ibid.
[14] PRO London FO 371.1373.115–6, Grey to Goschen, 7 February 1912.

gonism on either side, particularly that felt by the Kaiser for Britain. In the British Foreign Office too the mood was unmistakable. Sir Eyre Crowe minuted:

> "Of the Chancellor, it should be remembered that, however well-meaning he may personally be considered, he has shown himself altogether powerless to prevent a provokingly anti-English policy designed to inflame the passions of the country. Nor ought it to be forgotten that, at the critical moment, he did not refrain from publicly fanning those passions and from actually exploiting them in the interests of the very policy of further naval expansion, by arguments difficult to reconcile with the fact that he was in possession of information supplied to him by Lord Haldane which he could have used effectively for the purpose of dispelling the popular illusions.
> As for the Emperor, surely we know too much of his naval ambition, we have too much positive proof of the versatility of mind which enables him at the same time tenaciously to pursue a given course and to profess opinions and sentiments irreconcilable with his actions, we have suffered too often from the inaccuracy and insincerity of his statements, to justify us in taking the imperial assurances literally and building upon them with any confidence as to their reliability."[15]

However limited had been the hopes pinned by either side on the Haldane mission, it is clear that Anglo-German relations had deteriorated markedly as a result of its failure. Attempts in the middle of March to agree a formula setting out Britain's position vis-à-vis its Continental neighbours and its intentions in the case of conflict between them similarly came to nothing[16]. This removed the last remaining hope that an understanding over naval armaments between Britain and Germany could be achieved, perhaps even that any substantial reconciliation could be effected between them. Relations between the two powers had reached a new low.

Parallel to these downward lurches in Anglo-German relations, the Swiss ambassador continued to track the general direction of Germany's international relations and the attitude of the German public towards their country's future. In a report of March 1912 he pondered a theme which was increasingly to preoccupy him as he observed the trend of public opinion as well as the evolution of government policy, namely the question „warum in weiten Kreisen und in der Presse eine pessimistische Auffassung vorherrscht obgleich eine Conflagration nicht vorhanden zu sein scheint"[17]. He isolated a number of possible causes of this: uncertainty over British and French intentions in the field of armaments, disaffection in "high and All-highest places" about the outcome of the Reichstag election and the difficulties the government was likely to encounter in dealing with a hostile majority, the scope of the major defence bill which the government was expected to lay before the Reichstag and, more especially, the methods by which these army and navy increases would be financed. This last problem threatened to be very severe, so much so that, as de Claparède and others reported, Bethmann had been urgently seeking to persuade the Kaiser to defer his Spring holiday in Corfu until a solution had been found. The Kaiser had been extremely reluctant to accede to the Chancellor's request but had at last agreed to do so.

---

[15] PRO London FO 371.1371.128–133, Crow Minute, 29 February 1912.
[16] PRO London FO 371.1373.246–7, Grey to Goschen, 14 March 1912 and 250-2, Grey to Goschen, 15 March 1912.
[17] BA Bern 2300 Berlin 17.6, De Claparède's Report, 21 March 1912.

De Claparède sought out the Foreign Secretary to discuss the current crisis, but Kiderlen-Wächter had little but soothing reassurances to offer, which de Claparède found unconvincing. A majority of the reports causing alarm, he said, emanated from a particular French news agency and they could largely be dismissed as either wholly without foundation or else exaggerated. The only accurate report was of the postponement of the Kaiser's trip to Corfu, but this had been done because the Kaiser could hardly be out of the country when troops were being mustered to help preserve order in the coalmines, which had just broken out in rebellion. In this, according to Kiderlen, the Kaiser was doing no more than follow the example of King Edward VII who had similarly deferred a pleasure trip when the British coalmines had been hit by strikes. De Claparède found this explanation unsatisfactory because rumours about Bethmann's attempts to persuade the Kaiser to remain in Berlin had begun circulating long before the trouble in the coalmines had erupted. When he asked if the postponement might not be connected with the serious international and domestic situation facing the government, he received "only evasive replies"[18].

De Claparède's instinctive scepticism about these evasive replies was wholly justified. The reason why Bethmann was determined to keep the Kaiser in Berlin was, preeminently, the violent disagreement between them over the timing of the introduction of the defence bill in the Reichstag and the financing of the proposed army and navy increases. The speech from the throne opening the new session of the Reichstag had foreshadowed the government's intention to introduce such a bill, and all the Kaiser's instincts – suitably reinforced by the advice of the military elements in his entourage – persuaded him that an immediate demand for the increases was justified. How they were to be financed was, for him, a technical question of minor interest. The Chancellor was much more cautious, partly because the composition of the new Reichstag made the permanent problem of Imperial finances an even more contentious political issue than it had been previously. The Austro-Hungarian ambassador reported to Vienna on the conflict between Kaiser and Chancellor:

„Der Reichskanzler verblieb dabei, daß *zugleich* mit den Wehrvorlagen auch für die Deckung derselben gesorgt werden müsse. Die heftige Diskussion zwischen Kaiser Wilhelm und Seinem ersten Ratgeber in dieser Angelegenheit währte mehrere Tage, wobei Seine Majestät auch das Argument ins Treffen führte, daß, wenn die Einbringung der Wehrvorlagen im Parlament verschoben werden sollte, die öffentliche Meinung nicht mit Unrecht das Zögern der Regierung mit den viel besprochenen Verhandlungen mit Lord Haldane in Verbindung bringen und Ihn, den Kaiser, sowie dessen Regierung beschuldigen würde, mit Rücksicht auf England die in so feierlicher Weise angekündigte Vermehrung der Streitkräfte zu Wasser und zu Lande fallen gelassen zu haben! Die Auseinandersetzungen zwischen dem Kaiser und dem Reichskanzler waren derart heftig, daß Herr von Bethmann Hollweg es für gut befunden hat, Seiner Majestät ein formelles Entlassungsgesuch einzureichen."[19]

In the event peace was restored between Kaiser and Chancellor, partly, as Szögyény reported, as a result of the unusual intervention of the Kaiserin, who had appealed personally to Bethmann not to desert his post. Furthermore a strategy was agreed for the introduction of the defence bill and the associated financial arrangements though,

---
[18] Ibid.
[19] HHStA Vienna PAIII Preußen 170.64–68, Szögyény's Report, 20 March 1912.

as de Claparède himself remarked, the underlying fiscal implications of the massive new expenditures which were to be undertaken in the military budget promised to generate continuing political controversy[20]. An indication of the depths of disenchantment which prevailed in the Reichstag can be seen in a letter from the National Liberal leader Ernst Bassermann to his ally and former close collaborator Bernhard von Bülow:

> „Nun sind die Ferien da, aber die Osterstimmung fehlt. Die Prophezeiung Euer Durchlaucht ist erfüllt. Der Tag von Philippi ist erschienen. Im Reichstag unleidliche Zustände, Zentrum und Sozialdemokratie finden sich, die Ostmarkenzulage ist gefallen. In der Wilhelmstraße gänzliche Hilflosigkeit und kein Glück. Alles mißlingt. Wermuth ‚der beste Mann' ging. Er ging, weil der Kanzler den Grundsatz ‚keine Ausgabe ohne Deckung' schon heute preisgibt und sich fürchtet vor der Erbanfallsteuer, vor Herrn v. Hertling e tutti quanti. Kühn, ein total verbrauchter Mann, sein Nachfolger, da wäre es wohl besser gewesen, Herrn Erzberger oder Paasche zu wählen. Ein System, das an die verantwortlichen Stellen gänzlich einflußlose Männer beruft, ist nicht haltbar. Herr von Bethmann hat gewiß einen guten Willen, aber keinerlei Widerstandsfähigkeit und so taumelt das Staatsschiff vor dem Winde und hat seinen Kurs verloren.
> Das ist alles unerfreulich und lähmt die politische Energie. In solchen Zeiten kriecht, auch in den Parteien, die inzwischen links und rechts gestellt sind, das Gewürm hervor. Ich habe schwere Zeiten in der Partei, werde aber durchhalten [...].
> Jedenfalls mehrt sich die Sehnsucht bei dem Besten nach den Zeiten des Bülowblocks und es zeigt sich immer mehr, welche Verblendung die Conservativen in die schwere Verschuldung der Zerstörung dieses Blocks verstrickt hat. Heute ist die conservative Partei zur vollständigen Bedeutungslosigkeit herabgesunken und Zentrum und Sozialdemokraten sind maßgebend. Philippi ist da."[21]

Bassermann's remarks were no doubt designed partly to appeal to the vanities of their recipient, but they are also evidence of the profound discontent which was fermenting throughout the political system.

By the end of 1912 this discontent had deepened still further, and the Swiss ambassador was able to gain a unique insight into the obsessive, almost hysterical form which this took inside the mind of Kaiser Wilhelm II. On 10 December 1912 de Claparède accompanied two of his countrymen to Potsdam for the purpose of presenting them to the Kaiser and Kaiserin. After the formalities of the occasion were completed, the Kaiser invited his Swiss visitors to join him and his immediate family and attendants for lunch. Later the same day de Claparède drafted his report of the conversation he had after lunch, a conversation of whose grave importance he was immediately aware and one which assumes an even greater significance when viewed in the context of surrounding events which were unknown to de Claparède at the time but which have since been revealed by historical research. On 8 December the Kaiser had summoned what has become known as the "war council". It was composed of Admiral Georg Alexander von Müller, the Chief of the Naval Cabinet, Admiral Tirpitz and Vice-Admiral Heeringen from the Imperial Navy, and the Chief of the General Staff Helmuth von Moltke. There has been considerable controversy over the exact significance that should be attached to this meeting. Some historians have seen it as little

---

[20] See note 17 above.
[21] BA Koblenz, Bülow Papers 107.153–155, Bassermann to Bülow, 3 April 1912.

more than an occasion created by the Kaiser to vent his anger at Britain to a sympathetic audience. The latest and most thorough examination, however, argues persuasively that the war council should be seen as a crucial step in the sequence of events leading to the unleashing of war by Germany in August 1914[22]. There can be no doubt that, arising from decisions taken at this meeting, new policies with regard to military increases and war propaganda were adopted which set Germany firmly on the path to international conflict. The fact that no member of the civilian government was present at the meeting is not indicative of the insignificance of the event, as some historians have suggested[23]. It is on the contrary evidence of the importance which the Kaiser attached to it. His contempt for Bethmann Hollweg and most of the rest of the government, particularly in the field of foreign and military matters, makes it entirely comprehensible that he should have regarded their presence at such an important discussion as inappropriate, probably grotesquely so. Matters of war and peace were his prerogative, to be discussed with his closest military advisers. The Chancellor and other members of the civilian government then had the task of acting on the decisions taken; they had no right to be consulted about them. Such at any rate was the constitutional position as interpreted by the Kaiser.

The Kaiser's state of mind is the most important single element in the cluster of events at the end of 1912 of which the war council forms the centre. It was his anger on hearing from his ambassador in London of the British government's attitude to European affairs that triggered the new crisis in Anglo-German relations and the new posture of Germany in international relations in general. No clearer insight into the Kaiser's state of mind can be gained than through de Claparède's report of his post-lunch conversation with him on 10 December, just two days after the war council had taken place. A report of such significance deserves to be quoted at considerable length:

„Ich darf zunächst bemerken, daß ich bei der Tafel, an einem runden Tisch, rechts von der Kaiserin, ziemlich dem Kaiser gegenüber saß und Gelegenheit hatte zu beobachten, wie ernst und angegriffen er aussah. Nach dem Frühstück begaben wir uns alle zum Rauchzimmer und als die Kaiserin sich nach dem Nebenraum mit den Damen und Herren begab [...], hielt mich der Kaiser im Rauchzimmer, wo wir allein waren, zurück und fing an, über die politische Lage in ernstem und auch aufgeregtem Ton zu sprechen: Wie schnell haben sich die Ereignisse entwickelt, sagte er, seitdem wir uns in der Schweiz gesehen! Wer hätte geahnt, daß die Türken in dieser Weise geschlagen werden würden! Nur, wie Golz es schon längst sagte, weil die türkische Heeresverwaltung immer das Gegenteil seiner Ratschläge getan hat! Und nachher die ganze Entwicklung des Krieges auf dem Balkan hat bewiesen, daß es wohl kein Krieg gegen Andersgläubige gewesen; es ist kein Religionskrieg gewesen, sondern lediglich ein Rassen-

---

[22] *John C. G. Röhl*, Der militärpolitische Entscheidungsprozess in Deutschland am Vorabend des Ersten Weltkriegs, in: *John C. G. Röhl*, Kaiser, Hof und Staat: Wilhelm II. und die deutsche Politik (Munich 1987). Röhl surveys the literature on the controversy over the "Kriegsrat" in note 1, p. 246.
[23] See L. C. F. *Turner*, The Edge of the Precipice. A Comparison between November 1912 and July 1914, in: Royal Military College Historical Journal 3 (1974); L. C. F. *Turner*, Origins of the First World War (London 1970); *Wolfgang J. Mommsen*, The Topos of Inevitable War in Germany in the Decade before 1914, in: *Volker Berghahn* and *Martin Kitchen* (eds.), Germany in the Age of Total War (London 1981).

krieg, der Krieg des Slaventums gegen das Germanentum. Hören Sie: Es steht fest, daß die Russische Regierung Anfang dieses Jahres der Türkey den Abschluß eines Bündnisses unter derartigen Bedingungen jedoch vorschlug, daß die Pforte darauf nicht eingehen konnte. Um sich zu rächen, hat die Russische Regierung den Balkanbund improvisiert und gegen die Türkey losgelassen. Ihre ganze Idee war, durch einen glücklichen Feldzug alle Slaven, nicht allein auf dem Balkan, zu vereinigen, sondern sogar die Slaven anderer Staaten, namentlich Österreich-Ungarn allmählich für sich zu gewinnen, Österreich durch den Verlust von so und so viel Millionen Slaven militärisch zu schwächen. Die Leute, die jetzt hinter Serbien stehen und so viel vom Religionskriege geredet, sie wissen schon, was sie tun, und daß sie einen Rassenkrieg gegen das deutsche Österreich führen wollen. Glücklicherweise gibt es auch unter den österreichischen Slaven, in Böhmen und im südlichen Österreich, solche, die genau wissen, auf was es ankommt und treu zur Monarchie stehen, allein es gibt in den südlichen Teilen der letztern slavische Bevölkerungen, welche sich betören lassen könnten, wenn ein *großes Serbisches Reich* aus dem Kriege hervorgehen sollte. Diese Gefahr hat Österreich längst erkannt und wir in Deutschland auch und wir werden unsern Verbündeten nicht im Stiche lassen: wenn die Diplomatie versagt, werden wir diesen Rassenkampf kämpfen müssen.

Noch schlimmer, fügte der Kaiser dann hinzu, ist es, daß, wie ich vor *wenigen* Tagen durch meinen Botschafter in London erfuhr, Lord Haldane, dieser angebliche Freund Deutschlands, ihm erklärt habe, daß England es niemals dulden werde, daß Deutschland in Central-Europa eine überwiegende Stellung seinen Grenznachbarn gegenüber übernehmen werde. Ist dies nicht eine impertinente Äußerung, welche an sich einen Abbruch der diplomatischen Beziehungen zu England verdienen würde! Ist es nicht unerhört, daß England, für die Herstellung guter Beziehungen zu demselben wir so viel, vielleicht viel zu viel getan, daß diese mit uns durch gemeinsame Abstammung, Religion, civilisatorisches Streben verwandten Anglo-Sachsen sich zum Werkzeug der Slaven hergeben wollen. Man konnte schon eher begreifen, daß die Romanen, obgleich sie auch eine Civilisation besitzen ganz anders als diejenige der da drüben im Osten, sich an diesem Rassenkampf gegen uns verbünden!

Der Kaiser, welcher während dieser ganzen Unterredung sehr bestimmt sprach und aufgeregt war, sagte dann, daß diese Bildung eines starken, gegen Österreich und Deutschland gerichteten Serbenreiches gehindert werden müsse. Die Lebensbedingung der beiden Länder sei, sich durch einen Slavenring nicht umkreisen zu lassen. Wir haben den Dreibund erneuert, man wisse in Petersburg, woran man ist. Wenn diese Frage – eine für uns vitale Frage – durch die Diplomatie nicht gelöst werden kann, so werden die Waffen entscheiden. Die Lösung kann aufgeschoben werden. Die Frage selbst wird aber in 1 oder 2 [Jahren] wieder auftreten und es wird die Türkey dann wieder gekräftigt werden müssen: das war meine erste Politik: es wird auf dem Balkan ein Staat gegründet werden müssen, der nicht nach Petersburg, sondern nach Wien gravitire; – auf der andern Seite wird Italien Front gegen Westen machen. Dann wiederholte der Kaiser, daß nach allem was er erfahre, der Rassenkampf nicht zu vermeiden sei, – vielleicht ist er nicht für jetzt, aber er wird voraussichtlich in einem oder zwei Jahren stattfinden. Ich benutzte die Gelegenheit, um mich über die Stellung Rumäniens zu erkundigen. Der Kaiser gab mir zur Antwort, Rumänien und Bulgarien seien korrekt und trachten, mit Österreich die besten Beziehungen zu pflegen. Bulgarien, meinte er, sei kein rein slavischer Staat und die dortigen Slaven haben einen anderen Ursprung und eine andere Bildung als die Slaven in Rußland und Serbien; sie werden sich wohl nicht den russischen Bestrebungen anschließen [...]"[24]

The fact that all we have is the above draft of de Claparède's report, the final version having mysteriously vanished from the Swiss government files in Bern[25], lends an

---

[24] BA Bern 2300 Berlin 17.25, De Claparèdes Report, 10 December 1912.
[25] An interesting item of correspondence regarding the missing report is contained in the files of the Bundesarchiv, Bern. It is a letter dated 11 June 1928 from the Federal Political Department to the Bundesarchiv and marked „Streng vertraulich": „Herr Bundesarchivar, wie uns die Schwei-

added authenticity to the document. It bears the signs of having been written up in haste at the first opportunity the ambassador had to set down his record of this astonishing conversation, and the Kaiser's voice and thoughts are reproduced with great immediacy. The themes are not unfamiliar: the Kaiser's predilection for the employment of simplistic racial stereotypes and geopolitical fantasies in his observations on current political and international trends; his apocalyptic vision of an imminent racial war between "Germanentum" and "Slaventum"; his hysterical reaction to the restrained and unprovocative restatement of the traditional British government policy on the balance of power in Europe; the paranoid fear of encirclement. But if the themes are familiar, they are expressed here with striking clarity and vehemence. And the report assumes a still greater significance when attention is paid to the timeframe which the Kaiser twice underlined. This corresponded with the projection made during the meeting of the war council, namely that the conflict should be delayed for eighteen months as requested by Tirpitz on behalf of the navy, though with only the most reluctant acquiescence by Moltke on the army's behalf. The Kaiser's emphasis on this timetable seems to confirm that it had indeed become the set one, and the one after all which was in the event adhered to. In this way de Claparède's report strengthens the case for the war council being regarded as an event of decisive significance in the evolution of German policy before 1914.

A few days after Claparède's encounter with the Kaiser, the latter was airing his views on the international situation again, this time in the company of the Austro-Hungarian ambassador. Szögyény lunched with the Kaiser, Moltke and Kiderlen, and he reported on the conversation on 17 December. The Kaiser had been "in the most radiant of moods":

> „Trotz des allgemeinen kriegerischen Lärms, so versicherte mir Seine Majestät, hoffe Er ganz bestimmt, daß der Friede aufrechterhalten bleibe. Unsere Vorbereitungen finde Er vollkommen entsprechend; auch diesmal gelte: si vis pacem para bellum, obwohl gerade von jener Seite, von welcher wir am meisten ein kriegerisches Eingreifen befürchten, nach Seiner Über-

Fortsetzung Fußnote von Seite 63
zerische Gesandtschaft in Berlin mitteilt, haben Sie sie kürzlich um die Ueberlassung eines Berichtes des Herrn Minister von Claparède vom 10. Dezember 1912 über ein Gespräch ersucht, das er damals mit dem deutschen Kaiser gehabt habe. Der Bericht habe sich, wie Sie bemerkten, in den Faszikeln des Bundesarchivs, welche die Berichte der Berliner Gesandtschaft enthalten, nicht vorgefunden und sei auch bei unserm Departemente nicht erhältlich gewesen.
Herr Minister Rüfenacht hat uns nun eine Abschrift nach dem noch auf der Gesandtschaft liegenden Konzept übermittelt, da, nach seiner Auffassung, allein das Politische Departement zuständig sei, darüber zu entscheiden, ob der Bericht dem Bundesarchiv auszuhändigen sei.
Nachdem wir von diesem in der Tat sehr interessanten Dokumente, das dem Unterzeichneten selbst bisher nicht zu Gesichte gekommen war, Kenntnis genommen haben, beehren wir uns, Ihnen in der Beilage eine Abschrift desselben zuzustellen mit der Massgabe, dass dieses Schriftstück nur mit der ausdrücklichen Ermächtigung des Bundesrates Drittpersonen zugänglich gemacht werden darf."
(Signature illegible)
Against the final sentence of this letter is pencilled in the margin: „Geöffnet am 27.6.1955".
The authenticity of the document is confirmed by de Claparède's own reference to it in a subsequent report. See below, p. 66. BA Bern 2300 Berlin 17.25, Eidg. Politisches Departement to Bundesarchiv, Bern.

zeugung keine Gefahr drohe. Rußland brauche mehr als alle andern europäischen Staaten die Aufrechterhaltung des Friedens, weil die Kriegspartei, die in Rußland zweifellos bestehe, werde dem Willen des Zaren und seiner beiden Hauptratgeber Kokowzeff und Sazonow entsprechend klein beigeben müssen. In Deutschland seien für die Eventualität eines Krieges keine besonderen Vorkehrungen getroffen worden, doch sei dies auch gar nicht notwendig, da ja die deutsche Armee in sechs Tagen vollkommen kriegsbereit sein könne.

Dies wird mir auch von militärischer Seite bestätigt. Und wenn auch formell von Kriegsvorbereitungen in der deutschen Armee keine Rede ist, so sind doch, wie ich erfahre, Detailvorbereitungen, wie Beschlagen der Pferde u.s.w. besonders im östlichen Deutschland durchgeführt, und haben die Offiziere sich ziemlich allgemein mit den für einen Winterfeldzug nötigen Ausrüstungsartikeln versehen. Wenn diese Vorkehrungen zwar auch geheim gehalten werden, so scheinen sie doch ins Publikum gesickert und haben nicht zum Wenigsten dazu beigetragen, die bestehende Beunruhigung der Börse zu erhöhen. Wie Euer Exzellenz bekannt, hat sich in den letzten Wochen wiederholt auf der hiesigen Börse eine Deroute eingestellt, bei welcher sonst sichere Anlagewerte – zwar nicht in dem Maße wie es leider in Wien und Budapest der Fall war – bedeutende Cursstürze erlitten. In ganz Deutschland ist eine außergewöhnliche Geldknappheit zu konstatieren – das gemünzte Geld wird auch von Privatleuten stark zurückgehalten – und als Curiosum möchte ich hierbei anführen, daß einer der hervorragenden schlesischen Magnaten unlängst erklärte, er habe sich eine größere Summe Gold angeschafft und dieselbe für den Kriegsfall in einer Bank deponiert [...]"[26]

Despite the Kaiser's reassurances, Szögyény clearly thought he detected the whiff of war in the air. Indeed he was evidently close to convincing himself that war was an imminent prospect when in fact, as we know from the reports of the war council and from the Kaiser's conversation with de Claparède on 10 December, the decision had been taken to postpone war for about eighteen months, though to prepare for it in the meantime. It may seem a contradiction that the Kaiser should have assured Szögyény of Russia's pacific intentions when a few days earlier he had been describing Russia's malevolent plans in the Balkans to de Claparède. The likely explanation is that the Kaiser was unwilling to disclose the new direction of German policy so soon after the war council discussions even to his closest ally, perhaps *particularly* to his closest ally. The full implications of the war council decisions had yet to be worked out, the scope of the army and navy increases had yet to be decided and it would therefore have been premature to confide in the Austro-Hungarian ambassador at this stage before the shape of German intentions had been agreed. What is more, disclosure of the new direction of German policy to Austria-Hungary carried the risk that it might leak out to Germany's enemies. What may have revealed more of the Kaiser's real state of mind than the somewhat contrived remarks reported by Szögyény on 17 December was his reaction on 11 December to news that important personnel changes were taking place at the highest levels of the Austro-Hungarian army. In a communication to Vienna marked „Streng vertraulich", Szögyény quoted the Kaiser as expressing concern about these changes. He was sure that they indicated no change in foreign policy, „dennoch müsse er gestehen, daß der gerade zu diesem Zeitpunkt vorgenommene Personenwechsel zu den verschiedensten Interpretationen Anlaß biete".[27]

By March of the following year, the daunting financial implications of the war council decisions were becoming apparent, and de Claparède prepared a lengthy analysis of

[26] HHStA Vienna PAIII Preußen 170.316–319, Szögyény's Report, 17 December 1912.
[27] HHStA Vienna PAIII Preußen 170.254, Szögyény's Report, 11 December 1912.

the difficulties facing the government. (As the president of the Federal Political Department was currently a French speaker, his report was written in French.) De Claparède described how two problems existed simultaneously for Germany. The first was the recurring problem of Imperial finances:

«Les négociations entre les Gouvernements des Etats allemands devaient être fort laborieuses: reviendrait-on á l'idée d'imposer les successions, chercherait-on à introduire un impôt sur la fortune, c'est-à-dire à empiéter sur le droits réservés aux Etats allemands? ou bien augmenterait-on les impôts indirects, etc? C'est à peu près à l'époque où les Gouvernements allemands étudiaient ces questions si difficiles, que se produisirent les succès inattendus des Armées des Etats balkaniques, dont la première conséquence visible est l'amondrissement des forces austro-hongroises dans la Triple-Alliance. (Un diplomate français et pas l'un des moindres me disait que ‹L'Autriche Hongrie ne compte plus guère comme puissance militaire dans le Triple Alliance›!) C'est la coincidence des difficultés financières de l'Empire, et de la situation nouvelle de la monarchie austro-hongroise dans la Triple Alliance, (et je rappelerai ici ce que je Vous écrivais le 10 Décembre dernier après une conversation à Potsdam avec l'Empereur au sujet de la lutte qui se prépare entre les races slaves et germaniques), c'est la coincidence de ces deux faits qui déterminera l'Empereur à resoudre au plus tôt la question des armements et de l'augmentation des resources financières et qui fit qu'il se rallia à l'idée que lui a suggéré un de ses conseillers *non-officiels,* de réclamer du patriotisme de la nation un impôt extraordinaire et unique d'un milliard. Cette décision de l'Empereur se produisant juste au moment ou les populations et la presse de la France et de la Russie accentuaient sans motifs plausibles leur hostilité à l'égard de l'Allemagne, et il est bien compréhensible que dans ses manifestes l'Empereur ait utilisé le centenaire des proclamations de 1813 pour réchauffer le patriotisme des Gouvernements et des populations allemands.
Comme on pouvait s'y attendre, ou la situation politique de l'Europe et de l'Allemagne en particulier, le projet d'une „Kriegssteuer" à laquelle participeront aussi les souverains allemands, jusqu'alors exempts de toute imposition, a de suite été acceptée avec enthousiasme par la nation et spécialement par les ministres des finances et la haute banque. Les ministres des finances se rendaient compte des difficultés énormes qu'ils rencontreraient à placer par voie d'emprunt à un taux raisonable un milliard pour faire face aux nécessités militaires; la haute banque redoutait la pression des ministres des finances pour lui faire prendre à un cours égal ou supérieur au cours du jour un emprunt si considérable. Le projet de l'Empereur écarte ces deux difficultés et mêmes les banques entrevoient les avantages qu'elles retireront de la vente des titres, dont devront se débarasser ceux de leurs clients qui ne pourront prendre sur leurs économies annuelles les montants nécessaires pour satisfaire aux exigences du fisc. L'enthousiasme des populations, par contre, s'est quelque peu refroidi après mure reflexion. On discute le projet d'imposition avant même que l'on en connaisse les bases, avant de savoir quelles petites fortunes en seront exemptées, et si cet impôt sera progressif ou non. On objecte qu'une Kriegssteuer a sa raison d'être après une guerre malheureuse ou lorsqu'elle se prolonge outre mesure. Ces objections ne sont pour la plupart pas ou peu fondés attendu que les dépenses projetées, augmentations des effectifs aux frontières, spécialement créations d'ouvrages de défense, augmentation du train de l'armée, des services télégraphiques techniques doivent se faire non pas durant ou après une guerre, mais en prévision d'une conflagration sur 2 frontières. C'est donc à l'extraordinaire que doivent être prises ces dépenses. D'autre part l'argent est trouvable bien à meilleur compte en temps de paix. Il est donc dans l'intérêt même du contribuable d'être saigné, alors qu'il peut réaliser des fonds sans pertes sérieuses. On fait aussi d'autres objections contre l'impôt proposé par l'Empéreur, spécialement basées sur le fait que tous les Etats allemands n'imposent pas les capitaux des contribuables mais seulement les revenus, qu'en conséquence nombre des personnes, telles que les directeurs de banque, d'usines, d'enterprises industrielles, des avocats, des médicins, des artistes dont les revenus excèdent de

beaucoup leur fortune personelle, ne seront pas ou peu touchées par la prochaine Kriegssteuer [...]."[28].

De Claparéde demonstrated here a subtle appreciation of the dilemma facing the German government. The assumptions which had governed the thinking of the Kaiser in December 1912 in the field of foreign policy – above all, the need to prepare for the imminent racial war between the Teutons and the Slavs – implied the necessity for a rapid and very substantial increase in Germany's armed forces. Given the state of Imperial finances, and the extreme difficulty of raising the revenues needed through conventional fiscal procedures, the proposal had been made that a once and for all levy would be imposed, the hope being that the current mood of public opinion in the country would carry the proposal through with less opposition than any alternative method of raising the finance would be likely to encounter.[29] But in the event, the more that the implications of the "war tax" were analysed, the more apparent it became that the burden would be distributed inequitably and the greater was the danger, particularly in view of the composition of the Reichstag following the election of 1912, that the measure would provoke uncontrollable hostility to the government. The form of this one-off tax was also open to evasion by the temporary export of capital, and soon there were rumours circulating that this was indeed happening, as for instance reported by the British ambassador Sir Edward Goschen to the British Foreign Secretary[30]. From the point of view of the German government, therefore, an acutely dangerous paradox was emerging: the measures being adopted in response to the perceived need to prepare urgently for the forthcoming war seemed in danger of undermining Germany's ability to fight that war by provoking fierce political disaffection within the country and possibly a flight of capital abroad. This frightening prospect led inevitably to a prolonged round of negotiation between the government and the political parties which produced a compromise agreement by the end of June. It was an agreement of a grudging character on either side and one which did nothing to improve the overall political mood in Berlin. By the end of the year the situation had deteriorated even further as a result of the almost universally condemned tactics adopted by the government in the Zabern affair.

In 1914 this downward spiral continued though it was accompanied as always by official government assurances that peace was secure and the outlook rosy. In March de Claparède sought clarification of the conflicting attitudes:

„In jüngster Zeit bin ich wiederholt in der Presse wie in diplomatischen Kreisen auf pessimistische Äußerungen gestoßen, welche gegen den Optimismus, welcher in der Wilhelmstraße während den Ereignissen des letzten Jahres herrschte, stark abstechen [...]"[31].

In a conversation with Under-Secretary of State Zimmermann, de Claparède was assured that the Balkan situation had now stabilized and that war would long ago have

---

[28] BA Bern 2300 Berlin 17.5, De Claparède's Report, 19 March 1913.
[29] See *Peter-Christian Witt,* Die Finanzpolitik des Deutschen Reiches von 1903 bis 1913 (Lübeck und Hamburg 1970) 356–377.
[30] PRO London FO 371.1648, Goschen to Grey, 18 April 1913.
[31] BA Bern 2300 Berlin 17.2, De Claparède's Report, 7 March 1914.

broken out had it been likely to arise from those causes. Furthermore the French had become jittery because of the difficulties which their own military policies were encountering on the domestic front, and this was persuading them to exert a moderating influence on the Russians. The Russians in consequence had given repeated assurances of their peaceful intentions to the German government, and the latter had been able to confirm by independent observation that these assurances were backed up in practice by the deployment of Russian forces and armaments. Finally Britain was regarded, according to Zimmermann, as posing no special naval threat; relations between the two countries had improved, whatever the gentlemen of the press wished to say:

> „Während dieser Unterredung hat Herr Zimmermann sich zwei Mal sehr optimistisch geäußert, ein Mal über die Lage in den Balkans, alsdann, als er in Betreff der allgemeinen politischen Lage sich dahin äußerte, daß wir nunmehr einem friedlichen Sommer entgegengehen, was in den letzten Jahren leider nicht immer der Fall gewesen sei."[32]

De Claparède's instinctive scepticism about these roseate prospects would no doubt have been reinforced had he known of the cry of pain which emanated from the National Liberal leader Bassermann in a letter to Bülow written a few days later:

> „Schwerfällig und unlustig schleppen sich die Verhandlungen des Reichstags hin. Heute steht fest, daß der Militär-Etat nicht einmal in der Budget-Kommission vor Ostern zur Verhandlung kommt. Das war noch nicht da.
> Eine Planlosigkeit sondergleichen ist Signatura. Jede Woche wird ein neues Gesetz vorgelegt; wir zählen heute 28 Kommissionen, das hat die Folge, daß in dieser Hypertrophie alles erstickt. Jedes Ressort arbeitet auf eigene Faust, und der letzte Rest des Einflusses der Regierung auf die Parteien ist geschwunden: Das hängt zum Teil auch damit zusammen, daß Undankbarkeit ein Charakteristikum des Kanzlers ist, daß er Mitarbeiter nur kennt, wenn irgend eine parlamentarische Situation ihm Unbequemlichkeiten macht oder gar seine Stellung bedroht; dann heißt es ‚Samiel hilf!'. Ist nun durch das Parlament dem ungeschickten Reiter über Graben und Hecke geholfen, dann heißt es: ‚Grüß mich nicht Unter den Linden, denn Dein Gruß könnte mich bei den Triariern und der Hofgesellschaft kompromittieren!' ‚Sich halten' ist das oberste Ziel Bethmann'scher Politik. – Das rächt sich natürlich, und bringt diese stumpfe Mißstimmung aller Kreise, einschließlich der Konservativen.
> Jüngst frug mich der Chef des Marine-Kabinetts, wie lange sich Bethmann wohl noch halten könne; so unsicher faßt die Umgebung des Kaisers die Lage auf. Der Schwerpunkt liegt wohl in der Nachfolge. Die Abneigung des Kaisers gegen Änderungen hält Bethmann im Amt [...]
> In der auswärtigen Politik wirkt französische Hetzarbeit auf der ganzen Linie. Bethmanns russische Versöhnungs-Politik ist total gescheitert. ‚Die Kölnische' hat die Wahrheit gesagt, und ganz oben spricht man heute von dem Kriege in 2 Jahren. Die schönen Tage von Potsdam und Baltisch Port sind vorüber, und rauher Ostwind bläst über die Grenze [...]
> Ein melancholisches Bild; ich glaube aber nicht, daß ich zu schwarz male."[33]

Very much in the same mood, de Claparède reported in May on the end of the Reichstag session, one which he thought had been without significant results. He reflected on the poor performance of the government in the Zabern affair, which had resulted in sharp criticisms being directed at Bethmann and his colleagues not only by his political opponents but also his supposed friends:

---

[32] Ibid.
[33] BA Koblenz, Bülow Papers 107.179–182, Bassermann to Bülow, 19 March 1914.

„Dabei ereignete es sich, daß der Reichskanzler bei seiner Beantwortung der an ihn gerichteten Interpellationen sich in einem ungewohnten Zutand von Nervosität befand, welcher auf den sonst dem Hause sympathischen neuen Kriegsminister ansteckend wirkte. Dieses Versagen des Herrn von Bethmann Hollweg, welches auch von seinen Freunden sofort zugegeben wurde, wird damit erklärt, daß ihm *unmittelbar* vor der betreffenden Reichstagssitzung die völlig unerwartete Kunde zukam, daß einer seiner Söhne wegen Spielschulden im Betrage von mehr als 100,000 M sich in böse Wechselverbindlichkeiten eingelassen hatte [...] Die ganze Zabern'sche Affaire, welche, wenn anfangs richtig angefaßt, so leicht beizulegen gewesen wäre, schien zu den ernstesten Folgen Anlaß geben zu sollen, sei es, daß der Reichskanzler zurücktrete, sei es, daß ein Zusammengehen zwischen dem Reichstage und der Regierung gänzlich versage [...]
Soeben erfahre ich, daß die Frau des Reichskanzlers heute früh verstorben ist."³⁴

Personal tragedy was combining with political misfortune in a way which must have seemed almost insupportable to Bethmann Hollweg, but relations between the government and the Reichstag deteriorated still further. De Claparède's deputy Deucher also reported on the winding up of the Reichstag session:

„Die Beratungen des Reichstages gestalten sich, namentlich im Verhältnis zur Regierung, stellenweise sehr lebhaft. Das Mißtrauensvotum des Reichstages gegenüber dem Reichskanzler wegen Zabern wirkte nach. Dazu kam die Ablehnung der Mittel zu einem Neubau für das Militärkabinett des Kaisers, trotzdem der Bau bereits begonnen ist, und die Ablehnung der Besoldungsvorlage in der beschränkten Fassung der Regierung. Der Reichskanzler stellte sich dem Reichstage nicht mehr vor, sondern flüchtete sich ins Preußische Herrenhaus, dem er aus Anlaß der Beratung über ein neues Fideikommißgesetz für seine verständnisvolle Unterstützung der Regierung dankte. Dem vielfach geäußerten Wunsche nach Vertagung statt nach Schluß der Sitzungen des Reichstages entsprach die Regierung nicht. Die Abgeordneten genießen infolgedessen in den Ferien keine freie Eisenbahnfahrt. Beim Kaiserhoch am Schlusse der Session verließen die Sozialdemokraten, ¼ bis ⅓ der Versammlung, entgegen bisherigem Gebrauche den Saal nicht, sondern sie blieben demonstrativ sitzen.
In gegenseitiger Mißstimmung haben sich Reichstag und Regierung getrennt."³⁵

Such was the political mood in Berlin as the Summer recess began. The sour, tetchy atmosphere was evidently tangible, a sense of national unity and purpose was clearly lacking.

On the day of the assassination of the Archduke Franz Ferdinand in Sarajevo, de Claparède had begun writing a report of a conversation he had had two days earlier with Under-Secretary of State Zimmermann. Zimmermann had given his usual optimistic analysis of the international situation. France, he said, was in no position to heal its domestic wounds by means of an adventurous war policy: difficulties over the introduction of three-year military service, financial problems and parliamentary instability made that impossible. Similarly France's allies were not inclined to war: England because it did not wish to become involved in a land war, Russia because, despite the war fever in the press, the country was in reality not prepared for war. In the middle of writing up this report, de Claparède received news of the assassination, and he decided that events had rendered Zimmermann's reflections obsolete:

---

[34] BA Bern 2300 Berlin 17.5, De Claparède's Report, 9/11 May 1914.
[35] BA Bern 2300 Berlin 17.6, Deucher's Report, 3 June 1914.

„Seitdem ist die Stimmung hier, im allgemeinen, Oscillationen unterworfen gewesen, welche namentlich dadurch erzeugt wurden, daß nachdem festgestellt wurde, daß die fragliche österreichische Drohnote nicht abgegangen war, eine bestimmte Absicht in Wien einen Krieg à tout prix herbeizuführen nicht bestand. Eine andere Strömung kam dadurch auf, und die Wiener Börse hat dieselbe stark verwertet, daß immer neue unverbürgte Nachrichten über die Aktion der großserbischen Partei eine weite Verbreitung gefunden [haben]. Um die Ansichten des hiesigen Auswärtigen Amtes zu erforschen, begab ich mich gestern zu dem Herrn Unterstaatssekretär Zimmermann, um mit ihm die verschiedenen Balkanischen Fragen zu besprechen ... Die Absichten der österreichischen Regierung sind uns noch völlig unbekannt, sagte er mir, wir können nur annehmen, nach der bisherigen Entwicklung der Frage seit der Ermordung des Erzherzogs, daß die österreichische Aktion gemäßigt, aber recht bestimmt sein wird. Herr Zimmermann glaubte, daß dem Verlangen Österreich-Ungarn Folge gegeben werden würde, ohne daß es zum Äußersten komme. Die Serben werden sich ja besinnen und gerechten Forderungen gegenüber nachgeben. Auf meine Frage, ob falls es dennoch zu einem Kriege käme, andere Mächte sich daran beteiligen würden, gab mir Herr Zimmermann zur Antwort: ‚Hie wo! Glauben Sie, daß die Großmächte sich werden wegen dieser Lokalfrage schlagen wollen?' Ich kam dann auf die kriegerische Stimmung, welche in der österreichischen Militärpartei angeblich herrschen soll und auf den ermordeten Erzherzog zu sprechen. Herr Zimmermann gab freilich zu, daß der Erzherzog als Vertreter dieser Richtung galt, dann fügte er hinzu: ‚ja er gehörte *zu den Wenigen,* welche diese Richtung vertreten' [...]"[36].

De Claparède followed the mounting crisis of the last days of July in a mood of helplessness and hopelessness. Finding it increasingly difficult to gain access to members of the government, he relied on his own observations and on conversations with other diplomats to keep himself informed of developments[37]. Finally, on 31 July, while in the Foreign Office on business, he noticed that the Kaiser had come to the Reichskanzlerpalais and that his car had left. He saw Jagow rush from the Reichskanzlerpalais to the Foreign Office with a piece of paper in his hand. Realising that the crisis was coming to a head, he asked to see Zimmermann and he in turn was asked to wait:

„Im Wartezimmer traf ich den Grafen Szögyény, schweigsamer als gewöhnlich, der beim Staatssekretär gemeldet war. Nach einiger Zeit wurde ich beim Unterstaatssekretär vorgelassen, welcher mich mit den Worten ‚Die Würfel sind gefallen!' empfing und mir mitteilte, daß ein Telegramm des Deutschen Botschafters in Petersburg heute früh eingetroffen sei, welches kein Zweifel darüber ließ, daß Rußland durchaus den Krieg haben wolle, denn es habe die ganze russische Armee und Marine mobilisiert. ‚Wir haben bis zuletzt die Hoffnung gehabt, es könnte ein friedlicher Ausweg gefunden werden', sagte er mir, ‚wir sind aber zu der Überzeugung gekommen, daß Rußland nur Zeit gewinnen wollte; wir konnten daher nicht länger zögern und werden daher heute Nachmittag den ‚drohenden Kriegszustand' proklamieren, welchem voraussichtlich Morgen die Mobilisierung folgen wird'. Gleichzeitig teilte mir der Unterstaatssekretär mit, daß der österreichische Botschafter soeben ein Telegramm überbracht hatte, wonach die K und K Regierung beschlossen hatte, die noch nicht mobilisierten Armeekorps mit dem 4. August als ersten Mobilisationstag zu mobilisieren [...]"[38].

---

[36] BA Bern 2300 Berlin 17.11, De Claparède's Report, 21 July 1914.
[37] BA Bern E 2001 (A). 733, De Claparède's Report, 26 July 1914.
[38] BA Bern E 2001 (A). 733, De Claparède's Report, 31 July 1914.

Karl Möckl

Der „unvollendete" Föderalismus des zweiten deutschen Kaiserreiches*

Unter dem Leitgedanken „Zurück zu Bismarck" bekannten sich die bayerischen Föderalisten der Weimarer Zeit zur Reichsverfassung von 1871[1]. Die Denkschrift der Bayerischen Staatsregierung „Zur Revision der Weimarer Verfassung" vom 4. Januar 1924 beabsichtigte, zur Behebung der „Reichsfreudigkeit" die föderalistische Struktur des Deutschen Reiches „als Bund selbständiger Staaten" wiederherzustellen. Dieses Ziel formulierte nicht nur das Wesen der Verfassungsreformpolitik, sondern kanonisierte gleichzeitig die Verfassung des zweiten deutschen Kaiserreiches als das Ideal föderalistischer Ordnung. Politiker und Wissenschaftler folgten seither diesem Denken, zweifelten kaum an der Gültigkeit dieser Auffassung und sahen in der föderalistischen Ausprägung der Verfassung von 1871 gar den Ausdruck einer Versöhnung Bayerns mit der Bismarckschen Reichsgründung. Aber Legenden sollen hier nicht weitergesponnen werden.

Allgemein bedeutet im folgenden Föderalismus verfassungspolitisch eine Ordnungsform des Staates im geschichtlichen Wandel, umgreift die Probleme des zusammengesetzten Staates in der jeweiligen historischen Ausprägung. Diese Begriffsbestimmung schließt nicht aus, daß bestimmte Prinzipien der Wert- und Sozialordnung sowie des Stils der Verfassungsinterpretation mit Föderalismus gemeint sein können und epochal übertragbar erscheinen. Föderalismus vollzieht sich im zweiten deutschen Kaiserreich im Spannungsfeld zwischen staatlichem Selbstbewußtsein der Bundesstaaten und dem nationalen Einheitsbewußtsein des Reiches und in den Möglichkeiten der Einzelstaaten, Eigenbewußtsein gegen das Reich zur Geltung zu bringen.

Politiker und Publizisten lehnten 1870/71 unter föderalistischen Gesichtspunkten die Reichsverfassung ab. Der Staatsrechtler Heinrich von Triepel bezeichnet 1907 die verfassungspolitische Auffassung Bismarcks als „semi-föderalistisch". Wenn die Reichsverfassung vom 16. April 1871 in ihrer Präambel dennoch den Abschluß eines

---

* Bei den folgenden Ausführungen handelt es sich um einen erweiterten Diskussionsbeitrag zum Problem des Föderalismus im Wilhelminischen Reich.
[1] *Erika Schnitzer,* Das Ringen der Regierung Held um die Stellung Bayerns im Reich (Phil. Diss. Erlangen 1968); *Ernst Rudolf Huber,* Deutsche Verfassungsgeschichte, Band VII (Stuttgart 1984) 667 ff.

"ewigen Bundes" verkündet und Bismarck sich zu dessen föderativer Ordnung bekannte, bedarf dies der Deutung[2].

Mit der Reichsgründung von 1870/71 verband sich zwar die preußische Hegemonialmacht mit der national-liberalen Bewegung; aber dies bedeutete nicht, daß der Weg in Richtung Parlamentarisierung beschritten worden wäre. Bismarck handhabte virtuos die Mittel zur Volksbeeinflussung, war aber skeptisch gegenüber Volksbewegungen, vor allem aus dem liberalen deutschen Südwesten. Das Reich als Einung der deutschen Fürsten und der deutschen Stämme kündete eher von einer Politik der Bewahrung als der Veränderung.

Die Hoffnung der Liberalen, durch die Einheit auf dem Wege ausgreifender Reformen mehr Freiheit zu erlangen, war von Anfang an trügerisch, vor allem nach den vorausgegangenen machtpolitischen Strukturentscheidungen im Norddeutschen Bund[3]. Der König/Kaiser behielt sich die Kompetenz auf dem Gebiet der Außen- und Militärpolitik sowie die Personalpolitik auf Regierungsebene vor. Das Parlament hatte neben dem Budgetrecht noch Mitwirkungsmöglichkeiten bei der allgemeinen Gesetzgebung. Der Bundesrat erfüllte die föderalistischen Erwartungen nicht. Er konnte es auch nicht, denn Bismarck verankerte durch ihn nicht nur, wie der Publizist und Politiker Julius Fröbel sich ausdrückte[4], die „föderative Hegemonie" Preußens, sondern, wie der Fürst in den Putbuser Diktaten hervorhob, der Form nach den Staatenbund, tatsächlich aber den Bundesstaat und gab dem Bundesrat als Zentralbehörde den Charakter einer Reichsregierung. Die Reichsverfassung wird zu einem Instrument der flexiblen Handhabung der bestehenden oder sich entwickelnden Machtlagen. Politik geschieht aber nur, wenn im Zentrum als bewegende Kraft der Reichskanzler steht. Diese Rolle war Bismarck auf den Leib geschneidert, und er spielte sie so meisterlich, daß der Verfassungsrechtler Heinrich Heffter von „Kanzlerdiktatur" spricht[5]. So sehr Bismarck den Charakter des Reiches als Fürstenbund immer wieder betonte, so wenig lag ihm an einer Weiterentwicklung des Bundesrates zu einem Oberhaus der Bundesfürsten. Dies hätte nicht nur die Stellung des Reichskanzlers geschwächt, sondern, abgesehen von der Immobilität einer solchen Einrichtung, seine Handhabung als Instrument der Regierungspolitik unmöglich gemacht. Bismarck ging es um ein Gremium weisungsgebundener Bevollmächtigter, die weniger eine Willensbildung von den Bundesstaaten zur Reichsleitung bewerkstelligen sollten, als umgekehrt, den Willen des Kanzlers in den einzelnen Staaten durchzusetzen hatten. Selbst auf die Anwe-

---

[2] *Heinrich Triepel,* Unitarismus und Föderalismus im Deutschen Reiche (Tübingen 1907) 23; *Michael Doeberl,* Bayern und die Bismarcksche Reichsgründung (München/Berlin 1925); Immediatbericht Bismarcks vom 29. März 1871, in: *Otto von Bismarck,* Werke in Auswahl, Band V (Darmstadt 1973) 3 f.
[3] *Lothar Gall,* Bismarcks Süddeutschlandpolitik 1866–1870, in: *Eberhard Kolb* (Hrsg.), Europa vor dem Krieg von 1870 (Schriften des Historischen Kollegs, Kolloquien 10, München 1987) 23–32, bes. 27.
[4] Zit. nach *Ernst Deuerlein,* Föderalismus (München 1972) 115.
[5] *Heinrich Heffter,* Die „Kanzlerdiktatur" Bismarcks, in: Abhandlungen der Braunschweigischen Wissenschaftlichen Gesellschaft XIV, 1 (1962) 73–89; vgl. auch die Hinweise in den Aktenstücken bei *Walther Peter Fuchs* (Hrsg.), Großherzog Friedrich I. von Baden und die Reichspolitik 1871–1907, 1. Band: 1871–1879 (Stuttgart 1968) 16, 71 f., 79 f.

senheit der Minister der Bundesstaaten legte Bismarck wenig Wert. Eine Ausnahme bildeten die Finanzminister, die, bedingt durch die Finanzverfassung, bei ausgabenwirksamen Vorhaben eingeladen wurden[6]. Durch die Bürokratisierung des Bundesrates, seine Rolle als „Elitetruppe des deutschen Beamtentums", wie Heinrich von Triepel in seiner oben genannten Schrift ausführt, seine „Verbeamtung" wirkte er eher unitarisch[7]. Verfahrensvorgaben und Geschäftsordnung zeigen diese Entwicklung ebenso auf, wie die druckvollen Erwartungen Bismarcks an die Bundesregierungen, seinen Willen, den Reichswillen in den bundesstaatlichen Parlamenten und wenn möglich im Reichstag durchsetzen zu helfen. In Bereichen, die der monarchischen Gewalt des Kaisers vorbehalten waren, duldete Bismarck keine Mitsprache. Deswegen konnte der Bundesratsausschuß für auswärtige Angelegenheiten zu keiner Zeit seine verfassungsmäßige Bedeutung erlangen. Er war nach den Worten des württembergischen Ministers Mittnacht „ein totgeborenes Kind". Auch die bundesstaatlichen Gesandten wurden in die Reichspolitik nicht eingebunden. Sie waren für Bismarck „Figuranten in partibus". Bismarck war ein Meister der beschriebenen Regierungspraxis. Obwohl er verschiedentlich geschickt die Entwicklung bedauerte, kam es nicht zur Entfaltung der Ansätze föderalistischer Politik. Der Schein blieb jedoch gewahrt, da die vordergründige Ablösung des zentralisierenden Ressortprinzips durch eine Art Territorialprinzip den bundesstaatlichen Eitelkeiten schmeichelte.

Bayern nahm eine Schlüsselstellung ein. Kaiserbrief und Reservatrechte lassen auf der Grundlage eines ausgeprägten geschichtlichen Selbstbewußtseins vermuten, daß das Land dazu berufen war, eine führende Rolle bei der Verfassungsentwicklung des Reiches zu übernehmen. Das war ein Irrtum. Bismarck half Ludwig II. durch subtile Behandlung, ausgewählte Ehrenbezeugungen und Befriedigung der Geldwünsche nicht nur über den Verlust der Souveränität hinweg, sondern hob ihn gleichsam aus der Reihe der Reichsfürsten. Die Sonderrechte bestätigten den Vorrang Bayerns, bewirkten aber auch, daß die Konkurrenzlage der Mittelstaaten eine gemeinsame Politik im Reich oder gar gegen die Reichsregierung verhinderte. Abweichende Meinungen Bayerns führten somit nicht zum Ausbau der föderalistischen Ordnung, sondern zur Abstimmung zwischen der Hegemonialmacht und dem meistprivilegierten Staat. Der Konfliktfall verlieh nicht der föderalistischen Entwicklung Impulse, sondern brachte den bayerisch-preußischen Dualismus zum Vorschein. Die Kontroversen mündeten in der Regel in bilaterale Absprachen, durch die Bayern häufig profitierte, aber nicht das föderalistische Prinzip. Die Entwicklung hing auch mit der besonderen Lage des Ministeriums Lutz zusammen. Das nationalliberale Kabinett hatte sich im Landtag stets gegen eine Opposition zu behaupten, die die parlamentarische Mehrheit besaß. In dieser Situation war die vertrauensvolle Stellung zum Monarchen und die Treue zum Reichskanzler eine Frage des politischen Überlebens. Nur das Reich bot Lutz

---

[6] *Hans-Otto Binder,* Reich und Einzelstaaten während der Kanzlerschaft Bismarcks 1871–1890 (Tübinger Studien zur Geschichte und Politik 29, Tübingen 1971) 52 ff.; *Walther Peter Fuchs,* Bundesstaaten und Reich. Der Bundesrat, in: *Otto Pflanze* (Hrsg.), Innenpolitische Probleme des Bismarck-Reiches (Schriften des Historischen Kollegs, Kolloquien 2, München 1983) 239–256.
[7] *Hermann Rehm,* Unitarismus und Föderalismus in der deutschen Reichsverfassung (Dresden 1899) 28; *Huber,* (wie Anm. 1) Band III (Stuttgart 1963) 857; *Triepel,* (wie Anm. 2), 85.

den Rahmen für aktive Politik. Reichsgesetze setzte die bayerische Regierung, da sie gerade bei umstrittenen Vorhaben im Landtag keine Mehrheit fand, in verfassungsrechtlich bedenklicher Weise auf dem Verordnungswege in Kraft. Die ausgehandelten Zugeständnisse dienten vielfach zur inneren Beruhigung. So versäumte der bayerische leitende Minister nicht nur die Möglichkeiten der föderalistischen Ausgestaltung der Reichsverfassung, sondern er kann geradezu als Vorbild der bismarckschen Regierungspraxis gelten. Zu Zeiten des Kulturkampfes wirkte Johann von Lutz für die Sache Preußens und des Reiches effektiver als es jeder Reichsminister hätte tun können.

Es fehlte bereits in der Ära Bismarck am richtigen Begriff von Föderalismus. Die Ansätze, die die Novemberverträge von 1870 und die Reichsverfassung boten, wurden durch die Regierungspraxis in Reich und Bundesstaaten nicht weitergeführt. Die Frage der föderalistischen Ordnung blieb in der Schwebe. Die ausufernde staatsrechtliche Diskussion, die sich im politischen Raum widerspiegelte, erschöpfte sich in Kontroversen über den Charakter des Reiches als Bundesstaat oder Staatenbund[8]. Die Unitarier unter ihnen sahen in föderalen Vorstellungen, die das staatliche Selbstbewußtsein der Bundesstaaten neben dem Reich oder gar im Gegensatz zum Reich bestehen lassen wollten, bereits eine Gefährdung der nationalen Einheit. Für die Föderalisten dagegen waren die vereinheitlichenden Werke der Reichsgesetzgebung, so die Gewerbeordnung, das Strafgesetzbuch, das Aktiengesetz, das Reichspressegesetz, die Sozialgesetze u.a., nicht nur antiföderalistisch, sondern Zeichen unerträglicher Zentralisierung. Beiden wurde nicht klar, daß Föderalismus über den bloßen Antagonismus zwischen National- und Regionalstaat hinausgreift. Der Sinn des Föderalismus liegt vielmehr darin, daß er, um mit Ulrich Scheuner zu sprechen, die historisch-politisch gegebene territoriale Gliederung zum Ausdruck bringt[9]. Die vorgegebene Strukturentscheidung einer „Revolution von oben" ließ eine solche Verfassungsentwicklung nicht zu. Dazu trug wesentlich bei, daß es im Gegensatz zur liberalen, nationalen und sozialen Bewegung trotz einiger Ansätze zu keiner föderalistischen Bewegung kam. Diejenigen, die für einen zukunftsweisenden Föderalismus eintraten, konnten umso leichter, vor allem in Wilhelminischer Zeit, in eine Ecke mit den Partikularisten gedrängt werden; vielfach ließen sie es, um vordergründiger politischer Ziele willen, auch gerne zu.

Die Auseinandersetzungen um das sogenannte Stellvertretergesetz und die Reform des Bundesrates machen deutlich, daß es weniger um Fragen der Ausgestaltung des Föderalismus als um dessen Krisen ging[10]. Für Bismarck war der Bundesrat im Kern kein föderalistisches Instrument, vielmehr ein Mittel seiner unitarischen Herrschaftstechnik. Seit der innenpolitischen Wende von 1878/79 meldeten sich, bedingt durch die expandierende Industriegesellschaft, zunehmend Vertreter organisierter Interes-

---

[8] Beispielsweise *Max von Seydel,* Commentar zur Verfassungs-Urkunde für das Deutsche Reich (Freiburg i. Br. ²1897); *ders.,* Zur Lehre von den Staatenverbindungen, in: Staatsrechtliche und politische Abhandlungen (Freiburg i. Br., Leipzig 1893) 1–120.
[9] Föderalismus als nationales und internationales Ordnungsprinzip. Die öffentliche Sache (Veröffentlichungen der Vereinigung der Deutschen Staatsrechtslehrer, Heft 21, Berlin 1964) 123.
[10] *Manfred Rauh,* Föderalismus und Parlamentarismus im Wilhelminischen Reich (Beiträge zur Geschichte des Parlamentarismus und der politischen Parteien 47, Düsseldorf 1973); *Binder,* (wie Anm. 6), 71–112.

sengruppen zu Wort[11]. Wenn der Reichskanzler in der Folgezeit dennoch die wichtige Rolle des Bundesrates betonte, dann tat er dies aus zwei Gründen. Zunächst wollte er durch den Rückgriff auf den Charakter der Reichsverfassung als Bündnis der Fürsten und Dynastien seine „Staatsstreichpläne" rechtfertigen[12]. Schließlich suchte er dem Bundesrat die Rolle eines ministeriellen, nicht föderativen Gegengewichtes gegen den Reichstag zu geben[13]. Der Bundesrat war überfordert. Seine Bedeutung ging zurück, was einerseits zur veränderten Verfassungsstruktur des Wilhelminischen Reiches und andererseits zu einer Stärkung des Selbstbewußtseins der Bundesstaaten führte. Diese „neuen" föderalistischen Vorstellungen sollten allerdings erst später zum Tragen kommen.

Schon in der Endphase der Kanzlerschaft Bismarcks wurde deutlich, daß die unitarischen Tendenzen im Reich an Gewicht gewannen. Die Frage einer föderativen Ausgestaltung der Verfassung konnte nicht mehr, auch nicht mehr dem Scheine nach in der Schwebe gehalten werden. Die nationale Kaiseridee Wilhelms II. löste sich von den geschichtlichen Voraussetzungen, stützte sich zwar nach wie vor auf die Säulen der preußischen Militärmonarchie, suchte sich aber auch den neuen Kräften der sich modernisierenden Gesellschaft, der Parteien, der Interessenvereinigungen zu öffnen[14]. Das Wilhelminische Kaisertum wurde in der Verfassungswirklichkeit zum Träger der Souveränität, was bisher der Bundesrat war, zog seine legitimierende Kraft nicht mehr in erster Linie aus der föderativen Idee, wie sie in der Reichsverfassung von 1871 zum Ausdruck kam, sondern aus den Kräften und dem politischen Bewußtsein, wie sie das moderne industrielle, technische und wissenschaftliche Zeitalter bestimmten. Diese veränderte Identität des Wilhelminischen Kaisertums, die mit dem Begriff „soziales Kaisertum" nur unvollständig beschrieben wird, führte zu einer anderen Politik und zu einer veränderten Verfassungswirklichkeit[15]. Weltpolitische Ambitionen, Großmachtpolitik, imperialistische Erwartungen, Depression und Agrarkrisen stellten an das Kaisertum hohe Erwartungen und führten, da es sowohl die nationale Reputation wie die nationale Einheit verkörperte, zu entsprechenden Führungstechniken. Das persönliche Regiment Wilhelms II. entfaltete sich unter den Vorzeichen cäsaristisch-populistischer Tendenzen. Das enge Zusammenwirken von Reichsregierung und Reichstag schaltete nicht nur den Bundesrat endgültig aus, sondern bewirkte vor allem in der Zeit des Bülow-Blocks eine so weitgehende Abstimmung der konkreten Politik mit den „eingebundenen" Parteien, daß man von einer Mediatisierung des Reichstages durch die „Regierungs"-Parteien oder von einer Aushöhlung der Rechte der Legislative sprechen kann. Die Unitarisierungspolitik nach innen vollzog sich auf

---

[11] *Otto Pflanze,* „Sammlungspolitik" 1875–1886; Kritische Bemerkungen zu einem Modell, in: *Pflanze,* (wie Anm.6), 155–193.
[12] *John C. G. Röhl,* Deutschland ohne Bismarck. Die Regierungskrise im zweiten Kaiserreich 1890–1900 (Tübingen 1969) 52 ff.; *Michael Stürmer,* Staatsstreichgedanken im Bismarckreich, in: Historische Zeitschrift 209 (1969) 566–615.
[13] *Binder,* (wie Anm.6), 164.
[14] *Elisabeth Fehrenbach,* Wandlungen des deutschen Kaisergedankens 1871–1918 (München, Wien 1969).
[15] *Friedrich Naumann,* Demokratie und Kaisertum (Berlin 1900); *ders.,* Der Kaiser im Volksstaat (Berlin 1917).

den verschiedensten Ebenen. Kaiserkult und Propaganda der nationalen Verbände sind hier ebenso zu nennen wie Versuche zur Vereinheitlichung des Eisenbahnwesens, der Kulturpolitik, der Durchsetzung der Militärstrafprozeßordnung und der Finanzreform, Maßnahmen, die zur Demütigung der Bundesstaaten führten, bis zu Staatsstreichplänen der Reichsregierung, die sich zwar nicht nur, aber auch gegen den „Partikularismus" richten sollten[16]. Heinrich von Treitschke dozierte: „Alle Phasen des Föderalismus beseitigen nicht das alte politische Gesetz, daß die Idee der Föderation ein republikanischer Gedanke ist."[17] Föderalismus rückte damit in die Nähe von Reichsfeindschaft und Antimonarchismus.

In den Bundesstaaten machte sich neben dem kaiserlichen Gepränge auch Reichsverdrossenheit breit[18]. In Bayern bedeutete das aber weder Resignation noch politische Untätigkeit. Die Kräfte konzentrierten sich auf die inneren Probleme. Initiativen und Reformvorhaben lassen sich auf den Gebieten der Militär-, der Wissenschafts-, Kunst- und Wirtschaftspolitik, der Landtagswahlgesetzgebung und des Gemeindewahlrechts feststellen[19]. Diese Vorhaben und die damit verbundenen politischen Willensbildungsprozesse führten zu einer öffentlichen Bewußtseinsbildung neben den dynastisch-territorialen Traditionen und gaben dem föderalistischen Denken neue Inhalte. Die Durchsetzung des national-unitarischen Prinzips auf Reichsebene lieferte somit in Wechselwirkung die Impulse für die Erneuerung des Förderalismus mit zukunftsweisenden Perspektiven. Zu den älteren Traditionen trat der Föderalismus als bayerische Wirklichkeit, als Mythos. In ihm fanden auch demokratische Bewegungen Möglichkeiten der Identifikation.

Theodor Schieder sprach mit Blick auf das Deutsche Kaiserreich von einem „unvollendeten Nationalstaat"[20]. Auch wenn man Jacob Burckhardt „...und das Große, was durch Concentration entsteht, ist dann doch geistig medioker..." nicht zustimmt, wird man vom zweiten deutschen Kaiserreich gerade durch das Strukturproblem des „unvollendeten Föderalismus" von einem „unvollendeten Verfassungsstaat" sprechen können[21].

---

[16] *Peter Mast,* Künstlerische und wissenschaftliche Freiheit im Deutschen Reich 1890–1901 (o.O. 1980); *Werner K. Blessing,* Staat und Kirche in der Gesellschaft (Kritische Studien zur Geschichtswissenschaft 51, Göttingen 1982) 233 ff.; *Karl Möckl,* Die Prinzregentenzeit. Gesellschaft und Politik während der Ära des Prinzregenten Luitpold in Bayern (München, Wien 1972) 349–430.
[17] *Heinrich von Treitschke,* Bundesstaat und Einheitsstaat (Leipzig 1865).
[18] *Möckl,* (wie Anm. 16), 352.
[19] Ebenda, 479–547.
[20] *Theodor Schieder,* Das Deutsche Kaiserreich von 1871 als Nationalstaat (Wissenschaftliche Abhandlungen der Arbeitsgemeinschaft für Forschung des Landes Nordrhein-Westfalen 20, Köln, Opladen 1961) 39.
[21] *Jacob Burckhardt,* Briefe. Ausgew. und hrsg. von *Max Burckhardt* (Birsfelden–Basel o.J.) 282 f.

II. Zur Funktion und Auswirkung des Kaisergedankens in der wilhelminischen Gesellschaft

Fritz Fellner

Wilhelm II.
und das wilhelminische Deutschland
im Urteil österreichischer Zeitgenossen

Anfang Jänner 1915 beklagte sich Hugo von Hofmannsthal in einem Artikel in der „Vossischen Zeitung", „daß Österreich unter den Ländern der Erde eines der von Deutschen ungekanntesten oder schlechtest bekannten ist. Österreich liegt Deutschland so nahe und wird dadurch übersehen"[1]. „Seit Bismarcks Tod hat Deutschland keinen eminenten Kenner Österreichs aufzuweisen", rügte er[2], um gekränkt hinzuzufügen, daß den Büchern des Engländers Wickham Steed, des Schotten Seton-Watson, der Slawen Kramář und Masaryk und des Franzosen Louis Eisenmann „die reichsdeutsche Literatur nichts an die Seite zu setzen" hat. So sehr fühlte sich Hofmannsthal dem deutschen Geistesleben verbunden, ideell wie materiell (denn seine Werke wurden von reichsdeutschen Verlagen herausgegeben, selbst die „Österreichische Bibliothek", die er gerade zu jener Zeit mit dem Ziel begründete, Österreich in seiner historischen Bedeutung und Größe sichtbar zu machen, erschien in Leipzig beim Insel-Verlag), daß ihm offenbar gar nicht bewußt wurde, wie sehr der Vorwurf, den er gegen die Deutschen erhob, sich umdrehen ließ: es gab zu jener Zeit auch keinen österreichischen Kenner des wilhelminischen Deutschland. Gewiß, so wie Hofmannsthal hatte jeder österreichische Dichter, Gelehrte, Künstler seine Bindung an das deutsche Geistesleben, es war das deutsche Publikum, d.h. das deutsche Publikum jenseits der Grenzen des Habsburgerreiches und nicht das slawische, magyarische, italienische Publikum innerhalb des eigenen Reiches, an das er sich wandte, für das er seine Bücher schrieb. Und journalistisch, publizistisch setzte man sich ununterbrochen mit dem auseinander, was kulturell oder politisch im Zweiten Kaiserreich geschah, obwohl gerade für diese publizistische Befassung mit dem wilhelminischen Deutschland gilt, was Hofmannsthal für die Beziehungen Deutschlands zu Österreich gesagt hatte: „Es mögen innere Hemmungen im Spiel sein, sie bestehen zwischen den Staaten wie zwischen Individuen: Befangenheit, Trugschlüsse, vitia der Aufmerksamkeit und der Auffassung."[3] Ein paar Beispiele für diese Befangenheit, Trugschlüsse, vitia der Aufmerksamkeit und der Auffassung sollen die nachstehenden Ausführungen darlegen, doch

---

[1] *Hugo v. Hofmannsthal*, Gesammelte Werke in zehn Einzelbänden. Reden und Aufsätze II. 1914–1924 (Frankfurt 1979) 390; im folgenden zitiert: *Hofmannsthal*, Werke.
[2] Ebda., 391.
[3] Ebda., 390.

vorher sollte noch eingestanden sein, daß es in Österreich bis zum heutigen Tage keine „eminenten Kenner" des wilhelminischen Deutschlands gibt. Gewiß, es gibt zahlreiche Spezialuntersuchungen zur deutschen Außenpolitik, aber zumeist nur in Beziehung zur österreichisch-ungarischen Außenpolitik, es gibt eine Menge Arbeiten zur Literatur, Kunst, Musik, es gibt viele Urteile – und noch mehr Vorurteile – über das wilhelminische Deutschland, wann immer die tragischen Probleme des 20. Jahrhunderts für Österreich behandelt werden, aber es gibt bis heute nur ein einziges Werk eines Historikers, das ausschließlich und umfassend der deutschen Geschichte zwischen 1870 und 1918 gewidmet ist – und es ist bei allem Materialreichtum, der es prägt, bei allem guten Willen, der es auszeichnet, wahrlich kein Werk, das man rühmend herausstellen könnte. Es ist Hans Kramers Beitrag zum Handbuch der Kulturgeschichte „Deutsche Kultur zwischen 1871 und 1918", erschienen – wieder in einem deutschen, nun schon bundesdeutschen Verlag – 1971 in Frankfurt am Main[4].

Selbst als die großdeutsche Sehnsucht die deutschösterreichische Geschichtswissenschaft lenkte, blieb das wilhelminische Deutschland seltsam ausgeklammert aus der Befassung mit der deutschen Reichsgeschichte. Und als nach 1945 die Flucht aus der deutschen Vergangenheit die österreichische Geschichtsauffassung zu bestimmen begann, da verschwand das Interesse an dem Zweiten Deutschen Reich fast zur Gänze aus den Forschungszielen der Österreicher, und niemand hat versucht, die eigentümliche Widersprüchlichkeit zu untersuchen, welche die Einstellung der Zeitgenossen des wilhelminischen Deutschlands in jenen Jahrzehnten kennzeichnet, in denen das Habsburgerreich und das Deutsche Reich, in denen die beiden Kaiser im Zweibund zu gemeinsamer Kontinentalpolitik und in ununterbrochenem Austausch von Gelehrten, Publizisten, Künstlern und in engster wirtschaftlicher und finanzieller Zusammenarbeit verbunden waren.

Es gibt kaum ein Memoirenwerk, kaum ein Tagebuch, kaum eine Briefsammlung aus jenen Jahrzehnten von der Begründung des Zweiten Reiches bis zum Zusammenbruch des Habsburgerreiches am Ende des Ersten Weltkriegs, das ein Österreicher deutscher Sprache verfaßt oder hinterlassen hat, in dem nicht Urteile über den deutschen Geist oder den deutschen Ungeist, die deutschen Leistungen und die deutschen Fehler zu finden sind. Dieser kurze Diskussionsbeitrag kann nicht die weite Palette der österreichischen Beurteilungen des wilhelminischen Deutschlands umfassen, in der der nationale Radikalismus der Schönerianer, die klerikale Abneigung gegenüber dem Protestantentum, der Antipreußenkomplex als Trauma der Niederlage von 1866 ebenso wirksam sind, wie neidische Bewunderung deutscher Tüchtigkeit. In den sozialdemokratischen Urteilen über das wilhelminische Deutschland überlagern ideologische Parolen des Klassenkampfes so sehr das nüchterne Urteil, daß sie hier unberücksichtigt blieben, und Karl Kraus ist in seiner egozentrischen Selbstüberschätzung für das alte Österreich weit weniger repräsentativ als seine epigonalen Verehrer glauben, seine Urteile und Charakteristiken in seinen „Letzten Tagen der Menschheit"

---

[4] *Hans Kramer,* Deutsche Kultur zwischen 1871 und 1918 (Handbuch der Kulturgeschichte. Erste Abteilung. Zeitalter Deutscher Kultur, Frankfurt 1971); im folgenden zitiert: *Kramer,* Kultur.

sind – in ihrer Weise überaus aussagekräftige – Karikaturen und bleiben daher in diesem Beitrag ebenfalls unberücksichtigt.

Es sind vier Gesichtspunkte, die in dem Bild immer wiederkehren, das österreichische Zeitgenossen sich vom wilhelminischen Deutschland gemacht haben:

a) die Bewunderung für Bismarck, an dessen Größe die Regierungszeit Wilhelms II. gemessen wird, und dessen Schatten über jedem Urteil lastet, das über die politischen Leistungen seiner Nachfolger ausgesprochen wird;

b) die seltsame Dichotomie des Urteils, die der manchmal bis zu einer Unterwürfigkeit reichenden Bewunderung der wirtschaftlich-technischen Leistungen des Deutschen Reiches und seiner Bürger eine bis zur Überheblichkeit gesteigerte Klage über den geistig-kulturell-künstlerischen Niedergang des deutschen Volkes gegenüberstellt;

c) eine sich vor allem nach der Jahrhundertwende steigernde, immer offener ausgesprochene Kritik an der antiparlamentarischen, militaristischen Grundstimmung, welche nach Meinung der österreichischen Zeitgenossen die Politik des Deutschen Reiches prägte;

d) ein seltsames Schwanken in der Beurteilung des deutschen Kaisers, dessen Jugend vielleicht gerade in der Gegenüberstellung mit dem eigenen greisen Herrscher fasziniert und dessen Unbekümmertheit, um es zunächst mit einem milden Worte zu vermerken, abschätzige, ja verdammende Urteile immer stärker herausfordert.

Diese vier Grundzüge der Beurteilung des wilhelminischen Deutschlands und Kaiser Wilhelms II. durch die österreichischen Zeitgenossen möchte ich an Hand einiger ausgewählter Publizisten und Politiker exemplarisch illustrieren, wobei ich auf Quellen aufbaue, die mir aus meinen anderen Forschungsarbeiten bekannt sind, die aber – so glaube ich – repräsentativ sind für das Urteil der Zeitgenossen aus all den Jahrzehnten des Zweiten Reiches.

„Deutschland ohne führende Geister" überschrieb Heinrich Friedjung im 2. Band seiner Darstellung des „Zeitalters des Imperialismus" den ersten Abschnitt des Kapitels über „Deutschland vor dem Weltkrieg". „Schon vor 1914 klagten einsichtige Deutsche", hieß es da, „daß auf zwei Gebieten die Schwungkraft der Nation ermatte, auf dem Felde der äußeren Politik und auf dem der Geisteswissenschaften wie der künstlerischen Kultur. In Bismarck besaß das Reich eine das Zeitalter beherrschende Persönlichkeit, ebenso lebte in keiner anderen Nation ein Tonkünstler wie Wagner, ein Soziologe wie Marx, nicht einmal ein Geschichtsschreiber wie Mommsen oder ein Philosoph von der Originalität des sonst mit Grund bestrittenen Genius Nietzsches... Hätte sich dieses Absinken bloß in der obersten Leitung des Staates gezeigt, so könnte man die Schuld Wilhelm II. beimessen, der das ihm in Bismarck verliehene Gottesgeschenk undankbar hinwarf und dem die Gabe seines Großvaters, sich mit den stärksten Talenten zu umgeben, versagt war. Aber das Übel stak tiefer und trat ebenso im Parlamente wie in den Parteien zutage."[5] Dieses Urteil Friedjungs wurde nicht nur erst 1920 veröffentlicht, es wurde – wie wir aus den Materialien in seinem Nachlaß einwandfrei feststellen können – auch erst nach 1918, nach dem Zusammenbruch geschrieben und ist zweifellos aus dem Bemühen entstanden, die Niederlage der Mittel-

---

[5] *Heinrich Friedjung,* Das Zeitalter des Imperialismus 1884–1914, 2. Bd. (Berlin 1922) 352, 354; im folgenden zitiert: *Friedjung,* Imperialismus.

mächte historisch zu erklären. Aber Friedjung schrieb auf Grund der persönlichen Eindrücke und der Gesprächsmitteilungen, die er schon Jahre vorher erhalten hatte – „schon vor 1914 klagten einsichtige Deutsche" begann er seine Betrachtungen.

Josef Redlich etwa hat in einer Analyse des Reichstagswahlergebnisses von 1907 diesen Verfall der traditionellen Geistigkeit in Beziehung gesetzt zur blühenden wirtschaftlichen Situation des Deutschen Reiches[6]: „Die außerordentliche ökonomische Prosperität Deutschlands ist im letzten Grunde herbeigeführt worden durch den dem modernen Deutschland eigenen kommerziell-industriellen Geist, der längst alle Schichten des deutschen Volkes auf das kraftvollste füllt, ... Dernburg, dieser vierschrötige, fast gewalttätig anmutende Bankier, dieser begabte und waghalsige Unternehmer ... ist die richtige Verkörperung dieses Neu-Deutschland heute mehr denn je beherrschenden Geistes. Nicht in Kant und Fichte, auch nicht in Ranke und Mommsen, sondern in Männern wie Siemens, Rathenau, Ballin, Dernburg sieht der heutige Durchschnitts-Deutsche sein Ideal." Und Hermann Bahr setzte sich zehn Jahre später in seinem Tagebuch vom 17. Januar 1917 mit dem „Phantasus" von Arno Holz auseinander, diesem „Buch der Zeit", wie er es nennt, das „den Deutschen von 1890 bis 1914 enthält, die Blüte des Erwerbsdeutschen, Gewaltdeutschen, Betriebsdeutschen, dieses ganz gottlose, ganz selbstvolle, selbstgewollte, selbstbestimmte, selbstdurchdrungene, selbstvermessene, ganz in sich selber ruhende, nur um sich selber kreisende, die Welt aus sich selber zeugende, nach sich selber formende und in sich selber wieder verschlingende, Urnebeln entstiegene, wieder in Urnebel aufgelöste Geschöpf, das vielleicht das größte Kuriosum der Weltgeschichte bleiben wird ..."[7].

„Selbstgerecht, anmaßend, schulmeisterlich" nennt Hofmannsthal im gleichen Jahr 1917 den Preußen in seinem Schema, in dem er die Charakteristika des Preußen jenen des Österreichers gegenüberstellt („verschämt, eitel, witzig"). Der Preuße „drängt zu Krisen" – der Österreicher weicht den Krisen aus, die soziale Struktur des Preußen sieht er gestaltet durch das Faktum, daß das Volk die „disziplinierbarste Masse" sei, bei „höchster Autorität der Krone"[8].

Gerade in dieser Autoritätsgläubigkeit, in diesem Freiwillig-sich-unterordnen unter die Autorität des bürokratischen und militärischen Fachmanns sah Hofmannsthals Freund Josef Redlich eine der Hauptschwächen der politischen Struktur des Deutschen Reiches. Anläßlich der Wahlrechtsdiskussion in Preußen 1908/09 hat Redlich ein geradezu vernichtendes Urteil über die Einstellung der Deutschen zum Parlamentarismus gefällt: „Es ist eines der heute schon feststellbaren Ergebnisse der zwanzigjährigen Regierung Wilhelms II., daß sie diese bis auf 1848 zurückreichende Tradition (des Parlamentarismus) mit Stumpf und Stiel ausgerottet hat: an ihre Stelle ist längst als das dem staatlichen Leben der Deutschen unserer Zeit ganz besonders eigentümliche Merkmal, das tiefgewurzelte Gefühl des Antiparlamentarismus getreten ... Die Deutschen haben sich gewöhnt, die eigenen Volksvertretungen, auch den nach dem allgemeinen Wahlrecht gebildeten Reichstag mit unverhohlener Geringschätzung und

---

[6] Undatiertes Manuskript eines Vortrages oder Zeitungsartikels im Nachlaß Redlich (Privatbesitz des Autors).
[7] *Hermann Bahr*, 1917 (Innsbruck, München, Wien 1918) 54 f.; im folgenden zitiert: *Bahr*, 1917.
[8] *Hofmannsthal*, Werke, 459–461.

Mißtrauen, ja oft geradezu mit Hohn und Abneigung zu betrachten, in der parlamentarischen Arbeit eine im Grunde nutzlose Zeit- und Kraftverschwendung zu erblicken."[9]

„Es ist ein eigentümliches Schicksal, das da die Deutschen getroffen hat", meint Redlich weiter, „sie haben den stärksten politischen Ausdruck der Demokratie, das allgemeine Wahlrecht als Geschenk erhalten zur selben Stunde, als sich die Macht erhob, die es vermochte, alle historischen Kräfte und Einrichtungen der deutschen Nation für Menschenalter und weit darüber hinaus in den Dienst absoluter Autorität, ‚Staat' genannt, zu zwingen, die durch unerhörte Erfolge die Nation dieser Autorität unterwarf und nun eine Generation nach der anderen in Ehrfurcht vor diesem Staat erzieht: das ist die Macht Bismarcks, als deren lachende Erben Wilhelm II. und das deutsche Beamtentum erscheinen. So hat das allgemeine Wahlrecht in Deutschland zwar den großen nationalen Zweck ... vollauf erfüllt: ... aus den Untertanen der vielen deutschen Staaten ein einziges Reichsvolk zu machen. Aber die demokratische Entwicklung, die das allgemeine Wahlrecht seinem ganzen Wesen nach für die Deutschen hätte einleiten können, ist ebenso erfolgreich verhindert worden."

Als Folge dieser Entwicklung sieht Redlich die beiden gegensätzlichen Pole: „Höchstes Selbstbewußtsein und umfassende tatsächliche Machtstellung der Bürokratie und der Militärs auf der einen, geringstes Selbstvertrauen und geringste praktische Einflußsphäre der Volksvertretung auf der anderen Seite." Und er kommt zu dem Schluß, daß „diese Eigenart der gegenwärtigen deutschen Regierungsweise am besten sich bezeichnen ließ, wenn man sie das System des konstitutionellen Antiparlamentarismus nennt".

Wenige Jahre später, anläßlich eines längeren Berlinaufenthaltes im Jahre 1913 vermerkte Joseph Maria Baernreither, mehrfach Minister in österreichischen Kabinetten und eine der führenden Persönlichkeiten des verfassungstreuen Großgrundbesitzes, ein durch seine kluge Beobachtungsgabe politischer Tendenzen ebenso wie durch maßvolle Formulierungen seiner Urteile ausgezeichneter Politiker in sein Tagebuch: „Bei der allgemeinen Konversation, die sich dann entwickelte, war mir auffallend, wie geringschätzig die Herren der Regierung über Parlament und Parlamentarier urteilten. Auch hier eine Kluft zwischen Bureaukratie und Parlament. Der Präsident des Reichstages wurde als taub und unfähig geschildert. Paasche als ein Schwätzer, die Sozialdemokraten natürlich als ganz schlechte Kerle. Es war sehr bezeichnend, wie hier diese hohen Beamten in diesem intimen Zirkel urteilten. Keine Achtung vor der Arbeit im Parlament. Solf meinte, die Verhandlungen glichen dem Spiel der Kinder im Tiergarten, die aus Sand Kuchen zusammenballen. Unter Heiterkeit wurde der eine oder andere Abgeordnete als sogenannter Sachverständiger in Kolonial- oder auswärtigen Angelegenheiten bezeichnet. Die Herren fühlen sich sehr stark und sicher."[10]

Schon einige Tage zuvor hatte er nach einem Besuch bei „Dr. Aschrott, der hier in Justiz und Reichstagskreisen viel verkehrt", festgehalten: „Dieselbe Klage wie bei uns:

---

[9] *Josef Redlich,* Deutscher Parlamentarismus. Maschinengeschriebener Durchschlag eines Aufsatzmanuskriptes im Nachlaß Redlich (Privatbesitz des Autors). Druckort unbekannt.
[10] *Joseph v. Baernreither,* Fragmente eines politischen Tagebuches. Die südslawische Frage und Österreich-Ungarn vor dem Weltkrieg (Berlin 1928) 296 f.

der Reichstag arbeitet nicht. Gesetzentwürfe bleiben jahrelang liegen, es werden endlose Reden gehalten... In der Sache herrscht dieselbe Parlamentskrankheit wie überall. Diese Form hat sich überlebt, aber eine andere hat noch niemand gefunden."[11]

„Auch der deutsche Kaiser Gegenstand der Konversation. Allgemeine Bewunderung; er fasse rasch auf, beherrsche auch technische Dinge, folge den Vorträgen und halte gleich darauf selbst einen Vortrag, sein Ideenkreis sei ein erstaunlich großer", heißt es wenig später in Baernreithers Tagebuchnotiz vom 10. März 1914[12].

Wenige Monate vorher hatte Baernreither in München den „Justizrat Silberstein, einen vielbeschäftigten Anwalt Berlins, der in allen Kreisen Verbindung hat", kennengelernt, der ihm von Bismarck erzählte. „B. ... hat zu Silberstein über den Deutschen Kaiser gesagt, der Umgang mit ihm hat drei Stadien: zuerst unbegrenzte Bewunderung, dann Zweifel in seine Worte und Taten und zuletzt Mitleid. Die Oberflächlichkeit des Kaiser Wilhelms sei oft erstaunlich." Und Baernreither fügte hinzu: „Das stimmt allerdings mit Erzählungen, die mir verschiedene Persönlichkeiten von seinen Gesprächen in Konopischt berichteten."[13]

Doch Baernreither mußte sich sein Urteil über den deutschen Kaiser nicht bloß aus zweiter Hand bilden, er hatte während seines Berlin-Besuches im März 1914 Gelegenheit, die Ansichten des Kaisers aus dessen eigenem Mund in einem langen Gespräch zu erfahren und sich aus eigener Anschauung ein Urteil zu bilden. Am 13. März 1914 war beim österreichisch-ungarischen Botschafter in Berlin „Kaiserdiner ... glänzende, vorwiegend militärische Gesellschaft. Außer den Herren und Damen der Botschaft waren etwa zwanzig Herren versammelt. Der Reichskanzler, Jagow und Zimmermann vom Auswärtigen Amt, der Chef des Generalstabs Moltke, Tirpitz" und viele andere. Baernreithers Tagebucheintragung läßt erkennen, wie wohl er sich als Bürgerlicher und Parlamentarier, zwar ehemaliger Minister, aber doch Nichtadeliger, Nichtdiplomat und Nichtmilitär in dieser Gesellschaft fühlte. Aber wenn man die Eitelkeit der Sonderstellung bei diesem Kaiserdiner aus dem Bericht über das Gespräch mit Kaiser Wilhelm auch abschälen muß, so bleibt doch ein Kern von nüchternem, sachlich historischem Urteil, das dieser Kaiser-Betrachtung des hochgebildeten, politisch höchst kritischen Zeitgenossen ein Gewicht verleiht, das eine etwas ausführlichere Behandlung rechtfertigen mag – es sind sonst ja ausschließlich Zeugnisse von Aristokraten und Diplomaten, die aus erster Hand über den Kaiser berichten, oder journalistisch-publizistische Zeugnisse, basierend auf Mitteilungen aus zweiter und dritter Hand:

„Man kann sich im äußeren Auftreten keinen größeren Gegensatz denken als unseren Kaiser und den Kaiser Wilhelm", beginnt Baernreither seinen Bericht über die Begegnung mit Kaiser Wilhelm II. beim Diner in der österreichischen Botschaft am 11. März 1914[14]. „Es sind zwei verschiedene Zeitalter. Zwischen unserem Kaiser und der Welt ist immer ein Abstand, Kaiser Wilhelm ist ein Weltkind. Mit unserem Kaiser in einem Gespräch näherzukommen, ist schwer, und wenn es auch bis zu einem gewissen Grad gelingt, so hält er immer Distanz. Kaiser Wilhelm kommt jedem

---

[11] Ebda., 294.
[12] Ebda., 297.
[13] Ebda., 290.
[14] Ebda., 304–310.

Thema, das ihn interessiert, mit Lebhaftigkeit entgegen; unser Kaiser braucht auch manchmal starke Worte über Verhältnisse und Personen, aber darin ist Kaiser Wilhelm von einer korpsstudentenmäßigen Ungeniertheit, die es geradezu unmöglich macht, zu wiederholen, was er sich in einem engeren Kreis an Aussprüchen leistet. Vor dem Diner sprach Kaiser Wilhelm mit einzelnen Persönlichkeiten ohne Förmlichkeit und Berechnung, die unserem Kaiser bei solchen Gelegenheiten eigen ist. ... Bald nach dem Diner führt mich Szögyény wieder zum Kaiser, der sich mit mir sehr lange unterhielt. Er sprach fast ununterbrochen, im Vortragston, ließ mich aber immer wieder zum Wort kommen, hörte dann aufmerksam zu, und griff alles auf, was ich zu sagen hatte." Natürlich – das war sicherlich von den Interessen Baernreithers her bestimmt – notierte Baernreither ausführlich, was der Kaiser zur Balkanpolitik, zu Rumänien, Serbien, Bulgarien, zur ungarischen Politik zu sagen hatte. Aber „auch über verschiedene Berliner Bauten sprachen wir. Der Kaiser ist mit Recht stolz auf den großen Saal in der neuen Bibliothek, bis ins Detail kümmert er sich um diese Dinge. Er sei bei dem Bau des neuen Opernhauses darauf bestanden, daß die Untergrundbahn in der Nähe eine Haltestelle bekommt." Als Baernreither nach dem Diner in Begleitung von Unterstaatssekretär Zimmermann nach Hause ging, kam das Gespräch wieder auf den Kaiser, und Zimmermann berichtete, „der Kaiser muß immer auf dem laufenden gehalten werden, und er kommt oft in die Lage, ihm stundenlang zu referieren. Er erzählte mir auch unterwegs vieles von der Art des Kaisers, rühmte seinen weiten Gesichtskreis, er kenne alles, merke sich viel, habe eine gute, wenn auch oft drastische Art, Aufgenommenes wiederzugeben. Er sehe aber nur seine eigenen Ansichten als die maßgebenden an, nehme fremde Impressionen sehr willig auf, verwandle sie aber sofort in eigene Ansichten."

Baernreither erzählte wenige Tage später Josef Redlich von diesem Gespräch, und Redlich notierte in sein Tagebuch: „Wilhelm hat auf ihn den Eindruck eines höchst modernen und interessanten Menschen gemacht."[15] Wenig später sprach Graf Adalbert Sternberg Redlich gegenüber von Kaiser Wilhelm „sehr scharf: er ist ein Vielredner ohne Mut zum Handeln"[16]. Und anläßlich der Ermordung des Thronfolgers Franz Ferdinand nannte Redlich den deutschen Kaiser einen „bramarbasierenden feigen Hohenzollernsproß"[17].

Das Urteil der österreichischen Diplomaten ist im allgemeinen recht kritisch, wenn auch diplomatischen Gewohnheiten entsprechend vorsichtig formuliert, vor allem, wenn es sich um rückschauende Betrachtungen handelt. Freiherr v. Flotow, im Herbst 1918 der liquidierende Außenminister des Habsburgerreiches, wußte von seiner ersten Begegnung mit Kaiser Wilhelm im August 1898 zu berichten: „Die schönen, leuchtenden blauen Augen des Kaisers hatten etwas Faszinierendes. In der Konversation wußte er zu bezaubern. Störend wirkte der schnarrende Leutnantston bei der Anrede und die oft unvermittelt einsetzenden burschikosen Manieren." Flotow fügte hinzu – obschon bei der Zitierung dieser Betrachtung die Überlegung nicht vergessen werden

---

[15] Schicksalsjahre Österreichs. Das politische Tagebuch Josef Redlichs. Bearb. v. *Fritz Fellner*, 1. Bd. 1908–1914 (Veröff. d. Komm. f. Neuere Geschichte Österreichs 39, Graz, Köln 1953) 222.
[16] Ebda., 228.
[17] Ebda., 235.

sollte, daß diese erst lange nach dem Ende des Krieges niedergeschriebene Erinnerung durch manche nachträgliche Eindrücke beeinflußt sein könnten: „Zu jener Zeit war die allgemeine Stimmung in Deutschland dem Kaiser gegenüber keine gute. Er war nicht populär ... In den Augen des großen Publikums war er zu unstet in seinen Entschlüssen ... Sein selbstbewußtes Auftreten ließ die Meinung an autokratische Neigungen aufkommen und forderte heftige Kritik heraus ... Ich war überrascht, in welch unehrbietiger Weise man – selbst im Casino – über ihn sprach. Kaiser-Anekdoten wurden mit Begeisterung weitergegeben."[18] Immerhin konnte es sich selbst ein Grandseigneur alter Schule wie Graf Oswald Thun-Hohenstein-Salm-Reifferscheidt anläßlich eines so traurigen Anlasses wie der Bestattung von Erzherzog Albrecht, zu der auch Kaiser Wilhelm nach Wien gekommen war, nicht versagen, am 25. Februar 1895 in sein Tagebuch einzutragen: „Über den deutschen Kaiser kursieren so viele Witzworte, daß ich doch etwas davon verewigen muß: ... Was ist für ein Unterschied zwischen dem Teufel und dem Kaiser? Der Teufel spricht fort von seiner Großmutter, der Kaiser von seinem Großvater. – Der Kaiser leidet: am Alarmblasenkatarrh, am Fahnenbandwurm usw."[19] Zwei Jahre später meinte Graf Thun im Zusammenhang mit einer Kritik an Kaiser Franz Joseph, der alle über seine Absichten im unklaren lasse: „Man macht sich oft über den deutschen Kaiser, seine Vielseitigkeit und seine Redseligkeit lustig, aber was der Mann unternimmt, unternimmt er in eigener Person, er schwingt die Fahne selbst, und diejenigen, die zu ihm, zu seinem vortrefflichen Großvater und trefflichen Vater halten, wissen, woran sie sind – wir wissen gar nichts, wir sind nur Patrioten, wenn wir blind und taub sind."[20]

Bemerkenswert ist, wie früh Freiherr v. Aehrenthal sich kritisch vom deutschen Kaiser abgewandt hat. Am 4. März 1892 bereits schrieb er an seinen Vater: „... ich zählte bisher zu den Bewunderern Kaiser Wilhelms II. Seine letzte Rede (in der er alle, die mit seiner Regierung nicht einverstanden seien, als mißvergnügte Nörgler bezeichnete, die den Staub Deutschlands von ihren Pantoffeln schütteln sollten) hat mich sehr erschüttert und wankend gemacht. Gelinde geurteilt war sie total überflüssig. Auch hier (in St. Petersburg) war ihre Wirkung die denkbar schlechteste. Man ist hier nur sehr geneigt, den Kaiser für einen anormalen Menschen zu erklären und aus dieser Eigenschaft die pessimistischesten Schlüsse auf Deutschlands Entwicklung zu ziehen. Nach derartigen Denunziationen stellt sich von selbst die Frage, ob nicht am Ende die Leute hier recht haben!!"[21]

Ein jüngerer Diplomat aus der Schule Aehrenthals, Alexander Graf Hoyos, durch seine diplomatische Aktivität in den kritischen Jahren des Ersten Weltkrieges ebenso wie durch seine verwandtschaftlichen Beziehungen zum Hause Bismarck mit deut-

---

[18] November 1918 auf dem Ballhausplatz. Erinnerungen Ludwigs Freiherrn von Flotow, des letzten Chefs des österreichisch-ungarischen Auswärtigen Dienstes 1895–1920. Bearb. v. *Erwin Matsch* (Wien, Köln, Graz 1982) 74.
[19] *Ernst Rutkowski* (Hrsg.); Briefe und Dokumente zur Geschichte der österreichisch-ungarischen Monarchie unter besonderer Berücksichtigung des böhmisch-mährischen Raumes. Teil I. Der verfassungstreue Großgrundbesitz 1880–1899 (Veröff. d. Collegium Carolinum 51/I, München, Wien 1983) 55.
[20] Ebda., 417.
[21] Ebda., 170.

scher Weltpolitik und der Stellung des Kaisers in dieser Weltpolitik vertraut, hat in den 1920er Jahren versucht, eine – bis heute unveröffentlichte – Würdigung Kaiser Wilhelms II. zu schreiben, als Teil von rückschauenden Betrachtungen, in denen er Charakterbilder Conrad v. Hötzendorfs, Kaiser Karls und des Kaisers Franz Joseph entwarf[22]. Für Kaiser Wilhelm „scheint mir", so schrieb Hoyos, „in erster Linie das Geltung zu haben, was wir früher über den Unterschied zwischen Maske und Maskerade andeuteten. Denn ihm war das Opfer des Ich, das Aufgehen im Rahmen des Kaiserthums eine Unmöglichkeit, er *spielte* nur immer wieder die Rolle des Deutschen Kaisers, zu zeiten romantisch, zu zeiten ganz modern fortschrittlich gestimmt. Und als dann die Katastrophe kam, konnte er den Kaisermantel ablegen und war nur mehr ein begabter Mensch mit grauen Haaren, aber noch ebenso in sich centriert, dem Alltag unterlegen, wie er immer gewesen war. Was der Grund für diese fast gehämmerte Unwandelbarkeit eines unsteten, flatterhaften Gemüths sein mag, ist schwer zu sagen…" Hoyos sieht die guten Anlagen des Kaisers „eingeschränkt durch ein schrankenloses und devapierendes Temperament. Als Causeur und gut gelaunt als Hausherr konnte er sehr anregend wirken, besonders auf die, die ihn wenig kannten. Selten ging ein Gespräch ohne kleine oder größere Taktlosigkeit seinerseits vor sich. Auf mich macht sein Auffassungsvermögen einen großen Eindruck, er verstand jede Andeutung sofort und nichts war leichter, als ihn zu interessieren, das Gespräch mit ihm in raschem Tempo zu erhalten. … Was er sagte, erzählte oder sprach, war nicht Teil von ihm, nicht die reife Frucht eines schöpferischen Geistes, sondern es war Konversation, journalistisches Tagesgespräch, das fast unverändert durch ihn hindurchgegangen war." Hoyos sieht die eigentliche Problematik der Stellung des deutschen Kaisers in der Spannung der Charakterschwächen und der Stellung, in die der junge Monarch gestellt worden war: „Die neue ungeschichtliche Kaiserwürde des preußischen Königtums, die durch den fridericianisch-preußischen Drill geschaffene Tradition des militärischen Kraftgefühls, die Erfolge der Bismarck'schen Tat- und Machtpolitik, endlich die Herrschaft über ein 60-Millionen-Reich, das in seinem unerhört raschen Aufstieg zu Reichtum, industrieller Geltung im Welthandel gelangt war, all das hat einen Rahmen geschaffen für den jungen Erben, den ganz auszufüllen auch andere nicht den inneren Gehalt gehabt hätten. Bei ihm aber wurde dieser fehlende innere Gehalt ersetzt durch die Bewegung, durch ein Mitreiten der Rennen auf allen Gebieten, durch den Trieb, in sich selbst den Rhythmus aller anderen zu übertreffen. Die Entlassung Bis-

---

[22] Nachlaß Alexander Hoyos, Privatbesitz der Familie Hoyos, Schloß Schwertberg. Für die freundliche Überlassung der Materialien aus dem Privatarchiv danke ich Botschaftsrat Philipp Hoyos. Die Aufzeichnungen von der Hand des Grafen Alexander Hoyos befinden sich in einem in schwarzes Leder gebundenen Band, der die Aufzeichnungen aus den Jahren 1905 bis in die 1920er Jahre in chronologischer Reihenfolge enthält. Etwa die erste Hälfte des Bandes besteht aus Aufzeichnungen von Gedanken und Betrachtungen zum Zeitgeschehen, doch nicht in tagebuchartiger Ereignisschilderung, sondern in interpretativer gedanklicher Auseinandersetzung mit politischen und weltanschaulichen Fragen, darunter auch Entwürfe für eine politische Reform der Habsburgermonarchie. Der zweite Teil umfaßt 62 handgeschriebene Seiten, die von Tinte und Duktus her als zu verschiedenen Zeiten niedergeschrieben erkennbar sind. Die Aufzeichnungen gliedern sich in folgende Kapitel: 1. Meine Mission nach Berlin. 2. Kaiser Franz Joseph. 3. Conrad von Hötzendorf. 4. Die Regierungsanfänge Kaiser Karls. 5. Kaiser Wilhelm.

marcks wird leichter verständlich, wenn man diese innere Erklärung für das Handeln des jungen Kaisers gelten läßt und sich sagt, daß der Kaiser, der schneller sein wollte als alle Welt, einen Kanzler entlassen mußte, welcher sich schon seines Alters wegen vom Getriebe des Alltags fernhielt, zu allem und jedem Entfernung und Maß hatte und dem der Wettlauf um Geltung, Popularität und Regsamkeit nur mehr etwas anging, als er der Sache dienen konnte, wogegen der Kaiser mitten drinnen stehen wollte im Wirbel... Vom Standpunkt des Staatswohls kann es nichts Gefahrvolleres geben als eine Centrierung der Macht in den Händen eines Menschen, der aus Maßlosigkeit, Schaffensdrang und ungeordneter Einbildungskraft seinem Wesen nach nicht zuverlässig sein kann. Dem deutschen Volke aber ist es in den fetten Jahren nicht zum Bewußtsein gekommen, daß der Träger der Krone gerade dadurch, daß er auf jeden äußeren Impuls reagierte, sich durch jede Neuheit, jede Maßlosigkeit seiner aufstrebenden Untertanen in seinen Worten und Taten beeinflussen ließ, seinen und den Interessen seines Landes zuwider handelte. Daß eine Politik der Erfolge um jeden Preis und auf allen Gebieten aus dieser Wechselwirkung zwischen dem unruhigen Monarchen und seinem Volke hervorgehen mußte und daß damit das Schicksal Deutschlands dem Zufall eines gefährlichen Spiels preisgegeben war."

Der österreichische Diplomat, der, wie wir wissen, schwer daran trug, daß er durch sein Handeln in den kritischen Tagen des Juli 1914 den Gang in den Krieg gewiesen hat, sieht es als Verhängnis der Geschichte, daß die Impulsivität des Kaisers im Zusammenklang mit dem der großartigsten wirtschaftlichen und technischen Entwicklung seines Reiches und der Leistungsfähigkeit seines Volkes zur Hybris der maßlosen Weltpolitik führen mußte; der Historiker des Imperialismus, Heinrich Friedjung, sucht die Schwächen der charakterlichen Veranlagung des Kaisers durch die immer wiederkehrende Betonung der Lauterkeit seiner Absichten zu entschuldigen. „Er hatte einen Hang zum Theatralischen, ohne aber ein Komödiant zu sein; denn er gab sich wirklich, so wie er war, mit seinen Schwächen, besonders mit seiner Selbstbespiegelung. Er sonnte sich in den Strahlen seines Herrscheramtes, wie er auch mit seinen Fähigkeiten und Kenntnissen prunkte. Das war so unköniglich wie möglich, denn der echte Herrscher besitzt das Gefühl seiner Majestät, ohne sie durch den Purpurmantel hervorkehren zu müssen. Wilhelm II. aber gab sich als Emporkömmling, noch dazu preußischen, berlinerischen Stils."[23]

„Es war bezeichnend", urteilte 50 Jahre später der Tiroler Historiker Hans Kramer[24], daß der Kaiser bis zum Ersten Weltkrieg am liebsten Gardehusarenuniform trug, die einem jungen Leutnant anstand, der auf Mädchen Eindruck machen wollte. In seinem Bedürfnis, überall eine hervorragende Rolle zu spielen und es den anderen ‚zu zeigen', war er fast psychopathisch... Wilhelm II. hat auf seine Weise Deutschland von 1888 bis 1918, also durch 30 Jahre, geprägt." „Der Kaiser fand trotz aller Schattenseiten seines Wesens und seines Auftretens, die ja bekannt waren, beim deutschen Volk, besonders in Preußen, in Nord- und Mitteldeutschland und in vielen Ständen breiten Anklang. Er war in weiten Kreisen doch populär. Selbst seine oft so verun-

---

[23] *Friedjung,* Imperialismus, 395.
[24] *Kramer,* Kultur, 24 f., 29.

glückten Reden haben den Gefühlen vieler Deutscher den entsprechenden Ausdruck gegeben. Zahlreiche Menschen haben den damaligen großen Aufschwung Deutschlands in der Wirtschaft und im Lebensstandard weit über Gebühr als Verdienst des Kaisers verstanden."

So simplifizierend diese Gleichsetzung Kaiser Wilhelms II. mit dem Volk des Zweiten Deutschen Reiches von Kramer auch formuliert ist, sie entspricht doch im Kern der Aussage der Einstellung, welche die Zeitgenossen Wilhelms zu ihm und dem deutschen Volke hatten.

„Es kann belacht, beklagt, verflucht, aber von niemandem geleugnet werden, daß der Name dieses Herrschers 30 Jahre lang für Millionen ein feuriges Fanal, eine schmetternde Fanfare, eine berauschende Parole gewesen ist. Seit Fridericus hatte man es auf deutschem Boden nicht mehr erlebt, daß ein ganzes Zeitalter Stempel und Etikett eines Fürsten trug", schreibt Egon Friedell in seiner „Kulturgeschichte der Neuzeit"[25]. Friedell vertritt die Ansicht, daß Wilhelm II. fast immer der Ausdruck der erdrückenden Mehrheit seiner Untertanen gewesen ist, der Verfechter und Vollstrecker ihrer Ideen, der Repräsentant ihres Weltbildes. „Die meisten Deutschen der wilhelminischen Aera waren nicht anders als Taschenausgaben, verkleinerte Kopien, Miniaturdrucke Kaiser Wilhelms."

Kaiser Wilhelm als Repräsentant jener „neudeutschen Selbstherrlichkeit", die Hermann Bahr in einer Tagebuchnotiz vom 19. September 1917 anprangerte, aber nicht weil sie das Deutsche schlechthin war, sondern weil dieses plakativ-selbstherrliche Deutschtum den Blick verstellte auf das andere Deutschland: „Denn was nützt alle tiefe Demut, Ehrfurcht und Einfalt des echten, des arglosen, des entsagenden Deutschtums von der alten Art, wenn nichts mehr davon sichtbar wird? Selbst ich", meint Bahr, „der doch im täglichen, im stündlichen Verkehr mit dem reinen deutschen Geist lebt, muß mich jetzt oft erst daran erinnern, muß mir immer wieder erst vorsagen: nein, diese heutigen Pächter und Afficheure des Deutschtums sind ja gerade der Widerpart alles deutschen Wesens, du kennst es doch, vergiß es nicht! Wer aber nicht diesen unverlierbaren Schatz innerer Verflechtung und geistiger Verschuldung an die wahren Führer und Verwalter Deutschlands, an Troeltsch, Burdach, Foerster, Ernst Cassirer, Meinecke, Fritz Mauthner, Johannes Müller, Simmel (ich greife nur nach den mir nächsten, der Geisterzug nehme sonst kein Ende!) sich so treu bewahrt hat wie ich, wie schützt sich der davor, nicht irre zu werden und nicht völlig zu verzweifeln am deutschen Volke?"[26]

Wann immer bis zum heutigen Tage in Österreich über das wilhelminische Deutschland gesprochen wird: die von Hermann Bahr formulierte „Teilung der deutschen Nation" ist das Schema, aus dem heraus geurteilt wird.

---

[25] *Egon Friedell*, Kulturgeschichte der Neuzeit. Die Krisis der europäischen Seele von der schwarzen Pest bis zum Ersten Weltkrieg (München o. J.) 1362, 1364.
[26] *Bahr*, 1917, 161 f.

Christian Simon

Kaiser Wilhelm II.
und die deutsche Wissenschaft

I

Unter den verschiedenen Rollen, die Wilhelm II. zu spielen übernahm, gehört der Protektor der Wissenschaften und der Beförderer des wissenschaftlich-technischen Fortschritts zu denjenigen, die er am überzeugendsten auszufüllen vermochte[1]. Im ersten Teil meines Beitrags möchte ich zeigen, daß hinter seinen diesbezüglichen Äußerungen so etwas wie ein Programm sichtbar ist, eine Hauptlinie fester Überzeugungen, auf die sich seine öffentlichen Kundgebungen zum Thema Wissenschaft zurückführen lassen.

Da ich bisher weder an den kaiserlichen Papieren zu arbeiten, noch in den Akten des Zivilkabinetts meine Thesen nachzuprüfen Gelegenheit hatte, beschränke ich mich in diesem Teil auf einen Kommentar zu seinen Reden, soweit sie in der bei Reclam erschienenen, bis 1912 reichenden Sammlung greifbar sind[2]. Es liegt auf der Hand, daß man jeden Text prüfen müßte, welche Teile darin von seiner eigenen Hand stammten, eigene Überlegungen reflektierten, und wo er nur wiedergab, was ihm das Kultusministerium zusammengestellt hatte. Man wird aber dennoch mit dem Redenkorpus als ganzem arbeiten dürfen, da es mir weniger darum geht, die kaiserlichen Ansichten zum Thema Wissenschaft im Kontext seiner privaten ‚Biographie intellectuelle' zu verfolgen, als sein Auftreten vor der Öffentlichkeit zu charakterisieren.

Demzufolge muß ich auch die Reaktionen der Öffentlichkeit behandeln. Hier wäre zu unterscheiden zwischen dem Bild, das aufgrund dieser Auftritte vom Kaiser als Protektor der Wissenschaft gezeichnet werden konnte, und den Erwartungen und Reaktionen der direkt Betroffenen: der Wissenschafter und der Universitätslehrer im besonderen. Selbstverständlich wären auch weitere Personen- und Interessenkreise einzubeziehen, die von der Wissenschaftspolitik direkt oder indirekt betroffen wurden, aber ich werde mich auf wenige Aspekte beschränken müssen[3].

---

[1] Vgl. zur Einführung *Michael Balfour,* Kaiser Wilhelm II und seine Zeit (Frankfurt 1979) 148–151; im folgenden zitiert: *Balfour,* Kaiser Wilhelm.
[2] Die Reden Kaiser Wilhelms II., Teil I–III hrsg. von *Johannes Penzler,* Teil IV hrsg. von *Bagdon Krieger* (Leipzig 1918); im folgenden zitiert: Reden.
[3] Meine Ausführungen in diesem Teil beruhen auf den Reaktionen der Professoren für Ge-

Das Verhältnis Wilhelms zu den Wissenschaften konkretisiert sich am deutlichsten in seinen persönlichen Beziehungen zu einzelnen Gelehrten. Ich werde deshalb untersuchen, welches die gemeinsamen Merkmale der Wissenschafter gewesen waren, die sich bis 1914 seiner Gunst erfreuen durften, in welcher Hinsicht sie ihm dienten, und wieweit sie in beeinflussen konnten[4].

Zum Schluß sollte der Versuch unternommen werden, eine Antwort zu finden auf die Frage nach dem „Ort Kaiser Wilhelms II." in der Geschichte der Wissenschaften und in der Wissenschaftspolitik in Deutschland zwischen 1890 und 1914. Die Untersuchung wird aber zugleich auch ein Licht auf die Gedankenwelt des Kaisers werfen.

II

Die wissenschaftspolitischen Reden des Kaisers zeichnen sich zunächst dadurch aus, daß ihm offensichtlich diejenigen Formen von Wissenschaft besonders förderungswert erscheinen, die einen direkten Praxisbezug aufweisen. Dies gilt speziell von den Naturwissenschaften und von den Umsetzungen ihrer Erkenntnisse in der Technik. Damit liegt Wilhelm genau auf der Linie der Zeit[5]: Im Übergang vom „Jahrhundert der Philosophie" zum Jahrhundert der Naturwissenschaft und Technik fördert er klar das Neue. „Wir stehen an der Schwelle der Entfaltung neuer Kräfte; unsere Zeit verlangt ein Geschlecht, das sie versteht. Das neue Jahrhundert wird beherrscht durch die Wissenschaft, inbegriffen die Technik, und nicht wie das vorige durch die Philosophie. Dem müssen wir entsprechen."[6] Mit einem gewissen Recht, wie wir noch sehen werden, behauptet er bald nach seinem Regierungsantritt, damit nur konsequent auf dem Wege weiterzuschreiten, den schon seine Vorfahren gegangen seien: „Wir befinden uns in einem Zeitpunkt des Durchgangs und Vorwärtsschreitens in ein neues Jahrhundert, und es ist von jeher das Vorrecht Meines Hauses gewesen, Ich meine, von jeher haben Meine Vorfahren bewiesen, daß sie den Puls der Zeit fühlend vorausspähten, was da kommen würde. Dann sind sie an der Spitze der Bewegung geblieben, die sie zu leiten und zu neuen Zielen zu führen entschlossen waren. Ich glaube erkannt zu haben, wohin der neue Geist, und wohin das zu Ende gehende Jahrhundert

Fortsetzung Fußnote von Seite 1
schichte. Dazu *Christian Simon,* Staat und Geschichtswissenschaft in Deutschland und Frankreich 1871–1914 (Bern, Frankfurt 1988); im folgenden zitiert: *Simon,* Staat.

[4] Diese Auswahl ergibt sich aus seinen Bemerkungen in: Ereignisse und Gestalten aus den Jahren 1878–1918 (Leipzig 1922); im folgenden zitiert: Ereignisse und Gestalten. Auf Delbrück gehe ich deshalb nicht ein; ich behandle aber auch Althoffs Verhältnis zum Kaiser nicht. Zu letzterem siehe die Arbeiten von *Bernhard vom Brocke,* insbes. Aspekte der Hochschulpolitik in Preußen 1882–1907, das ‚System Althoff', in: *Manfred Schlenke* (Hrsg.), Staat und Bildung in Preußen (Stuttgart 1980). Vgl. auch *Arnold Sachse,* F. Althoff und sein Werk (Berlin 1928).

[5] Zur staatlichen Wissenschaftspolitik vgl. *Lothar Burchardt,* Deutsche Wissenschaftspolitik an der Jahrhundertwende, Versuch einer Zwischenbilanz, in: GWU 26 (1975) 271–289. *Frank R. Pfetsch,* Zur Entwicklung der Wissenschaftspolitik in Deutschland 1750–1914 (Berlin 1974) 157 ff. diskutiert das Problem der Vermittlung zwischen (universitärer) Forschung und industriell-technischer Innovation. Im folgenden zitiert: *Pfetsch,* Wissenschaftspolitik.

[6] Reden III, 138–140, Görlitz (29.11.1902).

zielen, und Ich bin entschlossen, so wie Ich es bei dem Anfassen der sozialen Reform gewesen bin, so auch in Bezug auf die Heranbildung unseres jungen Geschlechtes die neuen Bahnen zu beschreiben, die wir unbedingt beschreiten müssen; denn täten wir es nicht, so würden wir in zwanzig Jahren dazu gezwungen werden."[7]

Dies drückt sich in seinen Ansprachen aus, die den Technischen Hochschulen gelten. So beehrt er die Technischen Hochschulen von Berlin-Charlottenburg[8], Danzig[9] und Breslau[10] mit seiner Anwesenheit und seinen Worten, teils zur Eröffnung der betreffenden Schulen, teils zu Jubiläen und Feiertagen. „Besondere Freude hat mir die Förderung der Technischen Hochschulen bereitet. Die zunehmende Bedeutung der Technik zog immer größere Scharen der tüchtigsten Jugend nach diesen Bildungsstätten hin, und die Leistungen der dort tätigen Lehrer wie der aus jenen hervorgehenden jungen Ingenieure brachten dem deutschen Namen in der Welt immer neue Ehre."[11] Seine besondere Vorliebe für die Technischen Hochschulen zeigt er in zahlreichen Auftritten und Vorstößen. So macht er den von ihm bewunderten TH-Professor Slaby zum ersten Vertreter dieser Hochschulgattung im Herrenhaus, er schenkt dem Rektor der Charlottenburger Hochschule eine Amtskette und gestattet den Abteilungen (Fakultäten), Talare zu tragen. Zum 1899 gefeierten 100jährigen Jubiläum derselben Hochschule verleiht er den Technischen Hochschulen das Promotionsrecht. Die dergestalt ausgezeichneten Schulen bedanken sich auf ihre Weise: 1900 verleihen sie dem Prinzen Heinrich den Ehrendoktor, und zum Jubeljahr 1913 promovieren sie den Kaiser zum „Dr. Ing. ehrenhalber"[12].

Dahinter steht ein relativ klares Konzept. Wissenschaft muß als „angewandte Wissenschaft" zur „Praxis" in eine enge Beziehung gebracht werden, damit die „deutsche Technik" „im Wettkampf der Nationen" „ehrenvoll bestehen" kann. Zudem ist der Kaiser überzeugt, daß eine Technische Hochschule auf ihre Art nicht weniger „Universitas" sei als die klassischen Universitäten[13].

Eine ähnliche Zuneigung bringt er dem Deutschen Museum in München entgegen. Zusammen mit dem bayerischen Prinzregenten Luitpold legt er feierlich den Grundstein zum Sammlungsgebäude und stiftet das Schnittmodell des neuesten deutschen Kriegsschiffes, „als ein Merkzeichen der Errungenschaften deutschen Gewerbefleißes und der im Reich geeinigten Wehrkraft des deutschen Volkes"[14].

---

[7] Reden I, 164, zum Schluß der Schulkonferenz in Berlin (17.12.1890).
[8] Reden II, 178, Festrede zur Hundertjahrfeier der TH Charlottenburg (19.10.1899).
[9] Reden III, 227–229, Rede zur Eröffnung der TH Danzig (6.10.1904).
[10] Reden IV, 230–232, Rede zur Einweihung der TH Breslau (29.11.1910).
[11] Ereignisse und Gestalten, 163.
[12] *Reinhard Rürup* (Hrsg.), Wissenschaft und Gesellschaft (Berlin 1979), insbes. Bd. 1, 19f., 115–118; Bd. 2, 11–15. Im folgenden zitiert: *Rürup,* Wissenschaft.
[13] Reden II, 178; III, 227–229; IV, 230–232.
[14] Chronik des Deutschen Museums von Meisterwerken der Naturwissenschaft und Technik (München 1927) 35, 37. Wilhelm ist bei der 4. Sitzung des Stiftungsausschusses, die in Berlin an der TH Charlottenburg stattfindet, persönlich anwesend (ibid., 43); später stiftet er nochmals ein Kriegsschiffmodell für die Sammlungen (ibid., 45). Im Ausschuß spielt stets sein Intimus Slaby eine wichtige Rolle; er hält auch den Festvortrag nach der Grundsteinlegung 1906.

Es ist nicht (nur) ein Ergebnis eines Entwicklungsautomatismus, daß unter seiner Regierung die Aufwertung der technischen Studien und ihre Gleichstellung mit den klassischen Universitäten erfolgt. Dies ist zusätzlich determiniert durch seine persönlichen Interessen. Ein unmittelbares Interesse nimmt er auch am Gedanken einer engen Verbindung von wissenschaftlicher Forschung mit der industriellen Verwertung der Ergebnisse[15], und auf derselben Linie liegt sein überzeugtes Eintreten für die Kaiser-Wilhelm-Gesellschaft. In der Vor- und Gründungsgeschichte spielt seine Person eine entscheidende Rolle, seit er sich nach der Lektüre von Harnacks Denkschrift und anderen Vorstößen das Projekt ausdrücklich zu eigen gemacht hat. Seine Stellungnahme hilft den Befürwortern, die Widerstände im Finanz- und Staatsministerium zu überwinden; der „Allerhöchste Wunsch" wird zu einem Trumpf in der Auseinandersetzung zwischen den involvierten Amtsstellen. Zudem betätigt sich Wilhelm persönlich als Werber um Spenden; sein Name ist wiederum wichtig, um zögernde Bankiers und Industrielle zur Zeichnung einer großen Summe zu bewegen[16].

Wissenschaft, Technik und Großindustrie zu einer Blüte zu führen, die sie ohne das Engagement des zwischen ihnen vermittelnden Reichs und seines Oberhauptes so nicht oder erst mit fataler Verzögerung erreichen könnten, diesem Ziel dienen seine öffentlichen Auftritte. Daß dies nicht einzig dem Profit der dadurch privilegierten Branchen diene, sondern dem Reich als ganzem, ist eine damals allgemein gehegte Überzeugung. Im Denken Wilhelms tritt dazu aber sein Interesse als oberster Herr des Militärs. Abgesehen von der naiven nationalen Technikbegeisterung, die etwa in der Freude darüber zum Ausdruck kommt, daß ein Deutscher wie Graf Zeppelin den Menschheitstraum vom Fliegen verwirklicht[17], hat er die Verwendbarkeit von Erfindungen für militärische Zwecke im Auge. Von der Marine ist dies hinlänglich bekannt: Hier nimmt er lebhaft Anteil an den technischen Diskussionen über Bau und Ausrüstung der Schiffe, und an gewissen Technischen Hochschulen fördert er speziell den Ausbau der Abteilung Schiffsbau[18]. Seine Begeisterung für die drahtlose Telegraphie hat durchaus dieselben Wurzeln, zumal der zuständige Spezialist, Slaby, sich selbst Gedanken über die Verwendbarkeit der neuen Kommunikationstechnik im

---

[15] Ein Modell dafür ist bereits die Zusammenarbeit zwischen Slabys Labor an der TH Charlottenburg (seit 1884) und den Firmen AEG und Siemens. Vgl. *Rürup*, Wissenschaft, 14.
[16] *Lothar Burchardt*, Wissenschaftspolitik im wilhelminischen Deutschland (Göttingen 1975) 22 ff., 34, 47, 55 f.; im folgenden zitiert: *Burchardt*, Wissenschaftspolitik. Vgl. auch *Agnes von Zahn-Harnack*, Adolf von Harnack (Berlin 1951) 327 ff. (im folgenden zitiert: *Zahn-Harnack*), und *Erhard Pachaly*, Adolf von Harnack als Politiker und Wissenschaftsorganisator des deutschen Imperialismus (1914–1920) (Diss. Berlin 1964); im folgenden zitiert: *Pachaly*, Adolf von Harnack.
[17] Am 16.10.1905 spricht er zur Einweihung des Aeronautischen Instituts Lindenberg. Vgl. Reden III, 271 f. Eine halbe Stunde schaut er den Flugkünsten von Orville Wright auf dem Potsdamer Paradeplatz zu und beglückwünscht anschließend den Flieger persönlich. *Tyler Whittle*, Kaiser Wilhelm II. Biographie (München 1979) 283; im folgenden zitiert: *Whittle*, Kaiser Wilhelm. Dem Grafen Zeppelin verleiht er den Schwarzen Adlerorden und hält dazu eine Ansprache. Reden IV, 137 (16.11.1908).
[18] *Schröder*, in: *Rürup*, Wissenschaft, Bd. 1, 51–114.

Kriege macht. Der Kaiser befiehlt der Marine, Slabys Experimente zu unterstützen, und diese wird später mit den ersten in Serie produzierten Funkgeräten ausgestattet[19].

Dazu tritt das „Deutschland über alles", und insofern ist das Wort von der *deutschen* Wissenschaft im Titel meines Beitrags bedeutungsvoll. Mit vielen Zeitgenossen innerhalb und außerhalb der Wissenschaften teilt er die Ansicht, daß sich die Weltgeltung der deutschen Nation auch auf diesem Gebiet manifestieren müsse. Die Produkte des nationalen Erfindungsgeistes sollen überall präsent sein, die wissenschaftlichen Entdeckungen, die im Lande oder im Ausland von deutschen Forschern gemacht werden, sollen besonders aufsehenerregend, besonders kühn, wichtig, einmalig dastehen. Zu diesem Zweck sind Lehre (als Voraussetzung für das Vorhandensein eines qualifizierten Nachwuchses) und Forschung mit allen, staatlichen und privaten Mitteln, zu fördern, damit Deutschland auch hier – wie in Finanz, Politik und Militär – seinen Anspruch auf einen Platz unter den allerersten Nationen anmelden und verteidigen könne. Die Eroberung des Weltmarkts durch Produkte der deutschen Technik und Industrie ist ein Teil des imperialistischen Kampfes um Weltgeltung[20].

Die vom Kaiser vertretene Konzeption gleicht auffallend derjenigen, die Harnack zur Begründung der Kaiser-Wilhelm-Gesellschaft entwickelt. Das Ausland bedrohe die deutsche Wissenschaft und damit das Reich; Wissenschaftsförderung sei eine angemessene Antwort auf diese Gefahr und damit ein Akt nationaler Selbstbehauptung wie die militärische Rüstung. „Die Wehrkraft und die Wissenschaft sind die beiden starken Pfeiler der Größe Deutschlands, deren Pflege niemals aufhören oder stillstehen darf."[21]

Schließlich verbindet sich mit der Förderung der Technik auch die Pose des guten Königs, der um die Wohlfahrt seiner Untertanen in jeder Hinsicht besorgt ist. Aufgrund solcher Überlegungen unterstützt er den Plan von Intze, das Gewässernetz Schlesiens durch integrale bauliche Maßnahmen so zu zähmen, daß die ständig drohende Hochwassernot aufhört. Intzes brillanter Vortrag überzeugt ihn persönlich von der Unumgänglichkeit solcher Maßnahmen, und Wilhelms Eintreten für Intzes Pläne spielt in der Geschichte des schlesischen Hochwasserschutzgesetzes von 1900 eine wichtige Rolle. Dem Autor der Pläne trägt es die Ernennung zum Geheimen Regierungsrat und zum Mitglied des Herrenhauses ein[22].

Von einem humanistischen oder idealistischen Wissenschaftsbegriff sind diese Argumente weit entfernt. Wilhelm spricht auffälligerweise immer dann von „Kultur", wenn er die technische Zivilisation seiner Epoche meint[23]. Die oben erwähnten Ziele

---

[19] *Adolf Slaby*, Entdeckungsfahrten in den elektrischen Ozean (bearb. von *Otto Nairz*, Berlin ⁶1923), besonders das Kapitel über „Die Anfänge der Funkentelegraphie" und 131f., 207f.; im folgenden zitiert: *Slaby*, Entdeckungsfahrten. Auch hier kommt die Verbindung von TH-Forschung und industrieller Verwertung zum Ausdruck. Vgl. *Gundlach*, in: *Rürup*, Wissenschaft, Bd. 2, 133–141.
[20] Ebenda, Bd. 1, 20; Reden III, 227–229 (6.10.1904).
[21] Harnack 1909, zit. nach *Pachaly*, Adolf von Harnack, 32. Vgl. *Burchardt*, Wissenschaftspolitik, 33 und *Zahn-Harnack*, 329.
[22] *O. Schatz*, Otto Intze, in: Rheinisch-Westfälische Wirtschaftsbiographien 6 (Münster 1954) 60–80.
[23] Reden II, 178 (19.10.1899); Reden III, 227–229 (6.10.1904); Reden IV, 137 (10.11.1908).

lassen sich auch nur unvollkommen mit der institutionellen Verkörperung des humanistischen Wissenschaftsbegriffs erreichen: Die klassische Universität muß wenigstens ergänzt werden durch Anstalten, an denen entweder die Verbindung von Forschung und Lehre aufgegeben, oder in denen die Trennung zwischen „reiner Wissenschaft" und dem Verwertungsinteresse der Techniker und der Industriellen aufgehoben wird. Die Vertreter der klassischen Universitätsidee können sich von diesem Kaiser wenig erhoffen. Auf ihre Reaktionen werden wir deshalb zurückkommen müssen.

Ein einziges Mal spricht Wilhelm zu einem bedeutenden Jubiläum einer klassischen Universität: Bei der Hundertjahrfeier der Friedrich-Wilhelms-Universität Berlin. Dort verliest er – entgegen seiner sonstigen Gewohnheit – einen Text, der zu weiten Teilen nicht von ihm stammt, und dieser Text gipfelt in der Ankündigung, daß die Kaiser-Wilhelm-Gesellschaft gegründet werden soll (dies durchaus wieder in Übereinstimmung mit seinen eigenen Wünschen). Die darin vorgetragene historische Legitimierung der neu zu schaffenden „Kaiser-Wilhelm-Institute" arbeitet mit Gedanken Humboldts, die Berliner Universität durch Forschungsanstalten zu ergänzen. Diese Humboldt-Interpretation ist allerdings mit den zentralen Elementen der idealistischen Universitätsidee unvereinbar. Die Argumentation geht offensichtlich auf Harnack zurück und wird vom Redaktor der kaiserlichen Rede, Schmidt-Ott (Ministerialdirektor im Kultusministerium) vollständig übernommen[24]. In diesem Moment läßt sich der Abstand zwischen der klassischen Universitätskonzeption und der technischen, auf Innovation durch spezialisierte, organisierte Forschung ausgerichteten Idee Wilhelms und seiner Berater mit Händen greifen.

Eigentlich müßte diesem Begriff von Wissenschaft die Haltung entsprechen, die gewöhnlich Szientismus genannt wird. Bei Wilhelm jedoch lesen/hören wir häufig, daß er die Forschung zugleich als Zugang zur Transzendenz betrachtet. Wissenschaftliches Suchen ist in seinen Begriffen Gottsuche: „So führt, wie jede echte Wissenschaft, auch die Technik immer wieder zurück auf den Ursprung aller Dinge, den allmächtigen Schöpfer."[25] Dies korrespondiert also einem Bildungsbegriff, der weder humanistisch noch szientistisch ist, sondern religiös; die verwendeten Worte ähneln denen, die nicht nur liberale Protestanten, sondern auch gewisse Katholiken damals gebrauchen. Ein Widerspruch zur Bewunderung des wissenschaftlich-technischen Fortschritts und der Wiß- und Machbarkeit der Welt muß nicht notwendig darin liegen. Wie in andern Bereichen kombiniert der Kaiser Vorstellungen, die in üblicher Ideologiekritik als progressiv und bürgerlich bezeichnet werden, mit romantisch-rückwärtsgewandten Werten und Einstellungen. Damit vergleichbar ist der Umstand, daß er in seinen Reden vor Angehörigen Technischer Hochschulen selten vergißt, die soziale Verantwortung des Technikers gegenüber dem Arbeiter zu betonen. Er sieht darin ein Mittel im

[24] Dieselbe Argumentation liest man schon in Harnacks Denkschrift zur Gründung der Kaiser-Wilhelm-Gesellschaft von 1909. „Nicht Humboldtscher Idealismus bestimmte die Initiatoren der KWG und ihrer Vorgängerinnen, sondern wissenschaftliches, wirtschaftliches und nicht zuletzt nationalpolitisches Kalkül". *Burchardt,* Wissenschaftspolitik, 33f., 46. – Text der Rede in Reden IV, 219–223 (11.10.1910).
[25] Reden II, 178, Festrede zur Hundertjahrfeier der TH Charlottenburg (19.10.1899). Ähnlich ebenda, 190–192, Rede vor der Akademie der Wissenschaften Berlin (19.3.1900) und Reden IV, 223, Rede zur Hundertjahrfeier der Universität Berlin (11.10.1910).

Kampf gegen den Einfluß des Sozialismus auf die Arbeiterschaft[26]. Offen spricht er aus, daß Gedankenfreiheit, Freiheit der Wissenschaft keineswegs mit einer Erweiterung der politischen Freiheit zusammengehen solle, im Gegenteil: „Freiheit für das Denken, Freiheit in der Weiterbildung der Religion und Freiheit für unsere wissenschaftliche Forschung, das ist die Freiheit, die ich dem deutschen Volke wünsche und ihm erkämpfen möchte, aber nicht die Freiheit, sich nach Belieben schlecht zu regieren."[27]

III

Geht es ihm bei den naturwissenschaftlich-technischen Fächern primär um militärische Macht und nationale Größe, so verbindet sich mit seinen Interessen für bestimmte Fächer aus den Kulturwissenschaften dasselbe nationale Motiv. Die Bestrebungen der Deutschen Orient-Gesellschaft unterstützt er direkt durch eigene Subventionen, und dies geschieht sicher aufgrund einer Identifizierung mit den Thesen von Delitzsch, daß eine Präsenz deutscher Wissenschaft im internationalen Ausgrabungswettlauf im vorderen Orient unerläßlich sei[28]. Wilhelm übernimmt 1901 das Protektorat dieser Gesellschaft, und fünf Jahre danach beginnt der Staat, sie aus ordentlichen Mitteln zu subventionieren. Zudem stiftet der kaiserliche Dispositionsfonds jährlich etwa 20 000 Mark. Kaiserliche Telegramme und andere Interventionen bezeugen sein nicht nachlassendes Interesse an den Feldforschungen, die die Gesellschaft durchführt[29].

In diesem Fall treten jedoch zwei weitere Momente hinzu. Wilhelm teilt die Archäologiebegeisterung vieler Zeitgenossen. Wer seine Sätze über die von ihm selbst geleiteten Grabungen auf Korfu liest, glaubt ein Stück echter Faszination wahrzunehmen. „Ich pflegte meinen Herren, wenn ich gefragt wurde, welche Gefühle mich während des Ausgrabens der Gorgo bewegt hätten, zu antworten: ,So aufregend wie die Pürsche auf einen Zwanzigender!'."[30] Bekannt ist ferner, daß der Knabe für Schlie-

---

[26] Reden II, 186 f. (9.1.1900), Reden IV, 230–232 (9.11.1910); ähnlich 1899 an der TH Charlottenburg.
[27] Reden III, 140, Görlitz (29.11.1902). – „Wilhelm, ... obwohl bestrebt, ein moderner Herrscher zu sein, wollte die neuen Ideen auf die Naturwissenschaften und die Industrie beschränkt sehen. Auf dem politischen Felde waren seine Ideen der Vergangenheit verhaftet, weil eine Vorausschau die Anpassung an das Neue verlangt und damit ihn in einen schmerzlichen Konflikt mit seiner nächsten Umgebung gestürzt hätte." *Balfour,* Kaiser Wilhelm, 169.
[28] *Friedrich Delitzsch,* Ex oriente lux! Ein Wort zur Förderung der Deutschen Orient-Gesellschaft (Leipzig 1898).
[29] Vgl. Mitteilungen der Deutschen Orient-Gesellschaft und Jahresberichte, 1902–1913. Allzu knapp die Angaben in: Deutsche Orient-Gesellschaft: Seit 1898 im Dienste der Forschung (o. O. 1984) 1.
[30] *Wilhelm II.,* Erinnerungen an Korfu (Berlin, Leipzig 1924) 132. Im folgenden zitiert: Erinnerungen an Korfu. – Auf Korfu kauft er 1907 das „Achilleion", dessen Park er mit ‚antiken' Statuen und einem künstlich bewässerten Garten versehen läßt (bronzener Achill von Götz). Über die Ausgrabungen am Gorgo-Tempel: 78–97; sein Deutungsversuch des Giebelreliefs: 97 f.; In-

mann schwärmte³¹. Ganz im Zeittrend liegt auch seine Vorstellung, daß die klassisch-griechische Kultur ihre Wurzeln im Orient habe und daß man sie dort freilegen müsse³². Wer denkt hier nicht an die Bemühungen der Berliner Philosophischen Fakultät, einen Gräzisten zu finden, der dieses Programm ausfüllen könnte, und die Befriedigung, in Eduard Meyer diesen Mann schließlich zu finden³³. Was tut's, daß unter der Hand des Kaisers diese Ziele realisiert werden im Stile eines wenig wählerischen Kulturjournalismus, der mit hier und dort aufgeschnappten Illustrationen und Zitatfetzen seine Assoziationsketten schmiedet³⁴. Wichtig ist hier wie im Bereich der Naturforschung, daß seine ganz privaten Interessen dem Zeittrend weitgehend entsprechen.

Seine übrigen kulturpolitischen Bestrebungen und Interessen sind bekanntlich mehr als konservativ, man denke nur an seine Erwartungen an die bildenden Künste oder an Theater und Literatur³⁵. Dasselbe läßt sich von den pädagogischen Ansichten sagen: Er tritt für ein modernes Curriculum ein, weil er dies für die Anpassung von Deutschlands Wirtschaft und Armee an den Anspruch einer Großmacht im technischen Zeitalter für erforderlich hält, und er wünscht sich stets mehr Deutschtum und weniger Antike, weil dies für die Stärkung des Nationalbewußtseins wichtig sei³⁶. „Und während all der hundertfachen ,Zerlegungsoperationen', die ich an den Erzeugnissen der Hellenen vornehmen mußte (grammatische Analysen ,von Phidias bis Demosthenes, von Perikles bis Alexander, und gar an unserem lieben Homer!'), von wegen der ,klassischen Bildung', da bäumte sich mein Herz in mir auf, das auch in mir so lebendige Gefühl für Harmonie schrie in mir auf: ,Das ist es doch nicht, das kann es nicht sein, was wir aus dem Hellenentum für die Förderung des Germanentums brauchen!'."³⁷

Fortsetzung Fußnote von Seite 97
terpretation der Gorgo: 109–127; Identifizierung von Korfu mit der homerischen Phäakeninsel, angeregt durch Dörpfeld: 132 ff. Vgl. dazu unten!
³¹ *Whittle,* Kaiser Wilhelm, 63.
³² „Von Jugend auf habe ich ... stets einen Gedanken verfolgt, die ,Brücke' zwischen der griechischen Kunst und dem Orient zu finden oder finden zu helfen." Erinnerungen an Korfu, 143.
³³ *Simon,* Staat, Kap. I, 2 b; ferner *Karl Christ,* Römische Geschichte und deutsche Geschichtswissenschaft (München 1982) 93 ff. und *Alexander Demandt,* Alte Geschichte an der Berliner Universität 1810–1960, in: Berlin und die Antike, Bd. 2 (Berlin 1979) 69–97.
³⁴ Vgl. z. B. die Abbildungen der Gorgo von Indonesien über Mexiko bis Kleinasien in: Erinnerungen an Korfu, 145. – Zu den wissenschaftlichen Publikationen des Kaisers nach 1918 siehe *Oswald von Gschliesser,* Das wissenschaftliche Œuvre des ehemaligen Kaisers Wilhelm II., in: Archiv für Kulturgeschichte 54 (1972) 385–392. Die Tätigkeit seiner „Doorner Arbeitsgemeinschaft" (seit 1923 jährlich) gehört nicht mehr in unseren Interessenkreis.
³⁵ Bsp.: Reden II, 15 f., 98 f.; Reden III, 57–63. Siehe auch *Peter Mast,* Künstlerische und wissenschaftliche Freiheit im Deutschen Reich 1890–1901 (Rheinfelden 1980); im folgenden zitiert: *Mast,* Freiheit; und *Peter Paret,* The Tschudi Affair, in: Journal of Modern History 58 (1981) 589–618. Siehe auch unten zu Erich Schmidt und Gerhard Hauptmann.
³⁶ In der Akademie der Wissenschaften Berlin läßt er sowohl die Zahl der Stellen in der mathematisch-physikalischen Klasse, als auch derjenigen für deutsche Sprachforschung vermehren. Vgl. Reden II, 190–192 (19.3.1900).
³⁷ Brief an Chamberlain, in: *Houston Steward Chamberlain,* Briefe 1882–1924, Bd. 2: Briefwechsel mit Wilhelm II. (München 1928) 141, Brief vom 31.12.1901. Außerdem die bekannte Rede

Wenig anzufangen weiß er mit dem Bildungsideal des klassischen Gymnasiums, obschon ich festhalten muß, daß er keineswegs an seine Abschaffung dachte, sondern es nur durch eine Realschule ergänzen wollte. Sein Angriff auf den lateinischen Aufsatz, den er durch den deutschen Aufsatz ersetzt wissen will, zielt allerdings auf eine der tragenden Säulen des damaligen klassischen Gymnasiums – fragt sich nur, ob er sich der Tragweite seiner Forderung auch bewußt war. Wozu nun eine Erziehung zu elitärer Distanz zur Gegenwart, wozu der Ballast humanistischer Werte? Das Urteil, das wir heute fällen, muß natürlich auch davon abhängen, was das humanistische Gymnasium damals effektiv leistete, aber darüber kann kein Zweifel bestehen, weshalb Wilhelm seine Konkurrenz, das moderne Curriculum, favorisierte.

Eine mögliche Erklärung, wie er zu dieser Position kommt, mag in seiner eigenen Schulzeit liegen. Elemente dieser Bildung nimmt der Knabe und Jüngling wohl auf, aber das Ganze tritt ihm nie vor Augen. So sucht er zeitlebens in seinen eigenen kulturgeschichtlichen Arbeiten und in denen von Schriftstellern wie Chamberlain den großen Zusammenhang, der die Phänomene der Welt sinnstiftend umschließe. Er findet so in angewandter Wissenschaft den engen Praxisbezug, der der klassischen Gymnasialbildung und der Universitätskonzeption abgeht; so wünscht er in der Schule eine politische Indoktrination, die gegen Sozialismus und Demokratie gefeite Untertanen schaffen soll, und die damit einen direkten Nutzen stifte. Zu „Universität" assoziiert er nicht „Bildung", sondern eine Ausbildungsanstalt, die dem preußischen Staate diene, indem sie brauchbare Pfarrer, Beamte und Ärzte hervorbringe[38]. So findet er schließlich in den religiösen Versatzstücken, die er ehrlich für persönliche Frömmigkeit ansieht, die transzendentale Legitimation für einen Komplex konservativer Werte, die wahr und falsch zu trennen gestatten.

Da schon von seiner Kindheit und Jugend die Rede ist, muß ich darauf hinweisen, daß die Tendenz seiner Äußerungen zur Wissenschaftspolitik selbst nicht neu ist: Bereits sein Vater setzte sich für reine Forschungsinstitute, Technische Hochschulen und angewandte Wissenschaft ein, aber auch für die Ausgrabungen in Olympia[39]. Aus seinem gespannten Verhältnis zum Vater und aus dem Wunsch, die falschen Hoffnungen, die mit dem Namen Friedrichs III. verbunden waren, zu vermeiden, erklärt sich, daß er den illustren Vorläufer in diesem Zusammenhang nie erwähnt.

Fortsetzung Fußnote von Seite 98
zur Eröffnung der Berliner Schulkonferenz 1890: „Nationale junge Deutsche erziehen und nicht junge Griechen und Römer." Dazu diene auch die „vaterländische Geschichte", speziell die Freiheitskriege, die zum Angelpunkt des deutschen Geschichtsbewußtseins werden sollen. – Ähnlich in: Ereignisse und Gestalten, 152.

[38] Rede an der Universität Greifswald am 3.8.1906: „So hat sie (die Universität Greifswald) in großer Zahl der Kirche treue und fromme Diener, dem Staate gründlich und allseitig vorgebildete Beamte, der leidenden Menschheit geschickte und hilfreiche Ärzte zugeführt." Reden IV, 25 f.

[39] Sein Großvater unterhielt Beziehungen zur TH Charlottenburg. *Rürup,* Wissenschaft, Bd. 1, 3, 12. Kronprinz Friedrich Wilhelm spielte eine wichtige Rolle in der politischen Realisierung der Physikalisch-technischen Reichsanstalt. *Pfetsch,* Wissenschaftspolitik, 123–125.

IV

„Wilhelm II. und die deutsche Wissenschaft" zu untersuchen heißt auch, die Männer der Wissenschaft und Technik zu betrachten, die der Kaiser um sich versammelt. Daß die Auswahl bis zu einem gewissen Grade von andern gesteuert wird, ist möglich (Bülow sieht sich in dieser Rolle). Dem wollen wir aber hier nicht weiter nachgehen. Mich interessiert das Profil der Auserwählten. Wer kommt überhaupt in Frage als Gegenüber eines Mannes, der nicht gern zuhört und dessen Fähigkeit, sich auf einen Sachverhalt zu konzentrieren, allgemein in Zweifel gezogen wird?

Ich möchte mit einer Schilderung von Wilhelms Gesprächsverhalten beginnen, die sich durch größte Zurückhaltung in der Wahl der Ausdrücke auszeichnet, und die gerade dadurch aufschlußreich ist[40]. Sie stammt aus der Feder der Tochter von Adolf Harnack und spiegelt die Eindrücke, die der Vater nach seinen Gesprächen mit dem Kaiser verarbeiten mußte, wider.

„Harnack war von der Persönlichkeit des Kaisers außerordentlich gefesselt. Aber sie war ihm nicht leicht zu deuten, und er bemühte sich immer wieder, manche in sich widerspruchsvolle Züge zu dem richtigen Gesamtbild zusammenzufügen. Die ungemeine Lebhaftigkeit des Kaisers, seine Beherrschung des Wortes, seine Art, Eindrücke und Erlebnisse zu schildern, waren sehr anziehend; aber im Gespräch wollte er der Gebende bleiben, wollte mitteilen, belehren, seine eigenen Gedankengänge entwickeln – und war weniger bereit, das aufzunehmen, was der Gesprächspartner zu bieten hatte. Manchmal gelang es durch eine geschickte Formulierung, dem Kaiser einen neuen Gedanken, manchmal auch eine weniger angenehme Wahrheit eindringlich zu machen, was dann auch bei ihm haftete; aber das war eine Frage des Geschicks und des glücklichen Augenblicks. Der Kaiser war nicht engherzig, er war auf vielen Gebieten aufgeschlossener als seine Umgebung; aber im Hintergrund seines Wesens lagen feste Wälle, durch die er seine eigentlichsten, durch Tradition und Erfahrung gewonnenen Überzeugungen schützte. Es waren das der Glaube an sein Gottesgnadentum mit allen Folgerungen in Bezug auf seine Rechte und Pflichten und mit dem Glauben an die Weltaufgabe Deutschlands; und eng mit diesem verknüpft sein religiöser Besitz, der orthodox war, aber sein besonderes Gepräge durch soldatische Verkürzungen einerseits, durch romantische Erweiterungen andererseits erhielt. Hinter den Wällen, die diesen Besitz hüteten, ließ er niemanden etwas antasten und war er unbeeinflußbar. Dabei war seine Liebenswürdigkeit echt und herzlich; er war eine wohlwollende Natur, die gern Freude bereitete und mit Anerkennung und Zustimmung nicht geizte. Blickte man auf ihn als auf den Mann, der die Geschicke Deutschlands in der Hand hielt, so konnte man sich mancher Sorge nicht entschlagen; sah man ihn nur als den Gastgeber, den ritterlichen Hausherrn, den geistig beweglichen, allen Wissensgebieten gleichzeitig zugewandten Fürsten, so ging man von dem Zusammensein mit

---

[40] Für deutlichere Einschätzungen vgl. *John C. G. Röhl*, The Emperor's New Clothes: A Character Sketch of Kaiser Wilhelm II., in: Kaiser Wilhelm II., New Interpretations, The Corfu Papers, hrsg. von *John C. G. Röhl* und *Nikolaus Sombart* (Cambridge 1982) 23–61.

ihm beglückt und beschenkt nach Hause – in dieser Zwiespältigkeit standen Harnacks Empfindungen."[41]

Die Personen, die ich untersuchen will, erwähnt er selbst in seinen Memoiren als diejenigen, die ihm besonderen Eindruck gemacht haben, oder mit denen er in näheren Kontakt getreten ist. Diese Auswahl ist wiederum teilweise gefärbt durch seine Abneigung, ehemalige Berater, die sich nach 1918 zur Republik bekennen, allzu sehr zu rühmen und ihre Verdienste anders denn als Leistungen guter Handlanger hinzustellen. So muß ich mir erklären, warum er Harnacks Verdienste um die Kaiser-Wilhelm-Gesellschaft und seine sonstigen engen Kontakte zum Hof nicht erwähnt, denn Harnack – bereits in der Kriegszieldebatte gemäßigt – schließt sich 1918 der Republik an und wendet sich 1925 gar gegen die Kandidatur Hindenburgs für das Amt des Reichspräsidenten. Die „Erinnerungen und Gestalten" zählen in der im folgenden eingehaltenen Reihenfolge für die Zeit vor 1914 diese Männer auf:

Die Bekanntschaft mit dem Elektrotechniker Adolf Slaby (1849–1913), Professor an der Technischen Hochschule Berlin-Charlottenburg, Präsident des Vorstandsrates des Deutschen Museums usw.[42].

Der eben erwähnte Adolf Slaby zusammen mit Otto Intze (1843–1904), Professor an der Technischen Hochschule Aachen, Bauingenieur und Spezialist für Wasserbau und Wasserwirtschaft[43], „und andere" hätten ihn dazu bewogen, den Technischen Hochschulen eine Vertretung im Herrenhause einzuräumen, wie sie die Universitäten schon länger hatten.

Dann erwähnt er seinen Einsatz für die Kaiser-Wilhelm-Gesellschaft, ohne in diesem Zusammenhang auf die Verdienste Harnacks (1851–1930)[44] zu sprechen zu kommen; vielmehr spricht er anerkennend von den Leistungen des Kultusministers v. Trott und des Ministerialdirektors Althoff.

Zu Harnack behauptet er sodann, es sei sein (Wilhelms) Verdienst, diesen fähigen Mann nach Berlin an die Universität geholt zu haben (1888); von seiner weiteren Tätigkeit wird speziell die Leitung der Königlichen Bibliothek und des Senats der Kaiser-Wilhelm-Gesellschaft gewürdigt.

Daran schließt sich eine kurze Lobrede auf Erich Schmidt (1853–1913) an, Professor der deutschen Literatur an der Berliner Universität[45], wegen der „geistvollen Vorträge" dieses „kerndeutschen" Mannes.

---

[41] *Zahn-Harnack*, 262 f.
[42] *Slaby*, Entdeckungsfahrten, 238 f. Wer ist's 1905, s. v. Slaby. *Conrad Matschoss* (Hrsg.), Männer der Technik, ein biographisches Handbuch (Berlin 1925) 254; im folgenden zitiert: *Matschoss*, Männer.
[43] *Heinz D. Olbrisch*, in: Neue Deutsche Biographie 10 (1974) 176f.
[44] *Heinz Liebig*, K. G. A. von Harnack, in: Neue Deutsche Biographie 7 (1966) 688–690. Vgl. *Zahn-Harnack*.
[45] *W. Scherer* und *E. Schmidt*, Briefwechsel, hrsg. von *Werner Richter* und *Eberhard Lämmert* (Berlin 1963) 11 ff., insbes. 22–28. Im folgenden zitiert: *Scherer-Schmidt*, Briefwechsel. *K. O. Conrady*, Germanistik in wilhelminischer Zeit, Bemerkungen zu Erich Schmidt, in: *Hans-Peter Bayerdörfer* (Hrsg.), Literatur und Theater im wilhelminischen Zeitalter (Tübingen 1978) 370–398; im folgenden zitiert: *Conrady*, Germanistik.

Es folgen längere Ausführungen über sein Verhältnis zu Theodor Schiemann[46], dem „Mann seines besonderen Vertrauens", der von ihm „andauernd in rebus politicis und in Bezug auf historische Fragen zu Rate gezogen worden" sei. Speziell erwähnenswert sind dem Kaiser die Übereinstimmungen, die zwischen ihm und dem baltischen Historiker und Publizisten herrschten, was die Einschätzung der russischen Politik anbetrifft.

Nach einem Abschnitt über Wilhelms eigene Leistungen als Bauherr behandelt er seine Verdienste um die Archäologie, Assyriologie und die Deutsche Orient-Gesellschaft. Stolz ist er auf seine ‚klärenden' Worte in der Öffentlichkeit zum von Delitzsch (1850–1922)[47] vom Zaun gerissenen Bibel-Babel-Streit, aber auch auf die Theateraufführung „Assurbanipal", mit der für die Assyriologie Interesse geweckt werden sollte.

Den Abschluß dieses Tatenberichts eines Herrschers im Bereich der Kultur bildet die Erwähnung seiner Grabungen auf Korfu und seiner engen Beziehungen zu Wilhelm Dörpfeld (1853–1940), Leiter des Deutschen Archäologischen Instituts in Athen[48]. In ihm sieht Wilhelm einen „treuen Freund und unschätzbaren Quell für Belehrung über Baukunst, Stilfragen usw."; besonders fasziniert zeigt er sich von Dörpfelds Homerinterpretation (Geographie der Odyssee)[49].

Meine Schlüsse beruhen auf diesem Personenkreis; ergänzt durch Houston Stewart Chamberlain, dessen „Grundlagen" für Wilhelm den Charakter einer Offenbarung hatten[50]. Er bezeichnet Chamberlain als seinen „Streitkumpan und Bundesgenossen im Kampf gegen Rom, Jerusalem usw.!"[51].

Auffällig viele dieser Männer stammten aus der Praxis, nicht aus humanistischem oder klassisch-universitärem Bildungsgang. Intze hatte eine Realschule absolviert und war danach Zeichner bei einer Eisenbahnbaugesellschaft gewesen, bevor er am Polytechnikum Hannover studierte. Dörpfeld kam von der Bauakademie, diente dann in Olympia als Architekturzeichner und kam auf diesem Weg zur Archäologie.

Auffällig ist ferner, daß es sich durchwegs um hochqualifizierte Männer handelt, die in ihrem Fach Bedeutendes geleistet haben. Zu diesem Resultat kommt man heute allerdings nur, wenn man absieht von Chamberlain, der jedoch in der kaiserlichen Gunst denselben Platz eingenommen hat wie die bedeutenden Wissenschafter. Chamberlain wird auch von einem qualifizierten Mann wie Harnack außerordentlich geschätzt; zudem ist es der Kaiser persönlich, der die beiden zusammengebracht hat[52].

Ferner haben diese Namen den Zug gemeinsam, daß es sich um Gelehrte handelt, die auf irgend eine Weise nicht dem Durchschnittstyp des deutschen Professors entsprechen und darum auch nicht von allen Fachgenossen geschätzt werden. Diese Zu-

---

[46] *Klaus Meyer*, Th. Schiemann als politischer Publizist (Frankfurt a. M. 1956); im folgenden zitiert: *Meyer*, Schiemann.
[47] *Enno Littmann*, Friedrich Delitzsch, in: Neue Deutsche Biographie 3 (1957) 582. *H. Zimmern*, F. Delitzsch und C. Bezold, ein Nachruf, in: Zeitschrift der Deutschen Morgenländischen Gesellschaft N. F. 2 (= 77) (1923) 121–136.
[48] *Gottfried v. Lücken*, Wilhelm Dörpfeld, in: Neue Deutsche Biographie 4 (1959) 35 f.
[49] Ereignisse und Gestalten, 163–170.
[50] Vgl. *Chamberlain*, Briefe.
[51] *Chamberlain*, Briefe, Bd. 2, 143.
[52] *Heinz Liebing*, in: Neue Deutsche Biographie 7 (1966) 689. *Zahn-Harnack*, 263, 272 f.

satzmerkmale hängen mit Eigenheiten ihres kaiserlichen Gesprächspartners eng zusammen. Die meisten verfügen über außergewöhnliche Redegewandtheit; so ist es belegt für Schmidt, der gern auf Bühnen als Rezitator auftritt[53], so belegt für Intze, dessen Argumentationsgeschick sich mehrfach bei der politisch-administrativen Realisierung seiner Großprojekte bewährt, so besonders bei Slaby, dessen Vorlesungen durch leichte Faßlichkeit und anschauliche Experimente berühmt sind[54]; aber auch Dörpfeld ist dafür bekannt, daß er seine Interpretationen in eine überzeugende rhetorische Form zu kleiden versteht. Nur kraft dieser Eigenschaften vermögen sie das flackerhafte Interesse Wilhelms zu fesseln. Harnack seufzt: „Es ist ein Geheimnis der göttlichen Weltleitung, herbeizuführen, was der Kaiser liest, und was auf ihn Eindruck macht..."[55].

Dazu kommt, daß sie innerhalb ihres Faches eine Sonderstellung einnehmen: Slaby und Intze sind unorthodoxe Pioniere in wenig erforschten Bereichen der Technik, der erste für drahtlose Telegraphie, der letztere für Wasserbau und Wasserwirtschaft. Dörpfelds Leistungen als Ausgräber sind damals zwar allgemein anerkannt, nicht jedoch seine kulturgeschichtlichen Spekulationen[56]. Erich Schmidt ist durch seine Verdienste um Goethe und Lessing zu einem der wichtigsten Germanisten geworden, aber als Schüler Scherers steht er im Verdacht, ein „Positivist" zu sein, und es ziemt sich nicht für einen Professor, zusammen mit Schauspielern auf der Bühne aufzutreten. Harnack ist vielen Theologen zu liberal, zu konzessionsbereit gegenüber den angeblichen Erfordernissen der Zeit[57]. Delitzschs Äußerungen zum Alten Testament auf der Grundlage assyriologischer Befunde gelten als Angriffe auf die Religion[58]. Allen ist gemeinsam, daß sie ihren Professorenkollegen als Männer des Hofes verdächtig sind, und daß diese argwöhnen, sie hätten Vorteile aus ihren Beziehungen zum Kaiser, die einem gewöhnlichen Professor abgehen. Diese Befürchtung trifft jedoch nur in Ein-

---

[53] „Schmidts Erscheinung und Auftreten müssen beeindruckend gewesen sein; kein Aufsatz über ihn, der nicht dies, oft in hymnischem Tonfall, hervorhöbe. Offensichtlich war er ein für einen Gelehrten doch eher ungewohnter Repräsentationstyp, der zwanglos auch den auf emphatische Selbstdarstellung gerichteten höfischen und gesellschaftlichen Verhaltensnormen zu entsprechen vermochte." *Conrady,* Germanistik, 374.

[54] „Seine hervorragende Rednergabe, die sachlich Klarheit mit poetischer Form zu verbinden verstand, unterstützt von auffallender Geschicklichkeit im Experimentieren, versicherten ihm immer wieder das ungeteilte Interesse seiner Hörer." *Matschoss,* Männer, 254.

[55] Zit. nach *Zahn-Harnack,* 268.

[56] *v. Lücken,* in: Neue Deutsche Biographie 4 (1959). Vgl. Erinnerungen an Korfu, 132–139; Ereignisse und Gestalten, 169f.

[57] Vgl. die „Fälle Harnack" 1888 (Widerstand des Evangelischen Oberkirchenrats gegen seine Berufung nach Berlin) und 1892 (Apostolikum-Streit) sowie die Kritik an seinem „Wesen des Christentums" von 1899/1900. Dazu *Liebing,* in: Neue Deutsche Biographie 7, 689 und *E. Fascher,* A. v. Harnack, Größe und Grenze (Berlin 1962) 11–13. Über Harnacks Verhältnis zum Kaiser anschaulich: *Zahn-Harnack,* 261 ff.

[58] Vgl. Diskussion zwischen Chamberlain, Harnack und dem Kaiser über den Bibel-Babel-Streit und ihr Abschluß durch ein im Namen Wilhelms publiziertes Glaubensbekenntnis 1903: *Zahn-Harnack,* 263 ff., *Chamberlain,* Briefe, Bd. 2, 167, 188. Text des Bekenntnisses in: Reden III, 143–149 (Brief an Hollmann vom 15.2.1903).

zelfällen zu. So versucht der Kaiser, den Widerstand der Berliner Fakultät gegen Schiemanns Karriere durch ein Telegramm[59] zu brechen[60].

Im allgemeinen jedoch bringt das Verhältnis zum Kaiser mehr Probleme als Vorteile, ist es doch kein reines Vergnügen, Wilhelm auf seinen Fahrten und Jagden begleiten zu müssen, und der Kaiser kennt wenig Rücksicht, wenn er spontan eine Meinungsäußerung oder eine Hilfeleistung haben will. So wird Dörpfeld telegraphisch zu den Ausgrabungen auf Korfu befohlen, und Harnack wird zu Eulenburg nach Liebenberg gerufen, um theologische Fragen mit Chamberlain und dem Kaiser zu erörtern[61]. Im allgemeinen erhalten sie dafür kaum Entschädigungen in Form von Karrierevorteilen oder Begünstigung. Harnack spricht für sie alle, wenn er erklärt, der Kaiser zeichne Menschen, die er schätze, nur durch Briefe, Bilder oder Zeitungsausschnitte aus[62]. „Meine Freunde und Feinde wissen von meinem Verhältnis zum Kaiser (1.) viel mehr als ich, und (2.) meistens ganz Falsches ... Ich habe (1.) vom Kaiser nichts erhalten, sondern von der Staatsregierung sub nomine regis, und ich habe (2.) nicht mehr erhalten, als mir nach der Hierarchie der Würden des alten Staates zukam (an Orden sogar weniger)."[63]

Was will nun der Kaiser von diesen Männern erfahren, wie setzt er sie ein? Nicht alle werden einbezogen in die Konzeption einer Wissenschaftspolitik. Die Archäologen und Assyriologen haben vor allem dem kaiserlichen Hobby, dem Ausgraben und der kulturgeschichtlichen Spekulation zu dienen, eine Tendenz, die sich im Exil im Haus Doorn noch verstärkt. Delitzsch spricht zusätzlich das religiöse und religionsgeschichtliche Interesse Wilhelms an. Die Naturwissenschafter und Techniker dienen mit ihren Experimenten der „allerhöchsten" Unterhaltung, aber sie beeinflussen die Vorliebe des Monarchen für angewandte Naturwissenschaften positiv und dürften bei der Durchsetzung jener Politik, die schließlich zu einer Aufwertung der Technischen Hochschulen und zur Annäherung von Forschung und Wirtschaft führt, eine wichtige Rolle spielen[64]. Der Theologe Harnack dient einerseits sicher als Gesprächspartner für die Ausflüge Wilhelms in die Gefilde der Religion. Eine mehr oder weniger orthodoxe lutherische Theologie mit zeittypischen Akzenten auf Nationalismus, persönlicher Frömmigkeit und konventioneller Moral liegt dem Kaiser sehr am Herzen. Obschon er gern orthodox sein möchte, tendiert er dazu, dogmatische Differenzen einzuebnen. Von den konservativen Theologen trennt ihn sein Bestreben, einer „Weiterbildung

---

[59] Bülow an Wilmowski, Telegramm 27.6.1901: „... Ich bitte Sie, bei seiner Exzellenz Herrn Studt sowie Direktor Althoff das Weitere (zur Schaffung eines Ordinariats für Schiemann) mit dem Bemerken veranlassen zu wollen, daß Seine Majestät es nicht angenehm empfinden würde, wenn wider Erwarten Allerhöchsten Wünschen nicht Rechnung getragen werden sollte." Vgl. *Simon*, Staat, folgende Anmerkung.
[60] *Meyer*, Schiemann. *O. Stavenhagen*, in: Biographisches Jahrbuch und Deutscher Nekrolog 3 (1921) 216–222. Vgl. *Simon*, Staat, Kap. I.2d.
[61] Erinnerungen an Korfu, 82. *Zahn-Harnack*, 272.
[62] *Zahn-Harnack*, 268.
[63] Harnack, zit. nach *Pachaly*, Adolf von Harnack, 26. Daß der Kaiser doch gelegentlich versucht hat, für seine Freunde etwas herauszuholen, dafür stehen seine Bemühungen im Fall Schiemann, vgl. oben. Zu seinen Einflußmöglichkeiten siehe meine Thesen am Ende des Aufsatzes.
[64] *Braun* und *Weber*, in: *Rürup*, Wissenschaft, Bd. 1, 285. *Nairz*, in: *Slaby*, Entdeckungsfahrten, 5, 239. *Matschoss*, Männer, 254.

der Religion" gegenüber aufgeschlossen zu sein und insbesondere nicht das Dogma gegen Erkenntnisse der Wissenschaften in Schutz zu nehmen[65]. Die Hauptleistung Harnacks sehe ich aber darin, gegenüber Wilhelm bildungspolitische Konzeptionen zu vertreten und durchzusetzen, die das Bild der damaligen Wissenschaftspolitik entscheidend prägen, zumal sein Einfluß in vielem in der gleichen Richtung wirkt, die auch die höhere Bürokratie (Althoff[66]) anstrebt. Daß der Erfolg gelegentlich hinter seinen Bemühungen zurückbleibt, konnten wir oben schon feststellen. Wilhelm akzeptiert zunächst immer nur diejenigen Menschen und Ideen, die seinen eigenen, schon mitgebrachten Bedürfnissen entsprechen. Dieser Zug immunisiert ihn bis zu einem gewissen Grade gegen Beeinflussungsversuche seiner Ratgeber[67]. Schieman schließlich interessiert den Kaiser sowohl als Kenner der russischen Geschichte als auch (schließlich in erster Linie) als Berater in außenpolitischen Fragen. Dieses Beispiel zeigt auch, daß wir nicht grundsätzlich voraussetzen dürfen, daß die Wissenschafter, die Zugang zum Hof gefunden haben, primär im Bereich ihres Faches herangezogen werden und wirken können. Einmal Teil der Hofgesellschaft geworden, werden sie zu Gesprächspartnern in allen Fragen, die dem Kaiser gerade durch den Kopf gehen.

Obschon sie von ihren Zeitgenossen oft verdächtigt werden, Höflinge im Sinne „byzantinistischer" Kriecher zu sein, muß hier festgehalten werden, daß von vielen dieser Männer bekannt ist, wie sie in wichtigen Fragen anderer Ansicht als Wilhelm sind und dies auch nicht vor ihm verhehlen, ja im Gegenteil sich für das als richtig Erkannte einzusetzen versuchen. Erich Schmidt als Mitglied der Kommission des Schillerpreises setzt sich (vergeblich) dafür ein, daß Hauptmann den Preis erhalten soll. Der Kaiser stößt den Beschluß der Kommission um, weil er Hauptmanns Werke (speziell natürlich die „Weber") aus ästhetischen und politischen Gründen verabscheut. Schmidt tritt deswegen aus der Jury des Schillerpreises aus und bringt seine Bewunderung für Hauptmann öffentlich zum Ausdruck[68]. Dieser Schritt beeinträchtigt seine Stellung am Hof allerdings kaum.

V

Die Reaktionen der betroffenen Fachwelt auf die wissenschaftspolitischen Ansätze, die vom Kaiser und seiner gelehrten Umgebung ausgehen, sind gemischt. Ich konzentriere mich hier auf die kritisch-ablehnenden Reaktionen, die ich besonders an Histo-

---

[65] Vgl. oben zu den Diskussionen Harnack-Delitzsch-Chamberlain. Die Stelle über die „Weiterbildung der Religion" aus der Rede in Görlitz am 29.11.1902, in: Reden III, 138 f. Wilhelms Kommentar dazu in: *Chamberlain*, Briefe, Bd. 2, 165 f. (Brief vom 21.12.1902).
[66] Zum Verhältnis Althoff-Harnack siehe außer *vom Brocke: Zahn-Harnack*, 234 u. ö.
[67] „Wilhelm chose who would surround him according to his own standards." *Isabel V. Hull*, The Entourage of Kaiser Wilhelm II, 1888–1918 (Cambridge 1982) 10. – „Es hat Harnack ... geschmerzt, daß der Kaiser ihn nicht zum Ratgeber für die Dinge, die für Harnack Ziel und Inhalt seines Lebens waren, gewonnen hat." *Pachaly*, Adolf von Harnack, 25.
[68] *Balfour*, Kaiser Wilhelm, 169. *Conrady*, Germanistik, 395 f. *Scherer-Schmidt*, Briefwechsel, 24, 26.

rikern kennengelernt habe. Die Ablehnung hat standesspezifische, aber auch politische Gründe[69].

Oft ist sie motiviert durch die Parteinahme für den „verstoßenen" (Max Lenz) Altkanzler Bismarck gegen den „jugendlichen" Herrscher[70]. Häufig macht sie sich an der Person des Kaisers und dessen Auftreten fest. Für diese Kritiker soll ferner der Kaiser des deutschen Reiches sich stärker im Hintergrund halten und sich auf die allgemein akzeptierte Funktion seines Amtes beschränken, die Einheit der deutschen Nation zu symbolisieren und die Spitze der imaginären Gesellschaftspyramide zu repräsentieren. Er soll sich aber der direkten Eingriffe in die öffentlichen Dinge tunlichst enthalten, wie sich dies für einen konstitutionellen Monarchen gehöre. Die konservative Parteinahme für Bismarck kann dabei durchaus zusammengehen mit einer mehr „liberalen" Konzeption des Kaisertums[71].

Außerdem widerspricht alles, was sie über Wilhelms Regierungsstil wissen können, einem altpreußischen Staatsbegriff. Gemessen an einem idealisierten König Friedrich II. ist Wilhelm ein schwatzhafter Versager; gemessen an der Vorstellung einer rationalen, die Gesellschaft souverän beherrschenden Leitung des Staates durch eine effiziente und unbestechliche Beamtenschaft ist die Regierung dieses Kaisers eine nationale Katastrophe. Doch gerade durch die Pflege der Erinnerung an das preußische Königtum des aufgeklärten Absolutismus und durch das Hochstilisieren des Beamtenethos versuchen Historiker damals die Überlegenheit der preußisch-deutschen Verfassung gegenüber den „westeuropäischen" Modellen einsichtig zu machen.

Standesspezifische Widerstände sind sehr verbreitet; die Bewegung für die „Freiheit der Wissenschaft" (Kaufmann, Historikertage) ist nur die am besten artikulierte Spitze des Eisbergs[72]. Dazu zu rechnen ist die professorale Beteiligung an der Kampagne gegen die Zuchthausvorlage und am Engagement für die „voraussetzungslose" Wissenschaft (Mommsen)[73]. Wissenschaft soll nicht Gegenstand politischer Überlegungen sein, und sie soll nicht in den Dienst eines ideologischen Zieles gestellt werden, auch wenn die vom Kaiser intendierte antisozialistisch-vaterländische Stoßrichtung angesichts der verbreiteten „staatsloyalen Gesinnung" vielen sympathisch ist[74].

Die universitäre Wissenschaft dürfe ferner nicht vermengt werden mit Technik, angewandter Wissenschaft und direkter Berufsqualifikation. Dementsprechend findet

---

[69] Vgl. zu diesem Fragenkomplex *Rüdiger vom Bruch*, Wissenschaft, Politik und öffentliche Meinung (Husum 1980).
[70] *Max Lenz*, Ranke und Bismarck, in: ders., Kleine historische Schriften, Bd. 2 (München, Berlin 1920). Vgl. *Dietrich Schäfer*, Mein Leben (Berlin, Leipzig 1926) 114ff. und *Simon*, Staat, 183–188.
[71] *Elisabeth Fehrenbach*, Wandlungen des deutschen Kaisergedankens 1871–1918 (München, Wien 1969); im folgenden zitiert: *Fehrenbach*, Wandlungen. *Th. Kleinknecht*, Mittelalterauffassung in Forschung und politischer Kontroverse, in: Festschrift Gollwitzer (Münster 1982) 269–286.
[72] *Georg Kaufmann*, Die Lehrfreiheit an den deutschen Universitäten im 19. Jahrhundert (Leipzig 1898). *Peter Schumann*, Die deutschen Historikertage von 1893 bis 1937 (Diss. Marburg 1974).
[73] Vgl. *vom Bruch*, Wissenschaft und *Mast*, Freiheit. *Kurt Rossmann*, Wissenschaft, Ethik und Politik (Heidelberg 1949).
[74] *Charles E. McClelland*, Berlin Historians and German Politics, in: *Laqueur* und *Mosse* (Hrsg.), Historians in Politics (London 1974) 191–221. Das Zitat aus: *vom Bruch*, Wissenschaft, 101.

die Aufwertung des technischen Unterrichts bis zur Gleichstellung Technischer Hochschulen mit den klassischen Universitäten keine Gnade in diesen Kreisen[75]. Schließlich gilt als Kern von Bildung die Klassik, die Kultur der Antike. Trotz patriotischer Begeisterung für das Deutschtum glaubt man in den Universitäten nicht daran, daß an die Stelle der klassischen Antike das Germanische als fundamentales Bildungselement treten könne. Weil deutsche Wissenschaft der ausländischen überlegen sei, sie also von ihr nichts zu lernen habe, lehnen viele Berliner Ordinarien den vom Kaiser sehr geförderten Gedanken eines Professorenaustausches zwischen dem Reich und den U.S.A. ab. Zudem begegnen sie dem Versuch, durch Wissenschaftspolitik dieser Art die Universität in den Dienst der Außenpolitik zu stellen, mit Mißtrauen. Der erste Inhaber der Berliner Austauschprofessur („Roosevelt-Professur"), Burgess, eröffnet seine Vorlesung in Gegenwart des Kaisers[76].

Außerdem gilt es, die Wirkungen der kaiserlichen Versuche, direkt in den Gang der Wissenschaften einzugreifen, in Rechnung zu stellen. Seine Tendenz, unmittelbare Vorschriften über Themen zu machen, verärgert jeden Betroffenen. Und ihr Kreis ist weit: Von den Schiffbauern, denen er Vorträge hält, wie welche Bewaffnung wo zu installieren sei[77], über die Historiker an den Monumenta, denen er vorschreiben will, auch Sizilien zur Zeit Friedrichs zu berücksichtigen, was ihrer Konzeption des national-deutschen Kaisertums des Mittelalters diametral entgegengesetzt ist[78], bis zu den Chemikern, denen er aufträgt, ein Frühwarngerät gegen Grubenexplosionen zu entwickeln[79]. Dabei ist es weniger das kaiserliche Interesse als solches, das Unwillen erregt, als der unbescheidene Dilettantismus und die Ignoranz dieser Äußerungen in Verbindung mit der Erwartung unmittelbarer praktischer Verwertbarkeit in Industrie oder Politik.

Die Ablehnung kontrastiert mit der Kaiserpanegyrik, die in öffentlichen Ansprachen und in für das Volk bestimmten Schriften von Wissenschaftern gepflegt wird. Eines der besten Beispiele dafür ist der Schlußabschnitt von Hintzes Hohenzollernbuch[80]; hinzuweisen ist aber auch auf Lamprechts interessantes literarisch-psychologisches Kaiserporträt[81]. Gegen außen wird das Kaiserlob als Pflicht aufgefaßt, weil er die Einheit der Nation symbolisiert und in einer Zeit innerer Spannungen als unentbehrlicher Integrationsfaktor eingeschätzt wird. „An ihm haftet nun einmal die Weiterentwicklung und Erhaltung des Reiches", stellt Schiemann fest, und das Bedürfnis nach einer Leitfigur artikuliert Meinecke im Jubiläumsjahr 1913 so: „Dem Deutschen, so

---

[75] *Norbert Andernach*, Der Einfluß der Parteien auf das Hochschulwesen in Preußen 1848–1918 (Göttingen, Zürich 1972). *vom Bruch*, Wissenschaft, 111 mit weiterer Literatur.
[76] Im Anschluß an die Begrüßung durch den Rektor brach Wilhelm in ein dreifaches Hoch auf Roosevelt aus, vgl. Reden IV, 44 (27.10.1906).
[77] Beispiele in: *Balfour*, Kaiser Wilhelm, 151.
[78] *Schäfer*, Mein Leben, 147.
[79] Ansprache zur Einweihung der Kaiser-Wilhelm-Institute in Dahlem am 23.10.1912, in: Reden IV, 324f.
[80] *Otto Hintze*, Die Hohenzollern und ihr Werk. 500 Jahre vaterländischer Geschichte (Berlin 1915, [8]1916) 678. Vgl. dazu *Otto Büsch, Michael Erbe* (Hrsg.), O. Hintze und die moderne Geschichtswissenschaft (Berlin 1983).
[81] *Karl Lamprecht*, Der Kaiser. Versuch einer Charakteristik (Berlin 1913).

kühn er auch den Flug ins Land der Ideen wagt, geht doch immer erst dann das Herz ganz auf, wenn ihm eine lebendige Persönlichkeit als Träger der Idee entgegentritt. Wir sind nicht zufrieden mit dem Bewußtsein, daß unsere Nation eine große geistige Gesamtpersönlichkeit ist, sondern wir verlangen einen Führer für sie, für den wir durchs Feuer gehen können."[82] Mit dem Erziehungsauftrag des Universitätslehrers ist *öffentliche* Kritik am Monarchen nur bedingt vereinbar[83]. Darin sind sich die Professoren selbst und von sich aus weitgehend einig. Außerdem müssen wir in Rechnung stellen, daß Wilhelm als Person einige Wissenschafter tatsächlich zu interessieren vermag; sei es als Repräsentant des Zeitalters der Moderne, sei es, weil sie sich in einer kurzen Begegnung durch seine gewandte Konversation blenden lassen.

VI

Fragen wir zum Schluß nach dem Stellenwert von Wilhelms Einfluß. In der Praxis des normalen Geschäftsgangs war sein Einfluß gering. Nehmen wir als Beispiel die Berufungen von neuen Professoren an preußische Universitäten (über die er als König und oberster Dienstherr seiner Beamten gebietet, nicht als Kaiser). Hier muß er zu jeder Ordinarienanstellung sein Plazet erteilen, das der Minister mit einem ausführlich motivierten Bericht bei ihm einholt. Auffällig ist daran allerdings, daß die Motivationen nicht einfach aus den Fakultätsgutachten zusammengestellt, sondern gelegentlich politisch gewendet und auf die Interessen des Königs/Kaisers zugeschnitten werden. So lobt der Minister gegenüber dem Monarchen Dietrich Schäfer als patriotischen Flottenagitator, eine Eigenschaft, die in Fachkreisen gerade Bedenken erregt hat. Und in ähnlicher Weise empfiehlt ihm der Minister den katholischen Mediävisten Scheffer-Boichorst als „einen warmherzigen Patrioten von konservativer Richtung", Ausdrücke, die in einer Fakultät mündlich gelegentlich vorkommen, die aber nur ausnahmsweise in einer schriftlichen Äußerung von Fachleuten an das Ministerium zu finden sind[84]. Diese und andere Indizien deuten darauf hin, daß es für die Administration wichtig ist, Wilhelm von ihrer Wahl auch zu überzeugen. Sie kann nicht stillschweigend voraussetzen, daß er ihre Vorschläge automatisch unterschreibt. Einen spürbaren Einfluß auf den Gang der Dinge gewinnt der Kaiser respektive König in kritischen Situationen wie bei der Berufung Harnacks gegen die Widerstände der Kirche 1888 oder bei der Berufung Spahns nach Straßburg gegen die Opposition der Professoren 1901. In solchen Fällen entscheidet er jedoch in der Regel nicht gegen die Administration und das Ministerium, sondern stellt sich hinter ihre Politik[85].

---

[82] Schiemann, zit. nach *Meyer*, Schiemann, 40. Meinecke in der Freiburger Universitätsrede 1913, zit. nach *Fehrenbach*, Wandlungen, 91. Vgl. *Rudolf Vierhaus*, Kaiser und Reichstag, in: Festschrift Heimpel, Bd. 1 (Göttingen 1971) 277. Zu Treitschkes Verhältnis zum Kaiser vgl. *Dorpalen*, in: *Laqueur* und *Mosse*, 30.
[83] Für Hintze siehe *E. Köhler*, Bildungsbürgertum und nationale Politik. Eine Studie zum politischen Denken Otto Hintzes (Bad Homburg 1971) 62 ff., 91 f., 112, 128.
[84] *Simon*, Staat, 91–106. Zu Schäfer siehe *Konrad Canis*, in: *Günter Vogler* (Hrsg.), Berliner Historiker (Berlin 1985) 10 f. Zur Flottenpropaganda siehe *vom Bruch*, Wissenschaft, 66 ff.
[85] Zum Fall Harnack siehe oben. Zu Spahn: *Mast*, Freiheit, 195. In anderen Fällen läßt sich Wil-

Die Versuche des preußischen Königs, direkt in die universitäre Personalpolitik einzugreifen, scheitern oft am vereinigten Widerstand der Administration und der Fakultäten oder sie werden wenigstens in der Ausführung peinlich hinausgezögert[86]. In diesem Bereich würde ich somit seinen unmittelbaren Einfluß für relativ gering veranschlagen: Wilhelm ist keineswegs direkt verantwortlich für die personalpolitische Linie im preußischen Wissenschaftsleben. Ich kann mir aber vorstellen, daß das Ergebnis anders aussähe, wenn unter den Wissenschaftern die Loyalität zum monarchischen System geringer ausgebildet wäre, und wenn die von der Regierung verfolgte Politik von Wilhelms eigenen Ansichten stärker abwiche.

Anders liegt der Fall dort, wo er per Dekret und im Einvernehmen mit der Politik des Ministeriums seiner Überzeugung nachleben kann, deutsche Wissenschaft und Technik zur Weltgeltung zu führen. Seine verfassungsmäßigen Kompetenzen reichen in diesem Fall aus, die Technischen Hochschulen zu fördern, dies aber auch nur, weil andere Kräfte in derselben Richtung wirken.

Viel höher veranschlagen würde ich seinen informellen Einfluß. Seine privaten Ansichten und seine öffentlichen Äußerungen zu Gunsten einer unklassischen Bildungsauffassung, zu Gunsten einer Anpassung des Wissenschaftsbetriebs und des Ausbildungswesens an die Bedürfnisse der Wirtschaft und des Weltmachtanspruchs helfen, diese Gedanken außerhalb der Universitätskreise populär zu machen, und sie stärken jenen den Rücken, die im gleichen Sinne konsequent wirken möchten und dafür die Widerstände der Vertreter einer klassischen Bildungskonzeption überwinden müssen. Wilhelm macht ihre Ziele hoffähig.

Dasselbe gilt aber von seinem Wunsch, konservative, dynastische und antisozialistische Positionen zu verteidigen, ja neue zu etablieren. Majestätsbeleidigungsprozesse drohen denjenigen, die das borussische Geschichtsbild und die Rolle der Hohenzollern zur Diskussion stellen wollen. Wilhelms Großvater, Wilhelm I., soll als „Wilhelm der Große" in die Geschichte eingehen, als der eigentliche Gründer des neuen Reiches und als ein „Heiliger" der neuesten deutschen Geschichte. Die Ablehnung dieser Tendenzen in der Wissenschaft ist allgemein, sie reicht von Quidde bis Hintze und Koser, und entsprechend gering bleiben die Auswirkungen auf die Wissenschaftspolitik[87]. Anders verhält es sich nur mit dem Bestreben, die Anpassung des Hochschulwesens und der Forschungsanstalten an die Bedürfnisse einer industriellen Großmacht zu verbinden mit einer Verteidigung konservativer Werte. Diese Politik des Kaisers ist wirksam und im Rahmen des Möglichen erfolgreich. Sie wird aber auch mitgetragen von der Administration, einem Großteil der Universitätslehrer und einigen Industriellen. Letztere sehen darin (wie Wilhelm selbst) ein Mittel im Kampf gegen den Sozialismus, aber auch einen Weg, ihre Stellung in der Gesellschaft mit den Symbolen einer Hierarchie zu dokumentieren, die älter ist als der Industriekapitalismus.

Fortsetzung Fußnote von Seite 108

helm von seinem Wunsch nach Bekämpfung des Sozialismus leiten, z.B. wenn er sich gegen Schmoller als Archivchef ausspricht, und im Fall Arons.

[86] Vgl. dazu Schiemanns mühsamen Weg zum Ordinariat, oben und *Simon*, Staat, 116–119.
[87] Vgl. Kosers Gutachten in der Affäre Hopf, *Jürgen Mirow*, Das alte Preußen im deutschen Geschichtsbild seit der Reichsgründung (Berlin 1981) 103. – Zu „Wilhelm dem Großen" vgl. u.a. *Arntzen*, in: *August Matthes*, (Hrsg.), Reden Kaiser Wilhelms II. (München 1976) 212f.

Mit dieser Bedeutung des Kaisers und seiner Versuche, Wissenschaftspolitik zu treiben, steht der Befund nicht in Widerspruch, daß die Gedanken Wilhelms weder originell noch original sind. „Der Kaiser als Redner ist ein Leitartikler auf dem Thron."[88] Wilhelm bietet das seltsame Bild eines Monarchen, der wie ein Parteipolitiker oder wie ein Minister in einem parlamentarischen System spricht[89]. Die öffentliche Rede ist ein wichtiges Instrument seiner Wirksamkeit, und der Monarch setzt sich aus privater Überzeugung für ganz bestimmte Tendenzen ein. Indem er eine eigene Politik machen will, überschreitet er die Schranken, die im liberalen Modell der konstitutionellen Monarchie gesetzt sind. Sein Verhalten ist damit zugleich ein Indiz dafür, wie sehr sich Preußen und das Reich von diesem Modell unterscheiden.

---

[88] *Arntzen,* 222.
[89] „Die Domäne der öffentlichen Rede ist im 19. Jahrhundert das Parlament, allenfalls die Wahl- und Gewerkschaftsversammlung. Soweit ein Monarch überhaupt öffentlich sprach, handelte es sich um kurze und konventionelle Kundgaben wie Toasts oder Einweihungsworte, außerdem das Institut der Thronrede, die ... wie jene nicht das Subjekt des Redners erkennbar werden lassen sollte, sondern es ... zu Gunsten der Darstellung der Institutionen des Staates und der Krone verschwinden machte." *Arntzen,* 202.

Hartmut Pogge von Strandmann

Der Kaiser und die Industriellen.
Vom Primat der Rüstung

Die thematische Herausstellung der Industriellen in diesem Beitrag ist durch die Tatsache mit bedingt, daß es der Industrie in der wilhelminischen Epoche gelang, zum wirtschaftlichen Leitsektor aufzurücken. Zwar gehörte das Deutsche Reich schon bei seiner 1871 erfolgten Gründung zu den führenden Industrieländern, aber die Landwirtschaft trug zusammen mit Fischerei und Forstwirtschaft in den Jahren der bismarckischen Kanzlerschaft noch immer mehr zum Bruttosozialprodukt bei als der gesamte industrielle Bereich[1]. Bis etwa 1890 kann das Deutsche Reich noch als vorwiegend agrarisch bezeichnet werden. Jedoch verschafften die größeren Wachstumsraten der Industrie die Möglichkeit, die Landwirtschaft als größten Arbeitgeber zu überholen. Waren 1882 noch etwas über acht Millionen in der Landwirtschaft und 6,4 Millionen in Industrie und Handwerk tätig, so waren diese Zahlen 1907 auf 9,9 Millionen in der Landwirtschaft und rund 11,3 in der Industrie angestiegen[2]. In diesem Zusammenhang ist nicht nur der Aufstieg der Industrie bemerkenswert, sondern auch gerade das weitere Wachstum der Landwirtschaft. Zwar hatte die Beschäftigung in der Landwirtschaft in diesem Zeitraum absolut noch zugenommen, aber ihr relativer Anteil an der Gesamtbeschäftigung war von 46,7% auf 36,8% gesunken. Nach 1890 stieg Deutschland zum größten Industriestaat in Europa auf, aber im Unterschied zu Großbritannien behielt die Landwirtschaft ein viel stärkeres Gewicht. Die politischen Folgen dieser Entwicklung waren auch noch in den Jahren vor dem Ersten Weltkrieg deutlich spürbar, selbst wenn der Einfluß der Konservativen Partei als Vertreterin agrarischer Interessen rückläufig war. Die Tatsache, daß die Landwirtschaft ein politischer Faktor ersten Ranges blieb, war nicht weiter erstaunlich, wenn man bedenkt, daß selbst in England dem Landbesitz mit seiner viel schwächeren Landwirtschaft eine große politische Bedeutung zukam[3].

Die gegensätzliche wirtschaftliche Interessenlage von Landwirtschaft und Industrie in Deutschland ist zeitweise von einer politischen Kooperation zwischen dem schwerindustriellen Flügel und der Großlandwirtschaft aufgehoben worden. Es ist jedoch nicht haltbar, von einem dauerhaften Bündnis zwischen Schwerindustrie und Landwirtschaft zu sprechen. So beklagte Gustav Krupp von Bohlen und Halbach im

---

[1] Anstatt eines ausführlichen Literaturhinweises sei hier nur auf Institut für Wirtschaftsgeschichte der Akademie der Wissenschaften der DDR, Produktivkräfte in Deutschland 1870 bis 1917/18, Bd. 2 (Berlin 1985) 12–19 hingewiesen.
[2] Ebd., 278.
[3] Ebd., 168.

Herbst 1913 die mangelnde Zusammenarbeit zwischen Industrie und Landwirtschaft. Er schrieb seinem Schwager, daß „ein Hervorheben der der Industrie wie der Landwirtschaft bzw. konservativen Partei gemeinschaftlichen Interessen ... ja schon seit Jahren versucht worden" sei, jedoch ohne Erfolg[4]. Im verarbeitenden Sektor und bei den Mittel- und Kleinbetrieben der deutschen Industrie fanden schon in den neunziger Jahren Widerstände gegen den politischen Einfluß der Landwirtschaft und gegen ihre zeitweilige Zusammenarbeit mit Teilen der Schwerindustrie ihren organisatorischen Ausdruck.

Auch auf landwirtschaftlicher Seite wurde die zeitlich bedingte Kooperation mit schwerindustriellen Verbänden nur als ein Zweckbündnis angesehen. Teile der Landwirtschaft fühlten sich durch die fortschreitende Industrialisierung bedroht, die durch Abwanderung, Urbanisierung und wachsende politische Einflußnahme in Berlin gekennzeichnet war. Bis 1907 verließen etwa 8,9 Millionen oder 14,5% der Bevölkerung ihre engere Heimat einer Provinz oder eines Bundesstaates[5]. Die industriellen Zentren sowie der Raum von Berlin bildeten das hauptsächliche Ziel der Binnenwanderung, die dem Osten etwa ein Fünftel seiner Bevölkerung entzog. Für die Landwirtschaft nahmen die Schwierigkeiten durch das Ausmaß der Urbanisierung noch zu. So stieg die Zahl der Großstädte von 8 im Jahre 1871 auf 48 im Jahre 1910. Ein Fünftel der Bevölkerung lebte vor 1914 in Großstädten, während der Anteil der Mittelstädte (20000 bis 100000) an der Bevölkerung etwa 12% betrug. Gegenüber 1871 hatte die Verstädterung in diesen beiden Kategorien um über 20% innerhalb von 40 Jahren zugenommen[6]. Wie die Zahlen verdeutlichen, war das wilhelminische Deutschland also entscheidend von Industrialisierung, Urbanisierung und Bevölkerungswachstum geprägt.

In welchem Maß war der Übergang von einer überwiegenden Agrargesellschaft zu einer überwiegenden Industriegesellschaft in das Bewußtsein der Zeitgenossen gedrungen? An Hand von einer Reihe von Beobachtungen läßt sich dieser Vorgang in etwa nachvollziehen. Die politischen Auseinandersetzungen nach 1890 um die Handelsverträge sowie die Zolltarife fanden in der Presse und in der Broschürenliteratur wie die Debatte – Industriestaat versus Agrarstaat – größte Beachtung[7]. Hinzu kam, daß laufend über Erfindungen und technische Neuerungen berichtet wurde. Das Entstehen neuer Produktionszweige wie z.B. in der chemischen und elektronischen Industrie wurde ebenso registriert wie die Arbeitsplatzveränderungen in den herkömmlichen Industrien. Auch der Wandel der Infrastruktur in den Großstädten demonstrierte den Einwohnern, wie stark das Alltagsleben vom Industrialisierungsprozeß beeinflußt wurde.

[4] HA Krupp, FAH 23/495, KvB an Tilo von Wilmowski, 28. 12. 1913.
[5] Produktivkräfte in Deutschland, 397f.
[6] Ebd., 274.
[7] Vgl. *Kenneth David Barkin,* The Controversy over German Industrialization 1890–1902 (Chicago 1970). *Hans Dieter Hellige* (Hrsg.), Walther Rathenau. Maximilian Harden. Briefwechsel 1897–1920 (München, Heidelberg 1983) 130–145. Vgl. *Dieter Lindenlaub,* Richtungskämpfe im Verein für Sozialpolitik. Wissenschaft und Sozialpolitik im Kaiserreich vornehmlich vom Beginn des ‚Neuen Kurses' bis zum Ausbruch des Ersten Weltkrieges (1890–1914), in: VJHfWSG, Beiheft 52/3 (Wiesbaden 1967).

Die politische Polarisierung zwischen Arbeiterbewegung einerseits und dem wilhelminischen Staat als Repräsentant der bürgerlichen Gesellschaft andererseits wurde durch die gesellschaftspolitischen Spannungen unterstrichen, die durchaus als Folgeerscheinungen des Industrialisierungsprozesses verstanden wurden. Hinzu kamen die Auswirkungen der wirtschaftlichen Zyklen, die nach 1890 zunächst die Industrie eher in Mitleidenschaft zogen als die Landwirtschaft. So war die Industrie unvergleichlich mehr von Arbeitslosigkeit, Kurzarbeit, Lohnkürzungen und Streiks betroffen als andere Bereiche der Wirtschaft.

Auch in der Literatur wurden die durch die Industrialisierung ausgelösten Probleme erörtert. Hier sei nur an die bekannten Werke „Die Weber" von Gerhart Hauptmann und „Frau Jenny Treibel" von Theodor Fontane erinnert. Innerhalb der SPD entwickelte sich in diesem Zusammenhang eine bemerkenswerte Kontroverse über den Naturalismus. Es handelte sich dabei sozusagen um einen Dopplereffekt. Die aus der Industrialisierung hervorgegangene SPD setzte sich mit einer Literaturrichtung auseinander, welche die sozialen Folgen der Industrialisierung thematisierte. Zunächst wurde der Naturalismus jedoch von der Partei abgelehnt, weil seine Autoren nach Meinung Eduard Bernsteins und Karl Liebknechts die Arbeiterschaft zu negativ schilderten. Durch Franz Mehring kam jedoch ein anderer Gesichtspunkt zur Geltung. Er sah im Naturalismus den „Widerschein", den die „immer mächtiger auflodernde Arbeiterbewegung in die Kunst wirft"[8]. Für Mehring war der Naturalismus ein Mittel des Klassenkampfes, eine Interpretation, die nicht unwidersprochen blieb. Der Herausgeber der Zeitschrift *Neue Welt* begrüßte den Naturalismus, weil er seiner Ansicht nach „zur Veredelung des arbeitenden Menschen" führe. Die *Neue Welt* setzte sich jedoch mit dieser Interpretation in der Partei nicht durch. Der Zeitschrift wurde vorgehalten, daß es sich bei den Elendsschilderungen nur um eine bürgerliche Reaktion auf die Auswirkungen der Industrialisierung handele. Zwar wurde anerkannt, daß die naturalistischen Autoren die sozialen Folgen der Industrialisierung kritisch beleuchteten, aber sie wiesen keinen Ausweg. Nach sozialdemokratischer Ansicht war aber die Verheißung einer besseren Zukunft Voraussetzung für einen erfolgreichen „Emanzipationskampf" der Arbeiterklasse. Während des Gothaer Parteitages im Oktober 1896 beschäftigten sich die Delegierten der Partei zwei Tage ausführlich mit dem Phänomen des Naturalismus. Die Folge war, daß sich eine positivere Beurteilung der naturalistischen Literatur durchzusetzen schien. Jedoch währte diese Einstellung nicht lange, und eine ablehnende Kritik nahm wieder überhand. Außerhalb der SPD trug aber die naturalistische Literatur zu einer Sensibilisierung gegenüber sozialen Problemen bei, die als Folge der Industrialisierung angesehen wurden. Folglich sollte die Wirkung des Naturalismus nicht unterschätzt werden, der sich ja auch wiederholt gegen harte und unmenschliche Unternehmer stellte.

---

[8] Siehe dazu *Georg Füllberth,* Proletarische Partei und bürgerliche Literatur. Auseinandersetzungen in der Sozialdemokratie der II. Internationale über Möglichkeiten und Grenzen einer sozialistischen Literaturpolitik (Berlin 1972) 68–74, 84–105. *Norbert Rothe,* Naturalismus-Debatte 1891–1896. Dokumente zur Literaturtheorie und Literaturkritik der revolutionären deutschen Sozialdemokratie (Berlin 1986) XVIII–XXVIII.

Vor dem Hintergrund sozialer Spannungen und Klassengegensätze sowie den anderen bereits erwähnten Phänomenen kann der Bewußtseinsgrad des Industrialisierungsprozesses in der wilhelminischen Gesellschaft relativ hoch angesetzt werden. Als Träger der Veränderungen galten vor allem die Industriellen, sei es als Eigentümer oder als angestellte Manager. Zwar wuchs die wirtschaftliche Macht des Industriebürgertums sowie der Wohlstand der Industriellen, aber das Sozialprestige der Fabrikanten nahm im Verhältnis zu dem der Bankiers, der Reeder und Großkaufleute nur langsam zu. Dieser Zustand änderte sich erst mit dem wachsenden Reichtum einzelner Industrieller und dem Heranwachsen von Unternehmensgrößen, die entweder einen beklemmenden Eindruck hinterließen oder Bewunderung hervorriefen. So sind es vor allem die Großindustriellen gewesen, die als Bannerträger industriellen Wachstums in den letzten Jahren vor dem Ersten Weltkrieg an Ansehen gewannen, obwohl ihr Anteil an der industriellen Gesamtproduktion relativ klein war. Je stärker die Macht des Reiches von der Macht der Industrie abhing, desto mehr nahm auch die gesellschaftliche und damit auch politische Bedeutung der Industriellen zu.

Ebenso wie die Zeitgenossen stand auch Kaiser Wilhelm II. unter dem Einfluß eines sich stark verändernden Deutschlands. Insofern war es auch nicht weiter erstaunlich, daß der Kaiser, wie viele seiner Zeitgenossen, ein technisches wie auch wirtschaftliches Interesse an der Entwicklung der Industrie zeigte, das weit über das seines Großvaters und Vaters hinausging. In der Ausübung seiner Funktion als Staatsoberhaupt wollte sich auch der öffentlichkeitsbewußte Monarch den Industriellen gar nicht entziehen. Im Gegensatz zu vielen Mitgliedern der Berliner Bürokratie suchte der Monarch geradezu den Kontakt mit Großindustriellen, die er in seine weitere Umgebung miteinbezog. Durch die unregelmäßigen Treffen mit Wilhelm II. ist zwar die gesellschaftliche Stellung einiger Industrieller gehoben worden, aber die Schicht der Industriellen als solche ist weder vom Kaiser noch von anderen deutschen Fürstenhäusern bewußt gefördert worden.

Soweit bekannt ist, hat Wilhelm II. den Industrialisierungsprozeß nicht abgelehnt. Dabei galt sein Interesse vorrangig den industriellen Leistungen, während sich der Umgang mit den Industriellen als Folgeerscheinung ergab. Zur industriellen Umgebung gehörten u.a. die Krupps, die Rathenaus, die Stumms, die Haniels, die Simons sowie Henckel-Donnersmarck und die schlesischen Industriemagnaten Pleß und Hatzfeld. Sie nahmen eine Sonderstellung ein und hatten Zugang zum Kaiser, aber das Heer der Industriellen hatte keine institutionell gesicherte Verbindung mit dem Monarchen, etwa durch den Industrie- und Handelstag oder durch die verschiedenen industriellen Verbände. Dafür fehlte es den Industriellen noch weitgehend an gruppenspezifischem sozialen Prestige, ein Mangel, der von vielen Industriellen durchaus empfunden wurde. Zwar gab es die Verleihung der Titel „Kommerzienrat" und „Geheimer Kommerzienrat" und Nobilitierungen, aber die Zahl der Auserwählten blieb

---

[9] In den zehn Jahren von 1890 bis 1900 waren es 296 Ernennungen oder 41,5%, verglichen mit 713 für den gesamten Zeitraum von 1819 bis 1900. *Werner Eugen Mosse,* Jews in the German Economy. The German-Jewish Economic Elite 1820–1935 (Oxford 1987) 83–87. *Hansjoachim Henning,* Soziale Verflechtungen der Unternehmer in Westfalen, in: Zeitschrift für Unternehmensgeschichte 23 (1978) 1–30.

relativ klein⁹. Hinzu kamen die unter Wilhelm II. zunehmenden Ordensverleihungen, die über Industrielle, Vorstandsmitglieder, pflichtbewußte Meister und kaisertreue Arbeiter zu bestimmten Anlässen geradezu ausgeschüttet wurden, aber die Wirkung auf das erwünschte Sozialprestige blieb gering, da es sich meistens nur um die unteren Stufen der Orden handelte. Einigen Industriellen wurde die Berufung ins preußische Herrenhaus zuteil, was zur Aufwertung beitrug, aber keineswegs im Verhältnis zu dem wachsenden politischen Machtanspruch der Industriellen stand.

Symptomatisch für eine bewußte Anstrengung zur Steigerung des eigenen Prestige war ein Prachtband, der Mitte der neunziger Jahre erschien und in dem die Lebensläufe von über 100 Industriellen mit Bild veröffentlicht wurden. In der Einleitung wird zunächst nur von Kaufmännern, nicht aber von Industriellen gesprochen, welche die neueste deutsche Geschichte ebenso stark beeinflußt hätten wie „Kriegshelden und Politiker ... Künstler und Dichter". Erst einige Absätze später führte der Herausgeber die Beziehung „Industrielle" ein und bedauerte, daß gerade sie in der Publizistik vernachlässigt würden. Wie stark jedoch das Militär noch das größere Ansehen genoß, geht aus den Schlußzeilen hervor, in denen die Leistungen des Industriellen mit denjenigen eines Feldherren verglichen werden. Der Industrielle „steht an Energie und Scharfblick, an Initiative und kühner Entschlossenheit keinem Strategen des Feldes nach". Wie so mancher andere Monarch „gebietet [aber auch] der König des Handels über Hunderte und Tausende"¹⁰. Der Versuch, es den Monarchen an Machtfülle gleichzutun, kam mehrere Jahre später auch in einer Karikatur im *Simplicissimus* zum Ausdruck. Unter dem Titel – Parade auf dem Tempelhofer Feld – ruft der Bauindustrielle und Spekulant, auf seine Reihen von Mietskasernen weisend: „Na Majestät, da staunste. Det is meine Garde. Kommt ooch allens in Reih und Glied. Ooch keine Lücke mang!"¹¹

Selbst wenn kein institutionalisierter Kontakt zwischen Kaiser und Industrie bestand, so war es für die Industrie von besonderer Bedeutung, daß der Monarch zu bestimmten Anlässen erschien, wie z.B. bei Stapelläufen, Einweihungen von Kanälen und Brücken, Inbetriebnahmen von Bahnhöfen, Industrieausstellungen und schließlich auch zu einigen Jubiläumsfeiern. Das Auftreten des Kaisers bei solchen Anlässen war publikumswirksam, die Presse berichtete ausführlich darüber, und es entstand der Eindruck eines auf public relations bedachten Monarchen, der sich viel mehr zeigte und gesehen wurde als die anderen gekrönten Häupter Europas.

Wie stark sich das Repräsentationsbedürfnis des Kaisers mit dem Wunsch nach öffentlichem Prestige der Industrie deckte, zeigte das Beispiel der Industrie- und Gewerbe-Ausstellung für Rheinland und Westfalen in Düsseldorf im Jahr 1902. Drei Jahre vorher noch drängte Wilhelm II. Friedrich Alfred Krupp, die Beteiligung der Schwerindustrie bei der Pariser Weltausstellung 1900 sicherzustellen. Einige Jahre vorher hatte er schon einmal erfolgreich Druck auf Krupp ausgeübt, entgegen dessen ursprünglicher Absicht doch noch auf der Chicagoer Weltausstellung von 1893 ver-

---

[10] *Albert Dresdner,* Industrielle Vertreter der Industrie und des Handels in Wort und Bild (Berlin 1895) 7.
[11] *Richard Christ* (Hrsg.), Simplicissimus, 1896–1914 (Berlin ²1978) 328.

treten zu sein[12]. Dieses Mal ließ er sich jedoch nicht umstimmen. Zwar sagte er dem Kaiser zu, sich bei seinen Kollegen im Westen für die Pariser Ausstellung zu verwenden, dämpfte jedoch die kaiserlichen Erwartungen mit dem Bemerken, daß er die anderen Industriellen nur im geringen Maße beeinflussen könne[13]. Er wies den Kaiser darauf hin, daß der Eisen- und Großstahlindustrie in Paris zu wenig Ausstellungsraum zur Verfügung gestellt worden sei und daß deshalb die Industrie nicht nach Paris gehen wolle. Um den Monarchen nicht zu sehr zu enttäuschen, ließ er ihn wissen, daß er Geheimrat Jencke und die Berliner *Neuesten Nachrichten* angewiesen habe, für die Ausstellung in Paris zu werben. Krupp war sich der Aussichtslosigkeit seines Unterfangens von vornherein bewußt, zumal bereits die Vorbereitungen für die sogenannte „kleine Weltausstellung" in Düsseldorf angelaufen waren, die 1902 stattfinden sollte. Um den Kaiser nicht zu verstimmen, wagte er es nicht, ihm eine direkte Absage zu erteilen.

Aus einem aus rheinischen Künstlerkreisen stammenden Wunsch nach einer Kunstausstellung in Düsseldorf ist ein größeres Ausstellungsvorhaben entstanden, an dem die westliche Schwerindustrie maßgeblich beteiligt werden sollte. Der Plan einer Industrieausstellung wurde zunächst von dem Regierungspräsidenten von Rheinbaben und Heinrich Lueg dem Vorsitzenden der Kruppverwaltung, Jencke, vorgetragen[14]. Jencke äußerte sich skeptisch, wollte aber einer Entscheidung vonseiten Krupps nicht vorgreifen. Rheinbaben und Lueg gelang es dann, den zögernden Krupp umzustimmen. Im Juli 1899 bat Lueg dann Krupp darum, bei dem für August geplanten Treffen „den Kaiser zu bitten, das Protektorat über die Ausstellung zu übernehmen"[15]. Bemerkenswerter Weise lehnte es Krupp jedoch ab, den Kaiser bei dieser Gelegenheit zu fragen[16]. Anstattdessen empfahl er, zu einem späteren Zeitpunkt den offiziellen Instanzenweg über den preußischen Minister für Handel und Gewerbe zu gehen. Es gab wohl hauptsächlich zwei Gründe für Krupps Absage. Einmal hatte er sich wegen der Pariser Weltausstellung dem Kaiser gegenüber festgelegt und zum andern drohte der Panzerplattenskandal, so daß es Krupp nicht geraten schien, die Initiative zu ergreifen. So erfolgte die Immediateingabe erst Anfang September 1901[17]. Vorher hatte jedoch Krupp den Kaiser bereits in einer Unterredung über die Gründe und den Zweck der Ausstellung informiert[18]. Der Kaiser lehnte jedoch ab, und die Frage der Schirmherrschaft wurde schließlich so geregelt, daß der Kronprinz das Protektorat übernahm, nachdem auch der Erzbischof von Köln für kurze Zeit im Gespräch war. Was den Kaiser bewogen haben mag, die Rolle des Protektors nicht anzunehmen, ist zur Zeit noch unklar, aber ein Zusammenhang mit dem Panzerplattenskandal ist nicht von der

---

[12] HA Krupp, FAH III C 226, Krupps Hinweis vom Februar 1892. Siehe auch *Dieter Gessner*, Industrialisierung, Staatliche Gewerbepolitik und die Anfänge und Entwicklung des industriellen Ausstellungswesens in Deutschland, in: Kunstpolitik und Kunstförderung im Kaiserreich. Kunst im Wandel der Sozial- und Wirtschaftsgeschichte (Berlin 1981) 142.
[13] HA Krupp, FAH III C 227, F. A. Krupp an Wilhelm II., 16. 9. 1899.
[14] HA Krupp, FAH III B 257.
[15] Ebd., Lueg an Krupp, 12. 7. 1899.
[16] Ebd., Krupp an Lueg, 14. 7. 1899.
[17] Ebd., Jencke an Krupp, 28. 8. 1901.
[18] Ebd., Notiz Krupps für den Kaiser, 12. 5. 1900.

Hand zu weisen. Das hinderte ihn jedoch nicht daran, am Entstehen der Ausstellung großes Interesse zu nehmen und seine Meinung über die Architektur der Ausstellungsgebäude den Ausstellern bekanntzugeben. Ein für den Juni 1902 geplanter Besuch der Düsseldorfer Ausstellung, verbunden mit einer Selbsteinladung bei Krupps in Essen, mußte im letzten Augenblick wegen des Todes des Königs von Sachsen abgesagt werden. Der Kaiser holte den Besuch erst am 15. August 1902 nach, lehnte jedoch einen anschließenden Aufenthalt in der Essener Villa aus Zeitgründen ab. Ob er Krupp zu diesem Zeitpunkt mied, da er bereits aus den italienischen Zeitungsartikeln über die Angriffe auf das Kruppsche Leben auf Capri wußte, muß vorerst noch ungeklärt bleiben. Jedenfalls hatte er das Kruppsche Ausstellungsgebäude eingehend besichtigt, ist aber an den Hallen des Konkurrenten Ehrhardt vorbeigegangen. Abschließend zeigte er sich von der Ausstellung beeindruckt und meinte sogar, daß „sie dazu beitrage, der deutschen Industrie einen immer größeren Weltabsatz zu sichern"[19]. Über die Besuche des Kaisers und des Kronprinzen in Düsseldorf wurde in der Presse ausführlich berichtet, und sie dürften auch den Millionen von Besuchern nicht entgangen sein[20]. Den Industriellen bestätigte der Kaiserbesuch wieder einmal, daß die Verbindungen der Industrie zum Kaiserhaus gut waren und daß beide Seiten in der Stärke der Industrie die Grundlage für die Machtentfaltung des Reiches sahen.

Während seines fünften Besuchs bei Krupps in Essen im August 1906 begrüßte die bürgerliche Presse den Kaiser als Altvertrauten. Es wurde betont, daß sich das Verhältnis zwischen Kaiser und Industrie immer enger gestalte. „Kaiser Wilhelm ist nicht fremd in dem Land von Kohle und Eisen", schrieb die *Rheinisch-Westfälische Zeitung*. „Wilhelm II. hat sich immer bemüht, auch die Industrie und ihre Bedürfnisse verstehen zu lernen, und manches Wort und manche Tat sind in guter Erinnerung in unserem Bezirk. Auch die Freundschaft, die ihn mit einem Führer unserer Industrie verband, den Verkehr, den er mit manchem Kaufmann pflegt, das Vertrauen, das er vielen hervorragenden Männern von Handel und Gewerbe durch ihre Berufung ins Herrenhaus bewies, hat gezeigt, wie er neben der Landwirtschaft und der Kriegsmacht auch der Industrie und Technik ihre Bedeutung nicht vorenthält."[21] Es komme auch weiterhin darauf an, das Band zwischen Kaiser und Industriegebiet fest und innig zu knüpfen.

Das Auftreten des Kaisers bei Anlässen wie der Industrieausstellung in Düsseldorf verhalf ihm beim Bürgertum wie auch in Teilen der Arbeiterschaft zu Popularität – trotz seiner Reden oder vielleicht auch gerade deswegen. Während des Ersten Weltkrieges wird allerdings allgemein angenommen, daß die Popularität des Kaisers zum Teil auch wegen der stark eingeschränkten öffentlichen Auftritte gesunken sei, so daß in Berlin ein Witz aufkommen konnte, der auch gleichzeitig auf die wachsende Bedeutung der Industriellen verwies: Am Ende des gewonnenen Krieges würde das Zeichen

---

[19] *Alexander Fils,* Die Kleine Weltausstellung in Düsseldorf 1902 in alten Ansichten (Zeltbommel 1982).
[20] Ebd. die Ausstellung registrierte 5 Millionen Besucher, und selbst am letzten Tag waren es noch immer fast 96 000.
[21] Rheinisch-Westfälische Zeitung, 8. 8. 1906.

WR am Himmel Berlins aufleuchten. Für die einen würde das noch Wilhelmus Rex, für die anderen bereits Walther Rathenau bedeuten[22].

Jedoch stellte der von der Industrialisierung abhängige Aufstieg des Bürgertums bzw. des Großbürgertums keineswegs einen politischen Triumphzug dar. Dafür blieb einmal die wirtschaftliche und politische Stellung der Landwirtschaft zu stark, und zum andern war das industrielle Lager in sich gespalten. Die von zeitgenössischen Linksliberalen eingeführte Unterscheidung zwischen Schwerindustrie und Exportindustrie stellt eine unzureichende Erklärung der industriellen Lagerbildung dar. Entscheidender waren die Gegensätze zwischen der Großindustrie einerseits und der Mittel- und Kleinindustrie andererseits. Hinzu kamen die Rivalitäten, die sich aus gegenläufigen Konzentrationsbewegungen zwischen der Schwerindustrie und der verarbeitenden Industrie entwickelten. Auf politischer Seite ist es deshalb auch nicht zu einer, das gesamte Industriebürgertum tragenden Einzelpartei gekommen. Die Notwendigkeit dafür bestand auch nicht, da die Zustimmung zur bestehenden staatlichen Ordnung und der von ihr übernommenen Sicherung gegenüber der Sozialdemokratie groß genug war[23]. Das Bürgertum drängte auch nicht auf entscheidende politische Reformen, die dem Industrialisierungsprozeß voll entsprochen hätten. Vielmehr beherrschten die Interessengegensätze auf den verschiedensten Ebenen das politische Leben in einer Weise, so daß für reformerische Tätigkeiten weder Raum noch Notwendigkeit vorlagen. Walther Rathenau hat nach dem Krieg die Indolenz und Unterwürfigkeit des Industriebürgertums gegenüber dem Kaiser scharf verurteilt, obwohl Eigenkritik wohl angemessener gewesen wäre. Rathenau erzählt in seiner Schrift *Der Kaiser* von einer Eisenbahnfahrt mit rheinischen Großindustriellen kurz nach der Daily Telegraph Affäre. „Man sprach vom Kaiser", schrieb Rathenau, „wie es damals üblich wurde: maßlos, verbittert". Als Rathenau vorschlug, daß die Partei der Mitreisenden, die Nationalliberalen, die Rechte des Monarchen beschränken sollte, stieß er zunächst auf Zustimmung. Als er dann anregte, Reformvorschläge in Form einer Petition an Kaiser und Reichstag zu senden, meinte er jedoch, daß die Unterschriften fehlen würden. „Keiner würde unterschreiben. Die Aussicht auf das Herrenhaus und den Adel wären zu Ende. Die Karriere des Sohnes erledigt, der Verkehr mit Hof und Würdenträgern abgeschnitten."[24] Die Ausrichtung des Großbürgertums auf Kaiser und Hof war auch ohne die Existenz moderner Medien groß genug, um eine fundamentale Kritik zu verhindern. Man hat Rathenau später auch von ehemaliger nationalliberaler Seite wegen der Schrift angegriffen. Er habe sich bei den guten Kontakten zum Kaiser nicht anders als andere Industrielle verhalten. Nachweislich hatte er sich

---

[22] *Hartmut Pogge von Strandmann* (Hrsg.), Walther Rathenau. Industrialist, Banker, Intellectual, and politician. Notes and Diaries 1907–1922 (Oxford 1985) 237; im folgenden zitiert: *Pogge von Strandmann,* Walther Rathenau.
[23] Siehe zu dieser These *Hartmut Pogge von Strandmann,* Widersprüche im Modernisierungsprozeß Deutschlands. Der Kampf der verarbeitenden Industrie gegen die Schwerindustrie, in: Industrielle Gesellschaft und Politisches System. Beiträge zur Politischen Sozialgeschichte. Festschrift für Fritz Fischer zum 70. Geburtstag (Bonn 1978).
[24] *Arnold Harttung u.a.* (Hrsg.), Walther Rathenau. Schriften (Berlin 1965) 247.

auch um Orden und Titel bemüht und genoß den Zugang zu dem Kaiser[25]. Gustav Stresemann hat in seinem Nachruf auf Rathenau deshalb gemeint: „Er hätte das Buch *Der Kaiser* niemals schreiben dürfen. Was er darin der alten Bourgeoisie vorwirft, die Freude am Kaiserglanz, ein Aufgehen in Äußerlichkeiten, das war für ihn ebenso zutreffend wie für diejenigen, die er damit charakterisierte."[26] Auch bei seinem Vortrag vor dem Kaiser im Postmuseum in Berlin am 10. Februar 1900 ließ Rathenau wenig von kritischer Distanz zum Kaiser durchblicken. Im Gegenteil, er redete ihm sogar entgegen seiner eigenen Überzeugung nach dem Mund, als er die Organisation des preußischen Staates der Industrie zur Nachahmung empfahl[27]. Wohl wissend, welchen gelegentlich entscheidenden Einfluß der Kaiser bei den Heeres- und Marinebestellungen bei Krupp ausübte, war es für Rathenau auch wichtig, den Kaiser mit der neu entwickelten drahtlosen Funktelegraphie für das von der AEG weiter entwickelte System einzunehmen. Deshalb wäre es nicht geschäftsfördernd gewesen, den Kaiser seine Oberflächlichkeit, die Rathenau durchaus kannte, irgendwie fühlen zu lassen. Später, nach der Zabern-Affäre, hat Rathenau einer simplifizierten Darstellung des Kaisers über die Lage im Elsaß widersprochen, aber der Kaiser hat diesen Einwand, wie es seine Art war, übergangen[28]. Nach einem früheren Gespräch im Februar 1912, während des Türkisch-Italienischen Krieges, hat er allerdings auch die kaiserliche Gedankenführung als „durchweg klare, pointierte Darstellung" beschrieben[29].

Politisch gesehen galt der Kaiser als Kartellanhänger und war deshalb über die Haltung der Konservativen bei der Ablehnung der Bülowschen Finanzreform verstimmt. Als dann unter starker Anteilnahme der Nationalliberalen der Hansabund gegründet wurde, um den Einfluß der Agrarier und der konservativen Partei zurückzudrängen, soll er das Entstehen des Hansabundes befürwortet haben, wie Ludwig Delbrück Krupp mitteilte[30]. Die von der Mittel- und Kleinindustrie, dem Handel und den Banken ausgehende Sammelbewegung schaffte es bei den Reichstagswahlen von 1912, mit der Parole – Bürger heraus – dann doch nicht, den Verlust von liberalen Reichstagssitzen zu verhindern.

Die Großindustriellen standen hauptsächlich den Nationalliberalen nahe, wenn auch einige zu den Freikonservativen, zu den Linksliberalen und zum Zentrum gehörten. Der Kaiser trat dafür ein, daß mehr Industrielle Parlamentsmitglieder sein sollten. Allerdings hat Stresemann in seinem Nachruf auf Rathenau erwähnt, daß der Kaiser unglücklich über Rathenaus Pläne einer Reichstagskandidatur gewesen sei. Als der Kaiser auf der Kieler Woche von Rathenaus Absicht gehört hatte, soll er seine Hand bei der Begrüßung mit den Worten zurückgezogen haben: „Dann wollen Sie also

---

[25] *Pogge von Strandmann*, Walther Rathenau, 48, 76f., 93f.
[26] *Gustav Stresemann*, Politische Umschau, in: Deutsche Stimmen, 2. 7. 1922; im folgenden zitiert: *Stresemann*, Politische Umschau.
[27] *Hans Dieter Hellige*, Wilhelm II. und Walther Rathenau. Ein Gespräch aus dem Jahre 1900, in: GWU 196 (1968) 538–544.
[28] *Pogge von Strandmann*, Walther Rathenau, 182f. (12. 3. 1914).
[29] Ebd., 148 (13. 2. 1912).
[30] *Siegfried Mielke*, Der Hansa-Bund für Gewerbe, Handel und Industrie 1909–1914 (Göttingen 1976) 206.

mein Freund nicht bleiben."[31] Gelegentlich hat sich Wilhelm II. gegen das „Mitregieren" des Reichstags ausgesprochen, aber im Fall Rathenaus ist seine Abneigung gegen den Reichstag nicht zum Ausdruck gekommen. Im Gegenteil, der Kaiser hat Ballin geschrieben, daß er „über meine [Rathenaus] Kandidatur hoch erfreut sei [und] sie als großes Opfer etc. betrachte"[32]. Stresemanns Geschichte ist also unhaltbar, aber auch in anderen Fällen wird der Kaiser nichts gegen die Reichstagskandidaturen von Großindustriellen einzuwenden gehabt haben. Als Beispiel mag hier der Hinweis auf Friedrich Alfred Krupp genügen, dessen Kandidatur und Mitgliedschaft beim Reichstag auch vom Kaiser befürwortet wurde.

Von seiten des Kaisers bestanden relativ gute Beziehungen zu einer Reihe von Großindustriellen sowohl im schwerindustriellen Sektor wie auch im verarbeitenden Bereich. Sie ergaben sich aus funktionsmäßigen und gesellschaftlichen Kontakten. Für die Industriellen bedeuteten die Beziehungen zu Hof und Kaiser Begünstigungen, bessere Kontakte zur Ministerialbürokratie und ausländischen Botschaften sowie erleichterte Zugänge zu den staatlichen Stellen in den Bundesstaaten. In den neunziger Jahren standen vor allem Carl Ferdinand von Stumm, Friedrich Alfred Krupp, der Krupp-Direktor Hans Jencke und der Kaliindustrielle Graf Douglas in näherer Beziehung zum Kaiser. Rudolf Martin nennt etwa 25 Geschäftsleute, die er irrtümlicherweise zu Beratern Wilhelms II. aufwertet. Das hätte jedoch bedeutet, daß sich ein regelmäßiger Umgang entwickelt hätte. Doch davon kann gar keine Rede sein. Wie für die spätere Zeit die Rathenauschen Tagebücher zeigen, ergaben sich die Kontakte mit dem Kaiser aus dem gesellschaftlichen Verkehr in Berlin und bei offiziellen Anlässen wie Stapelläufen und Probefahrten, während der Kieler Woche und der Hamburger Regatta und speziellen Vorträgen. Auf intensiverer Ebene gestalteten sich die kaiserlichen Beziehungen zu den Unternehmen von Krupp und Stumm. Das Verhältnis zur Firma Krupp bildete dabei das Herzstück der Verbindungen zur Industrie. Sein Interesse an der Rüstungsindustrie war stärker als sein Interesse an den anderen Industrien, so daß sogar von einem Primat der Rüstungsindustrie gesprochen werden könnte. In seiner Funktion als Oberster Kriegsherr machte er die Rüstungsindustrie zu seinem besonderen Anliegen. Dabei spielten die persönlichen Beziehungen zu Friedrich Alfred Krupp, Margarethe Krupp und Gustav Krupp von Bohlen und Halbach eine weniger wichtige Rolle, obwohl das persönliche Verhältnis von Friedrich Alfred Krupp zum Kaiser von Historikern immer wieder als ein enges und geradezu freundschaftliches dargestellt worden ist.

Inwieweit der Kaiser selber bei dem Kruppschen Unternehmen beteiligt war, läßt sich heute noch immer nicht mit Sicherheit feststellen. Vor der 1903 erfolgten Umwandlung von Krupp in eine Aktiengesellschaft bestand keine Möglichkeit einer direkten Aktienbeteiligung. Nach der Umwandlung lag aber das Aktienkapital von 160 Millionen Mark bei der Tochter Bertha, die Alleinerbin war. Mit Ausnahme einiger Aktien, die Mitgliedern des Aufsichtsrats zugestanden worden waren, befand sich der Aktienbesitz in der Familie. Bei den Kapitalerhöhungen von 1906 und 1914 ist es

---

[31] *Stresemann*, Politische Umschau.
[32] *Pogge von Strandmann*, Walter Rathenau, 130.

auch nicht zu einer größeren Aktienstreuung gekommen[33]. Fest steht nur, daß der Kaiser 1908, bei der Begebung einer Anleihe, 50 000 Mark Kruppscher Teilschuldverschreibungen erworben hat, die im April 1914 von der Preußischen Seehandlung wieder veräußert wurden[34]. Auch bei früheren Anlässen hatte die Preußische Seehandlung bereits Kruppsche Anleihen gekauft, und 1908 wurde die zunächst geäußerte Absicht der Seehandlung, das gleiche zu wiederholen, bei Krupp begrüßt[35]. Da aber eine finanzielle Beteiligung des preußischen Staates bei Krupp aus prinzipiellen Gründen nicht möglich war, wie der Finanzminister von Rheinbaben Krupp gegenüber erklärte, konnte die Seehandlung, wenn überhaupt, nur auf Rechnung Dritter als Käufer auftreten[36]. Somit sind die Anleiheteile in Höhe von 50 000 Mark möglicherweise auch von der Seehandlung für die kaiserliche Schatulle erworben worden. Auch bei früheren Anleihen gab es eine kaiserliche Beteiligung, jedoch ist mit Ausnahme von 1908 bisher nichts über die Höhe der Anleihekäufe bekannt geworden. In der Öffentlichkeit ist jedoch immer wieder eine viel stärkere kaiserliche Beteiligung vermutet worden. So hieß es auch unter den Essener Arbeitern deshalb bei jedem Kaiserbesuch auf der Villa Hügel: Lehmann holt sich seine Provision. Unterstützt wurde der oft geäußerte Verdacht einer größeren kaiserlichen Beteiligung durch die Tatsache, daß der Verwalter der kaiserlichen Schatulle, der Bankier Ludwig Delbrück, im Aufsichtsrat von Krupp saß. Zwar führte Delbrück als angesehener und diskreter Bankier im Auftrag der Familie sowie der Firma Krupp finanzielle Transaktionen durch, aber von einer Wahrnehmung eventueller kaiserlichen Interessen bei Krupp ist in den Aufsichtsratsakten kein Hinweis zu finden.

In der Zeit zwischen den beiden Weltkriegen wurde die kaiserliche Beteiligung auch Prozeßgegenstand. So erschien 1929 ein Artikel in der *Berliner Morgenpost,* in dem der Kaiser bezichtigt wurde, als Großaktionär bei Krupp Staatsaufträge an Krupp geleitet und somit das Kruppsche Rüstungsmonopol erst geschaffen zu haben[37]. Aufgrund dieses Monopols sei das deutsche Heer im Krieg mit minderwertigen Waffen ausgerüstet gewesen. Der Kaiser strengte einen Beleidigungsprozeß gegen den Schriftleiter der Morgenpost, Ewald Mendel, an. Im Herbst 1929 scheiterte eine Prozeßeröffnung, da nach Ansicht des Gerichts kein öffentliches Interesse an einem solchen vorliege. Der Kaiser beschritt dann den Weg einer Privatklage, die im März 1930 zur ersten Verhandlung kam. Ein Vergleich wurde abgelehnt, und es kam im September 1930 zur Verhandlung vor dem Amtsgericht in Moabit, die in der Presse ausführlich behandelt wurde. Da der Kaiser seine Prozeßvollmacht noch mit „Wilhelm I R" anstatt mit „Wilhelm, Prinz von Preußen" unterschrieben hatte, versuchte die Verteidigung, die Klage abweisen zu lassen. Das Gericht erkannte jedoch die Unterschrift trotz seiner Unvollkommenheit an, da die Person des Klägers auch durch diese Unter-

---

[33] HA Krupp, WA 41/2 - 184, Verzeichnis der Aktionäre, 8.12.1906.
[34] *B. Menne,* Krupp, Deutschlands Kanonenkönige (Zürich 1937) 206f.; im folgenden zitiert: Menne, Krupp.
[35] HA Krupp, FAH IV C 14, Notizen für die Aufsichtsratssitzung, 10. 2. 1908.
[36] HA Krupp, WA 1264, Aufsichtsratssitzung, 5. 6. 1908.
[37] *Ewald Mendel,* Geschäftsfreunde Wilhelms II. Lieferungsmonopol Krupp-Stumm, in: Berliner Morgenpost, 24.10.1929. Siehe auch Düsseldorfer Nachrichten, 12.11.1929; Deutsche Allgemeine Zeitung, 16.11.1929. Menne, Krupp, 206.

schrift genügend identifiziert sei. In der Verhandlung gelang es dem Rechtsanwalt des Beklagten nicht, hinreichende Beweise für seine Behauptungen anzuführen, daß der Kaiser das Monopol der Firma Krupp bewußt gefördert habe. Der Hinweis auf überhöhte Preise für Panzerplatten, die Reichstagsdebatten über Rüstungskosten, der Hinweis auf den Krupp-Prozeß von 1913 und die Übernahme von Kruppschen Obligationen in die kaiserliche Schatulle reichten nach Ansicht des Gerichts nicht aus, um den Kaiser zu belasten. Außerdem glaubte das Gericht nicht entscheiden zu können, ob das deutsche Heer im Ersten Weltkrieg unter der späteren Einführung des Rohrrücklaufgeschützes im Vergleich zu Frankreich gelitten habe und bezweifelte, ob diese rüstungstechnische Entscheidung vom Kaiser beeinflußt worden sei. „Wer den Dienstbetrieb", so schrieb die *Kreuzzeitung,* „in der alten Armee kannte, der weiß, daß derartige schwerwiegende Entschlüsse nicht von dem oberen Kriegsherrn gefaßt wurden, sondern daß sie das Resultat oft jahrelanger Überlegungen von Fachkommissionen waren."[38] Das *Berliner Tageblatt* bezweifelte jedoch die Richtigkeit dieses Satzes.[39] Nun ging der kaiserliche Einfluß in rüstungstechnischen Fragen weiter, als das Gericht zu wissen schien, aber der Entscheidungsprozeß war langwierig, und der Kaiser folgte oft eher den gemachten Vorschlägen, als daß er neue entwickelte oder die ihm vorgelegten ablehnte. In einigen Fällen war er über rüstungstechnische Probleme gar nicht informiert, und in anderen Fällen stellte er einige vom Reichsmarineamt getroffene Entscheidungen über den Bau von Kriegsschiffen als die seinen hin. Soweit es den Kaiser betraf, hat es einheitliche und konsequente Entscheidungsvorgänge nicht gegeben. Die sich aus dieser Lage ergebenden Schwierigkeiten bei rüstungstechnischen Fragen waren weder dem Gericht noch dem Beklagten bekannt. Das Gericht glaubte auch, daß der Kaiser noch 1930 50 000 Mark Kruppscher Obligationen besäße, die aber aus dem Jahre 1873 stammen sollten. Das abschließende Urteil des Gerichts, das Mendel zu 1500 Mark Geldstrafe wegen übler Nachrede bestrafte, fand auch die Billigung des *Vorwärts*[40]. „Der Beklagte wollte das absolutistische Regiment des Privatklägers treffen", so schrieb der Vorwärts, „aber er durfte nicht so weit gehen, daß er dem Privatkläger" Hochverrat, Mangel an ehrlicher Gesinnung und staatsfeindliches Verhalten vorwarf.

Zum ersten Male seit 1918 hatte der Kaiser eine Beleidigungsklage erhoben. Es ist unklar, welche letzten Motive ihn zu diesem Schritt veranlaßt haben. Er selber ließ verlauten, daß dieses Mal nicht nur er, sondern auch die alte deutsche Armee beschimpft worden seien. Von Krupp aus wurde nichts unternommen, selbst ein Dossier über den Fall ließ sich nicht finden.

Die Beziehungen zwischen Kaiser und Krupp waren durch ein Interessenverhältnis charakterisiert, das eine persönliche Komponente besaß. Für den Kaiser war die Firma das wichtigste deutsche Industrieunternehmen überhaupt. Über den Rüstungskonzern hielt der Kaiser eine Art „Protektorat" aufrecht. Es verging kaum eine Reise in den Westen des Reiches, auf der nicht entweder der Kruppsche Schießplatz in Meppen oder die Villa Hügel in Essen besucht wurden. Das kaiserliche Interesse an der Firma

---

[38] Kreuz-Zeitung, 7. 9. 1930.
[39] Berliner Tageblatt, 6. 9. 1930.
[40] Vorwärts, 6. 9. 1930.

ging so weit, daß die Anregung zur Aufnahme der Panzerplattenfabrikation und des Schiffbaues auf ihn zurückgeführt wird. In beiden Fällen ist eine Anregung Wilhelms II. nicht auf jungfräulichen Boden gefallen, sondern hat nur die in dieser Richtung bereits laufenden Entscheidungen gefördert[41]. Hauptsächlich hat er in Friedrich Alfred Krupp den Leiter eines Unternehmens gesehen, mit dem ihn persönliche Beziehungen verbanden. Isabel Hull geht zu weit, wenn sie meint, daß der Kaiser in Krupp ein „industrielles Gegenstück zu seiner eigenen Rolle sah und dessen Bedeutung als bürgerlicher König für Deutschlands Stärke ... als genauso wichtig [einschätzte] wie seine eigene"[42]. Sicherlich hat der Kaiser die Organisation der großen Unternehmen bewundert und das Sozialprestige einzelner Großindustrieller gefördert, aber doch zwischen sich und den Industriellen eine Grenze gezogen, die seiner Ansicht nach die sogenannten Fabrikanten im Verhältnis zur Krone auf den ihnen angestammten Platz verwiesen. So war Krupp für ihn der Garant einer technisch „gut" gerüsteten Armee und Flotte, der ihm wie ein mittelalterlicher Vasall treueverpflichtet und dessen Tätigkeit für die Macht des wilhelminischen Staates von außerordentlicher Bedeutung war. Er lobte Krupps Entschluß, doch noch auf der Weltausstellung in Chicago auszustellen, mit den Worten: „Ich danke Ihnen herzlich für diesen Entschluß, welcher aufs Neue beweist, von wie hohem Standpunkt aus Sie Ihr Werk leiten, und wie bei Ihnen stets die großen allgemeinen Interessen des Vaterlandes in patriotischer Weise die vollste Berücksichtigung finden."[43] Vierzehn Monate später ließ der Kaiser aus Rom über Hollmann Krupp dazu gratulieren, daß seine Panzerplatten besser bei einer Beschießung standgehalten hätten als die Harveyplatten: „Gratulieren Sie Krupp dazu, daß er seinen Ruf aufrecht erhalten und der Industrie des Vaterlandes in glänzender Weise dem Ausland gegenüber gewahrt hat."[44] Doch blieb es nicht nur bei Glückwunschtelegrammen. Wenige Tage vor dem Tod Friedrich Alfred Krupps versuchte der Kaiser ihn, der unter den Veröffentlichungen wegen seines eventuellen homosexuellen Lebenswandels auf Capri sehr litt, mit der Nachricht aufzumuntern, daß er das Reichsmarineamt damit beauftragt habe, „den Bau des für 1903 geforderten Linienschiffs S nach Bewilligung des Etats der Germania Werft zu übertragen"[45]. Krupp war über diese Mitteilung „tief gerührt", und als der Kaiser einige Tage später die Germania Werft zum Bau des Linienschiffes *Zähringen* beglückwünschte, telegraphierte Krupp, daß der Glückwunsch „lindernd und heilend auf mein Gemüt wirkt und mir Mut und Kraft gibt"[46].

---

[41] *Ehrhard Reusch,* Krupp und die Hohenzollern, in: Die Heimatstadt Essen. Jahrbuch 1980/81, 30 (1981) 132; im folgenden zitiert: *Reusch,* Krupp.
[42] *Isabell V. Hull,* The Entourage of Kaiser Wilhelm II 1888–1918 (Cambridge 1982) 159f. Siehe auch die wesentlich erweiterte Neufassung von *Willi A. Boelcke,* Krupp und die Hohenzollern in Dokumenten. Krupp-Korrespondenz mit Kaisern, Kabinettchefs und Ministern 1850–1918 (Frankfurt 1970).
[43] FA Krupp, FAH III C 226, Wilhelm II. an Krupp, 23. 2. 1892.
[44] Ebd., Hollmann an Krupp, 26. 4. 1893.
[45] Ebd., FAH II C 227, Wilhelm II. an Krupp, 1. 11. 1902.
[46] Ebd., Krupp an Wilhelm II., 1. 11. 1902; Wilhelm II. an Krupp, 7. 11. 1902 und Krupps Antwort vom selben Tag.

Die Einstellung des Kaisers hatte zur Folge, daß die Essener Rüstkammer bei der Vergabe öffentlicher Aufträge begünstigt wurde. Wilhelm II. ging dabei davon aus, daß gute Qualität, pünktlich und zu nicht zu überhöhten Preisen geliefert werde. Allgemein geurteilt sah zumindest der Kaiser diese drei Erwartungen erfüllt, wenn es auch zu einer Reihe von Schwierigkeiten vor allem bei der Preisgestaltung kam, die auch an die Öffentlichkeit drangen. In solchen Situationen wandte sich der Kaiser gelegentlich direkt an Krupp, mit der Bitte um Aufklärung. Nach Erhalt der Privatinformationen übernahm der Kaiser oft die Rolle des Verteidigers von Krupp in den Auseinandersetzungen mit dem Kriegsministerium oder dem Reichsmarineamt[47]. Das war zu Zeiten Friedrich Alfred Krupps nicht anders als später, obwohl es in den letzten Jahren vor dem Krieg nicht so häufig zu Appellen an den Kaiser gekommen zu sein scheint wie vor 1902. Der Grund dafür war nicht, daß Kruppsche Güter so viel besser geworden waren oder daß pünktlicher geliefert wurde oder daß die Offerten zu niedrigeren Preisen gemacht wurden. Entscheidend war, daß Krupp mit Hilfe eines besseren Informationsdienstes in der Lage war, auftauchende Schwierigkeiten im Vorfeld auszuräumen, wie der sogenannte Krupp-Prozeß von 1913 zeigen sollte.

Für Krupp selber, gleichgültig ob es sich um Friedrich Alfred oder dessen Schwiegersohn Gustav Krupp von Bohlen und Halbach handelte, war die Begünstigung durch den Kaiser in wirtschaftlicher und politischer Hinsicht von äußerster Wichtigkeit. Sie war ein Faktor bei der Auftragsvergabe sowie bei der Geschäftsabwicklung. Wenn auch die kaiserliche Vermittlung nur in seltenen Fällen angerufen zu werden brauchte, so stärkte das Wissen um ein latent vorhandenes Protektorat die Verhandlungsposition der Firma. Trotz der Kaiserverehrung haben beide Krupps wohl den Kaiser durchschaut, kannten seine Schwächen und wußten ihn zu behandeln bzw. zu manipulieren. Aber sie schätzten seine Bedeutung als Gönner hoch ein. Er war für sie das positive Bindeglied zum Staat, von dem sie abhängig waren. In diesem Sinn baute Friedrich Alfred Krupp sein Verhältnis zum Kaiser auf, das durch häufige Treffen in Essen, Meppen, Berlin, Buckau/Magdeburg und Kiel unterstrichen wurde. So viele Unterredungsmöglichkeiten hatte es zwischen Alfred Krupp und Wilhelm I. nicht gegeben. Jedoch wäre es irrig, das persönliche Verhältnis zwischen Monarch und Mitgliedern der Krupp-Familie überzubewerten. Im Wesentlichen war des Kaisers Interesse rüstungsbedingt, und nicht immer herrschte ein Konsens zwischen der Firma und dem Monarchen vor. So versuchte Krupp den Kaiser in den 90er Jahren in sozialpolitischen Fragen auf seine ultra-konservative Seite zu ziehen, aber der Kaiser lehnte die Kruppschen Ziele ab und weigerte sich auch, Krupp in dieser Frage eine Audienz zu gewähren.

Aber auch auf dem Gebiet der Rüstung war nicht alles Harmonie. Ein Beispiel mag eine solche Situation verdeutlichen, das aus der Zeit des Interregnums zwischen dem 1902 gestorbenen Friedrich Alfred Krupp und der Heirat Gustavs von Bohlen und Halbach mit Bertha Krupp im Jahre 1906 stammt. Wieder einmal schaffte es die Germania Werft nicht, Lieferfristen bei Schiffsneubauten einzuhalten. Wilhelm II. war ungehalten über die aus Organisationsmängeln immer wieder auftretenden Verzöge-

---

[47] *Reusch*, Krupp, 131.

rungen und verlangte den Rücktritt des Vorstandsvorsitzenden der Germania-Werft, Admiral Baradon. Als seinen Nachfolger empfahl er den ehemaligen Flügeladjutanten und HAPAG-Direktor von Grumme[48]. Im Hause Krupp wollte man sich zwar auch seit einiger Zeit von Baradon trennen, aber man hatte mit einer solchen massiven Intervention nicht gerechnet und empfand sie als störend. Admiral Hollmann, der möglicherweise hinter der kaiserlichen Aktion stand, schlug dann ein Treffen bei Minister Budde vor, bei dem der dort anwesende Kaiser mit dem Aufsichtsratsvorsitzenden Hartmann die Angelegenheit besprechen könnte. Die geplante Unterredung führte in Essen zu intensiven Vorbereitungen. Margarethe Krupp, die Witwe Friedrich Alfreds, verurteilte die Einmischung Hollmanns als „nicht erfreulich, weil man auf der Seite weder auf Diskretion noch Zuverlässigkeit rechnen kann"[49]. Sie hegte keine Illusionen über den Kaiser und schrieb an ihren Aufsichtsratsvorsitzenden: „Wie die Sachen nun einmal liegen, halte ich es für unumgänglich, die von Exzellenz Hollmann angeregte Unterhaltung zu haben. Im günstigsten Fall werden Sie ja auch vielleicht dank der Redseligkeit und Zerstreutheit des betreffenden hoffentlich noch allerlei erfahren, was Sie sonst nicht hören würden, aber Sie werden wohl meine Ansicht teilen, daß es wünschenswert ist, nach gehabter Unterredung die Einmischung und Beeinflußung von Seiner Majestät weiterhin möglichst auszuschalten." Drei Tage später befaßte sich der Aufsichtsrat mit der Lage und hielt daran fest, daß „das überraschende Eingreifen Nebenbürges [Deckname Wilhelms II.] nicht angenehm ist"[50]. Es wurde dann Folgendes vereinbart: „Es muß unter allen Umständen vermieden werden, Nebenbürge ernstlich zu verstimmen. Liegt diese Gefahr vor oder stellt sie sich bei einer Rücksprache heraus, so muß eben nachgegeben werden. Stellt sich heraus, daß die Gefahr nicht zu befürchten ist, so muß versucht werden, Nebenbürge von seiner Bahn abzubringen. Hierfür scheint in erster Linie der Versuch angezeigt, die Angelegenheit dilatorisch zu behandeln." Es wurde dann versucht, den Kaiser von der geplanten Unterredung abzubringen, weil man sich mehr von einer Audienz versprach. Der Kaiser billigte schließlich dieses Vorgehen und akzeptierte die Lösung, die vom Aufsichtsratsvorsitzenden auf der Audienz unterbreitet wurde. Man hatte sich zunächst heimlich mit Grumme getroffen und mit ihm abgesprochen, warum sein Überwechseln zu Krupp nicht wünschenswert wäre. Weiterhin hatte man einen kaufmännischen Direktor für die Germania Werft gefunden, war bereit, sich von Baradon zu trennen und die schon seit längerem geplante Berufung Admirals von Sack in den Aufsichtsrat durchzuführen. Letzteres war nur mit Rücksicht auf den Reichstag und die Etatberatungen verschoben worden. Die Krise war allerdings damit noch nicht behoben. Zwar war der Kaiser nicht verstimmt, aber er schlug nun vor, Grumme möglicherweise in den Kruppschen Aufsichtsrat zu senden. Erst Margarethe Krupp gelang es, den Kaiser endgültig von seinen Plänen abzubringen. Für sie ging es hauptsächlich darum, eine Wiederholung einer kaiserlichen Intervention zu verhindern. Als der Kaiser im August 1906 zur Verlobungsfeier von Bertha Krupp nach Essen kam, benutzte Margarethe Krupp die Gelegenheit, dem Kaiser indirekt klarzumachen, daß eine nochmalige Einmischung

---

[48] HA Krupp, WA IV 1465, Wilhelm II. an Margarethe Krupp, 18. 1. 1906.
[49] HA Krupp, FAH IV C 9, Margarethe Krupp an Hartmann 25. 1. 1906.
[50] Ebd., Aufsichtsratssitzung, 28. 1. 1906.

seinerseits in Geschäftsangelegenheiten ungünstige Folgen für alle haben würde. Nach einem diffizilen Gespräch rang sie ihm das Zugeständnis ab: „Nun, Gott ja. Es ist eben eine Idee von mir gewesen. Wir können ja die Sache mal so laufen lassen."[51]

Seinen letzten Besuch in Essen stattete der Kaiser im September 1918 ab. Es war jedoch nur noch ein Abglanz der früheren Besuche, zumal sich die militärische Niederlage immer deutlicher abzeichnete. Gelegentlich drang sogar der Ruf „Hunger" an das kaiserliche Ohr.

Als der Kaiser im November 1918 nach Holland floh, tauchte etwas später in Essen der Vers auf:

> O Tannenbaum, o Tannenbaum,
> der Kaiser hat im Sack gehaun.
> Er kauft sich einen Henkelmann
> und fängt bei Krupp als Dreher an[52].

Aber auch nach 1918 blieb Krupp kaisertreu. So wurden die Jubilarfeiern innerhalb der Firma vom Geburtstag Friedrich Alfred Krupps am 17. Februar auf den Geburtstag des Kaisers am 27. Januar gelegt.

Für den Kaiser war das relativ gute Einvernehmen mit Krupp die Stütze des Verhältnisses von Armee, Flotte, Staat und Rüstungsindustrie. Auch seine beiden bekannten Interventionen in der Elektroindustrie trugen einen rüstungspolitischen Aspekt. Um die Jahrhundertwende wurde in Deutschland mit zwei verschiedenen Systemen drahtloser Telegraphie gearbeitet. Die Armee benutzte das System Braun-Siemens, während die Marine das System Slaby-Arco-AEG übernommen hatte. Als Marconi sein System zu monopolisieren drohte, drängte auch der Kaiser darauf, über Admiral Hollmann, der Mitglied des Aufsichtsrats bei der AEG war, die beiden Systeme zu vereinigen. So wurde aus rüstungspolitischen Rücksichten die Telefunken-Gesellschaft im Mai 1903 als Gemeinschaftsunternehmen der beiden Konzerne Siemens und AEG gegründet[53]. Als der Kaiser am 27. Mai von der Einigung der beiden Konzerne telegraphisch informiert wurde, kommentierte er: „Na endlich! Gott sei dank."[54]

Seine Intervention beim Bau von Schiffsturbinen war ähnlicher Natur. Der Kaiser war daran interessiert, auch die Flotte mit Dampfturbinen auszurüsten. Es gelang ihm, im Dezember 1903 die Widerstände der Professoren Riedler und Stumpf, die mit der AEG zusammenarbeiteten, gegen die Übernahme anderer Patente zu überwinden. Ein halbes Jahr später erfolgte die Gründung einer Turbinengesellschaft, die unter Ausnutzung der Patente von General Electric und Curtis neue Modelle entwickelte, die auch von der Marine übernommen wurden[55]. Nutznießer der kaiserlichen Intervention in beiden Fällen war die AEG, und die guten Beziehungen der Rathenaus zum

---

[51] Ebd., 10. 8. 1906.
[52] *Reusch*, Krupp, 136.
[53] 50 Jahre AEG (Berlin 1956) 165, 441; im folgenden zitiert: 50 Jahre AEG. *Horst A. Wessel*, Die Entwicklung des elektrischen Nachrichtenwesens in Deutschland und die rheinische Industrie. Von den Anfängen bis zum Ausbruch des Ersten Weltkrieges (Wiesbaden 1983) 506–509.
[54] Ebd., 508.
[55] 50 Jahre AEG, 159, 422. Zunächst wurden der Kreuzer ‚Mainz' und die Linienschiffe ‚Sachsen' und ‚Bayern' mit AEG-Turbinen ausgerüstet.

Kaiser finden hier mit ihre Erklärung. Auch das Verhältnis zu Isidor Loewe, dem Berliner Maschinen- und Waffenfabrikanten, zu Carl Ziese, dem Inhaber der Schichau-Werft, und dem Textilindustriellen James Simon beruhte auf der Anteilnahme, das der Kaiser laufend an der Rüstungsindustrie demonstrierte.

Ein weiteres Interesse des Kaisers galt der nicht durch Rüstung bedingten Technik, wie z. B. dem Automobilbau, den Autorennen und dem kaiserlichen Automobilclub. Er förderte die Technik auch durch die Verleihung des Promotionsrechts an die Technischen Hochschulen und deren Stimmrecht im Herrenhaus. Des weiteren stand er den Organisationsproblemen der Großbetriebe aufgeschlossen gegenüber. Nach seinem Besuch der Berliner AEG-Werke war er von der „Großartigkeit der Anlagen wie die musterhafte Ordnung und die ersichtlich streng durchdachte Organisation der Arbeit" eingenommen[56]. Das alles habe bei ihm „einen bleibenden Eindruck zurückgelassen".

Für einen großen Teil der Industrie war Kaiser Wilhelm II. eine Symbolfigur des Neuen Deutschlands. Nicht zu Unrecht wurde in den drei Bänden, die zum 25jährigen Regierungsjubiläum erschienen, die Industrialisierung als wichtigstes Merkmal der wilhelminischen Epoche hervorgehoben. Der Kaiser stand für eine industriefreundliche Ära und galt als Rückhalt gegen die steigende Macht der Sozialdemokratie und der Gewerkschaften. Die kapitalistische Wirtschaftsform profitierte von der Anteilnahme des Kaisers an dem Wohlergehen industrieller Unternehmen, wenn es sich in der Hauptsache um Firmen handelte, die Rüstungsaufträge erhielten oder erhalten wollten. Zwar hat Harnack bei der Gründung der Kaiser-Wilhelms-Gesellschaft „die Wehrkraft und die Wissenschaft als die beiden starken Pfeiler der Größe Deutschlands" beschworen, aber die Industriellen waren sich wohl einig darin, daß die Stärke des Reiches auf dem Wachstum der Industrie beruhe. Der Kaiser hat die Bedeutung der Industrie wohl ähnlich eingeschätzt.

Er selber hat sich auch als Integrationsfaktor zwischen den aufstrebenden Industriellen und dem Adel verstanden. Im Dezember 1903 erklärte er, „er sei bestrebt ‚wirkliche Beziehungen' zwischen den Industriellen und ‚seinem Adel' herzustellen. Er habe sie in der Kieler Woche ‚wie Schrotkugeln in eine Trommel' geworfen. Die Gesichter ‚seiner Herren' seien allerdings bei dieser Begegnung mit dem Industriebürgertum ‚zum Fottegraphieren' gewesen."[57]

Während einige Industrielle den Kaiser als Integrationsfaktor schätzten, sahen andere den Anspruch auf industrielle Weltgeltung durch Wilhelm II. verkörpert. Die Identifikation mit dem Monarchen diente als soziale Absicherung für den wirtschaftlichen Aufstieg. Dabei zeigten sich durchaus Parallelen zwischen dem Kaisertum wilhelminischer Prägung und der Industrie. Beides wirkte für den Außenstehenden parvenühaft. Das Reich wollte seinen neuen Kolonialbesitz erweitern, baute eine große Flotte und gab den Anschein, als ob es in seinem Territorium beengt sei. In Kooperation mit dem Staat suchten die Industriellen nach neuen Märkten, nach neuen Absatzmöglichkeiten und nach technischen Neuerungen. Vieles war in diesem Reich

---

[56] Ebd., 128.
[57] *John C. G. Röhl*, Kaiser, Hof und Staat. Wilhelm II. und die deutsche Politik (München 1987) 114.

neu, das Kaisertum, die Macht, die Großstädte und die Industrie. Jedoch gab es einige Industrielle, die sich von dem gegenseitigen Abhängigkeitsverhältnis zwischen Kaisertum und Industrie zu distanzieren wußten. Das Wachstum ihrer Unternehmungen erreichte in den letzten Jahren vor dem Weltkrieg eine Größe, die es ihnen ermöglichte, ihren Anspruch auf politische Einflußnahme zu vergrößern, um ihre Unternehmenspolitik auch politisch abzusichern. Der autoritäre Stil Wilhelms II. paßte ihrer Meinung nach nicht mehr zu dem wirtschaftspolitischen Konzept dieser Industriekapitäne. Zu dieser Gruppe gehörten die politisch rechtsstehenden, mit den Alldeutschen sympathisierenden Industriellen wie Kirdorf, Thyssen und Stinnes, deren Machtzuwachs sich im Krieg und in den ersten Jahren der Weimarer Republik besonders auswirkte und eine über die Vorkriegszeit hinausgehende wichtige politische Funktion erhielt.

Andere Industrielle setzten sich mit dem Kaisertum Wilhelms II. kritisch auseinander. Zu ihnen gehörte der Krupp-Direktor Wilhelm Muehlon, der dem Kaiser bei Kriegsausbruch unehrenhaftes und demagogisches Verhalten vorwarf. So kritisierte er den Versuch des Kaisers nach dem 1. August 1914, den Zaren persönlich und moralisch zu diffamieren, mit den Worten: „Nützt das dem monarchischen Prinzip, der Stellung des Kaisers selbst, wenn er sich so exponiert? Er wird doch nicht glauben, daß er fester steht, wenn er die Dynastie der Romanow diskreditiert?"[58] Und weiter meinte er, daß sich der Kaiser mit seinem öffentlichen Auftreten so exponiert habe, „daß er unhaltbar wird". Als Balkanexperte äußerte sich Muehlon auch kritisch über die Domäne der kaiserlichen Personalpolitik – das Auswärtige Amt. „Mir schien", so schrieb er, „das Auswärtige Amt immer ein konfuser, verknöcherter, exklusiver Bureaukratenkörper zu sein, der seine Richtlinien von außen erhielt, aus sich selbst heraus aber wenig leistete."[59]

Ein anderer Kritiker Wilhelms II. war der Industrielle Robert Bosch, der zwar ein Anhänger der konstitutionellen Monarchie blieb, aber den Byzantinismus des Kaisers ablehnte. Einige Wochen vor Kriegsende schrieb er zur Kaiserfrage: „Was bei uns gefehlt hat, das war der gute Haushalter, der im Hause herumläuft und in jeden Winkel hineinsieht und herumriecht, ob es nicht stinkt. Das wäre seinem Beruf gemäß der Kaiser gewesen. Nach dem glaubte man, Hindenburg sei ein solcher guter Haushälter."[60] Bosch hatte sich in beiden getäuscht. Auf die Frage, ob der Kaiser bleiben solle, antwortete Bosch: „Verspricht man sich davon eine Einwirkung auf die arbeitenden Klassen? Das Bürgertum scheint für ihn ganz außerordentlich wenig übrig zu haben." Das mag für das schwäbische Bürgertum angesichts der Niederlage zutreffen, aber es ist zu bezweifeln, ob die Feststellung für das gesamte Bürgertum zutraf. In dieser Situation trat Bosch für den Rücktritt des Kaisers ein, der durch einen Enkel und die Regentschaft Prinz Max' von Baden ersetzt werden sollte. Drei Jahre nach Kriegsende schrieb Bosch: „Wilhelm der Zweite war kein geeigneter Chef für ein Welthaus! Das

---

[58] *Wilhelm Muehlon,* Die Verheerung Europas. Aufzeichnungen aus den ersten Kriegsmonaten (Zürich 1918) 25.
[59] Ebd., 59.
[60] *T. Heuss,* Robert Bosch: Leben und Leistung (Stuttgart ²1986) 295f.

klingt schnodderig, soll es aber nicht sein."[61] Seine Kritik an dem politischen und militärischen „System" habe sich „leider als richtig herausgestellt". Zwar blieben die Industriellen wohl im großen und ganzen kaisertreu, aber die Abhängigkeit von der Förderung des Sozialprestiges durch kaiserliche Gunst begann einer größeren Selbstsicherheit zu weichen. Es ist kein Zufall, daß Stresemann nach dem Krieg die Großindustriellen als die neuen Könige bezeichnet hat. Nur wenige Industrielle hielten die Beziehungen zum abgedankten Kaiser in Holland aufrecht. Einer von ihnen war Gustav Krupp von Bohlen und Halbach.

[61] Ebd., 298, 491.

Marina Cattaruzza

Das Kaiserbild in der Arbeiterschaft am Beispiel der Werftarbeiter in Hamburg und Stettin

In seinen im holländischen Exil verfaßten Memoiren erinnerte sich Wilhelm II. an einen weit zurückliegenden Besuch der Werft „Stettiner Vulcan" in Bredow neben Stettin:

> „Als ich im Dezember 1888 nach meinem Regierungsantritt nach Stettin fuhr, um meinen pommerschen Grenadieren die Erinnerungsbänder an ihre Fahnen zu verleihen, besuchte ich auf Bitten des Vorstandes auch den Vulkan. Nach Empfang durch den Vorstand außerhalb der Werft taten sich die großen Flügeltore auf und ich schritt hinein. Aber statt Arbeit und dröhnender Hämmer empfing mich tiefe Stille. Die gesamte Arbeiterschaft stand im offenen Halbkreis versammelt und entblößte ihre Häupter. In ihrer Mitte stand der älteste Arbeiter mit schneeweißem Bart, einen Lorbeerkranz in der Hand. Ich war ergriffen. Schlutow flüsterte mir zu: ‚Eine kleine Freude, die die Arbeiter sich selbst ausgedacht haben!' Der alte Schmied trat vor, und in kernigen, schlichten Worten sprach er mir den Dank der Arbeiter dafür aus, daß ich sie und vor allem ihre Frauen und Kinder durch meine Verwendung bei Bismarck für das Schiff vor Not und Hunger bewahrt hatte. Als Zeichen der Dankbarkeit der Arbeiterschaft bat er, den Lorbeerkranz überreichen zu dürfen. Auf das tiefste bewegt, nahm ich den Kranz entgegen und verlieh der Freude darüber Ausdruck, daß ich in Frieden ohne einen Tropfen Blut meinen ersten Lorbeer aus der Hand braver deutscher Arbeiter empfinge."[1]

Das „Schiff" war ein Doppelschrauben-Schnelldampfer für die HAPAG, die gewöhnlich ihre Aufträge an englische Werften vergab[2]. Da die Großreedereien stark von den wirtschafts- und außenpolitischen Entscheidungen der Regierung abhängig waren, gelang es Bismarck damals, den Auftrag auf den krisenbedrohten Stettiner Vulcan umzuleiten.

Zweifellos gefiel sich Wilhelm II. – besonders am Anfang seiner Kaiserzeit – in der Rolle des Schützers der „braven, deutschen Arbeiter", zu denen freilich die „sozialdemokratischen Vaterlandsfeinde" nicht zugerechnet wurden. Bezeichnend dafür war

---

[1] *Kaiser Wilhelm II.*, Ereignisse und Gestalten aus den Jahren 1878–1918 (Leipzig/Berlin 1922) 38 f.
[2] In seinen Erinnerungen erwähnte Wilhelm zwar den „Bremer Lloyd" (sic!) als Auftraggeber. Weitere Angaben zur Episode lassen allerdings eher auf die HAPAG schließen. Vgl. *Lars U. Scholl*, Im Schlepptau Großbritanniens. Abhängigkeit und Befreiung des deutschen Schiffbaus von britischem Know-how im 19. Jahrhundert, in: Technikgeschichte 50 (1983) 213–223, hier 219; *Arnold Kludas*, Die deutschen Schnelldampfer II. Die Augusta-Victoria Klasse – Anschluß an das Weltniveau, in: Deutsches Schiffahrtsarchiv 4 (1981) 93–108.

die Haltung des frischgekrönten Kaisers anläßlich des großen Bergarbeiterstreiks im Jahr 1889. Eine Arbeiterdeputation wurde vom Kaiser empfangen, wobei er den Streikenden die wohlwollende Prüfung ihrer Forderungen sicherte. Zugleich warnte er die Delegierten der Bergleute davor, durch „Nötigung" arbeitswillige Kollegen von der Arbeit abzuhalten, oder gar Kontakte mit sozialdemokratischen Kreisen anzuknüpfen: „Denn für Mich ist jeder Sozialdemokrat gleichbedeutend mit Reichs- und Vaterlandsfeind."[3] Auch in den folgenden Jahren gehörten der Schutz der „Arbeitswilligen" bei Arbeitskonflikten sowie die Ausschaltung der sozialdemokratischen Gewerkschaftsbewegung u. a. zu den wesentlichen Komponenten der arbeitspolitischen Auffassung des Kaisers. Die von Wilhelm II. initiierte Gewerbenovelle 1890 sah z. B. eine Verschärfung der Strafe vor, im Falle von Versuchen „andere Arbeiter zur Einstellung der Arbeit zu nötigen"[4].

Dennoch war Wilhelm II. durchaus bereit, die Existenz von Interessengegensätzen bzw. Verteilungskonflikten zwischen Arbeit und Kapital anzuerkennen. Am 16. 5. 1889 wies er eine Abordnung von Grubenbesitzern aus den bestreikten Gebieten folgendermaßen zurecht: „Es ist ja menschlich natürlich, daß jedermann versucht, sich einen möglichst günstigen Lebensunterhalt zu erwerben. Die Arbeiter lesen Zeitungen und wissen, wie das Verhältnis des Lohnes zu dem Gewinne der Gesellschaft steht. Daß sie mehr oder weniger daran teilhaben wollen, ist erklärlich."[5]

Die ersten öffentlichen Schritte des jungen Kaisers schienen also die Erwartungen zu erfüllen, die Arbeiterkreise und selbst Teile der sozialdemokratischen Arbeiterbewegung in bezug auf das neue Staatsoberhaupt hegten. Es ist durchaus bezeichnend für die Stimmung in der Arbeiterschaft, daß die Streikversammlungen an der Ruhr mit einem „Kaiserhoch" eröffnet und geschlossen und daß die einrückenden Truppen mit dem Absingen der preußischen Königshymne empfangen wurden[6].

Tatsächlich genossen 1889 die streikenden Bergleute die Sympathie breiter, auch bürgerlicher Gesellschaftsschichten. Unter dem Druck der öffentlichen Meinung, die freilich durch die Stellungnahme der „allerhöchsten Stelle" erheblich bekräftigt wurde, gaben die Kohlenbarone zum ersten Mal klein bei. Sie ließen sich auf Ver-

---

[3] Aus: *A. Oskar Klaussmann* (Hrsg.), Kaiserreden. Reden und Erlasse, Briefe und Telegramme Kaiser Wilhelms des Zweiten. Ein Charakterbild des Deutschen Kaisers (Leipzig 1902) 87; im folgenden zitiert: *Klaussmann*, Kaiserreden.
[4] Stenographische Berichte über die Verhandlungen des Reichstages, 8. Legislaturperiode – I. Session 1890/91, Erster Anlageband (Berlin 1890) 29. Vgl. auch das direkte Eingreifen des Kaisers zum Schutz der Arbeitswilligen anläßlich der sog. „Moabiter Unruhen" 1910 und beim Bergarbeiterstreik 1912, in: *Klaus Saul*, Staat, Industrie, Arbeiterbewegung im Kaiserreich. Zur Innen- und Sozialpolitik des Wilhelminischen Deutschland 1903–1914 (Studien zur modernen Geschichte 16, Düsseldorf 1974) 272, 278 f., 284, 306 f.
[5] *Klaussmann*, Kaiserreden, 87–90. Vgl. auch *Klaus Saul*, Zwischen Repression und Integration. Staat, Gewerkschaften und Arbeitskampf im kaiserlichen Deutschland 1884–1914, in: *Klaus Tenfelde, Heinrich Volkmann* (Hrsg.), Streik. Zur Geschichte des Arbeitskampfes in Deutschland während der Industrialisierung (Arbeitsbücher Sozialgeschichte und soziale Bewegungen, München 1981) 209–236, hier 217 f. Im folgenden zitiert: *Saul*, Zwischen Repression und Integration.
[6] *Saul*, Zwischen Repression und Integration, 217.

handlungen mit den Streikenden ein und stimmten großenteils ihren Forderungen zu[7].

Beim Streik 1889 gelang es Wilhelm II. ausnahmsweise, durch das eigene „unsystematische" Eingreifen in den Arbeitskonflikt[8], als Sprachrohr einer breiten öffentlichen Meinung über die politischen Fronten hinweg zu agieren und damit dem eigenen Wunschbild eines plebiszitären Kaisers gerecht zu werden.

Im Jahr 1890 entfaltete Wilhelm II. seine höchste arbeitspolitische Aktivität. Noch unter dem Eindruck des „Riesenstreiks" kündigte er in den berühmten „Februarerlassen" folgende Absichten an:
1. eine Einigung bezüglich der Reglementierung der Arbeitsbedingungen mit den übrigen Industrienationen zu erzielen;
2. Arbeiterausschüsse zur Aufrechterhaltung des Friedens zwischen Arbeit und Kapital zu etablieren: „Für die Pflege des Friedens zwischen Arbeitgebern und Arbeitnehmern sind gesetzliche Bestimmungen über die Formen in Aussicht zu nehmen, in denen die Arbeiter durch Vertreter, welche ihr Vertrauen besitzen, an der Regelung gemeinsamer Angelegenheiten beteiligt und zur Wahrnehmung ihrer Interessen bei Verhandlung mit den Arbeitgebern und mit den Organen Meiner Regierung befähigt werden";
3. die staatlichen Bergwerke zu sozial- und arbeitspolitischen Musteranstalten zu entwickeln[9].

Im März 1890 wurde in Berlin die Internationale Arbeiterschutzkonferenz abgehalten, die die Weichen für eine umfassende, internationale Regelung der Arbeitsbedingungen hätte stellen sollen. Allerdings ging die Konferenz auseinander, ohne daß die Teilnehmerstaaten sich zu einem gemeinsamen Vorgehen verpflichtet hätten[10].

Eine stärkere Wirkung auf die Arbeitsverhältnisse erwies der Gesetzentwurf zur Abänderung der bestehenden Gewerbeordnung (1878), die im Mai 1890 auf Initiative des Kaisers dem Reichstag vorgelegt wurde[11]. Die „Gewerbenovelle" stellte den ersten Versuch einer umfassenden Regelung der Arbeitsbedingungen dar. Neben der Einschränkung und Regelung der Sonntags- und Nachtarbeit schrieb die Gewerbenovelle die Einführung von Arbeitsordnungen in allen Industriebetrieben vor, die dem jeweiligen Gewerbeinspektorat zur Kenntnisnahme vorgelegt werden sollten. Die Arbeits-

---

[7] Ebd., 218.
[8] Nach Huber war das direkte Eingreifen in den Bergarbeiterstreik sogar der einzige Fall, in dem Wilhelm gegen die Verfassung verstieß! Aus: *Peter Domann,* Sozialdemokratie und Kaisertum unter Wilhelm II. Die Auseinandersetzung der Partei mit dem monarchischen System, seinen gesellschafts- und verfassungspolitischen Voraussetzungen (Frankfurter Historische Abhandlungen 3, Wiesbaden 1974) 12; im folgenden zitiert: *Domann,* Sozialdemokratie und Kaisertum unter Wilhelm II.
[9] *Klaussmann,* Kaiserreden, 90–93.
[10] *Reinhard Höhn,* Der Kampf des Heeres gegen die Sozialdemokratie (Sozialismus und Heer III., Bad Harzburg 1969) 214; im folgenden zitiert: *Höhn,* Der Kampf des Heeres gegen die Sozialdemokratie.
[11] Im folgenden wird der Gesetzentwurf dargestellt nach der Fassung in: Stenographische Berichte über die Verhandlungen des Reichstages. 8. Legislaturperiode – I. Session 1890/91 – Erster Anlageband (Berlin 1890) 1–51. An der Formulierung des Gesetzentwurfes war der damalige sozialpolitische Berater des Kaisers, Hans Frh. von Berlepsch, maßgeblich beteiligt.

ordnungen waren ein erster Schritt zur Verrechtlichung des Arbeitsverhältnisses. Darin wurden Arbeitszeit, Pausen, innerbetriebliche Hierarchie, Handhabung der Werkzeuge, Vorsichtsmaßnahmen, Verbote, Einschränkungen der „Bewegungsfreiheit" innerhalb des Fabrikgeländes und vieles mehr festgesetzt. Freilich klafften der Alltag eines Industriebetriebes und die idealisierte, normierende Rationalität der Arbeitsordnungen stark auseinander[12].

Obwohl die Arbeitsordnungen weiterhin einseitig vom jeweiligen Arbeitgeber festgesetzt wurden, wurde durch die Gewerbenovelle ihr bis dahin rein repressiver Charakter gemildert. Die Lohnabzüge aus Strafe konnten z. B. eine bestimmte Höhe nicht überschreiten, wobei es den Arbeitgebern ebenfalls untersagt wurde, die Arbeiter durch negative Eintragungen in die Arbeitsbücher zu diskriminieren.

Besonderes Augenmerk wurde der Disziplinierung von jugendlichen Arbeitern und dem „Schutz" von verheirateten Arbeiterinnen geschenkt. Die Änderungsvorschläge der § 107, 110 und 113 der bestehenden Gewerbeordnung wurden z. B. durch die Feststellung bekräftigt, daß „in den letzten Jahren die Lockerung der Zucht und Sitte und das Schwinden der elterlichen Autorität bei den jugendlichen Fabrikarbeitern erheblich zugenommen" hatten. Die Gründe dafür wurden korrekterweise in den veränderten Erfordernissen der Fabrikproduktion erkannt, wodurch junge Ungelernte, ohne eine Lehre zu absolvieren, relativ hohe Lohnsätze und eine entsprechende Selbständigkeit erzielen konnten. Zur Wiederherstellung der elterlichen Autorität schlug nun die Gewerbenovelle vor, daß durch die Handhabung der Arbeitsbücher den Eltern eine strengere Kontrolle über minderjährige Arbeiter gewährt werden sollte. Freilich entsprachen solche Bestimmungen der patriarchalischen Auffassung des Kaisers, weit weniger allerdings den tumultuarischen Prozessen der Klassenbildung, die von einer extrem hohen geographischen und zwischenbetrieblichen Mobilität gekennzeichnet waren und die die familiären Bindungen im proletarischen Milieu erheblich gelockert hatten. Die Einhaltung solcher Vorschriften – d. h. der Einwilligung der Eltern bei jedem Arbeitswechsel von jugendlichen Arbeitern hätte zweifellos zur weitgehenden Lahmlegung der Fabrikbetriebe in den Industrieregionen des Kaiserreichs geführt[13].

Erfolgreicher war die Gesetzesnovelle hinsichtlich der Einschränkung der Arbeitszeit von weiblichen Arbeitskräften. In diesem Fall waren die gesetzlichen Bestimmungen von einem faktisch unwidersprochenen „gesunden Menschen/Männerverstand" unterstützt. Selbst die Arbeiterbewegung hatte nämlich die Hauptgrundsätze der Ge-

---

[12] Zum Verhältnis von innerbetrieblicher Realität und Arbeitsordnung vgl. *Alf Lüdtke*, Arbeitsbeginn, Arbeitspausen, Arbeitsende. Skizzen zur Bedürfnisbefriedigung und Industriearbeit im 19. und frühen 20. Jahrhundert, in: *Gerhard Huck* (Hrsg.), Sozialgeschichte der Freizeit (Wuppertal 1980) 95–122; *Lothar Machtan,* Zum Innenleben deutscher Fabriken im 19. Jahrhundert. Die formelle und die informelle Verfassung von Industriebetrieben, anhand von Beispielen aus dem Bereich der Textil- und Maschinenbauproduktion (1869–1891), in: AfS 21 (1981) 179–236. Vgl. auch *Bernd Flohr,* Arbeiter nach Maß. Die Disziplinierung der Fabrikarbeiterschaft während der Industrialisierung Deutschlands im Spiegel von Arbeitsordnungen (Frankfurt/New York 1981).

[13] Vgl. zur Mobilität der Bevölkerung in den Städten und industriellen Ballungsgebieten des Kaiserreichs: *Dieter Langewiesche,* Wanderungsbewegungen in der Hochindustrialisierungsperiode. Regionale, interstädtische und innerstädtische Mobilität in Deutschland 1880–1914, in: VSWG 64 (1977) 265–323.

setzesnovelle zur Regelung des Einsatzes von Frauen in Fabrikbetrieben geteilt[14]. Demnach bestand die Hauptfunktion der Frau in der Verrichtung der Hausarbeit und in der Kinderfürsorge, wofür sie allein zuständig war. Infolgedessen wurde die Arbeit von verheirateten Frauen in Fabrikbetrieben allgemein als ein Übel betrachtet, das es möglichst einzuschränken galt[15].

Eine solche allgemein geteilte Überzeugung fand an mehreren Stellen der Novelle Ausdruck. Der § 120 sah z.B. vor, daß die Arbeitgeber jungen Arbeiterinnen den Besuch von Unterrichtskursen in Hand- und Hausarbeit zu gewähren hatten. Solche Kurse wurden der Fortbildungsschule für junge Arbeiter und Lehrlinge gleichgestellt[16]. Das Verbot, am Sonnabend Arbeiterinnen nach 5½ Uhr in Fabriken zu beschäftigen, wurde folgendermaßen begründet: „Alle Arbeiterinnen gewinnen durch den früheren Schluß am Sonnabend Zeit, ihr Haus zu reinigen und für den Sonntag in Stand zu setzen, Kleider und Wäsche auszubessern, kurz für ihr Hauswesen zu sorgen und sich und ihren Angehörigen eine ungestörte Sonntagsfeier zu verschaffen."[17] Schließlich wurde verheirateten Arbeiterinnen und Witwen mit Kindern gestattet, zur Mittagszeit eine eineinhalbstündige Pause einzuschieben, um ihren Haushalt zu versorgen.

All diese Einrichtungen bezweckten auf der einen Seite, verheirateten Arbeiterinnen die Erfüllung ihrer „familiären Pflichten" zu ermöglichen, auf der anderen Seite die sich abzeichnende Verweigerung solcher Pflichten seitens junger, ökonomisch unabhängiger Frauen einzudämmen. Der Gesetzgeber erklärte nämlich programmatisch zur obligatorischen Einführung von Haushaltskursen: „Für die Verbesserung der wirtschaftlichen Lage und für die Hebung des Familienlebens der arbeitenden Klassen und namentlich der Fabrikarbeiter ist es, wie gegenwärtig allgemein anerkannt wird, von der größten Bedeutung, daß die heranwachsende weibliche Jugend zur Tüchtigkeit *für den Beruf der Hausfrauen* (Hervorhebung MC) erzogen werde."[18] Es ist ebenfalls bezeichnend, daß der Gesetzgeber keine „Freizeit" zur Wiederherstellung der weiblichen Arbeitskraft selbst vorsah: die Einschränkung der Arbeitszeit im Betrieb –

---

[14] Vgl. *Richard J. Evans,* Sozialdemokratie und Frauenemanzipation im deutschen Kaiserreich (Internationale Bibliothek 119, Berlin/Bonn 1979) 49–52. Zum Anteil der männlichen Arbeiterklasse an der Diskriminierung von Frauen auf dem Arbeitsmarkt vgl. den anregenden Aufsatz von *Heidi Hartmann,* The Historical Roots of Occupational Segregation. Capitalism, Patriarchy and Job Segregation by Sex, in: Signs 1 (1976/3, Part 2) 137–169.
[15] Die entsprechende Stelle in der Gesetzesnovelle lautet: „(...) Diese Beschränkung [der Arbeitszeit von verheirateten Arbeiterinnen, MC] würde daher in vielen Fällen dahin führen, daß verheiratete Arbeiterinnen von der Fabrikbeschäftigung ganz ausgeschlossen würden. So wünschenswert ein solcher Ausschluß an und für sich auch sein möchte, so würde er doch, wie die Verhältnisse sich einmal entwickelt haben, zu tief in das Erwerbsleben vieler Familien einschneiden und zu den empfindlichsten Härten führen." Aus: Stenographische Berichte über die Verhandlungen des Reichstages. 8. Legislaturperiode – I. Session 1890/91. Erster Anlageband (Berlin 1890) 25 f.
[16] Die „Gleichstellung" ging freilich nicht so weit, daß nach Absolvierung der Kurse die Arbeiterinnen höhere Löhne und bessere Arbeitsbedingungen erzielt hätten.
[17] Stenographische Berichte über die Verhandlungen des Reichstages. 8. Legislaturperiode – I. Session 1890/91. Erster Anlageband (Berlin 1890) 26.
[18] Ebda., 17.

die übrigens durch zahlreiche Ausnahmen weitgehend durchlöchert wurde[19] – hätte nur den übrigen Familienmitgliedern zugute kommen sollen. Solche Bestimmungen zum Einsatz von Frauen in Industriebetrieben spiegeln im Großen und Ganzen das herkömmliche, patriarchalische Familienbild wider. An manchen Stellen lassen sich allerdings auch modernere, von eugenischen Sorgen getragene Töne vernehmen, wie z. B. auf Seite 26 des Gesetzentwurfes: „Auf der Gesundheit des weiblichen Geschlechtes ruht mehr noch, wie auf der des männlichen, die Zukunft der Nation".[20]

Die Gewerbenovelle bot tatsächlich der bis dahin uneingeschränkten Ausbeutung der schwächeren Mitglieder des Proletariats[21] einen gewissen Halt. Hingegen scheiterte das ehrgeizige Projekt des Kaisers, ein umfassendes System von Arbeiterausschüssen auszubauen, die den Arbeitern die Möglichkeit „einer geordneten Vertretung ihrer Fachinteressen" hätten gewähren sollen[22].

Aus den Arbeiterausschüssen hätten dann für die einzelnen Bezirke Arbeiterkammern gebildet werden sollen, die bei Arbeitskonflikten die Funktion von Schlichtungsämtern übernommen hätten. Auf der einen Seite hätten die geplanten systematischen Kontakte zwischen Arbeiterausschüssen und Gewerbeinspektoraten Streikwellen wie diejenige, die gerade 1889/90 mit ungewöhnlicher Intensität das Kaiserreich erschütterte, vermeiden sollen. Auf der anderen Seite war die Errichtung von Arbeiterausschüssen für Wilhelm II. mit der Erwartung verbunden, die Arbeiterschaft als „gleichberechtigten Stand" in das politische System des Kaiserreichs einzugliedern[23].

Ein solches Vorhaben scheiterte in erster Linie am Widerstand der Arbeitgeber, die, den Standpunkt vom „Herr im Haus" einnehmend, sich weigerten, in ihren Betrieben eine formalisierte Arbeitervertretung zu dulden. Die Bildung von Arbeiterausschüssen wurde deshalb von der Zustimmung des jeweiligen Arbeitgebers abhängig gemacht. Nur bei Gewerbegerichten wurden Arbeitervertreter mit beratender Funktion gewählt. Deshalb spielten solche Strukturen keine herausragende Rolle bei der Gestaltung der Beziehungen zwischen Arbeit und Kapital im Kaiserreich.

[19] Ebda., 26: „Für solche Arbeiten der Reinigung und Instandhaltung, sowie der Verhütung des Verderbens von Rohstoffen und Arbeitserzeugnissen, welche sonst am Sonntag vorgenommen werden mußten, wird die untere Verwaltungsbehörde im § 138a Absatz 3 ermächtigt, die Beschäftigung von Arbeiterinnen am Sonnabend nach 5½ Uhr zu gestatten. Weitere Ausnahmen können nach den §§ 139 und 139a für einzelne Anlagen bei Notständen oder wegen der Natur des Betriebes und aus Rücksichten auf die Arbeiter durch die höhere Verwaltungsbehörde oder den Reichskanzler, für gewisse Arten von Betrieben durch den Bundesrat zugelassen werden. Die im § 138a vorgesehene Erlaubnis der unteren Verwaltungsbehörde zur Verlängerung der täglichen Arbeitszeit der Arbeiterinnen darf sich dagegen nicht auf den Sonnabend erstrecken."
[20] Ebda.
[21] Männliche erwachsene Arbeiter hatten um diese Zeit durch kollektive oder individuelle Verhandlungen mit der Gegenpartei schon weit bessere Arbeitsbedingungen erkämpft, als die Mindestgrenze an Arbeitsschutz, die nun in der Novelle zur Gewerbeordnung für Frauen und Kinder vorgesehen war.
[22] *Saul*, Staat, Industrie, Arbeiterbewegung im Kaiserreich, 41.
[23] *Saul*, Staat, Industrie, Arbeiterbewegung im Kaiserreich, 41. Zur Streikwelle 1889/90 vgl. *Friedhelm Boll*, Streikwellen im europäischen Vergleich, in: *Wolfgang J. Mommsen* u. *Hans Gerhard Husung* (Hrsg.), Auf dem Wege zur Massengewerkschaft. Die Entwicklung der Gewerkschaften in Deutschland und Großbritannien 1880–1914 (Veröffentlichungen des Deutschen Historischen Instituts London 15, Stuttgart 1984) 109–134.

Einerseits hätte schon 1890 der Versuch, die Arbeiterschaft nach ständischen Prinzipien zu organisieren, nur in denjenigen Gebieten einen gewissen Erfolg versprechen können, in denen die sozialdemokratische Arbeiterbewegung noch kaum Fuß gefaßt hatte. Dies traf jedoch zumindest für die Hansestädte, für Sachsen und Berlin nicht mehr zu. In denjenigen Sparten und Ortschaften – wie den Eisen- und Stahlwerken an der Ruhr – in denen noch der „soziale Frieden" herrschte, verspürten aber andererseits die Arbeitgeber kein Bedürfnis, eine Arbeitervertretung als Vermittlungsorgan ins Leben zu rufen.

Die Nicht-Verlängerung der Sozialistengesetze, die die freie Betätigung von Arbeiterorganisationen ermöglichte, erwies sich langfristig als viel wirksamer zur Etablierung eines „konstitutionellen Fabriksystems" als die kaiserlichen Pläne[24]. Dabei wurde freilich die vertretende Funktion meistens von den Freien Gewerkschaften übernommen.

In der zweiten Hälfte der 90er Jahre traten die Sozial- und Arbeitspolitik eindeutig hinter der Außen- und Flottenpolitik als Lieblingsbetätigungsfelder des Kaisers zurück. Dennoch bestand eine gewisse Kontinuität in der arbeitspolitischen Auffassung Wilhelms II., die die Mißstimmung in bezug auf die Sozialdemokratie anläßlich der Sedanfeier 1895 und den „harten Kurs" während der Kanzlerschaft Hohenlohe (Umsturz- und Zuchthausvorlage) überdauerte. Es stimmt zwar, daß nach 1895 Wilhelm II. darauf verzichtete, als „Arbeiterkaiser" in die Geschichte einzugehen[25]. Er verfolgte allerdings weiter mit Interesse sozialreformistische Bestrebungen wie diejenigen des Vereins für Sozialpolitik und der Gesellschaft für Soziale Reform[26], von denen er sich immer noch eine Lösung der sozialen Frage unter Vermeidung der *politischen* Aktivierung der Arbeiterklasse versprach.

Das unlösbare Dilemma, das sich aus den unterschiedlichen Entwicklungsstufen der deutschen Arbeiterklasse ergab und keine im Sinne des kaiserlichen Staatsoberhauptes befriedigende Lösung der Arbeiterfrage zuließ, wurde nochmals anläßlich eines Werftarbeiterstreiks in Hamburg deutlich, als Wilhelm II. die Streikenden als „vaterlandslose Gesellen" brandmarkte.

Die Ermordung des deutschen Gesandten in Peking, Ketteler, während des Boxer-Aufstandes und die darauffolgende „Strafexpedition" nach China brachten die HAPAG dazu, ihre Dampfer „Sardinia" und „Batavia" zum Truppentransport zur Verfügung zu stellen. Diese beiden Schiffe befanden sich zur Reparatur auf der Hamburger Werft „Blohm & Voss", wo ihre Fertigstellung durch einen gerade ausgebrochenen Werftarbeiterstreik auf unbestimmte Zeit verzögert wurde. Angesichts der dringenden Angelegenheit wurden dann die „Chinaschiffe" nach Bremerhaven verfrachtet und dort fertiggestellt[27].

---

[24] Ein Überblick zur Verrechtlichung des Arbeitsverhältnisses in Deutschland, in: *Peter Ullmann,* Tarifverträge und Tarifpolitik in Deutschland bis 1914 (Frankfurt/Bern/Las Vegas 1977).
[25] *Höhn,* Der Kampf des Heeres gegen die Sozialdemokratie, 215.
[26] Vgl. dazu *Saul,* Staat, Industrie, Arbeiterbewegung im Kaiserreich, 29–50.
[27] Vierter Bericht des Hamburger Gewerkschaftskartells und vorläufiger Bericht des Arbeitersekretariats (sic!) in Hamburg, Geschäftsjahr 1900 (Hamburg 1901) 74 f.; im folgenden zitiert: Vierter Bericht des Hamburger Gewerkschaftskartells.

Am 3.8.1900 verlieh Wilhelm II. Auszeichnungen an Werftarbeiter des Wesergebietes. Während der Zeremonie der Ordensverleihung – wenige Tage nach der berühmt-berüchtigten „Hunnenrede" – drückte er sich folgendermaßen aus:

> „Die Auszeichnungen, die Ich Euch verleihe, sollen meine Anerkennung sein, aber auch zugleich der Ausdruck meiner Zufriedenheit, daß ihr nicht dem schlechten Beispiele der durch vaterlandslose Agitatoren verführten Arbeiter Hamburgs gefolgt seid, sondern den Patriotismus des deutschen Arbeiters fleckenlos gewahrt und wacker mitgearbeitet habt für die Schlagfertigkeit unserer braven Armee. Ehrlos der, der im Moment der Gefahr sein Vaterland im Stich läßt! Erhaltet Euch den guten deutschen Geist, den Ihr bewiesen, dann wird der Dank des deutschen Volkes und Meine Anerkennung Euch nie fehlen".[28]

Durch solche Äußerungen wurde der Streikbewegung in Hamburg eine politische Bedeutung verliehen, die sie am Anfang keineswegs besaß.

Die Episoden in Hamburg und Stettin liefern wenig Neues zur Einstellung Wilhelms II. zur deutschen Arbeiterklasse. Eher bestätigen sie die scharfe, auch begriffliche Trennung, die der Kaiser zwischen Sozialdemokratie und Arbeiterschaft stets vornahm. Insofern konnte ein gewisser sozialer Eifer widerspruchslos mit der Befürwortung der Zuchthausvorlage bzw. mit Staatsstreichplänen koexistieren.

Aufschlußreicher ist die Haltung der Arbeiter auf den Stettiner und Hamburger Werften als Indikator für die „Stimmung" der deutschen Arbeiterschaft gegenüber dem kaiserlichen Staatsoberhaupt. Die Aussagekraft einer solchen Fallstudie wird allerdings dadurch relativiert, daß für die deutsche Schiffbauindustrie staatliche Aufträge und Subventionen eine Lebensnotwendigkeit waren. Die enge Verknüpfung dieser Industriebranche mit dem Machtapparat des Kaiserreichs hätte die Haltung der Werftarbeiter zum Staat und seinen Symbolen im loyalistischen Sinn beeinflußt haben können[29].

Die Reaktion der Stettiner Arbeiter gehört noch in den Rahmen der „Unterschichtenmentalität", d.h. sie war von der Erwartung gekennzeichnet, im Staatsoberhaupt eine Art höchsten Richter des erlittenen bzw. bevorstehenden Unrechtes zu finden. Eine solche Mentalität war in der Zeit unmittelbar nach der Reichsgründung noch stark verbreitet. Bei Arbeitskonflikten im Bergbau wurde vielfach nach dem Mittel der Petition an den Kaiser gegriffen.

Unter den Werftarbeitern neigten auch weiterhin die Stettiner Arbeiter stärker dazu, den korporativen Vorstellungen Wilhelms II. Glauben und Zustimmung zu schenken. Beim 1. Werftarbeiterkongreß in Hamburg 1890 behauptete z. B. der Stettiner Delegierte: selbst der Kaiser habe gesagt, der Arbeiter sei ein Stand im Staate[30].

---

[28] Ebda., 75.
[29] In der Auseinandersetzung um die Postdampferlinien 1885 bezog die Hamburger Sozialdemokratie eine sehr gemäßigte Stellung, da die Aktivierung der neuen Schiffahrtslinien mit beträchtlichen Aufträgen für die hiesige Schiffbauindustrie verbunden war. Vgl. *Hans-Christoph Schröder*, Sozialismus und Imperialismus. Die Auseinandersetzung der deutschen Sozialdemokratie mit dem Imperialismusproblem und der „Weltpolitik" vor 1914 (Köln 1966) 131 f. *Domann* stellt ebenfalls einen Zusammenhang zwischen der lauen Haltung der SPD zum Flottenbau und den ökonomischen Interessen von Teilen der Arbeiterschaft her (*Domann*, Sozialdemokratie und Kaisertum unter Wilhelm II., 102 f.)
[30] Staatsarchiv Bremen, 4, Nr. 665, Zentralverband der Werftarbeiter Deutschlands, Generalversammlung vom 13. 11. 1890 in Hamburg, 107. Zu der Aussage Wilhelms vgl. *E. Gagliardi,* Fürst

Doch diese Feststellung fand keine Resonanz unter den anderen Delegierten.

Im Vergleich zur patriarchalischen Auffassung der Arbeiter auf dem Stettiner Vulcan neigten die Hamburger stärker dazu, ihre Klasseninteressen selbständig zu verfolgen. Die Streikenden weigerten sich, aus patriotischen Gründen den Streik niederzulegen mit dem Argument, es sei „ein Gebot der Ehre und Pflicht eines jeden Arbeiters, den Arbeitskameraden Solidarität zu zeigen und dem brutalen Terrorismus des Unternehmertums allzeit mit aller Kraft entgegenzutreten"[31]. Dennoch ließ sich auch in Hamburg keine richtige Oppositionsstimmung dem Kaiser bzw. dem monarchistischen Prinzip gegenüber feststellen.

Auf die Beschuldigung, sie seien „vaterlandslose Gesellen", reagierten die Streikenden mit Entrüstung. In den Streikversammlungen wurde vielfach die Vermutung geäußert, der Kaiser sei schlecht informiert.

In einer Streikversammlung, bei der auch der sozialdemokratische Abgeordnete Dietz anwesend war, wurde folgende Resolution angenommen:

„Die Versammlung spricht die Erwartung aus, daß der deutsche Kaiser, sobald er den wahren Tatbestand erfährt, den Hamburger Arbeitern eine Ehrenerklärung gibt und sein gesprochenes Wort zurücknimmt."[32]

Dennoch sollte die Zurückweisung der Anschuldigungen nicht als stillschweigendes Einvernehmen mit dem kaiserlichen Patriotismusbegriff gewertet werden. Die Arbeiter kommentierten die kaiserliche Rede u. a. mit dem Spruch: „Die Herren haben das Jahr 1892 wohl vergessen!"[33] Dies war eine Anspielung auf die große Choleraepidemie in Hamburg, als die Hamburger SPD zur Bekämpfung und Eindämmung der Seuche ihr ganzes organisatorisches Potential dem Senat zur Verfügung gestellt hatte[34]. Insofern scheint es, daß die Hamburger Arbeiter unter Patriotismus eher eine Art elementare Solidarität mit den eigenen Mitbürgern über die Klassenschranken hinweg verstanden, als die Bereitschaft, Strafexpeditionen nach China im Zuge eines imperialistischen Expansionismus mitzutragen. Ein solches Patriotismusverständnis deckte sich weitgehend mit einer Aussage Bebels, wonach die Arbeiter sich ein Vaterland wünschen, in dem sie als Bürger unter menschenwürdigen Verhältnissen leben können[35].

Die Haltung der Streikenden in Hamburg war im Grunde vom Anliegen bestimmt, die Konfrontation mit einem politischen System zu vermeiden, dessen Existenzbe-

Fortsetzung der Fußnote von S. 138
Bismarcks Entlassung, Bd. 1 (Tübingen 1927) 138 f. Zur Nachhaltigkeit des herkömmlichen „Beschwerderechtes" im Bergbau vgl. *Klaus Tenfelde, Helmuth Trischler* (Hrsg.), Bis vor die Stufen des Thrones. Bittschriften und Beschwerden von Bergleuten im Zeitalter der Industrialisierung (München 1986).
[31] Vierter Bericht des Hamburger Gewerkschaftskartells, 76.
[32] Ebda.
[33] Staatsarchiv Hamburg, Politische Polizei, S7850–64 NA 1, Versammlungsbericht der öffentlichen Versammlung der Werftarbeiter am 14. 8. 1900.
[34] *Richard J. Evans*, Die Cholera und die Sozialdemokratie: Arbeiterbewegung, Bürgertum und Staat in Hamburg während der Krise von 1892, in: *Herzig/Langewiesche/Sywottek* (Hrsg.), Arbeiter in Hamburg. Unterschichten, Arbeiter und Arbeiterbewegung seit dem ausgehenden 18. Jahrhundert (Hamburg 1983) 203–213.
[35] *August Bebel*, Akademiker und Sozialismus (Berlin ²1906) 24.

rechtigung nicht zur Debatte stand. Zugleich bestätigen die Fortsetzung des Streiks und die Aufforderung an den Kaiser, das Recht der Streikenden anzuerkennen, das hohe Selbstbewußtsein der Hamburger Arbeiter. Indem sie die Weiterverfolgung ihrer Ziele mit der Berücksichtigung der politischen Kräfteverhältnisse verbanden, schlugen sie eine gut überlegte, nüchterne Taktik ein.

Auch in den folgenden Jahren lassen sich den Akten der Politischen Polizei in Hamburg kaum kritische Äußerungen von Werftarbeitern über den Kaiser bzw. die Flottenpolitik entnehmen. Ihre Haltung zum Staat blieb reserviert, aber nicht feindselig.

Eine solche Linie entsprach weitgehend der Einstellung der Sozialdemokratie zum Kaisertum und zum „persönlichen Regiment" Wilhelms. Zwar war die SPD per Statut eine republikanische Partei. Abgesehen von der harten und konsequenten Stellungnahme der Eisenacher im Norddeutschen Reichstag 1869, als es darum ging, die Kredite für den Krieg gegen Frankreich zu bewilligen[36], ergriff die Partei allerdings kaum die Gelegenheit, ihre republikanische Gesinnung politisch zu artikulieren. Am Anfang der Regierung Wilhelms II. teilte die Sozialdemokratische Partei sogar die allgemeinen Erwartungen, die in den „jungen Kaiser" gesetzt worden waren. In einem Brief an Engels schrieb z. B. Bebel am 9. 4. 1889: „Der Mann ist uns zweimal sein Gewicht in Gold wert, der braucht sich vor Attentaten nicht zu fürchten (...). Im Notfalle sollten wir ihm eine Garde stellen gegen anarchistische Eseleien."[37]

Die Ernüchterung folgte spätestens beim berüchtigten „Schießerlaß" und beim enttäuschenden und restriktiven Ausfallen der Gesetzgebung zu den Arbeiterausschüssen, die keineswegs den von den Februarerlassen geweckten Hoffnungen entsprach.

Unter der Kanzlerschaft Hohenlohe griff die SPD die sich abzeichnende Weltpolitik und das „persönliche Regiment" Wilhelms scharf an. Die Persönlichkeit des Kaisers stand in dieser Zeit im Mittelpunkt der Angriffe. Nach 1900 überwog die Kritik am preußischen Verfassungssystem und am unvollständigen Parlamentarismus. 1900 legten die Sozialdemokraten auch den ersten Gesetzentwurf zur Verantwortlichkeit der Minister dem Reichstag vor. Ähnliche Gesetzentwürfe wurden 1905 und 1908 vorgelegt[38].

In der wechselnden Einstellung der SPD zum deutschen Kaiser bzw. zur „Person" Wilhelms zeigt sich eher eine politisch bedingte Oppositionshaltung als eine prinzipielle Ablehnung der Monarchie. Selbst solche „Nadelstiche" wie das demonstrative Sitzenbleiben im bzw. Fernbleiben vom Reichstagsplenum bei „Huldigungen" für den Monarchen lassen sich eher als Protest gegen die Unzulänglichkeiten des Verfassungssystems verstehen, als als antimonarchistische Demonstration. Darüber hinaus hätte die Revidierung dieser Tradition den Konsens innerhalb der Fraktion unnötigerweise gestört. Auf der Ebene der Bundesstaaten wurde die sozialdemokratische Enthaltsamkeit vor „Huldigungen" von Bundesfürsten und „Hofgängereien" vielfach gebrochen, ohne besonderes Aufsehen zu erregen[39].

---

[36] *Helga Grebing,* Geschichte der deutschen Arbeiterbewegung. Ein Überblick (München [11]1981) 87.
[37] Aus: *Domann,* Sozialdemokratie und Kaisertum unter Wilhelm II. 112f.
[38] Ebda., 54–56, 76, 108, 231 ff.
[39] *Erich Matthias, Eberhard Pikart* (Hrsg.), Die Reichstagsfraktion der deutschen Sozialdemo-

Seit den 90er Jahren wurde die Frage des „Staatssozialismus" bzw. der „sozialen Monarchie" innerhalb der Partei vielfach kontrovers diskutiert. Dabei zogen Vollmar und selbst Mehring durchaus die Möglichkeit einer begrenzten Kooperation zwischen Staat/Monarch und Arbeiterklasse gegen die bürgerliche Front in Erwägung[40]. Paradoxerweise war gerade Bernstein derjenige, der als profiliertester Exponent des rechten Flügels am konsequentesten am republikanischen Grundsatz festhielt[41]. Ihm gegenüber erklärte Bebel gelassen, daß er keine Lust verspüre, sich wegen der Republik den Kopf einzurennen[42].

Auf der einen Seite war das Vermächtnis Lassalles in der sozialdemokratischen Partei zu stark, um eine offensive republikanische Linie vertreten zu können. Auf der anderen Seite war die sozialdemokratische Haltung auch in dieser Frage von der üblichen Mischung von Radikalismus und deterministischer Lähmung gekennzeichnet. Peter Domann notiert dazu:

„Die Entwicklung der sozialistischen Theorie von Beginn der Zweiten Internationale an zu einer rein evolutionären – die Revolution allmählich nur noch als Abwehrstrategie gegen einen möglichen Staatsstreich im restaurativen Sinne einkalkulierenden – naturnotwendigen Gesetzlichkeit schloß eine partielle Anpassung an ein bestehendes monarchisches Verfassungssystem nicht nur nicht aus, sondern ließ diese als vereinbar mit einer nicht konkretisierten republikanischen Grundanschauung möglich erscheinen, da ja ein historisches Fatum am Ende doch die Entwicklung in das richtige Gleis führen würde."[43]

Die Sozialdemokratie ging davon aus, daß sie sich langfristig mit einem kaiserlichen Deutschland zu arrangieren hatte. Eine solche realpolitische Einstellung führte unvermeidlich zur Übernahme der linksliberalen Kritik zur bestehenden Staatsform. Die Frage der Demokratisierung des Wahlrechtes und der Ministerverantwortlichkeit gewann gegenüber einem als abstrakt empfundenen Gegensatz zwischen Monarchie und Republik hierbei eindeutig Priorität. Insofern konnten in der Partei verschiedene Einstellungen zum Kaisertum und zu Kaiser Wilhelm II. koexistieren, ohne daß dies zu inneren Spaltungen bzw. Konflikten führen mußte.

Die unterschiedliche Stärke und Verbreitung der Arbeiterbewegung in Hamburg und Stettin beeinflußte zweifellos die Einstellung zum Staatsoberhaupt seitens der Arbeiterschaft[44]. Allerdings spielten auch weitere Faktoren eine Rolle, die nur zum Teil von Stärke und Gestalt der Arbeiterbewegung abhingen.

Fortsetzung Fußnote von Seite 140
kratie 1898 bis 1918 – Erster Teil (Quellen zur Geschichte des Parlamentarismus und der politischen Parteien, Erste Reihe, Von der konstitutionellen Monarchie zur parlamentarischen Republik, Bd. 3/I, Düsseldorf 1966) CXLVI f. *Domann*, Sozialdemokratie und Kaisertum unter Wilhelm II., 128 f.
[40] *Domann*, Sozialdemokratie und Kaisertum unter Wilhelm II., 117–135. Vgl. zur Auseinandersetzung der Sozialdemokratie mit der Naumann'schen These von „sozialem Königtum" ebda., 136–139.
[41] Ebda., 133.
[42] Ebda., 135.
[43] Ebda., 43.
[44] In der zweiten Hälfte der 1880er Jahre zählte die Gewerkschaftsbewegung in Hamburg schon 30 000 Mitglieder. Um die Zeit überwogen in Stettin noch stark zersplitterte Bildungs- und Vergnügungsvereine. Abgesehen von den besseren Wahlergebnissen war in Hamburg die Sozialde-

Die Arbeiter in Hamburg waren eher jung, mobil und meistens unverheiratet. Sie verfügten über vielfältige Arbeitsmöglichkeiten, die sich aus einem differenzierten und expandierenden Arbeitsmarkt ergaben. Ihre Lebenserfahrung war vom Bewußtsein der eigenen relativen Selbständigkeit in der Gestaltung des Arbeitsverhältnisses geprägt. 1898 zog der Industrielle Johannes Menck, stellvertretender Vorsitzender des Arbeitgeberverbandes Hamburg-Altona, folgendermaßen Bilanz über den Umgang zwischen den sozialen Klassen in der Hansestadt:

> „Das persönliche Verhältnis zwischen Arbeitgebern und Arbeitern ist (...) ein gutes, nur die Formen, in welchen beide Teile miteinander als Parteien verkehren und rechten, änderten sich und nahmen *bei dem auf beiden Seiten vorhandenen Selbstbewußtsein* (Hervorhebung MC) einen dem Fernstehenden schroff erscheinenden Charakter an."[45]

Die Krise des Autoritätsprinzips in den innerbetrieblichen Beziehungen färbte notwendigerweise auch auf die Betrachtung der staatlichen Macht ab. Darüber hinaus war unter manchen altansässigen Arbeitergruppen eine Art hanseatischer Stolz lebendig, der ebenfalls eine gewisse Distanz zum preußischen Kaiserhaus förderte. Funktionäre des Reichsmarineamtes stellten bei einer Untersuchung über die Arbeitsverhältnisse auf den deutschen Werften fest, daß für die Hamburger Arbeiter der „blaue Montag" eine feierlichere Angelegenheit sei als des Kaisers Geburtstag[46].

Im Gegensatz zu Hamburg waren die sozialen Beziehungen in Stettin eher patriarchalisch geprägt. Die Arbeiter waren im Durchschnitt älter als in Hamburg, meist verheiratet und hatten Kinder. 1907 entfielen auf 100 Schiffbauer 115,5 Familienangehörige in Hamburg und 219 in Stettin[47].

Respekt vor dem Alter war in Stettin noch ein allgemein akzeptiertes Prinzip, wie die Wahl des ältesten Arbeiters des Werftbetriebes zum Vertreter der ganzen Belegschaft anläßlich des Kaiser-Besuches zeigt. Insofern bestand in Stettin auch eine stärkere Übereinstimmung zwischen den patriarchalischen Anschauungen Wilhelms II. und der erlebten Realität der Arbeiter. Zum Aspekt der plebiszitären Herrschaftsvorstellungen des Kaisers stellte Reinhard Höhn fest:

> „Er (Der Kaiser, MC) bewegt sich in den Vorstellungen des Patriarchalstaates, der ‚altgeschichtlichen' Zeit, in der sich der ‚einfache Mann des Volkes' als ‚Familienmitglied zum Familienvater' hingezogen fühlt."[48]

Freilich fügte sich die selektive Übernahme von kulturellen Elementen aus dem her-

---

Fortsetzung Fußnote von Seite 141
mokratie auch tiefer in der Arbeiterschaft verankert als in Stettin. Dazu: *Marina Cattaruzza*, Arbeiter und Unternehmer auf den Werften des Kaiserreichs (Wiesbaden 1988).

[45] Arbeitgeber-Verband Hamburg-Altona (Hrsg.), Bericht über die Verhandlungen der Arbeitsnachweis-Konferenz zu Leipzig am 5. September 1898 (Hamburg 1898) 106.

[46] Militärarchiv Freiburg, RM3/v10160 Kommission für die Hebung des Schiffbaus, Sitzung am 28.10.1899.

[47] Eigene Berechnungen nach: Bevölkerung der Bundesstaaten außer Preußen nach Haupt- und Nebenberuf (Berufs- und Betriebszählung vom 12.6.1907), in: Statistik des Deutschen Reichs, Bd. 205, 816, 832; ebda., Bd. 207 (Abt. 6: Großstädte), 24, 66, 116, 124, 336, 344–346.

[48] *Höhn*, Der Kampf des Heeres gegen die Sozialdemokratie, 247.

kömmlichen Herrschaftsinstrumentarium in die komplexe „Modernität" der Persönlichkeit Wilhelms, die, wie von Isabel Hull hervorgehoben, hauptsächlich von der Zuversicht in die unbegrenzte Veränderbarkeit der Realität nach den eigenen Wunschvorstellungen gekennzeichnet war[49].

Die hier dargestellten Beispiele bestätigen im Grunde die Schlußfolgerungen der Arbeiter- und Arbeiterbewegungsforschung, denen zufolge die Arbeiterkultur ein komplexes, widersprüchliches, in sich gebrochenes Phänomen[50] gewesen sei. Das Zitat aus den Memoiren von Moritz Bromme, wonach im elterlichen Haushalt die Bilder von Moltke, Bismarck und Wilhelm I. zusammen mit denjenigen von Lassalle, Marx und Bebel an den Wänden gehangen hätten, ist inzwischen fast zum Klassiker geworden[51]. Auch in den Kindheitserinnerungen von Scheidemann, Severing und Adelheid Propp – alle aus dem proletarischen Milieu stammend – war eine starke monarchistische Gesinnung zu verzeichnen, die nicht unbedingt im Widerspruch zu einem elementaren Klassenbewußtsein stand[52]. Hinsichtlich der Militärzeit scheinen die Erfahrungen von sozialdemokratischen Rekruten ebenfalls differenzierter und positiver ausgefallen zu sein, als es zu dem konsequenten Pazifismus eines Karl Liebknechts gepaßt hätte[53].

Schon 1963 hob Günther Roth hervor, daß die Weltanschauung von sog. „Elitesozialisten" nicht derjenigen der einfachen Parteimitglieder entspreche[54]. Die *jeweilige* Arbeiterkultur setzte sich aus verschiedenen, regional- und milieuspezifischen Elementen zusammen. Dazu konnten z.B. eine besondere Wahrnehmung der Staatsgewalt gehören, auch ein lokalpatriotischer Geist oder der Einfluß der Kirche. Freilich war das Vorhandensein der sozialdemokratischen Arbeiterbewegung ausschlaggebend, um übertragene Vorstellungen zu verändern bzw. zu verdrängen. Allerdings fügte sich die sozialdemokratische Kultur ebenfalls in ein bestehendes Gefüge ein, das die Art ihrer Rezeption erheblich beeinflußte.

In Stettin gewann die SPD schon bei den 1898er Wahlen 32% der Stimmen. 1912 stieg ihr Anteil auf 44%[55]. Dennoch vollzog sich durch die Etablierung der Arbeiterbewegung keine Gleichstellung mit einer einheitlichen, abstrakten Arbeiterbewegungskultur, sondern eher ein Teilprozeß der Klassenbildung im Rahmen überregio-

---

[49] Zum Modernitätsbegriff vgl. auch den interessanten Aufsatz von *Mark Elvin,* A Working Definition of „Modernity"?, in: Past & Present 113 (1986) 209–213.
[50] Vgl. z.B. *Richard J. Evans,* Introduction, in: *Richard J. Evans* (Hrsg.); The German Working Class 1888–1933. The Politics of Everyday Life (London 1982); *Vernon Lidtke,* Recent Literature on Workers' Culture in Germany and England, in: Arbeiter und Arbeiterbewegung im Vergleich (Historische Zeitschrift, Sonderheft 15, 1986) 337–362.
[51] Aus: *Gerhard A. Ritter,* Staat, Arbeiterschaft und Arbeiterbewegung in Deutschland (Bonn 1980) 32; im folgenden zitiert: *Ritter,* Staat, Arbeiterschaft und Arbeiterbewegung.
[52] *Günther Roth,* The Social Democrats in Imperial Germany (Totowa N. J. 1963). Ich beziehe mich hier auf die italienische Ausgabe: I socialdemocratici nella Germania imperiale (Bologna 1971) 210f., 235–237; im folgenden zitiert: *Roth,* I socialdemocratici nella Germania imperiale.
[53] *Höhn,* Der Kampf des Heeres gegen die Sozialdemokratie, 608–610; *Ritter,* Staat, Arbeiterschaft und Arbeiterbewegung, 32f.; *Roth,* I socialdemocratici nella Germania imperiale, 210–212.
[54] *Roth,* I socialdemocratici nella Germania imperiale, 211.
[55] *Gerhard A. Ritter,* Wahlgeschichtliches Arbeitsbuch. Materialien zur Statistik des Kaiserreichs 1871–1918 (Statistische Arbeitsbücher zur neueren deutschen Geschichte, München 1980) 106.

naler Strukturen. Dasselbe galt für Hamburg, wo schon 1890 die SPD stärkste Partei war[56]. Obwohl gerade in der Hansestadt die Sozialdemokratie ihr stärkstes organisatorisches Potential entfaltete, blieben auch hier Denkmuster und kulturelle Raster bestehen, die eher zum klassenübergreifenden hanseatischen Geist gehörten, als zu einer in sich geschlossenen Kultur der Arbeiterbewegung.

Das Kaiserbild der Werftarbeiter in Hamburg und Stettin gehörte in dieses kulturelle Spannungsfeld. Wilhelm II. wurde so entweder als Verkörperung des patriarchalisch-fürsorglichen Prinzips wahrgenommen oder als Spitze eines nüchtern betrachteten Machtsystems, von dem es galt, als soziale Kontrahenten anerkannt zu werden. In beiden Fällen nahmen die Arbeiter auf die unpersönliche, kaiserliche Funktion Bezug. Es bleibt also nach wie vor ungewiß, wie sie zur besonderen Erfüllung dieser Funktion vor der „Persönlichkeit" Wilhelms II. standen.

---

[56] Ebda., 95.

Bernd Sösemann

Der Verfall des Kaisergedankens im Ersten Weltkrieg*

Der Sturz Wilhelms II. und das Ende der preußisch-deutschen Monarchie sollten auf ein und denselben Tag fallen¹. Für einige der politisch interessierten Zeitgenossen war das trotz warnender Vorzeichen eine Überraschung, für andere brach eine Welt zusammen: „Wie sehr habe ich mich geirrt!" schrieb Hans Delbrück in seinen „Preußischen Jahrbüchern" am 23. November 1918 und fuhr fort:

> „So schlimm auch die Dinge schon vor vier Wochen standen, so wollte ich doch die Hoffnung nicht aufgeben, daß sich die Front draußen, wenn schon zurückweichend, behaupte und den Feinden einen Waffenstillstand abtrotze, der unsere Grenzen decke; daß im Innern aber die Entwicklung zur Demokratie, längst angebahnt, wie sie war, sich ohne gewaltsamen Bruch mit der Vergangenheit und unter Schonung der überlieferten politischen Formen vollziehen werde. Unsere Hoffnung hat uns getrogen, unser Stolz ist gebrochen. Ich habe mir eingebildet, klarer und weiter gesehen zu haben als Andere, indem ich bei allem Vertrauen in unsere Kriegskraft immer wieder zu politischer Mäßigung riet. Hätte man sich mit solcher Mäßigung vor einer Katastrophe, wie sie jetzt hereingebrochen ist, retten können? So viel ist gewiß, daß ich die innere Zersetzung unserer Kraft, die Erschütterung unserer einst so festen politischen Struktur nur zu sehr unterschätzt habe."²

Trotz der in Deutschland bereits seit Jahren³ verbreiteten und vielfältigen Kritik an

---

* Der Beitrag stellt den Vortrag in überarbeiteter Form dar. Auf Wunsch des Herausgebers wurde die extensive Zitierweise beibehalten, da insbesondere Zeitungen und sonstige Presseverlautbarungen selten vollständig zugänglich sind. – Dem Berliner Kollegen *Bernfried Schlerath* verdanke ich den Einblick in Nachlaßmaterialien *Herman Lommels*. Bei den langwierigen archivischen und bibliographischen Arbeiten unterstützte mich cand. phil. *Andreas Kübler*, dem ich dafür herzlich danke.
¹ Ein knapper, die zentralen Ereignisse, die politischen und verfassungsrechtlichen Fragen sowie die Problematik des Gesamtthemas skizzierender Überblick findet sich bei *Ernst Rudolf Huber*, Deutsche Verfassungsgeschichte seit 1789, Bd. 5 (Stuttgart 1978) 584–706; im folgenden zitiert: *Huber,* Verfassungsgeschichte.
² *Hans Delbrück,* Politische Korrespondenz. Waffenstillstand. – Revolution. – Unterwerfung. Republik, in: Preußische Jahrbücher 174 (1918) 425. Weiter heißt es dort: „Was wollten die Soldaten? Sind sie plötzlich allesamt Republikaner geworden? Das waren ja selbst die Sozialdemokraten bisher nur in der Theorie. Immer wieder haben ihre Führer, von Bebel an erklärt, daß sie sich auch mit einer, genügend eingeschränkten, Monarchie abzufinden vermöchten und daß die Republik für sie kein Programmpunkt sei. Noch vor ein paar Wochen war die Zahl derjenigen Deutschen, die ihrem politischen Streben die Republik als Ziel setzten, minimal" (ebd., 431).
³ *Herman Lommel,* Erinnerungen an meine Besuche bei Kaiser Wilhelm II. in Doorn, unveröffentlichtes Manuskript aus dem Nachlaß, zusammengestellt von Berta Lommel (Prien 1984)

dem Monarchen überwog die Ansicht, daß das Kabinett und die Oberste Heeresleitung sowie die in politischer Mitverantwortung stehenden Parteien die Errichtung einer Republik würden verhindern können. Diese Auffassung drückt sich auch in einem Brief Max Webers an den Freiburger Nationalökonomen Gerhard von Schulze-Gaevernitz vom 11. Oktober 1918 aus. Weber meinte, in jener Situation noch von einem klar urteilenden und die politischen Verhältnisse beherrschenden Kaiser ausgehen zu können, und teilte seine Ansicht sogleich noch anderen Persönlichkeiten mit, von denen er zwar eine grundsätzlich wohlwollende Haltung annehmen, doch auch eine distanziert-nüchterne Beurteilung der jüngsten Entwicklung des monarchischen Gedankens unter dem Regiment Wilhelms II. erwarten durfte:

> „Als aufrichtiger Anhänger monarchischer – wenn auch parlamentarisch beschränkter – Institutionen und der deutschen Dynastie insbesondere ist meine feste Überzeugung, daß der jetzige Kaiser im Interesse des Reiches und der Dynastie zurücktreten muß. Er kann es mit voller Würde, wenn er erklärt: ,er beharre dabei, nach Recht und Gewissen gehandelt zu haben, wie er gemußt habe; das Schicksal sei gegen ihn gewesen, und er wolle der neuen Zukunft seines Volkes nicht als Hindernis im Wege stehen'. [...] Geht er, *ohne* Druck von außen, *jetzt*, so geht er in Ehren, und das ritterliche Mitgefühl der Nation ist bei ihm. Vor allem aber: die Stellung der Dynastie bleibt gewahrt. [...] Ich gestehe offen, die Art seines Regierens mit entschiedener Abneigung beobachtet zu haben. Aber im Interesse des *Kaisertums* darf nicht wünschen, daß ein Kaiser *mit Unehren* endet, sei es, daß er später unter äußerem Zwang geht, sei es, daß er auf dem Thron fortvegetiert. [...] stellen Sie sich die furchtbaren Demütigungen vor, denen der Monarch entgegengeht, wenn er bleibt! Furchtbar zu denken! Und auf Generationen nachwirkend!
> Ich schrieb dies auch Naumann und Hans Delbrück."[4]

Ist das Doppelereignis des 9. November 1918 deshalb als eine Art revolutionär bedingte Koinzidenz einzuschätzen? Haben erst die in den letzten Oktober- und ersten Novembertagen sich zuspitzenden innenpolitischen Entwicklungen, die sich überstürzenden militärischen Hiobsbotschaften und der außenpolitisch-diplomatische Druck einen revolutionären Abschluß erzwungen? Das politisch-parlamentarisch-publizistische Intrigenspiel in dem Kampf um einen akzeptablen Waffenstillstand ist weitgehend bekannt[5]. Ebenso die Tatsache, daß die Kritik an der Person und an dem sog.

Fortsetzung Fußnote von Seite 1

15 (im folgenden zitiert: *Lommel*, Erinnerungen): „Stimmungsmäßig wirkte ein die Abneigung, die ihn [den Kaiser] bei deutschen Patrioten lebenslang belastete wegen der Entlassung Bismarcks [...]."

[4] *Max Weber*, Gesammelte politische Schriften (München 1921) 477 (Hervorhebungen im Original).

[5] Hierzu vergleiche besonders die folgenden Veröffentlichungen: Das Werk des Untersuchungsausschusses der Verfassunggebenden deutschen Nationalversammlung und des Deutschen Reichstags 1919–1929, III. Reihe: Das Völkerrecht im Weltkriege, 4 Bde. (Berlin 1927); IV. Reihe: Die Ursachen des deutschen Zusammenbruchs im Jahre 1918, 12 Bde. (Berlin 1925–1929); *Gerhard Ritter*, Staatskunst und Kriegshandwerk, 2.–4. Bd. (München 1964, 1968); im folgenden zitiert: *Ritter*, Staatskunst; *Susanne Miller*, Burgfrieden und Klassenkampf. Die deutsche Sozialdemokratie im Ersten Weltkrieg (Beiträge zur Geschichte des Parlamentarismus und der politischen Parteien 53, Düsseldorf 1974); im folgenden zitiert: *Miller*, Burgfrieden; *Udo Bermbach*, Vorformen parlamentarischer Kabinettsbildung in Deutschland. Der Interfraktionelle Ausschuß 1917/18 und die Parlamentarisierung der Reichsregierung (Köln/Opladen 1967).

persönlichen Regiment Wilhelms II.[6] schon bald nach dem Regierungsantritt einsetzte[7].

Mir geht es jedoch nicht darum, zum wiederholten Mal nach den Inhalten dieser Kritik und nach ihrer Berechtigung zu fragen oder die einzelnen Stationen des Scheiterns einer Politik nachzuzeichnen, die im November 1918 die erwähnte revolutionäre Koinzidenz vermeiden wollte, sondern um die Behandlung zweier Fragenkomplexe, die ich in die Form folgender Thesen bringen möchte.

1. Der sich erheblich länger als erwartet und mit zunehmend schlechteren Aussichten für das Deutsche Reich hinziehende Erste Weltkrieg, der das kaiserliche Ansehen mindernde Hindenburg-Mythos sowie die Ansätze zu einer Parlamentarisierung und die damit verbundenen, jedoch nur halb erfüllten Erwartungen erweiterten und steigerten eine langjährige, vielfältige und sich auf durchaus gegensätzliche Motive gründende Kritik an Wilhelm II. seit dem Sommer 1915 in einem solch erheblichen Umfang, daß der Monarch von nun an in den aktuellen Überlegungen nicht mehr als politischer Machtfaktor angesehen und darüber hinaus auch in den Planungen für die Nachkriegszeit nur noch als eine „pouvoir neutre" berücksichtigt wurde.

2. Die ursprünglich primär auf den Monarchen gerichtete Kritik erreichte seit dem Sommer 1917 eine derartige thematische und soziale Zuspitzung und Fundierung, daß der fortgeschrittene Verfall des Kaisergedankens in der Schlußphase des Ersten Weltkriegs nicht nur diejenigen Kräfte in Staat und Gesellschaft weitgehend paralysierte, die aus unterschiedlichen Motiven wenigstens die Monarchie hatten bewahren wollen, sondern auch den Kritikern auf dem linken Flügel des Parteienspektrums, die prinzipiell auf den Sturz der Monarchie hinarbeiteten, eine außerordentlich breite Zustimmung brachte.

Fortsetzung Fußnote von Seite 146
Außerdem sei auf die folgenden Darstellungen hingewiesen: *Fritz T. Epstein,* Zwischen Compiègne und Versailles. Geheime amerikanische Militärdiplomatie in der Periode des Waffenstillstandes 1918/19: Die Rolle des Obersten Arthur L. Conger, in: VjhefteZG 3 (1955) 412–445; *Regina Gottschalk,* Die Linksliberalen zwischen Kaiserreich und Republik. Von der Julikrise 1917 bis zum Bruch der Weimarer Koalition im Juni 1919 (Diss. phil. Tübingen, Mainz 1969); *Leo Haupts,* Deutsche Friedenspolitik 1918/19. Eine Alternative zur Machtpolitik des Ersten Weltkrieges (Düsseldorf 1976); *Henning Köhler,* Novemberrevolution und Frankreich. Die französische Deutschlandpolitik, 1918–1919 (Düsseldorf 1980); *Josef Muhr,* Die deutsch-italienischen Beziehungen in der Ära des Ersten Weltkriegs, 1914–1922 (Göttingen 1977); *Klaus Schwabe,* Deutsche Revolution und Wilson-Frieden. Die amerikanische und deutsche Friedensstrategie zwischen Ideologie und Machtpolitik, 1918/19 (Düsseldorf 1971).
[6] Hierzu aus unterschiedlichen Positionen: *Walter Goetz,* Kaiser Wilhelm II. und die deutsche Geschichtsschreibung, in: HZ 179 (1955) 21 ff.; *Erich Eyck,* Das persönliche Regiment Wilhelms II., in: Sitzungsberichte der Deutschen Akademie der Wissenschaften, Berlin, Klasse Gesellschaftswissenschaften, Nr. 3 (1952); *Ernst Rudolf Huber,* Das persönliche Regiment Wilhelms II., in: Zeitschrift für Religions- und Geistesgeschichte 3 (1951) 134ff.; *John C. G. Röhl,* Kaiser, Hof und Staat. Wilhelm II. und die deutsche Politik (München 1987) 17–34; 78–115.
[7] Vergleiche hierzu besonders: *Friedrich Zipfel,* Kritik der Öffentlichkeit an der Person und an der Monarchie Wilhelms II. bis 1914 (Diss. phil. FU Berlin 1952); im folgenden zitiert: *Zipfel,* Kritik; *Adolf Stutzenberger,* Die Abdankung Kaiser Wilhelms II. Die Entstehung und Entwicklung der Kaiserfrage und die Haltung der Presse (Historische Studien 312, Berlin 1937); im folgenden zitiert: *Stutzenberger,* Abdankung.

Während seiner gesamten Regierungszeit ist Wilhelm II. viel und scharf kritisiert worden. Seine peinlichen, verletzenden oder brüskierenden Reden, die herausfordernde Attitüde eines improvisiert-sporadischen Autokratentums und die Reihe der spektakulären Eklats von der Entlassung Bismarcks über den vertraglichen Husarenritt von Björkö bis zu dem Daily-Telegraph-Interview – „die schwerste Niederlage [...] Preußen[s] seit Olmütz"[8] – ließen offene und versteckte Kritik oder Polemik fast im gesamten politischen Spektrum entstehen[9]. Das konnte auch nur wenige der politisch informierten Zeitgenossen überraschen. Formulierte der Monarch in der Öffentlichkeit seine persönlichen Ansichten in aller Deutlichkeit, so hatte er Kritik zu gewärtigen[10]. Hans Delbrück erkannte in diesem Zusammenhang so etwas wie ein heilsam wirkendes politisches Prinzip: Publizistisch erzielte Triumphe über Wilhelm II. dienten nicht zuletzt dem Zweck, den Monarchen und seine weitgehend in unverantwortlichen Funktionen agierenden Ratgeber eindringlich daran zu erinnern, daß alle sich „in einem konstitutionellen und nicht in einem absoluten Staatswesen" bewegten[11]. Wenige Monate nach Ludwig Quiddes „Caligula"-Angriff[12] schrieb Friedrich von Holstein am 1. Januar 1895 an Philipp Fürst zu Eulenburg und Hertefeld:

„Sie denken an den Kaiser, ich denke auch an die Dynastie und verhehle mir nicht, daß Seine Majestät vom royalistischen *Kapitale* lebt, und daß das, was er heute achtlos vergeudet, einstmals seinem Sohne, – ja, wahrscheinlich in wenigen Jahren schon ihm selber, empfindlich fehlen wird. La première condition d'une révolution providentielle c'est l'absence de tout ce qui serait de nature à l'empêcher. Eine der wichtigsten Vorbedingungen der in meinen Augen unvermeidlichen und nahe vor uns liegenden Senkung des deutschen Kaisergefühls ist die Tatsache, daß selbst *Ihr* Verstand halt macht vor der Betrachtung der Folgen, welche das jetzige leichtfertige Regiment zeitigt. Kismet."[13]

Anderthalb Jahre später wurden solche Befürchtungen nicht mehr versteckt in privater Korrespondenz, sondern auch in aller Schärfe in der Öffentlichkeit und meistens mit breiter Zustimmung geäußert. Der Liberale Eugen Richter, einer der bekanntesten oppositionellen Reichstagsabgeordneten und der Herausgeber einer Zeitung, schilderte im Reichstag die verhängnisvollen Auswirkungen des kaiserlichen Krypto-

---

[8] *Hans Delbrück* schrieb diese Ansicht im Dezember 1908 nieder; s. Preußische Jahrbücher 134 (1908) 575.
[9] Hierzu sei besonders auf folgende Veröffentlichungen verwiesen: *John C. G. Röhl*, Germany without Bismarck. The Crisis of Government in the Second Reich, 1890–1900 (London 1967); deutsch erschienen unter dem Titel: Deutschland ohne Bismarck. Die Regierungskrise im Zweiten Kaiserreich, 1890–1900 (Tübingen 1969); *Wilhelm Schüssler*, Die Daily-Telegraph-Affäre. Fürst Bülow, Kaiser Wilhelm und die Krise des Zweiten Reiches 1908 (Göttingen 1952).
[10] Eine Darstellung der zeitgenössischen Kritik an Wilhelm II. ist zu finden bei: *Zipfel*, Kritik, passim.
[11] So bei *Hans Delbrück*, in: Preußische Jahrbücher 97 (1899) 552.
[12] *Ludwig Quidde*, Caligula. Eine Studie über römischen Cäsarenwahnsinn (Leipzig 1894; durch „Erinnerungen des Verfassers" ergänzte 31. Auflage 1926). – In diesem Zusammenhang sei außerdem auf den Neudruck und die jüngste Interpretation verwiesen: *Hans-Ulrich Wehler*, Ludwig Quidde. Caligula, Schriften über Militarismus und Pazifismus (Frankfurt/M. 1977).
[13] Dieser Brief Friedrich von Holsteins an Philipp Fürst zu Eulenburg und Hertefeld vom 1. Januar 1895 wird zitiert nach: *John C. G. Röhl* (Hrsg.), Philipp Eulenburgs politische Korrespondenz, Bd. 2 (Boppard 1978) 1071 (Hervorhebungen im Original); im folgenden zitiert: *Röhl*, Eulenburg.

Absolutismus auf die Haltung der Bevölkerung zur Monarchie. Am 18. Mai 1897 sagte Richter im Reichstag über die ersten neun Regierungsjahre Wilhelms II.:

> „*Wo ist denn heute ein einheitlicher, zielbewußter Wille,* der nicht von plötzlichen Impulsen getragen wird, sondern der mit Umsicht und Einsicht stetig ein Ziel zu verfolgen weiß? (Sehr gut! links.) [...]. So weit Sie blicken, *nichts als geschmeidige Höflinge, die sich jeder Ansicht von oben anschließen! [...] Handlanger, aber im gewöhnlichen Sinne des Worts!* (Stürmisches Bravo links. – Händeklatschen.) [Präsident droht mit Räumung der Tribüne, weil sie ebenfalls Beifall bezeugte] Der Herr Abgeordnete von Kardorff hat [...] gesprochen von der *Abnahme der monarchischen, der nationalen Gesinnung* in Deutschland; er hat den Rückgang datiert [...] *von dem Tode Kaiser Friedrichs III.* Meine Herren, ich bin kein Republikaner, ich bin kein Illusionspolitiker, ich rechne mit den praktischen, gegebenen Verhältnissen. Ich bin der Meinung, daß gerade in Deutschland das monarchische System Anwartschaft auf eine längere Dauer in der Zukunft hat als in irgend einem Staate Europas, weil die Monarchie hier eng mit dem Werden und Wachsen des Staatswesens selbst verbunden ist, deshalb, weil der Glanz von wirklich bedeutenden, verdienstvollen Monarchen der Vergangenheit noch fällt auf ihre Nachkommen in der Gegenwart. Aber um so mehr bedaure ich, daß Herr von Kardorff recht hat, daß in der Tat die monarchische Gesinnung seit 10 Jahren sich nicht nur nicht vermehrt hat, *sondern daß von dem Kapital dieser Gesinnung gezehrt wird* (sehr richtig! links) in einer Weise, wie ich es vor 10 Jahren nicht für möglich gehalten hätte (lebhafte Zustimmung links), nicht etwa infolge der Agitation der Sozialdemokratie, nein, *infolge von Vorgängen, die sich der parlamentarischen Erörterung entziehen* (sehr gut! links) [...]. Deutschland ist ein monarchisch konstitutionelles Land, aber *nach dem Programm: sic volo, sic iubeo – regis voluntas suprema lex mag man vielleicht in Rußland noch eine Zeit regieren können, das deutsche Volk läßt sich auf die Dauer nicht danach regieren.*"[14]

Der Kaiser wurde aber nicht nur in Reichstagsreden, Gesprächen und öffentlichen Verlautbarungen kritisiert, sondern es wollte auch im unmittelbaren Erfahrungsbereich der Arbeiter, also am Arbeitsplatz selbst, keine überschäumende Begeisterung, ja nicht einmal Jubel über Auftritte Wilhelms II. aufkommen. So berichtete die „Frankfurter Zeitung" vom 13. Januar 1900 von dem Stapellauf des Schnelldampfers „Deutschland" in Stettin mit Worten und Feststellungen, die das auffallend distanzierte Verhalten der Arbeiter beschönigten:

> „Und daß diese Arbeiter, die nicht kommandirt waren, später den Kaiser zwar nicht mit übertriebenem Jubel, aber doch – ich habe scharf hingesehen – durchweg mit höflichem Gruß und mit Hochrufen begrüßten, das ist immerhin auch ein Zeichen, das in einer Zeit noch viel verbreiteter sozialer Mißverständnisse über das Wesen der Arbeiterbewegung Beachtung verdient [...]."

Mit dieser privat und öffentlich formulierten gravierenden Kritik an der die Herrscherautorität außerordentlich betonenden Regierungsweise und an der Person Wilhelms II. soll auf die relativ lange und breite Tradition einer prinzipiell verstandenen kritisch-ablehnenden Haltung gegenüber dem Kaiser hingewiesen werden[15]. Im Ge-

---

[14] Verhandlungen des Reichstags. VIII. Session 1897. Stenographische Berichte, Bd. 150 (Berlin 1898) 5911f. (Hervorhebungen im Original); die Abgeordneten Haußmann (ebd., 5917) und Zimmermann (ebd., 5921) gingen auf Kardorffs Feststellung (ebd., 5899) mit weiteren Schuldzuweisungen ein. – Der in *Huber,* Verfassungsgeschichte, Bd. 4 (Stuttgart 1969) 331 f., wiedergegebene Auszug ist weder in der Auswahl überzeugend noch in textkritisch-editorischer Hinsicht zuverlässig.

[15] Man denke nur an die äußeren Umstände, den Text und die Wirkungen der „Hunnenrede".

gensatz zu Elisabeth Fehrenbach[16] sehe ich jedoch nicht ein überzeugendes Verfahren darin, in Untersuchungen zu den Wandlungen des deutschen Kaisergedankens die Kriegszeit in der von Fehrenbach gewählten Form einzubeziehen. Aus methodisch und inhaltlich begründeten Überlegungen sollte man die Kriegszeit als eine Epoche sui generis ansehen und untersuchen.

Das methodische Bedenken gründet sich auf die Tatsache, daß für eine derartige Fragestellung seit dem August 1914 von einer erheblich veränderten Quellenbasis auszugehen ist. Quellenkritische Probleme nicht unerheblichen Ausmaßes ergeben sich nämlich allein schon aufgrund der Auswirkungen der Presse- und Zensurpolitik[17]. Nach der Verhängung des Kriegszustandsrechts schränkten die Militärbefehlshaber sogleich oder wenig später die Freiheit der Meinungsäußerung, die Vereins- und Versammlungsfreiheit und die Freiheit der Person ein. Außerdem ordneten sie Maßnahmen zur Vor- und Nachzensur an. Zu dieser Suspension von Grundrechten gehörte auch die Möglichkeit, Personen in Schutzhaft zu nehmen, ihren Aufenthalt im Deutschen Reich zu beschränken und eine Briefzensur auszuüben. Diese Militärdiktatur wurde aufgrund des Ermächtigungsgesetzes vom 4. August 1914 durch die Zivildiktatur des Bundesrats ergänzt. Damit hatte sich das Parlament aus dem allgemeinen und sogar aus dem außerordentlichen Rechtsetzungsverfahren ausgeschaltet und dem Bundesrat die vereinigte exekutive und legislative Zuständigkeit übertragen[18]. Das

---

Fortsetzung Fußnote von Seite 149
Die spektakuläre Ansprache vom 27. Juli 1900 wurde der breiten Öffentlichkeit vorenthalten: „Ihr sollt Beispiele abgeben von der Manneszucht und Disciplin, aber auch der Ueberwindung und Selbstbeherrschung. Ihr sollt fechten gegen eine gut bewaffnete Macht, aber ihr sollt auch rächen, nicht nur den Tod des Gesandten, sondern auch vieler Deutscher und Europäer. Kommt Ihr vor den Feind, so wird er geschlagen, Pardon wird nicht gegeben; Gefangene nicht gemacht. Wer Euch in die Hände fällt, sei in Eurer Hand. Wie vor tausend Jahren die Hunnen unter ihrem König Etzel sich einen Namen gemacht, der sie noch jetzt in der Überlieferung gewaltig erscheinen läßt, so möge der Name Deutschland in China in einer solchen Weise bekannt werden, daß niemals wieder ein Chinese es wagt, etwa einen Deutschen auch nur scheel anzusehen." Zu den Zensur- und Informationspraktiken und der Veröffentlichung des authentischen Textes vergleiche: *Bernd Sösemann,* Die sogenannte Hunnenrede Wilhelms II. Textkritische und interpretatorische Bemerkungen zur Ansprache des Kaisers vom 27. Juli 1900 in Bremerhaven, in: HZ 222 (1976) 342–358.

[16] *Elisabeth Fehrenbach,* Wandlungen des deutschen Kaisergedankens, 1871–1918 (Studien zur Geschichte des 19. Jahrhunderts 1, München 1969) 11–13.

[17] Hierzu sei besonders auf folgende Werke verwiesen: *Kurt Koszyk,* Deutsche Pressepolitik im Ersten Weltkrieg (Düsseldorf 1968); *Heinz-Dietrich Fischer* (Hrsg.), Pressekonzentration und Zensurpraxis im Ersten Weltkrieg. Texte und Quellen (Berlin 1971); *Huber,* Verfassungsgeschichte, Bd. 5, 39–66; *Ernst Rudolf Huber,* Dokumente zur deutschen Verfassungsgeschichte, Bd. 2 (Stuttgart 1964) Nrr. 305, 317–324; im folgenden zitiert: *Huber,* Dokumente.

[18] Das Ermächtigungsgesetz legte u.a. fest (§ 3): „Der Bundesrat wird ermächtigt, während der Zeit des Krieges diejenigen gesetzlichen Maßnahmen anzuordnen, welche sich zur Abhilfe wirtschaftlicher Schädigungen als notwendig erweisen. – Diese Maßnahmen sind dem Reichstag bei seinem nächsten Zusammentritt zur Kenntnis zu bringen und auf sein Verlangen aufzuheben." Hier zitiert nach: *Huber,* Dokumente, Bd. 2, Nr. 316.

Recht zur Zensur erhielten die Presseabteilungen der stellvertretenden Generalkommandos[19].

Durch diese kriegsbedingten Maßnahmen relativiert sich der Wert der beiden umfangreichsten, inhaltlich zwar disparaten, aber gerade deshalb hochwillkommenen Quellengruppen, die sich in den Friedensjahren als aussagekräftig erwiesen hatten. Damit ist erstens die gesamte Publizistik von den Zeitungen über die Zeitschriften bis hin zu den Broschüren und Flugblättern gemeint. Hinzuzurechnen sind zweitens die öffentlichen Verlautbarungen und Reden bei Jubiläen, Kongressen, akademischen Veranstaltungen oder Ansprachen bei anderen offiziellen oder offiziösen Gelegenheiten. Der Blick auf derartige Dokumente unterschiedlicher kommunikationspolitischer Bedeutung und Aussagekraft erlaubt – vorausgesetzt, sie werden insgesamt und in ihren jeweiligen situationsbedingten Zusammenhängen interpretiert – Rückschlüsse auf die öffentliche Meinung[20]. Aussagen über gruppen- und schichtenspezifische Mentalitäten, über Teilbereiche der sog. politischen Kultur der Wilhelminischen Gesellschaft erfahren dadurch ihre quellengesättigte Absicherung und legitimieren Schlüsse auf das Staatsverständnis, auf politische Grundströmungen und schließlich auch auf den Umfang und die Intensität von Aversionen und Gegnerschaften. Nach dem Kriegsausbruch konnten auch kritische Publikationsorgane in der Regel nur noch loyalitätsstiftende Artikel veröffentlichen. Damit fiel der größte Teil dieses kommunikationspolitischen Spektrums als unmittelbarer Spiegel partikularer Meinungen und heterogener Interessen in der Bevölkerung weg[21]. Deutschland rudere sich deshalb zunehmend in „eine allgemeine Verbiesterung" hinein, „statt einem Ausweg zuzustreben", stellte der

---

[19] Sie bedienten sich der örtlichen Polizeibehörden bei der Ausübung der Pressezensur. Die am 19. Oktober 1914 eingerichtete Oberzensurstelle sollte einerseits für eine einheitliche Anwendung der Gesetze, Erlasse und Verordnungen sorgen und andererseits als Beschwerdestelle fungieren. Beiden Aufgaben konnte sie wegen der föderalistischen Struktur des Deutschen Reichs und der bis zum Kriegsende unkoordiniert wachsenden, sich untereinander mitunter stark behindernden bis kontrahierenden vielfältigen militärischen und zivilen Pressestellen nur unvollkommen genügen.

[20] Es ist opinio communis, daß es *die* öffentliche Meinung nicht gibt. Trotzdem kann auf den Begriff nicht verzichtet werden. Der Begriff „öffentliche Meinung" stellt in der uns hier interessierenden Zeit und im Blick auf das Thema ein Politicum ersten Ranges dar. Er erscheint als eine der bedeutsamsten Kategorien politischen und sozialen Lebens und als einer der wirksamsten innerstaatlichen Integrationsfaktoren in der Ausnahmesituation des Krieges.

[21] Wie stark begrenzt der journalistische „Spielraum" war, zeigen die Tagesaufzeichnungen Theodor Wolffs. Unter dem 12. Oktober 1914 beschreibt er, in welchem Umfang selbst ein „in sehr behutsamer und gemäßigter Form" abgefaßter Artikel von der militärischen Zensur zusammengestrichen und um seine eigentliche Aussage gebracht wird. Am 17. Oktober berichtet Wolff über ein Gespräch mit Walther Rathenau, der ihn in „törichter Weise" gefragt habe, „warum ich ihn [den Krieg] ‚mitmache'. Als ob das [Berliner] Tageblatt unter der Zensur *gegen* den Krieg schreiben könnte!" Hellmut von Gerlach schrieb 1925 rückblickend auf diese Zeit: „Es ist unsagbar, es ist beinah unvorstellbar, was damals Alles als ‚militärisch' ausgegeben wurde. Das Militär regiere eben. Es zog alles in seinen Machtbereich." – Zitiert nach: *Hellmut von Gerlach,* Erinnerungen an die Große Zeit VII: Die Zensur, in: Die Weltbühne 21/II (1925) 519; *Bernd Sösemann* (Hrsg.), Theodor Wolff. Tagebücher 1914–1919 (Deutsche Geschichtsquellen des 19. und 20. Jahrhunderts 54/1,2, Boppard 1984); im folgenden zitiert: *Wolff,* Tagebücher. Für die obigen Zitate siehe die Tagebucheintragungen vom 12. und 17. Oktober 1914 in: *Wolff,* Tagebücher, Bd. 1, Nr. 36, 108 f., Nr. 38, 110 (Hervorhebungen im Original).

vormalige Staatssekretär im Reichskolonialamt Bernhard Dernburg nach seiner Rückkehr aus den USA im Juni 1915 erstaunt fest[22].

Eine inhaltliche Konsequenz aus dieser Situation stellt die erheblich ausgeweitete Aktivität von Klubs, Vereinen und Verbänden während des Krieges dar[23]. In Denkschriften, vertraulichen Berichten, umfangreichen Studien zu einzelnen Bereichen des politischen und gesellschaftlichen Lebens und durch persönliche Ansprache wurde nunmehr verstärkt versucht, auf den Kaiser sowie auf den Reichskanzler, auf Minister sowie Parlamentarier Einfluß zu nehmen[24]. Informations- und Partizipationsmöglichkeiten bestanden im politischen System zwar weiterhin, doch in substantiell veränderter Form. Im Gegensatz zu den Friedenszeiten trat die mächtige Fassade des autoritär-hierarchisch strukturierten Staates in einer undurchdringlicheren Form vor die pluralistisch strukturierte, heterogene öffentliche Meinung und damit ebenso vor die Presse, die Verbände und die Parteien wie vor das nur noch in unregelmäßigen

---

[22] Zitiert nach Theodor Wolff in der Tagebucheintragung vom 28. Juni 1915: *Wolff,* Tagebücher, Bd. 1, Nr. 176, 243.

[23] Eine Gesamtdarstellung gibt es noch nicht. Es liegen Berichte, Memoiren und Untersuchungen zu Teilbereichen bzw. zu einzelnen Institutionen und führenden Persönlichkeiten vor. So die folgend aufgeführten Schriften: *Hans Delbrück,* Die „Freie Vaterländische Vereinigung", in: Preußische Jahrbücher 160 (1915) 177–180; *Max Apt,* 25 Jahre im Dienste der Berliner Kaufmannschaft (Berlin 1927); *Ernst Jäckh,* Der Goldene Pflug, Lebensernte eines Weltbürgers (Stuttgart 1954); im folgenden zitiert: *Jäckh,* Pflug; *Eugen Schiffer,* Ein Leben für den Liberalismus (Berlin 1951); *Kuno Graf von Westarp,* Konservative Politik im letzten Jahrzehnt des Kaiserreichs, 2 Bde. (Berlin 1935); *Manfred Asendorf,* Wege zu einer Republik. Vom „Mittwochabend Delbrück" zur „Deutschen Demokratischen Partei", in: *Dietrich Ruckhaberle* (Hrsg.), Staatliche Kunsthalle Berlin. (Bericht 1983, Berlin 1983) 29–34; *Hans-Joachim Bieber,* Gewerkschaften in Krieg und Revolution. Arbeiterbewegung, Industrie, Staat und Militär in Deutschland, 1914–1920 (Hamburger Beiträge zur Sozial- und Zeitgeschichte 15, 2 Teile, Hamburg 1981); *Herbert Döring,* Der Weimarer Kreis. Studien zum politischen Bewußtsein verfassungstreuer Hochschullehrer in der Weimarer Republik (Mannheimer Sozialwissenschaftliche Studien 10, Meisenheim am Glan 1975); *Leo Haupts,* Deutsche Friedenspolitik 1918/19. Eine Alternative zur Machtpolitik des Ersten Weltkrieges (Düsseldorf 1976); *Karl Holl,* Die „Vereinigung Gleichgesinnter". Ein Berliner Kreis pazifistischer Intellektueller im Ersten Weltkrieg, in: Archiv für Kulturgeschichte 54 (1972) 364–384; *Klemens von Klemperer,* Konservative Bewegungen zwischen Kaiserreich und Nationalsozialismus (München o.J.); Miller, Burgfrieden; *Paul Rühlmann,* Delbrücks „Mittwochabend", in: *Emil Daniels / Paul Rühlmann* (Hrsg.), Am Webstuhl der Zeit. Eine Erinnerungsgabe, Hans Delbrück, dem Achtzigjährigen, von Freunden und Schülern dargebracht (Berlin 1928) 75–81; *Helmut Weidmüller,* Die Berliner Gesellschaft während der Weimarer Republik (Diss. phil., ms.MS, FU Berlin 1956).

[24] Einen guten Einblick vermitteln: *Wilhelm Deist* (Hrsg.), Militär und Innenpolitik im Weltkrieg 1914–1918 (Quellen zur Geschichte des Parlamentarismus und der politischen Parteien, 2. Reihe 1/1,2, Düsseldorf 1970); im folgenden zitiert: Deist, Militär; *S[alomon] Grumbach* (Hrsg.), Das annexionistische Deutschland. Eine Sammlung von Dokumenten, die seit dem 4. August 1914 in Deutschland öffentlich oder geheim verbreitet wurden (Lausanne 1917); *Hermann Kellermann* (Hrsg.), Der Krieg der Geister. Eine Auslese deutscher und ausländischer Stimmen zum Weltkrieg 1914 (Dresden 1915); *Klaus Böhme* (Hrsg.), Aufrufe und Reden deutscher Professoren im Ersten Weltkrieg (Stuttgart 1975); *Kurt Mühsam,* Wie wir belogen wurden. Die amtliche Irreführung des deutschen Volkes (München 1918). Anweisungen für das Verhalten und die Beaufsichtigung der Presse. Zusammenstellung der vom stellvertretenden Generalkommando des VII. Armeekorps für die Presse des Korpsbezirks bis zum 1. März 1917 erlassenen Bestimmungen (Münster [1917]).

Abständen tagende Parlament[25]. So meldete das Büro für Sozialpolitik in der zweiten Aprilwoche 1917, die Erbitterung der Massen sei „weit drohender [...], als dies in der Presse öffentlichen Ausdruck" finden kann[26].

Deshalb ist der Aussagewert der während des Ersten Weltkriegs erschienenen Zeitungen und Zeitschriften sowie der öffentlichen Reden für unsere Fragestellung relativ gering. Er wächst an mit den Oktoberreformen und in einem größeren Umfang mit den revolutionären Ereignissen des Novembers[27]. Die Aktivitäten der Verbände, der Parteien und Klubs lassen sich aufgrund der Protokolle und Denkschriften nur begrenzt erfassen. Eine zusätzliche interpretatorische Dimension können Memoiren oder Autobiographien, Korrespondenzen und Tagebuch-Aufzeichnungen erschließen. Im Fall der „Deutschen Gesellschaft 1914" informieren die Tagebücher des Chefredakteurs des „Berliner Tageblatts", Theodor Wolff, auch über die Motive und Ziele dieses Klubs[28]. Seine Mitglieder beschränkten sich nicht darauf, das August-Erlebnis zu tradieren, sondern bezogen in ihre Überlegungen auch die Nachkriegssituation ein. Vor dem Hintergrund der im Krieg erheblich eingeschränkten Informations- und Diskussionsmöglichkeiten zwischen Vertretern unterschiedlicher parteipolitischer und weltanschaulicher Couleur mußte ein Klub sogleich auf starkes Interesse stoßen, der dafür bewußt geeignete Gelegenheiten bieten wollte[29]. Der Klub stand auch Sozialdemokraten und Gewerkschaftlern offen. Diese ungewohnt aufgeschlossene Haltung rief den Spott des Kaisers und der Konservativen hervor, die von „deutscher Vereinsmeierei" oder „Eitelkeit und Wichtigtuerei" sprachen[30].

Die „Deutsche Gesellschaft 1914" wurde am 28. November 1915 in Berlin gegründet[31]. Die Anregung dazu kam aus den politischen und gesellschaftlichen Kreisen, die auch Bethmann Hollwegs Politik der „Neuorientierung" stützten und die „Politik der Diagonale" auf höherem Niveau diskutiert und schließlich auch propagiert sehen

---

[25] Vergleiche dazu: *Manfred Rauh,* Die Parlamentarisierung des Deutschen Reiches (Beiträge zur Geschichte des Parlamentarismus und der politischen Parteien 60, Düsseldorf 1977) 289–362; im folgenden zitiert: *Rauh,* Parlamentarisierung.
[26] Nach *Wilfried Loth,* Das Zentrum und die Verfassungskrise des Kaiserreichs, in: GWU 38 (1987) 215.
[27] Im Oktober 1918 vermochte der Interfraktionelle Ausschuß verfassungsrechtlich das parlamentarische Regierungsverfahren nach westlichem Vorbild durchzusetzen. Die beiden militärischen Kabinette des Kaisers wurden mediatisiert, ihre Immediatstellung beseitigt – Admiral von Müller für das Marinekabinett und Generalmajor von Marschall für das Militärkabinett – und auch das Presse- und Zensursystem wurde reorganisiert: Zuordnung aller Nachrichten-, Aufklärungs- und Propagandastellen zur Reichskanzlei, Unterstellung der Oberzensurstelle unter den Obermilitärbefehlshaber, Erweiterung der Versammlungs- und Pressefreiheiten.
[28] *Wolff,* Tagebücher, siehe besonders die Aufzeichnungen Ende September 1915, Bd. 1, Nrn. 222 ff., 289 ff. und die Eintragung vom 20. Dezember 1915, Bd. 1, Nr. 270, 325 f.
[29] Hierzu sei besonders hingewiesen auf: *Wilhelm Solf,* Rede zur Gründung der „Deutsche Gesellschaft 1914" (Berlin 1915); im folgenden zitiert: *Solf,* Gründungsrede.
[30] Zitiert nach: *Bernd Sösemann,* Politische Kommunikation im „Reichsbelagerungszustand". Programm, Struktur und Wirkungen des Klubs „Deutsche Gesellschaft 1914", in: *Manfred Brobowsky/Wolfgang R. Langenbucher* (Hrsg.), Wege zur Kommunikationsgeschichte (Schriftenreihe der Deutschen Gesellschaft für Publizistik- und Kommunikationswissenschaft 13, München 1987) 637; im folgenden zitiert: *Sösemann,* Reichsbelagerungszustand.
[31] Ebd., 635 ff.

wollten. Karl Vollmoeller, Herbert Gutmann, Walter Rathenau und Ernst Jäckh sowie ein vorbereitender Ausschuß bemühten sich um die personellen und organisatorischen Präliminarien. Der Industrielle Robert Bosch trug zur Finanzierung bei; als erster Präsident amtierte der Staatssekretär im Reichskolonialamt Wilhelm Solf. Die Gesellschaft wolle der Boden sein, hieß es in seiner Gründungsrede, „auf dem das Deutschland der Tat und des Gedankens von heut und morgen zusammenkommen kann"[32]. Damit war angedeutet, daß die Gesellschaft an den „Geist von 1914", an das Gefühl der nationalen Einheit und Solidarität, anknüpfen wollte, sich jedoch nicht auf die Traditionspflege zu beschränken gedachte. Über die Mitgliedschaft entschied der Vorstand, der, wie das Präsidium und der mindestens fünfzigköpfige Gesellschaftsrat, von der Mitgliederversammlung gewählt wurde. 1916 hatte der Klub 1200 Mitglieder; 1921 erreichte er mit 2800 seinen Höchststand. Knapp zwei Drittel der Mitglieder kamen aus Berlin, der Rest aus 250 Städten des Deutschen Reichs und aus dem Ausland ein gutes Zehntel. Für ein scharf konturiertes Sozialprofil des Klubs reichen die bis jetzt aufgefundenen Angaben in den Mitgliederverzeichnissen nicht aus. Die stärksten Gruppen dürften jedoch die höhere Beamtenschaft – zumeist Angehörige des Auswärtigen Amts –, Repräsentanten von Banken, Handel und Wirtschaft, Militärs, Professoren sowie Journalisten, Verleger und Schriftsteller gebildet haben.

Einmal wöchentlich diskutierten die Klubmitglieder einen Vortrag. Die meisten Themen bezogen sich auf die deutsche Innenpolitik, auf Verfassungsfragen, Wirtschaft, Währung, Finanzen, Kultur und Justiz. An weiteren Abenden standen die Klubräume zu kulturellen und geselligen Programmen offen. Die großen Berliner Zeitungen berichteten über die Vorträge, von denen etliche auch als Broschüren erschienen: so 1916 Rathenaus Vortrag über die „Probleme der Friedenswirtschaft", Rudolf Borchardts „Der Krieg und die deutsche Verantwortung" oder Troeltschs „Ideen von 1914".

Eine kleine Gruppe innerhalb der Gesellschaft, die aus einer relativ großen Anzahl von Journalisten und einem politisch engagierten Klubpublikum bestand, nutzte die Diskussionsmöglichkeiten zu Gesprächen mit Reichstagsabgeordneten, mit Ministerialbeamten und Publizisten. Zu dieser Gruppe zählten die Professoren Anschütz, Baumgarten, Brentano, Hans Delbrück, Harnack, Schmoller, Troeltsch, Oncken, Preuß und Tönnies; die Journalisten Wolff, August Stein, Reinhold, Lensch, Heuss, Rauscher und Großmann; die Sozialdemokraten David, Gradnauer und Südekum; die Abgeordneten der Fortschrittlichen Volkspartei Dove, Fischbeck, Gothein, Haußmann, Naumann, Payer und Waldstein; vom Zentrum Erzberger, Fehrenbach, Müller-Fulda und Rechenberg; von den Nationalliberalen Junck, Keinath, Schiffer, Schwabach und Stresemann; und von den Sozialdemokraten Carl Legien und August Winnig. Außerdem zeigten sich der ehemalige Staatssekretär im Kolonialamt Dernburg, Rathenau, Naumann, Bosch und Admiral von Holtzendorff im Sinne der Gruppe aufgeschlossen. Sie alle dachten über den Tag hinaus, an die Zeit nach einem Friedensschluß. Deshalb richteten sie ihr Hauptaugenmerk auf die sogenannte Schützengrabengeneration. Über Bethmann Hollwegs Konzept der „Neuorientierung" hinausge-

---

[32] *Solf*, Gründungsrede, 8.

hend, wollten sie Pläne zur Neugestaltung des Reichs, des Verhältnisses zu Preußen und zur Einbeziehung der Linken entwickeln. Der Reichstag sei gegenüber dem Kaiser, dem Reichskanzler und den Militärs zu stärken, die parlamentarische Position durch interfraktionelle Zusammenarbeit auszubauen. So wurden die Gespräche auch zur Vor- und Nachbereitung der Sitzungen des Interfraktionellen Ausschusses intensiv „zwischen den Fronten" geführt; es fehlten nur die SPD-Linke und der rechte Flügel der Konservativen.

Die Gruppe trat außerdem für eine entschlossen weiterzutreibende Parlamentarisierung und einen Verständigungsfrieden ein. Die sogenannte Delbrück-Wolff-Dernburg-Denkschrift[33] vom 27. Juli 1915, die sich gegen die alldeutsche Annexionspolitik richtete, wurde von einundvierzig Mitgliedern der ersten Phase[34] unterzeichnet. Bislang war unbekannt, wie eng die Beziehungen der Träger dieser Denkschrift und dem Klub waren. Conrad Haußmann brachte ihr politisches Konzept der „Neuorientierung" im April 1917 auf die Formel:

„Was geschaffen werden muß, und von uns geschaffen werden muß, ist die Linke, die eine linksgerichtete Regierung stützen kann. [...] Also Hauptziel: Erleichterung der Bildung einer Linken, die gar nicht anders kann, als die Konsequenz aus ihrer Existenz zu ziehen [...]. Dem muß in der Fraktion, dem müssen Sie [gemeint ist Theodor Wolff] in der Presse vor Allem dienen, wissend, daß Verfassungsprogrammsätze, die sich wohl oder übel längst bekannter Formen bedienen müssen, den Willen und die Phantasie des Volkes nach dem Weltkrieg weniger ergreifen, als die Erscheinung einer Fleich und Blut gewordenen Linken, die Beweise volkstümlicher und staatsmännischer Zusammenarbeit gegeben hat. Bitte seien Sie mit mir einig, daß das eine wichtige Sache ist und daß unsere politische Zusammenarbeit in dem Maß fruchtbar werden würde, in dem sie dieser Entwicklung dient."[35]

Die Denkschrift des Klubmitglieds Paul Schwabach vom 24. April 1917 führte darüber hinaus noch aus:

„Es ist [...] sonnenklar, daß so oder so der Ruck nach links kommen wird, weil er kommen muß". Die Mittelparteien „könnten trotz Widerspruch in ihren eigenen Reihen breite Volkskreise an sich ziehen, sogar aus dem konservativen Lager, wenn, was keineswegs aussichtslos ist, es glückt, die Krone zu gewinnen, indem man ihren Träger davon überzeugt, daß es für den Bestand der Monarchie vorteilhafter ist, mit dem Winde zu segeln, als einen aussichtslosen Kampf gegen die herrschende Strömung aufzunehmen."[36]

Damit ist die Aufgabe gekennzeichnet, die das Klubmitglied Eduard David für den rechten Flügel der SPD sogleich nach dem Kriegsausbruch in seinem Tagebuch beschrieben hat. Unter dem 11. August 1914 notierte er:

„Im Falle des Sieges, was wahrscheinlicher, gegenüber dem an der Spitze seines siegreichen Heeres zurückgekehrten Hohenzollernkaiser jeder Gedanke auf Revolution und Republik für unsere Lebenszeiten abgetan, also modus vivendi mit der Monarchie notwendig. Neben der militärisch-nationalistischen Welle eine starke Welle demokratischer Gefühle; Anspruch der heimkehrenden Krieger auf staatsrechtliche Gleichberechtigung. Die preußische Wahlreform

---

[33] Weiterführende Informationen zur Delbrück-Wolff-Dernburg-Denkschrift vom 27. Juli 1915 siehe bei: *Wolff,* Tagebücher, Bd. 1, 253f., Anm. 10 und 11.
[34] Dazu vergleiche: *Sösemann,* Reichsbelagerungszustand, 640.
[35] Zitiert nach einem Brief Conrad Haußmanns an Theodor Wolff vom 14. April 1917, abgedruckt in: *Wolff,* Tagebücher, Bd. 2, Nr. 24, 911.
[36] Siehe hierzu: *Paul H. Schwabach,* Aus meinen Akten (Berlin 1927) 311.

muß als Frucht gepflückt werden; um diesen Preis auch Konzessionen unsererseits an die monarchische Form. Parlamentarisch-demokratische Regierungsform unter monarchischer Spitze."[37]

Im Frühjahr 1915 wuchs in der deutschen Öffentlichkeit die Einsicht, daß der Krieg, anders als erwartet, nicht in kurzer Zeit zu beenden sei. Der „Burgfriede" konnte weder die Diskussion von Kriegszielen noch die Auseinandersetzung über die mangelnde Führungskraft des Kaisers verhindern. Hertling schrieb am 28. März 1915 an Bethmann Hollweg, daß ein unangemessener Friedensschluß „eine hochgradige Erbitterung hervorrufen würde, die ihre Spitze gegen die führenden Klassen richten und Gefahr für den Fortbestand der Monarchie, insbesondere für die Stellung des Kaisers nach sich ziehen würde."[38] Und Lerchenfeld kennzeichnet für Hertling die Lage am 2. Mai 1915 mit dem Hinweis:

„Es wird auch Ihnen aufgefallen sein, daß niemand mehr vom Kaiser spricht. Man will nicht tadeln und so schweigt man. Früher hat man oft die Befürchtung gehört, daß Wilhelm II. in die Kriegführung eingreifen würde. [...] Nach allem, was ich höre, setzt der Kaiser seine sehr aktive Untätigkeit fort und damit hat er sich gewissermaßen ausgeschaltet. Im Stillen wirft man ihm das vor und daneben sammeln sich Anklagen aus der Vergangenheit. Diese richten sich hauptsächlich auf zwei Punkte: Einmal, daß er nicht verstanden hat, in der Armee und im Zivil die rechten Leute zu finden, sondern nach Gunst eine Wahl getroffen hat und daß er ferner wenig Geschick in der Behandlung der anderen Souveräne bewiesen hat. Die Anklagen sind nicht neu. Sie wurden immer erhoben, aber jetzt, wo man die Folgen verspürt, verdichten sie sich bedenklich und wenn der Krieg vorüber sein wird, dann ist damit zu rechnen, daß die kaiserliche Gewalt stark vermindert aus dem Kampf hervorgehen wird."[39]

Für das politische Selbstverständnis der Gruppe innerhalb des Klubs ist bezeichnend, daß sie anstelle des Namens „Deutsche Gesellschaft 1914" den inhaltlich bewußt anders akzentuierenden „Politische Gesellschaft von 1915" setzen wollte. Nicht 1914, sondern die „Neuorientierung" von 1915 sollte die politische Perspektive markieren. Der nationalen Versöhnungsrhetorik sollten Taten der Regierung folgen[40]. Am 23. Mai 1915 hatte Delbrück sie in einer Denkschrift an Bethmann Hollweg so formuliert: Es sei sogleich und „entschlossen der Tatsache Rechnung zu tragen, daß das gesamte Volk ohne Rücksicht auf die Nationalität und die Zugehörigkeit zur Partei seine ganze Kraft in den Dienst des Vaterlandes gestellt" habe[41]. Damit seien die parlamentarischen Möglichkeiten, die Reformen des Wahlrechts und die Beseitigung

---

[37] *Erich Matthias / Susanne Miller* (Hrsg.), Das Kriegstagebuch des Reichstagsabgeordneten Eduard David, 1914–1918 (Quellen zur Geschichte des Parlamentarismus und der politischen Parteien, 1. Reihe 4, Düsseldorf 1966) 15.
[38] Zitiert nach: *Ernst Deuerlein* (Hrsg.), Briefwechsel Hertling-Lerchenfeld, 1912–1917. Dienstliche Privatkorrespondenz zwischen dem bayerischen Ministerpräsidenten Georg Graf von Hertling und dem bayerischen Gesandten in Berlin Hugo Graf von und zu Lerchenfeld (Deutsche Geschichtsquellen des 19. und 20. Jahrhunderts 50/1,2, Boppard 1973) Bd. 2, 970; im folgenden zitiert: *Hertling,* Briefwechsel.
[39] *Hertling,* Briefwechsel, Bd. 1, 430f.
[40] Siehe hierzu: *Sösemann,* Reichsbelagerungszustand, 643.
[41] Zitiert nach: *Willibald Gutsche,* Herrschaftsmethoden des deutschen Imperialismus 1847/48 bis 1917. Dokumente zur innen- und außenpolitischen Strategie und Taktik der herrschenden Klassen des Deutschen Reiches (Schriften des Zentralinstituts für Geschichte 53, Berlin [Ost] 1977) 226.

sämtlicher Ausnahmegesetze gemeint, die sich gegen die Sozialdemokratie richteten. In der „Deutschen Gesellschaft 1914" hat es trotz des Grundsatzes, kein „politischer Klub" sein zu wollen, eine mit der sozialdemokratisch-liberalen Gruppe der Parlamentarier und Journalisten auf eine entschiedene Neuordnung hin drängende politische Konzeption gegeben. Nur halbherzig eingeleitete und wenig entschiedene Schritte auf diesem Weg lehnte man ab. Wolff notiert in seinem Tagebuch unter dem 16. Juli 1917 aus einem Gespräch über Helfferichs Vorschlag zur Parlamentarisierung, daß die Ernennung von parlamentarischen Staatssekretären und ein Reichsrat nicht ausreichten:

„Haußmann, der mich nachher [sie kehrten von einer Versammlung aus der „Deutschen Gesellschaft 1914" zurück] begleitet, sagt mir, ein Vorschlag Helfferichs zur Parlamentarisierung gehe auf Ernennung parlamentarischer Staatssekretäre aus. [...] Dann solle ein beratendes Kollegium ernannt werden, mit ⅓ Abgeordneten, ⅓ Staatssekretären, ⅓ Bundesrat. Also der schon viel erwähnte ‚Reichsrat' [...]. Das Reichsministerium sei zunächst unmöglich, wegen des Einspruchs Bayerns u. Sachsens. Ich sage, daß ich den Reichsrat, der die notwendige Entwicklung nur aufhalten könnte, entschieden ablehnen würde."[42]

Und Stresemann führte nicht im Klub, sondern im Hauptausschuß am 9. Juli 1917 aus: „Die tropfenweise Neuordnung, die der Reichskanzler anscheinend als sein Programm aufstelle, sei das Ungeschickteste, was es in dieser Beziehung geben könne, denn sie befriedige niemand voll und gebe der Monarchie nicht die Stellung, die sie in diesen Kämpfen haben müsse."[43]

Im Klub konnten Abgeordnete und Journalisten über Ereignisse und Kenntnisse sprechen, die zum Hintergrundwissen gehörten und der Öffentlichkeit vorzuenthalten waren. In einem Privatbrief formulierte Stresemann am 26. August 1917: „Wenn heute selbst konservativ gerichtete Staatssekretäre einem unter vier Augen sagen, daß sie die Parlamentarisierung wünschen, weil sie Angst davor haben, daß die persönliche Politik des Kaisers Deutschland unendlich schaden kann, so kann man sich das zwar im vertrauten Kreise erzählen, darf aber als monarchischer Mann die wesentlichste Begründung für den Schrei nach Parlamentarisierung nicht in die Öffentlichkeit bringen."[44] Und in der Sitzung des nationalliberalen Zentralvorstands am 23. September 1917 sprach Stresemann vom „Aufschrei gegenüber dem Niederbruch diplomatischer Staatskunst bei unserem heutigen System" und über das, wovon „man sonst nicht spricht, von der Person des *Kaisers*. Ich erinnere daran, wir sind doch wiederholt gezwungen gewesen, auch diese Dinge in voller Öffentlichkeit zu erörtern. *Bassermann* war es doch, der einst die Interpellation wegen des persönlichen Regiments ein-

---

[42] *Wolff*, Tagebücher, Bd. 1, Nr. 577, 519.
[43] Zitiert nach: *Reinhard Schiffers* (Hrsg.), Der Hauptausschuß des Deutschen Reichstags 1915–1918. Formen und Bereiche der Kooperation zwischen Parlament und Regierung (Beiträge zur Geschichte des Parlamentarismus und der politischen Parteien 67, Düsseldorf 1979) 1578 f.; im folgenden ziziert: *Schiffers*, Hauptausschuß.
[44] *Erich Matthias / Rudolf Morsey* (Hrsg.), Der Interfraktionelle Ausschuß 1917/18 (Quellen zur Geschichte des Parlamentarismus und der politischen Parteien 1. Reihe I/1,2, Düsseldorf 1959) Nr. 36.

brachte." Stresemann zählte dann Negativa wie Depeschen des Kaiser, die Daily-Telegraph-Affäre und den U-Boot-Krieg auf[45].

Das Bewußtsein, die Monarchie befinde sich in einer Krise, entstand im inneren Kreis der politischen Führungsschicht, als der Kaiser sich gerade in der ihn verfassungsrechtlich fordernden Ausnahmesituation des Kriegs den Aufgaben seines Amts nicht gewachsen zeigte. Er vermochte weder zur politischen und militärischen Leitung noch zum Ausgleich der widerstreitenden Positionen von Oberster Heeresleitung und Regierung bzw. Verwaltung Überzeugendes beizutragen[46]. Generaloberst von Einem urteilte im Frühjahr 1915 aus unmittelbarer Erfahrung:

> „Kein Führer der Nation, wohin man blickt – B[ethmann] arbeitet am Kaiser, daß er der Führer der Nation würde. Er könnte es schon, aber nach dem Kriege wird seine Vergnügungs- und Erholungslust in hohem Grade zunehmen und er wird für das öffentliche Wohl weniger als sonst zu haben sein. Im alten Rom schuf man in solcher Zeit einen Dictator. Aber das geht nicht, wenn man einen Monarchen hat. Das habe ich gestern auch Tirpitz gesagt, der Hindenburg dazu machen wollte."[47]

Stark geprägt von den Eindrücken der folgenden Kriegsjahre schrieb er im August 1917 resignierend an seine Frau: „Der König von Preußen hat sich den Ast, auf dem er sitzt, selbst abgesägt[,] und die Republik ist im Anmarsch. [...] Auf der Rutschbahn geht es verdammt schnell nach unten, nun ist kein Halten mehr."[48]

Im Hauptausschuß des Reichstags erkannten die Mitglieder bereits im Sommer die Wirkungen einer verhängnisvollen Entwicklung, bei der die politischen und militärischen Führungslinien nicht mehr als zwei sich selbständig auf den Kaiser hin orientierende Bahnen auszumachen waren. Außerdem konstatierten die Hauptausschuß-Mitglieder einen zunehmenden Schwund an monarchischer Gesinnung in der Bevölkerung. Lerchenfeld glaubte, seinem Monarchen, Ludwig III., deshalb am 5. August 1916 erklären zu sollen, daß bei einer ungünstigen Kriegswende „eine Revolution durchaus nicht unwahrscheinlich" sein dürfte[49]. Einem weiteren Kreis – und hiermit sind die Reichstagsabgeordneten gemeint – wurde die Lage in aller Drastik deutlich, als die vielberedete „Neuorientierung" unterblieb, die „Osterbotschaft" mit dem Versprechen, das preußische Dreiklassenwahlrecht werde aufgehoben (7. IV. 1917), nicht eingelöst und Bethmann Hollweg entlassen wurde (14. VII. 1917).

Die auf die Nachkriegszeit gerichteten Pläne erwähnten, selbst wenn sie von der Fortexistenz der Monarchie ausgingen, im Zusammenhang mit der Position des Kaisers keine bedeutenden Regelungen. Von Wilhelm II. erwartete man offenkundig so gut wie keine originellen, wirkungsvollen und letztlich die neuen politischen Strukturen bestimmenden Anregungen. Die drastischste Formulierung soll in diesem Zusammenhang der fortschrittliche Abgeordnete Gunßer in den Juli-Debatten des Hauptausschusses im Gespräch geäußert haben. Die Stimmung in Süddeutschland sei so

---

[45] Zitiert nach: *Klaus Peter Reiß* (Hrsg.), Von Bassermann zu Stresemann. Die Sitzungen des nationalliberalen Zentralvorstandes, 1912–1917 (Quellen zur Geschichte des Parlamentarismus und der politischen Parteien 1. Reihe 5, Düsseldorf 1967) 341 (Hervorhebungen im Original).
[46] *Ritter*, Staatskunst, Bd. 2, 297–343; Bd. 3, 15–54.
[47] *Deist*, Militär, Bd. 2, Nr. 425, 1136.
[48] Ebd., 1137, Anm. 5.
[49] *Hertling*, Briefwechsel, Bd. 2, 715.

aufgeregt, daß der Kaiser „kaum lebend" aus einem „Dorf unseres Wahlkreises" herauskommen dürfte[50]. Der Kronprinz Rupprecht schrieb am 19. August 1917 an den Reichskanzler Hertling:

„Die Angehörigen dieses Standes [Mittelstand], die früher in ihrer überwiegenden Mehrheit ausgesprochen monarchisch gesinnt waren, sind jetzt zum Teil antimonarchisch geworden, da sie der Regierung die Schuld an ihrem Unglücke beimessen [...]. Durch hier nicht zu erörternde Umstände ist *der Kaiser um alles Ansehen gekommen* und die Verstimmung geht soweit, daß ernsthaft denkende Leute bezweifeln, ob die Dynastie der Hohenzollern den Krieg überdauern wird."[51]

Diese Befürchtung äußerte der Oberstleutnant Bauer Mitte März 1917 in einer gegen Bethmann Hollweg gerichteten Denkschrift aus antireformerischer Perspektive:

„Nun ist kein Zweifel, daß eine *soziale* Neuorientierung nötig ist und kommen muß. Sie wäre auch ohne den Krieg gekommen. Aber sie muß unter straffster Leitung durch die Regierung erfolgen und unter Beibehalt einer starken Monarchie. Und *deshalb* sind die *zu weitgehenden* und *zu bestimmten* Versprechungen des Kanzlers eine so große Gefahr. Denn die linksstehenden Parteien sehen darin die Zusicherung einer *parlamentarisch-demokratischen* Regierung. Dieses schließt aber die Verringerung der Macht der Krone und die Unmöglichkeit straffer Regierung in sich. Ohne straffe Leitung werden aber die sozialen Erschütterungen so schwer werden, daß ihr Ausgang mindestens fraglich ist. Voraussichtlich würde ein Übergang zur parlamentarisch-demokratischen Regierung das Ende der Monarchie und damit der Machtstellung Deutschlands sein."[52]

Johannes Haller schrieb am 10. November 1917 an Eulenburg ähnliche Bedenken, da er die Hauptrolle im Staat, also die des Monarchen, für schwach besetzt hielt. Er habe zwar Bedenken, das bisherige System beizubehalten, wisse aber keinen Ausweg. Doch sei es kaum möglich, zugleich die Monarchie gegen die Demokratie und gegen den Monarchen zu verteidigen[53].

Seit dem Sommer 1917 gingen die auf die Nachkriegszeit gerichteten Pläne zwar von einer monarchischen Ordnung aus, ohne jedoch Wilhelm II. eine besondere Position zuzubilligen. Diese Haltung stellt das reformpolitische Resümee des vorwiegend negativen Eindrucks in der Bevölkerung dar, der sich aus der politisch und militärisch geübten Abstinenz Wilhelms II. nur zum Teil erklären läßt. Die Mischung von Zurückdrängung und kaiserlicher Selbstausschaltung zugunsten des Siegers von Tannenberg dürfte das Vertrauen der Bevölkerung in die Führungskraft des Monarchen in einem nicht geringen Umfang geschwächt haben. Die Autorität Hindenburgs wuchs; der Generalfeldmarschall avancierte zum Hoffnungsträger der Nation[54]. Vor diesem Hintergrund überrascht es nicht, daß sich in den zeitgenössischen Zeugnissen die kai-

---

[50] Zitiert nach der Einleitung Albrecht Philips in: *Albrecht Philip* et al. (Hrsg.), Die Ursachen des deutschen Zusammenbruchs im Jahre 1918 (Das Werk des Untersuchungsausschusses der Verfassunggebenden deutschen Nationalversammlung und des Deutschen Reichstags 1919–1929, IV. Reihe 1–12, Berlin 1925–1929) Bd. 1 (Berlin 1925) 93.
[51] Der volle Wortlaut des Briefes Kronprinz Rupprechts an den Reichskanzler Hertling vom 19. August 1917 findet sich bei: *Hertling*, Briefwechsel, Bd. 2, 915 (Hervorhebungen im Original).
[52] Zitiert nach: *Deist*, Militär, Bd. 2, Nr. 258, 674 f. (Hervorhebungen im Original).
[53] Der Brief Hallers an Eulenburg ist nachzulesen bei: *Röhl*, Eulenburg, Bd. 3, 2234 f.
[54] *Ritter*, Staatskunst, Bd. 3, 351–416.

serliche Autoritäts- und Legitimationskrise nach dem Sommer 1917 so deutlich ausprägte. Die Sozialdemokraten hatten in einer Denkschrift vom 28.VI.1917 an den Reichskanzler festgestellt:

„Zwar sind Anerkennungen für die tüchtige Leistung des werktätigen Volkes ausgesprochen und bedeutsame Zusagen gemacht worden, aber diesen Anerkennungen und Zusagen sind keine Taten gefolgt. Dagegen hat sich der Widerstand der bisher Bevorrechteten gegen eine freiheitliche Neuordnung immer schroffer geltend gemacht. So ist es erklärlich, daß in den Massen des Volkes das Mißtrauen nicht schwand, sondern der Gedanke mehr und mehr überhandnahm, daß die fortdauernde Hinausschiebung politischer Reformen schließlich mit einer schweren Enttäuschung endigen werde. Die günstige Wirkung der kaiserlichen Osterbotschaft konnte deshalb auch nicht von Dauer sein. Mißtrauen und Verärgerung fanden immer neue Nahrung, der Groll steigt von Tag zu Tage höher an."[55]

Erzberger gab am 6.VII.1917 im Hauptausschuß eine Erklärung ab, die das allgemeine politische Dilemma – die SPD schloß er dabei zu Recht mit ein – scharf umriß:

„Der Kaiser ist während des Krieges ganz in den Hintergrund getreten, man lasse ihn nur hervortreten, wenn er eine Soldatenrede halte [...]. Selbst weite Kreise der Sozialdemokratie hätten heute kein Interesse daran, daß die Untergrabung der monarchischen Gesinnung weitergehe wie bisher. [...] Leider müsse allerdings auch bei ganz loyal gesinnten Leuten eine Abnahme des monarchischen Gefühls und der Verehrung des Kaisers festgestellt werden."[56]

Und Stresemann ergänzte im Hauptausschuß am 9.VIII.1917, daß es nichts Schlimmeres gäbe, als eine zu Konzessionen gezwungene Monarchie. Sobald sich im Volk der Eindruck verstärkte, dem Monarchen würden Schritt für Schritt Konzessionen abgezwungen und abgerungen werden, beseitige das nicht die Mißstimmung. Im Gegenteil, in dem allgemeiner werdenden Unbehagen könne die Monarchie nur Einbußen an Stärke und Reputation erleiden[57].

Insgesamt waren achtzig Prozent der Mitglieder des „Interfraktionellen Ausschusses", dieses Zwitters auf dem Weg vom sogenannten Halbparlamentarismus zum parlamentarischen System[58], Klub-Angehörige. Es fehlten von der Fortschrittlichen Volkspartei nur Müller-Meiningen, von den Sozialdemokraten fehlten Ebert und Scheidemann, vom Zentrum drei und von den Nationalliberalen zwei Reichstagsabgeordnete. Weitere politisch bedeutsame Querverbindungen ergaben sich über Doppelmitgliedschaften in liberalen, unabhängigen oder auch pazifistischen Gruppierungen. Dazu zählten die Vereinigung „Um Freiheit und Vaterland", der „Völkerbund für Freiheit und Vaterland", der „Bund ‚Neues Vaterland'", die „Vereinigung Gleichgesinnter" und die „Organisation Hobohm" – hier gehörte bis auf ein Mitglied die gesamte Führungsgruppe der „Deutschen Gesellschaft 1914" an. Die Verbindungen des

---

[55] Aus der Denkschrift der Vorstände der SPD und der Reichstagsfraktion der SPD für den Reichskanzler, in: *Philipp Scheidemann,* Der Zusammenbruch (Berlin 1921) 161–167. Hier zitiert nach: *Hans Fenske* (Hrsg.), Unter Wilhelm II. (Frhr. v. Stein-GA 7, Darmstadt 1981) Nr. 146, 476; im folgenden zitiert: *Fenske,* Wilhelm II.
[56] Aus den Beratungen des Ausschusses für den Reichshaushalt, Beitrag des Abgeordneten Erzberger, hier zitiert nach: *Fenske,* Wilhelm II., Nr. 147, 483.
[57] Siehe hierzu: *Schiffers,* Hauptausschuß, 168.
[58] Näheres bei: *Klaus Epstein,* Der Interfraktionelle Ausschuß und das Problem der Parlamentarisierung 1917–1918, in: HZ 191 (1960) 562 ff.

Klubs reichten also von regierungs-offiziellen bis zu pazifistischen Institutionen, umschlossen partiell auch Gesprächs- und Herrenklubs links und rechts der Mitte wie den „Holtzendorff-Tisch" und Delbrücks „Mittwochabend" oder Bassermanns und Ludwig Steins „Mittwoch-Gesellschaft"[59].

Die Berichte in Theodor Wolffs Tagebüchern[60] und in den "Erinnerungen" Ernst Jäckhs[61], des Historikers Gustav Mayer[62] sowie in denen des Arztes Alfred Grotjahn[63] über die Unterredungen in der „Deutschen Gesellschaft 1914" und über die sonstigen Aktivitäten des Klubs kreisen immer wieder um das zentrale Stichwort „Neuorientierung". Dabei gehen sämtliche Gespräche entweder direkt auf Bethmann Hollwegs „Politik der Diagonale" ein oder knüpfen doch zumindest daran in positiver Hinsicht an. Selbst diejenigen propagierten das Konzept des Reichskanzlers als Ausgangsbasis für politische Reformen, die es im übrigen für nicht ausreichend hielten[64], weil die Agitation der monarchistisch-entschieden konservativen Kreise – man denke an den Aufruf „An alle Kaisertreuen" aus dem Herbst 1917 – sich nach der Friedensresolution des Reichstags mit wachsendem Elan gegen die „dringendste Gefahr [zu wehren suchte,] *parlamentarisiert, demokratisiert, sozialdemokratisiert* zu werden". Die Hauptgefahren wurden in diesen Kreisen nicht nur bei den Politikern der SPD, des Zentrums und der Fortschrittlichen gesehen, sondern auch bei den Zeitungen „Vorwärts", „Berliner Tageblatt" und „Germania"[65].

Nach dem Sturz Bethmann Hollwegs beteiligte sich kein Mitglied der Parlamentarier-Jounalisten-Gruppe an den Bestrebungen, den Monarchen in der Öffentlichkeit als politische Leitfigur aufzuwerten. Ebenso wie ein solcher Versuch der Aufwertung nicht glückte, waren auch die früheren Aktionen[66] gescheitert, die dahin zielten, Wil-

---

[59] Vergleiche hierzu: *Sösemann*, Reichsbelagerungszustand, 643.

[60] Hierbei ist besonders hinzuweisen auf folgende Eintragungen: *Wolff*, Tagebücher, Bd. 1, Nr. 370 vom 5. VII. 1916, 388 f.; Nr. 444 vom 12. X. 1916, 444 f.; Nr. 517 vom 12. II. 1917, 480; Nr. 571 vom 10. VII. 1917, 512; Nr. 577 vom 16. VII. 1917, 519; Nr. 609 vom 19. IX. 1917, 544; Nr. 624 vom 15. X. 1917, 550; Nr. 754 vom 20. VIII. 1918, 613 f.; Nr. 786 vom 14. X. 1918, 632.

[61] *Jäckh*, Pflug, 193.

[62] *Gustav Mayer*, Erinnerungen. Vom Journalisten zum Historiker der deutschen Arbeiterbewegung (Zürich 1949) 250.

[63] *Alfred Grotjahn*, Erlebtes und Erstrebtes. Erinnerungen eines sozialistischen Arztes (Berlin 1932) 166.

[64] Siehe hierzu: *Sösemann*, Reichsbelagerungszustand, 640.

[65] Flugblatt des Aufrufs im Nachlaß Eduard Meyer (Zentrales Akademie-Archiv in der Akademie der Wissenschaften der DDR, Berlin [Ost], Nr. 344; Hervorhebungen im Original).

[66] Dazu zählen neben Broschüren und Flugschriften Reihen wie „Der deutsche Krieg, politische Flugschriften", „Kriegsschriften des Kaiser-Wilhelm-Dank", „Deutsche Kriegsschriften", „Zwischen Krieg und Frieden", „Kriegs- und Friedensziele, deutsche Flugschriften", „Schützengrabenbücher für das deutsche Volk", „Heroldsblätter in eiserner Zeit" oder die „Volksschriften zum großen Krieg", aber auch Veröffentlichungen von der Art *Vally Nagels*, Unser Kaiser, Nervenkraft, Lebensenergie, drei zeitgemäße Betrachtungen (Elberfeld o. J. [1915?]) 3, 12 (Hervorhebungen im Original): „Heut *haben* die Deutschen *begriffen*, was sie an ihrem Kaiser haben. [...] Und nun verstehen wir auch den tiefen Ernst des neuen Kaiserbildnisses, das um die Weihnachtszeit 1914 dem deutschen Volke gegeben wurde. Wir kennen es alle: Der Kaiser in feldgrauer Uniform, den Mantelkragen lose übergehängt, unter dem das Eiserne Kreuz hervorschaut, den Helm auf dem Haupt. Darunter hervorblickend ein Paar tiefernste Augen, ein unbewegtes,

helm II. dem Volk wieder nahezubringen. Denn „die Krone tritt nie in Erscheinung, ihre Einwirkung auf das Volk fehlt [...]", hieß es in Berichten und Denkschriften der Ministerien. „Die gebildeten, wohlhabenden Kreise waren aufs Äußerste besorgt um den Fortbestand unserer Monarchie und Verfassung" und „Mittelstandskreise, die Fühlung mit der Arbeiterschaft haben, verlangten immer wieder danach, daß das Volk ‚bearbeitet' werden solle, daß man ihm Gelegenheit gäbe, vom Kaiser und vom Heer [...] zu sehen und zu hören"[67]. Im Hauptausschuß des Reichstags hatte der Abgeordnete Graefe bereits am 1. Mai 1917 gefordert, dem Gerede von der ideellen Macht der Demokratie[68] gegenüber müsse „die ideelle Macht der Monarchie auch einmal betont und zur Geltung gebracht werden". Das gehöre zu den Pflichten der Reichsregierung unter einer monarchischen Staatsverfassung. Es könne der Moment kommen, wo der Versuch gemacht werde, den Massen zu suggerieren, „der Fortbestand der Hohenzollern-Monarchie sei das einzige Friedenshindernis. Hier müsse man der Regierung zurufen: Videant consules!"[69] Der Verfall des Ansehens und der Autorität Wilhelms II. wurde im Klub zwar konstatiert, doch die Auswirkungen nicht in Hinblick auf die Nachkriegsordnung diskutiert. Dabei bezog nicht einmal einer der Sozialdemokraten – sie gehörten alle dem rechten Flügel an – den Übergang zur Republik ins politische Kalkül mit ein. Über die Kontinuität der Monarchie bestand ebenso Konsens wie über die negative Beurteilung der aktuellen Rolle Wilhelms II.[70].

Fortsetzung Fußnote von Seite 161
schmalgewordenes Antlitz, dem die Spuren des Gelittenhabens ehrfurchtgebietend aufgeprägt sind."
[67] Dieser Bericht des Majors von Weiß von der 1. Garde-Reserve-Division vom 24. VII. 1917 wurde von Ludendorff für die Abteilungen O II (Bauer) und III b (Nicolai) aufgezeichnet, er wird zitiert nach: *Deist*, Militär, Bd. 2, Nr. 332, 846 f., Anm. 5.
[68] Bereits im Winter 1916 formulierte Wolff trotz der Zensur im Leitartikel des „Berliner Tageblatt[s]" 3 (3. I. 1916): „Es wird wenig Mühe machen, nachzuweisen, daß inmitten einer mehr und mehr demokratisch fühlenden Welt derjenige Staat im Nachteil sein mußte, der als feste Trutzburg eines nicht mehr zeitgemäßen Geistes galt. Ganz abgesehen von allem, was in unmittelbarem Zusammenhang mit dem Kriege stand, hat der Gegensatz in der ganzen Staatsauffassung die meisten demokratischen Neutralen im voraus zu einer ungerechten, absprechenden Beurteilung des deutschen Volkes verführt. [...] Ja, es hat uns unbestreitbar geschadet, und es hat vieles erst möglich gemacht. Wenn unsere Staatseinrichtungen denen der anderen Länder entsprächen, so wäre es den Gegnern Deutschlands – obwohl sie gewiß nie ganz auf ihr übles Spiel verzichtet hätten – schwer, die Person des Kaisers so in den Mittelpunkt eines verrückten Schmähtreibens zu zerren und seine Rolle zu entstellen. [...] Man überlasse sich doch nicht dem Wahn, daß mit dilettantischen Propagandamittelchen, mit Aufklärungsschriften, Preßbeziehungen und ähnlichem Krimskrams etwas Nennenswertes auszurichten sei. Viel mehr hätten uns die rechtzeitige Durchführung der preußischen Wahlrechtsreform und andere Neuheiten genützt."
[69] *Schiffers*, Hauptausschuß, 150.
[70] Vergleiche hierzu *Wolff*, Tagebücher, Bd. 1, Nr. 577 (16. VII. 1917) 519. – Noch im November 1918 wurde die Republik in diesen sozialdemokratischen Kreisen nicht gefordert. Hierzu teilte Oberst von Haeften über ein Gespräch zwischen General Groener und SPD-Reichstagsabgeordneten am 6. XI. 1918 mit: „Beide [Abgeordnete David und Südekum] erklärten, sie seien keineswegs Gegner der Monarchie an sich [...]. Große Teile der deutschen Sozialdemokratie würden sich mit der monarchischen Staatsform bei einem parlamentarischen System durchaus abfinden." Zitiert nach: *Erich Matthias / Rudolf Morsey*, Regierung des Prinz Max von Baden (Quellen zur Geschichte des Parlamentarismus und der politischen Parteien 1. Reihe 2, Düsseldorf 1962) 560;

Seit Mitte Oktober 1918 lockerte das Kabinett des Prinzen Max von Baden die Pressezensur. Es bestand jedoch noch die Auflage, die „Kaiserfrage" in der Publizistik unerörtert zu lassen. Ende des Monats war nur noch das Verbot gültig, die „Abdankung des Kaisers" zu fordern[71]. Die Regierung versuchte, mit einer indirekten Steuerung der Publizistik den weit verbreiteten Ansichten entgegenzutreten, eine „völlige Umgestaltung" werde kommen und der Kaiser habe zurückzutreten[72]. Die Kampagne blieb ohne nennenswerte Erfolge. Mit dem Netz der Routine ließ sich schwerlich im Strom der Ereignisse erfolgreich fischen. Das Kabinett verkannte, daß auch das Bekenntnis Wilhelms II. zu der staatsrechtlichen Neuordnung weder dem Monarchen noch dem Kaisertum die über Jahre hinweg eingebüßte Autorität und das damit verlorene Ansehen wiederzugeben vermochte. Außerdem hatte sich während dieses Zeitraums die Erwartung verstärkt, politische Reformen könnten zur Verbesserung der Lage führen[73]. Tirpitz ließ deshalb durch den Grafen zu Eulenburg Hindenburg warnen: Diese Bewegung sei gefährlich, weil eine ganze Reihe bisher zuverlässiger monarchischer Elemente davon überzeugt sei, schlimmere Folgen, als sie die jetzige Leitung in politischer Hinsicht hervorgebracht habe, könne auch ein parlamentarisches System nicht mit sich bringen[74].

Flugschriften und Flugblätter antimonarchischen Inhalts fanden seit dem Ausbruch der russischen Revolution von 1917 und der Streiks im Deutschen Reich im Januar 1918 zunehmend Verbreitung und Zustimmung, wenn festgestellt wurde, daß „die demokratische Welt" nicht gegen das deutsche Volk kämpfe, sondern der Haß „allein den Hohenzollern" gelte[75].

Die in Süddeutschland am 10. Oktober einsetzende und sich innerhalb von 16 Tagen über das ganze Reich ausbreitende lebhafte publizistische Auseinandersetzung über den Umfang der Reformen, die Person des Kaisers und die Staatsform zeigte, wie tief und umfassend sich negative Eindrücke in der Bevölkerung festgesetzt hatten[76]. Ein nicht geringer Teil der Minister, Parlamentarier und Parteiführer schätzte die Lage

---

Fortsetzung Fußnote von Seite 162
im folgenden zitiert: *Matthias,* Prinz Max von Baden. Siehe dazu im einzelnen die detaillierte Darstellung von *Miller,* Burgfrieden, 331-395.
[71] Staatssekretär Adolf Gröber äußerte sich in der Kriegskabinettssitzung am 25.X.1918 erstaunt darüber, „wie weit einzelne Zeitungen schon in der Besprechung der Abdankungsfrage gegangen sind, trotz der bestehenden Zensurverfügungen, wonach die Forderung der Abdankung nicht erörtert werden soll." Zitiert nach: *Matthias,* Prinz Max von Baden, 346.
[72] So formuliert Theodor Wolff in seiner Tagebucheintragung vom 25.IX.1918. Siehe: *Wolff,* Tagebücher, Bd. 2, Nr.777, 628.
[73] *Rauh,* Parlamentarisierung, 422-469.
[74] Vgl. dazu *Alfred von Tirpitz,* Erinnerungen (Leipzig 1919) 295f.
[75] Anonyme Flugschrift „Wann geht der Krieg zu Ende?" (o.O., o.J. [1917]).
[76] Scheidemann führte dazu in der Sitzung des Kriegskabinetts am 31.X.1918 aus: „[...] die Forderung [nach Abdankung] wurde nicht zunächst in Arbeiterkreisen erhoben, sondern in Bürgerkreisen [...]. Auch die Bauern [...] stehen auf dem Standpunkt, daß der Kaiser abdanken sollte; alle entgegenstehenden Nachrichten sind falsch. Was mich am meisten überrascht hat, ist die Stellung des Beamtentums. Ich hätte nie für möglich gehalten, daß diese Leute so leicht umfallen. Auch eine ganze Anzahl Offiziere sind bei mir gewesen und haben dieselbe Meinung ausgesprochen" (*Matthias,* Prinz Max von Baden, 441).

im Oktober und Anfang November 1918 falsch ein. Er unterschätzte die Bedeutung einer milieuübergreifenden Radikalisierung und irrte sich deshalb auch über die Gesamtstimmung in der Bevölkerung. Der Reichskanzler wartete zwölf Tage mit der Veröffentlichung des kaiserlichen Bekenntnisses zur Parlamentarisierung[77], die Parteipolitiker rechts von dem rechten Flügel der Sozialdemokratie nahmen an, eine politische Eskalation verhindern zu können: eine Politik ausufernder Reformen, danach die Abdankung Wilhelms II., schließlich eine Regentschaft, endlich eine Revolution und damit den Untergang der konstitutionellen Monarchie[78]. Die Politiker irrten auch in diesem Fall. Der Kaiser war „der erste Repräsentant, der Exponent der Nation"[79], die „Verkörperung des Systems"[80]. Diese Funktion mußte ihm auch zukommen, denn auf diesem irrationalen Moment ruhte ein nicht geringer Teil seiner Reputation und der Macht der Institution. Mit der Idee des „Volkskaisertums", mit „dem Gedanken des sozialen Kaiser- und Königstums", hatte man noch sowohl dem Verfall der monarchischen Gesinnung als auch der Demokratie entgegenwirken wollen, „die der Eigenart und dem Geist unseres Staats und Volks nicht entspricht"[81].

Dieser Auffassung stand nun die Ansicht gegenüber, nicht das Kaisertum sei „mehr das einigende Band, sondern die *Demokratie.* [...] Die Stimmung in der Arbeiterschaft ist auch fast einheitlich. Auch im Bürgertum", erklärte Ebert in der Sitzung des Interfraktionellen Ausschusses am 5. November[82]. Mit Teilzugeständnissen war jetzt eine staatliche und gesellschaftliche Ordnung schwerlich noch zu retten, deren Hauptsymbol mit einem beschleunigten Prestige- und Vertrauensverlust belastet war. „Es ging eben nicht mehr um Kaiser und Reich, es ging ums Vaterland", so daß der Monarch

---

[77] Vergleiche hierzu die Kapitel „Vergebliche Versuche, den Kaiser aufklären zu lassen" und „Die Alternative: Abdankung des Kaisers – oder Verzicht auf nationale Verteidigung", in: *Prinz Max von Baden,* Erinnerungen und Dokumente (Berlin 1927) 510–560.

[78] So äußerte sich Erzberger in der Sitzung des Kriegskabinetts vom 31.X.1918 wie folgt: „Man solle nichts überstürzen, die Stimmung für die Abdankung wachse zwar, aber vielleicht die Hälfte des Volks sei anderer Meinung und nur noch nicht zum Wort gekommen. Auskünfte, die er kürzlich aus den verschiedensten Volkskreisen eingezogen habe, seien sämtlich gegen die Abdankung ausgefallen. Er selbst würde die Abdankung jetzt sehr bedauern. [...] Eine große Anzahl feindlicher Zeitungsstimmen forderten allerdings die Abdankung, aber deren Einmischung müßten wir ablehnen" (*Matthias,* Prinz Max von Baden, 443f.). Auch Friedberg meint in derselben Sitzung: „Die Bewegung für die Abdankung sei suggestiv und sei durch die Presse verschuldet" (ebd., 444). Gröbers Äußerung wurde am selben Tag protokolliert: „Herr Gröber bestreitet gegenüber Herrn Scheidemann [siehe Anmerkung 76], daß der Kaiser keine Verteidiger habe, und weist auf die Versammlungen und Resolutionen hin, namentlich auch in der Zentrumspartei, die sich für Kaiser und Dynastie ausgesprochen hätten" (ebd., 445).

[79] Derart äußerte sich Johannes Haller am 4.X.1918 in einem Brief an Eulenburg, zitiert nach: *Röhl,* Eulenburg, Bd. 3, 2248.

[80] Wolfgang Heine formulierte dies so in der SPD-Reichstagsfraktionssitzung Anfang November 1918. Zitiert nach: *Erich Matthias / Eberhard Pikart* (Hrsg.), Die Reichstagsfraktion der deutschen Sozialdemokratie 1898–1918 (Quellen zur Geschichte des Parlamentarismus und der politischen Parteien 1. Reihe 3/1,2, Düsseldorf 1966) 513.

[81] Siehe die Denkschrift Adolf von Harnacks an Bethmann Hollweg vom Juni 1917. Zitiert nach: *Ernst Rudolf Huber / Wolfgang Huber* (Hrsg.), Staat und Kirche im 19. und 20. Jahrhundert. Dokumente zur Geschichte des deutschen Staatskirchenrechts, Bd. 3 (Berlin 1983) 845.

[82] *Matthias,* Prinz Max von Baden, 523 (Hervorhebungen im Original).

darüber sogar vergessen werden konnte[83]. Wilsons Junktim von Waffenstillstand bzw. Frieden und republikanischer Staatsform konnte nur noch eine Entwicklung beschleunigen[84], deren Endphase bereits eingeleitet war, denn „eigentlich hat sich in Bürgerkreisen und Bauernkreisen", wie der Prinz Max von Baden schon am 31. Oktober im Kriegskabinett erklärt hatte, „kein Verteidiger für den Kaiser gefunden"[85]. Und damit war das Abdankungsproblem nicht mehr allein mit der Person Wilhelms II. verknüpft, sondern zu einer „Systemfrage"[86] geworden. Deshalb konnte es im Braunschweiger „Volksfreund"[87] am 7. November heißen: „Kommt die Kaiserfrage nicht raschestens zur Erledigung, dann wird sie aus einer persönlichen Frage [...] leicht zu einer Frage des Hohenzollerngeschlechts und zu einer prinzipiellen Auseinandersetzung zwischen Monarchie und Republik werden."

Am Tag der Abdankung urteilte ein Redakteur der Frankfurter „Volksstimme"[88] in einem Artikel der ersten Seite über „Wilhelm, der letzte Hohenzoller, als Persönlichkeit" wenigstens in dieser Frage mit der Überzeugungskraft des politisch aufmerksam beobachtenden Zeitgenossen:

> „Die Eitelkeit war es auch, die Wilhelm II. zum Reden trieb. Die Zahl seiner Reden ist Legion, und gar häufig widerspricht die eine der andern. Wie sehr gleicht er hierin wie in vielem anderen, seinem im Wahnsinn geendeten Großonkel Friedrich Wilhelm IV.: auch er blendete als Causeur, auch er liebte die große Pose, auch er schmetterte Reden, und auch ihn beseelte jenes mystische Gottesgnadentum, das im Monarchen ein ‚Instrument des Herrn' erblickt. [...] Was konnte [...] Heils erwartet werden von einem Manne, dessen politischer Horizont durch die junkerlichen Anschauungen seiner feudalen Jagd- und Gesinnungsgenossen vernagelt war. [...] Mit Wilhelm II. sinkt eine deutsche Epoche ins Grab; die Zeit wirtschaftlichen Aufschwungs, aber auch zügellosesten Imperialismus. In Wilhelm II. personifiziert sich der deutsche Militarismus; unzugänglich, dünkelhaft und brutal, mit ständigem Säbelgerassel die Welt nervös machend und in Atem haltend."

Im Gesamtbild der Presse herrschen die dunklen Farben vor: also Wilhelms II. Eitelkeit und die dünkelhafte Überschätzung seines Könnens, die romantischen und tragischen Züge seines anachronistischen Herrschertums sowie die Unfähigkeit und Schwäche seines unsteten, von Militaristen, Intriganten, „feilen Hofschranzen und

---

[83] *Lommel*, Erinnerungen, 17.
[84] Adolf Stutzenberger übersieht in seinen Untersuchungen zur Kaiserfrage, daß Wilhelm II. bereits vor Ausbruch des Ersten Weltkriegs ein nicht geringes Kapital verzehrt hatte und daß es eine unzulängliche Verkürzung der Problematik darstellt, die „Entstehung der Kaiserfrage auf das engste [...] mit der zunehmenden Erkenntnis der deutschen Niederlage" zusammenzusehen. Seine Feststellung, die „demokratische Presse war es vor allem, die die Kaiserkrone zum Objekt ihrer eignen politischen Schachzüge machte und sie der ‚Völkerversöhnung' opfern wollte", muß wohl weniger als Resultat historischer Forschung, sondern als eine Konzession an den Zeitgeist aufgefaßt werden. Zitiert wurde hier nach: *Stutzenberger*, Abdankung, 204. Vergleiche auch: *Karin Herrmann*, Der Zusammenbruch 1918 in der deutschen Tagespresse. Politische Ziele, Reaktionen auf die Ereignisse und die Versuche der Meinungsführung [...], 23. September bis 11. November 1918 (Diss. phil., Münster 1958).
[85] Zitiert nach: *Matthias*, Prinz Max von Baden, 439.
[86] In diesem Sinne äußerte sich Friedrich Ebert in der Sitzung des Interfraktionellen Ausschusses vom 4.XI.1918 (ebd., 499).
[87] Nr. 262 (7.XI.1918).
[88] Nr. 264 (9.XI.1918).

listigen Junker[n] bestimmten persönlichen Regiments[89]. Die „Deutsche Tageszeitung" beteuerte am 9. November zwar, daß sie mit „allen Fasern an der deutschen Monarchie" hänge, aber sich „die bittere Wahrheit nicht verhehlen [könne], daß auch die Krone selber an ihrem Grabe geschaufelt" habe[90]. Am 15. November schrieb die „Deutsche Tageszeitung"[91]:

> „Heute ist die Monarchie verschwunden, in der früher der nationale Gedanke und seine Vertreter natürlichen Halt und Mittelpunkt und Träger zu erblicken glaubten, und die – vergeblich – versuchten, sich um ihn zu sammeln. Verschwunden ist die Monarchie, weil die Träger der Monarchie sich persönlich als schwach und unfähig erwiesen, und zwar nicht erst während des Krieges. [...] Gerade in diesen Zusammenhängen muß auch ausgesprochen werden, daß der nationale Geist in seinem tiefen Gehalte und in seiner maßgebenden Bedeutung für das ganze Volk von den bisherigen Trägern des monarchischen Systems in Deutschland nicht verstanden worden ist. Sie standen dem ablehnend, teils mit Widerwillen gegenüber, und diese Erkenntnis der *Zusammengehörigkeit des nationalen und des sozialen Gedankens* lag ihnen ganz fern. [...] Auch für die Funktionen und die Wiederherstellung des Wirtschaftslebens und der Beziehungen mit dem Auslande ist die einheitliche Durchdringung des deutschen Volkes mit dem nationalen Geiste eine Notwendigkeit. Er bildet überhaupt nach wie vor die Bedingung für eine deutsche Zukunft. Er war kein Attribut der Monarchie, aber *sie* hätte *sein* Attribut sein müssen."

Unter der Überschrift „Deutschlands Zukunft und die Monarchie" hieß es am nächsten Tag: „Die Frage kann für unsere Zukunft aller Voraussicht nach nur die sein, ob Deutschland auch der Form nach reine Republik wird, oder ob wir bei der endgültigen Neuordnung eine Republik mit einer monarchischen Spitze bekommen, etwa wie sie England darstellt."[92] „Der Tag" dankte am 9. November Wilhelm II. spontan „für die von dem überlieferten Pflichtgefühl der Hohenzollern getragene unermüdliche Arbeit von dreißig Jahren" und für die „ununterbochene *Friedensarbeit* [,die das Deutsche Reich] zum Gipfel seiner Macht emporgeführt" habe[93]. Dem Dank folgten differenziertere Stellungnahmen in den nächsten Tagen. Diese Kommentare unterschieden ausdrücklich zwischen der staatspolitischen Bedeutung der Monarchie und dem von Distanz gekennzeichneten Verhältnis zu Wilhelm II.:

> „Erfüllte uns auch der Enkel Wilhelms I. nicht mit der ehrfürchtigen Liebe, die dem greisen ersten Kaiser entgegengebracht worden war, so schlugen doch unsere Herzen höher bei manchem kaiserlichen Wort, das die Deutschen auf das Meer hinauswies. [...] Wir waren nicht alle Konservative im Parteisinne. [...] Aber Konservative waren wir doch alle in dem Sinne, daß wir auf den gegebenen Grundlagen unseres Reichs und unserer Bundesstaaten, auf dem Werke Bismarcks und auf der starken Monarchie aufbauen wollten [...]. Wir wollen aber auch dafür sorgen, daß aus der Zerstörung, die den alten Staatsbau betroffen hat, gerettet und hinübergenommen wird, was von Wert ist und bleiben muß."[94]

„Für königstreue Männer dürfte am schwersten der Gedanke zu ertragen sein, daß der seitherige Träger der preußischen Krone der Hauptursacher dieses Chaos ist. Es erscheint notwen-

---

[89] In der Sonderausgabe der „Rheinische[n] Zeitung" vom 10.XI.1918.
[90] Siehe den Leitartikel der „Deutsche[n] Tageszeitung" Nr. 572 (9.XI.1918 [A]).
[91] Zitiert nach: E. Reventlov, Der nationale Geist, in: „Deutsche Tageszeitung" Nr. 583 (15.XI.1918) [A], Hevorhebungen im Original).
[92] „Deutsche Tageszeitung" Nr. 585 (16.XI.1918 [A]).
[93] Zitiert nach: G. Mühling, Die Tragödie Kaiser Wilhelms II., in: „Der Tag", Berlin, Nr. 575 (9.XI.1918 [A], Hervorhebungen im Original).
[94] Ulrich von Hassell, Wir jungen Konservativen, in: „Der Tag", Berlin, Nr. 274 (24.XI.1918 [A]).

dig und nützlich, dies mit aller Schärfe festzustellen. [...] Wie man dem anständigen Feldsoldaten nicht zumuten darf, heute für König und Vaterland mit Aufbietung aller Kräfte zu streiten und nötigenfalls begeistert zu sterben, morgen aber diese Gesinnung wegzuwerfen und für gegenteilige Auffassung zu kämpfen, so kann auch dem königstreuen Staatsbürger nicht angesonnen werden, daß er sich über Nacht zugunsten einer neuen Staatsauffassung umwandelt, die noch dazu vorläufig jedes Befähigungsnachweises ermangelt."[95]

Die Aufzählung der kaiserlichen Versäumnisse und Fehler beim Kriegsausbruch und während des Krieges sowie die Kritik an seiner Person waren scharf und grundsätzlich. Nur wenige bezogen die Fehler, Versäumnisse und Ungeschicklichkeiten der Regierung, der Militärs und der Ministerialbürokratie ein. Das Hauptinteresse galt vielmehr der Person des Kaisers. Nach den Oktoberreformen bis in das Frühjahr 1919 hinein finden sich in der deutschen Presse vorwiegend retrospektive publizistische Auseinandersetzungen mit der Politik Wilhelms II., den irrationalen Momenten des Kaisergedankens, der politischen und gesellschaftlichen Bedeutung der Monarchie in einer Umbruchs- und Krisensituation sowie mit den Konsequenzen ihres Untergangs, sei es nun im „Dortmunder General-Anzeiger", in der „Deutschen Tageszeitung", der „Kölnischen Zeitung", den „Münchner Neuesten Nachrichten", der „Rheinisch-Westfälischen Zeitung", dem „Volksfreund" aus Braunschweig oder der Bremer „Weser-Zeitung". Wilhelm II. wurde als tragischer Monarch charakterisiert, der durch persönliche Unzulänglichkeiten die Realität und Notwendigkeiten seiner Zeit aus den Augen verloren habe und damit selbst die Schuld trage am Ende seines politischen Daseins.

Am 9. November 1918 finden sich nur noch in der monarchisch gesinnten Presse apologetische Kaiser-Artikel: „In stummem Leide werden Tausende von Männern und Frauen Tränen vergießen ob des tragischen Geschickes, das einem so hochgemuten, ritterlichen Herrscher beschieden ist, dessen Leben Arbeit war im Dienste und zum Wohle seines Volkes [...]."[96] Zur tragischen Gestalt äußerte sich auch der „Bayerische Kurier"[97]: „Es ist ein überaus tragisches Geschick, daß der Kaiser, dessen erstes Sinnen und Wollen war, die deutsche Nation einer glänzenden Zukunft entgegenzuführen, heute nach einem verlorenen Krieg, nach dem Zusammenbruch des Militarismus, dessen glänzendster Vertreter er war, daß er heute seine Krone niederlegen muß [...]." Dabei versuchte der „Bayerische Kurier" noch, das Andenken des letzten Kaisers zu wahren und führte in demselben Artikel noch weiter aus:

„Hat er geirrt in seinen Anschauungen und in seinen Maßnahmen, so ist das letzterdings begreiflich. [...] Und viele von denen, die ihn jetzt schmähen und verurteilen, mögen nicht vergessen, daß sie ihm einst zugejubelt haben wegen des unerhörten Aufschwunges, den Deutschland unter seiner Regierung auf allen Gebieten genommen, und daß das Ausland uns einst um diesen Kaiser beneidete!"

Der „Berliner Börsen-Courier"[98] formulierte: „Wilhelm II. ist unrühmlich versunken. [...] Der dritte deutsche Kaiser hat natürlich das Gute gewollt, aber seine Tragik

---

[95] So Redakteur Steiniger in seinem Kommentar „Ein Wort an die Königstreuen" in: „Der Tag", Berlin, Nr. 278 (29. XI. 1918 [A]).
[96] „Kölner Volkszeitung" Nr. 888 (9. XI. 1918 [A]).
[97] Nr. 313 (10. XI. 1918).
[98] Nr. 529 (10. XI. 1918).

liegt darin, daß er aus mißverstandenem Gottesgnadentum – dem Unheil diente." Über die „viele[n] verhängnisvolle[n] Irrtümer und Unbedachtsamkeiten [Wilhelms II.] vornehmlich auch aus seiner Auffassung vom Herrscherberuf entsprungen [...]" und über die Tragik seines Abgangs schreibt G. Mühling in seinem Artikel „Die Tragödie Kaiser Wilhelms II." in „Der Tag"[99].

In weiten Teilen der Presse werden Wilhelm II. und seine Herrschaftszeit aber nicht so zurückhaltend charakterisiert. Bezeichnend für diese Kritik sei hier als eine Stimme von vielen der „Dortmunder General-Anzeiger"[100] zitiert:

> „Denn, was in diesen [vergangenen] fünf Wochen vor sich gegangen ist, das ist, nach innen und nach außen, die Liquidation der dreißigjährigen Regierungszeit Kaiser Wilhelms 2., oder dessen, was von ihr noch übrig geblieben ist in der fürchterlichen Katastrophe dieses Krieges, die eben auch die Katastrophe des Kaisers ist. [...] Aber der *Kaiser selbst hat sich vor der ganzen Welt zum Symbol der Politik gemacht, die Deutschland in den Abgrund geführt hat;* als *sein* System hatte diese immer in der Ichform geführte Politik vor der Zeit und der Geschichte gelten sollen [...]."

In republikanisch gesinnten Pressestimmen wurde mit Wilhelm II. weitgehend in polemischer Weise umgegangen, ja geradezu abgerechnet. So ist im Braunschweiger „Volksfreund"[101] in dem Artikel „Revolution gegen den Imperialismus" zu lesen:

> „Aber das eine wissen wir, daß wir diese brutalen Bedingungen [die des Waffenstillstandes] Wilhelm II. zu verdanken haben, der jetzt seine kostbare Haut nach Holland in Sicherheit zu bringen sucht, und allen jenen Kreisen, die sich zur Aufrechterhaltung ihrer Privilegien um ihn geschart haben. Flüche und Verwünschungen folgen Wilhelm II. und seinen Kumpanen nach. Aber damit wird das Unheil, das sie über uns gebracht haben, nicht herabgemindert."

Die südwestdeutsche sozialdemokratische „Volksstimme"[102] urteilt vernichtend im Artikel „Quosque tandem, imperator ..." –

> „Die persönliche Tragik des Kaisers ist uns gleichgültig angesichts der unmeßbaren Leiden eines ganzen Volkes. [...] Ist es aber seine Meinung und die seiner privaten Ratgeber, daß sein Verbleiben eine Staatsnotwendigkeit sei, so sei ihm gesagt, wer die Staatsnotwendigkeiten ein Leben lang so grausam verkannte, soll nun uns andern die Sorge hierfür überlassen."

– und ergänzte diese Stellungnahme in dem Artikel „Die Lage und die Aufgabe"[103]:

> *„Wilhelm von Hohenzollern* ist *nach Holland geflüchtet.* Er rennt davon wie das Kind, das mit dem Feuer spielte und das Haus in Brand steckte. Sich selbst mit einer wohltätigen Kugel zu richten, dazu war der Mann zu feig. In der Mitte ‚seiner' Truppen zu bleiben dazu reichte sein Mut auch nicht aus. Die Truppen würden ihn nicht an die Mauer gestellt haben; soviel Schonung verdiente ein Wilhelm nicht."

Hellmuth von Gerlach nahm in seiner „Welt am Montag" die Schuldzuweisung differenzierter vor. Zum einen wies er auf den Mangel an Führerpersönlichkeiten hin. „Unser verkrüppelter Obrigkeitsstaat vermochte fast nur verkrüppelte Politiker hervor-

---

[99] Nr. 575 (9. XI. 1918).
[100] Nr. 309 (7. XI. 1918; hier und im folgenden finden sich die Hervorhebungen im Original).
[101] Nr. 6 (14. XI. 1918).
[102] Nr. 261 (6. XI. 1918).
[103] Nr. 265 (11. XI. 1918).

zubringen".[104] Zum anderen sah er im Parlament einen Hauptschuldigen: „Wenn die Revolution einer Instanz das Urteil gesprochen hat, so neben der Monarchie wahrlich dem Reichstag. Die *Monarchie* hat das Unrecht dieses Krieges *begangen.* Der *Reichstag* hat das Unrecht *geduldet.*"[105]

Nur die konservative Presse behauptete, daß allein die Parolen, „der Kaiser stellt ein Friedenshindernis dar" und „auf Wilsons Verlangen mußte der Kaiser gehen", das monarchisch gesinnte Volk zur Abkehr von der Monarchie gebracht hätten. Die übrigen Publikationsorgane verwiesen durchweg auf die rapide Auszehrung des Kaisergedankens vor und während des Weltkriegs. Im Chor der scharf anklagenden oder vorsichtig verteidigenden Presse[106] fiel ein Kommentar durch sein differenziertes Gesamtbild auf. Er stammte von dem Chefredakteur des „Berliner Tageblatts", der 1916/17 wegen seiner wiederholten Plädoyers für Parlamentarisierung und wegen seiner kritischen Äußerungen zum sog. Burgfrieden Zeitungs- und Schreibverbote zudiktiert bekommen hatte:

„Wer dem Kaiser nie die Rosen, die aus den Gärten von Byzanz stammen, dargebracht hatte, wird in diesem Augenblick gern darauf verzichten, auf die Schwelle, über die er hinausschreitet, nur Beschuldigungen zu streuen. [...] Man kann ihn nicht mit wenigen Worten und Strichen zeichnen, denn sein Wesen ist sehr gemischt und es geht in ihm vieles, was unvereinbar scheint, durcheinander und nebeneinander her. Er schien, wie ein moderner Mensch, überall Wissen und Berührungen zu suchen, und er war doch offenbar überzeugt, Gott habe ihn und sein Haus zu Sendboten, zu Vollstreckern seines Willens gewählt. [...]
Wilhelm II. besitzt Fähigkeiten, Anlagen, Eigenschaften, die bei Monarchen wie bei anderen Menschen nicht alltäglich zu finden sind. Sein Gedächtnis bewahrt alles, was er gesehen und gehört hat, mit seltener Sicherheit auf, und er überrascht so durch vielartige Bemerkungen oft die Personen, zu denen er spricht. Er hat im Gespräch jene Leichtigkeit des Ausdruckes, die in Deutschland so vielen fehlt. Auf dem Gebiet der Technik hat er, wie alle, die auf einem Schiffe oder in einer Fabrikanlage seinen Erläuterungen zugehört haben, versichern, die wirkliche Begabung des Ingenieurs. Sehr viel weniger entwickelt, und besonders sehr viel weniger ausgeglichen, war immer sein politischer Sinn. [...] Wie in seinen Worten fehlte ihm in seinen politischen Handlungen das richtige Maß. Er wurde sich nicht in ruhigem Überlegen über die Tragweite seiner plötzlichen Regungen klar. [...]
Es wäre eine gewaltsame Ungerechtigkeit, zu behaupten, er habe alle Fehler selbst begangen, uns allein so weit gebracht. [...] Wilhelm II. war kein ‚Alldeutscher', er ist von den Alldeutschen lange als ein friedliebender Schwächling angesehen worden, und er hat doch das alldeutsche Vokabularium abwechselnd bereichert und ausgeschöpft. [...]

---

[104] *Hellmut von Gerlach,* Offener Brief an Scheidemann, in: „Welt am Montag" Nr. 44 (4. XI. 1918).
[105] *Ders.,* Fetisch Nationalversammlung, in: „Welt am Montag" Nr. 50 (16. XII. 1918, Hervorhebungen im Original).
[106] Hans Delbrück zählte zu denjenigen besonnenen politischen Beobachtern, die die Rolle des Kaisers wenigstens in dem Spannungsgefüge von Verfassungsnorm und politischer Realität differenzierter zu erfassen suchten. „Man wirft ihm vor, er sei Autokrat gewesen. Faßt man dieses Moment ins Auge, so muß man sagen, daß es ganz umgekehrt war, daß er zu wenig Autokrat war, daß er es nicht wagte, sich der öffentlichen Meinung entgegenzustemmen und sich von ihr hinreißen ließ. Der Monarch aber muß vor allem Staatsmann sein und sich, von allen Leidenschaften befreit, identisch fühlen mit dem in der Tiefe erfaßten Interesse des Ganzen. Verfehlt er dies, so hat er gefrevelt gegen seinen monarchischen Beruf, und ist es geschehen an einer so entscheidenden Stelle, daß der Fehler in den Abgrund führt, so ist auch der monarchische Gedanke und die Monarchie dahin" (Preußische Jahrbücher 174 [1918] 434).

> Er war nie der ‚Attila', dessen blutgieriges, grausames Bild die Entente-Presse so rastlos malt. [...] Wilhelm II. war nicht der alleinige Urheber, aber der Repräsentant einer aberwitzig kurzsichtigen, die Kräfte und Ideen des Auslandes falsch einschätzenden Politik, und er war das Symbol einer Zeit und eines Geistes, der, in Machtbegehren und Selbstüberhebung, die Katastrophe herbeigeführt hat. Er mußte abdanken, auch wenn die Aufstandsbewegung im ganzen Lande nicht so brausend und unbezwingbar angeschwollen wäre, wie es niemand erwartet hat."[107]

Die Liberalen und der größere Teil der Sozialdemokratie sahen sich in der publizistischen Abdankungsdebatte ebensowenig wie die Konservativen dazu veranlaßt, auf die Monarchie zu verzichten. Wer wollte schon rechts eine Brücke abbrechen, wenn er links über keinen sicheren Weg verfügte? Deshalb hoffte man, sich eines „demokratisierten Kaisertums" zur Absicherung weiterer Reformen und zur Stabilisierung der politischen, sozialen und militärischen Verhältnisse bedienen zu können. Doch war die Alternative, Inthronisation des unpopulären Kronprinzen oder eine Regentschaft, nicht rechtzeitig und gründlich durchdacht oder – wie es mit dem Regentschaftsplan geschah – ohne Tat- und Überzeugungskraft in einem zwiegespaltenen Kriegskabinett verfolgt worden. Die Abdankung führte also direkt in den Untergang der Monarchie, weil es an einem kämpferischen, einem politisch inhaltsreichen und somit auch in Zeiten des Umbruchs tragfähigen Kaisergedanken mangelte.

---

[107] Der Artikel „Abdankung des Kaisers" von Theodor Wolff für das „Berliner Tageblatt" Nr. 575 (9. XI. 1918 [A]) ist leicht zugänglich in: *Wolff,* Tagebücher Bd. 2, Nr. XXIII, 812f.

III.
Schlachtflottenbau und Weltmachtkonzepte:
Zu den Zielen der wilhelminischen Weltmachtpolitik bis zur Kriegslösung 1914

Volker Berghahn

Des Kaisers Flotte und die Revolutionierung des Mächtesystems vor 1914

Die Tirpitzsche Flottenpolitik ist seit über sechzig Jahren Gegenstand z. T. hitziger Debatten unter Historikern und Marineoffizieren. Diese Debatte trat in den 1960er Jahren in eine neue Phase ein, als zum ersten Male die einschlägigen Akten, soweit sie den 2. Weltkrieg überstanden hatten, der Forschung uneingeschränkt zugänglich wurden. Bis dahin war die wissenschaftliche Auseinandersetzung in erster Linie um die Frage gekreist, ob die wilhelminische Seerüstungspolitik ‚falsch‘ oder ‚richtig‘ gewesen sei[1]. Über die Antriebe hinter dieser Politik dagegen herrschte bis in die 1950er Jahre im großen Einigkeit. Diese Orthodoxie, die in der Weimarer Zeit innerhalb der Zunft allein und ohne große Resonanz von Eckart Kehr in Frage gestellt wurde[2], lautete, der Kaiser und seine Berater hätten angesichts der internationalen Lage in den 1890er Jahren keine andere Wahl gehabt, als hinaus auf die See zu gehen. Da auch andere Nationen Flotten besaßen und ausbauten – und noch dazu meist viel größere als Deutschland – habe auch das Kaiserreich als Industrieland mit einer wachsenden Abhängigkeit vom Weltmarkt und von Kolonien ein gewisses Maß an Seemacht bilden müssen. Daher die damalige Idee einer ‚Risikoflotte‘, die lediglich als Abschreckungsinstrument habe dienen sollen.

Die Einzelheiten dieser Argumentationskette dürften allgemein bekannt sein[3]. Ihre Verbreiter in der Nachkriegszeit, voran der Bonner Historiker Walther Hubatsch, sahen die deutsche Außen- und Rüstungspolitik als eine rein defensive Reaktion auf die internationale Lage und die prekäre geopolitische Situation des Kaiserreichs. Interpretationen, die andere, vor allem innenpolitische Antriebe auszumachen glaubten, wurden auch in den 1950er Jahren noch nicht für diskussionswürdig gefunden. Obwohl auch er sich im Rahmen eines allseits akzeptierten Primats der Außenpolitik bewegte, wagte sich außer Rudolf Stadelmann allenfalls Ludwig Dehio noch über die vorherr-

---

[1] Siehe z. B. *Walther Hubatsch,* Die Ära Tirpitz (Göttingen 1955); *Gerhard Ritter,* Staatskunst und Kriegshandwerk, Bd. 2 (München ²1960); *Wilhelm Schüssler* (Hrsg.), Weltmachtstreben und Flottenbau (Witten 1956). Für die Zwischenkriegszeit, siehe z. B. *Hans Hallmann,* Der Weg zum deutschen Schlachtflottenbau (Stuttgart 1933); *Alfred von Tirpitz,* Erinnerungen (Leipzig 1919).
[2] *Eckart Kehr,* Schlachtflottenbau und Parteipolitik, 1894–1901 (Berlin 1930); ders., Der Primat der Innenpolitik. Gesammelte Aufsätze zur preußisch-deutschen Sozialgeschichte im 19. und 20. Jahrhundert (Berlin ²1970).
[3] Zusammenfassung bei *Volker R. Berghahn,* Zu den Zielen des deutschen Flottenbaus unter Wilhelm II., in: HZ 210/1 (Februar 1970) 34–48; im folgenden zitiert: *Berghahn,* Zu den Zielen.

schende Sicht der Tirpitzschen Flottenpolitik hinaus[4]. Er unterstellte dem Kaiser und seinen Beratern eindeutig offensiv-aggressive Absichten, betonte aber zugleich, daß die Ziele immer verschwommen geblieben seien: mehr bombastische Rhetorik als die minutiöse Durchführung greifbarer politischer Entscheidungen und Planungen. Es ist bezeichnend, daß schon diese Argumentation Dehio damals mancherlei Unannehmlichkeiten mit seinen Kollegen brachte. Unter diesen Umständen war der Ärger noch größer, als in den 60er Jahren eine jüngere Generation begann, sowohl die Defensiv-Orthodoxie als auch Dehios Interpretation in Frage zu stellen, daß unter Wilhelm II. lediglich bramarbasiert worden sei.

Für ein Verständnis des späteren Verlaufs der Forschungen ist es wichtig, diesen speziellen Anfangspunkt im Auge zu behalten. Denn was in den Freiburger Marineakten zunächst entdeckt wurde, war nicht etwa ganz neues Material zur wilhelminischen *Innenpolitik*. Vielmehr bezogen sich die Entdeckungen zunächst vor allem auf den tatsächlichen Charakter der ‚Risikoflotte'. Denn aus den Akten ergab sich als erstes, daß Tirpitz von den späten 90er Jahren an persistent über die nächsten zwanzig Jahre hinweg nicht weniger als 60 große Schlachtschiffe und Schlachtkreuzer bauen wollte[5]. Mehr noch: der Risikogedanke erwies sich als viel schillernder und offensiver als bisher selbst von dem Außenseiter Dehio angenommen worden war. Zwar war schon in der Zwischenkriegszeit hier und da auf die innere Unlogik jener Tirpitzschen Argumentation hingewiesen worden, wonach die fertige deutsche Flotte einen feindlichen Angriff lediglich abschrecken sollte, selbst aber nie stark genug sein sollte, um im Falle eines Versagens der Abschreckung irgendeine Chance auf militärischen Erfolg zu besitzen. Schließlich, so der Einwand, müsse ein Abschreckungsinstrument glaubwürdig sein. War es lediglich ein leicht durchschaubarer Bluff, müsse es jegliche Überzeugungskraft für einen potentiellen Angreifer verlieren. Kluge Köpfe hatten daher gelegentlich die Vermutung geäußert, daß Tirpitz – im Bewußtsein dieser Implikationen seines Risikogedankens – der Öffentlichkeit gegenüber damals nicht ganz mit offenen Karten gespielt habe. Tatsächlich habe er von Anfang an eine Flotte bauen wollen, die nicht nur gegenüber Frankreich oder Rußland bestehen konnte, sondern auch gegenüber der Royal Navy, der damals mit Abstand stärksten Flotte der Welt. Die deutsche Baupolitik habe dafür sorgen wollen, daß die Seerüstungen nie als leerer Bluff entlarvt werden würden.

Allerdings mußten dies mangels direkter Aktenbeweise bis in die 60er Jahre hinein Spekulationen bleiben, die allein auf logischen Schlüssen basierten. Den ersten Schritt in der nun einsetzenden Entwicklung tat der amerikanische Historiker Jonathan Steinberg, der 1965 sein Buch mit dem bezeichnenden Titel *Yesterday's Deterrent* veröffentlichte[6]. Darin druckte er u.a. zum ersten Male Tirpitz' Denkschrift aus dem Juli 1897 ab, in der die Sätze zu finden waren: „Für Deutschland ist zur Zeit der gefährlichste Gegner zur See England. Es ist auch der Gegner, gegen den wir am dringend-

---

[4] *Rudolf Stadelmann*, Die Epoche der deutsch-englischen Flottenrivalität, in: *ders.*, Deutschland und Westeuropa (Schloß Laupheim 1948); *Ludwig Dehio*, Deutschland und die Weltpolitik im 20. Jahrhundert (München 1955).
[5] Siehe *Berghahn*, Zu den Zielen, 48 ff.
[6] *Jonathan Steinberg*, Yesterday's Deterrent (London 1965).

sten ein gewisses Maß an Flottenmacht als politischer Machtfaktor haben müssen." Und schließlich: „Die militärische Situation gegen England erfordert Linienschiffe in so hoher Zahl wie möglich." In ähnlicher Weise faßte auch Tirpitz' Mitarbeiter Eduard Capelle einige Wochen später die Gedanken seines Vorgesetzten in einem Gespräch mit dem preußischen Finanzminister Johannes von Miquel zusammen[7]:

> „Mein Chef ist der Ansicht, daß der wirtschaftliche Interessenstreit mit England im nächsten Jahrhundert immer größer werden wird, daß wir auf alles gefaßt sein müssen. Mein Chef ist ferner der Ansicht, daß wir nach Durchführung seines Programms eine Schlachtflotte besitzen, die England sich wohl hüten wird, als quantité négligeable zu betrachten, zumal wenn noch Bundesgenossen hinzukommen oder der Zutritt derselben von England befürchtet werden muß."

So bedeutsam Steinbergs Nachweis war, daß Tirpitz bei seiner Seerüstungspolitik von Anfang an die Royal Navy im Visier hatte, sein Buch endete mit dem ersten Flottengesetz von 1898, und er kam nicht zur Niederschrift der geplanten Tirpitz-Biographie, die sich auch auf den Inhalt der nachfolgenden Aktenjahrgänge hätte stützen können. In diesen Beständen fand sich, wie weitere Forschungen ergaben, nicht nur anderes Material über das kühne Hauptfeindbild des Reichsmarineamts, sondern sie enthielten auch den klaren Hinweis, daß Tirpitz im Ernstfall mit seiner fertigen Flotte die Engländer gar zu besiegen hoffte. Das war zwar ein Gedanke, der im Kaiserreich vor der Öffentlichkeit abgeschirmt werden mußte, wollte man das In- und Ausland nicht kopfscheu machen; ja, es waren sogar Ideen, die – wie Tirpitz später zugab – „man wohl denken kann bzw. muß, die aber eigentlich nicht niedergeschrieben werden dürfen"[8].

Die Historiker hatten aber das Glück, daß diese Maxime wenigstens einmal sogar von Tirpitz selber mißachtet worden war. So fanden sie in Freiburg Randbemerkungen des Marinestaatssekretärs, in denen er gegen eine Schrift seines alten Duz-Freundes Curt von Maltzahn zu Felde zog[9]. Letzterem war die von Tirpitz verfochtene ausschließliche Ausrichtung des deutschen Flottenbaus auf den Geschwaderkrieg in der Nordsee direkt vor Englands Haustür zu eng konzipiert. Er hatte daher die Bereitstellung von Schiffen für den überseeischen Kreuzerkrieg gefordert. Tirpitz merkte daraufhin irritiert an, daß ein Vorgehen à la Maltzahn „für Deutschland verhängnisvoll" sei, „weil wir unsere gesamte Kraft konzentrieren müssen auf die Schaffung einer Schlachtflotte gegen England, die uns England gegenüber allein Seegeltung verschaffen kann. Außerdem muß erst die Schlacht geschlagen u[nd] gewonnen sein, ehe man an eine Ausnutzung derselben denken darf. Der strategische Fehler des Kpt. v. M. liegt in der Absicht bzw. Vorbereitung der Parallelaktion." Und ganz logisch und konsequent argumentierend fuhr Tirpitz fort, daß eine Öffnung der Verkehrswege des Ozeans für Deutschland in einem Krieg gegen England unmöglich sei „ohne die siegreiche Schlacht": „Auf das siegreiche kommt es an. Daher auf diesen Sieg unsere

---

[7] Zit. in *Volker R. Berghahn*, Der Tirpitz-Plan. Genesis und Verfall einer innenpolitischen Krisenstrategie (Düsseldorf 1971) 188; im folgenden zitiert: *Berghahn*, Tirpitz-Plan.
[8] Zit. in *Berghahn*, Zu den Zielen, 69.
[9] Ebd., 69f.

Kraftkonzentration." Verteilten die Vorschläge Maltzahns doch „das Bärenfell, ehe der Bär erlegt" sei.

Nach solchen Zitaten gewann nun auch der geplante Bau von nicht weniger als 60 großen Schiffen Plausibilität. Denn einer damals weithin akzeptierten Seekriegsdoktrin zufolge sollte der schwächere Gegner in einer Schlacht bei einer Unterlegenheit von 2:3 eine Siegeschance gewinnen, sofern es rasch zu einem konzentrierten Zusammenstoß kam und die schwächere Seite bestimmte Vorteile auszunutzen wußte. Dementsprechend tauchte auch die 2:3 Formel immer wieder in den Marineakten auf. Die Kalkulation dabei war, daß England in den zwanzig Jahren nach der Jahrhundertwende 90 große Schiffe würde bauen müssen, um das strategische Gleichgewicht gegenüber der fertigen Tirpitz-Flotte zu erhalten. Das, so glaubte man in Berlin, werde England mit seiner Berufsmarine und seinen finanziellen Mitteln gerade schaffen können. Doch, wie es in einer RMA-Aufzeichnung weiter hieß:[10]

> „wenn man einwendet, daß England auch weiterbauen wird, so ist darauf zu erwidern, daß die Vergrößerung der englischen Flotte nicht in dem gleichen Verhältnis zunehmen kann wie die unsrige, weil die Flotte infolge ihrer Größe ganz erheblich viel mehr Ersatzbauten erfordert. Die Nachweisung zeigt ..., daß England bis zum Jahre 1920 11 ½ Millionen Tons, d.h. fast das Dreifache der Gesamtgröße der deutschen Flotte nach dem Flottengesetz an Ersatzbauten schaffen muß, will es in den gen. Jahren noch über leistungsfähiges Schiffsmaterial verfügen. Das Minus an Tonnengehalt, das unsere Schlachtflotte im Jahre 1920 der Englands gegenüber noch besitzen wird, soll durch besonders gute Ausbildung des Personals u[nd] in der taktischen Schulung im großen Verbande ausgeglichen werden. Diesem Zweck dienen die umfangreichen Indiensthaltungen, die bei uns sowohl nach dem Flottengesetz als auch nach der Novelle ca. ⅔ der Gesamttonnage der Schlachtflotte betragen, in England etwa die Hälfte. Die Zahlen ... über die in Dienst gehaltene Tonnage der beiden Schlachtflotten ergeben ein Übergewicht Deutschlands. Es ist bei der notorisch schwierigen Personalbeschaffung in England wenig wahrscheinlich, daß sich an dem günstigen Verhältnis etwas ändern wird."

Hier lag also die Zweideutigkeit des öffentlich verkündeten Risikogedankens, die auch nachfolgende Historikergenerationen nicht durchschaut haben: Mit der Formel 2:3 bewegte Tirpitz sich auf einem schmalen Grat, auf dem – unter der Voraussetzung, daß England angreifen würde und Deutschland aus der Verteidigung heraus reagierte – ein Kräftegleichgewicht bestand. Konnte er die Royal Navy entweder durch seine forcierte Baupolitik oder am Ende gar durch ein Abkommen auf diese Formel festnageln, gewann er die Möglichkeit, innerhalb dieser Grenze durch qualitative Maßnahmen an einzelnen Schiffen und in der Schulung das Gleichgewicht unbemerkt und leise zugunsten Deutschlands zu verschieben und auf diese Weise der Kaiserlichen Marine eine echte Siegeschance gegen die größte Seemacht der Welt in die Hand zu geben.

Diese Schwelle zu überschreiten, hat sich die Marine in den folgenden Jahren bemüht. Ob es sich um die Sinksicherheit, die Feuerkraft, die Zielgenauigkeit oder andere technische Finessen des Kriegsschiffbaus handelte, überall kam es dem RMA darauf an, England gegenüber den Vorteil zu erlangen. Ebenso war es bei den Anstrengungen, eine überlegene taktische Ausbildung der Geschwader und des Personals zu gewinnen. Ganz in diesem Sinne erklärte Tirpitz im September 1899 dem Kaiser

---

[10] Ebd., 71 f.

gegenüber[11]: „Aber auch England gegenüber durch geographische Lage, Wehrsystem, Mobilmachung, Torpedoboote, taktische Ausbildung, planmäßigen organisatorischen Aufbau, einheitliche Führung durch den Monarchen haben wir zweifellos eine gute Chance." Sollte sich diese „gute Chance" an einem Nachmittag in der Nordsee nach einem britischen Angriff bieten, es darf kein Zweifel bestehen, daß Tirpitz und seine Offizierskameraden die Gelegenheit wahrgenommen hätten, einen scharf kalkulierten Sieg über die Royal Navy zu erringen. Das weltpolitische Machtgleichgewicht hätte sich bei einem solchen Sieg auf einen Schlag grundlegend verschoben. Doch selbst wenn sich jene „gute Chance" nie ergab, die fertige deutsche Flotte wäre damit nicht nutzlos gewesen, sondern hätte immer noch eine wichtige außenpolitische Funktion erfüllt. Denn solange die militärische Wirkung der Royal Navy durch die deutsche Machtbildung in der Nordsee gewissermaßen neutralisiert wurde, konnte die Schlachtflotte als Hebel im nichtkriegerischen machtpolitischen Wettstreit um die Übernahme und Beherrschung von überseeischen Märkten und bei einer erwarteten „Neuaufteilung der Welt" im 20. Jahrhundert am Verhandlungstisch eingesetzt werden. Sie würde dem Kaiser erlauben, eines Tages jene „große überseeische Politik" zu treiben, die Tirpitz dem Monarchen in einem Immediatvortrag im Herbst 1899 ausmalte[12]. Daß der Kaiser diese indirekte Hebelwirkung durchaus begriffen hatte und in seiner Begeisterung über diese Zukunftsaussichten bezeichnenderweise seinen Mund nicht halten konnte, geht aus seiner Bemerkung gegenüber dem französischen Botschafter hervor. Erst, so erklärte er dem Diplomaten vorlaut, werde eine Flotte gebaut; dann „nach zwanzig Jahren, wenn dieselbe fertig sei, werde [er] eine andere Sprache äußern"[13].

Es dürfte nach dieser knappen Zusammenfassung der antibritischen Seestrategie Deutschlands hinreichend deutlich geworden sein, was gemeint war, wenn eingangs darauf hingewiesen wurde, daß die später viel diskutierte Primatproblematik und die Frage nach den Antrieben hinter der wilhelminischen Seerüstungspolitik anfangs gar nicht im Vordergrund der angehenden Debatte der 60er Jahre stand. Waren die „Revisionisten" doch zunächst einmal damit beschäftigt, die auf den zitierten Materialien beruhende Argumentation gegen die scharfen Angriffe zu verteidigen, mit denen die Marineorthodoxie reagierte. Diese Angriffe kamen nicht allein aus der Marine selbst, in der der Tirpitz-Mythos z. T. ganz unverwässert weiterlebte[14]; auch Historiker wie Jürgen Rohwer zeigten sich unbeeindruckt, als er anhand von internationalen Vergleichen nachzuweisen suchte, daß die deutsche Baupolitik sehr bescheiden gewesen

---

[11] Ebd., 74.
[12] Ebd., 76.
[13] Zit. in *Konrad Schilling*, Beiträge zu einer Geschichte des radikalen Nationalismus in der Wilhelminischen Ära, 1890–1909 (Phil. Diss. Köln 1968) 81.
[14] Siehe z. B. *F. H. Huberti*, Marinegeschichte 1871 bis 1918, in: Marineforum 12/1975, 318–324; *Edward Wegener*, Eine große Chance wurde vertan, in: ebd., 375. Die Zeitschrift war aus den *MOV-Nachrichten* der Marine-Offizier-Vereinigung hervorgegangen. Huberti und Wegener waren damals ständige Mitarbeiter. Für den historischen Teil zeichnete zeitweilig der damalige Korvettenkapitän i. R. und spätere Ordinarius für Geschichte an der Universität Kiel Michael Salewski verantwortlich.

sei[15]. Schützenhilfe erhielt die Neuinterpretation des Risikogedankens hingegen aus einer Richtung, die im Lichte späterer Entwicklungen heute erstaunen mag: von Andreas Hillgruber und Klaus Hildebrand. Während Hillgruber die neue Argumentation weitgehend übernahm und sie als eine Abstützung seiner These einer sich stufenweise übersteigernden nachbismarckischen Außenpolitik von Wilhelm II. bis Hitler wertete[16], begab sich Hildebrand darüber hinaus ins Grundsätzliche einer theoretischen Erfassung der internationalen Beziehungen des 19. und 20. Jahrhunderts. In einem zweiteiligen Aufsatz über „Imperialismus, Wettrüsten und Kriegsausbruch 1914" kam er 1975 unter Bezugnahme auf Henry Kissinger und Stanley Hoffmann auf das Problem von Legitimität und Revolutionierung des internationalen Systems zu sprechen[17]. Dabei mochten ihn auch seine früheren Überlegungen zum revolutionären Charakter der Hitlerschen Außenpolitik inspiriert haben. Jedenfalls schrieb er:[18]

> „Bewußt ... planten die wilhelminischen Staatsmänner nunmehr durch den Bau der Risikoflotte das meeresbeherrschende England erpreßbar zu machen, um es endlich beerben zu können. ... In einem Hazard um „Alles oder Nichts" ... unternahm das Wilhelminische Deutschland den Versuch, der Welt anstelle der bestehenden Pax Britannica eine Pax Germanica zu diktieren. Ja, es war wohl weniger der deutsche Wunsch nach Annäherung an den bzw. nach Gleichberechtigung mit dem Weltmachtstatus anderer Nationen, der Großbritannien dabei herausforderte, als vielmehr die Methode der Deutschen, nicht über außenpolitische Ziele zu verhandeln, sondern vielmehr heimlich das Schwert zu schärfen, um sodann mit überlegener Waffe zukünftig einschränkungslos fordern zu können."

Eine solche Politik, meinte Hildebrand weiter, sei sehr risikoreich gewesen und habe sich erheblich „von der englischen Strategie des ‚peaceful change' unterschieden, der es grundsätzlich darauf angekommen sei, den Frieden im Interesse der Erhaltung des Empire und des parlamentarischen Systems im Innern zu bewahren. So habe die deutsche Politik des hohen Risikos letztlich gar die „Gefahr der Revolutionierung des globalen Status quo" heraufbeschworen.

Auch im zweiten Teil seines Aufsatzes war sich Hildebrand „ganz gewiß", daß der Kaiser und seine Berater in den 90er Jahren „in revolutionärer Absicht" Außenpolitik trieben[19]. Sie wollten „die globale Pax Britannica ... erschüttern", dabei „das besitzende England beerben und ... das europäische Gleichgewicht in ein zu Deutschlands Gunsten verschobenes Weltgleichgewicht ... überführen". Gerade Bülow und Tirpitz hätten ab 1897 „im Zeichen des forcierten Flottenbaus jenen sich bis 1907 (und darüber hinaus) hinziehenden Versuch" unternommen, „den gefährdeten Großmachtstatus ohne vorhergehende europäische Basiserweiterung in einer weltpolitischen Offensive großen Stils zu überwinden". Als dann die Engländer ab 1904/5 die Ziele der

---

[15] *Jürgen Rohwer,* Kriegsschiffbau und Flottengesetze um die Jahrhundertwende, in: *Herbert Schottelius u. Wilhelm Deist* (Hrsg.), Marine und Marinepolitik, 1871–1914 (Düsseldorf ²1981) 211–235.
[16] *Andreas Hillgruber,* Kontinuität und Diskontinuität in der deutschen Außenpolitik von Bismarck bis Hitler, in: *ders.,* Großmachtpolitik und Militarismus im 20. Jahrhundert (Düsseldorf 1974).
[17] *Klaus Hildebrand,* Imperialismus, Wettrüsten und Kriegsausbruch (I), in: NPL 2 (1975) 160–194, sowie ebd., 3 (1975) 339–364.
[18] Ebd., 2 (1975) 184f.
[19] Ebd., 3 (1975) 362f.

wilhelminischen Rüstungspolitik klarer erkannt hätten, wären sie „der revolutionären Herausforderung" durch die „Annahme des Wettrüstens zur See" entgegengetreten. Zugleich habe mit dem Abschluß der Entente Cordiale und der britisch-russischen Konvention von 1907 die diplomatische „Auskreisung" des Kaiserreichs begonnen. Jetzt befand sich Deutschland in der Defensive, „dessen finanzielle Ressourcen sich als für ein Wettrüsten zu gering erwiesen und dessen politisches System unter den wirtschaftlichen Überbürdungen der militärischen Rüstung so arge Schäden erlitt, daß seine Existenz gefährdet erschien". In dieser inneren und äußeren Krisensituation, so fuhr Hildebrand fort, hätten sich dem Reich unter Bethmann Hollweg zwei Alternativen geboten, nämlich entweder die äußere Détente und die innere Reform zu versuchen oder „konsequent mit dem Versuch der Revolutionierung des Staatensystems fort[zu]fahren, um ‚je eher desto besser' durch eine ‚Flucht nach vorn' die außen- und innenpolitisch ungünstige Lage, die durch die weltpolitische Offensive zur permanenten ‚Krise' gesteigert worden war, zu überwinden".

Mit diesen weitgespannten Überlegungen hatte Hildebrand zwei Grundfragen erneut aufgenommen, die die Historikerschaft seit Beginn der Fischer-Kontroverse verstärkt beschäftigt hatten, nämlich einmal das Problem der unmittelbaren Ursachen des 1. Weltkriegs und das der längerfristigen Wurzeln und Wirkungen der wilhelminischen Rüstungs- und Weltpolitik der 90er Jahre. Der Gang der Fischer-Debatte hatte die zweite Frage zeitweilig in den Hintergrund gedrängt, solange sie sich um die Entscheidungsprozesse während der Julikrise und die Bedeutung einzelner diplomatischer Depeschen sowie um die Kontinuität der deutschen Kriegsziele drehte. Erst in seinem zweiten großen Buch griff Fischer das Problem der tieferen Kriegsursachen auf und handelte die deutsche Außen- und Innenpolitik der Jahre 1911–1914 minutiös ab[20]. Hingegen war aus dem Buch keine klare Antwort auf die Frage herauszuziehen, warum der Kaiser und seine Berater in den 90er Jahren eine – wie Hildebrand formulierte – revolutionäre Außenpolitik begannen. Sie war für diejenigen, die sich der Tirpitzschen Flottenpolitik und den eigentlichen Absichten des Risikogedankens zugewandt hatten, aber aus den Hypothesen Eckart Kehrs zu gewinnen. Kein Wunder, daß seine wiederentdeckten Schriften aus den 20er Jahren soviel Faszination ausübten. Bei ihm fand sich eine Erklärung für die revolutionäre deutsche Außenpolitik der Jahrhundertwende, die auch seiner Meinung nach im Weltkrieg geendet hatte. Freilich rekurrierte Kehr nicht auf Geopolitik und vermeintliche außenpolitische Gefährdungen. War diese Gefährdung, die nicht grundsätzlich zu verneinen war, damals denn wirklich so groß, um jene revolutionäre Herausforderung des internationalen Status quo zu erfordern, die hinter dem exorbitanten wilhelminischen Flottenbau stand? Bei Hildebrand fanden sich zu diesem Thema keine plausiblen Antworten.

Umso frappierender war deshalb die These, die Kehr anbot[21]: Die preußisch-deutsche Monarchie, so argumentierte er auf eine knappe Formel gebracht, habe den internationalen Status quo revolutionieren wollen, um der Revolution im Innern zu entgehen. Es sei um die Frage gegangen, „wieweit die deutsche Außenpolitik der Vorkriegs-

---

[20] *Fritz Fischer,* Krieg der Illusionen. Die deutsche Politik von 1911 bis 1914 (Düsseldorf 1969).
[21] *Eckart Kehr,* Englandhaß und Weltpolitik, in: *ders.,* Der Primat der Innenpolitik (Berlin ²1970) 150 f.

zeit in ihrer ganzen Linienführung von dem sozialen Aufbau des Reiches bedingt" gewesen sei. Hiernach kam Kehr zu dem Schluß: „In der Miquelschen Sammlungspolitik liegen die letzten Gründe der Außenpolitik des Deutschen Reiches, die [in] den Krieg steuerte." Waren doch „für die Klassen und Parteien ... die Einwirkungen der Außenpolitik stets sekundär. Viel intensiver ist bei ihnen die Benutzung der außenpolitischen Situation, um innenpolitische, soziale und wirtschaftliche Vorteile zu erringen." Mit solchen Sätzen wandte Kehr sich gegen die damalige Orthodoxie, „die Außenpolitik als ein dem sozialen und innenpolitischen Kampf entrücktes Gebiet autonomer objektiv-politischer Normen" begreife. Seiner Auffassung nach war es an der Zeit, die Frage zu stellen, ob sich im Gegensatz zur herrschenden Meinung nicht „in der wirklichen Politik ein starker Einfluß, wenn nicht der Primat der Innenpolitik und der sozialen Schichtung vor der Außenpolitik aufzeigen" lasse.

Hier war also jener Begriff, der fast 40 Jahre nach dem Erscheinen dieses Aufsatzes nun erneut Furore machte. Freilich kann nicht gesagt werden, daß die darin enthaltene Erklärung der revolutionären wilhelminischen Weltpolitik sich durchgesetzt hätte. Zuerst und schon bald nach dem Wiederbeleben der Kehrschen Thesen kam die Kritik an Details von Geoff Eley und anderen, die die Realität der Miquelschen Sammlungspolitik und das postulierte Junktim zwischen Flottengesetzen und Zolltariferhöhung von 1902 in Frage stellten[22]. Dem folgte eine längere Debatte über Legende und Wirklichkeit der „Kehrschen Schule"[23]. Und schließlich setzte jene grundsätzlichere historiographische Tendenzwende ein, die in den 1980er Jahren auch auf anderen Gebieten in der Bundesrepublik festzustellen ist. Ein Hauptmerkmal dieses Umschwungs im Hinblick auf die Wurzeln der wilhelminischen Weltpolitik war zunächst die bewußte Polarisierung. Zur Abstützung der eigenen Position bauten die „Anti-Kehrites" Feindbilder auf, die sich zwar bequem einreißen lassen, in dieser Form aber nie vorgetragen worden sind. Am weitesten ist in dieser Beziehung Michael Stürmer gegangen, obwohl er seinerzeit die Entfaltung der Forschungen zum sog. Tirpitz-Plan aus nächster Nähe hatte beobachten können. So hielt er 1985 vor Marineoffizieren einen Vortrag über „Deutscher Flottenbau und europäische Weltpolitik vor dem Ersten Weltkrieg", der seine Zuhörer gewiß begeistert hat. Denn bei der Suche nach den Hintergründen der wilhelminischen Seerüstungspolitik lehnte er den Rückgriff auf „marxistische oder vulgär-marxistische Theoreme" ab[24]. Darunter subsumierte er auch „eine moderne Denkschule der Historie, die an den ‚Primat der Innenpolitik' glaubt und ihn als Doktrin vertritt". Diese Denkschule ziehe „aus der ‚kriti-

---

[22] *Geoff Eley*, Sammlungspolitik, Social Imperialism and the Navy Law of 1898, in: MGM 15 (1974) 29–63.
[23] *Geoff Eley*, Die ‚Kehrites' und das Kaiserreich. Bemerkungen zu einer aktuellen Kontroverse, in: GG 1 (1978) 91 ff. und *Hans-Jürgen Puhle*, Zur Legende von der ‚Kehrschen Schule', in: ebd., 108–119.
[24] Damit beim Leser keine Mißverständnisse entstehen, um welche Art von Literatur es sich dabei handelt, zitiert *Stürmer* als einzigen Fußnotenhinweis *Berghahn*, Tirpitz-Plan: *Michael Stürmer*, Deutscher Flottenbau und europäische Weltpolitik vor dem Ersten Weltkrieg, in: *Deutsches Marine-Institut und Militärgeschichtliches Forschungsamt* (Hrsg.), Die deutsche Flotte im Spannungsfeld der Politik, 1848–1985 (Herford 1985) 57f. Der Aufsatz ist jetzt auch zugänglich in: *Michael Stürmer*, Dissonanzen des Fortschritts (München 1986).

schen Theorie' der Frankfurter Schule ... das Bild einer sozialwissenschaftlich optimierten Gesellschaft mit prinzipiell friedlichen Außenbeziehungen". Schlimmer noch, sie projiziere „dieses Bild auf alle Zukunft und auch, als Maßstab der Kritik, auf alle Vergangenheit". Wer so denke, so mahnte Stürmer, „weiß mit Begriffen der Machtpolitik wenig anzufangen. Den Erscheinungsformen und Manifestationen von Macht, Machthunger und Machtverfall steht er begriffs- und sprachlos gegenüber. Hybris und Nemesis sind im Personenregister dieser Historie nicht enthalten."

Viel eher lohnte, Stürmer zufolge, daher die Hinwendung zur „Imperialismustheorie des österreichisch-amerikanischen Ökonomen Schumpeter, der den Atavismus des Kriegerstaats herausstellte". Noch mehr komme „die tief pessimistische Machttheorie eines Friedrich Meinecke, Ludwig Dehio, Gerhard Ritter" in Frage. Wenn auch weniger hart als Stürmer argumentierend hält Hildebrand die Interpretationen der 60er Jahre inzwischen ebenfalls für revisionsbedürftig. In den Chor der Kritiker stimmte schließlich noch Michael Salewski ein, der 1979 in seiner schmalen Tirpitz-Biographie schrieb[25]: „In den 20er Jahren und dann erneut Ende der 60er Jahre unseres Jahrhunderts haben scharfsinnige Historiker in der Tirpitzschen Marinepolitik nicht zuletzt, ja sogar in überwiegendem Maße, eine innenpolitische Krisenstrategie zu sehen geglaubt, die dem leninistischen Theorem vom ‚Sozialimperialismus' entsprochen" habe. Doch, so fügte er hinzu, „die historischen Quellen ... zeichnen ein anderes Bild".

Mit diesem letzten Satz hatte sich Salewski nun allerdings auf dünnes Eis begeben. Denn weder er noch Stürmer haben je die einschlägigen Marineakten durchgearbeitet und dabei neues Material zu Tage gefördert, das ihnen einen Rückgriff auf Positionen der 50er Jahre erlauben könnte. Noch problematischer ist, daß wichtiges veröffentlichtes Material, das seiner Interpretation widerspricht, von Stürmer einfach verschwiegen wird. Zwar ist es im Prinzip durchaus legitim, immer nach der Revisionsbedürftigkeit früherer Forschungsergebnisse und Argumente zu fragen; aber der Versuch der Falsifizierung im Sinne Karl Poppers ist ein aktiver Prozeß und kann nicht aus dem schlichten Übergehen empirischen Materials bestehen. Ebenso dürfte es eine Pflicht des Forschers sein, Ergebnisse, die bis heute einer Falsifizierung standgehalten haben, an Bord zu nehmen und in die eigene (angeblich) neue Sicht der Ereignisse zu integrieren. Wer dies nicht tut, setzt sich leicht dem Vorwurf der Verfälschung aus.

Vor dem Hintergrund dieser Überlegungen ist es in der Tat sehr merkwürdig, daß eine wichtige Kalkulation, die der wilhelminischen Seerüstungspolitik und dem berühmt-berüchtigten Dreiertempo zugrundelag, bei Stürmer u. a. heute nicht mehr auftaucht. Der oben analysierte Bau von 60 großen Schiffen über 20 Jahre basierte nämlich nicht allein auf der Erwartung, damit der Royal Navy eines Tages Paroli bieten zu können. Durch den regelmäßigen Bau von drei Schiffen pro Jahr unter gleichzeitiger gesetzlicher Fixierung der Ersatzbauten sollte vielmehr zugleich der Schiffbestand „aeternisiert" werden. Das heißt, es sollte per Gesetz ein der Armee ähnlicher Flottenaeternat geschaffen werden, durch den es dem Reichstag unmöglich gemacht werden sollte, auf dem Umwege über das Budgetrecht und die Bewilligung von Rüstungsmitteln im Reichshaushalt einen Einfluß auf den Umfang und die Zusammensetzung der

---

[25] *Michael Salewski,* Tirpitz. Aufstieg – Macht – Scheitern (Göttingen 1979) 63.

Marine zu nehmen. Dem indirekten Einfluß des Parlaments auf die kaiserliche Kommandogewalt und die monarchische Machtsphäre sollte ein Riegel vorgeschoben werden. Denn war das regelmäßige Dreiertempo einmal gesetzlich festgeschrieben, so konnte nach der Reichsverfassung nur dann eine Abänderung des Aeternats und eine Reduzierung des Schiffsbestands erreicht werden, wenn eine entsprechende Gesetzesvorlage vom Bundesrat mit Zustimmung des Kaisers verabschiedet und dem Reichstag zur Beratung vorgelegt wurde. Das Parlament allein konnte eine solche Vorlage nicht beschließen, weil es von der Verfassung auf die legislative Zusammenarbeit mit dem Bundesrat und dem Kaiser verwiesen war.

Da es aber unwahrscheinlich war, daß eine Abänderung des einmal errichteten Flottenaeternats die Zustimmung des marinebegeisterten Kaisers und preußischen Königs sowie des von Preußen dominierten Bundesrats erhalten würde, gab es nach einem einmal erreichten Dreiertempo keinen Weg zurück. Kürzungen am Schiffsbestand durch das Parlament waren nicht mehr möglich, lediglich Zusatzbewilligungen über den Aeternatsbestand hinaus, was von Tirpitz übrigens ins Auge gefaßt wurde. Für die gesamte Phase des Flottenausbaus gibt es nun in den Akten diverse Stellungnahmen von Tirpitz und seinen Mitarbeitern, daß die Erreichung eben dieses Aeternats ein *zentrales* Kalkül ihrer erstaunlich systematischen und kühl in Angriff genommenen Planungen war. Dies gilt für den Anfang der Marinevermehrungen, für die mittleren Jahre, als alles so gut zu laufen schien, und schließlich für die Krisenjahre nach 1905/6. Sehr deutlich gehen die antiparlamentarischen Überlegungen des RMA aus einer Denkschrift Tirpitz' vom November 1905 hervor, die einen bezeichnenden Vergleich mit der Armee anstellte[26]: „Wenn der Reichstag die Mittel für die Formierung neuer Truppenteile einmal genehmigt hat, sind sie der Praxis nach aeternisiert. Der Reichstag kann nicht einseitig die Truppenteile (Regiment, Batterie pp.) wieder abschaffen." Bei der Marine hingegen bedeute „die Bewilligung von Organisationen noch nichts". Denn sie könne vom Parlament „durch einfache Nichtbewilligung der Ersatzbauten ... tatsächlich aufs Trockene" gesetzt werden. Daher gebe „nur die gesetzliche Fixierung der Ersatzbauten selbst ... der Erhaltung der Marine eine ähnliche Sicherheit, wie die Armee sie" besitze. Wie die Zeit vor dem Flottengesetz bewiesen habe, halte der Reichstag „ein großes Machtmittel in der jährlichen Bewilligung der Schiffsbauten der Reichsregierung gegenüber in der Hand". Dieses Machtmittel galt es den Abgeordneten aus der Hand zu winden. Dementsprechend, so schrieb Tirpitz, „bin ich mir vom Tage meines Amtsantritts an [niemals] darüber im Zweifel gewesen, daß der Hauptgrund für die gesetzliche Festlegung unserer Flottenentwicklung in der Schaffung eines sicheren Bautempos" gelegen habe.

Es lohnt sich, Tirpitz' Rückblick auf die Zustände der 90er Jahre als Erklärung der Aeternisierungsstrategie etwas weiter auszuleuchten. Zum einen ist sicherlich immer im Auge zu behalten, daß die Armee nicht nur hinsichtlich des strategischen Denkens der Tirpitz-Marine (Dogma der Vernichtungsschlacht) Vorbild war, sondern auch hinsichtlich ihrer Stellung im verfassungspolitischen Raum. Bis zu Beginn der wilhelminischen Zeit war sie infolge ihrer Organisation auf jeden Fall offener für die erwähn-

---

[26] Zit. in *Berghahn*, Zu den Zielen, 55.

ten indirekten Eingriffe des Reichstags als die Landstreitkräfte. Die von Wilhelm II. bald nach seiner Thronbesteigung vorgenommenen Reorganisationsmaßnahmen waren ein erster Schritt auf dem planmäßig beschrittenen Weg einer Abschirmung der kaiserlichen Kommandogewalt über die Marine gegen den Reichstag[27]: Durch die Bildung des Oberkommandos und des Marinekabinetts wurden strategische bzw. personalpolitische Fragen fest in den Bereich der Krone zurückgenommen. Nur das RMA und die dort zusammengefaßten haushaltspolitischen Aufgaben blieben gegenüber dem Parlament exponiert. Zwar war der Staatssekretär des RMA ein vom Monarchen ernannter und abhängiger „Minister", aber er mußte den Marineetat vor dem Reichstag vertreten und in den 90er Jahren dabei von einer kritischen Mehrheit wiederholt Kürzungen an seinen Forderungen hinnehmen. Diese Kürzungen und Interventionen waren immer dann besonders schmerzlich und irritierend, wenn der flottenbegeisterte Kaiser eine Vermehrung des Schiffsbestandes für militärisch unbedingt erforderlich erklärte.

Hier lag nun der zweite und unmittelbare Anlaß für die Schöpfung der Aeternatsidee und der gesetzlichen Festlegung der Ersatzbauten: Tirpitz' Vorgänger im RMA, Admiral Friedrich von Hollmann, war mehrmals auf einen Reichstag gestoßen, der ihm die in seinem Etat veranschlagten Mehrforderungen schlicht gestrichen hatte[28]. Vor dem Hintergrund dieser Erfahrungen entstanden in der Umgebung des durch diese „Flottenfeindlichkeit" höchst enragierten Monarchen diverse Staatsstreichpläne, durch die mit dem widerspenstigen Parlament „aufgeräumt" werden sollte[29]. Als Alternative dazu kam der Gedanke auf, anstelle von „uferlosen" Marineprogrammen, die nur mit einer Gewaltpolitik verwirklicht werden konnten, eine innenpolitische Beschwichtigungsstrategie zu verfolgen und ein moderat und systematisch aussehendes Seerüstungsprogramm vorzulegen, in dem freilich zugleich ein Plan zur etappenweisen Erreichung des Aeternats verborgen war. Im Frühsommer 1897 gelang es den Fürsprechern dieser zweiten Option, sich gegenüber den Advokaten eines Staatsstreichs durchzusetzen. Daß sich Bülow und Tirpitz sofort nach ihrer Ernennung an die Arbeit machten, hatte seinen Grund auch darin, daß man in Berlin zunehmend pessimistischer geworden war, auch in Zukunft mit gouvernemental-konservativen Reichstagsmehrheiten regieren zu können.

Seit der Nichterneuerung der Sozialistengesetze im Jahre 1890 hatte sich bereits eine Verschiebung der parlamentarischen Gleichgewichte nach links abgezeichnet. In der Wahl von 1893 erhielten die scharf oppositionellen Sozialdemokraten, auf der Rechten als revolutionäres Gespenst perzipiert, trotz vielerlei Diskriminierungen aufgrund des allgemeinen Wahlrechts auf Anhieb 23,3% der Stimmen und 11,1% der Mandate. Bei den nächsten Wahlen von 1898 waren die jeweiligen Anteile auf 27,2% und 14,1% angestiegen. Setzte sich dieser Trend im Zuge des Aufstiegs Deutschlands in die Reihe der führenden Industrieländer fort, so war für jeden politisch Denkenden der Zeitpunkt absehbar, an dem es immer schwieriger werden würde, im Reichstag

---

[27] Siehe *Walther Hubatsch*, Der Admiralstab und die obersten Marinebehörden in Deutschland, 1848–1945 (Frankfurt 1958); *Berghahn*, Tirpitz-Plan, 23 ff.
[28] *Berghahn*, Tirpitz-Plan, 90 ff.
[29] Siehe *John C. G. Röhl*, Deutschland ohne Bismarck (Tübingen 1969) 145 ff.

Flottenmehrheiten zu finden. Galten doch auch die katholische Zentrumspartei und die Linksliberalen als flottenfeindlich oder zumindest „unzuverlässig". Kurzum, die Idee, mit Hilfe eines Aeternats die Unabhängigkeit gegenüber dem Parlament zu erhalten, wurzelte letztlich in innenpolitischen Erfahrungen und Zukunftssorgen. Das einschlägige Material hierzu ist seit langem veröffentlicht und war daher auch Stürmer bekannt. Als ehemaliger Schüler von Erich Matthias weiß er auch, daß verfassungspolitische Fragen für das Kaiserreich immer grundlegende Probleme der politischen Ordnung berührten. Insofern ist es schon erstaunlich, daß die soeben erwähnten und keineswegs falsifizierten Forschungergebnisse der 60er Jahre heute offenbar einfach unter den Tisch gefallen sind.

Hat man die Verfassungsproblematik in die Analyse einbegriffen, so ist zudem der Schritt zu einem Verständnis der „sozialimperialistischen" Kalkulationen nicht mehr weit, die dem Flottenbau eben auch zugrundelagen. Diese Kalkulationen hatten ihre Befürworter nicht nur im RMA. Wie diverse Äußerungen zeigen, gehörten auch Bülow und andere führende Politiker zu ihnen. Wir sahen bereits, wie sich diese Männer von denen absetzten, die die sich verschärfende Verfassungs- und Parlamentsmehrheitskrise mit Hilfe eines Gewaltschlags gegen die Volksvertretung lösen wollten und 1896/97 mit entsprechenden Plänen beim Kaiser aufwarteten[30]. Langfristig war ihre Politik nicht weniger parlamentsfeindlich als die der Staatsstreichler. Im Gegensatz zu letzteren, die das Parlament gewaltsam entmachten wollten, gedachten sie das große Ziel ohne Bajonette zu erreichen, hatten dabei allerdings ein Problem: Bis zur Erreichung des Aeternats waren sie auf Mehrheiten angewiesen. Auch konnten sie nicht mit der ersten Flottenvorlage vor die Abgeordneten treten und die Absicht verkünden, hinsichtlich der Marine das Budgetrecht unterminieren zu wollen. Es mußte also die Intention des Tirpitz-Plans aus außen- und innenpolitischen Gründen verschleiert und der Vormarsch der Linken mit sanften Mitteln zurückgedämmt werden.

Nun war es ja durchaus kein neuer Gedanke, über eine „erfolgreiche" und vor allem erfolgreich verkaufte Außenpolitik Wahlen und die Zusammensetzung des Reichstags zu beeinflussen. Tatsächlich sahen gerade Bülow und Tirpitz, wie viele Stellungnahmen beweisen, in einer „großen überseeischen Politik", die selbstverständlich ohne ein maritimes Machtinstrument im 20. Jahrhundert nicht denkbar sein sollte, eine Chance, den Ansturm der Linken innerhalb und außerhalb des Parlaments zu stoppen. Tirpitz' Diktum aus dem Jahre 1895 ist in diesem Zusammenhange besonders häufig zitiert worden[31]:

> „Meiner Ansicht nach sinkt Deutschland im kommenden Jahrhundert schnell von seiner Großmachtstellung, wenn jetzt nicht energisch ohne Zeitverlust und systematisch diese allgemeinen Seeinteressen vorwärtsgetrieben werden, nicht zu einem geringen Grade auch deshalb, weil in der neuen großen nationalen Aufgabe und dem damit verbundenen Wirtschaftsgewinn ein starkes Palliativ gegen gebildete und ungebildete Sozialdemokraten liegt."

Allerdings wird dabei oft übersehen, daß diese Äußerung gegenüber seinem Mentor Admiral von Stosch keineswegs die einzige blieb, und damit als unbedeutend abgetan

---

[30] Siehe oben S. 183.
[31] So Tirpitz an Admiral von Stosch, seinen Mentor, am 21.12.1895, abgedr. in *Tirpitz*, Erinnerungen, 52.

werden kann. In einer Stellungnahme Tirpitz' zu einer Denkschrift des Admirals von Knorr findet sich der Satz, durch eine Förderung der Seeinteressen werde „gleichzeitig das beste Mittel gegen [die] gebildete und ungebildete Sozialdemokratie geschaffen"[32]. Und schon im August 1895 hatte sein Freund von Maltzahn in einem Brief an ihn geschrieben, die Flotte sei „berufen", an der „Lösung der sozialen Frage wesentlich mitzuwirken"[33].

Auch Bülow erhoffte sich neben der Hebung des allgemeinen Lebensstandards von der Welt- und Seerüstungspolitik die politische Folge, daß die Expansion nach Übersee auf der Basis einer machtvollen Flotte, die selbst der Royal Navy gewachsen war, die Wählermassen beflügeln und für den monarchischen Gedanken zurückgewinnen werde. Das vorzüglichste Mittel gegen die Sozialdemokratie, so meinte Bülow[34], sei

> „eine mutige und großzügige Politik, die die Freude an der Gegenwart des nationalen Lebens zu erhalten versteht; eine Politik, die die besten nationalen Kräfte anspannt; eine Politik, die den zahlreichen und immer zahlreicher werdenden Mittelstand, der in seiner überwältigenden Mehrheit fest zur Monarchie und zum Staat steht, anzieht, erhält und stärkt ...; eine Politik, die an die besten nationalen Empfindungen appelliert. Das nationale Moment muß immer wieder durch nationale Aufgaben in den Vordergrund gerückt werden, damit der nationale Gedanke nicht aufhört, die Parteien zu bewegen, zu binden und zu trennen."

Dementsprechend wollte er der SPD die Stirn bieten „durch eine groß und vielseitig angelegte nationale Politik unter der festen Führung zielbewußter und tapferer Regierungen". Man müsse „unbeirrt um die Seelen unserer Arbeiter ringen", und versuchen, „den sozialdemokratischen Arbeiter dem Staat, der Monarchie zurückzugewinnen, den nichtsozialdemokratischen Arbeiter von der Sozialdemokratie fernzuhalten"[35]. Denn „wir führen den Kampf gegen die Sozialdemokratie nicht, um den Arbeiter zu treffen, sondern um den Arbeiter den sozialdemokratischen Umgarnungen zu entziehen und an den Staatsgedanken zu gewöhnen".

Erst die Berücksichtigung dieser Gedanken erhellt die erwähnten Aeternatskalkulationen in ihrer vollen Bedeutung. Die Berücksichtigung dieser Zusammenhänge führt zweitens zu dem Schluß, daß es keinen Anlaß gibt, die Existenz einer antiparlamentarischen und illiberalen Stabilisierungsstrategie in Frage zu stellen, mit deren Hilfe die preußisch-deutsche Verfassungs- und Gesellschaftsordnung gegen den allseits spürbaren sozialen und ökonomischen Wandel mit seinen politischen Folgeerscheinungen abgeschirmt werden sollte. Anders ausgedrückt, es erscheint unnötig, Einsichten zu revidieren, die vor zwei Jahrzehnten auch von Hildebrand und Stürmer vertreten wurden. Ersterer hatte 1969 geschrieben, Tirpitz habe wie Bismarck „grundsätzlich im Dienste einer Utopie" gestanden[36]: „nämlich innenpolitisch einen Gesellschaftszustand zu zementieren und eine Sozialordnung unter Quarantäne zu stellen, die vom Bazillus der industriewirtschaftlichen Veränderung bereits ergriffen war". Stürmer urteilte einige Monate später fast gleichlautend, Weltpolitik und Flottenbau hätten das

---

[32] Zit. in *Berghahn*, Tirpitz-Plan, 91n.
[33] Zit. ebd., 146.
[34] Bülow zit. in *Philipp Zorn und Herbert von Berger,* Deutschland unter Kaiser Wilhelm II., Bd. 1 (Berlin 1924) 97.
[35] Ebd., 95f.
[36] *Klaus Hildebrand,* Der ‚Fall Hitler', in: NPL 3 (1969) 381.

Ziel verfolgt, das Bestehende „gegen den Bazillus des industriewirtschaftlichen Wandels" zu immunisieren[37]. Dem fügte er 1971 hinzu:[38]

> „Unter dem Primat der inneren Politik blieb in Gestalt von Staatsstreichdrohung und Cäsarismus, im Export der inneren Krise nach Übersee und in dem Griff nach maritimer Macht nur die Flucht nach vorn als die ‚Ultima ratio' des konservativen Deutschland gegenüber der industriellen Massengesellschaft. Am Ende aber wurde das Gesetz, unter dem das Bismarckreich gegründet worden war, ihm in der tödlichen Krisis, die 1914 begann, zum Verhängnis."

Damit bleibt auch die Antwort auf das von Hildebrand in seinem zweiteiligen Aufsatz von 1975 nicht gelöste Problem klar und deutlich, warum der Kaiser und seine Berater sich um die Jahrhundertwende zur Entwicklung einer revolutionären Rüstungs- und Außenpolitik gedrängt sahen. Nicht ein überwältigender Außendruck und auf jeden Fall keineswegs dieser allein war es, der sie dazu veranlaßte. Vielmehr entschlossen sie sich zu einer bewußten Destabilisierung des internationalen Status quo auch und wahrscheinlich sogar in erster Linie, weil sie den vital bedrohten verfassungs- und innenpolitischen Status quo gegenüber dem Parlament, den auf Partizipation drängenden Massen und der „Demokratie" stabilisieren wollten. Mit der exorbitanten Tirpitzschen Schlachtflotte wurde ein Machtinstrument „gegen zwei Parlamente" (Hildebrand), d. h. gegen die Volksvertretung in Westminster und gegen die in Berlin gebaut. Es galt, die schwankende preußisch-deutsche Monarchie als politisches und gesellschaftliches System auf Dauer bis weit ins 20. Jahrhundert hinein zu festigen, auch und gerade um den Preis einer Revolutionierung des internationalen Systems.

Gegenüber diesem zentralen Gesichtspunkt stand zunächst ein weiterer Stabilisierungsaspekt im Hintergrund. Wenn abschließend auf diesen Aspekt hingewiesen werden soll, so ist dies nicht als Verbeugung vor dem Herausgeber dieses Bandes zu verstehen, dessen Arbeiten seit langem der Aufgabe gewidmet sind, die Bedeutung des Kaisers für die politische Entscheidungsbildung in der wilhelminischen Zeit hervorzuheben[39]. Das „Persönliche Regiment" hat nicht in dem Sinne bestanden, daß Wilhelm II. der Mann der klaren Vorstellungen war, der die harte Denk- und Vorbereitungsarbeit leistete und andere danach zur Durchführung seiner selbstentwickelten Pläne antrieb. Mochte er auch der unermüdlich begeisterte Anfeurer sein, die Lieferanten konkreter politischer Rezepte saßen in des Monarchen Berliner Bürokratie. Dort wurde auch die maritime Rüstungsstrategie entwickelt, die weiter oben analysiert wurde. Der Kaiser besaß im Vergleich dazu kaum mehr als vage Vorstellungen, Träume und Obsessionen. Die exakten Wegweiser wurden vor ihm in Immediatvorträgen aufgestellt.

Das „Persönliche Regiment" existierte zumindest zwischen 1897 und ca. 1909 jedoch in dem Sinne, daß die Konzeptlieferanten in den Ministerien ohne die Unterschrift des Kaisers nicht handlungsfähig waren. Sein Plazet war verfassungsrechtlich und politisch unumgänglich. Angesichts der großartigen innen- und außenpolitischen

---

[37] *Michael Stürmer*, Revolutionsfurcht und überseeische Expansion im Zeitalter Bismarcks, in: NPL 2 (1970) 192.
[38] *Michael Stürmer*, Bismarck-Mythos und Historie, in: Aus Politik und Zeitgeschichte (Beilage zum ‚Parlament', 16.1.1971) 30.
[39] Zuletzt in: *John C. G. Röhl*, Kaiser, Hof und Staat (München 1987).

Perspektiven, die Tirpitz und Bülow dem Monarchen um die Jahrhundertwende in ihren Immediatvorträgen zu eröffnen wußten, war es damals nicht schwer, die Zustimmung Wilhelms II. zu ihren langfristigen, scheinbar realistischen Plänen zu erhalten. Freilich wußten beide auch nur zu gut um die Impulsivität und Unstetigkeit des Kaisers, die ihre politische Stabilisierungsstrategie potentiell ebenso bedrohen konnte wie die diplomatischen und rüstungspolitischen Gegenmaßnahmen der Engländer und die wachsende Kritik in Öffentlichkeit und Parlament.

In der Tat wurde das Risiko, das der Kaiser aufgrund seiner verfassungsrechtlichen Stellung für die Rüstungs- und Weltpolitik bedeutete, seit 1902/3 greifbarer. Damals begann jene Zeit (die praktisch erst 1918 mit seiner Abdankung endete), in der Wilhelm II. immer wieder bei der Stange gehalten werden mußte. Der Bürokratie fiel jetzt zunehmend die Aufgabe zu, die Monarchie nicht nur gegen die Öffentlichkeit und den Reichstag abzuschirmen, sondern auch vor dem Egozentrismus und der Wankelmütigkeit des Monarchen zu bewahren und darauf zu achten, daß er nicht buchstäblich aus der ihm zugedachten konstitutionellen Rolle fiel. Wie stark die Gefahr eines solchen Lapsus um 1903 geworden war, geht aus den faszinierenden und noch kaum voll ausgewerteten Rominter Notizen Tirpitz' hervor[40]. Dort klagte der Marinestaatssekretär an einer Stelle mit folgenden Worten über die Kurzsichtigkeit des Kaisers:[41]

„Es ist ihm unangenehm, daß er noch nicht allein die Sache macht und vor allem in den wissenden Kreisen der Marine allein als der Machende erscheint. Das ist das Traurige und Betrübende bei dem befähigten Monarchen, daß er den Schein höher stellt als das Wesen. Nicht die *Sache* selbst, sondern die Frage, ob er als der einzige Meister sofort in Erscheinung tritt, ist das Entscheidende. Er übersieht ganz, daß nur das Wesentliche, die Sache selbst bleibend ist und dieses Bleibende lediglich auf sein Konto kommt, die Handlanger aber bald vergessen sind und nach preußischer Art auch zufrieden sind, wenn die Sache gemacht ist."

Dies scheint mir ein klassisches Statement der Grundeinstellung und der Sorgen zu sein, die ein antiparlamentarischer und monarchisch gesinnter Tirpitz nun zunehmend hegte. Seine Reaktion auf des Kaisers Unberechenbarkeit war denn auch durchaus konsequent: Er bemühte sich, im Interesse der Sache die Vorteile des zentralistischen, verfassungsrechtlich festgeschriebenen Entscheidungsprozesses der Hohenzollern-Monarchie zu erhalten und wandelte sich mancher Verdächtigungen zum Trotz gewiß nicht zu einem Anhänger der parlamentarischen Demokratie. Zugleich bemühte er sich, die destabilisierenden Einflüsse, die – zumal in der bald einsetzenden Krise der wilhelminischen Innen- und Außenpolitik – vom Kaiser ausgingen, einzuzäunen. Zu den ursprünglichen Stabilisierungsabsichten der deutschen Seerüstungspolitik gegen Reichstag und England kam jetzt eine weitere Überlegung hinzu: die Stabilisierung der Monarchie gegenüber einem labilen Monarchen.

Ein solcher Ansatz dürfte es zugleich erleichtern, die Röhlschen Argumente zur Stellung Wilhelms II. in der deutschen Politik mit den strukturellen Gegebenheiten jener Epoche in Verbindung zu bringen, unter denen „Minister" wie Tirpitz und Bülow schließlich auch operieren mußten. Es spricht vieles dafür, daß ihnen die Einzäu-

---

[40] Heute im Nachlaß Tirpitz im Bundesarchiv-Militärarchiv Freiburg.
[41] Zit. in: *Berghahn*, Tirpitz-Plan, 352.

nung des Kaisers gelungen wäre, wenn nicht andere, weitaus ernstere Probleme aufgetaucht wären. Denn was Tirpitz und auch Bülow total unterschätzten, war die ungeheure Dynamik des modernen Wettrüstens, das sie mit ihren Planungen der späten 90er Jahre einleiteten und das ab 1904/5 voll auf die Politik durchschlug. War es doch dieses Wettrüsten, durch das die deutsche Gesellschaft in allen Lebensbereichen stärker denn je zuvor mobilisiert wurde. Die Einzelaspekte dieser Entwicklung und ihre Interdependenzen sind in den letzten 20 Jahren aus unterschiedlicher Perspektive untersucht worden. Man denke etwa an die Studien Peter-Christian Witts zur Finanz- und Steuerpolitik mit ihrer Rückwirkung auf die innere Lage des Kaiserreichs insgesamt[42]. Noch kürzlich ist die gebündelte Wirkung der wilhelminischen Rüstungspolitik von Michael Geyer analysiert worden[43]. Sie wurde, wie er schrieb, „Ungleichheit im nationalen und internationalen Rahmen verschärfend – zu einer reißenden Bewegung ohne Halt, welche Ordnung vernichtet[e], anstatt sie zu erhalten oder zu errichten".

Mit dieser zerstörerischen Wirkung des Seewettrüstens konfrontiert, war die Frage für Wilhelm II. und seine Berater schließlich nicht mehr die nach der Flottengröße, sondern ob sie willens und fähig waren, den Wettlauf abzubrechen und den von Hildebrand 1975 diskutierten Weg der äußeren Détente und inneren Reform einzuschlagen. Mochte Bethmann Hollweg diese Alternative auch befürworten, es gelang ihm nicht, seine Widersacher in der Staatsmaschinerie niederzukämpfen, die sich für ein Durchhalten des 1897 eingeschlagenen Kurses stark machten, während der Kaiser hilflos und „schlapp" zwischen den beiden Fronten hin- und herirrte. Am Ende stand die „Flucht nach vorn" in den Weltkrieg und der Versuch einer Revolutionierung des internationalen Systems mit Waffengewalt[44]. Freilich konnte auch dieser Versuch nicht erreichen, was von Anfang an auch den Impetus hinter dem Seerüstungsplan und dessen tollkühnen Zielen gebildet hatte: die grundlegende Veränderung der inneren Machtstruktur und den Kollaps der Hohenzollern-Monarchie unter dem Ansturm eines parlamentarischen Reformismus zu blockieren. Im Jahre 1990 besteht kein Anlaß, dieses Urteil zu revidieren und durch geographische Machttheorien zu ersetzen, auch nicht im Lichte eines Aufsatzes, den Gregor Schöllgen kürzlich veröffentlichte (HZ, Bd. 248, S. 79 ff.). Nahtlos an die Positionen der 1950er anknüpfend, macht er darin das internationale System für die wachsenden Spannungen vor 1914 verantwortlich, das zu inflexibel gewesen sei, das dynamische Kaiserreich zu akkommodieren. Es erfordert viel kognitive Dissonanz, um heute noch zu einem solchen Ergebnis zu kommen.

---

[42] *Peter-Christian Witt,* Die Finanzpolitik des Deutschen Reiches von 1903 bis 1913 (Lübeck 1970).
[43] *Michael Geyer,* Deutsche Rüstungspolitik, 1860–1980 (Frankfurt 1984).
[44] Siehe z.B. *Volker R. Berghahn,* Germany and the Approach of War in 1914 (London 1973).

Peter Winzen

Zur Genesis von Weltmachtkonzept und Weltpolitik

Ceterum censeo naves esse aedificandas
(Wilhelm II. am 11.8.1897)

Fast ein Jahrzehnt lang, vom Herbst 1897 bis zum Frühjahr 1906, stand die deutsche Reichspolitik im Zeichen des von Bernhard von Bülow mit bemerkenswerter Konsequenz verfolgten Weltmachtkonzepts, dessen Ziel die Etablierung Deutschlands als europäische und überseeische Hegemonialmacht sein sollte. Landarmee und eine „achtunggebietende Flotte" sollten das deutsche Kaiserreich in die Lage versetzen, nicht nur auf dem europäischen Kontinent, sondern „auch auf der See Frieden gebieten zu können"[1]. Angesichts der damaligen Machtverhältnisse zielte Bülows Weltmachtpolitik letztlich auf die Beseitigung der englischen Seeherrschaft, die jeder größeren deutschen Expansion in Übersee von vornherein einen Riegel vorzuschieben schien. Um den Erfolg dieses welthistorischen Kraftaktes sicherzustellen, war eine bestimmte innen- und außenpolitische Gesamtkonstellation anzustreben: zum einen die Existenz sowohl einer nationalistisch und imperialistisch disponierten Gesellschaft, die die kriegerische Auseinandersetzung mit den ‚englischen Vettern' nicht scheute, als auch einer deutschen Schlachtflotte, die für das Kräftemessen mit der Royal Navy bestens gerüstet war; zum anderen die Entladung der weltumspannenden englisch-russischen Spannungen in einem globalen kriegerischen Konflikt und die sorgsam vorbereitete Möglichkeit der deutschen Politik, in einem günstigen Augenblick des Kampfes für das Zarenreich zu optieren, um mit den kombinierten Land- und Seestreitkräften Deutschlands und Rußlands das Britische Imperium aus den Angeln zu heben.

Jenes Weltmachtkonzept, das von Alfred von Tirpitz und Wilhelm II. mitgetragen wurde, war beileibe nicht das am Schreibtisch ersonnene, realitätsferne gedankliche Produkt eines ehrgeizigen Staatsmannes. Es bündelte vielmehr durchaus vorhandene Tendenzen, Sehnsüchte, Wunschvorstellungen der Zeit, wie sie vor allem von bürgerlichen Intellektuellen in den letzten Jahren vor der Jahrhundertwende artikuliert worden waren, und vermeintliche Staatsnotwendigkeiten, wie sie von den immer noch immens einflußreichen Exponenten des ostelbischen Junkertums empfunden wurden, zu einem in sich stimmigen Gesamtprogramm, das auf die Schaffung eines wirtschaft-

---

[1] Tel. Wilhelm II. an Bülow, 14.6.1900; Politisches Archiv des Auswärtigen Amts, Bonn (zit. AA), Deutschland 138 secr., Bd. 5.

lich und militärisch „Größeren Deutschland", aber auch – angesichts der Herausforderung der preußisch-deutschen Machteliten durch die anwachsende Sozialdemokratie – auf die Verfestigung der traditionellen Herrschaftsstrukturen abzielte.

Die Tatsache, daß die ersten Umrisse des Weltmachtkonzepts sich in den Besprechungen, die Bülow am 19. und 21. August 1897 mit Tirpitz auf Schloß Wilhelmshöhe führte, abzuzeichnen begannen, weist auf die Schlüsselstellung hin, die der Flottenbau bei der Konzipierung jener Politik einnahm. Demgemäß erscheint es sinnvoll, bei der Suche nach den Wurzeln des Weltmachtkonzepts der Frage nachzugehen, welche Beiträge der leidenschaftliche Förderer der Marine, Kaiser Wilhelm II., und der Promotor des Schlachtflottenbaus, Alfred von Tirpitz, im Vorfeld jener Weltmachtkonzeption geleistet haben. Darüber hinaus werden die Begriffe „Weltpolitik" und „Weltmachtpolitik" gegeneinander abzugrenzen sein, wobei vor allem interessiert, wann und in welchem Zusammenhang die deutsche „Weltpolitik" initiiert wurde und welche Intentionen deren Träger mit ihr verbanden. Schließlich wird zu untersuchen sein, in welchem Maße sich der Kaiser mit dem Weltmachtkonzept identifiziert hat.

I

Der Flottenenthusiasmus Wilhelms II. hatte schon wenige Wochen nach seinem Regierungsantritt für politischen Zündstoff gesorgt. So berichtete der preußische Gesandte in Karlsruhe, Karl von Eisendecher, im Herbst 1888 dem Reichskanzler von einer Dampferfahrt auf dem Bodensee, „während welcher Seine Majestät länger und eingehend über die Marine, die geplante Neuorganisation der Admiralität und die projektierten Schiffsbauten" gesprochen habe. Dabei habe der Kaiser „den Gedanken der Gründung einer Seemannsschule am Bodensee" angeregt und dem Gesandten befohlen, „darüber ein Promemoria auszuarbeiten". „Ich werde diesem Befehle selbstverständlich nachkommen", fügte Eisendecher seinem Bericht an, „wenngleich mir bis jetzt die Art der Ausführung eines solchen Planes noch etwas unklar ist."[2] Zuvor hatte Leo von Caprivi sein Amt als Chef der Admiralität niedergelegt, weil er – wie er dem Korvettenkapitän Tirpitz am 26. Juni 1888 mitteilte – annehmen mußte, daß er „dem jungen Kaiser mit seiner seemännischen Passion nicht würde genügen können"[3].

Nach der Reorganisation der Marinespitze (20.3.1889) und dem Durchsetzen eines Schiffsbauprogramms, das u.a. den Neubau von vier Linienschiffen der Brandenburgklasse und acht Küstenpanzern vorsah, erlahmte zunächst die flottenpolitische Energie des Kaisers, so daß die Bilanz nach siebenjähriger Regierungstätigkeit aus der Sicht des Monarchen außerordentlich ernüchternd ausfiel. Im Herbst 1895 wurde er vom Oberkommando der Marine mit der Tatsache konfrontiert, daß „sowohl die relative wie die absolute Stärke der deutschen Flotte seit Mitte der 80er Jahre erheblich zu-

[2] Eisendecher an Bismarck, 5.10.1888 (über die Dampferfahrt am 30.9.); AA, Deutschland 138, Bd. 1.
[3] Nach *Hans Hallmann,* Krügerdepesche und Flottenfrage (Berlin 1927), 22; im folgenden zitiert: *Hallmann,* Krügerdepesche.

rückgegangen" war[4]. Die Stagnation im Flottenbau hing mit dem Fehlen einer langfristigen Schiffsbaukonzeption und dem Nichtvorhandensein einer einheitlichen, vom Oberkommando der Marine und dem Reichsmarineamt getragenen Seestrategie zusammen, aber auch mit dem Unvermögen der Flottenstrategen, die militärische Funktion einer starken Kriegsflotte nach außen hin überzeugend darzustellen. Bis Ende 1895 galt die Flotte lediglich als „Helferin zur Durchführung der vaterländischen Gesamtverteidigung" und „zur Sicherstellung der Lebensmittelzufuhren und daher der Ernährung des Volkes in zukünftigen Kriegen". Nach einem von Wilhelm II. abgesegneten Zeitungsartikel vom Januar 1892 strebte Deutschland eine Flotte an, „welche uns die unbedingte Herrschaft in der Ostsee, welche uns den Rang der Vormacht unter deren Uferstaaten sichert". Die deutsche Flotte müsse „durch Zahl und Qualität ihrer Schlachtschiffe – Offensiv-Flotte! – stark genug sein, um mit Gewißheit auf den Sieg selbst über die vereinigten Marinen zweier der übrigen Staaten im Ostseebecken [i.e. Rußland/Dänemark] rechnen zu können". In dem Artikel wurde ausdrücklich hervorgehoben, daß von einem „Rivalisieren mit Flotten erster Größe, wie denjenigen Englands und Frankreichs" gar keine Rede sein könne und solle: „Eine übermäßige Vergrößerung unserer Flotte könnte auch nur auf Kosten unserer Landarmee geschehen, von deren Erfolgen doch vor allem die schließliche Entscheidung abhängt."[5]

Solange die Flotte nur als Adlatus des Landheeres fungierte, vermochte sie aus ihrer rüstungspolitischen Stiefkindrolle nicht herauszukommen, da die Schlüsselrolle der Armee in einem kontinentaleuropäischen Zweifrontenkrieg und damit die Priorität der Landrüstungen nicht geleugnet werden konnte. Dieses perspektivische Manko der deutschen Seerüstung hat im Admiralstab der Marine wohl niemand so deutlich wie Alfred von Tirpitz erkannt, der in einer Dienstschrift vom 16. Juni 1894 – lange vor der Inaugurierung der deutschen Weltpolitik – als erster auf die weltpolitischen Dimensionen eines deutschen Schlachtflottenbaus aufmerksam zu machen suchte.

> „Ein Staat, der See- oder, was hierfür gleichbedeutend ist, Weltinteressen hat, muß sie vertreten und seine Macht über seine Territorialgewässer hinaus fühlbar machen können. Nationaler Welthandel, Weltindustrie, bis zu gewissem Grade auch Hochseefischerei, Weltverkehr und Kolonien sind unmöglich ohne eine der Offensive fähige Flotte. Die Interessenkonflikte der Nationen und das alsdann mangelnde Zutrauen des Kapitals und der Geschäftswelt würden diese Lebensäußerungen eines Staates im Laufe der Zeit ersterben oder überhaupt nicht aufkommen lassen, wenn nicht nationale Macht auf den Meeren, also jenseits unserer Gewässer, ihnen das Rückgrat gibt. Hierin liegt der vornehmlichste Zweck der Flotte überhaupt."[6]

Diese Gedankengänge erinnern deutlich an die Politik-Vorlesungen Heinrich von Treitschkes, dessen eifriger Hörer Tirpitz als Berliner Student gewesen ist[7]. Obwohl

---

[4] *Hallmann*, Krügerdepesche, 31.
[5] *Eckbrecht von Dürkheim*, Zur Würdigung unserer Marine und gegen etwaige Abstriche an ihrem Etat, in: Norddeutsche Allgemeine Zeitung, 26.1.1892. Kommentar Wilhelms II.: „Vorzüglich geschrieben" (AA, Deutschland 138, Bd. 2). Vgl. auch die Neue Preußische Zeitung v. 30.1.1892 (ibid.).
[6] Zit. nach *Hallmann*, Krügerdepesche, 27.
[7] Vgl. *Peter Winzen*, Treitschke's Influence on the Rise of Imperialist and Anti-British National-

Tirpitz schon seit 1891 das Vertrauen des Kaisers besaß – hielt dieser ihn doch bereits damals „für den künftigen Träger der Marine"[8] –, rückte der Monarch auch in seinem bekannten Marinevortrag, den er am 8. Februar 1895 vor 400 Armeeoffizieren der Königlichen Kriegsakademie hielt, nicht von der traditionellen Adlatus-Theorie ab. Daß für den Fall eines Zweifrontenkrieges gegen Rußland und Frankreich die „Kooperation der Flotte auf dem Wasser erwünscht" sei und eine schlagkräftige Flotte „von sehr ausschlaggebender Bedeutung für einen Feldzug sein" könne, stand für ihn außer Frage. Die der Flotte zugedachte strategische Rolle suchte er am Beispiel eines deutsch-französischen Krieges zu illustrieren: Bei Kriegsausbruch seien sämtliche Schiffe zusammenzuziehen und dem Feinde entgegenzuwerfen, um ihn in einer offenen Seeschlacht trotz numerischer und materialtechnischer Unterlegenheit „mit Gottes Hilfe" zu besiegen; die siegreiche Restflotte sei anschließend „zum Blockieren der französischen Häfen" zu verwenden, „zum Transport eines größeren Teiles der Armee und zur raschen Landung desselben und zu schnellem Vormarsch auf Paris, der in wenigen Tagen das Heer unter die Mauern der Hauptstadt führt, während der Feind hinter den dreimal versicherten Sperrforts den Angriff von Osten erwartet". Die Armee, so versicherte der oberste Kriegsherr am Ende seiner phantasievollen Ausführungen, werde im Kriegsfalle schon merken, daß sie „einen ausgezeichneten Bundesgenossen in unserer braven Marine" habe[9].

Eine Umkehr in der Flottenpolitik vollzog Wilhelm II. erst im Herbst 1895, nachdem er sich noch im Frühjahr über die Bewilligung von vier Kreuzern – wie Holstein es ausdrückte – „kreuzfidel" gezeigt hatte[10]. Das weltpolitische Engagement in China, wo ein deutsches Kreuzergeschwader unter Führung eines Admirals nach einer geeigneten Flottenstation Ausschau hielt, und der zunehmende Verfall des Türkischen Reiches, das zum Kompensationsobjekt der rivalisierenden europäischen Mächte zu werden drohte, ließen den Wunsch nach einer stärkeren überseeischen Präsenz aufkommen. In dieser Situation entschied sich der Kaiser für langfristige Schiffsbauplanungen („Die Aufstellung eines Plans, nach dem ein Schiffsbauprogramm für die nächsten Jahre durchzuführen angestrebt wird, erscheint Mir notwendig"[11]) und die Herauslösung der Flotte aus ihrer bisherigen Adlatusfunktion für das Landheer, indem er ihr neue Aufgabenfelder zuwies. Die Flotte wurde fortan zum Hauptinstrument einer großangelegten deutschen überseeischen Expansion hochstilisiert, wie es der Monarch

---

Fortsetzung Fußnote von Seite 191
ism in Germany, in: *Paul Kennedy, Anthony Nicholls* (Hrsg.), Nationalist and Racialist Movements in Britain and Germany before 1914 (Oxford 1981) 163.
[8] Vgl. Caprivi an Tirpitz, 28.3.1891; *Hallmann*, Krügerdepesche, 25 Anm. 1.
[9] Bundesarchiv-Militärarchiv Freiburg (zit. BA-MA), RM 2/114. Tirpitz hatte am 4.2.1895 in einem Immediatvortrag von der Notwendigkeit gesprochen, im Falle des Zweifrontenkrieges möglichst bald die Schlacht mit der französischen Nordflotte im Kanal anzustreben, da eine solche Schlacht „uns ... für den ganzen Krieg etwas Luft" verschaffen könne (vgl. *Hallmann*, Krügerdepesche, 29). Für die absurden Schlußfolgerungen des Kaisers kann er indes nicht verantwortlich gemacht werden.
[10] Holstein an Radolin, 2.3.1895; *Norman Rich, M. H. Fisher*, Die geheimen Papiere Friedrich von Holsteins, Bd. 3 (Göttingen 1961) 452; im folgenden zitiert: HP.
[11] Wilhelm II. an Hohenlohe, 16.12.1895; BA-MA, RM 3/2525.

zum erstenmal in seiner bekannten Tafelrede vom 18. Januar 1896 andeutete. Diese Rede enthielt den lapidaren, die Phantasie seiner Zeitgenossen beflügelnden Satz: „Aus dem Deutschen Reiche ist ein Weltreich geworden" und endete mit der vielsagenden Aufforderung, „Mir zu helfen, dieses größere Deutsche Reich auch fest an unser heimisches zu gliedern".[12] Nicht wenige Zeitgenossen hielten diese Auslassungen für „ein Regierungsprogramm der verbündeten deutschen Staaten" und nahmen an, daß sich die Absicht der „Angliederung" nur auf die Deutschen beziehen konnte, „die in anderen Ländern und Staaten, Nordamerika, Brasilien, Argentinien, Afrika, Australien und Asien entweder Domizil haben oder Handelsgeschäfte treiben"[13].

Die Eröffnung weltpolitischer Perspektiven erwies sich in den kommenden Marineetatverhandlungen in der Tat als eine überaus nützliche Argumentationshilfe gegenüber den Reichstagsabgeordneten. Es leuchtete allgemein ein, daß – wie der Staatssekretär des Auswärtigen Amts in der Budgetkommissionssitzung vom 5. März 1896 hervorhob – „eine große Nation, wie die deutsche es sei, entschlossen und im Stande sein müsse, ihre überseeischen Interessen zu schützen, und dazu gehöre eine starke Kreuzerflotte". Der deutsche Kreuzer diene nicht nur dazu, die Auslandsdeutschen ständig an das Vaterland zu erinnern und sie so „dem Deutschtum zu erhalten", sondern könne bei der Wahrnehmung lokaler deutscher Interessen auch als Druckmittel gegenüber fremden Mächten eingesetzt werden. Der Erfolg dieser Rede war bemerkenswert: die drei geforderten Kreuzer wurden mit 24 gegen 4 Stimmen bewilligt[14].

Weniger erfolgreich war zunächst das Bemühen des Kaisers um die Festschreibung eines langfristigen Bauprogramms. Im Reichsmarineamt wurde zwar eine „Ziel-Kommission" eingerichtet (18.12.95–3.2.1896), doch diese bestätigte lediglich, was der Kaiser schon in seinem Vortrag vom 8. Februar 1895 gefordert hatte und vom Oberkommando der Marine verworfen worden war: die Schaffung von zwei Kreuzergeschwadern mit insgesamt 36 Schiffen[15]. Hinzu kam, daß der Staatssekretär des Reichsmarineamts, Admiral Hollmann, obwohl wie der Kaiser Anhänger der Kreuzerkriegsstrategie, sich auf die langfristigen Planungen nur zögernd einließ, weil er sie innerlich ablehnte[16].

---

[12] *A. Oskar Klaußmann,* Reden und Erlasse, Briefe und Telegramme Kaiser Wilhelms des Zweiten (Leipzig 1902) 133.
[13] Roggenbach an Stosch, 26.1.1896; *Julius Heyderhoff,* Im Ring der Gegner Bismarcks. Denkschriften und Politischer Briefwechsel Franz v. Roggenbachs mit Kaiserin Augusta und Albrecht v. Stosch 1865–1896 (Leipzig ²1943) 437; im folgenden zitiert: *Heyderhoff,* Im Ring der Gegner Bismarcks.
[14] Norddeutsche Allgemeine Zeitung, 5.3.1896; AA, Deutschland 138, Bd. 7.
[15] Vgl. *Hallmann,* Krügerdepesche, 33, 46.
[16] So eine undatierte Aufzeichnung von Hohenlohe: „Hollmann ist der Ansicht, daß es unvorsichtig wäre, dem Reichstag einen Flottenplan für eine Reihe von Jahren etwa bis 1908 vorzulegen; denn dieser Plan würde durch die große Summe erschrecken" (*Fürst Chlodwig zu Hohenlohe-Schillingsfürst,* Denkwürdigkeiten der Reichskanzlerzeit, hrsg. von *Karl Alexander v. Müller* (Stuttgart-Berlin 1931) 152; im folgenden zitiert Hohenlohe III). Vgl. auch *Volker R. Berghahn,*

Früher als seine Ratgeber von der Marine hat Wilhelm II. auf das Instrumentarium der Flottenpropaganda gesetzt, um den „widerspenstigen" Reichstag für seine Marineprojekte gefügiger zu machen. „Das Volk", so verfügte er einmal, „ muß gleichsam gegen den Reichstag orientiert und insurgiert werden".[17] Dieser bonapartistische Gedanke wurde zwar erst Anfang 1897 geäußert, doch mit seinen Bemühungen, die Communis opinio günstig für den Ausbau der Marine zu stimmen, hatte der Kaiser schon drei Jahre zuvor begonnen.[18] Um den Druck auf den Reichstag zu verstärken, ließ er gelegentlich durch die Presse darauf aufmerksam machen, „wie in Folge der Abstriche bei Flotten- und Schiffsbauten ... Arbeiterentlassungen notwendig würden".[19] Auch die Außenpolitik lieferte bekanntlich zunehmend Material für die Marinepropaganda. Als beispielsweise im Oktober 1895 aus London gemeldet wurde, der englische Premierminister Salisbury habe die Äußerung seines Botschafters Malet, daß die Transvaalfrage ein „schwarzer Punkt" im deutsch-englischen Verhältnis sei, mit Nachdruck zurückgewiesen, meinte Wilhelm nur: „Ist einerlei, aus dieser Geschichte müssen wir tüchtig Kapital schlagen, auch für event[ue]l[le] Marineforderungen zum Schutz des zunehmenden Handels."[20] Ob das Krügertelegramm auch flottenpolitisch motiviert war, läßt sich aufgrund der vorhandenen Quellenlage nicht schlüssig nachweisen, wenn auch auffällt, daß zu der entscheidenden Sitzung im Reichskanzleramt drei Marinevertreter hinzugezogen wurden[21]. Bekannt ist aber die hektische Aktivität, die der Kaiser in den Tagen nach dem Krügertelegramm zeigte, als es galt, die breite Zustimmung der deutschen Öffentlichkeit zu jener antienglischen Kundgebung für eine sofortige Reichstagsanleihe zum Ankauf von Panzerkreuzern und Kreuzern jeglicher Art auszunutzen[22]. Als sich herausstellte, daß die Führer der Reichstagsparteien

Fortsetzung Fußnote von Seite 193
Der Tirpitz-Plan. Genesis und Verfall einer innenpolitischen Krisenstrategie unter Wilhelm II. (Düsseldorf 1971) 97 ff.; im folgenden zitiert: *Berghahn,* Tirpitz-Plan.
[17] Randnotiz (v. 26.3.) zum Ber. Monts an Hohenlohe, 23.3.1897; AA, Deutschland 138, Bd. 10.
[18] Frühestes Beispiel ist der vom 2.2.1894 datierte Randvermerk Wilhelms II. zum Ber. Gutschmid an Caprivi, 22.12.1893: „in der Presse ausgiebig verwenden". Gutschmid hatte aus Tokio u.a. berichtet: „In Ostasien wird erfahrungsmäßig als Maßstab für die Macht und das Ansehen einer europäischen Großmacht die Anzahl und namentlich Beschaffenheit der Kriegsschiffe genommen, welche dieselbe dorthin entsendet" (AA, Deutschland 138, Bd. 3).
[19] Marschall an Wilhelm II., 28.5.1894; AA, Deutschland 138, Bd. 4. Vgl. auch den Marinevortrag Wilhelms II. vom 8.2.1895: „Die Anforderung in diesem Jahre würde sich im Verhältnis zu anderen Jahren für das Deutsche Reich finanziell besonders günstig deswegen stellen, als unser größter Fabrikant, den wir haben, Geheimrat Krupp, erklärt hat, nur um seine Arbeiter überhaupt zu beschäftigen, würde er dankbar sein für jedes Schiff, was angefordert würde, und er hat sich erboten, das gesamte Material zum Selbstkostenpreis zu liefern, was so gut ist, wie geschenkt" (BA-MA, RM 2/ 114).
[20] Tel. Hatzfeldt an Auswärtiges Amt, 25.10.1895 (mit Schlußbem. Wilhelms II.); GP XI 2580.
[21] Vgl. dazu *Friedrich Thimme,* Die Krüger-Depesche, in: Europäische Gespräche 2 (1924) 201-244, und die Entgegnung von *Hallmann,* Krügerdepesche, passim. Ferner HP I (Göttingen 1956) 159-162 (Erinnerungen v. 13.1.1909). *J. David Fraley,* Government by Procrastination: Chancellor Hohenlohe and Kaiser William II, 1894-1900, in: Central European History 7/2 (1974) 165 ff.
[22] Vgl. Hohenlohe an Wilhelm II., 7.1.1896, und Wilhelm II. an Hohenlohe, 8.1.1896; Hohenlohe III 152-154. Siehe auch Salisbury an Lascelles, 22.1.1896: „I suppose we must take the tele-

über den ordentlichen Marineetat hinaus nichts bewilligen wollten, schien der Monarch zunächst zu resignieren und mit der Rückberufung des ostasiatischen Kreuzergeschwaders – die ihm vom Reichskanzler allerdings wieder ausgeredet werden konnte – sogar die Aufgabe der Weltpolitik zu erwägen[23]. Angetrieben vom Chef des Marinekabinetts, Freiherrn von Senden-Bibran, und ermutigt durch Tirpitz, der zu einer „Propaganda im großen Stile" riet, versuchte Wilhelm II. am 28. Mai 1896 in einem Handschreiben an Hollmann noch einmal eine flottenpolitische Initiative zu entwickeln. Er beauftragte den Staatssekretär, vor der Einbringung des Flottengründungsplans „mit allen zu Gebote stehenden Mitteln ... in breiten Schichten der Bevölkerung" das Verständnis für die „Entwicklung unserer Seeinteressen" zu wecken. Insbesondere empfahl er den „Ausbau der Marine-Rundschau und die Schaffung eines größeren Absatzgebietes für dieselbe", die Begünstigung von Übersetzungen aus der englischen Marineliteratur und von populären Vorträgen im Inlande, die Erweiterung der „marineseitig geförderten Preßbewegung", intensivere Kontakte zu der „direkt von der Flotte Nutzen ziehenden Privat-Industrie" sowie eine stärkere „Beteiligung der Behörden und der aktiven Seeoffiziere an denjenigen bestehenden Vereinen, welche allgemeine Seeinteressen fördern"[24].

Neben der Zielprojektion – er hoffte „vom Jahre 1908 ab politisch und organisatorisch mit zwei vollen Geschwadern rechnen zu können" – lieferte Wilhelm, in Anlehnung an entsprechende Tirpitzsche Gedankengänge, auch die Legitimation für den Flottenbau: Einerseits könnten „die Seeinteressen des Reichs in der Welt, wo die Dinge hart aufeinanderstoßen, nur durch Seekriegsmacht auf eine gesunde Grundlage gestellt werden", andererseits komme „eine Entwicklung der Flotte mit in erster Linie der wirtschaftlichen Erstarkung Deutschlands und dem Gedeihen der Volkswohlfahrt im erweiterten Sinne zugute"[25]. Angesichts dieses erneuten flottenpolitischen Engagements war es nur allzu verständlich, daß der Kaiser sich persönlich zutiefst getroffen fühlte, als der Reichstag im März 1897 beträchtliche Abstriche am Marineetat vornahm[26]. Die darauf erfolgende Berufung von Tirpitz zum Staatssekretär des Reichsmarineamts war im Grunde auch ein Ausdruck der Ratlosigkeit; sie signalisierte zugleich das Abtreten des Kaisers von der marinepolitischen Kommandobrücke.

Fortsetzung Fußnote von Seite 194
gram to Kruger ... as being part of the well-known and often-used machinery for extracting estimates out of the Reichstag" (Nachl. Salisbury, A/122/5).
[23] Vgl. Hohenlohe an Wilhelm II., 14.1.1896; Senden an Oberkommando der Marine, 16.1.1896; Hohenlohe III 156–159. Siehe auch unten, S. 210.
[24] Wilhelm II. an Hollmann, 28.5.1896; BA-MA, RM 3/32.
[25] Ibid.
[26] Bezeichnend für die damalige Stimmung des Kaisers ist sein Kommentar zum *Pester Lloyd;* das Blatt hatte u.a. ausgeführt: „Darum ist die Annahme wohl begründet, daß die dritte Lesung auch die Lösung der deutschen Marinefrage bringen wird." Dazu Wilhelm II.: „Nein! das katholische Zentrum hat sie gehindert. Es hat seine Macht dem Protestantischen Kaiser gezeigt" (Randnotiz v. 30.3. zum Ber. Ratibor an A.A., 23.3.1897; AA, Deutschland 138, Bd.10).

II

Es ist hinreichend bekannt, daß Tirpitz sein Berliner Amt als Gegner der transozeanischen Kreuzerkriegsstrategie und als entschiedener Befürworter der Hochseeschlachtflotte, die „ihre höchste Kriegsleistung zwischen Helgoland und der Themse entfalten" sollte, angetreten hat. Das bedeutete, nicht zuletzt auch für den Kaiser, eine marinestrategische Neuorientierung. Von weit größerer Bedeutung für die zukünftige innen- und außenpolitische Entwicklung des wilhelminischen Reichs war allerdings die Tatsache, daß Tirpitz mit der strategischen Umorientierung auch ein neues Feindbild präsentierte und dieses – in offenkundiger Überschreitung seiner politischen Kompetenzen – der Reichsführung quasi oktroyierte. „Für Deutschland", so eröffnete er dem Kaiser am 15. Juni 1897, „ist zur Zeit der gefährlichste Gegner zur See England. Es ist auch der Gegner, gegen den wir am dringendsten ein gewisses Maß an Flottenmacht als politischen Machtfaktor haben müssen". Diese eindeutige Wendung gegen England muß um so mehr erstaunen, als Tirpitz in seiner Denkschrift vom Februar 1895 noch „Frankreich und besonders Rußland" als die „voraussichtlichen Gegner" in einem „großen europäischen Kriege" bezeichnet hatte[27]. Wie ist der Wandel des Feindbildes – wenn es einer war – zu erklären?

Als Tirpitz im Januar 1892 zum Chef des Admiralstabs im Oberkommando der Marine avancierte, hielt man in der Marine fünf Kriegskonstellationen für denkbar: (1) „Deutschland gegen Frankreich allein", (2) „Gegen Rußland allein", (3) „Gegen Frankreich und Rußland", (4) „Der Eintritt Dänemarks zum russisch-französischen Bündnis" und (5) „Der Beitritt Englands zum Dreibund". Die letzte Kriegskonstellation bereitete den deutschen Flottenstrategen noch das geringste Kopfzerbrechen, denn „sobald Englands Flotte als Feind Frankreichs in Frage kommt, braucht unsere Seekriegführung im europäischen Kriegstheater ihr Augenmerk nur noch gegen Rußland zu richten"[28]. Bis Mitte der neunziger Jahre kristallisierte sich der Zweifrontenkrieg gegen Frankreich und Rußland als die wahrscheinlichste Kriegskonstellation heraus, wobei im Herbst 1895 von Rußland, im darauffolgenden Sommer von Frankreich die größte Gefahr auszugehen schien. Auf dem Höhepunkt der armenischen Unruhen war aus St. Petersburg die Nachricht über eine sich anbahnende „Mobilmachung der Schwarzen Meer-Flotte" eingetroffen[29], während die deutschen Marinebehörden im Juli 1896 durch die forcierte maritime Aufrüstung Frankreichs vorübergehend in höchste Alarmstimmung versetzt wurden[30]. In beiden Fällen erwog Wilhelm II. im

---

[27] Entwurf von Tirpitz für seinen Immediatvortrag v. 15.6.1897; BA-MA, RM 3/v. 6640. Oberkommando der Marine (gez. Tirpitz) an Hollmann, 14.2.1895; BA-MA, RM 3/v. 6686.
[28] „Denkschrift über die Kriegführung Deutschlands in den europäischen Gewässern im Jahr 1893", Febr. 1892; BA-MA, RM 3/ 32.
[29] Vgl. Ber. No. 452, Radolin an Hohenlohe-Schillingsfürst, 16.11.1895, mit dem abschließenden Satz: „Man hofft, daß eine kriegerische Aktion noch bis zum Frühjahr vermieden werden kann"; dazu Wilhelm II.: „Dann werden wir uns auch darauf einrichten und unsere Schulschiffe früher heimkehren lassen müssen, damit sie nicht abgeschnitten werden; eventl. müßte auch die Division aus Ostasien heimkehren. Die Armee-Vermehrung muß umgehend ins Auge gefaßt werden" (AA, Deutschland 138 secr., Bd. 1).
[30] Vgl. Diederichs an Hollmann, 8.7.1896: „Nach dem Etatsentwurf für 1897 wird Frankreich in der Heimat 19 moderne Kreuzer in Dienst haben, im Auslande hingegen 11 Schiffe, welche mit

Einverständnis mit dem Oberkommando der Marine die sofortige Rückberufung des deutschen Ostasiengeschwaders.

Englands heftige Reaktion auf das Krügertelegramm, die in der Formierung der „Flying Squadron" gipfelte, hat dann quasi über Nacht einen neuen potentiellen Gegner für die deutsche Marine entstehen lassen. Albrecht von Stosch, der unter Bismarck Chef der Admiralität gewesen war, zeigte sich über den Zorn der Engländer gegen Deutschland so schockiert, daß er sich noch in den Januartagen, wenige Wochen vor seinem Tod, mit der für ihn völlig neuen Fragestellung beschäftigte, „wie wir mit einigem Erfolg einen Seekrieg mit England führen"[31]. Im Oberkommando arbeiteten die Admiralstabsoffiziere seit dem 3. März 1896 an einem Operationsplan gegen England. Der nach langwierigen Vorarbeiten am 31. Mai 1897 vom Kaiser sanktionierte Plan sah „unmittelbar nach der Kriegserklärung" einen überfallartigen Offensivvorstoß gegen die Themse vor, um so gegenüber der britischen „Home Fleet" zumindest einen „Teilerfolg" verbuchen zu können[32].

Über den Stellenwert eines partiellen Anfangserfolges im Kampf gegen die größte Seemacht waren sich die Admiralstabsoffiziere allerdings nicht einig. Während der Kommandierende Admiral Eduard von Knorr offenließ, ob die Engländer ihr vermeintliches Kriegsziel, „d.i. unsere maritime und handelspolitische Vernichtung", erreichen könnten[33], hielt ein Abteilungsleiter den Gefechtswert der englischen Küstenschiffe in den ersten Tagen der Mobilmachung für so gering, daß „wir gegen eine solche Macht [i.e. 8 Panzerschiffe, 7 Kreuzer] sogar mit guter Aussicht auf Erfolg die Offensive ergreifen können". Selbst eine „unglückliche Schlacht" könne „nicht viel schaden", da man für die strategische Defensive „immer noch stark genug" sei[34]. Indessen war sich offenbar das Gros des Admiralstabs sicher, daß ein deutsch-englischer Seekrieg „naturgemäß zur Vernichtung des deutschen Handels und damit zur Niederlage Deutschlands" führen würde, „ob wir nun die Offensive oder die Defensive ergreifen. Im ersteren Falle wird unsere Marine sehr bald vom Wasser verschwinden, im letzteren bietet sich die Möglichkeit, Zeit zu gewinnen"[35]. Derart düstere Perspektiven ließen viele Marinestrategen den Krieg „Deutschland allein gegen England allein" für ein „Unding" halten und die Allianz mit anderen Seestaaten als unabdingbare Voraussetzung für eine kriegerische Auseinandersetzung mit England erscheinen. Otto von Diederichs bezeichnete eine Politik, die darauf hinausliefe, „Deutschland ohne

---

Ausnahme eines einzigen sämtlich alten Typs sind. ... Dies alles schafft für unsere heimischen Seestreitkräfte derartig gefährliche Verhältnisse, daß m. E. dagegen die Rücksicht auf unser Prestige im Auslande ganz und gar zurücktreten muß." Hollmann schloß sich dieser Ansicht an (vgl. Hollmann a.n A.A., 20.7.1896). Siehe dazu auch Marschalls Antwort v. 27.8.1896: „Kriegerische Verwicklungen mit Frankreich ins Auge zu fassen, bietet die gegenwärtige politische Lage keinen, auch noch so entfernten Anlaß" (AA, Deutschland 138, Bd. 8).

[31] Stosch an Tirpitz, 2.2.1896; *Ulrich von Hassel,* Tirpitz. Sein Leben und Wirken (Stuttgart 1920) 106.

[32] Denkschrift von Knorr, 24.4.1897; BA-MA, RM 5 1609. *Paul Kennedy,* The development of German naval operations plans against England 1896–1914, in: EHR (1974) 48 ff.

[33] Denkschrift von Knorr, 24.4.1897; ibid.

[34] Stellungnahme von A IV zum Operationsplan „Deutschland allein gegen England allein", 10.3.1896; ibid.

[35] Stellungnahme von A VIa, 24.3.1896; ibid.

Bundesgenossen in einen Krieg mit England zu treiben", geradezu als einen „an Verbrechen grenzenden Fehler"[36]. Umstritten war schließlich auch die Frage, welche Schäden England bei der von fast allen Stabsoffizieren befürworteten Überraschungsoffensive zugefügt werden sollten. Für Diederichs war das Ziel des offensiven Vorstoßes die „Schlacht mit der englischen Flotte vor der Themse außerhalb der Bänke". Das Zerstören von Handelsschiffen im englischen Küstenbereich sei nicht angängig, denn „fangen wir England gegenüber mit solch brutaler Kriegführung an, so kann es so kommen, daß wir am meisten darunter leiden"[37]. Demgegenüber war Knorr „für rücksichtslosestes Vorgehen gegen die englische Schiffahrt – Vernichtung von Schiffen durch alle Mittel", weil es für ihn außer Zweifel stand, daß „je größer unsere Rücksichtslosigkeit und der dadurch in England und in der englischen Schiffahrt erzeugte Schrecken, desto besser für uns"[38].

Jene Admiralstabsarbeiten mögen zwar ein Gradmesser für die zeitweise dramatische Verschlechterung des deutsch-englischen Verhältnisses gewesen sein, an eine wirkliche englische Kriegsgefahr haben indes weder die damaligen Spitzen der Marine noch die verantwortlichen Staatsmänner in der Wilhelmstraße geglaubt. Es galt weiterhin als ausgemacht, daß Deutschland in einem europäischen Krieg Frankreich und Rußland gegenüberstehen würde. So einigten sich am 9. April 1897 Hohenlohe und Kaiser Wilhelm auf den Grundsatz, „daß die deutsche Flotte halb so stark sein soll als wie die vereinigte Franco-Russische Flotte. D. h., sie soll in der Lage sein, unbedingt in der Ostsee der gesamten russischen Ostseeflotte überlegen zu sein, in der Nordsee der französischen ‚Nord- bzw. Kanalflotte', welche zur Aktion in der Nordsee verwendet werden soll, erfolgreich die Spitze zu bieten."[39] Und in der am 2. Mai vom Oberkommando vorgelegten Denkschrift über die Kriegsaufgaben der Marine wurde ein Krieg gegen England sogar ausdrücklich ausgeklammert[40].

Anders als das Gros der Marineoffiziere hatte Tirpitz schon lange vor der Krügerdepesche England als möglichen Gegner der deutschen Marine angesehen. Sein negatives Englandbild rührte wahrscheinlich noch von seinen Berliner Studententagen her, als er Heinrich von Treitschke kennenlernte – jenen „herrlichen Mann, bei dem ich von 1876 ab an der Universität gehört und mir auch privatim, bei Josty neben ihm sitzend und meine Fragen auf einen Zettel kritzelnd, hatte Rats holen dürfen"[41]. Treitschke hatte schon 1864 die These vertreten, wonach „nur die seegewaltigen Staaten, die Gebieter überseeischer Lande" zu den „Großmächten der Erde" gerechnet werden konnten. Der Berliner Hochschullehrer war es auch, der bereits im Frühjahr 1877 seine Studenten eindringlich vor der „großen Gefahr" warnte, die „der europäi-

---

[36] Memorandum von Diederichs, 23.4.1896; ibid. Siehe auch die Stellungnahmen von A V, 20.3.1896, und A VII, 9.3.1896; ibid.
[37] Denkschrift von Diederichs: „Gesichtspunkte für einen Operationsplan der heimischen Streitkräfte bei einem Krieg Deutschlands allein gegen England allein", 3.3.1896; ibid.
[38] Denkschrift von Knorr, 24.4.1897; ibid.
[39] *Hans Hallmann*, Der Weg zum deutschen Schlachtflottenbau (Stuttgart 1933) 239; im folgenden zitiert: *Hallmann*, Schlachtflottenbau.
[40] Denkschrift des Oberkommandos der Marine v. 2.5.1897, zit. bei *Hallmann*, Schlachtflottenbau, 240.
[41] *Alfred von Tirpitz*, Erinnerungen (Leipzig 1919) 96.

schen Kultur" aus Englands „kolossaler Machtstellung auf dem Meere" erwachse[42]. „Diese Beefs", so hat er damals wohl nicht nur dem Papier anvertraut, „wünschen sich gar nichts Besseres als unsere werdende Seemacht zu zerstören"[43].

Es versteht sich von selbst, daß Tirpitz in seinen Admiralstabsdienstschriften solche unorthodoxen Ansichten, für die es schwerlich handfeste Belege gab, nicht zu äußern wagte. Um so bezeichnender ist es, daß er nach seinem Ausscheiden aus dem Admiralstab in einem vom Kaiser angeforderten Gutachten, das er gleichsam als Privatmann ohne Wissen des Oberkommandos in den letzten Dezembertagen des Jahres 1895 erstellte, auf den angeblich bedrohlichen Faktor England verwies. Das „uns transatlantisch überall widerstrebende Verhalten Englands" sei bei dem weiteren Ausbau der Flotte in Rechnung zu setzen, schrieb er einige Tage vor der dramatischen Zuspitzung der Transvaalkrise. „Selbst der größte Seestaat Europas würde entgegenkommender gegen uns sein, wenn wir 2–3 gute und hochgeschulte Geschwader in die Waagschale der Politik und dementsprechend nötigenfalls in diejenige des Konflikts zu werfen imstande wären."[44] Die durch das Krügertelegramm ausgelösten deutsch-englischen Dissonanzen schienen Tirpitz recht zu geben, so daß er nun die Zeit für gekommen hielt, auch öffentlich über sein englisches Trauma zu reden. Im Entwurf zu einer Reichstagsrede, die er als designierter Staatssekretär im Frühjahr 1896 halten wollte, ging er bei der Diskussion des deutsch-englischen Verhältnisses von der Annahme aus, daß die vor allem auf dem Wirtschaftssektor divergierenden Interessen Deutschlands und Englands „plötzlich hart an die Grenze eines militärischen Konflikts gelangen" könnten.

„Die Sachlage ist dann folgende. England würde heute imstande sein, mit den in der Heimat gerade zur Hand befindlichen Streitkräften unsere Seestreitkräfte in wenigen Wochen zu vernichten, unsere gesamten Häfen zu schließen und unserer Küste sonstige Unbill zuzufügen. Unser gesamter transatlantischer Handel würde lahmgelegt sein, und die draußen ohne einen Schutzhafen befindlichen Schiffe nach tapferer Gegenwehr, wie wir zuverlässig hoffen können, genommen oder vernichtet sein. Unsere Kolonien in englischen Händen, das englische Großafrika wäre fertig. Unsere Arbeit und unser 25jähriger Versuch, den uns gebührenden Anteil an der Welt und den Seeinteressen zu gewinnen, wären auf lange Zeit vernichtet."[45]

Es liegt nahe, daß der von solchen apokalyptischen Visionen geplagte Admiral sich nicht erst nach dem Krügertelegramm die Frage vorgelegt hat, wie dem drohenden englischen Vernichtungsschlag am besten zu begegnen sei. Auf eine Anfrage von Stosch entwickelte er vier Wochen nach dem Abklingen der Transvaalkrise seinen

---

[42] *Heinrich von Treitschke*, Aufsätze, Reden und Briefe, hrsg. von *Karl Martin Schiller*, Bd. 3 (Meersburg 1929) 29. Ms. *Emil Struck*, WS 1876/77, Bl. 153; Deutsche Staatsbibliothek Berlin, Nachl. Treitschke, Nr. 21.
[43] Treitschke an Reimer, 8.6.1876; *Max Cornicelius*, Heinrich von Treitschkes Briefe, Bd. 3 (Leipzig 1920) 426.
[44] Denkschrift von Tirpitz, „Weihnachten 1895", abgesandt am 3.1.1896, vom Kaiser am 7.1. „mit großem Interesse gelesen"; BA-MA, Nachl. Tirpitz, N 253/3. Vgl. auch *Hallmann*, Krügerdepesche, 36–38.
[45] „Erster Entwurf einer Reichstagsrede von Kontreadmiral Tirpitz", März 1896; abgedr. in: *Hallmann*, Krügerdepesche, 79–87 (hier: 84). Auf die Vorstellung vom „englischen Großafrika" ist Wilhelm II. später wiederholt zurückgekommen: siehe unten S. 217 sowie das Tel. No. 9, Wilhelm II. an Bülow, 29.10.1899; AA, Deutschland 138 secr., Bd. 2.

Kriegsplan gegen England, der den späteren Operationsentwürfen Diederichs' und Knorrs auffallend ähnelt:

> „Die englische Mobilmachung vollzieht sich etwas langsamer wie bei uns. ... Wir würden möglicherweise einige Tage Vorsprung haben, und es würde die Frage entstehen können, sollen wir mit allem, was kriechen kann, in die Themse gehen. Dort kommen unsere vielen, für Hafen- und Flußkrieg gebauten Schiffe auch zur Geltung. Wir könnten auf einen Schlag einen recht großen Teil der englischen Kauffahrerflotte in die Hand bekommen und Teile von London mit Bombardement bedrohen. Die Frage ist, ob dieser kurze Zeit dauernde Erfolg groß genug ist, um einen für beide Teile billigen Friedenskompromiß zustande zu bringen."[46]

Der Sinn dieses „coup de désepoir" bestand in der Hoffnung auf Zeitgewinn und das Hinzutreten von Alliierten: „Dieses auch nur, wenn außer der russischen die französische Flotte hinzutritt." Aber, so fragte Tirpitz mit Recht, konnte Deutschland in einem Krieg gegen das Inselreich mit dem Beistand Rußlands und Frankreichs sicher rechnen? Seine Antwort war ein klares Nein, denn „was können wir andern Staaten in einem Konflikt mit England bieten? Positives nichts. Denn Truppen haben beide Staaten genug, und unsere jetzige Flotte addiert nichts ins Gewicht Fallende gegen England". Um also für die beiden Flügelmächte in einem Krieg gegen England allianzfähig zu werden – und darin lag für Tirpitz wohl der eigentliche Sinn des Flottenbaus begründet –, sollte das Reich „eine maritime Streitmacht" aufbauen, die selbst von der größten Seemacht „nicht ohne weiteres überrannt werden" könne[47].

Diesen scheinbar plausiblen Gedankengang hat Bülow von Tirpitz übernommen und zum Kristallisationspunkt seines Weltmachtkonzepts gemacht. Die Achillesferse dieser Ideenkonstruktion war die Pervertierung der realpolitischen Gegebenheiten. Die durchaus ernstgemeinten Bündnissondierungen von führenden Mitgliedern des Salisbury-Kabinetts um die Jahrhundertwende zeigten, daß die These von der Unausweichlichkeit eines deutsch-englischen Krieges auf sehr schwachen Füßen stand. Zudem scheint die Umfunktionierung der Hauptfeinde von einst in potentielle Bundesgenossen mehr vom Wunschdenken als von einer nüchternen Analyse der tatsächlichen Mächtekonstellation geprägt gewesen zu sein. Erst nach dem diplomatischen Eklat von Algeciras im Frühjahr 1906, als sich Bülow angesichts der wachsenden Spannungen mit St. Petersburg und der ostentativen Konsolidierung der russisch-französischen Allianz, deren Spitze gegen Deutschland immer fühlbarer wurde, das Scheitern seiner illusionären Weltmachtkonzeption eingestehen mußte, wurden die Feindbilder der Wilhelmstraße wieder realitätsbezogener. Danach hatte man allerdings statt eines Zwei- einen Dreifrontenkrieg zu befürchten.

Es bleibt in diesem Zusammenhang noch wenigstens ansatzweise die Frage zu klären, weshalb Tirpitz die kriegerische Auseinandersetzung mit England für unvermeidbar ansah. Paul Kennedy hat hierbei nicht zu Unrecht auf die ausgeprägten „sozialdarwinistischen Neigungen" des Admirals aufmerksam gemacht[48]. Gleich dem engli-

---

[46] Tirpitz an Stosch, 13.2.1896; *Hassell,* Tirpitz, 108.
[47] Redeentwurf von Tirpitz, März 1896; *Hallmann,* Krügerdepesche, 84f.
[48] *Paul Kennedy,* Maritime Strategieprobleme der deutsch-englischen Flottenrivalität, in: Marine und Marinepolitik im kaiserlichen Deutschland 1871–1914, hrsg. von *Herbert Schottelius* und *Wilhelm Deist* (Düsseldorf 1972) 180.

schen Premierminister Lord Salisbury – so hat Tirpitz den Kaiser im Herbst 1899 wissen lassen – sei auch er der Ansicht, daß „die großen Staaten ... größer und stärker, die kleinen kleiner und schwächer" würden[49]. Dabei teilte er allerdings nicht den Optimismus eingefleischter Sozialdarwinisten wie etwa den eines Friedrich Naumann, der mit dem Hinweis auf den in der Vergangenheit erfolgreichen preußischen Militarismus die deutsche Nation für „stark genug" hielt, „im Kampf ums Dasein nach oben zu kommen" und „zu herrschen"[50]. Tirpitz' Zukunftsvisionen waren vor 1897 eher pessimistisch[51], da er angesichts der als völlig unzureichend empfundenen deutschen Seerüstung das Herabsinken Deutschlands zum Kompensationsobjekt der europäischen Großmächte durchaus für möglich hielt. „Das jetzige Deutschland", so warnte er Ende 1896, „wird in der Welt des kommenden Jahrhunderts seine ganze Kraft gesammelt erhalten müssen, um nicht unterzugehen."[52] Unter jener Sammlung der „nationalen Spannkraft" verstand er die ideelle, wirtschaftliche und nach Möglichkeit auch politisch-militärische Anbindung der außereuropäischen Auslandsdeutschen an das Deutsche Reich durch „eine große überseeische Politik"[53]. Während seines Chinaaufenthaltes hatte er wiederholt Gelegenheit, über die „beständigen Blutverluste" zu klagen, ging nach seinen Beobachtungen doch „ein erheblicher Teil der Deutschen in der englischen Sphäre gewissermaßen freiwillig ins englische Lager über", „damit auf die Dauer gleichzeitig einen großen wirtschaftlichen (industriellen) Anteil Altdeutschlands in diesen Gebieten ausschließend"[54]. Um diesen ethnischen und vermeintlich volkswirtschaftlichen Einbußen wirksam begegnen zu können, setzte sich Tirpitz 1896 während seiner Ostasienmission energisch für einen „militärischen Stützpunkt in China" ein, der „gleichzeitig für uns die Chancen merkantiler Entwicklung bieten" müsse. Das unter deutscher Herrschaft stehende chinesische Territorium sollte als „personelle und materielle Basis und Zufluchtsstätte für das gesamte hiesige [i. e. in China befindliche] Deutschtum im Frieden und im Kriege" dienen, und „durch Dockanlagen, durch die Flotte, durch die Filialen, welche sicher die größte Mehrzahl der deutsch-ostasiatischen Firmen alsbald errichten würden, durch die Möglichkeit einer angemessenen Erledigung der Wehrpflicht für hiesige Deutsche, durch Schule

---

[49] Stichpunkte v. Tirpitz für seinen Immediatvortrag in Rominten, 28.9.1899; BA-MA, RM 3/v. 1.
[50] *Friedrich Naumann*, „National und international", Okt. 1899, in: *Hans Fenske,* Unter Wilhelm II. 1890–1918 (Darmstadt 1982) 179. In diesem Aufsatz finden sich auch Sätze wie: „Die Kleinen haben das Recht, sich beschützen und verteilen zu lassen; das ist alles" oder: „Wir scheuen uns gar nicht, Polen, Dänen, Suaheli, Chinesen nach Kräften zu entnationalisieren" (178 f.).
[51] Vgl. den Tagebucheintrag v. Elisabeth von Heyking, 3.8.1896: „Er [i.e. Tirpitz] sieht überhaupt die Zukunft sehr trübe an und meint, wir würden durch unsre Übervölkerung erdrückt werden, da keine natürlichen outlets geschaffen werden". *Elisabeth von Heyking,* Tagebücher aus vier Weltteilen (Leipzig 1926) 185.
[52] Aufzeichnung von Tirpitz (Konzept für einen nicht abgegangenen Schlußbericht aus Ostasien), o.D. [1896]; BA-MA, Nachl. Tirpitz, N 253/45.
[53] Siehe oben Anm. 49.
[54] Aufzeichnung von Tirpitz, o.D. [1896]; Tirpitz an Knorr, 7.12.1896; BA-MA, Nachl. Tirpitz, N 253/45.

und teilweise durch Kirche würde der Platz zu einem nationalen Bindeglied für das Deutschtum Ostasiens werden können"[55].

In seinem Streben nach großen Lösungen weltgeschichtlichen Zuschnitts wollte Tirpitz es nicht bei einem an der chinesischen Küste gelegenen Marinestützpunkt belassen. Nicht zuletzt um der drohenden Übervölkerung ein geeignetes „outlet" zu verschaffen[56], favorisierte er die gezielte wirtschaftliche Durchdringung und zu einem späteren Zeitpunkt ins Auge zu fassende Inbesitznahme des bevölkerungs- und handelspolitisch zukunftsträchtigen Yangtsegebiets. „Wenn wir Großes hier wirklich wollen", schrieb er an seinen Vorgesetzten in Berlin, „müssen wir also auf dieses losgehen." Dabei antizipierte er bereits Bülows spätere Chinapolitik, indem er zur Offenhaltung der Yangtsefrage ein vorläufiges Neutralisierungsabkommen mit dem ebenfalls am Yangtsetal interessierten England vorschlug. In der Zwischenzeit sollten „alle direkten und indirekten staatlichen Anstrengungen (Konzessionen, Docks, Eisenbahnen, Banken, industrielle Unternehmungen)" in China auf das Yangtsegebiet konzentriert werden, „damit wir uns durch das Anwachsen unserer Interessen daselbst ein größeres reales Recht auf diesem Gebiet erwerben, als zur Zeit vorhanden ist. Auch würden wir Zeit gewinnen, unsere außereuropäische Machtunterlage, die Flotte, inzwischen zu verstärken."[57] Gestützt auf eine schlagkräftige Flotte – und dies scheint den primär imperialistischen Charakter des von Tirpitz initiierten Schlachtflottenbaus zu unterstreichen – sollte Deutschland „politisch und militärisch eine ostasiatische Macht" werden, „welche einen nennenswerten Faktor in die Entscheidung ostasiatischer Fragen hereinzuwerfen imstande ist"[58].

Daß Deutschlands Aufstieg zur ostasiatischen Macht die Kreise anderer an China interessierter Großmächte stören würde, war Tirpitz von Anfang an klar. Bezeichnenderweise befürchtete er keine Interessenkollisionen mit Rußland, das er in Ostasien sogar als befreundete Macht ansah[59], wohl aber rechnete er fest mit dem Widerstand Englands, ungeachtet der von ihm selbst bezeugten Tatsache, daß die Kooperation zwischen deutschen und englischen Kaufleuten und Handelsinstitutionen in China kaum etwas zu wünschen übrigließ. Indes war er überzeugt, daß „die bisherige wohlwollende Toleranz, welche die Deutschen in Ostasien von England und den Engländern sich bisher meistens zu erfreuen hatten, aufhören und in das Gegenteil umschlagen" würde, sobald der „wirtschaftliche Anteil Altdeutschlands" am chinesischen

---

[55] Aufzeichnung von Tirpitz, o. D. [1896]; ibid.
[56] Siehe oben Anm. 51.
[57] Tirpitz an Knorr, 7.12.1896; BA-MA, Nachl. Tirpitz, N 253/45.
[58] Aufzeichnung von Tirpitz, o. D. [1896]; ibid.
[59] Von seiner Begegnung mit russischen Offizieren und Beamten in Wladiwostok zeigte sich Tirpitz sehr angetan. „Ich habe einen besseren Eindruck von ihnen empfangen, als ich voraussetzte", schrieb er seiner Gemahlin im September 1896, „und manche Anklänge an unseren preußischen Typus und Wesen, als ich glaubte". Vgl. auch den Brief an seine Gemahlin vom 26.9.1896: „Ich habe an jenem Dienstagabend (15. September) versucht, dem Admiral Alexejeff etwas näher zu kommen mit Rücksicht auf unsere Kooperation im Jahre 1895; das ist mir aber nicht gelungen; er blieb sehr höflich und liebenswürdig, aber weiter nichts." *Hassell,* Tirpitz, 136, 139. Siehe ferner Tirpitz' Notizen „zu einem Bericht über die Stellung Rußlands in Ostasien", 26.10.1896: „Meine Schätzung der russischen Macht steht nach dem Besuch von Wladiwostok erheblich höher als vor demselben." BA-MA, Nachl. Tirpitz, N 253/45.

Handelsvolumen von damals 10% auf etwa 30% des englischen Anteils steigen sollte[60]. Wie fast immer, wenn es um die Einschätzung des deutsch-englischen Verhältnisses ging, ließ er sich weniger von handfesten Fakten als von dunklen Hypothesen leiten, von denen die düsterste seine wiederholt vorgebrachte Annahme war, England suche in einem künftigen Krieg „unsere dauernde Niederlage in politischer, wirtschaftlicher, militärischer Beziehung" zu erreichen[61].

Tirpitz' auf den ersten Blick irrational anmutende „Angst vor England"[62] wird allerdings verständlich, wenn man sich seine zuweilen schon pangermanistische Züge annehmende Alles-oder-Nichts-Strategie vor Augen hält. Dem Kaiser hat er 1899 in aller Deutlichkeit zu verstehen gegeben, daß Deutschland sich zum „Weltindustrie- und -handelsstaat" weiterentwickeln müsse, um den „Überschuß seiner Bevölkerung deutsch zu erhalten"[63]. Der Schlachtflottenbau diente damit zuvorderst der Absicherung der überseeischen wirtschaftlichen und ethnischen Expansion Deutschlands, wie überhaupt Tirpitz immer wieder dafür eingetreten ist, „unsere Flotte ohne Verzug und Zeitverlust zu einem ganz bestimmten und offen ausgesprochenen Machtfaktor in transatlantischen ... Fragen zu erheben"[64]. Da der Admiral wie viele seiner Zeitgenossen von der Allgemeingültigkeit des imperialistischen Prinzips „the flag follows the trade" überzeugt war, stand hinter dem angestrebten Welthandelsimperium die Wunschvorstellung eines Imperium Teutonicum, das seine endgültige Gestalt erst nach der Beseitigung der transozeanischen Hegemonialstellung der Briten annehmen konnte. Angesichts des kompromißlos offensiven Charakters der von Tirpitz aus ethnisch-kulturellen und machtpolitischen Erwägungen als absolut notwendig empfundenen Expansion war der Krieg gegen das seebeherrschende England gewissermaßen programmiert: gemäß den sozialdarwinistischen Anschauungen der Zeit mußte dieser Krieg letzten Endes über Deutschlands Aufstieg oder Untergang entscheiden. Mit dem deutsch-englischen Entscheidungskampf um die überseeischen Pfründen rechnete Tirpitz wie mit einem „Naturgesetz"[65]. Von höchstem Interesse und zugleich jene oben angesprochenen Ängste weckend, die Jonathan Steinberg das Kopenhagen-Trauma genannt hat[66], war für den Flottenerbauer daher nicht das Ob, sondern das Wann jenes Zusammenstoßes. Kam der Konflikt nämlich zu früh, zu einem Zeitpunkt also, zu dem der Schiffsbau noch im Anfangsstadium und die bündnispolitische Situation für Deutschland ungünstig war, konnten die weltmachtpolitischen Aspirationen des „neuen Deutschland"[67] durch die übermächtige Royal Navy bereits im Keim erstickt werden.

---

[60] Aufzeichnung von Tirpitz, o. D. [1896]; BA-MA, Nachl. Tirpitz, N 253/45.
[61] Aufzeichnung von Tirpitz, 26.9.1916; BA-MA, Nachl. Tirpitz, N 253/222.
[62] Eulenburg an Bülow, 28.9.1900; *John C. G. Röhl*, Philipp Eulenburgs politische Korrespondenz, Bd. 3 (Boppard a. Rh. 1983) 2002; im folgenden zitiert: *Röhl*, Eulenburg.
[63] Stichpunktentwurf von Tirpitz für den Vortrag in Rominten, 29.9.1899; BA-MA, RM 3/v.1.
[64] Siehe oben Anm. 60.
[65] Siehe oben Anm. 63.
[66] Vgl. *Jonathan Steinberg*, The Copenhagen Complex, in: Journal of Contemporary History 1/3 (1966) 23–46.
[67] Nach Tirpitz an Lieber, 23.4.1898; Pfälzische Landesbibliothek Speyer, Nachl. Lieber, T 61.

Ähnlich wie Tirpitz dachten im Deutschen Reich kurz vor der Jahrhundertwende viele führende Köpfe aus Politik und Wirtschaft, der Journalistik und den akademischen Kreisen[68]. Daß mit Tirpitz im Juni 1897 der konsequenteste und politisch vielleicht begabteste Vertreter jenes „neuen Deutschland" in eine Schlüsselposition gelangte, darf man wohl als einen Vorgang von weltgeschichtlicher Brisanz bezeichnen, zumal es ihm in der Folgezeit gelang, sich das volle Vertrauen des Monarchen zu sichern und den Lenker der deutschen Außenpolitik, Bernhard von Bülow, fast bis ins Detail für seine marine- und weltmachtpolitische Konzeption zu gewinnen. Die Frage, ob Wilhelm II. die volle Tragweite des von Tirpitz und Bülow getragenen Weltmachtprogramms übersehen hat, wird uns noch im abschließenden Teil dieser Untersuchung beschäftigen.

III

„Wir sollen Weltpolitik treiben", hielt Alfred von Waldersee am 13. Juli 1900 in seinem Journal fest. „Wenn ich nur wüßte, was das sein soll; zunächst doch nur ein Schlagwort."[69] Von seinem schillernden schlagwortartigen Charakter hat der Begriff „Weltpolitik", der die wilhelminische Variante des modernen europäischen Imperialismus bezeichnet, bis heute nichts eingebüßt, zumal dieser seit dem März 1896 auch von gouvernementaler Seite gebrauchte Begriff eigentlich immer mehr Anspruch als Wirklichkeit bedeutete. Nach der von Staatssekretär Marschall ausgegebenen Regierungsversion war „Weltpolitik" nichts anderes als das einer „großen Nation" eigentümliche Bestreben, ihre weitverzweigten materiellen und ideellen überseeischen Interessen mittels einer „starken Kreuzerflotte" zu schützen[70]. Unter seinem Nachfolger Bülow füllte sich der Terminus „Weltpolitik" zunehmend mit konkreteren Inhalten: während seiner Regierungszeit verstand man darunter das an die Adresse der übrigen Großmächte gerichtete Postulat, bei der Aufteilung der noch herrschaftsfreien Gebiete gebührend mitberücksichtigt zu werden, um so dem wirtschaftlich und bevölkerungsmäßig expandierenden Reich die Chance auf einen „Platz an der Sonne" zu eröffnen. In der wilhelminischen Publizistik verbanden sich schließlich mit der Forderung nach

[68] Vgl. etwa *Konrad Schilling,* Beiträge zu einer Geschichte des radikalen Nationalismus in der Wilhelminischen Ära 1890–1909 (Phil.Diss. Köln 1968) 46–50 (im folgenden zitiert: *Schilling, Nationalismus*); *Ekkehard Böhm,* Überseehandel und Flottenbau. Hanseatische Kaufmannschaft und deutsche Seerüstung 1879–1902 (Düsseldorf 1972) 80ff.; *B. Uwe Weller,* Maximilian Harden und die ‚Zukunft' (Bremen 1970) 120ff.; *Walter Mogk,* Paul Rohrbach und das ‚Größere Deutschland', Ethischer Imperialismus im Wilhelminischen Zeitalter (München 1972) 76–87; *Fritz Fischer,* Krieg der Illusionen. Die deutsche Politik von 1911 bis 1914 (Düsseldorf 1969) 62–77.
[69] *Heinrich Otto Meisner,* Denkwürdigkeiten des General-Feldmarschalls Alfred Grafen von Waldersee, Bd. 2 (Stuttgart 1922) 449; im folgenden zitiert: *Meisner,* Waldersee. – Der gegenwärtige Forschungsstand zum wilhelminischen Imperialismus ist treffend charakterisiert bei *Gregor Schöllgen,* Das Zeitalter des Imperialismus (Oldenbourg Grundriß der Geschichte 15, München 1986) 133ff., 141ff.
[70] Vgl. Marschalls Rede vor der Budgetkommission des Reichstags, 5.3.1896; AA, Deutschland 138, Bd. 7. Stenographische Berichte über die Verhandlungen des Reichstags, IX. Leg.Per., IV. Session, 194. Sitzung (18.3.1897) 5148.

einer dezidierten „Weltpolitik" nicht selten die mehr oder weniger offen ausgesprochenen Hoffnungen auf die Gründung eines deutschen Weltreichs.

Die Genesis der Weltpolitik ist bislang noch nicht schlüssig aufgedeckt worden. Fest steht nur, daß die Reichsleitung mit ihrem im März 1895 gefaßten Entschluß zur Intervention gegen Japans Expansionspolitik in China sich zum erstenmal zu einer weltpolitischen Aktion durchgerungen hat und daß die Frucht jenes ostasiatischen Engagements die im November 1897 vollzogene Erwerbung der Kiautschoubucht gewesen ist. Im folgenden sollen – in gebotener Kürze und ohne auf diesem weiten Forschungsterrain schon endgültige Ergebnisse anbieten zu wollen – die Entwicklungsstränge, die zur wilhelminischen Weltpolitik führten, nachgezeichnet werden, um dann den Versuch einer Abgrenzung zwischen den beiden konkurrierenden Begriffen „Weltpolitik" und „Weltmachtpolitik" zu wagen.

Als Wilhelm II. im Juli 1892 in einem vertraulichen Gespräch mit Eulenburg seine Vorstellungen über die künftige Entwicklung Deutschlands skizzierte, war von Weltpolitik noch keine Rede. Er wollte dem Reich eine europäische Hegemonialstellung verschaffen, „eine Art Napoleonische Suprematie im friedlichen Sinne"[71]. Ein Jahr später, als während der Siamkrise kurzfristig die Gefahr eines europäischen Krieges am Horizont auftauchte, mußte er erkennen, daß zwischen dieser Zielsetzung und den tatsächlichen Machtverhältnissen in Europa noch eine große Diskrepanz bestand. „Unsere Armee sei nicht stark genug, um gegen Frankreich und Rußland zu fechten", meinte er gegenüber dem gleichen Gesprächspartner. „Ohne eine Weltmacht zu sein, sei man eine jämmerliche Figur. Was soll man tun?"[72] Die Zauberformel „Schlachtflottenbau und Weltmachtpolitik" war noch nicht gefunden: sie wäre damals auch auf Unverständnis gestoßen, da der Kaiser und die Caprivi-Regierung fast ausschließlich in kontinentaleuropäischen Dimensionen dachten.

In der Inkubationsphase der Weltpolitik hat die Samoafrage eine wichtige Rolle gespielt. Noch ehe die Deutsche Kolonialgesellschaft ihre auf den Erwerb der Samoainseln gerichteten publizistischen Aktivitäten begann[73], hatte der Kaiser im Januar 1893 die Annexion dieser Pazifikinseln, die seit 1889 unter dem Kondominium von Deutschland, England und den Vereinigten Staaten standen, als wünschenswert bezeichnet[74]. Nach dem Scheitern der ersten diesbezüglichen Sondierungen in London unternahm das Auswärtige Amt im April 1894 einen erneuten Vorstoß in der Samoafrage mit dem Ziel, die Zustimmung der britischen Regierung zu einer „deutschen

---

[71] *John C. G. Röhl*, A Document of 1892 on Germany, Prussia and Poland, in: The Historical Journal VII (1964) 144.
[72] *Philipp Fürst zu Eulenburg-Hertefeld*, Das Ende König Ludwigs II. und andere Erlebnisse, Bd. 1 (Leipzig 1934) 216 (Aufzeichnung vom 30.7.1893); im folgenden zitiert: *Eulenburg-Hertefeld*, Erlebnisse.
[73] *G. Truppel*, Warum müssen wir festhalten an Samoa?, in: Deutsche Kolonialzeitung Nr. 8, 22.7.1893.
[74] Vgl. *Paul Kennedy*, The Samoan Tangle. A Study in Anglo-German-American Relations 1878–1900 (Dublin 1974) 112. Siehe auch den späteren Randvermerk Wilhelms II. zu Tel. Holstein an Hatzfeldt, 25.4.1894: „Wenn Samoa annektiert wird, müssen wir es tun" (*Gerhard Ebel*, Botschafter Paul Graf von Hatzfeldt. Nachgelassene Papiere 1838–1901, Bd. 2 (Boppard a. Rh. 1976) 982 Anm. 4; im folgenden zitiert: *Ebel*, Hatzfeldt).

Verwaltung in Samoa" zu erlangen. Die Übernahme der Samoainseln durch Deutschland, so begründete Marschall von Bieberstein die kolonialpolitische Offensive, würde „nicht nur eine befriedigende Lösung für unsere dort bestehenden erheblichen lokalen Interessen darstellen, sondern darüber hinaus auch einen inneren politischen Erfolg von nicht zu unterschätzender Wirkung bedeuten"[75]. Die innenpolitische Motivation der deutschen Kolonialpolitik, auf die wir auch in der Ära der Weltpolitik immer wieder stoßen, ist hier deutlich greifbar. Wie Holstein dem Botschafter Hatzfeldt im Herbst 1893 mitteilte, zitterte die Reichsleitung vor dem „Zorn" der sich seit dem Abschluß des Helgoland-Sansibar-Vertrags (1.7.1890) grundsätzlich regierungsfeindlich gebenden „Kolonialschwärmer", die die Regierungsvertreter durch gezielte Interpellationen im Reichstag nicht selten in Verlegenheit brachten[76]. Dabei zeigten die über Kolonialfragen geführten Reichstagsdebatten, daß die eher auf die Erhaltung des Bestehenden als auf weitere Expansion gerichteten kolonialpolitischen Entscheidungen der Caprivi-Regierung in der Regel nur von jenen Parteien gutgeheißen wurden, die unter Bismarck noch als „reichsfeindlich" galten (d.h. Zentrum, Sozialdemokratie und Freisinn), während Konservative und Nationalliberale sich hierbei gewöhnlich in der Opposition befanden[77]. Da sich in Preußen-Deutschland gegen den Widerstand der Agrarkonservativen, die sich vor allem durch Caprivis Handelsvertragspolitik geprellt fühlten, kaum regieren ließ, hat sich Marschall mit Billigung des Reichskanzlers seit Ende 1893 in steigendem Maße bemüht, durch vorweisbare politische Erfolge in Übersee die kolonialchauvinistischen Kreise im rechten Parteienspektrum zufriedenzustellen, um auf diese Weise die Weichen für eine Wiederannäherung an die „staatstragenden" Parteien zu stellen. Es ist demnach kein Zufall, daß Marschalls Initiative in der Samoafrage zwei Wochen nach der Samoa-Resolution der Hauptversammlung der Deutschen Kolonialgesellschaft erfolgte. Jene Vereinigung der deutschen Kolonialinteressenten hatte nämlich die „Herstellung eines ausschließlich deutschen Regiments auf Samoa" für dringend erforderlich gehalten und zu diesem Zweck „die Einleitung diplomatischer Verhandlungen behufs unverzüglicher Revision der Samoaakte" vorgeschlagen, „unter gleichzeitiger, im Wege der Vereinbarung mit England und den Vereinigten Staaten herbeizuführender Feststellung der Besitzverhältnisse der gesamten Inselgruppen im Stillen Ozean"[78].

Mit dem Kanzlerwechsel (27.10.1894) verstärkte sich innerhalb der Reichsleitung die Bereitschaft zu kolonialer Expansion, obwohl Hohenlohe „die Kolonialfragen im Anfang seiner Kanzlerschaft ... ziemlich fernlagen"[79]. Als Vorreiter erwies sich wieder einmal der Kaiser, der in den diplomatischen Kreisen Berlins in dem Ruf stand, einer „forward policy" das Wort zu reden. „The Emperor", so berichtete der dortige britische Geschäftsträger, „is known to be keenly in favour of the development and expan-

---

[75] Marschall an Hatzfeldt, 18.4.1894; GP VIII 2024.
[76] Holstein an Hatzfeldt, 27.9.1893; *Ebel*, Hatzfeldt, Bd.2, 939. Vgl. auch den Erlaß Rotenhans an Hatzfeldt, 10.9.1893; GP VIII 2018.
[77] Vgl. *Schilling*, Nationalismus, 29ff.
[78] Deutsche Kolonialzeitung, 31.3.1894, 50.
[79] *Bogdan Graf von Hutten-Czapski*, Sechzig Jahre Politik und Gesellschaft, Bd.1 (Berlin 1936) 481.

sion of the German Colonies."⁸⁰ Gegenüber Ludwig Raschdau entwickelte Wilhelm II. am 13. November 1894 ein atemberaubendes überseeisches Annexionsprogramm: England „müsse uns Samoa überlassen, früher oder später. Auch die Delagoa-Bucht müsse einst deutsch werden". In Ostasien solle sich Deutschland um „Stützpunkte" bemühen, wobei vor allem der Erwerb der Insel Formosa anzustreben sei. Außerdem müsse Mozambique in den deutschen Herrschaftsbereich fallen⁸¹. Worauf der plötzliche Kolonialenthusiasmus des Kaisers zurückzuführen ist, läßt sich nur schwer ermitteln. Möglicherweise ist sein wachsendes Interesse für überseeische Fragen durch die intensive Lektüre von Mahans Werk *The Influence of Sea Power upon History* geweckt worden⁸², aber auch eine Beeinflussung durch seine Umgebung⁸³ und die nationalistische Publizistik, die sich immer lautstärker für eine großangelegte transozeanische Expansion des Deutschen Reiches einsetzte⁸⁴, ist nicht von der Hand zu weisen.

Während des chinesisch-japanischen Krieges, der sich Ende Juli 1894 an der Koreafrage entzündete, erhielt die Kolonialpolitik der Reichsleitung bald eine neue Komponente durch das bewußte Einsetzen der in Übersee verfügbaren Flottenmacht zur Erlangung ostasiatischer Stützpunkte. Der erste Impuls zu diesem neuartigen Vorgehen scheint vom Kaiser ausgegangen zu sein. Unmittelbar nach dem Kriegsausbruch in Korea ließ er ohne Rücksprache mit dem Oberkommando der Marine und dem Reichsmarineamt drei Kreuzer von der südamerikanischen Westküste nach Yokohama in See gehen, wo auf seinen Befehl hin unter Konteradmiral Hoffmann eine Kreuzerdivision formiert wurde, „bestehend aus Meinem Kreuzer zweiter Klasse Irene als Flaggschiff und Meinen Kreuzern III. Klasse Arcona, Marie und Alexan-

---

⁸⁰ Gosselin an Kimberley, 25.11.1894; *Theodor A. Bayer*, England und der Neue Kurs 1890–1895 (Tübingen 1955) 99 Anm. 17; im folgenden zitiert: *Bayer*, England.
⁸¹ *Ludwig Raschdau*, Unter Bismarck und Caprivi (Berlin 1939) 367.
⁸² Vgl. das Tel. Wilhelms II. an Poultney Bigelow, Mai 1894: „I am just now not reading but devouring Captain Mahan's book, and am trying to learn it by heart. It is a first class work and classical in all points. It is on board all my ships and constantly quoted by my captains and officiers." *W. E. Livezey*, Mahan on Sea Power (Oklahoma 1947) 63. Vgl. ferner *Berghahn*, Tirpitz-Plan, 179f.
⁸³ Hier ist in erster Linie an den Chef des Marinekabinetts, Gustav Freiherr von Senden-Bibran, zu denken (vgl. dazu *John C. G. Röhl*, Deutschland ohne Bismarck. Die Regierungskrise im Zweiten Kaiserreich 1890–1900 (Tübingen 1969) 154ff.), aber auch an Philipp Eulenburg, der es kaum unterlassen haben dürfte, seinen kaiserlichen Freund über die überheblichen Bemerkungen des Prinzen von Wales zur deutschen Kolonialpolitik zu orientieren; gegenüber Eulenburg hatte sich der Prinz am 31.7.1893 über den „Kolonialsport seines Neffen" mokiert: „Er verstehe wohl, daß jemand gern Diamanten kaufe, der keine besäße. Aber wenn man nicht in der Lage sei, *große* Diamanten zu kaufen, sei es doch wohl praktischer, solchen hoffnungslosen Sport zu lassen". Zit. nach *Johannes Haller*, Aus dem Leben des Fürsten Philipp zu Eulenburg-Hertefeld (Berlin 1924) 86.
⁸⁴ Vgl. Gosselin an Kimberley, 25.11.1894: „The new Government ... are universally believed to be in favour of a more ‚forward' policy than that adopted by Count v. Caprivi; and public opinion in this country is doubtless becoming every day more unanimous in urging the Government to adopt this course" (*Bayer*, England, 99). Die publizistische Kampagne für eine „überseeische Weltmachtpolitik" war bereits 1888 von dem Treitschke-Schüler Carl Peters eröffnet worden (siehe *Carl Peters*, Großmachtstellung und Weltmachtstellung, in: Deutsche Kolonialzeitung Nr. 26, 30.6.1888).

drine"⁸⁵. Das Auswärtige Amt begrüßte die spontane Handlung des Kaisers und setzte sich dafür ein, daß die Kreuzer von Yokohama aus schnellstens „nach Corea und China dirigiert werden, um sich dort des Schutzes der deutschen Interessen anzunehmen"⁸⁶. Indes verband der Monarch mit der Entsendung seiner Kreuzer nach dem ostasiatischen Kriegsschauplatz wohl von vornherein annexionistische Absichten, denn Hohenlohe bat er schon wenige Tage nach dem Regierungswechsel, „darauf zu achten, daß wir bei dem dereinstigen Friedensschluß zwischen China und Japan eine Kompensation durch Abtretung von Formosa bekämen"⁸⁷. Als der Kaiser zwei Wochen später in der Formosafrage auf Eile drängte, da Frankreich bereits nach dieser Insel angele, wiegelte das Auswärtige Amt ab. „Jedes Hervortreten Deutschlands mit Ansprüchen dieser Art", so argumentierte Marschall, müsse „bei allen Mächten Mißtrauen erwecken und unsere Politik schwer kompromittieren"⁸⁸. Vorerst hielt es die Wilhelmstraße für ratsamer, in allen ostasiatischen Fragen in der Hinterhand zu bleiben.

Die Aussicht, daß „andere Großmächte den chinesisch-japanischen Krieg zu territorialen Erwerbungen auf Kosten Chinas benutzen" könnten, ohne daß für Deutschland dabei etwas abfiele, hat Marschall in der Stützpunktfrage Anfang Februar 1895 dann allerdings doch die Initiative ergreifen lassen. Zunächst schwebte ihm die mit der chinesischen Regierung geheim auszuhandelnde käufliche Überlassung der Tschusan-Insel vor⁸⁹. Als Hatzfeldt auf diese Idee jedoch kaltes Wasser goß⁹⁰, signalisierte der Staatssekretär im Interesse des von ihm aus innenpolitischen Gründen als notwendig angesehenen Landerwerbs im Fernen Osten schließlich seine Bereitschaft, aus der bisher beobachteten strikten Reserve in allen Chinaangelegenheiten herauszutreten. Deutschland, so ließ er dem englischen Außenminister am 1. März ausrichten, sei für den Gedanken einer „gemeinschaftlichen Intervention ... zur Wiederherstellung des Friedens" durchaus zugänglich, falls sich England seinerseits nicht abgeneigt zeige, den Deutschen „unter Umständen zur Erlangung von Kolonialbesitz in Ostasien behilflich zu sein"⁹¹. Die definitive Revision der deutschen Ostasienpolitik und damit die eigentliche Entscheidung für die Weltpolitik scheint vier Tage später in einem Gespräch mit Holstein erfolgt zu sein, der als Gegner eines kolonialpolitischen Engage-

---

[85] Der kaiserliche Befehl zur Versetzung der drei Kreuzer wurde am 14.8.1894 ausgegeben, nachdem der Monarch kurz zuvor vom Auswärtigen Amt über die erste Seeschlacht vor der koreanischen Küste informiert worden war (vgl. im einzelnen: Tel. No.6, Schenck an A.A., 29.7.1894 u. Tel. No.2, Seckendorff/Tientsin an A.A., 28.7.1894; AA, China 20, Bd.1. Oberkommando der Marine an Hollmann, 5.9.1894 u. Goltz an Hollmann, 18.9.1894; BA-MA, RM 3/v. 2990). Die kaiserliche Formierungsorder stammt vom 25.9.1894 (BA-MA, RM 3/v. 3155).
[86] Rotenhan an Hollmann, 28.9.1894; BA-MA, RM 3/v. 2990 („Nähere Instruktionen in dieser Hinsicht lassen sich zur Zeit nicht geben").
[87] Journal v. 2.11.1894; Hohenlohe III 8.
[88] Tel. Hohenlohe an Marschall, u. Tel. Marschall an Hohenlohe, 17.11.1894; GP IX 2219–2220. Vgl. auch das Tel. Hohenlohe an Wilhelm II., 18.11.1894; Hohenlohe III 15–16.
[89] Marschall an Hatzfeldt, 1.2.1985; GP IX 2222.
[90] „Durch welche Argumente wir aber dann die Chinesen bestimmen wollen, uns für die ihnen so unerwünschte bisherige Reserve auch noch zu belohnen, das weiß ich wirklich nicht" (Hatzfeldt an Holstein, 8.2.1895; GP IX 2224).
[91] Marschall an Hatzfeldt, 1.3.1895, ganz geheim; AA, China 20 Nr.1 secr., Bd.2.

ments in Ostasien[92] nur zögernd seine Zustimmung zur Kursänderung gab. Nachdem Marschall geltend gemacht hatte, daß bei einer Aufteilung Chinas unter die interessierten Großmächte ein Abseitsstehen Deutschlands sowohl „gegenüber dem Kaiser wie der deutschen öffentlichen Meinung" nicht zu verantworten sein würde, erklärte der Vortragende Rat: „Dann müssen wir vorgehen, um entweder die japanischen Erwerbungen so zurückzuschrauben, daß niemand einen Vorwand hat, etwas für sich zu nehmen; oder um in der Aktion drin zu sein und mitzugrapschen, wenn's zum Grapschen kommt."[93]

Während der Reichskanzler, das Auswärtige Amt und das Reichsmarineamt unter Staatssekretär Hollmann in der Folgezeit konsequent am einmal eingeschlagenen weltpolitischen Kurs festhielten, entbehrte die Haltung Wilhelms II. gegenüber der Weltpolitik nicht einer gewissen Ambivalenz. Obwohl er die vom Auswärtigen Amt eingeleitete ostasiatische Stützpunktpolitik grundsätzlich billigte[94], weigerte er sich wochenlang, für einen nach Deutschland zurückbeorderten Kreuzer des Ostasiengeschwaders ein entsprechendes Ersatzschiff nach China zu entsenden. Die „alten Kreuzer", so begründete er damals seine Ablehnung, sollten „ihres mangelnden Gefechtswertes wegen im auswärtigen Dienst keine Verwendung mehr finden, neue Kreuzer aber sind für die Heimat unentbehrlich"[95]. Erst am 13. April 1895 befahl Wilhelm II. die sofortige Indienststellung des bereits 1891 stillgelegten Panzerkreuzers „Kaiser" als Flaggschiff des Ostasiengeschwaders[96] – eine Entscheidung, die er ein halbes Jahr später schon wieder zu revidieren versuchte. Auf die Nachricht von einer sich anbahnenden Mobilmachung der russischen Schwarzmeerflotte erwog er zunächst die Rückberufung der ostasiatischen Kreuzerdivision[97], begnügte sich nach Rücksprache mit dem Oberkommando der Marine dann aber mit der Forderung, lediglich das Flaggschiff nach Port Said abzuziehen. „Sollten ernste Komplikationen zwischen den europäischen Staaten entstehen", gab er Hohenlohe zu verstehen, „so kann der ‚Kaiser' rascher von Port Said, ohne abgeschnitten zu werden, als von China zurückkehren, um unsere stark geschwächte Schlachtflotte, die seiner dringend bedarf,

---

[92] Vgl. Holstein an Hatzfeldt, 3.4.1895: „Wenn ich etwas zu sagen hätte, würde Deutschland *jetzt* in Ostasien gar nichts nehmen, sondern höchstens sich von England in Afrika Konzessionen machen lassen. Wenn ich aber diese Meinung hier ausspreche, kommt man mir mit S.M. und Volksstimmung" (*Ebel*, Hatzfeldt, Bd.2, 1032).
[93] Holstein an Radolin, 18.6.1895; HP III 470.
[94] Vgl. die kaiserlichen Randbemerkungen zu Hohenlohe an Wilhelm II., 19.3.1895; GP IX 2227.
[95] Hollmann an A.A., 15.3.1895; Knorr an Hollmann, 21.3.1895; BA-MA, RM 3/v. 3155. Vgl. auch Knorr an Hollmann, 8.3.1895, und die Denkschrift von Baudissin, 9.3.1895, mit dem Votum: „Angesichts der militärpolitischen Lage und der uns in den ostasiatischen Gewässern noch bevorstehenden Aufgaben erscheint es nicht angängig, von der Entsendung eines Ersatzschiffes für ‚Alexandrine' abzusehen" (BA-MA, RM 3/v. 2991).
[96] Denkschrift von Baudissin, 13.4.1895 mit Ordre-Entwurf; BA-MA, RM 3/v. 3080. Das Panzerschiff II. Klasse wurde am 27.4.1895 in Dienst gestellt und erreichte Hongkong am 25.6.1895.
[97] Vgl. die Schlußbemerkung Wilhelms II. zu Ber. No. 452, Radolin an Hohenlohe, 16.11.1895; zit. in Anm. 29.

zu verstärken."[98] Das war im Grunde eine Option gegen die Weltpolitik zugunsten einer europäischen Sicherheitspolitik, denn – wie es der Reichskanzler in seinem Antworttelegramm formulierte – „die Schwächung unserer Flotte in den ostasiatischen Gewässern würde in diesem Augenblick einem Verzicht auf die Ansprüche gleichkommen, über die wir zur Zeit mit der chinesischen Regierung verhandeln"[99]. Der Kaiser hat zwar auf den Druck des Reichskanzlers hin von dem Gedanken einer sofortigen Rückberufung des Panzerschiffs Abstand genommen, doch damit war die „Kaiser"-Affäre noch längst nicht zu Ende. Sie erreichte Ende Januar 1896 ihren Höhepunkt, als Knorr auf eine kaiserliche Instruktion hin den Chef des Ostasiengeschwaders anwies, mit dem „Kaiser" Anfang Februar die Heimreise anzutreten[100]. Mit dieser ohne Billigung des Auswärtigen Amts[101] erfolgten Aktion kam der schon lange schwelende Konflikt zwischen der Marine und der Leitung der deutschen Außenpolitik, in dem es letztlich um die Weiterverfolgung der Weltpolitik ging, offen zum Ausbruch. Das Oberkommando der Marine setzte sich unverhohlen für die Auflösung des Ostasiengeschwaders ein, da „die fraglichen Schiffe für den europäischen Krieg unbedingt erforderlich" seien: man müsse an dem „Standpunkt festhalten, daß die heimische Schlachtflotte immer intakt bleiben sollte, so lange Deutschlands Marine noch so klein" sei[102]. Damit war angedeutet, daß die Opposition der Marine gegen die Weltpolitik nicht ausschließlich sicherheitspolitisch motiviert, sondern auch taktischer Art war: mit dem wiederholten Ausspielen der weltpolitischen Karte sollte die politische Führung gegenüber den Wünschen der Marine nach einem forcierten Flottenausbau gefügiger gemacht werden. In diese Kerbe schlug auch Wilhelm II., der seine Zustimmung zum Verbleiben des Panzerkreuzers „Kaiser" im Fernen Osten von der Bereitschaft des Kanzlers abhängig machte, „die Beschaffung von einigen Panzerschiffen für den Auslandsdienst über die heimatlichen Bedürfnisse hinaus" ins Auge zu fassen[103].

Immerhin hatte die „Kaiser"-Affäre das Auswärtige Amt genötigt, sich über den Charakter der Weltpolitik profunde Gedanken zu machen. Das Ergebnis dieses Nachdenkens faßte der Vortragende Rat Reinhold Klehmet so zusammen:

[98] Tel. Wilhelm II. an Hohenlohe, 23.11.1895; AA, Deutschland 138, Bd. 7.
[99] Tel. Hohenlohe an Wilhelm II., 23.11.1895 (eigenhändiges Konzept); ibid. Schon im Oktober 1895, als die Frage der „Zurückziehung von S.M.S. ‚Kaiser' aus der Kreuzerdivision" zum erstenmal zur Debatte stand, hatte Marschall an Knorr geschrieben: „... Unsere Wünsche nach Erlangung einer eigenen Flottenstation in China basieren gerade darauf, daß Deutschland genötigt ist, in ostasiatischen Gewässern noch auf Jahre hinaus ein starkes Geschwader zu unterhalten, bzw. dasselbe eventuell sogar noch über den gegenwärtigen Bestand hinaus zu vergrößern. Wenn nun gerade jetzt, wo wir uns anschicken, unsere Wünsche bezüglich einer solchen Flottenstation zur Geltung zu bringen, das wichtigste Fahrzeug unseres dortigen Geschwaders, dessen Erscheinen in ostasiatischen Gewässern s.Z. unzweifelhaft einen sehr großen Eindruck gemacht hat, zurückgezogen wird, so wird hierdurch die Verwirklichung unserer Wünsche ... nicht unbedenklich erschwert" (25.10.1895; ibid.).
[100] Knorr an Marschall, 29.1.1896, ganz geheim; AA, Deutschland 138, Bd. 7.
[101] Noch am 10.1.1896 hatte Hohenlohe auf eine Anfrage Knorrs vom 2.1., „betr. die Frage der Rückberufung von S.M.S. ‚Kaiser' nach der Heimat" kategorisch festgestellt, „daß die politischen Verhältnisse, welche die Anwesenheit dieses Kriegsschiffes in den ostasiatischen Gewässern bisher dringend geboten erscheinen ließen, auch gegenwärtig noch fortdauern" (ibid.).
[102] Knorr an Hohenlohe, 1.2.1896, ganz geheim; ibid.
[103] Knorr an Hohenlohe, 3.2.1896, ganz geheim; ibid.

„Deutschlands in Ostasien erst neuerdings errungene Stellung, deren Früchte nur im Laufe der Zeit reifen können, beruht in allererster Linie auf der Entfaltung einer starken maritimen Streitmacht. Nur wenn wir ihnen unsere Macht und die Möglichkeit, davon jeder Zeit Gebrauch zu machen, fortgesetzt vor Augen führen, können wir bei der Eigenartigkeit der ostasiatischen Völker und Staatengebilde von ihnen eine gebührende Berücksichtigung unserer Interessen erwarten."[104]

Demnach unterschied sich die Weltpolitik von der Kolonialpolitik der Caprivi-Zeit offenbar dadurch, daß überseeische Erwerbungen nicht am grünen Tisch zwischen den europäischen Interessenten ausgehandelt werden, sondern sich in erster Linie von einer starken maritimen Präsenz vor Ort herleiten sollten. Als der verlängerte Arm des Deutschen Reichs sollte das von einem Admiral befehligte ostasiatische Kreuzergeschwader durch gezielte Schiffsdemonstrationen, nötigenfalls auch durch Gewaltmaßnahmen, die widerstrebenden Chinesen in Stützpunktfragen konzessionswilliger stimmen. Dieses Vorgehen war notwendig geworden, nachdem sich der von Marschall zunächst favorisierte Plan einer deutsch-englischen Erwerbsgemeinschaft in China als nicht realisierbar und der ostasiatische Dreibund als nicht tragfähig genug erwiesen hatte, Deutschland sich mit seinen Erwerbsabsichten also auf sich allein gestellt sah. Die Taktik, mit Hilfe der Flottenmacht zu einem „Stück politisch deutschen Landes"[105] zu kommen, schien mit der erfolgreichen Besetzung der Kiautschoubucht durch Vizeadmiral Diederichs (6.11.1897) ihre Bewährungsprobe bestanden zu haben. Es sollte indes der einzige Erfolg der wilhelminischen Weltpolitik bleiben. Die ebenfalls von Diederichs angeführte Philippinenexpedition, an der immerhin fünf Kriegsschiffe teilnahmen, scheiterte im Sommer 1898 an dem Widerstand der bis dahin als kolonialindifferent geltenden Amerikaner. Ähnlich erfolglos verlief zwei Jahre später die angeblich zur Niederringung des Boxeraufstandes unternommene Chinaexpedition, die zweifellos die größte seemilitärische Anstrengung des Deutschen Reichs vor dem Ersten Weltkrieg darstellte. Damals hat Bülow gegen den Widerstand der Marine die Entsendung der aus vier Linienschiffen und einem Kreuzer bestehenden I. Panzerdivision nach China veranlaßt, wohl in der stillen Hoffnung, die chinesischen Wirren ausnutzen zu können, um im geeigneten Augenblick die Hand auf das begehrte Yangtsebecken zu legen[106]. Das sich schon im Herbst 1900 abzeichnende klägliche Scheitern des kostspieligen Chinaabenteuers signalisierte zugleich das Ende der Weltpolitik, zumal durch die kaum zu verschleiernden Mißerfolge das Interesse der deutschen Öffentlichkeit an ihr zu erlahmen begann. Bezeichnenderweise resultierten die neben Kiautschou einzigen vorzeigbaren Kolonialerwerbungen in der Ära der Weltpolitik, i.e. die Samoa-Inseln Upolu und Sawai und die Inselgruppen der Marianen und Karolinen, aus diplomatischen Verhandlungen mit England respektive Spanien.

Im Vergleich zu den Exponenten der Weltmachtpolitik verfolgten die Träger der Weltpolitik relativ bescheidene Ziele. Von einem territorialen Festsetzen in Ostasien und anderen wirtschaftlich interessanten überseeischen Gebieten erhofften sie sich

---

[104] Hohenlohe an Knorr, 31.1.1896, ganz geheim (Konzept von Klehmet, paraphiert von Marschall und Hohenlohe); ibid.
[105] Aufzeichnung von Tirpitz, o.D. [1896]; BA-MA, Nachl. Tirpitz, N 253/45.
[106] Vgl. Tel. Bülow an A.A., 3.7.1900; GP XVI 4546. Ferner *Peter Winzen*, Die Englandpolitik Friedrich von Holsteins 1895–1901 (Phil.Diss. Köln 1975) 260ff., 306ff.

eine stärkere Partizipation der Deutschen am Welthandel und damit eine Hebung des Volkswohlstands, zugleich aber auch eine politische Aufwertung des Deutschen Reichs gegenüber der Weltmacht England. Die Weltpolitik sollte zudem – nicht zuletzt auch aus handelspolitischen Erwägungen – der Stärkung des Auslandsdeutschtums und seiner zumindest ideellen Anbindung an das Kaiserreich dienen. Als das Hauptinstrumentarium der Weltpolitik wurde „eine starke Kreuzerflotte" angesehen: sie sollte den überseeischen Handel gleichsam vor Ort schützen, der Garant für transozeanischen Landerwerb sein und darüber hinaus zwischen dem Reich und den Auslandsdeutschen eine Brückenfunktion übernehmen[107]. Keinesfalls war die Weltpolitik gegen eine der konkurrierenden Kolonialmächte gerichtet, auch nicht gegen England. Den Gedanken, „als ob wir dadurch [i.e. durch Kreuzerforderung und Weltpolitik] mit den großen seefahrenden Nationen, namentlich mit Großbritannien, in einen Konkurrenzkampf um die Suprematie zur See treten wollten", hat Marschall vor der Budgetkommission des Reichstags geradezu als absurd zurückgewiesen[108].

Dagegen war das Programm der ambitionierten Weltmachtstrategen Bülow und Tirpitz schon vom Ansatz her weniger ökonomisch als vielmehr machtpolitisch motiviert. Ihr militärisch-politisches Instrumentarium war die zwischen Kiel und Bremerhaven konzentrierte Schlachtflotte, der die Aufgabe zugedacht war, im Verein mit den russischen Seestreitkräften den vermeintlichen Hauptgegner England eines Tages in die Knie zu zwingen und so die Bahn für die Errichtung der „Hohenzollernweltherrschaft"[109] freizumachen. Um die „Gefahrenzone" – d.h. das kritische Stadium bis zur Vollendung des Flottenbaus, in dem die Deutschen vor den Briten „zur See dalagen wie Butter vor dem Messer" (Tirpitz)[110] – ohne vorzeitige Kollision mit England durchschreiten zu können, sollten Deutschlands auswärtige Beziehungen nach den Grundsätzen der Freihandpolitik ausgerichtet werden, die auf die Herstellung eines freundschaftlichen Verhältnisses zu allen Großmächten angelegt war und ein Desengagement in Krisengebieten sowie strikte bündnispolitische Abstinenz erforderte. Auf diesen Maximen beruhte auch die Weltpolitik, so daß der Unterschied zwischen den beiden politischen Konzeptionen nach außen hin nicht in Erscheinung trat. Bülow hat es denn auch mit großem Geschick verstanden, seine ambitiösen weltmachtpolitischen Zielvorstellungen selbst gegenüber seinen engsten Mitarbeitern hinter der Fassade der Weltpolitik verborgen zu halten. Somit diente die Weltpolitik seit dem Sommer 1897 einerseits zur Verschleierung der Weltmachtpolitik, andererseits zur Herbeiführung vorzeigbarer überseeischer Erfolge, die die Illusion, daß Deutschland

---

[107] Vgl. Marschalls Rede vor der Budgetkommission des Reichstags, 5.3.1896: „... Nichts sei so geeignet, in dem Deutschen im Auslande die Erinnerung an das Vaterland zu stärken, wie das Erscheinen des Kreuzers, der die Bande wieder neu knüpfe und den Geist der Vaterlandsliebe stärke. Der Kreuzer zeige der fremden Macht, daß hinter den lokalen deutschen Interessen die Macht des Deutschen Reiches stehe" (Norddeutsche Allgemeine Zeitung, 5.3.96; AA, Deutschland 138, Bd. 7).
[108] Ibid.
[109] Aus einer Rede Wilhelms II. in Bremen, 23.3.1905; *Wilhelm Schröder*, Das persönliche Regiment. Reden und sonstige öffentliche Äußerungen Wilhelms II. (München 1912) 35; im folgenden zitiert: *Schröder*, Das persönliche Regiment.
[110] *Fürst von Bülow*, Deutsche Politik (Berlin 1916) 20.

eine erstrangige transozeanische Macht geworden sei, nähren und zugleich den Führungsanspruch der neuen Männer festigen sollten.

IV

Diese Ausführungen blieben unvollständig, wollte man nicht noch die Rolle Wilhelms II. bei der Konzipierung und Ausführung der Weltmachtpolitik beleuchten. Insbesondere stellt sich die Frage, ob der Kaiser um die volle Tragweite des Weltmachtkonzepts gewußt hat. Ist er von Anfang an bereit gewesen, die zunächst nur latente, langfristig aber kriegerische Wendung gegen England mitzutragen? Hat er sich überhaupt jemals für den Gedanken eines deutsch-englischen Entscheidungskampfes um die Suprematie zur See erwärmen können?

Es ist hinreichend bekannt, daß Wilhelm II. bis zur Berufung von Tirpitz den Ausbau der Kreuzerflotte favorisierte[111]. Wir wissen auch, daß der Monarch trotz gelegentlichen verbalen Säbelrasselns keine kriegerische Natur besaß, daß er zumindest bis zum Ende der Bülow-Ära auf die friedliche Expansion des Reiches setzte[112]. Und schließlich hat der Enkel der Königin Victoria nie ein Hehl daraus gemacht, daß er sich als „halber Engländer" fühlte[113]. Sollte dieser Mann, der die Psyche der Briten wie kaum ein zweiter zu kennen glaubte, der schon 1890 der „Anglomanie" gescholten wurde[114], der den englischen Staatsmännern bis zur Jahrhundertwende wiederholt ernstgemeinte Vorschläge zur Verbesserung der Schlagkraft der Royal Navy zukommen ließ[115], an der Gestaltung des auf einem düster-traumatischen Englandbild basierenden Weltmachtkonzepts beteiligt gewesen sein, dessen Dreh- und Angelpunkt der

---

[111] Vgl. *Hallmann,* Schlachtflottenbau, 188 ff. Aufzeichnung von Eulenburg, April 1912; *Röhl,* Eulenburg, Bd. 3, 2205.

[112] Vgl. *Otto Hammann,* Um den Kaiser. Erinnerungen aus den Jahren 1906–1909 (Berlin 1919) 93 ff., sowie die Kaiserrede v. 23.3.1905: „Ich habe mir gelobt, auf Grund meiner Erfahrungen aus der Geschichte, niemals nach einer öden Weltherrschaft zu streben. Denn was ist aus den großen, sogenannten Weltreichen geworden? Alexander der Große, Napoleon der Erste, alle die großen Kriegshelden, im Blute haben sie geschwommen und unterjochte Völker zurückgelassen, die beim ersten Augenblick wieder aufgestanden sind und die Reiche zum Zerfall gebracht haben. Das Weltreich, das ich mir geträumt habe, soll darin bestehen, daß vor allem das neuerschaffene Deutsche Reich von allen Seiten das absoluteste Vertrauen als eines ruhigen, ehrlichen, friedlichen Nachbarn genießen soll, und daß, wenn man dereinst vielleicht von einem deutschen Weltreich oder einer Hohenzollernweltherrschaft in der Geschichte reden sollte, sie nicht auf Eroberungen begründet sein soll durch das Schwert, sondern durch gegenseitiges Vertrauen der nach gleichen Zielen strebenden Nationen ..." (*Schröder,* Das persönliche Regiment, 35).

[113] Vgl. Cecil Rhodes an Prince of Wales, März 1899; *George E. Buckle,* The Letters of Queen Victoria, 3rd series, Bd. 3 (London 1932) 350; im folgenden zitiert: *Buckle,* Letters of Queen Victoria. Wilhelm II. in Doorn, 15.11.1935: „Wer mich verstehen will, darf nicht vergessen, daß ich ein halber Engländer bin". *Joachim von Kürenberg,* War alles falsch? Das Leben Kaiser Wilhelms II. (Bonn 1951) 410.

[114] *Bayer,* England, 6.

[115] Belege bei *Bayer,* England, 19, und *Thomas A. Kohut,* Kaiser Wilhelm II and his parents: an inquiry into the psychological roots of German policy towards England before the First World War; im folgenden zitiert: *Kohut,* Wilhelm II and his parents, in: *John C. G. Röhl, Nicolaus Sombart,* Kaiser Wilhelm II. New Interpretations (Cambridge 1982) 84.

Glaube an die Unvermeidbarkeit des deutsch-englischen Krieges war? Wenn wir den Kaiser auch nach allem, was uns über die Genesis der Weltmachtpolitik bekannt ist, von der geistigen Urheberschaft dieser Konzeption freisprechen müssen, so bleibt doch die unbestreitbare Tatsache, daß er trotz entgegengesetzter Überzeugungen die von Tirpitz und Bülow durchgeführte antibritische Flottenbaupolitik formal mitgetragen hat. Der Schlüssel zum Verständnis dieses an sich paradoxen Sachverhalts liegt in dem eigenartigen Verhältnis des Kaisers zu England, um dessen Klärung sich neuerdings Thomas A. Kohut mit Erfolg bemüht hat[116].

Wenn Wilhelm II. in seinen außenpolitischen Situationsanalysen und Freund-Feind-Einschätzungen auch sehr schwankend gewesen sein mag, so ist doch in seiner Englandpolitik eine gewisse Kontinuität erkennbar. Während der Caprivizeit hat er sich nach Ausweis der deutschen und englischen Akten auffällig um die Angliederung Englands an den Dreibund bemüht. „Wir können auf dem Kontinent ohne England nicht fertig werden", soll er sich sogar einmal gegenüber einem englischen Oberst geäußert haben[117]. Demnach war es nur folgerichtig, daß er auf dem Höhepunkt der Siamkrise mit dem Gedanken spielte, der britischen Regierung gegen Rußland und Frankreich die deutsche Waffenhilfe anzubieten[118]. Sein zunächst nur vorsichtig artikuliertes Vorhaben, zwischen England und Deutschland im Laufe seiner Regierungszeit einen „festen Freundschaftsbund" herzustellen[119], gipfelte Mitte der neunziger Jahre in der Forderung nach dem baldigen Abschluß eines militärischen Beistandspaktes. Wie er Eulenburg erzählte, habe er „nicht der Königin und ihren Ministern, aber doch Persönlichkeiten, von denen Er wisse, daß Seine Unterhaltung weitergetragen werde, in deutlicher Weise stets dasselbe gesagt: England hat von dem Dreibund nur Unterstützung zu erwarten, wenn es sich entschlösse, diesem in förmlichem Bündnisse beizutreten"[120]. Auch die durch Englands Transvaalpolitik ausgelösten nachhaltigen deutsch-britischen Dissonanzen konnten den Kaiser, obwohl er sich zeitweilig gegen das Londoner Kabinett stark gereizt zeigte, letztlich nicht dazu bewegen, von seinem Allianzprojekt Abstand zu nehmen. Sein Krügertelegramm wollte er jedenfalls nicht, wie viele seiner Zeitgenossen annahmen, als Wendung gegen England verstanden wissen, sondern eher als heilsame Drohgebärde – gemäß seiner „Maxime den Briten gegenüber, ihnen stets erst einmal die Faust vor die Nase und einen Wink nach den Schienbeinen zu geben, um sie zu passiven, wenn nicht aktiven Freunden zu haben"[121]. Zwei Monate nach jener Depesche versah er einen Bericht aus London, wonach „in der hiesigen auswärtigen Politik, wenn nicht eine neue Schwenkung zu Gunsten der Tripelallianz, so doch jedenfalls ein Stillstand in den ge-

---

[116] Vgl. *Kohut*, Wilhelm II and his parents, 63–89.
[117] Malet an Foreign Office, 20.1.1894; zit. nach *Bayer*, England, 66.
[118] Vgl. die Aufzeichnung Eulenburgs v. 30.7.1893; *Eulenburg-Hertefeld*, Erlebnisse, Bd. 1, 216.
[119] Vgl. Malets Bericht über eine Unterredung mit dem Kaiser v. 6.2.1892: „If he were to shove England down the throats of the people he should defeat his own aim. The firm friendship which he desired could only be the work of time and the consequence of a continued mutual exchange of good offices in small things and he assured me that we might always count upon his action in this sense", zit. nach *Bayer*, England, 15 Anm. 50.
[120] Aufzeichnung von Eulenburg, 24.9.1895; *Röhl*, Eulenburg, Bd. 3, 1540.
[121] Kommentar Wilhelms II. zu *The Globe*, 8.12.1897; AA, China 20 Nr. 1 secr., Bd. 20.

gen dieselbe gerichteten Bestrebungen eingetreten ist", mit dem bezeichnenden Kommentar: „immerhin schon erfreulich"[122].

Unter dem Einfluß von Tirpitz schlug der Monarch im Vorfeld der ersten Flottennovelle gelegentlich aggressivere Töne gegen das Inselreich an. So reagierte er auf die Nachricht von der einseitigen Kündigung des deutsch-britischen Handelsvertrags durch England (30.7.1897) mit der vielsagenden Bemerkung: „Nach der Anerkennung der Überlegenheit der deutschen Industrie wird deren Vernichtung in Bälde von Albion angestrebt und unzweifelhaft erreicht werden, wenn nicht energisch und rasch ein starker Flottenbau bei uns dem Unheil vorbaut."[123] Darf man aus diesem Satz die Schlußfolgerung ziehen, daß der Kaiser, wie Tirpitz es ihm nahezulegen versuchte, die Schlachtflotte eines Tages gegen England einsetzen wollte? Eine solche Auslegung erscheint überzogen, denn in einem etwa zur gleichen Zeit aufgesetzten Telegramm an Hohenlohe äußerte er seine Überzeugung, daß die Kündigung des Handelsvertrages von 1865, die er in charakteristischer Übertreibung als den „Beginn eines Krieges bis aufs Messer gegen unseren eben aufblühenden produktiven Staat" ansah, nicht erfolgt wäre, „hätten wir eine starke Achtung gebietende Flotte gehabt"[124]. Für ihn war die Flotte demzufolge weniger ein Machtinstrument, das sich in einem künftigen kriegerischen Konflikt mit England bewähren sollte, als vielmehr ein Prestigeobjekt, das den deutschen Status in der Welt erhöhen, den Engländern Respekt einflößen und dem Reich die Möglichkeit eröffnen sollte, mit dem von Rußland und Frankreich bedrohten Britannien als ebenbürtige Macht, also nicht lediglich als Juniorpartner, zu koalieren. In diese Richtung weist auch die empörte Notiz, zu der sich der Kaiser veranlaßt sah, als er während der deutsch-englischen Verhandlungen über die portugiesischen Besitzungen in Afrika von der Weigerung des britischen Premierministers Lord Salisbury erfuhr, die in Deutsch-Südwestafrika gelegene Walfischbai an Deutschland abzutreten: „Man ersieht daraus wieder, wie der edle Lord mit uns spielt und umspringt, bloß weil er keine Angst vor uns hat, weil *wir keine Flotte haben* — welche mir in den 10 Jahren meiner Regierung von dem eseldummen Reichstag stets verweigert wurde."[125]

Während Bülow nach außen hin freundschaftliche Beziehungen zwischen Berlin und London herzustellen suchte, um den antibritischen Charakter des Flottenbaus möglichst lange zu verschleiern, setzte Wilhelm II. im Gegensatz zu seinen Hauptratgebern weiterhin auf das Zustandekommen eines deutsch-englischen Militärbündnisses. Zu dem Artikel des britischen Afrikareisenden Henry Morton Stanley, der den

---

[122] Ber. No. 187, Hatzfeldt an Hohenlohe, 5.3.1896, mit kaiserlichen Randvermerken v. 9.3.; AA, England 93, Bd. 5.
[123] Schlußkommentar zu Monts an Hohenlohe, 31.7.1897; AA, England 78 secr., Bd. 3.
[124] Tel. Wilhelm II. an Hohenlohe, 1.8.1897; BA, Nachl. Bülow/ 112.
[125] Schlußbemerkung Wilhelms II. zu Tel. 22, Richthofen an Eulenburg, 20.7.1898; AA, England 78 Nr. 1 secr., Bd. 4. Vgl. auch den Schlußkommentar Wilhelms II. (vom 10.5.) zu Ber. No. 419, Bernstorff an Bülow, 1.5.1904: „Alles dummes Zeug! Wir werden unsere Flotte doch bauen und vermehren! Mit jedem Linienschiff mehr wird Englands Respekt größer" (AA, England 78, Bd. 21). Ferner die kaiserliche Schlußbemerkung zu Metternich an Bülow, 17.10.1906: „Es wird sich nichts in Englands Haltung ändern, als bis wir zur See so stark sind, daß wir wünschenswerte Bundesgenossen werden." GP XXI, ii 464.

rückhaltlosen Anschluß Englands an den Dreibund forderte, bemerkte er: „das ist mal was Vernünftiges!"[126] Sir Frank Lascelles, der britische Botschafter in Berlin, konnte im Januar 1898 seinem Vorgesetzten über den Wunsch Seiner Majestät berichten, „to be friendly with Great Britain, to gain her alliance and to work hand in hand with her"[127]. „I do know for a fact", schrieb Kaiserin Friedrich im gleichen Jahr, „that William *is* most anxious for a *rapprochement* with England, and *hopes* with all his heart that England *will* come forward in some sort of way and meet him half-way"[128]. Das vom Kaiser favorisierte Bündnis sollte rein defensiver Natur sein und der Casus foederis erst bei einem Doppelangriff eintreten. Kurz nach dem Faschoda-Zwischenfall schrieb er seiner Mutter aus Messina, daß es nach seinem Dafürhalten „früher oder später" zu einem bewaffneten Zusammenstoß zwischen Frankreich und England kommen werde. „In diesem Falle könne Er persönlich nur von ganzem Herzen den Engländern einen guten Erfolg wünschen: als deutscher Kaiser aber wäre Er zur striktesten Neutralität verpflichtet. Sollte jedoch in diesem zu erwartenden Streite eine dritte Macht für Frankreich Partei nehmen, dann würde ... Er ... nicht zögern, mit Seiner ganzen Streitmacht für England einzutreten."[129] Seinen entschiedensten Vorstoß in der Allianzfrage wagte der Monarch am 5. Februar 1901, als er nach der Beerdigung der Königin Victoria bei einem Abschiedsessen im Marlborough House vor vierzig geladenen Gästen die Vision einer auf einem deutsch-englischen Bündnis basierenden globalen Pax Teutonica beschwor:

> „I believe that the two Teutonic nations will, bit by bit, learn to know each other better, and that they will stand together to help in keeping the peace of the world. We ought to form an Anglo-German alliance, you to keep the seas while we would be responsible for the land; with such an alliance not a mouse could stir in Europe without our permission, and the nations would, in time, come to see the necessity of reducing their armaments."[130]

Die von Wilhelm II. befürwortete Option für England bedeutete indes keineswegs, wie seine Marlborough-Rede anzudeuten schien, die Rückkehr zur Kontinentalpolitik. Deutschland, so hat er dem österreichischen Botschafter Ende 1898 zu verstehen gegeben, wolle sich „durch nichts abhalten" lassen, „eine Kolonialmacht in großem Stile" zu werden[131]. Drei Jahre später unterstrich er gegenüber dem Wiener Diplomaten seine Entschlossenheit, „Weltpolitik zu machen", doch brauche das Deutsche Reich „deswegen durchaus nicht die Zirkel Englands zu stören". Es sei schon seit lan-

---

[126] Schlußbemerkung (v. 6.6.) zu No. 441, Hatzfeldt an Hohenlohe, 3.6.1898, mit der Verfügung „In Presse besprechen"; AA, England 92 Nr. 3 secr., Bd. 8.
[127] No. 27, Lascelles an Salisbury, 21.1.1898; Public Record Office, London (im folgenden zitiert: PRO), F.O. 64/ 1437.
[128] Kaiserin Friedrich an Königin Viktoria, 15.7.1898; *Buckle,* Letters of Queen Victoria, Bd. 3, 258.
[129] No. 52C, Szögyényi an Goluchowski, 17.12.1898 (mit einer indirekten Wiedergabe des Briefes von Wilhelm II. an Kaiserin Friedrich, 20.11.1898); Haus-, Hof- und Staatsarchiv Wien (im folgenden zitiert: StA Wien), PA I 476. Vgl. auch Lascelles an Salisbury, 10.12.1898; PRO, F.O. 800/ 17.
[130] *Peter Winzen,* Bülows Weltmachtkonzept (Boppard a.Rh. 1977) 302; im folgenden zitiert: *Winzen,* Weltmachtkonzept.
[131] No. 49B, Szögyényi an Goluchowski, 3.12.1898; StA Wien, PA III 150.

gem sein „fester Wille" gewesen, „die Lösung der großen Aufgaben, welche Deutschland in seiner Weltpolitik bevorstehen, im besten Einvernehmen, ja sogar in fortwährender intimer Fühlung mit England zu suchen"[132]. Hinter dem Wunsch des Kaisers nach enger weltpolitischer Kooperation mit Großbritannien, dessen „maritime Kraft ... in bewunderungswürdiger Weise herangewachsen" sei, stand letztlich der Traum eines deutsch-britischen Kondominiums in Übersee, der mitunter recht konkrete Formen annahm. So meinte er 1898 in einem vertraulichen Gespräch mit dem Grafen Szögyényi-Marich, daß

> „England den Hintergedanken verfolgt, im Laufe der Zeiten Mich und Deutschland aus Afrika hinauszukomplimentieren, denn die englische Politik hat es darauf abgesehen, Alleinherrscherin in *ganz* Afrika zu werden; Afrika ist für England schon heute von mehr Bedeutung als der ganze ostindische Besitz. Doch diese Zukunftspläne machen Mich nicht irre; wenn es darauf ankommen wird, dieselben zu verwirklichen, wird die Kolonialmacht Deutschlands derart erstarkt sein, daß es keine schwere Aufgabe für Mich sein wird, Mich anderswo gehörig zu kompensieren, und Ich habe zu diesem Zwecke nunmehr auch in Ostasien festen Fuß gefaßt. Die Franzosen werden dabei jedenfalls zu kurz kommen. ... Nach Meiner vollen Überzeugung ist jetzt niemand imstande, es auf der See mit England aufzunehmen, und Ich werde begreiflicherweise England in seinen Unternehmungen in keiner Weise hindern."[133]

Mit der Devise: Afrika den Briten und Ostasien den Deutschen[134] schien für ihn, der gern in welthistorischen Dimensionen dachte, eine tragfähige Grundlage für jenes Kondominium gefunden zu sein. In dem bekannten Daily-Telegraph-Artikel vom 28. Oktober 1908 hat er denn auch aus seinen ostasiatischen Aspirationen und seinem Vertrauen auf die britische Sekundanz kein Hehl gemacht. Deutschland baue eine starke Flotte, um „für alle Eventualitäten im Fernen Osten gerüstet [zu] sein", hob er in dem Interview hervor. „Nur die Stimme derjenigen Mächte, die große Flotten haben, wird mit Achtung gehört werden, wenn die Frage der Zukunft des Stillen Ozeans zu lösen sein wird. ... Vielleicht wird England sogar froh sein, daß Deutschland eine

---

[132] Szögyényi an Goluchowski (privat), 29.1.1902; StA Wien, PA III 158.
[133] Siehe oben Anm.131.
[134] Diese Aufteilungsidee entwickelte der Kaiser auch in einem Gespräch mit Lascelles: „The Germans had not proved successful colonizers among the barbarous tribes of Africa, and He should now try them in the Far East and in China where they would find a form of civilization at all events superior to the African savages. ... His Majesty then adopted a more jocose tone and said that He was a practical man and never allowed Himself to indulge in illusions. He was perfectly aware that, if His presence in Africa became distasteful to us, we should merely elbow him out of the way, which being the stronger we should have no difficulty in doing. It was perfectly possible that some day we might desire His East African possessions, and as it would be very unpleasant to him to be treated like Major Marchand, He considered that His best policy was to be on friendly terms with us, and if we wanted German East Africa, to be able to retire gracefully without waiting to be ‚kicked out'. ... The impression He left upon my mind, and which I am convinced He intended to convey, was that for the future He intended to direct His attention to Asiatic rather than to African Colonization." No.345, Lascelles an Salisbury, 22.12.1898; PRO, F.O.64/ 1439.

Flotte hat, wenn sie gemeinsam auf derselben Seite in den großen Debatten der Zukunft ihre Stimme erheben."[135]

Der von Bülow, Tirpitz, Senden und einem großen Teil des deutschen Bildungsbürgertums vertretene Gedanke, mit Hilfe der ausgebauten Flotte und geeigneter Bündnispartner die englische Seeherrschaft eines Tages zu brechen und in die Fußstapfen des entmachteten Britannien zu treten, ist Wilhelm II. bis zum Ausbruch des Ersten Weltkrieges fremd geblieben. Bezeichnend ist in diesem Zusammenhang seine Reaktion auf die im Spätsommer 1900 zum erstenmal von der englischen Presse ventilierte Furcht vor den Zielen des deutschen Flottenbaus. „The opinion of the educated class in Germany and of the leaders of German opinion", so war in einer September-Ausgabe der Morning Post zu lesen, „has come to be that Germany should seek to be the first Power at sea, and that with this object she should prepare to destroy the maritime power of Great Britain". Die kaiserliche Marginalie zu diesem Passus lautete: „Ein fader Unsinn! in ironisch-launiger Weise den Artikel abfertigen."[136] Den im Frühjahr 1901 von einem führenden englischen Kabinettsmitglied geäußerten Verdacht, „daß S.M. der Kaiser Sich ganz plötzlich vollkommen auf [die] Seite Rußlands und gegen England gestellt habe", wies er mit Entrüstung von sich: „Hölle und Teufel! Mir solches zuzutrauen!"[137] Aufschlußreich ist auch sein distanziertes Verhalten, als er 1904 von einem deutschen Diplomaten unversehens mit dem eigentlichen Kern des Bülowschen Weltmachtkonzepts konfrontiert wurde. „Muß dann wirklich einmal", hatte Johann Heinrich Bernstorff an den Reichskanzler geschrieben, „um deutscher Macht und Expansion willen Krieg mit England geführt werden, so ist jede Stunde, die dieser Kampf hinausgeschoben wird, für uns ein Gewinn." Wilhelm befand: „Nötig ist er [i.e. der Krieg gegen England] nicht."[138] Dieser Kurzkommentar war eher ein Understatement, denn dem österreichischen Botschafter hat er mehr als einmal emphatisch versichert: „Ein *Feind* Englands werde Ich nie sein, trotz aller Sottisen, denen Ich von seiner Seite fortwährend ausgesetzt bin."[139]

Das bei dem Kaiser stark ausgeprägte – vor dem Hintergrund seiner eigenen Abstammung durchaus verständliche – Bewußtsein von der rassischen, religiösen und kulturell-zivilisatorischen Verwandtschaft Englands und Preußen-Deutschlands verbot geradezu einen politischen Kurs, der langfristig auf die Zerstörung der britischen Machtstellung in Europa und Übersee abzielte. Eulenburg hat in Situationen, in denen der Monarch über die vermeintliche Perfidie der englischen Staatsmänner aufs höch-

---

[135] Zit. nach HP I (1956) 205. Faksimile in *Bernhard Fürst von Bülow,* Denkwürdigkeiten, Bd. 2 (Berlin 1930) 352.
[136] Morning Post, 7.9.1900 (mit kaiserlichem Randvermerk v. 13.9.); AA, England 78, Bd. 15.
[137] Richthofen an Wilhelm II., 7.4.1901; AA, England 78, Bd. 16.
[138] No. 342, Bernstorff an Bülow, 16.4.1904 (mit kaiserlichen Randvermerken v. 27.4.); AA, England 78, Bd. 21. Bülow hat diese Passage nicht kommentiert.
[139] Szögyényi an Goluchowski (privat), 29.1.1902; StA Wien, PA III 158. Interessant auch der Vorsatz, der unterstreicht, daß für den Kaiser eine definitive politische Wendung gegen England nicht in Frage kam: „... Die Engländer werden vielleicht leider zu spät zur Einsicht gelangen, daß es für sie nicht ohne Bedeutung ist, ob sie Mich zum Freunde haben, oder ob Ich Mich allen Echecs, welchen England fortwährend ausgesetzt ist und die ihm wahrscheinlich auch für die Zukunft noch drohen dürften, gleichgültig gegenüberstelle", ibid.

ste erzürnt war, feststellen können, daß „Seine Majestät" nichts dagegen hatte, „wenn England ‚angeschossen' würde, – aber den Untergang Englands will Er *nicht*. Das steht absolut fest"[140]. Umgekehrt hat der Kaiser, für den Kriege in erster Linie „Rassenkämpfe" waren, nie begreifen können, daß „diese mit uns durch gemeinsame Abstammung, Religion, zivilisatorisches Streben verwandten Anglo-Sachsen" mit ihrer Ententepolitik den Grundstein für Deutschlands wachsende Isolierung legten. Eher könne man schon verstehen, meinte er gegenüber dem Schweizer Gesandten, „daß die Romanen, obgleich sie auch eine Zivilisation besitzen ganz anders als diejenige der da drüben im Osten, sich an diesem Rassenkampf gegen uns verbünden!"[141] Aus seiner Sicht war Englands Ententepolitik eine bedauerliche Entgleisung, die er einzig und allein auf die „Abenteuer- und Stänkerpolitik meines Onkels Edward VII" zurückführen wollte. Noch am Vorabend des Ersten Weltkrieges äußerte er die Überzeugung: „Politik *gegen* Deutschland (Germanen) mit Slawen und Galliern geht auf die Dauer für Angelsachsen absolut nicht!"[142]

Die große Diskrepanz zwischen der stets auf einen Ausgleich mit der Inselmacht bedachten, an der Erhaltung der britischen Weltstellung interessierten Hohenzollernpolitik und der auf den Niedergang Großbritanniens spekulierenden Weltmachtstrategie Bülows und Tirpitz' ist nun hinreichend, wenn auch sicherlich längst nicht erschöpfend, dokumentiert worden. Um so bemerkenswerter ist das Faktum, daß die ungleiche Allianz zwischen der probritischen, eher auf friedliche Expansion setzenden Krone und ihren antibritischen, sich auf einen unerbittlichen Daseinskampf einrichtenden Ministern mehr als ein Jahrzehnt hielt und nach außen hin einen ziemlich homogenen Eindruck machte. Indes darf man nicht vergessen, daß das gemeinsame Interesse am Flottenausbau und an der Erlangung von „Weltmachtgröße" eine starke Klammer bildete, die die Gegensätze zu übertünchen vermochte. Überdies kam den beiden Weltmachtstrategen gerade in der Anfangsphase des Flottenbaus die Anglophilie des Kaisers nicht ungelegen, trug sie doch dazu bei, die antibritische Stoßrichtung der deutschen Seerüstung fast fünf Jahre lang vor der englischen Staatsführung geheimzuhalten[143]. Wilhelm selbst hat in seiner Euphorie, die richtigen Männer für die Realisierung seines Lebenstraumes (i. e. „mit der Zeit ... auch zur See England ebenbürtig gegenüberzustehen")[144] gefunden zu haben, die außenpolitische Brisanz des Flottenbaus und die sinistren Absichten seiner Staatsmänner zunächst wohl ver-

---

[140] Eulenburg an Bülow, 12.11.1895; *Röhl*, Eulenburg, Bd. 3, 1588. Vgl. auch die Aufzeichnung Eulenburgs v. 24.9.1895; ibid. 1541.
[141] Bericht von Claparède, 10.12.1912 (Bundesarchiv Bern); zit. mit freundlicher Genehmigung von Terence F. Cole. Vgl. auch *John C. G. Röhl*, Kaiser, Hof und Staat. Wilhelm II. und die deutsche Politik (München 1987) 187 f.
[142] Schlußkommentar Wilhelms II. v. 17.5. zu einem Artikel der *Daily News* v. 15.5.1913; AA, England 78, Bd. 94. *Kohut*, Wilhelm II and his parents, 86.
[143] Vgl. *George Monger*, The End of Isolation. British Foreign Policy 1900–1907 (London 1963) 69, 82; *Winzen*, Weltmachtkonzept, 99 f. Anm. 10.
[144] No. 2 B, Szögyényi an Goluchowski, 16.1.1900; StA Wien, PA III 153. Vgl. auch Kaiserin Friedrich an Königin Victoria, 21.6.1894; *Frederick Ponsonby*, Briefe der Kaiserin Friedrich (Berlin 1928) 463.

kannt[145]. Als ihm dann Ende 1899 während der Einbringung der zweiten Flottenvorlage zumindest die Grundtendenz des Weltmachtkonzepts bewußt wurde[146], hat er in der Folgezeit offenbar auf die lange, sich über etwa zwanzig Jahre erstreckende Zeitspanne des Flottenausbaus, während der eine kriegerische Auseinandersetzung mit der Inselmacht ohnehin nicht in Frage kam, gesetzt wie auch auf seine verfassungsrechtliche Stellung, war doch jede Kriegserklärung an seine Unterschrift gebunden. Wie verschiedene Äußerungen des Kaisers um die Jahrhundertwende bezeugen, hat er damals allen Ernstes geglaubt, als konstitutioneller Monarch stets die letzten Entscheidungen über den Kurs der deutschen Politik in der Hand zu haben[147]. Daß er damit seine politischen Fähigkeiten und die ihm zur Verfügung stehenden Steuerungsmechanismen verhängnisvoll überschätzte, zeigt die Geschichte der Bülow-Ära eindringlich.

Abschließend stellt sich noch die Frage, ob die Weichenstellung von 1897, wie sie die Berufung von Tirpitz und Bülow für die Geschichte des wilhelminischen Deutschland zweifellos bedeutet, als ein Reflex der objektiven Bedingungen des damaligen Kaiserreichs oder vielmehr als das Resultat eines eher zufälligen und daher vermeidbaren Herrscheraktes zu verstehen ist. Unbestreitbar hat sich in der zweiten Hälfte der neunziger Jahre in der wilhelminischen Gesellschaft allgemein die Überzeugung durchgesetzt, daß Deutschland nicht nur ökonomisch, sondern auch in territorialer Hinsicht expandieren müsse. Über das Ziel, nämlich die Schaffung eines „Größeren Deutschland", bestand jenseits der Sozialdemokratie weitgehend Übereinstimmung,

---

[145] So ist Wilhelm II. von Tirpitz 1897/98 offensichtlich in dem Glauben gelassen worden, innerhalb von drei Jahren über eine schlagkräftige Flotte als Instrument zur Erweiterung des kolonialen Besitzstandes verfügen zu können. Vgl. die undatierte Aufzeichnung von Bülow: „S.Maj. am 20.5.98. Die Verstärkung der Flotte ist zu spät in Angriff genommen worden. Jetzt sind wir zur See unverhältnismäßig schwach. In einem Jahre werden wir schon stärker sein, in drei Jahren bedeutend stärker. Hoffentlich behalten wir bis 1901 Frieden, um dann vorgehen und zugreifen zu können." BA, Nachl. Bülow/112.
[146] Am deutlichsten geht dies aus einem Gespräch hervor, das Wilhelm II. Anfang Januar 1900 während einer Jagdveranstaltung mit dem österreichischen Botschafter führte. Darin gab er – nicht zuletzt unter dem frischen Eindruck der Bundesrath-Affäre – zum erstenmal gegenüber einem ausländischen Diplomaten unzweideutig zu erkennen, daß die deutsche Flotte auch im Hinblick auf einen möglichen Konflikt mit England gebaut würde, da er sich „trotz aller Freundschaftsbeteuerungen und Liebenswürdigkeiten, die Ihm auf Seiner englischen Reise erwiesen wurden, gezwungen" fühle, „vor Großbritannien stets auf Seiner Hut zu sein". Der Aufzeichnung über jene Unterhaltung läßt sich auch entnehmen, daß er nun definitiv von der 20jährigen Bauzeit wußte. „Ich habe das Gefühl", soll Kaiser Wilhelm in „ernstem, fast melancholischem Ton" gesagt haben, „kein langlebiger Mann zu sein und werde daher den Ausbau Meiner Flotte vielleicht gar nicht mehr erleben"; No.2B, Szögyényi an Goluchowski, 16.1.1900; StA Wien, PA III 153. Zwei Monate zuvor hatte er sich gegenüber dem französischen Botschafter Marquis de Noailles noch optimistischer geäußert: „Ich ... müsse Mir erst eine Flotte besorgen. Nach zwanzig Jahren, wenn dieselbe fertig sei, werde ich eine andere Sprache führen." Tel. No.9, Wilhelm II. an Bülow, 29.10.1899; AA, Deutschland 138 secr., Bd. 2.
[147] Vgl. Wilhelm II. an Eduard VII., 30.12.1901: „... I am the sole arbiter and master of German Foreign Policy and the Government and Country must follow me." GP XVII 5029. Ebenso Szögyényi an Goluchowski (privat), 29.1.1902: „Wenn ich hier von Mir spreche, so meine ich Deutschland. Man scheint das in England noch immer nicht recht begreifen zu wollen, ... daß Ich und nicht Meine Minister die deutsche Politik machen." StA Wien, PA III 158.

nicht aber über die Frage, wie und wo die Expansion durchzuführen sei. Sieht man einmal von gelegentlichen Überlappungen ab, so kann man im Grunde zwischen drei Expansionskonzepten unterscheiden, die damals miteinander konkurrierten: die Mitteleuropakonzeption, wie sie von einem Teil der Alldeutschen[148], dem zeitweiligen Reichskanzler-Kandidaten Alfred von Waldersee (der noch ein „Großdeutschland" zu erleben hoffte, „welches bis zum Adriatischen Meere reicht")[149] und dem liberalen Politiker Friedrich Naumann[150] vertreten wurde; die von Marschall zum außenpolitischen Leitprogramm erhobene, in ihren Ansprüchen moderate und auf den Freihandkurs vertrauende Weltpolitik mit ihrer besonderen Spielart der Hohenzollernpolitik, deren Hauptrepräsentant sich von einem engen Zusammengehen mit England ein Optimum an überseeischer Ausdehnung versprach; und schließlich die an dem Alles-oder-Nichts-Prinzip orientierte Weltmachtpolitik, deren Vertreter sich von einem erfolgreichen Krieg gegen Großbritannien den Aufstieg Deutschlands zur „Weltgroßmacht"[151] erhofften.

Eine höchst aufschlußreiche Analyse der beiden letztgenannten Alternativen stammt aus der Feder des Senden-Nachfolgers Georg Alexander von Müller. In einer Anfang 1896 während seiner Adjutantenzeit beim Prinzen Heinrich angefertigten Niederschrift, die seine und des Prinzen „Ansichten über die große Linie unserer Politik" klären helfen sollte, ging er von der Beobachtung aus, daß „die Weltgeschichte ... jetzt im Zeichen des wirtschaftlichen Kampfes" stehe. Das Ringen um ökonomische Vorteile sei vor allem in Mitteleuropa zu spüren, wo „die freie Ausdehnung der hier lebenden Völker infolge der jetzt bestehenden Verteilung der bewohnbaren Erde, vor allem infolge der Weltherrschaft Englands, beschränkt" sei und „durch weitere Beschränkungen bedroht" werde, „sei es im Handel, sei es in der Möglichkeit, den Bevölkerungsüberschuß in eigenen Kolonien unterzubringen und so national zu verwerten. Der Krieg, der aus diesem Kampfzustand entstehen kann, und, wie viele behaupten, entstehen muß, hat nach einer bei uns landläufigen Ansicht [!] das Ziel des Brechens der englischen Weltherrschaft und damit das Freilegen des notwendigen Kolonialbesitzes für die ausdehnungsbedürftigen mitteleuropäischen Staaten." Aufgrund seines großen Anteils am Welthandel stehe Deutschland „an Expansionsbedürfnis und Expansionsberechtigung" den übrigen Staaten, i.e. Österreich-Ungarn und Italien, weit voran. Jene beiden Dreibundmächte wären nicht stark genug, „um mit dem Deutschen Reiche zusammen die englische Weltherrschaft zu brechen". Es müßten dazu weitere Verbündete gesucht werden, „die Gruppe Frankreich-Rußland". Frankreich biete eine starke Flotte, während Rußland in der Lage sei, das Britische Reich auch zu Lande anzugreifen. „Nehmen wir an", fährt der Verfasser fort, „diese bunte Koalition brächte wirklich die Zertrümmerung des britischen Weltreichs zustande: was hätten

[148] Vgl. *Alfred Kruck,* Geschichte des Alldeutschen Verbandes 1890–1939 (Wiesbaden 1954) 32 ff.; *Roger Chickering,* We Men Who Feel Most German. A Cultural Study of the Pan-German League 1886–1914 (Boston 1984) 78 ff.; *Henry Cord Meyer,* Mitteleuropa in German Thought and Action 1815–1945 (The Hague 1955) passim.
[149] Aufzeichnung v. 30.8.1897; *Meisner,* Waldersee, Bd. 2, 404.
[150] Vgl. *Friedrich Naumann,* Mitteleuropa (Berlin 1915).
[151] So schon Franz von Roggenbach in einem Brief an Stosch, 28.1.1895; *Heyderhoff,* Im Ring der Gegner Bismarcks, 408.

wir dann gewonnen?" Rußland würde Indien erhalten und freie Hand in China bekommen, Frankreich seine tropischen Kolonien in Afrika und Westindien vergrößern, für Deutschland wäre dagegen kaum mehr als eine Vergrößerung von Deutsch-Ostafrika zu erwarten. In machtpolitischer Hinsicht würde das Reich sogar auf Dauer an Boden verlieren, denn „das Schlimmste an dem Ergebnis des großen Krieges wäre die ungeheure Kräftigung Rußlands", das von seinem „einzigen ernsthaften Konkurrenten um die Weltherrschaft" befreit worden wäre. Die Angst vor dem unberechenbaren russischen Koloß bewog den Verfasser, in seiner Denkschrift für eine Juniorpartnerschaft mit der Inselmacht einzutreten. Nur eine Verständigung mit Großbritannien, „neben dem noch viel Platz frei ist oder freigemacht werden kann auf dieser Erde", eröffne dem Reich den Weg zu einer erfolgreichen Weltpolitik und gemeinsamen Eroberung des Weltmarktes. „Es ist ein glückliches Zusammentreffen der Umstände, daß dieser Staat auch durch die Rassengemeinschaft unser natürlicher Bundesgenosse wäre, und daß wir so Seite an Seite mit ihm dem wirtschaftlichen Kampf einen ideellen Zug verleihen würden, das Hochhalten der germanischen Rasse im Gegensatz zu Slawen und Romanen."[152]

Müllers außenpolitischer Programmentwurf zeigt, daß es vor 1897 durchaus ernstzunehmende Alternativen zum fatalen Weltmachtkonzept gegeben hat. Ob allerdings die von dem Marineoffizier vorgeschlagene dezidiert proenglische Orientierung innenpolitisch durchsetzbar gewesen wäre, muß angesichts der Anglophobie, von der die deutsche Öffentlichkeit während des Burenkriegs ergriffen wurde, zweifelhaft bleiben. Der Kaiser selbst mußte jedenfalls zugeben, daß er sich mit seinen anglophilen Neigungen „in meinem eigenen Land in einer Minderheit" befand[153], während sein Bruder Prinz Heinrich von Preußen sich nicht selten dem Spott seiner Offiziere ausgesetzt sah, wenn er ihnen die Vorzüge eines deutsch-englischen Bündnisses zu erläutern suchte[154]. Zudem trug Müllers Konzept nicht der durch das Emanzipationsbedürfnis gegenüber England ausgelösten Flottenmanie des Kaisers Rechnung. Diese war es schließlich, die jenes ambitiöse Weltmachtprogramm der Hasardeure Bülow und Tirpitz auf den Plan gerufen hat, das statt zu Weltmachtgröße zur außenpolitischen Isolierung in Europa und zum verzweifelten Überlebenskampf im Ersten Weltkrieg geführt hat.

---

[152] *Walter Görlitz,* Der Kaiser ... Aufzeichnungen des Chefs des Marinekabinetts Admiral Georg Alexander von Müller über die Ära Wilhelms II. (Göttingen 1965) 36–41.
[153] Vgl. den Daily-Telegraph-Artikel v. 28.10.1908; HP I 202.
[154] „Prince Henry ... said that he had English blood in his veins, and he was proud of it, but when he begged and prayed for an alliance with England his officers called him an Englishman, and taunted him"; Memorandum von Lord Charles Beresford, 18.11.1898; Gloucestershire Record Office, Nachl. Michael Hicks Beach, PC/PP/77.

Ragnhild Fiebig-von Hase

Die Rolle Kaiser Wilhelms II. in den deutsch-amerikanischen Beziehungen, 1890–1914

Ende September 1905, wenige Wochen nach dem Kaisertreffen in Björkoe, schrieb Philipp Eulenburg während seines Aufenthaltes in Rominten über seine Gespräche mit Wilhelm II. Folgendes nieder:

> „Der Gedanke einer europäischen Koalition gegenüber der gelben Rasse (mehr noch als gegenüber Amerika), ist nach wie vor im Kaiser vorherrschend.
> Bülow verfolgt bezüglich der Koalition den gleichen Gedanken – den ich, wie er seit Jahren, allerdings nur gegen Amerika gerichtet hegte. Hierzu muß der Antagonismus Frankreichs gegen Deutschland überwunden werden; sonst bleibt der Gedanke eine Utopie."[1]

Diese Aussage belegt erstens, daß es 1905 offensichtlich „seit Jahren" innerhalb der obersten Führungsspitze des Kaiserreiches eine starke antiamerikanische Strömung gab, daß zweitens die Frontstellung gegenüber den USA ein zentrales Motiv der deutschen Kontinentalbundpolitik war und daß es drittens hierbei Differenzen in der Emphase gab, da für den Kaiser zumindest 1905 die „gelbe Gefahr" in den Vordergrund getreten war. Wenn die deutsche Kontinentalbundpolitik aber eine antiamerikanische Stoßrichtung besaß, wie dies Eulenburgs Aufzeichnung andeuten, so war sie damit zugleich auch Weltpolitik, weil sie sich gegen einen außereuropäischen Gegner richtete. Dies würde bedeuten, daß die etwa von Andreas Hillgruber vorgenommene Gegenüberstellung kontinentaleuropäisch und weltpolitisch orientierter Phasen der wilhelminischen Außenpolitik[2] fragwürdig wird und vielmehr von einer Gleichzeitigkeit der deutschen Expansionsbestrebungen in Europa und der Welt auszugehen ist. Angesichts derartiger Zusammenhänge erscheint es notwendig, dem Faktor „Amerika" bei der Beurteilung der wilhelminischen Außenpolitik größere Beachtung zu schenken, als dies bisher der Fall war. Überblickt man einmal die einschlägige Literatur[3], so fällt auf, daß die USA, die bereits in den 1880er Jahren zur führenden Indu-

---

[1] *Philipp Eulenburg*, Politische Korrespondenz III, hrsg. von *John C. G. Röhl* (Koblenz 1983) 2115, Aufzeichnung vom 25.9.1905.
[2] *Andreas Hillgruber*, Zwischen Hegemonie und Weltpolitik – Das Problem der Kontinuität von Bismarck bis Bethmann Hollweg, in: Das kaiserliche Deutschland, hrsg. von *Michael Stürmer* (Darmstadt 1976) 187–204.
[3] Vgl. etwa: *Theodor Schieder*, Europa im Zeitalter der Nationalstaaten und europäische Weltpolitik bis zum Ersten Weltkrieg (1870–1918), in: Handbuch der Europäischen Geschichte 6 (Stutt-

strienation der Erde aufgestiegen, hinter England und Deutschland die drittgrößte Welthandelsnation und Deutschlands zweitwichtigster Handelspartner geworden waren[4], in den Darstellungen der deutschen Vorkriegsgeschichte allenfalls am Rande kurz Erwähnung finden, um dann nach 1914 wie ein „Jack in the box" plötzlich ins historische Blickfeld zu springen.

Angesichts dieser Forschungslage muß Alfred Vagts' monumentales Werk von 1935 noch immer als der wichtigste Beitrag zur Geschichte der deutsch-amerikanischen Beziehungen der Vorkriegszeit gelten, obwohl es sich auf den Zeitraum bis 1906 beschränkt. Vagts konzentriert sich auf die sozioökonomischen Voraussetzungen der deutschen und amerikanischen Imperialismen, deren Zusammenstoß er als die eigentliche Ursache des sich kontinuierlich steigernden Antagonismus betrachtet. Sein Imperialismusbegriff orientiert sich an Schumpeter, was zur Folge hat, daß er letztlich attavistische Kräfte und ein darwinistisch-feudales Weltbild für die entstandenen Gegensätze verantwortlich macht. Konfliktpunkte seien vorhanden gewesen, aber erst durch ihre einseitige Perzeption und ihren manipulatorischen Gebrauch durch die interessierten Erreger des Imperialismus hätten sie eine Virulenz erhalten, die den Antagonismus zwischen beiden Staaten schuf[5]. Es fragt sich, ob eine solche Ausgangshypothese nicht das Ausmaß der antagonistischen Kräfte und Interessen in beiden Staaten unterschätzt, aber auch die von der kaiserlichen Außenpolitik vor 1914 ausgehende Revolutionierung des Status quo der internationalen Mächtebeziehungen[6] als Ursache der deutsch-amerikanischen Spannungen genügend ins Blickfeld rückt. Die neueren Arbeiten von Hans W. Gatzke und Manfred Jonas bestätigen das Ergebnis von Vagts insofern, als das Erbe der konfliktreichen deutsch-amerikanischen Beziehungen vor 1914 schwer wog, als die amerikanische Entscheidung über den Kriegseintritt 1917 fiel[7].

Dagegen geht es Reiner Pommerin in seinem Beitrag zur wilhelminischen Amerikapolitik in erster Linie darum, die „Harmonisierungsversuche ... auf politischem,

---

Fortsetzung Fußnote von Seite 223
gart 1968) 1–196; *Fritz Fischer,* Krieg der Illusionen. Die deutsche Politik von 1911–1914 (Düsseldorf 1978); im folgenden zitiert: *Fischer,* Krieg; *Wolfgang J. Mommsen,* Das Zeitalter des Imperialismus (Frankfurt/M. 1969); *Andreas Hillgruber,* Die gescheiterte Großmacht. Eine Skizze des Deutschen Reiches 1871–1945 (Düsseldorf 1980); *David Calleo,* The German Problem Reconsidered. Germany and the World Order 1870 to the Present (Cambridge 1978).

[4] *Walt W. Rostow,* The World Economy, History and Prospect (Austin, Texas und London 1978) Tabelle II-2 und II-8; *Ragnhild Fiebig-von Hase,* Die deutsch-amerikanischen Wirtschaftsbeziehungen, 1890–1914, im Zeichen von Protektionismus und internationaler Integration, in: Amerikastudien (ASt) 33 (1989) 329–357, im folgenden zitiert: *Fiebig-von Hase,* Wirtschaftsbeziehungen.

[5] *Alfred Vagts,* Deutschland und die Vereinigten Staaten in der Weltpolitik (New York 1935); im folgenden zitiert: *Vagts,* Deutschland.

[6] *Klaus Hildebrand,* Imperialismus, Wettrüsten und Kriegsausbruch 1914, in: NPL 20 (1975) 160–194 und 339–364.

[7] *Hans W. Gatzke,* The United States of Germany on the Eve of World War I, in: Deutschland in der Weltpolitik des 19. und 20. Jahrhunderts, Festschrift für Fritz Fischer, hrsg. von *Immanuel Geis* und *Bernd Jürgen Wendt* (Düsseldorf ²1974) 172–286; *Manfred Jonas,* The United States and Germany, A Diplomatic History (Ithaca und London 1984) 35–124.

wirtschaftlichem, kulturellem und militärischem Sektor" zu analysieren, was zur Folge hat, daß die bereits von Vagts konstatierten Konflikte weiter in den Hintergrund rücken[8]. Während er die Jahre 1890 bis 1897 durch die von Caprivi begonnene „Mitteleuropa-Politik" gekennzeichnet sieht und deren antiamerikanische Grundtendenz herausarbeitet, überwogen nach seiner Ansicht seit dem Übergang zur Weltpolitik unter Bülow die deutschen Bestrebungen, mit den USA zu einem freundschaftlichen Verhältnis zu gelangen, und auch für die Zeit nach dem Amtsantritt Bethmann Hollwegs spielt er die Gegensätze herab. Eine solche Interpretation steht im Hinblick auf Bülow diametral im Gegensatz zu der oben zitierten Aufzeichnung Eulenburgs über Bülows Einstellung gegenüber den USA. Sie ignoriert zweitens, daß die antiamerikanischen Mitteleuropapläne nach 1897 keinesfalls ad acta gelegt wurden, sich vielmehr hier, wie noch zu zeigen sein wird, eine Kontinuität bis zu den deutschen Kriegszielplänen zeichnen läßt. Drittens wird sie nicht der Tatsache gerecht, daß sich die deutsche Weltpolitik durch verstärkte Aktivitäten in Lateinamerika auszeichnete, die im Zusammenhang mit dem Flottenbau dazu führten, daß die USA die Monroedoktrin gefährdet sahen und deshalb ihre Sicherheitsplanung auf das deutsche Feindbild ausrichteten[9]. Fünftens übersieht Pommerin den taktischen Zweck der deutschen Harmonisierungsversuche, die ausschließlich dazu dienten, den englischen Einfluß in den USA einzudämmen und ein noch engeres Heranrücken Englands an die USA zu verhindern. Insbesondere im Hinblick auf Lateinamerika blieb die deutsche Politik aber, wie die Ereignisse während der mexikanischen Revolution zeigen sollten[10], immer bereit, auf Kosten der USA mit England gemeinsame Sache zu machen. So trägt die Überbetonung der deutschen Harmonisierungsversuche unter Bülow mehr dazu bei, das tatsächliche Konfliktpotential zu verschleiern und den amerikanischen Kriegseintritt von 1917 unverständlich werden zu lassen. Pommerin mutet es deshalb auch selbst „geradezu paradox" an, daß nicht die tendentiell antiamerikanische Mitteleuropapolitik des „Neuen Kurses" in den USA als Bedrohung empfunden wurde, sondern die seiner Meinung nach „auf ein gutes Verhältnis mit den USA angelegte Amerikapolitik der Reichsleitung ... in der Phase der deutschen ‚Weltpolitik'" unter Bülow[11].

Das Paradoxon läßt sich auflösen, sobald man die antiamerikanische Stoßrichtung sowohl der deutschen Mitteleuropa- und Kontinentalbundpläne wie der „Weltpolitik" herausarbeitet, wie dies im folgenden geschehen soll. Hierbei wird davon ausgegangen, daß die deutsche politische und wirtschaftliche Hegemonialstellung in Europa an sich niemals das Endziel der deutschen Ambitionen darstellte, sondern vielmehr nur die Basis zur Erringung einer gleichberechtigten Weltmachtposition neben den Großmächten England, Rußland und den USA bilden sollte. Dieses Ziel schuf das Kon-

---

[8] *Reiner Pommerin*, Der Kaiser und Amerika. Die USA in der Politik der Reichsleitung 1890–1917 (Köln–Wien 1986) Zitat: 10; im folgenden zitiert: *Pommerin*, Kaiser.
[9] *Ragnhild Fiebig-von Hase*, Lateinamerika als Konfliktherd der deutsch-amerikanischen Beziehungen 1890–1903. Vom Beginn der Panamerikapolitik bis zur Venezuelakrise von 1902/03 (Schriftenreihe der Historischen Kommission bei der Bayerischen Akademie der Wissenschaften 27, Göttingen 1986); im folgenden zitiert: *Fiebig-von Hase*, Lateinamerika.
[10] *Friedrich Katz*, The Secret War in Mexico. Europe, the United States and the Mexican Revolution (Chicago und London 1981); im folgenden zitiert: *Katz*, Mexico.
[11] *Pommerin*, Kaiser, 393.

fliktpotential zwischen dem Kaiserreich und den USA, deren ökonomisches und sicherheitspolitisches Interesse eng mit der Erhaltung des bestehenden Gleichgewichts der Mächte in Europa verknüpft war. Hiermit soll jedoch nicht behauptet werden, daß es im Kaiserreich eine einheitliche Strategie zur Realisierung dieses Zieles gab. Die feststellbaren Widersprüche in den Entscheidungen der Reichsleitung müssen jedoch nicht nur als Ergebnis eines Handelns in einer schwierigen geopolitischen und wirtschaftlichen Ausgangslage erklärt werden, sondern auch als Resultat eines politischen Systems, das die gesellschaftlichen Kräfte nicht ausreichend in die politische Verantwortung einband und das sich wegen der in ihm vorherrschenden „Polykratie rivalisierender Machtzentren" seit 1890 in einer „permanenten Staatskrise" befand[12]. John Röhl verdanken wir die neue Diskussion darüber, in welch entscheidendem Maße Wilhelm II. selbst mittels seiner verfassungsmäßigen Rechte und dank seiner schwierigen Persönlichkeitsstruktur dazu beitrug, dieses Chaos in der obersten politischen Führung des Kaiserreiches zu schaffen[13]. Es blieb nicht aus, daß sich diese strukturellen Defizite des politischen Systems und die persönlichen Unzulänglichkeiten des höchsten Staatsrepräsentanten auch in der Außenpolitik gegenüber den USA niederschlugen.

Auch wenn so dem Kaiser ein großer Einfluß auf die deutsche Amerikapolitik zugesprochen werden soll, erscheint die Hypothese Raimund Lammersdorfs, daß sich die amerikanische Deutschlandpolitik, insbesondere unter Präsident Theodore Roosevelt, fast ausschließlich an der Einschätzung des Kaisers orientiert und die politische Struktur sowie den wilhelminischen Regierungsapparat ignoriert habe, als verfehlt[14]. Roosevelt war durchaus nicht das Opfer einer „einfachen Weltsicht", als das er hier erscheint, sondern erwies sich insbesondere in der Venezuela-Krise von 1902/03 und der Marokko-Krise 1905/06 als diplomatisch überlegener Staatsmann, der mit den europäischen Machtverhältnissen bestens vertraut war und diese im Interesse seines eigenen Landes auszunutzen wußte[15]. Die Probleme der deutsch-amerikanischen Beziehungen vor 1914 lassen sich nicht derart auf die Beziehungen zwischen zwei Staatsmännern reduzieren. So wenig das „persönliche Regiment" vernachlässigt werden darf, so sehr müssen auch die soziopolitischen Strukturen und die durch den Zustand des internationalen Systems gestellten Rahmenbedingungen politischen Handelns berücksichtigt werden. Bei der hier geplanten Zusammenfassung laufender Forschungs-

---

[12] *Wolfgang J. Mommsen*, Domestic Factors in German Foreign Policy before 1914, in: Central European History 6 (1973) 8 f. und 25–43; im folgenden zitiert: *Mommsen*, Domestic Factors; *ders.*, Die latente Krise des Wilhelminischen Reiches. Staat und Gesellschaft in Deutschland 1890–1914, in: MgM 15 (1974) 7–28; *Hans-Ulrich Wehler*, Das Deutsche Kaiserreich 1871–1918 (Göttingen ²1979) 69 ff.
[13] *John C. G. Röhl*, Deutschland ohne Bismarck. Die Regierungskrise im Zweiten Kaiserreich 1890–1900 (Tübingen 1969); *ders.* und *Nicolaus Sombart* (Hrsg.), Kaiser Wilhelm II. New Interpretations (Cambridge 1982); *ders.*, Kaiser, Hof und Staat. Wilhelm II. und die deutsche Politik (München 1987).
[14] *Raimund Lammersdorf*, Amerika und der Kaiser: Zur Perzeption Wilhelms II. in den Vereinigten Staaten, 1888–1909, in: ASt 31 (1986) 295–302.
[15] *Fiebig-von Hase*, Lateinamerika, 880–943 und 1003–1083; *Howard K. Beale*, Theodore Roosevelt and the Rise of America to World Power (Baltimore 1956) 335–390; im folgenden zitiert: *Beale*, Roosevelt.

ergebnisse, die die Rolle des Kaisers akzentuiert, soll zunächst dem Faktor „Amerika" in den deutschen Mitteleuropa- und Kontinentalbundplänen Aufmerksamkeit gewidmet werden. Anschließend gilt es, die zentrale Rolle des lateinamerikanischen Konfliktpotentials und des Flottenbaus herauszuarbeiten. Schließlich werden drittens die nach 1902 so ostentativ kaiserlichen Annäherungsbestrebungen an die USA hinterfragt.

1. Die Idee eines gegen Amerika geeinten Europas hatte zur Zeit von Eulenburgs Aufzeichnungen bereits eine lange Vorgeschichte und behielt ihre Aktualität bis 1914, um anschließend in der etwas anders gelagerten Kriegszieldiskussion von anderen Aspekten verdrängt zu werden. Diese Kontinuität ergab sich aus der Existenz sich häufender wirtschaftlicher Interessenkonflikte zwischen den USA und dem Kaiserreich, auf die die Mitteleuropapläne eine Reaktion darstellten. Unter Bismarck hatten sich diese Auseinandersetzungen noch auf den Agrarsektor beschränkt, nachdem der rapide angestiegene amerikanische Agrarexport die deutsche Landwirtschaft in eine tiefe Krise gestürzt und Bismarck mit zollpolitischen und veterinärpolizeilichen Maßnahmen gegen amerikanische Produkte geantwortet hatte[16]. Dies änderte sich, als die USA mit dem McKinley-Tarif 1890 zu einer extremen industriellen Schutzzollpolitik übergingen, die 1897 mit dem Dingley-Tarif und 1909 mit dem Payne-Aldrich-Tarif noch eine weitere Steigerung erfuhr[17], sie zudem vom Prinzip der unbedingten Meistbegünstigung abrückten und mit Hilfe des Panamerikagedankens und mit Reziprozitätsverträgen die bisher vom europäischen Handel beherrschten Märkte Lateinamerikas zu erobern versuchten. Die nach 1890 in hohem Maße vom Export abhängige deutschen Industrie und der Überseehandel schlossen sich nun den Klagen der Agrarier über die „amerikanische Gefahr" an. Die eigenen Marktanteile in den USA konnten nur noch schwer verteidigt werden, die Abhängigkeit der deutschen Volkswirtschaft von amerikanischen Rohstoffen wie Rohbaumwolle, Kupfer und Petroleum wuchs, die Handelsbilanz gestaltete sich immer negativer für das Kaiserreich und zusätzlich schien der lukrative lateinamerikanische Markt bedroht, auf dem der deutsche Überseehandel seit den 1880er Jahren auf Kosten Englands so viele Erfolge zu verzeichnen hatte. Deutschland erlebte gegenüber den wirtschaftlich überlegenen Vereinigten Staaten seine Ohnmacht. Hieran änderten auch die 1891, 1900, 1906, 1907 und 1910 abgeschlossenen Handelsabkommen zwischen beiden Staaten nichts. Sie alle kamen erst in letzter Minute zustande, nachdem die deutsche Seite angesichts ihrer Abhängigkeit regelmäßig größere Zugeständnisse machen mußte als die amerikanische, um den Zollkrieg zu vermeiden. Die Hoffnungen der deutschen Wirtschaft, die amerikanische Seite mit Hilfe des Bülow-Zolltarifs zum Einlenken zwingen zu

---

[16] *Vagts,* Deutschland, 1–12; *Helmut Böhme,* Deutschlands Weg zur Großmacht (Köln 1972) 603f.
[17] Der demokratische Wilson-Tarif von 1894 ermäßigte die Zölle nur vorübergehend. Die Zollermäßigungen des ebenfalls demokratischen Underwood-Tarifes von 1912 brachten der deutschen Industrie nur wenig Erleichterungen, zumal die prohibitiven Zollverwaltungsbestimmungen blieben. *F. W. Taussig,* The Tariff History of the United States (New York und London ^{8}1931) 251–446.

können, scheiterte ebenfalls. Dem Zustandekommen des neuen Handelsabkommens von 1906 folgte deshalb der „Katzenjammer" der deutschen Industrie[18].

Nach 1898 begann sich die Exportoffensive der amerikanischen Trusts auch in Deutschland bemerkbar zu machen und nach dem Einbruch der Konjunktur im Jahr 1900, für den vor allem die „amerikanische Gefahr" verantwortlich gemacht wurde, steigerte sich der Zorn über den neuen Konkurrenten[19]. Als schließlich die Monopolisierungsbestrebungen amerikanischer Trusts wie der American Tobacco Co. und der Standard Oil Co. auf das Kaiserreich übergriffen, erhielt das Lager der antiamerikanischen Gruppen weiter Zulauf, weil jetzt nicht nur die Ressentiments kleinerer Händler und Unternehmen gegen die Kartelle, sondern auch der Nationalismus dieser mittelständischen Schicht gegen die ausländische Konkurrenz mobilisiert wurde, so daß der Kampf gegen die „amerikanische Gefahr" zur nationalen Frage hochstilisiert werden konnte. Die wirtschaftspolitische Diskussion im Kaiserreich wurde nach der Jahrhundertwende stark von diesem Thema beherrscht. Dies galt vor allem für die Auseinandersetzungen über die Zolltarife und die Handelsverträge sowie den Kapitalexport, das Kaligesetz und das geplante Reichspetroleum-Monopolgesetz, das sich ausschließlich gegen die Standard Oil Co. richtete[20]. Angesichts des sich verschärfenden gesellschaftlichen Antagonismus im Kaiserreich nach 1909[21] erhielt der Antiamerikanismus dann in der Auseinandersetzung der Parteien um den Mittelstand eine in die politische Sphäre hineinreichende Funktion. Er entwickelte sich neben Antisozialismus, Antiparlamentarismus, Antisemitismus und Anglophobie zum integralen Bestandteil des besonders in dieser Schicht anzutreffenden Eskapismus, mit dessen Hilfe man versuchte, die aus dem rapiden Modernisierungsprozeß entstandenen neuartigen Probleme zu bewältigen[22].

Das in der deutschen Gesellschaft und Wirtschaft vorhandene Potential antiamerikanischer Ressentiments wurde bei der Gründung des Mitteleuropäischen Wirtschaftsvereins (MEWV) 1904 manifest, denn der Initiator des Vereins, der Nationalökonom Julius Wolf, hatte die Frontstellung des wirtschaftspolitisch geeinten Mitteleuropas gegen die USA zum zentralen Programmpunkt des Verbandes gemacht. Durch die Beteiligung an dem Verband gaben diesem Programm alle großen wirtschaftlichen Interessenverbände im Kaiserreich mit Ausnahme des Bundes der Landwirte (BdL), der sich fernhielt, weil ihm die Ziele nicht radikal genug waren, und eine große Anzahl von Handelskammern, dazu wichtige Persönlichkeiten aus der Wirtschaft wie Max Roetger, Albert Ballin, Ludwig Goldberger, Hermann Hecht und Jakob Rießer ihre Zustimmung. Dazu kamen führende Persönlichkeiten aus den Konservativen Parteien, dem Zentrum und von den Nationalliberalen sowie dem Alldeutschen

---

[18] *Fiebig-von Hase,* Wirtschaftsbeziehungen, 337–341; *Vagts,* Deutschland, 87–205; *Ludwig Prager,* Die Handelsbeziehungen des Deutschen Reiches mit den Vereinigten Staaten von Amerika bis zum Ausbruch des Weltkrieges im Jahre 1914 ... (Weimar 1926) 28 ff. und 42–51; *Dirk Stegmann,* Die Erben Bismarcks (Köln 1970) 80–97 passim; *Hans-Peter Ullmann,* Der Bund der Industriellen (Göttingen 1976) 200–209; im folgenden zitiert: *Ullmann,* Bund.
[19] *Fiebig-von Hase,* Lateinamerika, 320 ff.
[20] *Dies.,* Wirtschaftsbeziehungen, 344 f.
[21] *Mommsen,* Domestic Factors, 20–43.
[22] *Fiebig-von Hase,* Wirtschaftsbeziehungen, 349.

Verband²³. Der Verein versuchte zunächst die Handelspolitik gegenüber den USA zu beeinflussen und mit einer Denkschrift zu verhindern, daß die den europäischen Vertragspartnern in den neuen Handelsverträgen gewährten Konventionaltarife den USA ebenfalls ohne weitreichende amerikanische Zollerleichterungen zugestanden würden. Durch ein ähnliches Verhalten der europäischen Vertragsstaaten wäre dann de facto die Differenzierung amerikanischer Produkte auf dem europäischen Kontinent eingetreten²⁴. Der Verband verstand sich aber auch als Wegbereiter eines politisch geeinten Europas, für die die zollpolitische Einigung gegenüber den Vereinigten Staaten gewissermaßen das materielle Unterfutter schaffen konnte. Sein Präsident, der Schwager des Kaisers Herzog Ernst Günther zu Schleswig-Holstein, hoffte, ihn als „Sprungbrett ... für eine weitere politische Annäherung" insbesondere gegenüber Frankreich ausnutzen zu können²⁵.

Die amerikanische Exportoffensive erwies sich jedoch vor 1914 noch als relativ erfolglos, weil die amerikanische Wirtschaft primär binnenmarktorientiert blieb, nur in Krisenzeiten verstärkt auf die Außenmärkte drängte und ihr dann die notwendige Infrastruktur zur erfolgreichen Abwicklung des Außenhandels mit Industrieprodukten fehlte²⁶. Angesichts des enormen amerikanischen Wirtschaftspotentials war dies jedoch kein Trost, da die USA in jedem Fall als der leistungsfähigste Konkurrent der Zukunft anzusehen waren. Die beiden im Kaiserreich nach der Jahrhundertwende weit verbreiteten Schlagwörter vom „englischem Handelsneid" und der „amerikanischen Gefahr" lassen Schlüsse über die Unterschiede in den antibritischen und antiamerikanischen Ressentiments und der Rolle, die hierbei wirtschaftliche Faktoren spielten, zu: Während man die politischen Reaktionen des auf die deutschen industriellen Erfolge „neidischen" Englands fürchtete, verblich diese Selbstsicherheit gegenüber den landwirtschaftlich und industriell überlegenen Vereinigten Staaten, und es machte sich angesichts der eigenen Abhängigkeit von diesem Wirtschaftskoloß das

---

²³ Politisch dominierten im MEWV die Sammlungsparteien. Auf der Gründungsversammlung wurden die Deutschkonservativen Frhr. v. Manteuffel, Limburg-Stirum, Mehnert und Schwerin-Löwitz, von der Reichspartei v. Dirksen und v. Kardorff, von den Nationalliberalen Paasche, Bassermann, Hammacher, Frhr. v. Richthofen und Prinz zu Schönaich-Carolath und vom Zentrum Prinz zu Arenberg, Bachem, Frhr. v. Schorlemer und Spahn in die Führungsgremien des Vereins gewählt. Vgl. das vollständige Verzeichnis der Mitglieder in: Zentrales Staatsarchiv Potsdam (ZStAP) AA Nr. 7557. Die Motive, die zum Beitritt führten, waren sehr widersprüchlich, sind jedoch kaum erforscht. Vgl.: *Willibald Gutsche,* Zur Mitteleuropapolitik der deutschen Reichsleitung von der Jahrhundertwende bis zum Ende des ersten Weltkrieges, in: Jb. für Geschichte 15 (1977) 85–106; *Herbert Gottwald,* Gemeinsamkeiten und Unterschiede in der Mitteleuropapolitik der herrschenden Klasse in Deutschland von der Jahrhundertwende bis 1918, ebenda, 146–155; *Peter Theiner,* „Mitteleuropa"-Pläne im Wilhelminischen Deutschland, in: Wirtschaft und politische Integration in Europa im 19. und 20. Jahrhundert, hrsg. von *Helmut Berding* (Göttingen 1984) 128–136; *Ullmann,* Bund, 205 ff.; zur negativen Reaktion des BdL: Deutsche Tageszeitung, 10.2.1904.
²⁴ *Julius Wolf,* Materialien betreffend den mitteleuropäischen Wirtschaftsverein (Berlin 1904); im folgenden zitiert: *Wolf,* Materialien. Bundesarchiv Koblenz (BA), R 43F/2254, Posadowsky an Bülow, 18.2.1905, Wolf an Bülow, 8.2.1905 und Wolf an v. Guenther, 9.11.1905 mit der Denkschrift.
²⁵ ZStAP, AA Nr. 2499, Immediatvorstellung des Herzogs von Schleswig-Holstein, 8.12.1905.
²⁶ *Fiebig-von Hase,* Lateinamerika, 518–589.

Gefühl der Ohnmacht und des Bedrohtseins breit. Julius Wolf sah in der „amerikanischen Gefahr" eine „Gegenwartstatsache", die Superiorität Englands dagegen war für ihn bereits „Vergangenheit" und das „Greater Britain" allenfalls „Zukunftsmusik"[27]. Der Antagonismus gegenüber England war deshalb primär politisch motiviert, der gegenüber den USA sehr viel mehr ökonomisch. Gegner von dem Gerede über die „amerikanische Gefahr" wie der Berliner Großkaufmann und Bankier Ludwig Max Goldberger, dessen Urteil über die USA bei Hofe Beachtung fand, leugneten nicht, daß die USA in ökonomischer Hinsicht zum gefährlichsten Konkurrenten des Kaiserreichs geworden waren, sie verurteilten nur die aus dem Kleinmut geborene negative Selbstdarstellung, die das amerikanische Selbstbewußtsein steigern und so die Konkurrenz noch gefährlicher machen mußte[28]. Die Zukunftsängste blieben. „Für mich ist Amerika der Feind", beschrieb Walther Rathenau sie 1912 drastisch genug, „der kleine Mörder in der Wiege ... Diese Amerikaner werden unsere Kinder fressen."[29] Die Mischung aus Bewunderung für den Starken, aus Neid und Existenzangst verlieh dem Schlagwort von der „amerikanischen Gefahr" erst seine eminente Kraft.

Aus der Erfahrung der Wirtschaftsbeziehungen zu den USA wurde die Theorie von den drei Weltreichen abgeleitet, die auf so verhängnisvolle Weise die Aufteilung der Erde unter die drei Weltreiche, Panamerika, Greater Britain und Rußland, als bereits determiniert vorwegnahm und die Erreichung der wirtschaftlichen Autarkie für das Kaiserreich zur Existenzfrage deklarierte, wollte dieses in Zukunft als vierte Weltmacht neben anderen bestehen. Nationalökonomen wie Ernst von Halle, Gustav Schmoller, Max Sering und Paul Voigt hatten diese Lehre bereits im Zusammenhang mit der Flottenpropaganda vertreten. Unter dem Eindruck der amerikanischen Exportoffensive und der 1900 einsetzenden Wirtschaftskrise kamen ursprünglich freihändlerisch gesonnene Persönlichkeiten wie Georg von Siemens und August Sartorius von Waltershausen hinzu[30]. Autarkie aber setzte die Erweiterung der eigenen ökonomischen Basis in Europa und Übersee voraus, wobei sich ersteres durch ein irgendwie geartetes Zollpräferenzsystem bis hin zum mitteleuropäischen Zollbund erreichen ließ, das letztere aber die Stärkung der deutschen Weltmachtposition voraussetzte. Beides wurde von Friedrich Hammacher bereits in der Flottendebatte vom Dezember 1897 mit deutlich antiamerikanischem Akzent zu einem einzigen Argument vereint, als er das Schreckensbild des „Panamerikanismus" an die Wand malte, den „Zusammenschluß sämtlicher europäischer Kontinentalstaaten" für „notwendig ... in dem Kampfe ums wirtschaftliche Dasein" gegenüber Amerika und Greater Britain erklärte, und Deutschland in diesem Zusammenhang die „Pflicht" zusprach, „sich rechtzeitig mit den nötigen Machtmitteln auszustatten, um bei der Lösung dieser Aufgabe mitwirken zu können". Dabei sprach er von dem „zukünftigen Jahrhundert" und

---

[27] *Wolf*, Materialien, 17 ff.
[28] BA, R 43F/12, Podbielski an Bülow, 13.5.1901; Zentrales Staatsarchiv Dienststelle Merseburg (ZStAM), Geheimes Zivilkabinett Nr. 13 359, Denkschrift Goldbergers von Ende Dezember 1901 in Podbielski an Wilhelm II., 14.6.1901; *Ludwig M. Goldberger,* Das Land der unbegrenzten Möglichkeiten (Berlin 1903).
[29] *Walther Rathenau,* Briefe, Neue Folge (Leipzig 1930), 185, zit. nach *Vagts,* Deutschland, 385.
[30] *Fiebig-von Hase,* Lateinamerika, 353–356.

nannte die Flottenvorlage „ein wesentliches Stück der zukünftigen Wirtschaftspolitik"[31]. Zollpolitik und Flottenbau waren, soweit es das Verhältnis zu den USA betraf, durchaus keine Gegensätze, deren Durchsetzung erst durch ein mühsames quid pro quo zwischen Landwirtschaft und Industrie erreicht werden konnte, sondern komplementäre Komponenten und eben auch Ausdruck des in den politischen Führungsschichten herrschenden Antiamerikanismus.

Die Verbindung psychologischer Faktoren wie Bewunderung, Neid und Existenzangst, nicht dagegen die gründliche Kenntnis der Akten und wirtschaftlichen Fakten bestimmte die Einstellung Wilhelms II. zu den USA und machte ihn anfällig für antiamerikanische Mitteleuropakonzeptionen, die in der agrarisch-konservativ ausgerichteten höfischen Gesellschaft ständig Hochkonjunktur hatten und denen auch seine engsten politischen Berater, Eulenburg und Bülow, anhingen. Im März 1904 wandte sich der Kaiser „gegen die conservativ-agrarische Richtung, welche verlange, daß wir uns mit der ganzen Welt in Kampf begeben und mit England und Amerika ‚Fraktur reden' sollten"[32]. Aber auch aus dem liberal-kapitalistischen Lager stammende Freunde des Monarchen wußten seine grundsätzlich antiamerikanische Einstellung auszunützen und mit Schmeicheleien zu verbinden. So schrieb etwa der sich sonst schon aus geschäftlichem Interesse so Amerika freundlich gebende Albert Ballin 1912 in einem für den Kaiser bestimmten Brief aus New York:

„Man muß nur nach Amerika gehen, um zu empfinden, wie gut wir es in Deutschland haben. Die einzige Freiheit, die der Staatsbürger hier wahrnehmen kann, ist die aus Stein gehaune Freiheits-Statue vor dem Hafen von New York, sie ist eigentlich eine Vorspiegelung falscher Tatsachen, denn hier im Lande regiert eine zügellose Gemeinschaft von Presse, Polizei und politischen Drahtziehern."[33]

Derartige Urteile blieben natürlich nicht ohne Wirkung. Gleichzeitig bewunderte Wilhelm II. die mächtigen amerikanischen Industriekapitäne und Finanziers, in deren Gesellschaft er sich wohlfühlte und denen er nicht nur bei den Segelregatten in Kiel, sondern ebenso in Berlin bevorzugt Audienzen gewährte, während „in der Zwischenzeit ... höchste Staatswürdenträger" in dringenden Geschäften zu warten hatten. Die „Amerikasehnsucht des Kaisers", das sich Anbiedern mit dem amerikanischen „Geldprotzentum" stieß in den konservativen Kreisen Preußens auf größtes Mißfallen[34]. Des Kaisers Sympathien galten auch dem reichen amerikanischen Botschafter Tower, der seine Stellung in Berlin durch luxuriöse Feste zu festigen wußte, sich durch eine völlig unkritische Bewunderung des Berliner Betriebs auszeichnete und besonders beglückt war, als Wilhelm II. ihm persönlich bei dem Entwurf eines Hofkostüms behilflich

---

[31] Die stenographischen Berichte über die Verhandlungen des Reichstags (Sten. Ber. RT), 9. Leg. Per., 5. Sess., 4. Sitzung (6.12.1897) 50.
[32] Auswärtiges Amt, Politische Abteilung, Bonn (AA-PA), England 78 secretissima, Rosen an Richthofen, 31.3.1904 über Äußerungen des Kaisers.
[33] ZStAP, AA Nr. 17871, Ballin an Georg von Müller, 2.12.1912.
[34] Berliner Tageblatt, 16.8.1906; *Robert Graf Zedlitz-Trützschler,* Zwölf Jahre am deutschen Kaiserhof (Neuaufl. Stuttgart 1952) 34f.; Vom „republikanischen Geldprotzentum" sprach der Kaiser 1897 selbst: *Vagts,* Deutschland, 1278.

war[35]. Als der Kaiser schließlich öffentlich die Abberufung Towers und die Ernennung des verdienten David J. Hill zu seinem Nachfolger kritisierte, kam es zu einem gravierenden diplomatischen Zwischenfall, da das State Department dies als Einmischung in die inneren Angelegenheiten des Landes wertete[36]. Wichtigen politischen Persönlichkeiten wie dem damaligen Führer der Demokratischen Partei und späteren Secretary of State William Jennings Bryan, oder dem späteren Präsidenten William H. Taft wurden keine Audienzen gewährt, obwohl letzterer eine persönliche Botschaft Roosevelts überringen sollte und der deutsche Botschafter in Washington den Empfang als „politisch so wichtig" bezeichnet hatte, daß er sogar eine Änderung der kaiserlichen Reisedispositionen empfahl. Taft war dem Kaiser aber mißliebig, weil er angeblich unter katholischem Einfluß stand, und er brüstete sich später, „that he had fooled Taft at Rome", wo der Empfang stattfinden sollte[37]. Wirtschaftliche Macht und Erfolg adelten offensichtlich das sonst so verachtete Republikanertum. Eine klare Trennung zwischen persönlichen Sympathien und Antipathien und den Pflichten des Staatsoberhauptes gab es nicht.

Die antiamerikanischen Kontinentalbundideen des Kaisers waren bereits in den 1890er Jahren in ganz Europa bekannt und obwohl sich dieser Gedanke sowohl politisch wie wirtschaftlich als undurchführbar erwies, vergifteten derartige Pläne schon damals die deutsch-amerikanischen Beziehungen[38]. Als 1896 die Wahl William McKinleys zum Präsidenten und damit die Erneuerung der amerikanischen Hochschutzzoll- und Reziprozitätspolitik nach der etwas gemäßigteren Ära Cleveland bevorstand, ergriff der Kaiser selbst die Initiative und gewann den Zaren für die „Zusammenfassung von Europa zum Kampf gegen McKinley und Amerika in gemeinsam abwehrenden Zollbunde, sei es mit, sei es ohne England, je nachdem". Die Zustimmung Englands blieb natürlich aus, ebenso wie die Frankreichs, das der Zar zur Kooperation gewinnen sollte, und das ganze Unternehmen scheiterte. Die dem Monarchen vom Auswärtigen Amt vorgelegten Wirtschaftsstatistiken, die so deutlich die Abhängigkeit von den USA demonstrierten, brachten den Kaiser zunächst zurück auf den Boden der Wirklichkeit[39]. Seine Animosität gegenüber den USA blieb jedoch

---

[35] Ebenda, 1925.
[36] Das Berliner Tageblatt stellte am 30.3.1908 die Hill-Affäre in eine Reihe mit dem Krüger-Telegramm, der Tanger-Fahrt, dem Sekundanten-Telegramm und dem Tweedsmouth-Brief. Die Gräfin Spitzemberg nannte die Affäre „die ärgste und peinlichste der Taktlosigkeiten" des Kaisers. „Wie ein Peitschenhieb empfindlich ist für uns dieses Aufmucken der Amerikaner, um so mehr, als sie zweifellos sachlich recht haben und dieses elende, snobhafte Protzentum des Kaisers gegenüber den Milliardären ein Dorn in unserem Fleische ist." *Hildegard Baronin von Spitzemberg*, Tagebuch, hrsg. von *Rudolf Vierhaus* (Göttingen 1960) 482, Eintragung vom 31.3.1908, im folgenden zitiert: *Spitzemberg*, Tagebuch.
[37] AA-PA, Vereinigte Staaten von Nordamerika (VStNA) 6, Bülow an Wilhelm II., 23.12.1903 und v.d. Bussche an Schoen, 13.11.1907; BA, Nl. Bernhard von Bülow, Nr. 179, Sternburg an AA, Telegr. Ankunft 8.10.1907; *Theodore Roosevelt*, The Letters VI, hrsg. von *Elton E. Morison* und *John M. Blum* (Cambridge, Mass. 1951–1954) 1163ff., Roosevelt an Elihu Root, 8.8.1908, im folgenden zitiert: *Roosevelt*, Letters.
[38] *Vagts*, Deutschland, 37.
[39] AA-PA, Amerika Generalia 13, Wilhelm II. an AA, Telegr. aus Görlitz 9.9.1896; *Fiebig-von Hase*, Lateinamerika, 290ff.; *Vagts*, Deutschland, 301.

und führte im Zusammenhang mit dem Revirement in der politischen Führung von 1897 zur Ernennung Theodor von Hollebens als neuem Botschafter in Washington. Diese erfolgte, wie Wilhelm II. Holleben mitteilte, „weil er dort einen schneidigen Mann brauche, der nötigenfalls den Zollkrieg gegen Amerika führen kann"[40]. Vor allem aber sah sich der Kaiser durch seine erfolglosen Bemühungen darin bestätigt, daß nur der Besitz einer starken Flotte das Kaiserreich in die Lage versetzen könne, seine Interessen gegenüber den USA angemessen zu vertreten[41].

Nach der Jahrhundertwende beunruhigte den Kaiser das Erscheinen amerikanischer Trusts in Europa weitaus mehr als die Handelsfragen, zumal die von ihm protegierte Hamburg-Amerika-Linie durch den von John P. Morgan geschaffenen nordatlantischen Dampfschiffahrtstrust gefährdet schien[42]. Daß es Morgan nicht auf die Beherrschung der Weltmeere, sondern nur auf die Konsolidierung des Nordatlantikverkehrs ankam, hielt Wilhelm II. schlichtweg für „Mumpitz". Gegenüber dem französischen Journalisten de Ségur machte er im Oktober 1901 seinem Herzen Luft, indem er zu einer europäischen Einigung gegen das amerikanische Trustsystem aufrief. Die hilflosen Dementierungsversuche des Auswärtigen Amtes, das beteuerte, die kaiserlichen Bemerkungen richteten sich „nicht gegen Amerika, sondern gegen eine Spekulantengruppe", konnten nicht mehr verhindern, daß diese Äußerungen in den USA sehr viel böses Blut machten. Die kaiserliche Erregung legte sich erst, nachdem es Ballin gelungen war, mit Morgan ein für die H-A-L günstiges Abkommen abzuschließen[43]. Es war jedoch nicht bei dem Interview für de Ségur geblieben, sondern der Kaiser hatte in Wilhelmshöhe bereits im August gegenüber König Edward und Frank Lascelles von einer auf dem Kontinent vorhandenen starken Strömung „zu Gunsten einer kontinentalen wirtschaftlichen Union ... gegen diejenigen, die den Kontinent wirtschaftlich ärgern", gesprochen und England empfohlen, dieses zu berücksichtigen. Er könne nicht beurteilen, „ob es für England möglich und nützlich ist, seine *splendid isolation* aufrecht zu erhalten, oder ob es in seinem Interesse liegt, auf die Seite des Kontinents oder Amerikas zu treten". Dann folgten Warnungen vor einer russisch-amerikanischen Kooperation in Ostasien und schließlich das Bekenntnis, daß ein englischer Anschluß „an die Seite der europäischen Zentralmächte" von ihm „mit Freude" begrüßt werde. Derartige Vorstellungen bestimmten damals jedoch nicht nur

---

[40] Nl. Theodor von Holleben, Privatbesitz, Aufzeichnungen Hollebens vom 22.8.1897.
[41] Randbemerkung des Kaisers zu Saurma an AA, 8.3.1895 und zu Hollebens Promemoria vom 1.1.1898, zit. nach *Vagts*, Deutschland, 112 und 150.
[42] Bereits 1899 identifizierte der Kaiser die „amerikanische Gefahr" mit den Trusts im Zusammenhang mit einer Meldung des deutschen Konsuls in Havanna über Trustbestrebungen in der amerikanischen Tabakindustrie. Da diese Trusts unter Umständen auch „zur Bekämpfung unserer Industrie und Handels benutzt werden" könnten, sah er sie als „große Gefahr". „Kapitalistenkriege sind viel furchtbarer in ihren Wirkungen als Pulver und Blei. Wir müssen daher unsere Augen offen halten." ZStAM, Preußisches Ministerium für Handel und Gewerbe Rep. 120.C.VIII.1 Nr. 88, Bemerkungen des Kaisers zu Falcke an Bülow, 14.3.1899; *Fiebig-von Hase*, Lateinamerika, 327 f.; *Vagts*, Deutschland, 397–406.
[43] AA-PA, Deutschland 138, Randbemerkung des Kaisers zu Bülow an Wilhelm II., 20.9.1901 und zu Coerper an Tirpitz, 11.11.1901; ebenda, VStNA 16 secr., Aufzeichnung Holsteins für Bülow vom 3.11.1901 und Hammanns vom 5.11.1901; New York Herald, 2. und 9.11.1901; *Fiebig-von Hase*, Lateinamerika, 327 ff.

des Kaisers Englandpolitik, sondern auch bereits seit Januar 1901 die des Reichskanzlers und des Auswärtigen Amtes, denn auch dort hatte man die durch das amerikanische Verhalten in der Panamakanalfrage während des Jahres 1900 verursachte Abkühlung des anglo-amerikanischen Verhältnisses mit Befriedigung registriert. Für Holstein stellte die Tatsache, „daß die etwaige Rivalität von Deutschland und England in der Handelspolitik gar nichts bedeutet im Vergleich zu den Gefahren, welche beiden Mächten aus der (kommerziellen wie kolonialpolitischen) Konkurrenz Amerikas schon in naher Zukunft erwachsen werden", einen gewichtigen Grund für eine pro-englische Orientierung der deutschen Politik dar. Das Scheitern der deutsch-englischen Bündnisgespräche beendete dann alle derartigen Hoffnungen[44].

Damit deutete sich beim Kaiser auch schon der Umschwung an. Als einige englische Blätter Ende Oktober 1901 auf die in Ostasien heraufziehende russisch-japanische Konfrontation hinwiesen und der eigenen Regierung angesichts der unsicheren deutschen Haltung eine englisch-russische Verständigung und damit eine radikale außenpolitische Kehrtwendung empfahlen, hielt der Kaiser eine solche Umgruppierung zwar für unmöglich, war jedoch trotzdem davon so beunruhigt, daß er es nun als seine „Pflicht" ansah, „uns mit Amerika wirtschaftlich zu verständigen" und so „für einige Zeit mit Amerika identische Interessen" zu schaffen. Dieses sollte die Basis sein für die „Zertrümmerung des englischen Welthandels, ihrer Schiffahrt etc.". Mit den Amerikanern gemeinsam sollten England „so schwere Verluste" beigebracht werden, „daß sie wohl oder übel politisch sich mit uns besser zu stellen gezwungen sind. Erfolgen diese Schläge, werden alle anderen Nationen sich uns anschließen..."[45]. Die Beschwörung des Antiamerikanismus ließ sich in den Augen des Kaisers also zur Verwirklichung des von ihm geplanten und gegen die USA gerichteten vereinten Europas nutzen, aber auch umgekehrt glaubte er, die Zusammenarbeit mit den USA als Hebel gegen eine antideutsche Koalition der europäischen Mächte benutzen zu können, indem dadurch Druck auf England ausgeübt und dieses den deutschen Wünschen gegenüber gefügig gemacht würde. Eine solche Kooperation war jedoch nur „für einige Zeit" geplant, bis der Zusammenschluß Europas unter Einschluß Englands unter deutscher Führung erzwungen war. Hier wurden die weit über die europäische Hegemonialstellung hinausreichenden Endziele der kaiserlichen Ambitionen deutlich.

Diese Strategie, England mit Hilfe der deutsch-amerikanischen Zusammenarbeit in die Knie zu zwingen, erforderte den Kurswechsel gegenüber den USA. Dem Stil des Kaisers entsprach es, dazu zunächst seine persönliche Diplomatie zu nutzen und seinen Bruder Heinrich mit weitreichenden Instruktionen, die einen deutsch-amerikani-

---

[44] AA-PA, Deutschland 165 secr., Aufzeichnung Wilhelms II. vom 23.8.1901; auch gegenüber dem Zaren sprach Wilhelm II. in Danzig von derartigen Plänen. Der Zar sah es als Zukunftsaufgabe europäischer Politik, den Gedanken einer kontinentalen Gruppierung zu verwirklichen, wollte diesem Projekt aber Zeit zum Reifen lassen. Ebenda, Aufzeichnungen Bülows vom 14.9.1901; Die Große Politik der Europäischen Kabinette (Gr. Pol.) XVII, 20 f. und 26–29, Bülow an Wilhelm II., 21.1.1901 und Wilhelm II. an Bülow, 29.1.1901; *Friedrich von Holstein,* Die geheimen Papiere IV, hrsg. von *Norman Rich, M. H. Fisher* und *Werner Frauendienst* (Göttingen 1963) 195 f., Metternich an Bülow, 22.1.1901; im folgenden zitiert: *Holstein,* Papiere.
[45] AA-PA, England 78 secr., Anmerkungen Wilhelms II. zu Metternich an AA, Telegr. 29.10.1901.

schen Interessenausgleich unter anderem über Südamerika auf antienglischer Basis vorsahen, nach Amerika zu entsenden. Als dieses im Auswärtigen Amt bekannt wurde, herrschte dort völliges Entsetzen, zumal Bülow in Venezuela gerade einen gegenüber den USA zumindest gefährlichen Kurs ansteuern wollte und der Prinz sich auf die kaiserliche Kommandogewalt berief und sich deshalb weigerte, Weisungen des Reichskanzlers zu akzeptieren. Schließlich gelang es Bülow, den Kaiser von der Gefährlichkeit eines derartigen antienglischen Kurses zu überzeugen und so dem Besuch seine politische Spitze zu nehmen[46]. Der Kaiser blieb jedoch weiterhin von der Machbarkeit und Notwendigkeit eines antibritischen deutsch-amerikanischen Bündnisses überzeugt und feierte den Besuch des Prinzen noch als einen großen politischen Erfolg, als sich die deutsch-amerikanischen Beziehungen wegen der deutsch-englischen Flottendemonstration vor Venezuela im Winter 1902 auf eine akute Krise hinbewegten[47].

Die antiamerikanische Stoßrichtung der in Deutschland grassierenden Mitteleuropapläne hatte für den Kaiser seit dem Beginn seiner politischen Annäherungsbestrebungen an die USA ihre Attraktivität zumindest vorläufig verloren. Den übergeordneten politischen Gesichtspunkten wollte er jetzt bereitwillig die wirtschaftlichen Interessen opfern. Als der MEWV 1904 um offizielle Förderung bat, leistete deshalb der Kaiser gegenüber den Bedenken des Auswärtigen Amtes und der Reichskanzlei gegen die allzu enge Identifizierung der kaiserlichen Politik mit den antiamerikanischen Zielen des Vereins keinen Widerstand, obwohl dieser dank der Prominenz seiner Mitglieder beträchtlichen innenpolitischen Druck ausüben konnte. Zumindest unterstützte er die Kandidatur seines Schwagers, des Herzogs von Schleswig-Holstein, für das Präsidium des Vereins nicht offiziell und schloß sich damit den Vorbehalten des Auswärtigen Amtes an. Informell ließ jedoch auch das Auswärtige Amt keinen Zweifel daran aufkommen, daß die Zielsetzung des Verbandes seine Sympathie fand. Nur die Überzeugung, daß derartige Ziele momentan nicht zu verwirklichen waren und nur unnötig das amerikanische Mißtrauen wachriefen, ließ es ratsam erscheinen, sich von dem Verein nach Außen hin abzugrenzen[48].

Der Kaiser gab seine Mitteleuropa-Pläne jedoch nicht auf. Klagen des österreichischen Außenministers Goluchowsky über die „immer näher rückende wirtschaftliche Hegemonie Amerikas" und dem daraus gezogenen Schluß, daß die europäischen Staaten gegen dieses einst „zu einem mit den Waffen geführten Existenzkampf" gezwungen würden, wenn es nicht gelinge, rechtzeitig einen Damm zu errichten, gab Wilhelm II. seine volle Zustimmung[49]. Im September 1906 entwickelte er erneut seine Vorstellung über „eine Annäherung zwischen den Zentraleuropäern, wobei er vor allem an

---

[46] *Fiebig-von Hase,* Lateinamerika, 943–953; Die politischen Auseinandersetzungen zwischen Kaiser, Bülow und AA übersieht *Pommerin,* Kaiser, 107–113.
[47] AA-PA, VStNA 16 secr., Sternburg an Bülow, 26.11.1902 mit Randbemerkung des Kaisers vom 13.12.1902.
[48] BA, R 43F/2254, AA an Reichskanzler, 23.11.1905, Richthofen an v. Guenther, 25.9.1903, Herzog v. Schleswig-Holstein an Reichskanzlei, 25.9.1903; ZStAP, AA Nr. 2499, Posadowsky an Wilhelm II., Entwurf Januar 1906, Lucanus an Bülow, 10.3.1906, Tschirschky an Herzog v. Schleswig-Holstein, 15.7.1906 und Bülow an Wilhelm II., 18.1.1907.
[49] Wedel an AA. 12.2.1904 mit Randbemerkung des Kaisers, zit. nach *Vagts,* Deutschland, 367.

Deutschland, Frankreich und England dachte. „Wenn etwa in allen außereuropäischen Fragen die Zentraleuropäer zusammenhalten, gibt es weder eine gelbe noch eine amerikanische Gefahr. Es ist eigentümlich, daß in den Völkern öfter diese Einsicht aufdämmert, die Regierenden aber meist Leidenschaft und Animositäten Raum geben ..."[50]. Gezügelt durch die Ermahnungen der Reichsregierung und die ausbleibende amtliche Förderung ließ der MEWV allerdings in den kommenden Jahren die antiamerikanische Agitation zunächst in den Hintergrund treten, zumal durch die Unterzeichnung der deutsch-amerikanischen Handelsabkommen 1906 und 1907 Fakten geschaffen worden waren, die eine solche Propaganda aussichtslos erscheinen lassen mußten. Die grundsätzlich antiamerikanische Stoßrichtung wurde damit aber nicht aufgegeben[51]. Angesichts der nun vom Kaiser im Zusammenhang mit dem russisch-japanischen Krieg und der Marokko-Krise verfolgten Kontinentalbund-Pläne, bei denen gewissermaßen aus Rücksicht auf die Vereinigten Staaten die wirtschaftliche Komponente zunächst ausgeklammert werden sollte, war es nur allzu natürlich, daß das amerikanische Mißtrauen gegenüber der deutschen Europapolitik bestehen blieb.

Die wachsenden deutsch-englischen Spannungen nach dem Doggerbank-Zwischenfall und das Scheitern der Bemühungen um das Bündnis mit Rußland Ende 1904 ließen dem Kaiser ein deutsch-amerikanisches Zusammengehen immer wünschenswerter erscheinen[52]. Voraussetzung einer solchen Annäherung war jedoch der Abbau der wirtschaftlichen Konflikte. Antiamerikanische mitteleuropäische Zollunionspläne paßten nicht in dieses Bild. Als jedoch Bethmann Hollweg seit 1909 diese Phase eines verschärften deutsch-englischen Antagonismus zu überwinden suchte[53], erhielten der Antiamerikanismus und die Mitteleuropa-Pläne erneut Aktualität. Diese Bestrebungen trafen zudem in eine Phase erneuter scharfer deutsch-amerikanischer Auseinandersetzungen, die durch den Payne-Aldrich-Tarif, das Kaligesetz, das preußische Veto gegen den Verkauf amerikanischer Eisenbahnaktien an den deutschen Börsen, die Absage der amerikanischen Ausstellung in Berlin, die amerikanischen Antitrustverfahren gegen die von den beiden großen deutschen Dampferlinien organisierten weltweiten Schiffahrtspools und das geplante deutsche Vorgehen gegen die Standard Oil Co. ausgelöst wurden[54]. Das verbesserte Verhältnis zu England verlieh dem aus dem wirtschaftlichen Antagonismus genährten Antiamerikanismus sofort auch politisch einen größeren Spielraum.

Dieses war das Klima, in dem nun seit 1909 verstärkt in bewußter Gegenposition zur Monroedoktrin das „Europa den Europäern" und das „Zusammengehen der europäischen Mächte gegen Amerika" gefordert wurden[55]. An die Reichsleitung wurden derartige Vorstellungen diesmal vor allem von Walther Rathenau herangetragen, der

---

[50] *Holstein,* Papiere IV, 396f., Monts an Holstein, 11.9.1906.
[51] ZStAP, Reichskanzlei Nr. 2254, Aufzeichnung Loebells über ein Gespräch mit dem Herzog v. Schleswig-Holstein, 21.2.1905; ebenda, AA Nr.2499, AA an Hatzfeldt-Wildenburg, 20.10.1908 und Protokoll der Ausschußsitzung des MEWV vom 21.10.1908 in Berlin.
[52] Gr.Pol. XIX, 2, 562, Bemerkung Wilhelms II. zu Bülow an Wilhelm II., 15.1.1905.
[53] Hierzu als neuester Beitrag: *Gregor Schöllgen,* Imperialismus und Gleichgewicht. Deutschland, England und die orientalische Frage 1871–1914 (München 1984) 287–416.
[54] *Fiebig-von Hase,* Wirtschaftsbeziehungen, 344–349.
[55] Artikel des MdR Schwarze im Tag, 27.6.1909.

bereits 1911 und erneut im Sommer 1912 die Bildung einer mitteleuropäischen Zollunion empfahl und 1913 seiner Hoffnung Ausdruck gab, so eine gemeinsame Front gegenüber der Monroedoktrin aufbauen zu können. Bei Bethmann Hollweg trafen solche Gedanken grundsätzlich auf Zustimmung. Vor allem aber teilte der Kaiser diese Vorstellungen, denen er nun angesichts der erwarteten Annäherung an England wieder eine größere Realisierungschance gab. Die Mission Haldanes in Berlin Anfang 1912 stellte deshalb nicht zufällig einen neuen Höhepunkt derartiger Euphorien dar. Der Kaiser sah sich bereits als „Leiter der Politik der Vereinigten Staaten von Europa" und wollte die „Vereinigten Staaten von Europa gegen Amerika" schaffen[56].

Auch der Beginn des Weltkrieges setzte derartigen Plänen kein Ende, vielmehr sah man in Erwartung eines deutschen Sieges sich endlich dem lang ersehnten Ziel einer deutschen Hegemonie näher gerückt. Diese Mitteleuropa-Konzeptionen konzentrierten sich jetzt allerdings mehr auf die europäischen Sicherheits- und Wirtschaftsfragen, während die Gegnerschaft gegen die noch neutralen Vereinigten Staaten zunächst im Hintergrund blieb. Die Behandlung der zukünftigen wirtschaftspolitischen Ordnung Europas und der deutschen Stellung in der Weltwirtschaft ließ aber eine Vernachlässigung des Faktors Amerika überhaupt nicht zu. Die jetzt allgemein anvisierte Aufgabe des Meistbegünstigungssystems, der geplante Übergang zum Reziprozitätssystem und zur Schaffung einer europäischen zollpolitischen Präferenzzone stellte de facto nichts anderes dar als den Zollkrieg Europas gegen die USA[57]. Alles deutet deshalb darauf hin, daß der Antiamerikanismus trotz der amerikanischen Neutralität nicht aufgegeben wurde.

Der Kaiser war nicht Initiator der gegen die USA gerichteten Mitteleuropa-Ideen, er folgte vielmehr dem allgemeinen Trend der in Deutschland immer stärker hervortretenden Einstellungen. Das begierige Interesse, mit dem er die ihnen zugrundeliegenden Bedrohungsvorstellungen und die in diesem Zusammenhang angebotenen Lösungsrezepte ohne tiefere Kenntnis der Ursachen und Zusammenhänge in sich aufnahm, dann aber auch vorübergehend aus politischen Opportunitätserwägungen wieder über Bord warf, gibt zu denken. Hier manifestierte sich nicht nur ein zwischen Extremen schwankendes Selbstvertrauen, der Hang zu öffentlich schwadronierendem Kraftmeiertum vor dem Hintergrund tiefer Unsicherheit und ein von Schwarz-Weiß-Bildern und Freund-Feind-Vorstellungen geprägtes Weltbild, sondern auch ein leichtfertiger Opportunismus und die Unkenntnis der Faktoren, die das Zusammenleben der Völker und Staaten regeln. Aber war der Kaiser in dieser Hinsicht eine Ausnahmeerscheinung, oder repräsentierte er nicht vielmehr eine geistige Einstellung, die das kaiserliche Deutschland spätestens seit der Jahrhundertwende weitgehend prägte?

2. So wie in den Wirtschaftsbeziehungen hatte der wachsende Antagonismus auch in den politischen Beziehungen seine primäre Ursache in realen Interessenkonflikten. Derartige Konflikte gab es seit 1889 in Samoa und Ostasien, wo die Rivalitäten um die Philippinen während des spanisch-amerikanischen Krieges fast einen Krieg auslö-

---

[56] *Walther Rathenau,* Gesammelte politische Schriften I (Berlin 1925) 267ff., *Fischer,* Krieg, 201–204.
[57] Ebenda, 739–774; *ders.,* Griff nach der Weltmacht (Düsseldorf ³1964) 310–321.

sten[58]. Der entscheidende Spannungsherd aber war Lateinamerika, weil die Monroedoktrin diese Region zum sensitivsten Bereich der amerikanischen Außenpolitik machte. Auch hier waren wirtschaftliche Fragen der Ausgangspunkt der Auseinandersetzungen. Lateinamerikas Wirtschaft war vor 1914 nach Europa ausgerichtet, wobei die englische Führungsposition seit Ende der 1880er Jahre immer stärker durch das Kaiserreich herausgefordert wurde. Seit dieser Zeit hatten sich Mittel- und insbesondere Südamerika zum bevorzugten Expansiongebiet des Überseehandels, der Exportindustrie, von Banken, Kapital und Schiffahrt entwickelt[59]. Zusätzlich richteten die nationalen Verbände ihr Augenmerk auf Südbrasilien, wo deutsche Siedlungen zum Kristallisationskern eines deutschen informellen Imperiums werden sollten[60]. Das wirtschaftliche Engagement der Vereinigten Staaten dagegen beschränkte sich zunächst weitgehend auf Mexiko und Kuba, in Südamerika aber war das Land ökonomisch kaum präsent. Die wirtschaftliche Expansion war jedoch nicht nur aus ökonomischen, sondern auch aus politischen Gründen erwünscht, denn angesichts des engen Zusammenhanges zwischen wirtschaftlichem Einfluß und informeller Herrschaft in den Beziehungen zwischen Staaten des industriellen Zentrums und denen der Peripherie blieb die ökonomische Nichtpräsenz der USA nicht ohne politische Konsequenzen: Da die üblichen Instrumentarien der informellen Einflußnahme nicht vorhanden waren, fehlte dem in der Monroedoktrin ausgesprochenen Präponderanzanspruch der materielle Unterbau. Blaines Reziprozitäts- und Panamerikapolitik, die McKinley nach 1897 wieder aufnahm, konnte daran zunächst wenig ändern, weil das Expansionsinteresse der noch primär auf den eigenen Binnenmarkt fixierten amerikanischen Industrie nur in wirtschaftlichen Krisenzeiten virulent wurde und ihr die notwendige Infrastruktur zur Abwicklung von Geschäften mit den südlichen Nachbarn fehlte[61]. Diese Diskrepanz zwischen amerikanischem Anspruch und lateinamerikanischer Wirklichkeit, die weitaus mehr durch deutsche als durch amerikanische Wirtschaftsinteressen gekennzeichnet war, machen die Charakterisierung der Monroedoktrin als „presumptuous idea", als „Unverschämtheit" durch Bismarck erst plausibel[62].

Einer positiven Entwicklung der deutschen Lateinamerikainteressen stand aber nicht nur in den USA, sondern nach dem Ausbruch der Weltwirtschaftskrise von 1890 auch die in den lateinamerikanischen Staaten überhandnehmende ökonomische und daraus folgend politische Instabilität im Wege. Immer energischer verlangten die darunter leidenden deutschen Gruppen von der Reichsleitung den Schutz ihrer Interessen durch staatliche Machtmittel[63]. Diese Klagen fanden seit dem Amtsantritt Bü-

---

[58] *Paul M. Kennedy,* The Samoan Tangle (Dublin 1974) 51–97 und 145–239; *Ronald Spector,* Admiral of the Navy (Baton Rouge 1974) 72–82, im folgenden zitiert: *Spector,* Admiral; *Holger H. Herwig,* Politics of Frustration, The United States in German Naval Planning, 1889–1941 (Boston und Toronto 1976) 24–36; im folgenden zitiert: *Herwig,* Politics.
[59] *Fiebig-von Hase,* Lateinamerika, 62–193.
[60] Ebenda, 193–218.
[61] Ebenda, 513–741.
[62] Bismarck zu Wolf von Schierbrand am 18.5.1898 in Friedrichsruh. *Wolf von Schierbrand,* Germany. The Welding of a World Power (New York 1903) 284f.
[63] *Ekkehard Böhm,* Überseehandel und Flottenbau. Hanseatische Kaufmannschaft und deutsche

lows und Tirpitz' bei der Reichsleitung endlich ein offenes Ohr. Ein deutscher Kreuzer griff überraschend in Haiti ein, die südbrasilianischen Siedlungspläne wurden jetzt offiziell unterstützt, die Marine bemühte sich um Flottenstützpunkte in der Westlichen Hemisphäre und die lang verwaiste ostamerikanische Flottenstation wurde nach 1900 mit modernsten Kreuzern besetzt[64]. Der Kaiser, der die deutsch-amerikanischen Auseinandersetzungen um den lateinamerikanischen Markt 1897 als den „Anfang eines Krieges um Tod und Leben" bezeichnet und wiederholt nach einer starken deutschen Flotte gerufen hatte, um die deutschen Interessen gegenüber den USA wirksam durchsetzen zu können[65], hatte sich von dem Revirement in der politischen Führung und von dem neuen Botschafter in Washington gerade auch die Durchsetzung seiner weltpolitischen Ziele in Lateinamerika versprochen. Er gehörte zu den eifrigsten Befürwortern der deutschen Südbrasilienprojekte[66] und stand hinter den Stützpunktbestrebungen der Marine[67]. Die Schneidigkeit und Arroganz, mit denen sich insbesondere die Kommandanten des Kanonenbootes „Panther" jetzt in der Westlichen Hemisphäre einen Namen machten, fanden seinen begeisterten Beifall[68]. Daß des Kaisers Verhalten gegenüber den lateinamerikanischen Staaten nicht nur von langfristigen weltpolitischen Plänen bestimmt wurde, sondern auch von momentanen Eingebungen und verletzter Eitelkeit, zeigte sich bei seiner Reaktion auf einen Zwischenfall in Puerto Cabello, wo es zu einer Prügelei zwischen deutschen Offizieren und venezolanischen Polizeibeamten gekommen war. Wilhelm II. forderte sofort Genugtuung, „sonst lasse ich bombardieren". Nur mit Mühe gelang es Bülow und Tirpitz, dem Kaiser die Entsendung von Kriegsschiffen zur Durchführung dieser Order mit dem Hinweis auf die USA wieder auszureden. Für Wilhelm II. war dies jedoch erneut ein Anlaß, „die Sünden der letzten 20 Jahre der Vernachlässigung" im Flottenbau zu beklagen und dies ausschließlich dem Reichstag anzulasten. „Wie würde mein Wünschen und Politik in Zentral- und Südamerika ganz anders unterstützt werden, wenn – wie es de facto und de jure sein sollte – das Kreuzergeschwader [das gerade in China gebraucht wurde] ... plötzlich vor Venezuela erscheinen" könnte![69] Allein die fehlenden Machtmittel und die Furcht vor den USA hielten den Kaiser hier zurück.

Vor allem Tirpitz verstand es, die Klagen und Forderungen der Überseeinteressen für seine Zwecke auszunutzen und den beiden Flottengesetzen von 1898 und 1900

Fortsetzung Fußnote von Seite 238
Seerüstung 1879–1902 (Düsseldorf 1972) 38–65, im folgenden zitiert: *Böhm,* Überseehandel; *Fiebig-von Hase,* Lateinamerika, 248–272 und 367–377.
[64] *Böhm,* Überseehandel, 91–112; *Fiebig-von Hase,* Lateinamerika, 398–403, 428–472 und 460.
[65] BA, Bülow Nl. No. 112, Wilhelm II. an Hohenlohe, 1.8.1897; AA-PA, VStNA 16, Schlußbemerkung des Kaisers zu Andrew D. White an Bülow, 8.12.1897.
[66] *Fiebig-von Hase,* Lateinamerika, 221f., 228 und 24f.
[67] Der Kaiser plädierte vor allem für den Erwerb der Dänisch-Westindischen Inseln. Ebenda, 450f. und 465–471.
[68] Dies insbesondere durch das Vorgehen in Haiti und Venezuela 1902 sowie in Brasilien 1905; Als die „Panther" 1902 das haitische Rebellenschiff „Crête à Pierrot" kurzerhand zusammenschoß und versenkte, bejubelte das der Kaiser mit „Bravo Panther!". *Vagts,* Deutschland, 1794ff.; *Fiebig-von Hase,* Lateinamerika, 847, 990 und 1059.
[69] AA-PA, Venezuela 1, Randbemerkung des Kaisers zu Pilgrim-Baltazzi an AA, Telegr. 11.10.1901 und zu Bülow an Wilhelm II., 15.10.1901; *Fiebig-von Hase,* Lateinamerika, 863ff.

die Unterstützung der Hanseaten zu sichern[70]. Dies erscheint zunächst paradox, weil der Handelsschutz an der Peripherie ja Kreuzer, nicht aber eine Schlachtflotte erforderte. Die innere Logik von Tirpitz' Argumenten war jedoch auch hier zwingend. Da gerade die Erfahrungen der 1890er Jahre in Lateinamerika gezeigt hatten, daß die Hindernisse für die eigene Expansion zwar unmittelbar an der Peripherie selbst durch militärische Zwangsmaßnahmen, den Oktroy von Finanzkontrollen und ähnlichem beseitigt werden mußten, daß aber derartigen Einsätzen vor allem die rivalisierenden Großmächte im Wege standen, mußte zunächst deren Widerstand gebrochen werden. Gerade die USA mit ihrer Monroedoktrin machten diesen Zusammenhang deutlich, denn diese, nicht dagegen der Mangel an Kreuzern, legte der Reichsleitung in erster Linie Zurückhaltung in Lateinamerika auf. Geht man mit Volker Berghahn davon aus, daß Tirpitz mit der Flotte ein Instrument schaffen wollte, das als Drohmittel eingesetzt werden sollte, um andere maritime Mächte ohne die Entfesselung eines Krieges zu politischen Zugeständnissen zu zwingen[71], so versprach ein solches Instrument nicht nur gegenüber England Erfolg, sondern gerade auch gegenüber den maritim nicht so mächtigen USA: Mit der Schlachtflotte wollte man langfristig die eigenen Ambitionen in Lateinamerika trotz der Monroedoktrin durchsetzen, ohne deshalb in einen Krieg mit den Vereinigten Staaten verwickelt zu werden.

Daß die Flotte nicht nur gegenüber England, sondern eventuell auch gegenüber den Vereinigten Staaten eingesetzt werden konnte und sollte, wurde bei den Vorbereitungen des zweiten Flottengesetzes besonders deutlich. Tirpitz sprach das im Frühjahr 1899 deutlich aus. Bülow betonte zwar in der Flottendebatte im Reichstag im Dezember 1899 noch die guten Beziehungen zu den USA, beschwor dann aber in den zwei entscheidenden Sitzungen der Budgetkommission das amerikanische Feindbild[72]. Auch der Kaiser war sich über diese Stoßrichtung der Flottenpläne im klaren. Auf die Beschwerde des Vorsitzenden im Bayerischen Ministerrat, Freiherr von Crailsheim, über die mangelnde Unterrichtung der Bundesregierungen über die kaiserlichen Flottenpläne reagierte er verärgert: „Aber England und Amerika warten nicht, bis Crailsheim brieflich unterrichtet worden ist".[73] Es überrascht nicht, daß Lateinamerika, die USA und die Monroedoktrin in den Flottendiskussionen um die Jahrhundertwende eine so wichtige Rolle spielten[74].

Gleichzeitig mit der Beschwörung dieser „Gefahr" wurden sehr detaillierte Operationspläne für einen Krieg mit den USA ausgearbeitet[75]. Die Bedeutung dieser Pläne

---

[70] *Böhm*, Überseehandel, 91 ff.; *Volker Berghahn*, Der Tirpitz-Plan (Düsseldorf 1971) 140 ff.; im folgenden zitiert: *Berghahn*, Tirpitz-Plan.
[71] *Berghahn*, Tirpitz-Plan; *ders.*, Zu den Zielen des deutschen Flottenbaus unter Wilhelm II., in: HZ 210 (1970) 34–100; im folgenden zitiert: *Berghahn*, Zu den Zielen.
[72] Tirpitz an Bülow, 7.1.1899, zit. nach *Herwig*, Politics, 35; Sten. Ber. RT, 10. Leg. Per., 1. Sess., 119. Sitzung (11.12.1899) 3293; BA, Bülow Nl., Aufzeichnungen Bülows über seine Reden vom 17. und 28.5.1900 vor der Budgetkommission.
[73] AA-PA, Deutschland 138, Monts an Hohenlohe-Schillingsfürst, 2.11.1899 mit Randbemerkung des Kaisers.
[74] *Fiebig-von Hase*, Lateinamerika, 385–428.
[75] Ebenda, 472–506; *Holger H. Herwig* und *David F. Trask*, Naval Operations Plans Between

wurde wiederholt mit dem Hinweis darauf, daß es sich hierbei um reine Sandkastenspiele handle, heruntergespielt[76]. Ein solches Urteil wird jedoch ihrem Gewicht nicht gerecht. Sie müssen vielmehr im Zusammenhang mit den Spielregeln gesehen werden, die der Übergang zur Drohpolitik der Reichsleitung aufzwang. Diese erforderte nämlich, da sie ständig mit der Eskalation der Drohungen zum Krieg rechnen mußte und zusätzlich alles auf eine Karte – die eine entscheidende Seeschlacht – setzte, derartige Kriegspläne, um das eigene Risiko präzise abschätzen zu können. Erstens hängt ganz grundsätzlich die Glaubwürdigkeit der Drohung und damit der erwünschte politische Erfolg von der genauen Einschätzung des Stärkeverhältnisses zwischen den eigenen Machtmitteln und denen des Gegners ab. Zweitens setzten die langen Bauzeiten derartiger Kriegsschiffe – in den USA und in Deutschland waren dies in der Regel vier Jahre – und die hohen Kosten eine sehr langfristige Planung voraus. Drittens war die Präzision der Planung in der Regel kriegsentscheidend, da die Geschwindigkeit der Mobilisierung die Siegeschancen stark erhöhte und jeder kleine Fehler der Strategie in der alles entscheidenden Seeschlacht zur nicht mehr revidierbaren Niederlage führen konnte. Die gegen die USA gerichteten Kriegspläne bestimmten deshalb im Rahmen der Drohpolitik die Grenzen des politischen Handlungsspielraumes und stellen deshalb ein Indiz für politische Absichten, für die Einsicht in vorhandene Konfliktpotentiale und für die gewählte Strategie zu ihrer Bewältigung dar. Die Pläne, die bereits 1898 begonnen, 1900 vom Kaiser offiziell angeordnet und 1903 durch ihn abgesegnet wurden, sahen in ihrer Endfassung eine Seeschlacht im westindischen Raum vor, wobei von den deutschen Streitkräften zunächst Puerto Rico besetzt und dadurch die amerikanische Flotte zur Schlacht herausgefordert werden sollte. Die höhere Einsatzbereitschaft der eigenen Streitkräfte und ein günstiges Stärkeverhältnis, so glaubte der Admiralstab vor 1906, sicherten der deutschen Flotte trotz des langen Anmarschweges und der großen logistischen Probleme eine sehr große Siegeschance. Der Angriff auf die amerikanische Ostküste war dagegen nur als zweite Etappe des Krieges vorgesehen, wobei die weitere Planung des Landkrieges, die der Admiralstab gefordert und Wilhelm II. 1900 befohlen hatte, an Schlieffens Weigerung scheiterte, sich auf ein derartiges Abenteuer einzulassen. Die unvereinbaren beiderseitigen Expansionsziele besonders in Lateinamerika und Ostasien wurden als potentieller Kriegsgrund genannt. Als Voraussetzung einer erfolgreichen Kriegsführung galt eine günstige politische Lage in Europa, in der das Kaiserreich sich zumindest der wohlwollenden Neutralität Englands sicher sein konnte. Als Kriegsziel tauchte in den Plänen nur die Beseitigung der Monroedoktrin und die Abtretung Puerto Ricos auf, denn der Besitz dieser Inselgruppe könne für das Reich „den Schutzwall gegen die Anmaßungen der Monroedoktrin bilden"[77].

Fortsetzung Fußnote von Seite 240
Germany and the United States of America, 1898–1913, in: MgM 2 (1970) 5–28; im folgenden zitiert: *Herwig/Trask,* Naval Operations Plans.
[76] So etwa: *Friedrich Forstmeier,* Deutsche Invasionspläne gegen die USA um 1900, in: Marine Rundschau 68 (1971) 350; vollständig unterschätzt werden die Pläne auch bei *Pommerin,* Kaiser, 234–248, dem es auch hier noch gelingt, Harmonie zu entdecken.
[77] *Fiebig-von Hase,* Lateinamerika, 472–506.

Angesichts des sich häufenden Erscheinens deutscher Kriegsschiffe in den Gewässern Mittel- und Südamerikas, der forschen Art, mit der das Reich jetzt gegenüber den lateinamerikanischen Staaten politisch auftrat, und der in den Flottendebatten deutlich ausgesprochenen Ambitionen wurden die mit dem Flottenbau von der Reichsleitung anvisierten Ziele in den USA eindeutig durchschaut. Der geringe wirtschaftliche Unterbau der Monroedoktrin und die Unterlegenheit der amerikanischen Marine führten dazu, daß hier die Reaktion auf die deutschen Pläne sehr viel nervöser ausfiel als in Großbritannien. Schon die Regierung McKinley und nicht erst die des als Flottenfanatiker verschrieenen Theodore Roosevelt zog daraus die Konsequenz, nun ihrerseits ihr Feindbild zu überdenken und zu diesem Zweck mit dem General Board innerhalb der Marine eine neue Planungsbehörde zur sicherheitspolitischen Beratung des Präsidenten zu schaffen[78]. Das seit dem Ausbruch des Burenkonfliktes 1896 beobachtbare englische Bestreben, seinerseits die traditionelle anglo-amerikanische Feindschaft zu beseitigen, erleichterte die Entscheidung der amerikanischen Regierung, das englische Feindbild aufzugeben[79]. Seit 1900 beschäftigten sich alle Sicherheitsüberlegungen des General Board mit der Möglichkeit eines deutsch-amerikanischen Krieges und erst 1907 kam als zweiter potentieller Gegner Japan hinzu. Die Ergebnisse entsprachen im wesentlichen den Überlegungen des deutschen Generalstabes: Kriegsschauplatz eines solches Krieges würde Westindien sein, und angesichts des für die USA bis 1905/06 ungünstigen Stärkeverhältnisses und der schwerfälligen Mobilisierung der Flotte besaß diese gegenüber der deutschen keine große Siegeschance[80]. Der Monroedoktrin fehlte also nicht nur in ökonomischer, sondern auch in militärischer Hinsicht der materielle Unterbau, und letztlich war es das Gleichgewicht in Europa und hier wiederum die sich anbahnende deutsch-englische Flottenrivalität, die der Monroedoktrin ausreichende Sicherheit versprach. Dem General Board reichte dies jedoch nicht aus, und er schlug deshalb 1901 vor, das eigene Sicherheitsrisiko durch die Beschränkung der Doktrin auf das Gebiet nördlich des Amazonas zu verringern. Für Roosevelt war diese Lösung jedoch nicht akzeptabel. Er bemühte sich stattdessen, die „deutsche Gefahr" durch die Forcierung des Flottenbaus, eine größere militärische Präsenz in Westindien und vor allem politische Mittel zu neutralisieren[81].

Solange jedoch die große Schlachtflotte noch nicht zur Verfügung stand, durchschritt die deutsche Flotten- und Weltpolitik eine Gefahrenzone, die Tirpitz und Bülow mit Hilfe der „Politik der freien Hand" und der Verschleierung der eigenen weltpolitischen Ziele zu überbrücken hofften[82]. Die Verschleierung sollte auch zur

---

[78] Ebenda, 741–791; *Spector*, Admiral, 123 ff.
[79] *A. E. Campbell*, Great Britain and the United States, 1895–1903 (Glasgow 1960) 11–47; *Charles S. Campbell jr.*, The Transformation of American Foreign Relations, 1865–1900 (New York 1976) 194–221.
[80] *Fiebig-von Hase*, Lateinamerika, 788–839; *Herwig/Trask*, Naval Operations Plans 28–32, und *Thomas Baecker*, Blau gegen Schwarz. Der amerikanische Kriegsplan von 1913 für einen deutsch-amerikanischen Krieg, in: Marine Rundschau 69 (1972) 347–360, gehen noch ebenso wie *Pommerin*, Kaiser, 248 ff., davon aus, daß es erst 1913 amerikanische Kriegspläne gegen Deutschland gegeben habe.
[81] *Fiebig-von Hase*, Lateinamerika, 832 ff.
[82] *Berghahn*, Zu den Zielen; *ders.*, Tirpitz-Plan, besonders 173–201 und 380–415; *Peter Winzen*,

Maxime der deutschen Amerika-Politik gemacht werden. Unter Bülows Einfluß ordnete der Kaiser bereits 1898 an, der Diplomatie falle jetzt die Aufgabe zu,

> „Schwierigkeiten und Differenzen mit der Union, solange dies mit der Würde des Reiches zu vereinen wäre, aus dem Wege zu gehen. Würde die Marine erst das Übergangsstadium überwunden haben, so wäre vielleicht der Augenblick gekommen, um mit den Vereinigten Staaten abzurechnen".[83]

Wichtigste Grundregel dieser Strategie war es, sich nicht selbst zu binden und die Konsolidierung des Mächtekonzerts durch friedliche Kompromisse zwischen den Staaten zu verhindern, weil der Konflikt das Lebensexilier der Freihandpolitik darstellte. Die USA aber spielten, das wurde schon bei den kaiserlichen Überlegungen von 1901 deutlich, in diesem blutleeren Kombinationsspiel von vorhandenen und potentiellen Konflikten, Allianzen und Feindschaften nicht nur wegen der eigenen Interessenkonflikte mit dieser Macht eine solch wichtige Rolle, sondern auch weil man die USA gegen England auszuspielen können glaubte, oder aber sich durch die Kooperation mit England größere politische Freiräume gegenüber den Vereinigten Staaten schaffen wollte.

Verschleierung und Freihandpolitik setzten jedoch ein außenpolitisches Stillhalten voraus, das aus drei Gründen nicht zu verwirklichen war: Erstens bedurfte man der Feindbilder für die Flottenpropaganda, zweitens konnte man die Überseeinteressenten und nationalen Verbände, auf deren Mitarbeit man für die Durchbringung der Flottengesetze im Reichstag angewiesen war, nicht beliebig auf die Zukunft vertrösten und drittens ließ sich der Status quo an der Peripherie nicht solange festschreiben, bis das Kaiserreich bei dem allgemeinen Ringen der Großmächte um Einfluß seine Flotte politisch ins Spiel bringen konnte. Diese Zusammenhänge erklären die deutsche Intervention in Venezuela im Winter 1902/03, mit der Bülow der notwendigen Verschleierung der Weltmachtambitionen zum Trotz nicht nur die Forderungen der Überseeinteressenten und des nationalen Lagers nach mehr außenpolitischen Aktivitäten erfüllen und sein tief gesunkenes innenpolitisches Prestige wieder aufpolieren, sondern auch demonstrativ durch den Oktroy einer Finanzkontrolle in Venezuela für Ruhe und Ordnung in ganz Lateinamerika sorgen wollte. Da dies den Anfang einer informellen deutschen Herrschaft über das Land nach ägyptischem Vorbild bedeutet hätte, stellte diese Politik eine Herausforderung an die Monroedoktrin dar und richtete sich damit gegen die Vereinigten Staaten. Der ganze Plan war das Werk Bülows. Tirpitz votierte dagegen und der Kaiser ließ die Interventionsvorbereitungen vom Dezember 1901 zunächst platzen, weil er den von ihm inzwischen befürworteten proamerikanischen Kurs hierdurch gefährdet sah und die hohen Kosten einer solchen Intervention nach dem Debakel der China-Expedition fürchtete. Die Chance zur Wiederannäherung an England, das sich zur Kooperation in Venezuela bereit erklärte, gab dann schließlich den Ausschlag, denn die Zusammenarbeit mit ihm stellte die wichtigste

Fortsetzung Fußnote von Seite 242
Bülows Weltmachtkonzept. Untersuchungen zur Frühphase seiner Außenpolitik 1897–1901 (Schriften des Bundesarchivs 22, Boppard 1977); *Paul M. Kennedy,* The Rise of the Anglo-German Antagonism 1860–1914 (London 1980) 223–228.
[83] Aufzeichnung Bülows, zit. nach *Vagts,* Deutschland, 1374, Anmerkung 6.

Voraussetzung für eine deutsche Drohstrategie gegenüber den USA dar. Gemeinsam mit England konnte eine die USA in Lateinamerika herausfordernde Politik betrieben werden[84].

Roosevelt durchschaute schnell diese Zusammenhänge. Nachdem er seine Energie zunächst erfolgreich darauf verwandt hatte, England wieder vom Kaiserreich zu trennen, wandte er nun seinerseits die Abschreckungsstrategie mit Hilfe der vor Puerto Rico versammelten amerikanischen Flotte gegenüber der kaiserlichen Regierung an, die seinem Grundsatz des „speak softly and carry a big stick" entsprach. Die Eskalation der Kriegsgefahr während der Krise war beträchtlich. Zweimal fehlte nur noch ein zusätzlicher Funke, um den Krieg zu entfesseln. In den USA erreichten die antideutschen Verdächtigungen einen neuen Höhepunkt. Die anglo-amerikanische Freundschaft dagegen erlebte während der Krise eine Bewährungsprobe, aus der sie gefestigt hervorging. Bülows Plan dagegen, die deutsch-englische Interessenparallelität in Lateinamerika zum eigenen Vorteil zu nutzen und dadurch gleichzeitig England und die USA gegeneinander auszuspielen, die deutsch-englischen Beziehungen zu entlasten und ganz allgemein weltpolitische Erfolge einzuheimsen, hatte in einem Fiasko geendet[85]. Angesichts der bereits während der Krise wachsenden Germanophobie in England und dem Beginn des deutsch-englischen Wettrüstens kam eine weitere deutsch-englische Kooperation in weltpolitischen Fragen zunächst nicht mehr in Frage. Die Krise stellte deshalb nicht nur einen Wendepunkt in den deutsch-amerikanischen Beziehungen, sondern auch in den deutsch-englischen Beziehungen dar[86]. Die kaiserlichen Begehrlichkeiten in Lateinamerika beendete sie allerdings nicht. Roosevelts Versuch, im Gespräch mit Sternburg der deutschen Politik die Expansion nach Osten nahezulegen, beantwortete der Kaiser 1903 mit der Bemerkung: „Prosit! dort sitzen die Russen. Nein, Südamerika ist unser Ziel, alter Junge!"[87]

Der deutsche Imperialismus in Lateinamerika war ebensowenig die Erfindung Wilhelms II. wie die Mitteleuropa- und Kontinentalbund-Konzeptionen seiner Zeit. Er hatte vielmehr komplexe Ursachen, bei denen die wachsende Abhängigkeit der deutschen Industrie vom Weltmarkt und die Probleme eine Rolle spielten, die aus der geringen ökonomischen und politischen Stabilität der damaligen „Dritten Welt" für die mit ihnen Wirtschaftsbeziehungen unterhaltenden Staaten des industriellen Zentrums entstanden. Zu berücksichtigen ist weiter, daß das Kaiserreich mit der Weltpolitik erst begann, als das internationale System bereits durch heftige Großmachtrivalitäten gekennzeichnet war. Als vierter Faktor kam das innere politische System hinzu, das seit

---

[84] *Fiebig-von Hase*, Lateinamerika, 850–880 und 984–1003; vgl. auch *Holger H. Herwig*, Germany's Vision of Empire in Venezuela 1871–1914 (Princeton 1986), der im Hinblick auf die Motive der Intervention allerdings die wirtschaftlichen Faktoren geringer beurteilt als die Verfasserin, sich mit dieser aber im Hinblick auf die Bedeutung der englischen Kooperation und die amerikanische Entrüstung zum großen Teil einig ist. Im folgenden zitiert: *Herwig*, Germany's Vision.

[85] *Fiebig-von Hase*, Lateinamerika, 880–942 und 1003–1083.

[86] *Erich Angermann*, Ein Wendepunkt in der Monroedoktrin und den deutsch-amerikanischen Beziehungen, in: JbASt 3 (1958) 22–58; *Fiebig-von Hase*, Lateinamerika, 1074–1083; *Herwig*, Germany's Vision, 209–235.

[87] AA-PA, VStNA 16, Sternburg an AA, Telegr. 12.12.1903 mit Bemerkungen des Kaisers.

1897 in der Sammlung Bülows den Interessenausgleich zwischen Landwirtschaft, Industrie, Überseeinteressen und der nationalen Bewegung auf der Basis der neuen Zolltarife und der mit dem Flottenbau forcierten „Weltpolitik" anstrebte[88]. Beide Faktoren aber, sowohl die reaktionäre Wirtschaftspolitik wie die mit dem Flottenbau kombinierte Weltpolitik mußten das Reich in Konflikt mit den USA bringen. Der entscheidende Faktor aber, der das amerikanische Mißtrauen gegen die als aggressiv beurteilte deutsche Politik schürte, war der Flottenbau mit den hinter ihm stehenden langfristigen Ambitionen auch in Lateinamerika[89]. Der Kaiser hat zu diesem Antagonismus allerdings durch seine unvorsichtigen Reden verschärfend beigetragen.

3. Nach dem Debakel der Venezuela-Krise, das der Reichsleitung die Unmöglichkeit eines deutsch-amerikanischen Zusammengehens gegen die USA deutlich genug vor Augen geführt hatte, kam es zum Umschwung im Sinne der kaiserlichen Taktik, die USA im weltpolitischen Schachspiel gegen England einzusetzen. Hierzu mußte der englische Einfluß auf die amerikanische Politik eingedämmt und der eigene verstärkt werden, was die Reichsleitung durch die Intensivierung der freundschaftlichen Beziehungen zwischen dem Kaiser und Roosevelt, durch verstärkte kulturelle Kontakte und die Schaffung gemeinsamer Interessen in der Weltpolitik zu erreichen hoffte.

Die sogenannte „Freundschaft" zwischen Wilhelm II. und Roosevelt ging ganz einseitig vom Kaiser aus. Diesen zog die draufgängerische Männlichkeit des „rough riders" magisch an, denn er glaubte daraus eine innere Wesensverwandtschaft mit sich selbst ableiten zu können[90]. Roosevelt selbst zollte dem Kaiser zunächst als dem obersten Repräsentanten eines Staates, dessen wirtschaftliche, geistige und politisch-organisatorische Leistungen er aufrichtig bewunderte, Respekt, und dies kam auch öffentlich soweit zum Ausdruck, daß die englische Regierung im Winter 1904/05 bereits befürchtete, Roosevelt stehe ganz unter dem Einfluß des Kaisers. Dies entsprach jedoch in keiner Weise den Tatsachen[91]. Der Präsident hielt vielmehr im Interesse seines Landes gerade gegenüber dem Kaiser, den er als „too jumpy, too volatile in his policies, too lacking in the power of continuous and sustained thought and action" bezeichnete, das „speak softly" für angebracht. Dabei war er sich nicht darüber im Zweifel, daß die kaiserlichen Bemühungen um seine Person vor allem mit den internationalen Konstellationen und der amerikanischen Flottenmacht zusammenhingen. „He respects us", schrieb er an Senator Lodge, „because he thinks that for a sufficient object and on our own terms we would fight, and that we have a pretty good navy with

---

[88] *Fiebig-von Hase,* Lateinamerika, 13–40 und 292–305.
[89] Ebenda, 741–788.
[90] *Vagts,* Deutschland, 1932–1948; *Evelyn H. T. Peters,* Roosevelt und der Kaiser. Ein Beitrag zur Geschichte der deutsch-amerikanischen Beziehungen, 1895–1906 (Leipzig 1936).
[91] *Theodore Roosevelt,* Presidential Addresses and State Papers IV (New York 1989 ff.) 393 f.; *Cecil A. Spring Rice,* The Letters and Friendship of ..., Bd. 1, hrsg von *S. L. Gwynn* (Boston 1929) 454 f.; *Roosevelt,* Letters IV, 1177 ff., Roosevelt an Spring Rice, 13.5.1905; Selections from the Correspondence of Theodore Roosevelt and Henry Cabot Lodge, 1884–1918, Bd. 2 (New York 1925) 128, Lodge an Roosevelt 3.6.1905, wo Lodge vor dem Kaiser folgendermaßen warnt: „He is unstable, crazy for notoriety – not to be trusted. Not a man to rely on at all – with a saving sense of the danger of war and a strong inclination to bully up to the verge of war."

which to fight."⁹² Roosevelts Bestreben war es, allen potentiellen Streitpunkten mit der deutschen Politik in freundlicher Weise so lange wie möglich aus dem Wege zu gehen, notfalls aber die amerikanischen Interessen auch mit militärischer Macht zu verteidigen. Angesichts der herausragenden Position des Kaisers im deutschen Machtgefüge und der politischen Entscheidungsstruktur war er sich der Vorteile bewußt, die die Pflege der ihm von Wilhelm II. angetragenen freundschaftlichen Beziehung haben konnte. Die Erwiderung der Freundschaft beschränkte sich jedoch auf Schmeicheleien, hatte dagegen keine Auswirkungen auf die amerikanische Politik. „I have always been most polite with him", schrieb er wenige Monate nach der Konferenz von Algeciras an Henry White in einem Brief, in dem er sich über den Egoismus des Kaiser beklagte.

> „I ... have done my best to avoid our taking any attitude which could possibly give him legitimate offense, and have endeavored to show him that I was sincerely friendly to him and to Germany. Moreover, where I have forced him to give way I have been sedulously anxious to build a bridge of gold for him, and to give him the satisfaction of feeling that his dignity and reputation in the face of the world were safe. In other words, where I have had to take part of the kernel from him, I have been anxious that he should have all the shell possible, and have that shell painted any way he wished."⁹³

Das war nicht das Verhalten eines Staatsmannes gegenüber einem ihm in Freundschaft und politischem Einverständnis verbundenen Staatsoberhaupt eines anderen Landes, sondern der vorsichtige Versuch zur Manipulation eines Mannes, dessen Irrationalität angesichts seiner Machtfülle als gefährlich für den Weltfrieden erkannt worden war. Natürlich ging es hierbei nicht nur um die Einflußnahme auf die Persönlichkeit, sondern vor allem auf die Politik, die im kaiserlichen Namen gemacht wurde. Roosevelts Urteil über die Persönlichkeit des Kaisers bestätigte sich für ihn, als es 1910 in Berlin zu einer persönlichen Begegnung kam. Nach diesem Ereignis schilderte er den Kaiser im Freundeskreis als „great bluffer" und nannte ihn „vain as a peacock. He would rather ride at the head of a procession than govern an empire"⁹⁴. Dies Urteil war vernichtend. Die auch öffentlich zur Schau getragenen Höflichkeiten und Schmeicheleien dagegen galten außenpolitisch der Friedenserhaltung und innenpolitisch dem Stimmenfang bei den Deutschamerikanern. Letzteres wurde von deutscher Seite durchschaut⁹⁵, hemmte aber die überschwenglichen Freundschaftsbeteuerungen des Kaisers keineswegs.

Wilhelm II. verstand die politische Raffinesse Roosevelts nicht und brachte ihm deshalb eine geradezu pathologische Vertrauensseligkeit entgegen, die Roosevelt überraschte und peinlich berührte⁹⁶. Die Entsendung des Prinzen Heinrich nach den USA entsprang dieser naiven Erwartung des Kaisers, mit persönlichen Beziehungen und Gunstbezeugungen durch Besuche kaiserlicher Angehöriger, die Verleihung von Medaillen und die Schenkung von Statuen, Einfluß auf die amerikanische Politik neh-

---

⁹² *Roosevelt,* Letters IV, 1177 ff., Roosevelt an Spring Rice, 13.5.1905.
⁹³ Ebenda V, 358 f., Roosevelt an Henry White, 14.8.1906.
⁹⁴ *Archie Butt,* The Intimate Letters of ..., Bd. 1 (Garden City 1930) 421.
⁹⁵ AA-PA, VStNA 11, Holleben an Bülow, 11.12.1901.
⁹⁶ *Roosevelt,* Letters IV, 1157, Roosevelt an Hay, 2.4.1905; ebenda, 1194, Roosevelt an Spring Rice, 26.5.1905.

men zu können. Sie ging ausschließlich auf die kaiserliche Initiative zurück[97]. Der nächste, ebenso einsam vom Kaiser gefaßte, ebenfalls durch derartige Vorstellungen motivierte Entschluß war die überstürzte Abberufung Hollebens vom Botschaftsposten in Washington und die Ernennung Speck von Sternburgs. Da dieser Wechsel mitten in der Venezuela-Krise, d. h. als eine schwere Belastung des deutsch-amerikanischen Verhältnisses gerade die Kontinuität der deutschen Amerika-Politik auch in personeller Hinsicht besonders wünschenswert gemacht hätte, vorgenommen wurde, verstärkte er nur die allgemeinen Zweifel über die Solidität der kaiserlichen Politik. Roosevelt, der Sternburgs Ernennung indirekt angeregt hatte, war dem Kaiser zwar aufrichtig dankbar, da ihn mit Sternburg freundschaftliche Beziehungen verbanden und dies den Umgang mit dem schwierigen deutschen Gesprächspartner erleichterte, dachte jedoch nicht daran, deshalb in irgendeiner Form politische Zugeständnisse zu machen[98].

Sternburg war des Kaisers Kreatur und das Medium seiner Freundschaftsbeweise. Sein Verbleib in Washington hing ausschließlich davon ab, ob es ihm gelang, letztere in politisches Kapital umzumünzen und durch eifrige Pressearbeit und umtriebige Rührigkeit unter den Deutschamerikanern des Kaisers Erwartungen zu erfüllen und den englischen Einfluß einzudämmen. Die nie endende Kritik der preußisch-deutschen Führungsschicht an seiner Ernennung machte ihn noch abhängiger vom kaiserlichen Wohlwollen, als er ohnehin schon war. Sein ganzes Bestreben war es deshalb, Erfolgsergebnisse nach Berlin zu melden und die Schmeicheleien Roosevelts gegenüber Wilhelm II. in rosigem Licht erscheinen zu lassen[99]. Es darf jedoch nicht übersehen werden, daß Bülow ein solches byzantinisches Verhalten geradezu erwartete. Bereits anläßlich des Prinzen-Besuches hatte er Holleben in einem Privatbrief dazu aufgefordert, doch „recht eingehende, angenehme und inhaltsreiche, zur Vorlage an unseren Allergnädigsten Herrn geeignete Berichte" nach Berlin zu senden und auch den Generalkonsul in New York dazu zu veranlassen[100]. War es da erstaunlich, daß das diplomatische Corps begriff, wie Karriere zu machen und Positionen zu erhalten waren? In Berlin aber und insbesondere beim Kaiser häuften sich die Fehlinformationen und führten zu politischen Fehlern größten Ausmaßes, weil man sich Illusionen über die Deutschfreundlichkeit der Administration Roosevelt machte. Das „persönliche Regiment" mit allen Nebenerscheinungen eines autokratischen Regimes und seiner Förderung der Charakterlosigkeit in den höchsten politischen Ämtern, symbolisiert durch den aalglatten Kanzler, wirkte sich auch auf die deutsch-amerikanischen Beziehungen verheerend aus.

Ein weiteres Mittel, von dem sich der Kaiser heilsame Wirkungen für die gewünschte Annäherung versprach und damit sicherlich langfristig auch Erfolge hätte erzielen können, war die Intensivierung des Kulturaustausches. Der Kaiser griff jetzt die von dem Harvard-Professor Kuno Francke mit der Unterstützung durch Adolf

---

[97] *Fiebig-von Hase,* Lateinamerika, 943 f.
[98] Ebenda, 1012 f. und 1052.
[99] *Spitzemberg,* Tagebuch, 424 f.; Sten. Ber. RT, 11. Leg. Per., 2. Sess., 117. und 118. Sitzung (14. und 15.11.1906) 3638, 3640 und 3654.
[100] Holleben Nl., Bülow an Holleben, 24.1.1902.

von Harnack an ihn herangetragene Idee eines Professorenaustausches zwischen deutschen und amerikanischen Universitäten und der Schaffung eines deutschen Museums in Harvard begierig auf und wußte diese unter Mithilfe des preußischen Kultusministeriums und Spendern aus der New Yorker Finanzaristokratie in die Tat umzusetzen[101]. Vor allem die Sprachbarriere, aber auch die fehlende Vertrautheit der deutschen Professoren mit den amerikanischen Verhältnissen beschränkten jedoch die Wirkungen dieser Initiativen[102]. In politisches Kapital ließen sie sich kurzfristig auf keinen Fall ummünzen. Wiederholt wurde auch das Gegenteil des Bezweckten erreicht. Die starke Deutschtumspropaganda des alldeutschen Professors Goebel in Kalifornien etwa, führte dazu, daß hier „eine Verstimmung gegen die Deutschen ... und ein gewisser Verdacht gegen politische Umtriebe" auftraten[103]. In Deutschland dagegen erhielten die amerikanischen Gäste den Eindruck, daß das ganze Programm nicht ganz ernst genommen und vielmehr nur als „ein Steckenpferd des Hofes" angesehen werde. Zudem waren sie keine kritiklosen Beobachter der deutschen Zustände[104]. Wenig erfreuliche Reaktionen verursachten auch die redlichen, aber ungeschickten Bemühungen des Professors Burgess bei einer Antrittsvorlesung in Berlin, dem eigenen Land zum Zweck der deutsch-amerikanischen Verständigung eine Lektion über die Antiquiertheit der Monroedoktrin und des Hochschutzzollsystems zu erteilen, da man ihn in den USA für einen Handlanger des Kaisers hielt[105]. Auch die kaiserlichen Erwartungen, die Deutschamerikaner für die deutsche Politik mobilisieren zu können, erwiesen sich letztlich als Fehlschlag. Die Mobilisierung der Deutschamerikaner nahm zwar nach 1900 sehr zur Freude Wilhelms II. beträchtliche Ausmaße an, jedoch konnten kaiserliche Telegramme und Gunstbezeugungen anläßlich der jährlichen Feiern zum „Deutschen Tag" diese Bevölkerungsgruppe nicht dazu verführen, ihre eigenen politischen Interessen denen des Kaiserreiches unterzuordnen[106]. Die kaiserlichen Spekulationen und Bestrebungen brachten sie schließlich sogar in den Verruf, als „hy-

---

[101] ZStAM, Rep.92, Althoff A.I. Nr.309[I], Münsterberg an Schmidt, 14.2.1905 und Francke an Althoff, 16.1.1905; *Pommerin*, Kaiser, 255–303.

[102] ZStAM, Rep.92, Althoff A.I., Nr.310, Münsterberg an Althoff, 8.1.1905 und 23.3.1905. Bei der feierlichen Verleihung der Ehrendoktorwürde an fünf deutsche Professoren in der Chicago University bot einer der Geehrten, Prof. Meyer, in einer Ansprache ein „Loblied auf das deutsche Bier" dar und behauptete, „daß der übermäßige Genuß von Bier notwendig sei, um den Charakter des jungen Mannes zu entwickeln ...". Dies verursachte bissige Kommentare in der gesamten amerikanischen Presse, ging aber auch dem Kaiser zu weit, der den Bericht des Botschafters mit Bemerkungen wie „Säufer! dämlicher" und „Schafskopf" bedachte. Ebenda, Sternburg an Auswärtiges Amt, 26.3.1904.

[103] Ebenda, Nr.309[I], Münsterberg an Althoff, 21.7.1905.

[104] New York Evening Post, 25.5.1905; AA-PA, VStNA 16, Wever (Konsul in Chicago) an Bülow, 12.2.1907 über Äußerungen Prof. Laughlins; Chicago Record Herald, 29.9.1903 und 30.9.1903 über Äußerungen des Prof. Albion Small über die Unvermeidlichkeit eines deutsch-amerikanischen Zusammenstoßes.

[105] AA-PA, VStNA 16, Sternburg an Bülow, 13.11.1906 und Telegr. 13.1.1908; New York Times, 6.11.1906 und New York Daily Tribune, 30.10.1906; Der Tag, 1.12.1906.

[106] AA-PA, VStNA 16, Geißler an Bülow, 1.12.1903, Sternburg an Bülow, 25.2.1904 mit Randbemerkung Wilhelms II. und Sternburg an Bülow, 13.10.1904 ebenfalls mit kaiserlicher Randbemerkung voller Lob für Sternburgs Bemühungen um die Deutschamerikaner.

phenated Americans" für die USA ein Sicherheitsrisiko zu sein[107]. Schließlich machte sich nach 1907 auch in Berlin Enttäuschung über die Deutschamerikaner breit. Ohne Zweifel waren die Deutschamerikaner vor 1914 in den USA eine politische Macht. Die deutschen Erwartungen aber, diese im eigenen Interesse verwerten zu können, gingen von äußerst fragwürdigen Prämissen aus und mußten deshalb letztlich scheitern[108].

Als Ansatzpunkt zur Pflege deutsch-amerikanischer Gemeinsamkeiten auf der weltpolitischen Bühne wählten Bülow und der Kaiser den Grundsatz der „offenen Tür", weil dieser dem gemeinsamen Interesse der beiden kolonialpolitisch zu kurz gekommenen und gleichzeitig sich am schnellsten entwickelnden Industrienationen der Erde an der Offenhaltung des Weltmarktes am besten entsprach. An diesen Grundsatz appellierte die Reichsleitung während des russisch-japanischen Krieges im Hinblick auf China und während der Marokko-Krise 1905[109]. In Wirklichkeit handelte es sich jedoch in beiden Fällen allenfalls zweitrangig um die Wirtschaftsinteressen. Primär wollte man sich die Unterstützung der USA für die eigenen politischen Ziele in Ostasien und Europa sichern. Die deutsche Ostasienpolitik war 1904/05 in erster Linie bestrebt, die russischen Energien nach Ostasien abzulenken und dadurch eine freie Hand für die Realisierung der eigenen Kontinentalbundpläne zu erhalten, dabei aber gleichzeitig die eigenen Interessen in der chinesischen Provinz Schantung abzusichern. Hierbei konnte es nur nützlich sein, die Vereinigten Staaten stärker in die ostasiatischen Konflikte hereinzuziehen. Die Kooperation mit den USA in China sollte jedoch keinesfalls die deutsch-russischen Beziehungen belasten, zumal das Bündnis mit Rußland der erste Schritt zur Verwirklichung des europäischen Kontinentalbundes werden sollte[110] Die amerikanischen Wirtschaftsinteressen in China lagen jedoch in der von den russischen Expansionsbestrebungen bedrohten Mandschurei, und Roosevelt versprach sich gerade von der Eindämmung des russischen Vordringens dort durch Japan größere Chancen für den amerikanischen Handel. Vor den Wagen der deutschen Interessen in Schantung wollte er sich dagegen keinesfalls spannen lassen, weil das die USA in den deutsch-englischen Konflikt hineingezogen hätte[111]. Die deutschen und amerikanischen Interessen in China waren deshalb nur sehr partiell unter einen Hut zu bringen. Die Kooperation beider Länder beschränkte sich darauf, die drohende Aufteilung Chinas in Interessensphären soweit wie möglich zu verhindern.

---

[107] *F. Cunliffe Owen*, The Kaiser in American Politics, in: The Metropolitan (Februar 1912); AA-PA, VStNA 16, Bernstorff an Bethmann Hollwg; 24.2.1912; *Melvin Small*, The American Image of Germany, 1906–1914 (Ph. Diss. Univ. of Michigan 1965) 119–131.
[108] Vgl. die schwierige Stellung der Deutschamerikaner nach 1914; *Reinhard R. Doerries*, Washington–Berlin 1908/1917 (Düsseldorf 1975) 86–92.
[109] Gr. Pol. XIX,2, 528 ff., Promemoria des AA, 24.8.1904 und Bülow an Sternburg, Telegramme vom 5.9. und 22.10.1904; ebenda, XIX,2, 592 ff., Bülow an Sternburg, Telegr. 3.4.1905; ebenda, XX,2, 301 ff., Bülow an Wilhelm II., 4.4.1905.
[110] Ebenda, XIX,1, 95–114, 349f. und XIX,2, 531–630; *Barbara Vogel*, Deutsche Rußlandpolitik. Das Scheitern der deutschen Weltpolitik unter Bülow 1900–1906 (Düsseldorf 1973).
[111] *Roosevelt*, Letters IV, 731 und 1156f., Roosevelt an Root, 16.2.1904 und Roosevelt an Hay, 2.4.1905; *Beale*, Roosevelt, 269–326.

Hinsichtlich Marokkos waren die Interessen und Absichten sogar noch weniger miteinander in Einklang zu bringen und das Argument von der „offenen Tür" blieb hier noch hohler. Bülow und Holstein hatten die Marokko-Krise nicht wegen der dort gefährdeten Wirtschaftsinteressen entfesselt, sondern um die durch den ostasiatischen Krieg entstandene Schwäche Rußlands zur Durchsetzung der eigenen Hegemonialabsichten in Europa zu nutzen. Mit Hilfe einer das Kriegsrisiko bewußt als politisches Mittel einsetzenden Drohstrategie sollte Frankreich zur Aufgabe der Entente mit England und zum bisher verweigerten engeren Anschluß an das Kaiserreich gezwungen werden[112]. Die amerikanische Unterstützung sollte dazu dienen, Frankreich zur Annahme des deutschen Konferenzplanes zu zwingen, um ihm so die Brüchigkeit der Entente und seine Ohnmacht vor Augen zu führen und den deutschen Absichten gefügig zu machen. England sollte eingeschüchtert werden, um es von der Unterstützung Frankreichs abzuhalten[113].

Die amerikanische Regierung dagegen war an der Erhaltung des Status quo in Europa interessiert, da ihr das alte Gleichgewicht der Kräfte die beste Garantie zur Erhaltung ihrer sicherheitspolitischen und wirtschaftlichen Interessen bot. Sie fürchtete darüber hinaus eine deutsche Festsetzung in Marokko, dessen Häfen im Fall eines deutsch-amerikanischen Krieges als Etappenbasis von großer Bedeutung waren[114]. Allen ernsten Warnungen englischer Freunde vor den deutschen Hegemonialabsichten auf dem Kontinent zum Trotz, hielt Roosevelt jedoch an dem amerikanischen Grundsatz der Nichteinmischung in Europa zunächst fest. Erst als die kaiserliche Drohpolitik gegen Frankreich nichts erreicht hatte, vor der Alternative zwischen Krieg oder schwerem außenpolitischen Prestigeverlust stand und nun auch gegenüber den USA offen mit der Entfesselung des europäischen Krieges drohte, ging Roosevelt auf des Kaisers Kooperationsvorschlag ein und übernahm die Rolle des Vermittlers, um den auch im amerikanischen Interesse nicht erwünschten großen Krieg zu verhindern[115].

Das blinde Vertrauen auf die amerikanische Unterstützung in Marokko, die aufgrund der amerikanischen Interessenlage von vornherein nicht zu erwarten gewesen war, ließ die deutsche Marokko-Politik schließlich in Algeciras in einem Fiasko enden. Die ungeschminkte Enthüllung der kriegerischen deutschen Absichten vom Sommer 1905 aber setzten die kaiserliche Politik bei Roosevelt in ein noch ungünstigeres Licht. Erreicht wurde das Gegenteil des Beabsichtigten: Statt auf England und Frankreich Druck auszuüben, erreichte der Präsident das französische Nachgeben durch die Zusage seiner Unterstützung auf der Konferenz. England wurde während der Krise versichert, daß es davon ausgehen könne, im Kriegsfall einen freien Rücken zu haben. Die amerikanische Politik rechne nicht mehr mit der Möglichkeit eines englisch-ame-

---

[112] *Heiner Raulff,* Zwischen Machtpolitik und Imperialismus. Die deutsche Frankreichpolitik 1904/06 (Düsseldorf 1976).
[113] Gr.Pol. XIX,2, 592–602, Bülow an Sternburg, Telegr. 3.4.1905, Sternburg an AA, Telegr. 6.4.1905, Bülow an Sternburg. Telegr. 14.4.1905 und Telegr. 16.5.1905.
[114] *Beale,* Roosevelt, 355–390; *Fiebig-von Hase,* Lateinamerika, 818 f.; Massachussetts Historical Society, Boston, Henry C. Lodge Nl., Lodge an H. White, 5.5.1906.
[115] *Spring Rice,* Letters I, 439 f., Spring Rice an Roosevelt, 7.12.1904; Gr.Pol. XX,2, 342 ff. und 384–387, Bülow an Sternburg, Telegr. 27.4., 25.5. und 30.5.1905; ebenda, 442 f., 466 f. und 473 f., Sternburg an AA, Telegr. 17.6., 24.6. und 25.6.1905.

rikanischen Krieges, schrieb Roosevelt an Arthur Lee, den Zivillord der britischen Admiralität, die Flotte werde vielmehr gegen andere Mächte gebaut. Der Rückzug der englischen Flotteneinheiten aus den westindischen Gewässern, die die Royal Navy in der Nordsee verstärkten, stellte so für die britische Admiralität kein Problem mehr dar[116]. Roosevelts politische Handlungen während der Krise reduzieren sich damit auf schöne Worte für das Kaiserreich und konkrete Unterstützung für die Entente, für die eine Seite den Schein, für die andere Taten. Ein auf derartigen Voraussetzungen basierendes Verhältnis als deutsch-amerikanische Kooperation zu bezeichnen, erscheint zumindest äußerst fragwürdig.

Die Erfahrungen von Algeciras ließen die Reichsleitung ihre Hoffnungen jedoch noch immer nicht aufgeben, daß es ihr trotz der inzwischen eingetretenen allgemeinen Isolierung des Reiches gelingen werde, die politischen Spannungen der anderen Mächte im eigenen Interesse auszunutzen. Im Hinblick auf die USA boten sich hierzu die Konflikte an, die sich seit 1905 in China und wegen der japanischen Einwanderer in Kalifornien entwickelten, deren erste Anzeichen der Kaiser ebenso wie Bülow mit Freuden begrüßte. Der Kaiser verdächtigte die Engländer, Japan gegen die USA aufzuhetzen, um diese neue Seemacht zu schädigen und glaubte, die amerikanische Gegnerschaft gegen Japan und damit auch gegen das mit ihm verbündete England werde Deutschland und die Vereinigten Staaten zusammenführen. Das Auswärtige Amt forderte Sternburg auf, Roosevelts Mißtrauen gegen Japan zu schüren, weil der japanisch-amerikanische Konflikt „auf die amerikanisch-englischen Beziehungen ungünstig wirken" müsse[117]. Um des Präsidenten Mißtrauen gegen Japan zu vertiefen, ließ der Kaiser Roosevelt von japanischen Angriffsplänen gegen die Philippinen berichten, von deren Existenz er gerüchteweise aus St. Petersburg erfahren hatte. Zusätzlich wurden die japanischen Immigranten in Mexiko bei Roosevelt verdächtigt, Angehörige eines geheimen japanischen Invasionsheeres zu sein. Nach dem russisch-japanischen Abkommen hielt man in Berlin schließlich im November 1907 die Zeit für reif, um dem Präsidenten ein deutsch-amerikanisch-chinesisches Bündnis vorzuschlagen und ihm im Fall eines japanischen Angriffs deutsche Truppen zur Verteidigung Kaliforniens anzubieten. Roosevelt war sich der Gefährlichkeit der mit Japan entstandenen Konflikte angesichts der eigenen militärischen Schwäche im Pazifik durchaus bewußt und bemühte sich deshalb um einen friedlichen Ausgleich. Er durchschaute die fragwürdige Absicht der obstrusen kaiserlichen Warnungen und lehnte das Bündnisangebot unter Hinweis auf die amerikanische Tradition und die Schwäche Chinas ebenso ab wie die deutschen Truppenangebote[118]. Stattdessen einigte er sich mit Japan auf dem Verhandlungsweg und sandte die amerikanische Flotte in den Pazifik, um den Japanern die amerikanische Seemacht deutlich vor Au-

---

[116] *Roosevelt,* Letters IV, 1206 f., Roosevelt an Lee, 6.6.1905; *Roger Willock,* Gunboat Diplomacy. Operations of the North America and West Indies Squadron 1875–1915, in: American Neptune 28 (1968) 99–106.
[117] AA-PA, VStNA 29 secr., Bemerkungen des Kaisers zu Sternburg an AA, Telegr. 29.10.1906 und Tschirschky an Sternburg, 12.12.1906; *Pommerin,* Kaiser, 179 ff.
[118] AA-PA, VStNA 16 secr., marinepolitischer Bericht des Marineattachés Hebbinghaus vom 2.10.1905 und Sternburg an AA, Telegr. 8.11.1907; *Katz,* Mexiko, 69 ff.

gen zu führen[119]. Erneut hatte die deutsche Politik falsch kalkuliert. Der amerikanischen Regierung aber brachte die deutsche Kooperationsbereitschaft die dringend erwünschte Entlastung der sicherheitspolitischen Lage im Atlantik, die für die Weltumsegelung der Flotte notwendig war. Gleichzeitig aber sah sie sich in der Auffassung bestätigt, daß sich die deutsche Politik vor allem durch Intrigen auszeichnete. „Germany under her present government", davon war Roosevelts ehemaliger Secretary of State, Senator Elihu Root, 1909 überzeugt, „is the great disturber of the world".[120].

War diese Politik an sich schon geeignet, das amerikanische Mißtrauen herauszufordern, so taten die kaiserlichen Indiskretionen noch ein übriges hinzu. In den letzten Jahren wurde wiederholt auf die Bedeutung des Hale-Interviews hingewiesen, das unmittelbar nach der Daily-Telegraph-Affäre im Winter 1908 fast eine noch größere Krise der deutschen Politik ausgelöst hätte[121]. Die kaiserlichen Einmischungen erreichten jedoch bereits im September 1905 einen ebenso gefährlichen Grad, als Wilhelm II. Roosevelt durch den deutschen Marineattaché sein Bild von der „gelben Gefahr" und einen persönlichen Brief zukommen lassen wollte, in dem er vor der „gelben Gefahr" warnte und England, das gerade das Bündnis mit Japan erneuert hatte, als Verräter an der „Weißen Rasse" darstellte. „I foresee in the future a fight for life and death between the ‚White‘ and ‚Yellow‘ for their sheer existence" hieß es hier. „The sooner therefore the nations belonging to the ‚White Race‘ understand this + join in common defense against the coming danger, the better." Angesichts der gemeinsamen Gefahr sei es für die weißen Nationen endlich an der Zeit, zu Verstand zu kommen und alle kleinlichen Rivalitäten zu überwinden[122]. Im September 1905 hatte also beim Kaiser, ganz so wie es Eulenburg zur gleichen Zeit schrieb, die „gelbe Gefahr" die Überhand über die „amerikanische" gewonnen.

In der Behandlung des Briefes durch den Reichskanzler, der das Konzept zugesandt bekam, als der Attaché bereits abgereist war, lassen sich gewisse Ähnlichkeiten zur Daily-Telegraph-Affäre nachweisen. Zwar hatte Bülow den Brief im Gegensatz zum Daily-Telegraph-Artikel selbst gelesen, er behandelte ihn jedoch mit der gleichen Unbefangenheit und übersah offensichtlich die Brisanz des Inhalts. Er hielt den Brief an sich nicht für schädlich, wenn erreicht werde, daß Roosevelt ihn „nach Außen streng geheim hält". Gefährlich werde es erst, „wenn von den Ausführungen dieses Briefes etwas in die Öffentlichkeit käme". Bülow wollte also den Kopf nicht hinhalten und sich das kaiserliche Wohlwollen nicht durch einen Einspruch verscherzen. Lieber

---

[119] *Richard D. Challener,* Admirals, Generals & American Foreign Policy, 1898–1914 (Princeton 1973) 225–264; *William R. Braisted,* The United States Navy in the Pacific 1897–1909, Bd. 1 (Austin, Texas 1958) 191–239; *Charles E. Neu,* An Uncertain Friendship: Theodore Roosevelt and Japan, 1906–1909 (Cambridge, Mass. 1967).
[120] Elihu Root an Andrew Carnegie, 3.4.1909, zit. nach *Philip C. Jessup,* Elihu Root, Bd. 2 (New York 1938) 310.
[121] *Ralph R. Menning* und *Carol B. Menning,* „Baseless Allegations" Wilhelm II. and the Hale Interview of 1908, in: Central European History 16 (1983) 368–397, im folgenden zitiert: *Menning/Menning,* Hale Interview; *Fritz Fischer,* Exzesse der Autokratie. Das Hale-Interview Wilhelms II. vom 19. Juli 1908, in: Deutschlands Sonderung von Europa 1862–1945, hrsg. von *Wilhelm Alff* (Frankfurt, Bern 1984) 53–78; im folgenden zitiert: *Fischer,* Exzesse.
[122] AA-PA, VStNA 16 secr., Wilhelm II. an Roosevelt, 4.9.1905, Konzept.

sollte ein fremdes Staatsoberhaupt zum Komplizen gemacht werden, um die Blößen des eigenen Monarchen zu decken. Möglich ist jedoch auch, daß Bülows politisches Differenzierungsvermögen durch die ständige Konfrontation mit den kaiserlichen Irrationalitäten schon so abgestumpft war, daß er die Gefährlichkeit des gesamten kaiserlichen Auftrages an den Marineattaché nicht mehr überblickte. Erst Sternburg, der schließlich auf Veranlassung des Auswärtigen Amtes um seine Meinung befragt wurde, brachte den Mut auf, verheerende Folgen für die deutsch-amerikanischen Beziehungen zu prognostizieren, falls der Brief abgegeben werde. Erst danach brachte Bülow den Kaiser dazu zuzustimmen, daß dem Marineattaché Brief und Bild bei seiner Ankunft in New York wieder abgenommen wurde[123]. Beim Kaiser aber blieb ein tiefer Groll über Sternburg, das Auswärtige Amt und Bülow zurück, die er alle beschuldigte, die dringend erforderliche Warnung Roosevelts vor der Gefahr in Ostasien verhindert zu haben[124]. Die Hoffnung, einen politischen Skandal verhindert zu haben, erwies sich jedoch als trügerisch, denn der Kaiser hatte nicht nur den Brief geschrieben, sondern auch einer Gruppe amerikanischer Kongreßabgeordneter bei einer Audienz die gleichen Warnungen mit auf den Weg gegeben. Einer von ihnen hatte nach seiner Rückkehr nach New York nichts Eiligeres zu tun, als die Presse zu informieren. Dies löste in der amerikanischen Öffentlichkeit eine Welle der Empörung aus. Bei seiner Rückkehr nach Washington mußte Sternburg feststellen, daß er massiv an Boden verloren hatte. Hierfür machte er neben der englischen Pressekampagne gegen das Kaiserreich und der deutschen Marokko-Politik das kaiserliche Interview über die „gelbe Gefahr" verantwortlich[125].

Diese Vorgänge wiederholten sich im Juli 1908, als der Kaiser dem ihm völlig unbekannten amerikanischen Journalisten William Bayard Hale ein Interview gewährte, in dem er sich erneut über die „gelbe Gefahr", dazu über den baldigen Niedergang des englischen Weltreichs, die Chancen eines deutsch-amerikanischen Zusammengehens in China und die unvermeidliche Auseinandersetzung zwischen Amerika und Japan ausließ. Die besondere Brisanz dieser Mitteilungen lag darin, daß er gerade noch in dem Daily-Telegraph-Interview seine England-Freundschaft herausgestrichen hatte, nun aber England als den Verräter an der „weißen Rasse" bezeichnete. Dem Auswärtigen Amt gelang es zwar, die Veröffentlichung in der letzten Minute zu verhindern, dies jedoch erst, nachdem sich diese Neuigkeit bereits in allen Staatskanzleien der

---

[123] Ebenda, Bülow an Richthofen, 13.9.1905, Richthofen an Sternburg, 16.9.1905, Sternburg an Richthofen, 17.9.1905, Richthofen an Bülow, Telegr. 18.9.1905, Bülow an AA, Telegr. 18.9.1905 und 24.9.1905 und Bericht des Marineattachés Hebbinghaus vom 2.10.1905. Vgl. dagegen die Darstellung Bülows in seinen Denkwürdigkeiten, Bd. 1 (Berlin 1930) 573f., wo er sich selbst nur als aufmerksamen Warner darstellt. Daß der entscheidende Anstoß aber von Sternburg ausging und dieser dafür notfalls bereit war, seinen Hut zu nehmen, hatte auch die Gräfin Spitzemberg aus dem AA erfahren. Der Brief sei, so schrieb sie, in einem Ton abgefaßt, „wie ihn ein verliebter Tertianer an eine Nähmamsell schreibt", *Spitzemberg*, Tagebuch, 464, Eintragung vom 18.9.1906.
[124] AA-PA, VStNA 29, Bemerkungen des Kaisers zu Sternburg an AA, Telegr. Februar 1907; *Spitzemberg*, Tagebuch, 464.
[125] New York Times, 6.9., 12.9. und 5.10.1905; AA-PA, VStNA 16, v.d. Bussche an Bülow, 16.10.1905 und Sternburg an Bülow, 3.12.1905 und 24.3.1906.

Erde herumgesprochen hatte und der Inhalt im wesentlichen auch der breiten Öffentlichkeit bekannt war[126].

Roosevelt, den Hale um seine Meinung gebeten hatte, reagierte erschreckt und warnte vor der Veröffentlichung, da diese „an international explosion" auslösen würde, denn der Inhalt sei „far worse" als der des gerade erst im Daily Telegraph erschienenen Interviews. In einem anderen Brief erklärte er zu den Vorgängen im Kaiserreich nach der Veröffentlichung des Daily-Telegraph-Artikels:

> „The Kaiser has come an awful cropper. He has been a perfect fool, and the German people after standing his folly and bumpiousness for years finally exploded over something which was of course bad, but was no worse than scores of similar things he had done before."[127].

In einem Brief an Arthur Lee warnte er jetzt die britische Regierung vor dem kaiserlichen Deutschland. Er habe bisher die englische Furcht vor Deutschland immer als „slightly absurd" gehalten und die englischen Rüstungen gegen das Kaiserreich als überflüssig angesehen. Jetzt aber sei er „by no means as confident as I was". Im Interesse des Friedens müsse England vielmehr weiter rüsten. Er selbst bemühe sich um die Vergrößerung der eigenen Flotte, „because I think its mere existence will be the most portent factor ... in preventing any possible outbreak through disregard of the Monroe Doctrine in America"[128]. Ganz eindeutig waren hier die kaiserlichen Indiskretionen zumindest mit dafür verantwortlich zu machen, daß die Verschleierung der deutschen Weltmachtambitionen nicht gelang. Die deutschen Freundschaftsbeteuerungen wurden als hohl und intrigant durchschaut, und die Flotte blieb das wichtigste Instrument der als Abschreckungspolitik konzipierten amerikanischen Deutschlandpolitik.

Mit der größeren Zurückhaltung, die sich der Kaiser nach der Daily-Telegraph-Affäre in außenpolitischen Fragen auferlegte, hätten sich die Voraussetzungen einer deutsch-amerikanischen Annäherung vielleicht graduell verbessern können. Andere Faktoren verhinderten dies jedoch. Der Rücktritt Roosevelts vom Präsidentenamt 1908 beendete den persönlichen Kontakt zwischen den beiden Staatsoberhäuptern. Taft zeigte sich zwar ebenso wie Roosevelt an der Fortführung der Kontakte interessiert und suchte vor allem die Zusammenarbeit mit dem Kaiserreich in China, aber der Kaiser verachtete Taft, und ein persönliches Verhältnis ließ sich deshalb nicht mehr aufbauen. Auf das amerikanische Kooperationsinteresse in China ging die Reichsleitung zwar ein, aber angesichts der immer kritischeren politischen Lage in Europa konnte sie die Beziehungen zu den europäischen Mächten wegen China nicht zusätzlichen Belastungen aussetzen. Auf eine amerikanische Unterstützung in Europa aber, darüber machte sich das Auswärtige Amt nach Algeciras keine Illusionen mehr,

---

[126] *Menning/Menning*, Hale Interview; *Fischer*, Exzesse.
[127] *Menning/Menning*, Hale Interview, 375 f.; *Roosevelt*, Letters VI, 1370 f. und 1375, Roosevelt an T. Roosevelt Jr., 20.11 1908 und Roosevelt an Kermit Roosevelt, 22.11.1908.
[128] Ebenda, 1292 ff., Roosevelt an Arthur Lee, 17.10.1908.

konnte im Ernstfall nicht gerechnet werden. Damit wurde die Basis einer potentiellen deutsch-amerikanischen Kooperation in Ostasien äußerst schmal[129].

In den Wirtschaftsbeziehungen zwischen beiden Staaten häuften sich nach der Verabschiedung des Payne-Aldrich-Tarifes durch den amerikanischen Kongreß erneut die Konflikte. Im Kaiserreich wurde zusammen mit dem Zerfall des bürgerlich-konservativen Machtblocks, der sich schließlich in den Wahlen von 1912 deutlich manifestierte, die aus außenpolitischen Rücksichten bisher noch geübte Zurückhaltung gegenüber den USA weitgehend aufgegeben. Sie wich einer teilweise hemmungslosen antiamerikanischen Agitation der nationalen und konservativen Parteien und Verbände, die noch einmal deutlich machte, daß der wirtschaftliche Antagonismus zwischen beiden Staaten, weil er tief in die Innenpolitik hineinwirkte, für eine tragfähige Verständigung ein sehr schweres Hindernis darstellte[130].

Die Hoffnung, durch Entgegenkommen in den Handelsfragen, Zurückhaltung in Lateinamerika und intensivere Kulturarbeit die amerikanische Freundschaft gewinnen und gegen England ausspielen zu können, hatte sich als illusorisch erwiesen. Schon im Dezember 1906 wurde im Reichstag nicht nur Skepsis gegenüber diesem Kurs geäußert, sondern auch scharfe Kritik laut, weil die erwarteten Erfolge ausblieben und das Kaiserreich stattdessen immer tiefer in die Isolierung geraten war[131]. An der zentralen Bedeutung guter deutsch-englischer Beziehungen für das Kaiserreich führte kein Weg vorbei. Dies hatte Bethmann Hollweg erkannt und dem Wechsel im Kanzleramt folgte deshalb der außenpolitische Kurswechsel. Das antienglische Motiv der deutschen Freundschaftsbemühungen um die Vereinigten Staaten verlor damit seine Attraktivität.

Die Ereignisse in Lateinamerika, dessen politische und wirtschaftliche Instabilität seit 1911 vor allem in Mittelamerika, in Haiti und ganz besonders in Mexiko die europäischen Wirtschaftsinteressen wieder mit erneuter Heftigkeit bedrohte, wiesen vielmehr auf die Gemeinsamkeiten der deutschen und britischen Interessen an der Peripherie hin. In Mexiko unterstützten beide Staaten die Regierung Huerta und befanden sich damit im offenen Gegensatz zur Politik Woodrow Wilsons. Zu einer Absprache untereinander mit antiamerikanischer Spitze kam es jedoch nicht, weil das gegenseitige Mißtrauen zu groß war und keine der beiden Mächte den Konflikt mit den USA in Kauf nehmen wollte[132]. Auch in Haiti befand sich die deutsche Politik seit 1911 auf Kollisionskurs mit den USA, indem sie eine führende Position in der Verwaltung der haitischen Finanzen anstrebte[133].

Gemeinsame deutsch-englische Interessen schuf auch die amerikanische Kanalgebührenpolitik, die die Diskriminierung der nichtamerikanischen Schiffahrt bei der Benutzung des Panama-Kanals vorsah. Obwohl sich dadurch die englische so wie die

---

[129] AA-PA, VStNA 16, Bernstorff an AA, Telegr. 1.1.1909, Bernstorff an Bülow, 1.3.1909 und Aufzeichnungen des AA vom 15.7.1909.
[130] *Fiebig-von Hase,* Wirtschaftsbeziehungen, 344 ff.
[131] Sten.Ber.RT, 11 Leg.Per., 2.Sess., 116. und 117. Sitzung (14. und 15.11.1906) 3619–3663 passim.
[132] *Katz,* Mexico, 156–249.
[133] *Dana G. Munro,* Intervention and Dollar Diplomacy in the Caribbean 1900–1921 (Princeton 1964) 246–255 und 326–340.

deutsche Schiffahrt in gleicher Weise herausgefordert fühlte, bemühte sich die kaiserliche Regierung nicht um die Kooperation mit England, weil der Kaiser auch so hoffte, an den von England mit Hilfe seiner völkerrechtlichen Ansprüche durchzusetzenden Forderungen auf Gleichbehandlung aller Handelsschiffe partizipieren zu können[134]. Tatsächlich war die Verärgerung über die amerikanische Kanal- und Mexiko-Politik einerseits und neue Zollstreitigkeiten andererseits der Anlaß für die deutsch-englische Absprache, die zur feierlichen Eröffnung des Kanals geplante Weltausstellung in San Francisco zu boykottieren. Die Hamburger Nachrichten triumphierten, „endlich" habe sich „Europa gegen die Vereinigten Staaten von Nordamerika" vereint. In den USA wurde der Boykott als ein schwerer politischer Affront aufgefaßt, zumal man dahinter weitergehende Absprachen über Mittel- und Südamerika mit einer Spitze gegen die USA und die Monroedoktrin vermutete[135].

Daß auch in den amerikanischen Kriegsplänen ab 1910 das englische Wohlwollen gegenüber den USA nicht mehr so ohne weiteres als selbstverständlich vorausgesetzt wurde wie bisher, läßt sich als Indiz dafür interpretieren, daß die Befürchtungen deutscher Aktivitäten in Lateinamerika mit stillschweigender Rückendeckung durch England innerhalb der amerikanischen Regierung seit diesem Zeitpunkt wieder verstärkt auftraten und als Belastung der eigenen sicherheitspolitischen Lage angesehen wurden, wobei jedoch nie mit der Möglichkeit eines Krieges in der unmittelbaren Zukunft, sondern immer nur in der weiteren gerechnet wurde[136]. Auf alle Fälle hatte die Phase der deutsch-amerikanischen Beziehungen, in der beim Abbau der Spannungen zumindest oberflächlich gewisse Erfolge erzielt werden konnten, damit bereits vor dem Kriegsausbruch 1914 ein Ende gefunden.

In den Beziehungen zwischen zwei Staaten finden sich immer harmonierende und gegensätzliche Interessen nebeneinander. Ob sich diese Beziehungen auf den Konflikt oder die Kooperation hinbewegen, hängt erstens von dem jeweiligen Mischungsverhältnis zwischen antagonistischen und harmonierenden Interessen und zweitens von der Kompromißfähigkeit der beiden Staaten hinsichtlich der politischen Zielvorstellungen ab. In den deutsch-amerikanischen Beziehungen hatten vor 1914 die wirtschaftlichen Gegensätze und das Aufeinanderprallen der Interessen in Lateinamerika zwei große Konfliktfelder geschaffen, denen mit den fragwürdigen deutschen Freundschaftsbemühungen nach 1902 kein gleichwertiges Gegengewicht entgegengesetzt werden konnte. Weder in der Wirtschafts- noch in der Weltpolitik war das Kaiserreich vor 1914 gegenüber den USA letztlich kompromißfähig, da man sich zur Durch-

---

[134] *Charles Seymour,* The Intimate Papers of Colonel House, Bd. 1 (Boston und New York 1926) 192–206 passim; *Arthur S. Link,* The New Freedom (Princeton 1956) 304–314; AA-PA, Amerika Generalia 12, Jenisch an Bethmann Hollweg, 29. 8. 1912. Die Kreuzeitung sah am 6. 3. 1914 „Onkel Sam auf dem Isolierschemel".
[135] ZStAP, AA, Nr. 18 401, Jagow an Lichnowsky (Konzept Goetsch), 21. 4. 1913; ebenda, Nr. 18 402, Lichnowsky an AA, Telegr. 17. 7. 1913; ebenda, Nr. 18 405, Bernstorff an Bethmann Hollweg, 31. 12. und 23. 12. 1913. Bernstorff nannte die Ablehnung der Einladung „die erste große Torheit seit Manila". ZStAP, Nl. A. Zimmermann, Nr. 3, Bernstorff an Zimmermann, 23. 8. 1913; Hamburger Nachrichten, 5. 9. 1913.
[136] National Archives, Washington, D. C., Department of the Navy, General Board Papers 425, War Portefolio No. 1, „Black-Plan".

setzung der eigenen Weltmachtambitionen auf die Politik der Stärke festgelegt hatte, die die deutsche Hegemonialposition in Europa durchsetzen und mit Hilfe der Flotte auch in Übersee die Realisierung der deutschen Ziele erzwingen wollte. Zwar zeigten sich die USA in beiden Fragen gegenüber dem Kaiserreich genauso kompromißlos wie dieses, nur hatten diese mit ihrer überlegenen Wirtschaftsmacht und der englischen Freundschaft die besseren Karten in der Hand und konnten so auf Drohungen verzichten. Die auf deutscher Seite mit der Kontinentalpolitik und den Flottenrüstungen beabsichtigte Revolutionierung des internationalen Systems bedrohte vitale Interessen der USA und war in erster Linie für den amerikanischen Kriegseintritt entscheidend. Der Kaiser selbst war für die Existenz antagonistischer deutsch-amerikanischer Interessen gewiß nicht verantwortlich zu machen, bei der Formulierung der politischen Ziele aber und der Wahl der Mittel zu ihrer Durchsetzung haben er und die von ihm mit der Leitung der Staatsgeschäfte beauftragten Männer jedoch die entscheidenden Weichen gestellt.

Fritz Fischer

Kaiser Wilhelm II.
und die Gestaltung der deutschen Politik
vor 1914

Nachdem schon viel über den Charakter und die verfassungsrechtliche Stellung Wilhelms II. gesagt worden ist, will ich mich für mein Thema zunächst ganz auf die eindeutig feststellbaren Fakten einer Einwirkung des Monarchen auf die Gestaltung der deutschen Politik vor 1914 beschränken und erst am Ende einige Schlüsse aus dem festgestellten Sachverhalt auf die Rolle des Kaisers in der deutschen Politik ziehen.

Die Isolierung Deutschlands 1907/08/09

Während der Zweiten Haager Friedenskonferenz[1] im Jahre 1907 war das Deutsche Reich diplomatisch, publizistisch und moralisch so isoliert in der Welt, wie erst wieder Anfang August 1914 durch den Bruch der belgischen Neutralität. Auf Befehl des Kaisers – „Nur wenn Abrüstungsfrage *total ausgeschaltet wird* (O), werde ich die Conferenz beschicken, *sonst nicht* (O)" – hatten Berlin und Wien als einzige von allen beteiligten Regierungen es erzwungen, daß die Haager Konferenz die Frage einer Rüstungsbegrenzung nicht behandeln durfte. Damit hatte Deutschland sich in Gegensatz gesetzt zu den Erwartungen breiter Kreise der Öffentlichkeit, besonders in den USA und England. Auf der Konferenz selbst hat Deutschland die Idee einer obligatorischen Schiedsgerichtsbarkeit schroff abgelehnt, obwohl davon „Lebensfragen" einer Nation, Fragen der Ehre und der Unabhängigkeit ausdrücklich ausgenommen waren, und sich damit in der internationalen Öffentlichkeit weiter unbeliebt gemacht.

In die gleiche Richtung ging des Kaisers unnachgiebiges Verhalten im Jahre 1908 in der zur Siedehitze gestiegenen Spannung zwischen England und Deutschland um das Wettrüsten im Flottenbau. Auf Befehl des Kaisers hat der Reichskanzler Bülow

---

[1] *Jost Dülffer*, Regeln gegen den Krieg? Die Haager Friedenskonferenzen 1899 und 1907 in der internationalen Politik (Berlin 1981) 291 zur Abrüstungsfrage, 312 ff., 318, 336 ff. zur Schiedsgerichtsbarkeit.

am 25. Juni in einem Rundschreiben an die deutschen Botschafter diesbezüglich angeordnet[2]:

> „Vereinbarungen, die auf eine Einschränkung unserer Wehrmacht hinauslaufen, sind für uns unter keinen Umständen diskutierbar! Eine Macht, die uns zu einer solchen Vereinbarung auffordert, möge sich darüber klar sein, daß eine solche Aufforderung den Krieg bedeutet."

Als die englische Regierung auf den verschiedensten Wegen und in höflichster Form Berlin wissen ließ, daß die deutsche Flottenrüstung in England als eine Bedrohung angesehen werde, und dementsprechend Unterstaatssekretär Hardinge, der Begleiter Eduards VII., in Schloß Kronberg im August 1908 gegenüber Wilhelm II. zu äußern wagte, daß nur durch eine Verlangsamung im Tempo der deutschen Schiffsbauten das gegenseitige Verhältnis gebessert werden könne, da erwiderte der Kaiser schroff:[3] „Then we shall fight, for it is a question of national honour and dignity."

In dieses Jahr 1908 fiel nun ein Ereignis, das Wilhelm II. zeitweilig zum Mittelpunkt des Weltinteresses machte: Die Daily-Telegraph-Affäre[4]. Bei einem Aufenthalt in England im Herbst 1907 – während in Berlin durch Bülow und Tirpitz eine neue deutsche Flottennovelle angekündigt wurde – hatte der Kaiser ein Interview gegeben in der Absicht, die deutsch-englischen Beziehungen zu verbessern. Dieses Interview wurde am 28. Oktober 1908 im Daily-Telegraph veröffentlicht, nach vorheriger Kenntnisnahme durch sieben Beamte des Auswärtigen Amtes und mit der Erlaubnis des Kanzlers Bülow. Die Äußerungen des Kaisers enthielten aber so viele Taktlosigkeiten und schiefe Behauptungen, daß der englische Nationalstolz beleidigt, die Regierungen in Paris und Petersburg irritiert, die deutsche Bevölkerung enttäuscht und erbittert waren. Die Engländer wurden obendrein durch die Behauptung, er, der Kaiser, gehöre zu der Minorität in Deutschland, die proenglisch gestimmt sei, in ihren Vorurteilen und Besorgnissen gegenüber Deutschland noch bestärkt. In der deutschen Öffentlichkeit wie im Reichstag reichte die Kritik am Kaiser von den Sozialdemokraten bis zu den Konservativen. Wilhelm II., der sich vom 3. bis zum 17. November durch einen Jagd- und Vergnügungsaufenthalt dem Sturm entzogen hatte, fühlte sich vom Kanzler in den Reichstagsdebatten am 10. und 11. November nicht ausreichend gedeckt und sogar gedemütigt, als dieser ihm nach seiner Rückkehr, unter dem Druck der allgemeinen Erregung, zu einer vagen Erklärung zwang, sich künftig mehr konstitutionell zu verhalten. Dies war freilich auch das einzige Ergebnis des Entrüstungssturms; die mit dem „System" verbundenen Interessen waren stärker und verhinderten jede Verfassungsänderung.

Wenn schon diese Form kaiserlicher Einflußnahme auf die Außenpolitik, entgegen ihrer Absicht, die Spannungen zwischen den Völkern und Regierungen steigerte, statt minderte, so wurde dies selbstherrliche Auftreten schlechthin grotesk und gefährlich, als in der internationalen Presse bekannt wurde, daß Wilhelm II. im Juli 1908 ein

---

[2] *Bruno Gebhardt,* Handbuch der Deutschen Geschichte, Bd. 3 (Stuttgart 1960) 298 (Bülow, 25.6.1908).

[3] *Fritz Fischer,* Krieg der Illusionen. Die deutsche Politik 1911–1914 (Düsseldorf 1969, ²1970) 103 f.; im folgenden zitiert: *Fischer,* Krieg.

[4] *Andrew Carlson,* Wilhelm II and the Daily-Telegraph Affair. A Study of Disfunctionalism of Politics and Society in Wilhelminian Germany, noch ungedruckt mit umfassender Bibliographie.

zweites Interview[5] gegeben hatte, dieses Mal einem amerikanischen Journalisten. Die für den 1. Dezember 1908 geplante Veröffentlichung dieses Interviews in den USA konnte nur im letzten Moment von der deutschen Regierung, die es in einer überarbeiteten Form gebilligt hatte, verhindert werden. Darin nämlich sprach der Kaiser genau das Gegenteil dessen aus, was er im Daily-Telegraph-Interview behauptet hatte: Die Engländer sind Verräter an der weißen Rasse (wegen ihres Bündnisses mit Japan), ihr Weltreich befindet sich im Niedergang (durch den kommenden Aufstand der Inder und der Kolonialvölker); er, der Kaiser, ist ein Bewunderer und Freund Amerikas und seines Präsidenten Theodore Roosevelt, dem er gemeinsamen Kampf gegen Japan zur Rettung und Aufteilung Chinas vorschlägt; sie Beide sind Vorkämpfer der teutonischen Rasse und des Protestantismus. (Der Kaiser tadelt den katholischen Glauben, besonders den Marienkult, obschon doch ein Drittel seiner Untertanen Katholiken waren.) Den Höfen und Staatskanzleien in Tokio, London, Washington, Paris usw. war der Wortlaut des ursprünglichen Interviews bekannt. Sie behandelten es mit Delikatesse, um den deutschen Kaiser nicht bloßzustellen. In der verkürzten und überarbeiteten Form des Interviews hatte das deutsche Auswärtige Amt den Nachdruck darauf gelegt, Amerika und der Welt mitzuteilen, daß Deutschland keine Ambitionen (mehr!) auf Westindien, Mexiko, Brasilien usw. habe (wie 1898 vor Manila, 1904 vor Venezuela), schon weil es in Europa „eingekreist" sei (seit 1907) und keinen Mann für Übersee entbehren könne.

Als die Nachricht von diesem zweiten Interview und sein Inhalt am 20. November 1908 in der Berliner Presse auftauchte und dem Kaiser vor Augen kam, erlitt er einen Nervenzusammenbruch und erwog die Abdankung. – War dieser Schock so tiefgehend, daß der Kaiser nun ein anderes Verhalten in politicis annahm? Wohl kaum. Nach der Enttäuschung über den „Zivilisten" Bülow lehnte er sich jetzt wieder stärker an die Militärs an und griff erneut in die Außenpolitik ein, als er bei seiner üblichen Ansprache an Neujahr an die Kommandierenden Generäle einen von ihm mitverfaßten, jedenfalls aber von ihm gebilligten Artikel des anwesenden früheren Generalstabschefs Graf Schlieffen vorlas. In diesem Artikel wird das Deutsche Reich als von den feindlich gesinnten Mächten der Triple-Entente „eingekreist" vorgestellt, und der Schluß war zwingend, es sei die zukünftige Aufgabe Deutschlands, diesen „Ring" zu sprengen. Mehr noch, der Kaiser sorgte dafür, daß der Vorgang in die Öffentlichkeit kam, die sich erneut über diese dem Ausland gegenüber gefährliche Äußerung des Monarchen erregte.

Wenige Wochen später machten Bülow und das Auswärtige Amt den Versuch, die Triple-Entente zu sprengen, sei es diplomatisch, sei es eventuell mit Gewalt. Es geschah das durch das vom Kaiser gebilligte, von Kiderlen-Wächter, der für einige Wochen den Staatssekretär des Auswärtigen v. Schoen vertrat, verfaßte Quasi-Ultimatum an Rußland vom 22. März 1909, in dem Berlin von Petersburg die Hinnahme der Annexion von Bosnien und der Herzegowina durch Österreich-Ungarn forderte und damit auch die Hinnahme der Annexion durch Serbien, die Wien am 19. März ultimativ

---

[5] Ebd., Kap. 5: The Supressed Hale Interview. – Vgl. *Fritz Fischer,* Exzesse der Autokratie. Das Hale-Interview Wilhelms II. vom 19. Juli 1908, in: *W. Alff* (Hrsg.), Deutschlands Sonderung von Europa 1862–1945 (Frankfurt a. M./Bern/New York 1984) 53–78.

von diesem gefordert hatte. – Vier Tage nach der ultimativen Anfrage Berlins in Petersburg unterhielt sich der Hofmarschall Graf Robert von Zedlitz-Trützschler mit dem Chef des Kaiserlichen Militärkabinetts General von Lyncker über die „außenpolitischen Kriegsmöglichkeiten", denen der General „für uns günstige Chancen sowohl Frankreich wie Rußland gegenüber beimaß, so daß er sogar die Herbeiführung des Krieges im jetzigen Moment für wünschenswert hielt, um aus den inneren und äußeren Schwierigkeiten herauszukommen". Auf den Hinweis, „daß die Nerven des Kaisers schlecht seien und man doch sehr mit seiner schwierigen Persönlichkeit zu rechnen habe", antwortete Lyncker[6]: „Ich stimme Ihnen bei. Moltke fürchtet nicht die Franzosen und die Russen, wohl aber den Kaiser." – Dieses Mißtrauen gegenüber der Persönlichkeit des Monarchen von seiten der Militärs, denen er sich doch eben wieder so ostentativ zugewandt hatte, wird uns von nun an wie ein roter Faden begleiten in der neuen Ära, die von der ‚Weltpolitik' weg in den Machtkampf auf dem Kontinent gegenüber Rußland und Frankreich führte.

Der Kanzlerwechsel

Vier Monate später, am 14. Juli 1909, wurde der im November 1908 in Ungnade gefallene Kanzler Bülow entlassen. Der Kaiser berief als Nachfolger nicht einen Kandidaten seiner Wahl, sondern, auf Bülows dringenden Vorschlag hin – im Blick auf die Unruhe in der Arbeiterschaft als Folge des Scheiterns der Reichsfinanzreform – einen in der inneren Politik erfahrenen Mann, Theobald von Bethmann Hollweg, den der Kaiser von Jugend an persönlich kannte, ebenso schätzte wie als schulmeisterlich und langweilig fürchtete. Wilhelm II. mag dabei die Führung der Außenpolitik sich selbst zugetraut haben; es spielte aber mit, daß dieser ‚liberale' Konservative in der Presse und Öffentlichkeit – konträr zu Bülow und Tirpitz – als anglophil galt, also geeignet schien, die gegenwärtige Spannung zu der Flottenmacht Großbritannien zu mildern. – Für unsere Frage nach Wilhelm II. und die Gestaltung der deutschen Politik vor 1914 ist entscheidend, daß der nun 50jährige Monarch diesen Mann, der nur 2½ Jahre älter war als er selbst, zu seinem ersten Berater wählte und ihn gegen alle Anfeindungen von links und weit heftiger von rechts acht Jahre lang festhielt. Das geschah, weil der Kaiser zu mindestens den Anschein einer Reformwilligkeit im Innern und einer Annäherung an England nach außen hin zeigen wollte.

Die Zweite Marokkokrise 1911 und ihr Nachspiel

Als der bullige Kiderlen-Wächter – seit Juli 1910 Staatssekretär des Auswärtigen –, der in Rechtskreisen und bei der Industrie als neuer Bismarck galt, in der Zweiten Marokkokrise Druck auf Frankreich ausüben wollte, um „Kompensationen" von Paris zu erzwingen, erlaubten Wilhelm II. und Tirpitz nur ungern die Entsendung des Kanonenbootes „Panther" am 1. Juli 1911 nach Agadir, eine Drohgeste gegenüber Frank-

[6] *Fischer*, Krieg, 105 f.

reich, die weltweit Aufsehen machte. Als in der daraus entstehenden Kriegskrise die Verbündeten des Reichs, Italien und vor allem Österreich-Ungarn sich von Berlin distanzierten, und England in der Mansion-House-Rede von Lloyd George offen hinter Frankreich trat, da schrak Wilhelm II. vor dem Krieg zurück und mit ihm der Reichskanzler. Für die Weltöffentlichkeit war der sonst so herausfordernde Kaiser nunmehr ‚Guillaume le Timide'. Für die Alldeutschen, die Kiderlen als Claqueure benutzt und dann so enttäuscht hatte, und für die Konservativen wurde der Kronprinz zur Hoffnung der Nation, weil er in der Reichstagsdebatte im November dem Führer der konservativen Partei, von Heydebrand und der Lasa, Beifall spendete, als dieser erklärte: „Wir wissen jetzt, wo der Feind steht", nämlich in England.

Aber auch für den Kaiser war jetzt England erneut der Hauptfeind, und er drängte im Winter 1911/12 auf weitere Flottenrüstung. Während der Kanzler an seiner langfristigen Politik festhielt und mit Hilfe von Ballin und Cassel – die Geschäftswelt beiderseits des Kanals war aufgeschreckt durch die Kriegsgefahr im Sommer 1911– die Haldane-Mission einleitete, von der er sich einen Neutralitätsvertrag mit England (so verstand er die Formel friedlicher Zusammenarbeit, die Haldane mitbrachte) für den Fall eines kriegerischen Konflikts auf dem Kontinent erhoffte (einen Vertrag, für den er immer neue Formeln anbot), beharrte der Kaiser im Bunde mit Tirpitz auf einer neuen Flottennovelle, die er taktvoller Weise am Vorabend des Besuches von Haldane in Berlin ankündigen ließ. Durch seine Intransigenz torpedierte der Kaiser die Englandpolitik seines Kanzlers – der ‚Zivil'-Kanzler wurde von der Verhandlung Kaiser–Tirpitz mit Haldane ausgeschlossen! Wilhelm II. setzte sich in diesem Moment noch einmal durch, obschon sich die innen- wie außenpolitischen und selbst die strategischen Erwartungen des Flottenbaus als verfehlt abzeichneten. Der Reichskanzler gab seine Politik nicht auf; er schaltete jetzt von Verhandlungen über Neutralität um auf geduldig und zäh bis zum Juli 1914 fortgeführte Gespräche mit England über die Begrenzung der Bagdadbahn, über Teilung der portugiesischen Kolonien oder des belgischen Kongo, um so zu einer Annäherung an London zu kommen.

Der Kaiser aber saß auf hohem Roß gegenüber England: als die englische Admiralität außer an den neuen Schiffen auch an der Erhöhung des Mannschaftsbestandes der deutschen Flotte Anstoß nahm, rief er im März 1912 aus[7]: „Meine und des deutschen Volkes Geduld ist am Ende!" Im Sommer 1912 sah sich Wilhelm II. schon an der Spitze der (noch zu schaffenden) „Vereinigten Staaten von (Kontinental-)Europa"[8]. Wenn diese seine Vorstellungen auch exaltiert waren, so berührten sie sich doch mit den ‚Mitteleuropa'-Ideen, die Bethmann Hollweg sich von Walther Rathenau, Chef der AEG, Vertreter der Banken und der exportorientierten modernen Industrien, in diesem Jahr und weiterhin nahebringen ließ. Rathenau durfte sich auch als ein Freund des Kaisers betrachten.

Inzwischen hatte der Kaiser den unnachgiebigen Warner vor einem Konflikt mit England wegen der Flottenrüstung, den Botschafter Grafen Wolff-Metternich von seinem Londoner Posten abberufen und durch Marschall von Bieberstein (bisher in

---

[7] Ebd., 188. Wilhelm II. an Bethmann Hollweg, 5.3.1912.
[8] Ebd., 201. Wilhelm II. im Gespräch mit Walther Rathenau, 13.2.1912.

Konstantinopel) ersetzt, der allerdings bereits im August in London starb. Von ihm wie von dem wiederum vom Kaiser persönlich ausgewählten Nachfolger auf dem Londoner Posten, Fürst Lichnowsky, erwartete Wilhelm II. eine entschiedene Haltung in der Flottenfrage, zugleich aber auch – damit im Widerspruch stehend – ein Heranziehen Englands an Deutschland für den Fall eines großen Krieges. So wie er es im Dezember 1912, dann enttäuscht über die Haltung Englands in der neuen Kriegskrise, mit Nachdruck aussprach[9]:

> „Damit ist Marschalls Arbeit und Lichnowsky's Mission à limine bereits erledigt. Denn beider Auftrag war, die Neutralität Englands uns jedenfalls für den Konfliktsfall mit Rußland–Frankreich zu sichern."

Der sog. „Kriegsrat" vom 8. Dezember 1912[10]

Am 16. Oktober 1912 brach unerwartet für Europa der Erste Balkankrieg aus. Er führte in wenigen Tagen (22. bis 24. Oktober) zum militärischen Zusammenbruch des Osmanischen Reichs und zum Verlust seiner europäischen Besitzungen. Diesem Krieg gegenüber nahm der Kaiser anfangs eine neutrale Haltung ein, anders als der Reichskanzler und die Wilhelmstraße. Er sah die Kriegserklärung der vier Balkanstaaten an die Türkei als „eine historische Notwendigkeit" an. Am 5. November plädierte der Kaiser für „Nicht-Intervention um jeden Preis". Am 7. November telegraphierte er an Kiderlen-Wächter:

> „Ich sehe absolut gar keine Gefahr für Österreich's Existenz oder gar Prestige in einem serbischen Hafen an der Adria."

Es wäre bedenklich, wenn Wien sich dem serbischen Wunsche entgegenstemmen würde, denn „Rußland würde sofort Serbien unterstützen". Deutschland dürfe sich nicht wegen Durazzo oder Albanien „der Gefahr einer kriegerischen Verwicklung aussetzen"; das könne er, sagt der Kaiser, „weder vor meinem Volk noch vor meinem Gewissen verantworten". Und noch am 9. November telegraphierte Wilhelm an Kiderlen-Wächter:

> „Habe mit Reichskanzler eingehend im Sinne meiner Instruktionen an Sie gesprochen und bestimmt erklärt, daß wegen Albanien und Durazzo ich unter *keinen Umständen gegen Paris und Moscau marschieren* (O) werde."

Am Abend des gleichen Tages aber, dem 9. November 1912, gelang es dem Reichskanzler, den Kaiser umzustimmen und ihn zu überzeugen, daß Deutschland seine Bündnispflicht gegenüber Österreich erfüllen müsse, „auch wenn Österreich durch seine Forderung (Serbien dürfe Albanien nicht annektieren und keinen Hafen an der Adria bekommen) einen Krieg heraufbeschwöre". Anders als bisher der Kaiser war

---

[9] Ebd., 236f. Wilhelm II. an Eisendecher, 12.12.1912.
[10] Zum sog. „Kriegsrat": *Fischer,* Krieg, Kap. 9: Der vertagte Krieg, 231 ff. – Die neueste Darstellung von *John C. G. Röhl,* Der militärpolitische Entscheidungsprozeß in Deutschland am Vorabend des Ersten Weltkriegs, in: *ders.,* Kaiser, Hof und Staat. Wilhelm II. und die deutsche Politik (München 1987) 175–204 mit umfassenden Literaturangaben, einschließlich Röhls eigenen Arbeiten seit 1969.

der Kanzler also durchaus bereit, einen europäischen Krieg wegen des österreichisch-serbischen Konflikts zu riskieren, weil es sich um vitale Interessen des Bundesgenossen handle. Das war eine Entscheidung von fundamentaler Bedeutung, der der Kaiser sich unterwarf, wenn auch nur zögernd und mit großem Ernst im Blick auf die Konsequenzen, wie sein eigenhändiges Resümee seiner Gespräche mit Kiderlen erkennen läßt. – Zwei Wochen später, am 22. November, versprachen Wilhelm II. und Moltke dem nach Berlin gekommenen Franz Ferdinand und seinem Generalstabschef „unter allen Umständen" volle Unterstützung, auch wenn es über den Konflikt mit Serbien zu einem Weltkrieg „mit den drei Entente-Mächten käme".

Bethmann Hollweg und Kiderlen arbeiteten währenddessen mit England und Frankreich zusammen, um einen Weltkrieg jetzt zu verhindern. Sie erreichten, daß die Botschafterkonferenz der Großmächte, die am 18. Dezember in London zusammentrat, die beiden genannten Forderungen Österreichs erfüllte, d. h. daß Rußland Serbien fallen ließ. – Um aber Österreich, bis das diplomatische Spiel gewonnen war, zuversichtlich zu halten, gab der Reichskanzler im Deutschen Reichstag am 2. Dezember eine vorsichtig formulierte Bündniszusicherung ab:

„Wenn sie (die Österreicher) aber bei Geltendmachung ihrer Interessen, wider alles Erwarten, von dritter Seite angegriffen werden und damit in ihrer Existenz bedroht sein sollten, dann würden wir, unserer Bündnispflicht getreu, fest entschlossen, an ihre Seite zu treten haben, und dann würden wir zur Wahrung unserer eigenen Stellung in Europa, zur Verteidigung unserer eigenen Zukunft und Sicherheit fechten." (Das gleiche Wort „fechten" gebrauchte Kiderlen am 28. November vor dem Bundesrat).

Dieses Wort „fechten" schreckte die englische Regierung auf, und sie warnte tags darauf Berlin durch ein Gespräch Haldane's mit Lichnowsky, daß England, wenn Deutschland Frankreich angriffe, unbedingt Frankreich beispringen würde, denn England könne nicht dulden, daß die balance of power in Europa gestört würde; es könne nicht zulassen, daß England sich nachher einer einheitlichen kontinentalen Gruppe unter Führung einer einzigen Macht gegenüber sähe.

Der Bericht Lichnowskys erreichte den Kaiser am Sonntag, den 8. Dezember, und er erregte ihn ungeheuer. Noch am 3. Dezember hatte er, beeindruckt von den Berichten aus London über die überaus wohlwollende Aufnahme von Lichnowsky in England von einer „überraschenden englischen Annäherung" gesprochen. Damit schien die Politik Bethmann Hollwegs und Kiderlen-Wächters einen ersten Erfolg errungen zu haben. Der Bericht Lichnowskys zerstörte nun seinen Optimismus mit einem Schlage:

„Weil England zu feige ist, (so schrieb er an den Rand des Berichts) Frankreich und Rußland offen in diesem Falle sitzen zu lassen, und zu sehr neidisch auf uns ist und uns haßt, deswegen sollen andere Mächte (Österreich-Ungarn und Deutschland) ihre Interessen nicht mit dem Schwerte verteidigen dürfen, da es dann trotz aller Versicherungen, trotz Marschall und Lichnowsky doch gegen uns gehen will. Das richtige Krämervolk! Das nennt es Friedenspolitik! Balance of Power! Der Endkampf der Slawen und Germanen findet die Angelsachsen auf Seiten der Slawen und Gallier."

Am gleichen Tag nachmittags telegraphierte der Kaiser das Gleiche an Kiderlen und forderte ihn auf, „Militärabkommen mit der Türkei, Bulgarien und Rumänien, möglichst auch mit Japan zu schließen".

Der Kaiser berief an diesem 8. Dezember 11 Uhr seine militärischen Berater aus Armee und Marine (mit Ausnahme des Preußischen Kriegsministers Josias von Heeringen) ins Berliner Schloß zu einer „militärpolitischen Lagebesprechung", wie Admiral v. Müller es korrekt nannte. Die „Zivilisten", der Reichskanzler und der Staatssekretär des Auswärtigen, waren nicht dazu gebeten: Bethmann Hollweg sprach später von einem „Kriegsrat" hinter seinem Rücken. Der Kaiser plädierte für den sofortigen Krieg gegen Frankreich und Rußland; dazu müsse Österreich den „auswärtigen Slawen (den Serben) gegenüber kraftvoll auftreten". Wenn dann Rußland die Serben stützte, und etwa in Galizien einrücken würde, „wäre der Krieg für uns unvermeidlich". Für diesen großen Krieg könne Deutschland hoffen, Bulgarien, Rumänien, auch Albanien und vielleicht sogar die Türkei als Bündnispartner zu gewinnen. Träten diese Mächte auf Österreichs Seite, „dann seien wir soweit frei, daß wir den Krieg mit ganzer Wucht gegen Frankreich führen könnten". Die Flotte müßte sich natürlich auf den Krieg gegen England einrichten. Dafür erhielt Tirpitz den Auftrag: schleunige Mehrbauten von U-Booten, im Kriegsfall sogleich Unterseebootskrieg gegen englische Truppentransporte, Minenkrieg in der Themse. (Diese Vorschläge hatte der Chef des Admiralstabs dem Kaiser am 4. Dezember gemacht für den Fall, daß England als Gegner aufträte.)

Moltkes Antwort auf die Forderung des Kaisers nach Krieg war: „Ich halte einen Krieg für unvermeidbar", und „Je eher, desto besser!" Tirpitz aber erhob Einspruch und wünschte die Verschiebung des eventuellen Krieges um 1½ Jahre, bis der Kieler Kanal für die Benutzung durch Linienschiffe vertieft und der U-Boot-Hafen auf Helgoland fertig sei. Moltke replizierte bitter, die Marine sei auch dann noch nicht fertig; während Tirpitz später noch hinzufügte, die Armee könne ja die gewonnene Zeit nutzen, ihre eigenen Mängel abzustellen, vor allem das Menschenreservoir besser auszuschöpfen. Sehr ungern unterwarfen sich der Kaiser und Moltke dem Einspruch von Tirpitz für eine Verschiebung des großen Kriegs.

Schon am nächsten Tag, den 9. Dezember, befahl der Kaiser dem noch immer widerstrebenden Preußischen Kriegsminister, sofort eine Vorlage für eine große Heeresvermehrung auszuarbeiten, wobei er allerdings gleichzeitig an Tirpitz den Auftrag gab, auch eine Vorlage für eine neue Flottennovelle vorzubereiten. – Entsprechend der Initiative des Kaisers besprach sich der Kanzler bereits am 14. Dezember mit Josias von Heeringen und Tirpitz über die diesbezüglichen Vorlagen, wobei er fest entschlossen war, eine neue Flottenvorlage abzuwehren, was ihm gegenüber dem Kaiser endgültig am 9. Januar 1913 gelang. Damit war der Stern von Tirpitz im Sinken. Der Kanzler verband sich mit Moltke, der, angetrieben von jüngeren Mitarbeitern wie Ludendorff, am 22. Dezember eine enorme Vermehrung des deutschen Heeres um etwa ein Drittel verlangte, neben der ein erneuter zusätzlicher Ausbau der Flotte schon finanziell nicht tragbar gewesen wäre. Moltkes Forderung wurde freilich wegen des Einspruchs des Preußischen Kriegsministers, dem der Kaiser recht gab, nicht in vollem Umfange erfüllt.

Es war an dem 14. Dezember, an dem wir den Reichskanzler aktiv sahen, daß der Kaiser dem Admiral v. Müller sagte, es sei interessant, „daß der Reichskanzler sich jetzt doch an den Gedanken eines Krieges gewöhnt habe, er, der noch vor einem Jahr ausgesprochen habe, er werde nie imstande sein, zu einem Krieg zu raten".
Von dem „Kriegsrat" am 8. Dezember geht außer dem letzten Anstoß zur großen Heeresvermehrung auch der Anstoß zur psychologischen Vorbereitung der Nation auf den großen Krieg aus: es sei notwendig,

„durch die Presse das Volk darüber aufzuklären, welche großen nationalen Interessen auch für Deutschland bei einem durch den österreichisch-serbischen Konflikt entstehenden Krieg auf dem Spiele ständen".

Dieser Auftrag des Kaisers vom 8. Dezember ging bruchlos in die breitgefächerte Presse- und Vortragspropaganda für die Heeresvermehrung über, die unter dem Schlagwort des Kaisers vom Kampf der Slawen gegen die Germanen geführt wurde, ein Schlagwort, das sogar der Kanzler am 4. April im Reichstag in seiner Rede zur Begründung der großen Heeresvermehrung gebrauchte.

Im Blick auf die Stellung und Einwirkung Wilhelms II. ist es wichtig, zu sehen, daß der Kaiser in der Machtprobe zwischen Heer und Marine, zwischen Moltke und Tirpitz, selbst einen Wandel mitvollzieht im Umschwung[11] von der Priorität der Marinerüstung zur Priorität der Armeerüstung, von der Priorität der ‚Weltpolitik' zur Priorität der kontinentalen Sicherungs- und Expansionspolitik, doch so, daß die ‚Weltpolitik' nie ganz aufgegeben wird. – Für den Kaiser verband sich die Idee einer Abwehr der Slawen mit dem Haß gegen das neidische Albion, das – wie er in einer Reihe von Briefen im Dezember 1912 immer wiederholt – die Einigung des Kontinents unter deutscher Führung nicht zulassen will. So schreibt er am 12. Dezember seinem Bruder Heinrich: die Erklärung Haldanes, daß England es „nicht dulden könne, daß wir auf dem Continent die stärkste Macht würden, und derselbe sich unter unserer Führung einige!" käme einer moralischen Kriegserklärung gleich. Solche Gedanken von Stellung und Aufgabe Deutschlands in Europa teilte der Kaiser mit breiten Gruppen der Eliten des Deutschen Reichs.

Das Jahr 1913

Das Jahr 1913 war für den Kaiser noch einmal ein Jahr militärischen Gepränges mit immer neuen Paraden und Feiern. Es war vom März bis Oktober das Jahrhundertgedenken an das Befreiungsjahr 1813, und es war im Juni die Feier des 25jährigen Regierungsjubiläums des Kaisers, wo er sich als Friedensfürst feiern ließ.

Der Jubel dieser Feiern verdeckte die großen politischen Entscheidungen dieser Monate. Zwei Mal noch, im Februar und im Juli 1913, hatte die Berliner Führung, im Zusammenspiel von Reichskanzler und Generalstabschef und mit Unterstützung durch das verbündete Italien, Wien von jedem militärischen Vorgehen gegen Serbien zurückgehalten, weil dies unweigerlich die Intervention Rußlands und damit den

---

[11] Der Umschwung vom Dezember 1912 wurde schon eingeleitet durch die Rede des Kaisers vor den Kommandierenden Generälen zu Neujahr 1911/12. Vgl. *Fischer*, Krieg, 177 f.

Weltkrieg heraufführen würde – und dies in einem Moment, in dem die deutsche Heeresvermehrung noch nicht durchgeführt war und die zarte Pflanze der deutsch-englischen Annäherung noch nicht weit genug gediehen war, um die Neutralität Englands im Kontinentalkrieg sicherzustellen.

Der Bukarester Frieden vom 10. August 1913, der den Zweiten Balkankrieg beendete, schien äußerlich den Frieden auf dem Balkan wiederhergestellt zu haben. Wilhelm II. beglückwünschte König Carol von Rumänien in einem offenen Telegramm als Friedensstifter. In Wahrheit war Bulgarien, der Verlierer, unversöhnlich, und Österreich-Ungarn war über die Verdopplung des serbischen Territoriums erbittert. Beide drängten auf eine Revision des Friedensvertrages, und jedenfalls blieb der Balkan voller Spannungen.

In dieser Situation war es höchst folgenreich, daß Wilhelm II. während der letzten Kaisermanöver[12] vor dem Kriege Ende August Anfang September 1913 erneut unter den massiven Einfluß der Militärs kam, die – unter dem Eindruck der Einführung der dreijährigen Dienstzeit in Frankreich und der Nachrichten über die geplante große russische Heeresvermehrung – nun offen auf den Präventivkrieg drängten, darunter die dort anwesenden drei Generalstabschefs des Dreibundes, Moltke, Conrad und Pollio. In diesen Wochen vollzog sich ein Umschwung in der deutschen Haltung zu Österreich-Ungarn. Er ist an vier zeitlich eng zusammenhängenden Vorgängen erkennbar, in deren Mittelpunkt jeweils die Persönlichkeit Kaiser Wilhelms steht, der sich hier als führend erweist, auch wenn sein Handeln in engster Absprache mit dem Reichskanzler und dem Auswärtigen Amt geschieht, bzw. mit deren Unterstützung.

1. Sicherung der Südostfront

Berlin fand bald Gelegenheit, die neue deutsche Entschlossenheit zu zeigen, für Österreich-Ungarns Stellung auf dem Balkan mit aller Energie einzutreten, als Berchtold sich Rückendeckung in Berlin einholte, bevor er am 18. Oktober 1913 ein Ultimatum an Serbien richtete, die von ihm noch besetzten Gebiete Nordalbaniens zu räumen. Serbien mußte nachgeben, da neben England und Frankreich auch Rußland ihm nicht beistand. Am gleichen Tag[13] bot die Feier der Einweihung des Kolossaldenkmals zur Erinnerung an die Völkerschlacht bei Leipzig Gelegenheit für die Zurschaustellung preußisch-deutscher und österreichisch-ungarischer Solidarität, auch wenn die dort gehaltenen Reden im Ton gemäßigt sein mußten in Anwesenheit der Vertreter des Zaren. Bei dieser Gelegenheit versicherte der Kaiser Conrad in entschiedenster Weise, daß Österreich-Ungarn auf das Deutsche Reich rechnen dürfe, was immer aus dem Konflikt mit Serbien entstehen möge, d.h. auch im Falle eines Krieges mit Rußland (und Frankreich).

Am 23. Oktober traf Wilhelm II. Franz Ferdinand auf dessen Jagdschloß Kono-

---

[12] Ebd., 571 f. – Pollio Mai 1914: ebd., 583: „Ich glaube wirklich, daß die Jahre 1917 oder 1918, die allgemein (partout, mais partout) von den Gegnern des Dreibundes als Termin für ein allgemeines Losschlagen genannt werden, nicht nur der Phantasie entsprungen sind."
[13] Zum 18.10.1913: ebd., 572 f.

pischt[14], wo ohne Zweifel auch über die serbische Frage gesprochen wurde. Dort traf der Kaiser mit zahlreichen Vertretern des böhmischen und ungarischen Hochadels zusammen, die sich alle einig waren „in der Klage über die zunehmende Präpotenz der slawischen Völkerschaften in der Monarchie". Der Kaiser war mit ihnen der Meinung, daß die steigende Macht des Slawentums, hinter der er Rußland stehen sah, gebrochen werden müsse. – Drei Tage später, am 26. Oktober, sprach Wilhelm II. 1½ Stunden lang in der deutschen Botschaft mit Berchtold über die Balkanpolitik und das Verhältnis der Verbündeten zu Rußland. Der Kaiser ist überzeugt, daß „das mächtige Vordringen der Slawenmacht" „einen weltgeschichtlichen Prozeß" darstellt, „in die Kategorien der Völkerwanderung einzureihen", und folgert: „Der Krieg zwischen Ost und West sei auf die Dauer unvermeidlich, und wenn da Österreich-Ungarn in seiner Flanke der Invasion einer respektablen Militärmacht (des neuen Serbien!) ausgesetzt sei, so könne dies für den Ausgang des Völkerringens verhängnisvoll werden". Deshalb ist sein dringender Rat, Serbien sofort an die Monarchie heranzuziehen, durch Geld, durch das Angebot militärischer Ausbildung, oder durch Handelsbegünstigungen. Dem Einwand Berchtolds, daß die „unüberwindliche Animosität der serbischen Rasse gegen die Monarchie dem Abschluß einer Militärkonvention im Wege stehe", begegnet der Kaiser mit dem Hinweis auf eventuelle Gewaltanwendung, die er decken würde, vor allem aber mit der Versicherung seiner Einwirkung auf Rumänien wie auf die Türkei.

Der Kern seiner Darlegungen aber war seine scharfe Ablehnung der politischen Ideen des österreichischen Thronfolgers, seines „Freundes" Franz Ferdinand, dessen, was dieser sein „politisches Glaubensbekenntnis" genannt hat, nämlich einer „Erneuerung des Dreikaiserbündnisses unter möglichem Anschluß Englands". Demgegenüber hielt der Kaiser „eine Rückkehr zu den Überlieferungen der Hl. Allianz und dem Dreikaiserbündnis" für ausgeschlossen. Zwar sei er in diesen Traditionen aufgezogen worden, er habe aber erkennen müssen, daß Rußland heute eine „uns feindselige, auf unseren Untergang ausgehende Macht sei, in welcher ganz andere Elemente regieren" als der Zar. Dieses ‚Feindbild' vom neuen antideutschen, antigermanischen, panslawistischen und zugleich industriell expansiven Rußland teilte der Kaiser mit Moltke, zugleich aber auch mit Bethmann Hollweg und Jagow (dem Nachfolger Kiderlens seit Januar 1913). Wohl um Berchtold Mut zu machen, behauptet Wilhelm II. unter Bezug auf eine Äußerung des Zaren im März 1913, daß Rußland erst in 6 Jahren kriegsbereit sei, d.h. entweder greift es jetzt nicht ein, oder wenn doch, dann ist es möglich, es noch zu besiegen. Auch gebe es in Rußland „das Gespenst der Revolution", dem Deutschland nachhelfen müsse. Die Revolutionierungstätigkeit Berlins und Wiens während des Kriegs ist hier vorausgedacht. Für Berchtold war das Entscheidende in der 1½ stündigen Unterredung die immer wiederholte Versicherung des Kaisers, „daß wir voll und ganz auf ihn zählen könnten".

Daß es sich hier keineswegs um eine gleichsam private Reise des Kaisers, sondern um „Große Politik" handelte, zeigen die Berichte zweier deutscher Diplomaten, des Vertreters des Auswärtigen Amtes beim Kaiser, v. Treutler, und des deutschen Bot-

---

[14] Konopischt (I) und Berchtold: ebd., 310 ff.

schafters in Wien, v. Tschirschky, an den Reichskanzler vom 26. bzw. 28. Oktober, wobei der letztere den Kernpunkt besonders deutlich wiedergibt[15]:

„Die Monarchie müßte sich Serbien *unter allen Umständen* (O) auf irgendeine Weise, besonders auf militärischem Gebiet, angliedern und sich dadurch zum mindesten die Garantie verschaffen, daß sie *im Falle eines Konflikts mit Rußland* (O) die serbische Armee nicht gegen sich, sondern auf ihrer Seite haben würde."

Erstaunlicherweise, aber gewiß kein Zufall, wurde Frankreich als Gegner nicht erwähnt. Doch daß Berlin durchaus an den großen Krieg dachte, der gegen Rußland *und* Frankreich gerichtet sein würde, das zeigt die nächste hochpolitische Aktion Wilhelms II. und Moltkes: die Begegnung mit dem König der Belgier, Albert.

2. Sicherung der Nordwestfront

Bei einem Galadiner im Neuen Palais in Potsdam am 6. November 1913, an dem auch der Reichskanzler und Unterstaatssekretär Zimmermann vom Auswärtigen Amt teilnahmen, zu Ehren des Königs der Belgier, Albert[16], ergab sich die Gelegenheit für den Kaiser und Moltke, mit dem König über den bevorstehenden großen Krieg zu sprechen. Schon vor Tisch sagte der Kaiser wörtlich zu Albert: „Der Krieg mit Frankreich ist unvermeidlich und nahe bevorstehend. Man muß ein Ende machen." Der Kaiser behauptete, Frankreich wolle den Krieg und rüste „in dieser Absicht" so überstürzt auf. Die Einführung der dreijährigen Dienstzeit müsse er als „Provokation" empfinden. Moltke bestätigte nach Tisch im Gespräch mit dem König die Meinung Wilhelms über die „Unvermeidbarkeit" des Krieges und fügte hinzu, daß ein deutscher Sieg absolut sicher sei, „weil das deutsche Volk bei dem Ruf ‚Es geht gegen Frankreich!' geradezu kolossal losbrechen und der Furor Teutonicus alles niederrennen werde". – Bei Tisch schon hatte Moltke dem belgischen Militärattaché Melotte gegenüber, der von einer „langen Friedensperiode" nach Abschluß der Balkankriege sprach, schneidend erklärt: „Machen Sie sich keine Illusionen. Der Krieg mit Frankreich ist unvermeidlich und viel näher als Sie glauben ... Wir haben diesen fortgesetzten Lärm satt, der unserer Entwicklung schadet." Auf die Frage Melottes über die Haltung der anderen Ententemächte, behauptete Moltke: „Die Interessen Rußlands und die unsrigen sind nicht gegensätzlich, im Gegenteil" (!); und England sei friedliebend, weil es eine Seeschlacht vermeiden werde, in der zwar die deutsche Flotte vernichtet, seine eigene aber so geschwächt werde, daß es die Herrschaft zur See und seine Handelsvormacht an die USA verlieren werde.

Das zentrale Anliegen im Rahmen dieser Gespräche aber war die Frage nach der Haltung Belgiens im Kriegsfalle. Die Antwort Melottes, daß Belgien sich mit allen Kräften gegen jeden, wer auch immer seine Neutralität verletzt, zur Wehr setzen wird, konnte Moltke nicht befriedigen. (Er hat sie aber offenbar nicht so ernst genommen, wie sie es verdient hätte.) Für den anwesenden belgischen Gesandten Baron Beyens war das Bedrohlichste, die, wie er es sah, veränderte Haltung Wilhelms II. Er berichtet

---

[15] Tschirschky, 28.10.1913: ebd., 317.
[16] Albert von Belgien: ebd., 317ff.

nach Brüssel, daß S. M. durch Moltke und die Generäle „von seiner friedliebenden Einstellung bekehrt und von der Notwendigkeit dieses Krieges, wie der Überzeugung, daß Frankreich ihn provozieren will, durchdrungen werden" soll. – Um diese Zeit war das bereits erreicht, wie die gleichzeitigen Äußerungen des Kaisers zeigen. Das Interessanteste aber im Bericht von Baron Beyens ist seine Interpretation der Andeutungen des Kaisers und Moltkes über ihre Motive für das „Man muß ein Ende machen!", wenn er als „die wahren Gründe für diese kriegerische Haltung" Moltkes folgende nennt, die dieser zwar nicht ausgesprochen habe, „die wir aber genau kennen":

> „Die Generale sind es, wie viele ihrer Landsleute, müde, zu sehen, daß Frankreich Deutschland gegenüber sich in den schwierigsten politischen Fragen behauptet, ihm beständig entgegentritt, es in Mißerfolge verwickelt, sich seiner Vorherrschaft widersetzt oder sich dem vorherrschenden Einfluß des Deutschen Reichs in Europa und seinen kolonialen Wünschen widersetzt, seine Armee verzweifelt vermehrt, um das Gleichgewicht der Kräfte aufrechtzuerhalten, das seit langem, wie sie (die Deutschen) glauben, in Wirklichkeit nicht mehr existiert."

Der Kanzler Bethmann Hollweg ist selbst der beste Zeuge dafür, daß nicht allein die Generale und der Kaiser, sondern ebenso die „Zivilisten" Frankreich als eine neidisch feindselige Macht betrachten, nicht nur militärisch, sondern auch politisch und ökonomisch, die dem Aufstieg Deutschlands allüberall sich widersetze. Nur zweieinhalb Monate später hat der Reichskanzler[17] beim Kaisergeburtstagsdiner am 27. Januar 1914 im Gespräch mit dem französischen Botschafter Jules Cambon dieselben Motive der Erbitterung gegenüber Frankreich ausgesprochen, wie sie Baron Beyens als Gesinnung Moltkes berichtet hat: während Frankreich in 40 Jahren ein riesiges Kolonialreich erworben habe, sei Deutschland beinahe leer ausgegangen und habe nicht den ihm gebührenden „Platz an der Sonne" gefunden (womit der Kanzler das Schlagwort aufnahm, mit dem sein Vorgänger die deutsche ‚Weltpolitik' 1897 eingeleitet hatte). Deutschland brauche für seine unaufhörlich wachsende Wirtschaft ein Betätigungsfeld (in Kleinasien):

> „Deutschland sieht seine Bevölkerung jeden Tag ohne Maßen wachsen; seine Marine, seine Industrie, sein Handel nehmen eine Entwicklung ohne Gleichen ... es ist verdammt sich in irgendeiner Weise nach auswärts auszubreiten."

Bethmann Hollweg droht Frankreich, wenn es wagen sollte, gegen die notwendige deutsche Expansion Widerstand zu leisten. – Cambon legt seinem Außenminister nahe, diese Gedanken sehr ernst zu nehmen, da der Kaiser mit diesen Ansichten übereinstimme.

3. Die Armee regiert Deutschland

In den Monaten Oktober/November/Dezember 1913, in denen der Kaiser tätig war, im Osten wie im Westen die Ausgangssituation für den als nahe bevorstehend betrachteten Krieg zu verbessern, spielte sich im Innern des Reichs eine Machtprobe ab zwischen dem Verfassungs- und Rechtsstaat, als der das Reich nach liberaler Tradition sich verstand, und dem Militärstaat, der das Reich mit dem es beherrschenden

---

[17] Bethmann Hollwegs Gespräch mit Cambon: ebd., 642 ff.

Staat Preußen mit seinem König, seinem Adel, seiner Armee und ihrer Immediatstellung zur Krone, in Wirklichkeit war, wobei die Persönlichkeit des König-Kaisers Wilhelm II. und seine militärische Umgebung den Ausschlag eindeutig zu Gunsten der Tradition Preußens gaben.

Als nach den Zwischenfällen in der elsäßischen Kleinstadt Zabern[18] am 28. Oktober, am 8. und 28. November 1913 wegen der Übergriffe des Militärs gegenüber Zivilisten der Reichsstatthalter als der Vertreter der zivilen Gewalt in einem Telegramm an den Kaiser die Sorge ausgesprochen hat, es könnte durch diese Vorgänge „der Glaube an den deutschen Sinn für Gerechtigkeit und an deutsche Unparteilichkeit bis in die Grundfesten erschüttert werden", und den Kaiser bat, ihm persönlich berichten zu dürfen, lehnte Wilhelm II. diese Bitte ab und entschied sich unter dem Einfluß seiner höfischen und militärischen Umgebung, „das Prestige der Armee" unter allen Umständen aufrechtzuerhalten. Er stimmte der Meinung des Korps-Befehlshabers zu, daß die Armee vollkommen angemessen gehandelt habe, selbst wenn die legale Basis ihrer Intervention zu bestreiten gewesen sei. Auf einen neuen Übergriff desselben Offiziers, am 2. Dezember, hin erließ der Kaiser am 3. Dezember eine Order an den Korps-Befehlshaber, daß fortan die Armee verantwortlich sei für Ruhe und Ordnung in Zabern, und lehnte es dabei ab, eine Klausel einzufügen, daß sie sich dabei „innerhalb der Grenzen des Gesetzes" zu bewegen habe.

Die Vorgänge in Zabern machten in der Presse des In- und Auslands ungeheures Aufsehen und provozierten u. a. einen Entrüstungssturm im Reichstag. Der Reichskanzler mußte Stellung nehmen. Obwohl er erst zwei Jahre vorher dem ‚Reichsland' eine Verfassung gegeben hatte (mit gleichem Wahlrecht, anders als in Preußen!), und obwohl er von der Verletzung des geltenden Rechts durch die Armee überzeugt war, entschied er sich, gerade weil das Prestige der Armee gelitten hatte, und weil in der Öffentlichkeit der Verdacht verbreitet war, der Kaiser persönlich habe die Verletzung des Rechts gutgeheißen, sich ohne Einschränkung vor die Armee und damit vor den Monarchen zu stellen – gewiß auch in Erinnerung an Bülow, der das in der Daily-Telegraph-Affäre nicht getan hatte und darüber in kaiserliche Ungnade gefallen war. Sozialdemokraten, Linksliberale und Zentrum stimmten für ein Tadelsvotum, das auch die Zustimmung der Nationalliberalen fand und damit einer überwältigenden Majorität der Abgeordneten. In allen parlamentarisch regierten Ländern des Westens hätte die Regierung zurücktreten müssen. Nicht so im Preußisch-Deutschen Reich. Ja, der Reichskanzler Bethmann Hollweg erklärte scharf, daß er „mit aller Macht sich einer Änderung unserer Verfassungsbestimmungen in dieser Richtung widersetzen werde". Und es fand sich auch keine Mehrheit, die dahin gehende Forderungen unterstützt hätte. Nach der Daily-Telegraph-Affäre wurde hier die zweite und letzte Möglichkeit verspielt, auch nur den Versuch einer Verfassungsänderung im westeuropäischen Sinne zu machen. Das preußische System, die Herrschaft einer kleinen Minorität, blieb bestehen inmitten einer Industriegesellschaft. Ja, der Kaiser konnte angesichts der Reichstagsdebatten von „Anfällen politischer Kinder" „in einem Narrenhaus"

---

[18] *H. G. Zmarzlik*, Bethmann Hollweg als Reichskanzler 1909–1914. Studien zu Möglichkeiten und Grenzen seiner innenpolitischen Machtstellung (Düsseldorf 1957) 114 ff.

sprechen. Die London-Times schrieb am 14. Januar 1914 über den Ausgang der Zabern-Affäre: „Die Armee ist das Höchste, und durch Preußen regiert die Armee Deutschland."

4. Machtprobe um Konstantinopel

Auch die letzte große außenpolitische Vorkriegskrise, die Liman-von-Sanders-Krise[19], geht völlig auf die Entscheidungen Wilhelms II. zurück. Sie war seine Antwort auf die Niederlage der Türkei im Ersten Balkankrieg, die ja auch ein Prestige-Verlust für die deutsche Armee gewesen war, die die türkische ausgebildet hatte. Der Kaiser und sein Militärkabinett hatten mit Vertrauensmännern der türkischen Regierung schon im Frühjahr 1913 die Wiederaufnahme einer militärischen Ausbildungsmission beschlossen; und Wilhelm II. hatte dies Vorhaben in unverbindlichen Gesprächen dem Zaren Nikolaus und König Georg von England während der Hochzeitsfeierlichkeiten seiner Tochter im Mai angekündigt – freilich ohne den Umfang, die neue Rechtsstellung und die außerordentlichen Vollmachten der neuen Mission erkennen zu lassen, so daß der Zar sich später düpiert fühlte.

Im Lauf des Oktobers 1913 billigten der Kaiser, die zuständigen militärischen Stellen und das Auswärtige Amt den Vertragsentwurf mit der Türkei, durch den General Liman u.a. zum Kommandeur des in Konstantinopel stationierten 1. türkischen Armeekorps ernannt wurde. – Zum ersten Mal stießen hier Deutschland und Rußland unmittelbar aufeinander, während das sonst nur bei der deutschen Verteidigung der Interessen Österreich-Ungarns der Fall gewesen war. Denn dadurch war ein Deutscher in der Lage, die Dardanellendurchfahrt zu sperren. Das war eine Bedrohung vitalster Interessen Rußlands, dessen Getreideexport durch die Meerengen ging, ein Export, der allein Rußland die Durchführung seiner Industrialisierung ermöglichte.

Den Russen wurde die geheime Abschiedsansprache des Kaisers vom 9. Dezember 1913 an die Offiziere der Militärmission bekannt, in der er als ihre Aufgabe gefordert hatte: die „Germanisierung der türkischen Armee"; die strenge Kontrolle der Politik anderer Mächte in der Türkei; die Entwicklung der türkischen Militärmacht in Kleinasien „als Gegengewicht gegen die aggressiven Absichten Rußlands" und „die Behauptung der dominierenden deutschen Autorität und des Einflußes auf Fragen der Außenpolitik". Der Kaiser ging soweit, zu sagen: „Von den Mitgliedern der Mission wird es abhängen, ... für mich eine starke Armee zu schaffen, die meinen Befehlen gehorcht."

Am 19. Dezember übernahm Liman das Kommando des 1. Armeekorps in Konstantinopel und begann sofort, die Befestigungsanlagen weiter auszubauen und mit Kruppartillerie zu bestücken, worüber er im Februar dem Kaiser persönlich in Berlin berichtete. Das herrische Auftreten Limans führte zu schweren Zerwürfnissen mit dem durchaus deutschfreundlichen, deutsch sprechenden, in Deutschland militärisch ausgebildeten türkischen Kriegsminister Enver Pascha.

[19] *Fischer,* Krieg, 481 ff. bzw. 483 ff.

Doch diese deutsch-türkischen Konflikte waren sekundär im Vergleich zu den internationalen Auswirkungen der Mission Liman-von-Sanders. Der deutsche Vorstoß in das machtpolitische Vakuum des durch die Balkankriege geschwächten Osmanischen Reiches führte eine entscheidende Wendung in der Stimmung der russischen Regierung und Öffentlichkeit herbei. Die Militärs, die Diplomaten, der Kriegs- und der Außenminister und der als deutschfreundlich geltende Ministerpräsident Kokowzew protestierten gegen die Mission. Auf der Rückreise von Anleiheverhandlungen in Paris hatte Kokowzew persönliche Unterredungen mit Bethmann Hollweg wie mit dem Kaiser (17.12.13); doch weder der Hinweis des ersteren auf „die großen wirtschaftlichen Interessen (Deutschlands) in der Türkei", noch der Hinweis des Kaisers auf die Zustimmung des Zaren im Mai zu der Mission und die zwanzigjährige Tätigkeit deutscher Militärinstrukteure in der Türkei konnten Kokowzew zufriedenstellen.

Die Bemühungen der Russen, bei ihren westlichen Verbündeten Unterstützung zu finden, scheiterten. Wilhelm II. hatte es auf eine Kraftprobe ankommen lassen wollen. „Es handelt sich um unser Ansehen in der Welt, gegen das von allen Seiten gehetzt wird! Also Nacken steif und Hand ans Schwert!" (13.12.13). Doch gab er schließlich dem Kompromiß seine Zustimmung, den Bethmann Hollweg und Jagow im Blick auf England ausgehandelt hatten: am 14. Januar 1914 gab Liman das Kommando des 1. türkischen Korps ab und wurde, unter Ernennung zum türkischen Marschall der Kavallerie, zum Generalinspekteur des türkischen Heeres ernannt, womit sein Einfluß in Wirklichkeit noch größer wurde als vorher. Die Russen erkannten das klar, und der Stachel ihrer Niederlage saß tief.

Die Gefährdung der deutschen Orientstellung

Noch während der Vorbereitungen der neuen deutschen Militärmission, die der Erhaltung und Festigung der Türkei dienen sollte, hielt der Kaiser eine Aufteilung[20] des Osmanischen Reiches für möglich. So sah er im April 1913 England und Frankreich bereits im Streit „auf Leben und Tod" um Palästina und Syrien (vgl. das Sykes-Picot-Abkommen von 1916) und befahl:

„also Achtung, aufgepaßt, daß die Aufteilung nicht ohne uns gemacht wird. Ich nehme Mesopotamien, Alexandrette und Mersina!"

Der Kaiser wollte Kriegsschiffe nach Alexandrette und Mersina entsenden. Doch das hätte zum sofortigen Zusammenstoß mit England geführt und die Englandpolitik Bethmann Hollwegs durchkreuzt. Der Reichskanzler setzte sich durch; der Kaiser gab nach. – Doch noch im Mai und Juli 1913 sondierte Jagow wegen der Aufteilungspläne in Wien und Rom. Berlin reklamierte für sich Südanatolien, eine Interessensphäre von 400 klm. entlang der fertigen bzw. geplanten Bagdadbahnstrecke, dazu Mesopotamien und Alexandrette, wie es der Kaiser im April 1913 gefordert hatte. – Bethmann Hollweg suchte dabei die für die deutsche Politik beste Lösung in Zusammenarbeit mit

---

[20] Ebd., 424 ff., Aufteilungspläne 428 f., Kanzler an Kaiser 20.3.1913, 439 f., Kaiser über Türkei 440 f.

England zu erreichen, in monatelangen Verhandlungen über die Begrenzung der Bagdadbahn, über Erdölkonzessionen, über den türkisch-englischen Dockvertrag usw. Der Kanzler nahm dabei für seinen machtpolitischen Endzweck – der Neutralisierung Englands für den Fall eines kontinentaleuropäischen Konflikts – große wirtschaftliche Nachteile in Kauf, was Albert Ballin, Hugo Stinnes, die Deutsche Bank, große Teile der deutschen Öffentlichkeit heftig kritisierten, und was auch Wilhelm II. mißfiel.

Das anmaßende Auftreten der Offiziere der deutschen Militärmission gefährdete im Frühjahr 1914 das Ansehen Deutschlands in der Türkei so erheblich, daß der Reichskanzler sich in einer Immediateingabe (am 20. Mai 1914) an den Kaiser wandte: der General Liman scheine nicht zu begreifen, daß seine Mission nicht Selbstzweck, sondern Mittel zum Zweck sei:

> „Das deutsche Interesse an der Erstarkung der türkischen Armee steht und fällt mit unserem politischen Einfluß am Goldenen Horn. Nur wenn und solange die Türkei uns politisch ergeben bleibt, sind wir an dem Erfolge des Reformwerkes interessiert. Gelänge es uns nicht, die Türkei bei der Stange zu halten, so würde eine erhöhte Schlagfertigkeit ihrer Armee nur für unsere Gegner Gewinn sein. Für Frankreich oder Rußland den türkischen Säbel zu schleifen, haben wir keine Veranlassung."

Wilhelm II. mußte das einsehen und im Sinne der Eingabe des Kanzlers den General zur Raison bringen.

Die Randbemerkungen des Kaisers zu der Eingabe zeigen, daß er sich dabei der großen Schwierigkeiten der deutschen Politik in der Türkei in der Konkurrenz mit England und Frankreich voll bewußt war. Zu dem deutschen politischen Einfluß bemerkt er:

> „Der ist gleich Null! Im Vergleich zu früher! Sie (die Türkei) denkt nicht mehr daran (bei der Stange zu bleiben)! Sie ist ins russisch-französische Fahrwasser, wo es *Geld* (O) gibt, abgeschwenkt und speist uns mit Worten ab ... da wir kein Geld haben! Sie ist nicht an der Stange mehr!"

So exaltiert diese Sprache war, sie war in der Sache objektiv richtig. England und Frankreich konnten ihren ganzen Kapitalreichtum in die Waagschale ihres politischen Einflusses in Konstantinopel werfen. – Der Kaiser nahm an den Konflikten in und um die Türkei, um die Bagdadbahn und Krupps Rüstungsgeschäfte den lebhaftesten Anteil und war sich insbesondere der Gefahren bewußt, die aus einem möglichen griechisch-türkischen Krieg – die Türkei hatte seit Januar 1914 einen Bündnisvertrag mit Bulgarien, dem Verlierer des Zweiten Balkankrieges – entstehen könnten[21]:

> „Es kommt bald das dritte Kapitel des Balkankrieges, an dem wir alle beteiligt sein werden ... Daher die kolossalen russisch-französischen Rüstungen!"

(Im Juni 1914 verhandelte die russische Duma über die Vorlage zur großen Heeresvermehrung, die 1917 verwirklicht sein sollte. Ende Juni wurde die Vorlage angenommen.) Daher der Auftrag des Kaisers an das Auswärtige Amt: „Klarheit im Verhältnis zu England schaffen!" (8. Juni 1914).

---

[21] Ebd., 611 f. Bemerkungen Wilhelms II. zum Schreiben Botschafter Wangenheims an Auswärtiges Amt 8.6.1914.

Das Jahr 1914:
Die Präventivkriegsforderung der Militärs und der deutschen Presse[22]

Am 10. Februar 1914 forderte der deutsche Generalstabschef Moltke eine Pressekampagne gegen Rußland; und am 24. Februar gab er ein Memorandum an das Auswärtige Amt, in dem er die Gefahr darstellte, die dem Reich durch die russischen Rüstungen drohte, wodurch er offensichtlich die Reichsleitung zu präventiven Maßnahmen drängen wollte. Am gleichen Tag forderte ein Leitartikel der „Post", des Parteiorgans der Freikonservativen mit traditionell guten Beziehungen zur militärischen Führung, das Deutsche Reich zum Präventivkrieg gegen Rußland auf. Der Artikel kommt zu dem Schluß, was genau die Meinung des deutschen Generalstabs wiedergab, daß die Aussichten für einen siegreichen Präventivkrieg momentan noch günstig seien:

> „Frankreich ist noch nicht kampfbereit, England in innere und koloniale Schwierigkeiten verwickelt. Rußland scheut den Krieg, weil es die innere Revolution fürchtet. Wollen wir abwarten, bis unsere Gegner fertig sind, oder sollen wir den günstigen Augenblick benutzen, um die Entscheidung herbeizuführen?"

Obwohl die „Post" diese Überzeugung zwei Tage später in einem Artikel ihres Petersburger Korrespondenten wiederholte, blieb der Artikel vom 24. Februar in der deutschen Presse fast ohne Echo.

Erst ein sehr ähnlich lautender Artikel am 2. März 1914 in der als Sprachrohr des Auswärtigen Amtes geltenden „Kölnischen Zeitung" fand einen gewaltigen Widerhall in der deutschen und europäischen Öffentlichkeit. Dieser vom Petersburger Korrespondenten der Zeitung stammende Artikel, der in Köln sorgfältig redigiert worden war, enthielt alarmierende Nachrichten über Kriegsvorbereitungen des Zarenreiches, die in drei bis vier Jahren bedrohlich sein würden. Dieser Artikel wurde überall sofort als offiziöse Auslassung interpretiert. Von den großen deutschen Zeitungen, die alle auf den Artikel Bezug nahmen, überschrieb die „Germania", das führende Blatt der katholischen Zentrumspartei, seine Auszüge mit der Überschrift: „Der kommende Krieg mit Rußland".

Den Höhepunkt der Kampagne aber bildete ein mit drei Sternen gezeichneter Artikel im „Berliner Tageblatt", der großen liberalen Tageszeitung vom 9. März 1914, in dem behauptet wurde, der Kaiser sei „friedlich bis in die Knochen", aber Rußland bedrohe Deutschland und Österreich-Ungarn durch seine wirtschaftliche Erstarkung, den Ausbau seiner Festungen und Eisenbahnen und durch den „schier unerschöpflich fließenden Geldstrom Frankreichs". Der Verfasser schlägt als Mittel dagegen einen defensiv begründeten Präventivkrieg der Zentralmächte vor. Jedem weiteren Übergriff Rußlands, so werden der „Monarch" und der „Staatsmann" ermahnt, müsse man ein absolutes Veto entgegensetzen, „mit dem festen Willen, äußerstenfalls an das Schwert zu appellieren!". Der Verfasser des anonymen Artikels war der frühere deutsche Bot-

---

[22] Ebd., 543 ff., 549 ff. (Graf Monts). Vgl. *Klaus Wernecke,* Der Wille zur Weltgeltung. Außenpolitik und Öffentlichkeit im Kaiserreich am Vorabend des Ersten Weltkriegs (Düsseldorf 1970, Diss. Hamburg 1968) 244 ff., 249 ff.

schafter in Rom, Graf Monts, einer von Wilhelms II. Kandidaten für den Posten des Reichskanzlers im Juli 1909.

Der Kaiser, der die deutsch-russische Pressefehde lebhaft verfolgte, stand dabei ganz auf Seiten des Preußischen Kriegsministeriums und des Generalstabs, bzw. des Auswärtigen Amts und der mit ihnen verbundenen Presseorgane. Zu einem abwiegelnden Bericht des deutschen Botschafters in Petersburg, Graf Pourtalès, vom 11. März 1914 vermerkte Wilhelm II.[23]:

> „Der liebe Purzel hätte diesen Bericht lieber ungeschrieben lassen sollen. Nichtkenner Rußlands und schwache Charaktere unter seinen Lesern macht er total konfus! Mich überzeugt er nicht im Geringsten ... Ich als Militär hege nach allen meinen Nachrichten nicht den allergeringsten Zweifel, daß Rußland den Krieg systematisch gegen uns vorbereitet, und danach führe ich meine Politik."

Der Kaiser war inzwischen davon überzeugt worden, daß Rußland gegen Deutschland rüste, um gemeinsam mit Frankreich das Reich und die Donaumonarchie zu gegebener Zeit zu überfallen.

Um diese Zeit war der Kaiser, in Abstimmung mit dem Auswärtigen Amt, auf seiner Frühjahrsreise nach Korfu eifrig beschäftigt, durch Besuche in Wien und Miramare Österreich-Ungarn bei der Stange zu halten und vor allem der Wiener Politik erneut dringend eine Lösung der serbischen Frage – durch Diplomatie oder Gewalt – anzuempfehlen, damit die österreich-ungarische Armee für den erwarteten großen Krieg gegen Rußland-Frankreich ganz frei sein würde zur Abwehr der russischen Armeen, zumindestens für die ersten sechs Wochen des großen Kampfes.

Inzwischen gingen die Vorbereitungen der Generalstäbe in Berlin und Wien insgeheim weiter. Am 13. März schrieb Moltke an Conrad:

> „Alle Nachrichten, die wir aus Rußland haben, weisen nicht auf eine z. Z. beabsichtigte aggressive Haltung hin", und „Noch viel weniger als Rußland ist jetzt von Seiten Frankreichs eine aggressive Haltung zu erwarten. Frankreich ist augenblicklich in einer militärisch sehr ungünstigen Lage."

Und Conrad fragte seinen nächsten Mitarbeiter,

> „ob man warten solle bis Frankreich und Rußland bereit wären, uns gemeinsam anzufallen, oder ob es nicht wünschenswert wäre, daß der ‚unvermeidliche' Konflikt früher ausgetragen würde?"

Am 16. März stellte Conrad die Frage nach dem Präventivkrieg auch gegenüber dem deutschen Botschafter in Wien, v. Tschirschky,

> „ob nicht ein früherer Austrag vorteilhafter wäre?!".

Der Botschafter stimmte dem völlig zu, wies aber auf die Kriegsunwilligkeit der entscheidenden Personen in Wien und Berlin hin:

> „Zwei Große sind hindernd: Ihr Erzherzog Franz Ferdinand und mein Kaiser." Beide würden sich, seiner Ansicht nach, nur einem fait accompli gegenüber zum Krieg entschließen: „es müßte eine Situation sein, in der man nicht anders kann, als ‚losgehen'".

---

[23] *Fischer*, Krieg, 556: Moltke an Conrad 13.3.1914; ebd., 577f.: Conrad 9.3.1914; ebd., 579f.

In dieser Hinsicht konnte Conrad den Botschafter beruhigen; er meinte, „daß am Balkan stets Verwicklungen drohen, die eine solche Lage schaffen könnten", (womit Conrad recht hatte).

Am 12. Mai fand jene Unterredung zwischen Moltke und Conrad in Karlsbad[24] statt, in der beide Generalstabschefs sich gegenseitig in ihrer Überzeugung bestärkten, daß die Zeit ihnen davonlaufe. Moltke äußerte kategorisch: „Noch länger warten, bedeutet eine Verminderung unserer Chancen." – Am 18. Mai fragte Moltkes Stellvertreter, der Generalquartiermeister Graf Waldersee:

> „Im Augenblick halte Italien noch zum Dreibund und noch halte Kaiser Franz Joseph's Persönlichkeit die bunte Donaumonarchie zusammen ... Aber wie lange noch?"

Und am 20. Mai 1914, auf einer gemeinsamen Rückfahrt von Potsdam nach Berlin, stellte Moltke an Jagow, den Staatssekretär des Auswärtigen Amts, die Forderung, „unsere Politik" einzustellen auf die baldigste Herbeiführung eines „Präventivkrieges". In zwei bis drei Jahren werde Rußland seine Rüstungen vollendet haben; dann würde es zu spät sein. Jagow hält die Herbeiführung eines Präventivkrieges auch des Kaisers wegen für schwierig:

> „Der Kaiser, der die Erhaltung des Friedens wollte, würde dem Krieg immer auszuweichen suchen und ihn nur führen, wenn er ihm von unseren Feinden aufgezwungen würde."

Wilhelm II. war im März 1914 in Wien[25] ganz eingenommen gewesen von der starken Persönlichkeit des ungarischen Ministerpräsidenten Tisza und stimmte mit ihm überein, daß – entgegen den Ansichten Franz Ferdinands – in der Aufrechterhaltung der Herrenstellung von Ungarn und Deutschen in der Doppelmonarchie die Garantie für ihre Stärke gegenüber dem Slawentum gegeben sei. Jetzt Mitte Juni 1914 bei seinem zweiten und letzten Besuch in Konopischt (15.6.14) stellte sich der Kaiser, beraten vom Auswärtigen Amt, stärker auf den Thronfolger ein, der 1913 noch einen Krieg mit Rußland gefürchtet und abgelehnt hatte, der aber jetzt überzeugt worden war, daß Rußland wegen seiner inneren Schwierigkeiten nicht zu fürchten sei. Wilhelm, in Übereinstimmung mit Moltke, bestärkte ihn in dieser Überzeugung: Rußland sei keineswegs kriegsbereit und werde sich einer österreichischen Aktion gegen Serbien wahrscheinlich nicht widersetzen; einer Aktion übrigens, für die Wilhelm II. erneut volle deutsche Unterstützung zusagte. Der Kaiser verband sein Drängen mit einer Drohung: „Wenn wir nicht losgingen, würde sich die Lage verschlechtern." Hierin war er mit Moltke einer Meinung.

Es ist begreiflich, daß Wilhelm II. – immer umgeben von Militärs – fünf Tage später, am 21. Juni 1914 (er hatte am 18. Juni seine übliche Sommerreise nach Hamburg und Kiel angetreten), in einem Gespräch mit dem Bankier Max Warburg bei einem Diner in Hamburg sich beunruhigt zeigte über die allgemeine europäische Lage[26]:

> „Die Rüstungen Rußlands, die großen russischen Bahnbauten waren seiner Ansicht nach Vorbereitungen für einen großen Krieg, der im Jahre 1916 ausbrechen könne ... Bedrängt von

---

[24] Ebd., 581f.: 12.5.1914; ebd., 583: Waldersee 18.5.1914; ebd., 583f.: Moltke–Jagow.
[25] Ebd., 601f.: Wien; ebd., 604ff.: Tisza; ebd., 608ff.: Konopischt (II).
[26] Ebd., 684: Max Warburg 21.6.1914.

seiner Sorge, (so berichtet Warburg) erwog er sogar, ob es nicht besser wäre, loszuschlagen, anstatt zu warten."

Offensichtlich war der Monarch von den Präventivkriegsforderungen der Moltke, Waldersee, Conrad, Pollio usw. tief beeindruckt. So sah die Gedankenwelt des Deutschen Kaisers aus, als ihn sieben Tage später auf der ‚Kieler Woche' am Sonntag, dem 28. Juni 1914, die Nachricht von der Ermordung Franz Ferdinands erreichte, seines „Freundes", mit dem er freilich nach wie vor in fundamentalen Fragen nicht übereingestimmt hatte.

Von Sarajevo bis zum Krieg mit drei Großmächten
28. Juni bis 4. August 1914

In der Woche nach Sarajevo war der Kanzler Bethmann Hollweg an vier Tagen beim Kaiser in Potsdam, zuletzt am Sonnabend, dem 4. Juli morgens, bevor er am Nachmittag in „Urlaub" auf sein Gut Hohenfinow fuhr. An diesem oder am vorausgehenden Tag, dem 3. Juli, fiel die in seiner ganzen Regierungszeit folgenschwerste Entscheidung Wilhelms II.[27]: er tadelte den deutschen Botschafter in Wien, v. Tschirschky, für dessen zurückhaltende, ja abwiegelnde Haltung in der Frage einer Strafaktion Österreich-Ungarns gegen Serbien:

„Wer hat ihn dazu ermächtigt? Er soll den Unsinn gefälligst lassen! Jetzt oder nie! Mit den Serben muß aufgeräumt werden und zwar bald."

Diese kaiserliche Willensäußerung wurde im Auswärtigen Amt als Befehl verstanden und sofort an Tschirschky nach Wien weitergegeben. Der österreichische Sondergesandte Graf Hoyos, der in der Nacht vom 4. zum 5. Juli nach Berlin fuhr, um die Haltung des Deutschen Kaisers und des Reichskanzlers in dieser Frage zu sondieren, wußte also bereits, in welche Richtung die deutsche Antwort gehen würde. Es war der sog. „Blancoscheck" an Wien für eine solche „Aktion", selbst auf die Gefahr eines Kriegs mit Rußland hin, den Wilhelm II. am Sonntag, dem 5. Juli, um Mittag in Potsdam dem österreichischen Botschafter gab, der die Anfrage von Graf Hoyos dem Kaiser überbrachte. Dieser „Blancoscheck" wurde am nächsten Tag, Montag, dem 6. Juli, vom Reichskanzler in Berlin gegenüber dem Botschafter bestätigt, womit die Zusage des Kaisers verfassungsrechtlich bindend wurde. (Auf die Frage des Grafen Hoyos übrigens, ob die „Aktion" gegen Serbien Krieg mit Rußland bedeute, antwortete Unterstaatssekretär Zimmermann, der Jagow vertrat: zu 90%!) Der Kaiser hat sich und Gesprächspartner mit dem Hinweis beruhigt, daß der Zar die Fürstenmörder nicht unterstützen würde. Doch war er sich des Risikos, wenn nicht der hohen Wahrscheinlichkeit des großen Krieges, voll bewußt: nicht nur ließ er sich am 5. und 6. Juli die

---

[27] Ebd., 689: Kaiser 3. oder 4.7.1914; ebd., 690ff.: Potsdam 5.7.1914. Vgl. *Imanuel Geiss* (Bearb.), Julikrise und Kriegsausbruch 1914. Eine Dokumentsammlung, Bd. 1 (Hannover 1963) 85 ff.: Bericht Bethmann Hollwegs über Unterredung mit Wilhelm II. am 5.5.1914; ebd., 83 ff.: Szögyény, österreichischer Botschafter in Berlin, an Berchtold 5.7.1914; ebd., 92f.: derselbe an Berchtold 6.7.1914.

Kriegsbereitschaft von Armee und Flotte bestätigen, sondern er versicherte am Abend des 6. Juli in Kiel, vor seiner Ausfahrt zur Norwegenreise, seinem „Freunde" Krupp[28], den er dorthin bestellt hatte, daß, falls Rußland zugunsten Serbiens mobil machen würde, er auch sofort mobil machen werde, und das bedeute, wie er ausdrücklich betonte, im Falle Deutschlands unweigerlich Krieg. (Drei Mal wiederholte der Kaiser dabei – peinlich genug für Krupp – die Versicherung „dieses Mal falle ich nicht um"! Er fiel freilich doch um, als er nach Rückkehr von der Nordlandreise am 28. Juli die serbische Antwort auf das österreichische Ultimatum sah und sie für befriedigend erklärte. Doch es war zu spät. Wien hatte am gleichen Tag vormittags an Serbien den Krieg erklärt. Der Kaiser wurde am 29. Juli durch den Kanzler und die Militärs auf den Regierungskurs zurückgebracht.)

Noch glaubte der Kaiser, bestärkt darin auch durch Aussagen seines Bruders, des Prinzen Heinrich, an die Politik Bethmann Hollwegs einer möglichen Neutralisierung Englands im bevorstehenden Krieg mit Frankreich und Rußland, eine Politik, die der Kanzler am 29. Juli spätabends durch ein Gespräch mit dem englischen Botschafter Goschen endgültig sichern zu können glaubte, während kurz danach ein Telegramm Lichnowskys dieses Kalkül zerstörte. Als der Kaiser am 30. Juli von dieser Warnung des Foreign Office erfuhr (daß England bei einem Angriff Deutschlands auf Frankreich nicht neutral bleiben könne), war er völlig desillusioniert, und sein alter, nie ganz verlorener Haß gegen England brach in den wildesten Ausbrüchen wieder hervor: vom Rasseverräter Albion, der mit den Slawen und Galliern gegen die Germanen geht, von dem ehrlosen Krämervolk, gegen das der Kaiser nun den Aufstand der islamischen und der Kolonialwelt entfachen will, damit es Indien verliere, wenn wir schon zu Grunde gehen müssen! Eine Ahnung des Kriegsausgangs überfällt den Kaiser.

Doch mit der russischen Generalmobilmachung, die abzuwarten der Kanzler Bethmann Hollweg die Nerven hatte, und die am 31. Juli mittags offiziell in Berlin bekannt wurde, und mit der „Erklärung des Zustandes drohender Kriegsgefahr" und den zwei Ultimaten an Rußland und Frankreich am gleichen Tag war der Kontinentalkrieg da. Der Kaiser übersiedelte an diesem 31. Juli mittags mit seiner gesamten Familie von Potsdam nach Berlin, von der Bevölkerung enthusiastisch begrüßt. Er hatte nur noch die Aufgabe, das überraschte und überrumpelte Österreich-Ungarn bei der Stange zu halten: parallel mit dem Kanzler, der an Berchtold, und mit Moltke, der an Conrad („Will Österreich Deutschland im Stiche lassen?") telegraphierte, sandte Wilhelm II. ein Telegramm an Kaiser Franz Joseph[29].

„Sofort gegen Rußland mobilisieren und aufmarschieren! Der Krieg gegen Serbien ist völlig sekundär jetzt!"

Nach der Verkündung der Mobilmachung am 1. August nachmittags hielt der Kaiser vom Balkon des Schloßes eine Rede an die kriegsbegeisterte Menge, die ausklang in die Mahnung: Nun geht in die Kirchen und bittet Gott, daß er unserer gerechten Sache den Sieg verleihe. Am Abend dieses Tages kam aus London eine Depesche Lichnowskys, die dahin mißverstanden wurde, daß England die französische Neutralität ge-

---

[28] *Fischer,* Krieg, 692: Gespräch mit Krupp (nach Brief des Krupp-Direktors Dr. Mühlon).
[29] Ebd., 721 f. – Zum 31.7. und 1.8.1913 siehe ebd., 737 f.

währleisten würde, wenn Deutschland sich im Westen defensiv verhalte und nur im Osten angriffe. Darauf erklärte der Kaiser: „Also wir marschieren einfach mit der ganzen Armee im Osten auf!" Moltke lehnte das entschieden ab, dann sei die Armee eine ungeordnete unbrauchbare Masse: der Aufmarsch im Westen sei bereits angelaufen und lasse sich nicht mehr ändern. Darauf der Kaiser ungnädig: „Ihr Oheim würde mir eine andere Antwort gegeben haben." Doch es war Moltke selbst, der die Bearbeitung eines Ostaufmarsches im Generalstab ab 1. April 1913 hatte einstellen lassen. So hatte der Generalstab im August 1914 keinen Alternativplan zur Hand, da er sich an den Schlieffenplan gebunden hatte, gleichgültig, wo und was der Anlaß eines großen Krieges sein würde.

Die Feier im Weißen Saal des Schloßes um Mittag des 4. August 1914 war der letzte öffentliche Auftritt Wilhelms II., dieses Mal zur Eröffnung des Reichstags, wobei die Führer der Fraktionen ihm Treue in die Hand versprachen. Leider verfiel der Kaiser am Ende dieser bewegenden Szene wieder in einen Kasernenhof-Jargon, als er beim Verlassen seines Thronsitzes ausrief: „Und nun wollen wir sie dreschen!" – Als aber an diesem 4. August um Mitternacht England sich als im Kriegszustand mit Deutschland befindlich erklärte, weil das Reich es ablehnte, den am Morgen begonnenen Einmarsch in Belgien zurückzunehmen, da brach das Bethmann Hollwegsche Kalkül (manche betrachten es als eine ‚idée fixe') der englischen Neutralität endgültig zusammen. Der Kaiser sagte später[30], er hätte daraufhin eigentlich den Kanzler entlassen wollen und sollen. Doch wenn das bei Beginn eines Krieges an sich schon schwierig genug gewesen sei, so habe man (der Reichskanzler und der Chef des Zivilkabinetts v. Valentini) ihm gesagt, die Arbeiterschaft stünde hinter Bethmann. Weil diese sich aber am 4. August so „tadellos" benommen habe, so habe er ihr ihren Kanzler nicht nehmen wollen; was den Haß der Konservativen gegen diesen Kanzler nur steigern konnte.

Conclusio

Welches Fazit ergibt sich für unser Thema „Kaiser Wilhelm II. und die Gestaltung der deutschen Politik vor 1914"? Was waren seine Ideen, was waren seine Handlungen? Er hatte zunächst große gegen England gerichtete Ziele: Schon 1896 hat seine Mutter ihrer eigenen Mutter, der Königin Victoria von England, voller Entsetzen Mitteilung gemacht über Wilhelms antienglische Pläne[31]. Im Monat nach der Krügerdepesche des Kaisers, im Februar 1896, notierte Admiral von Müller in einer Denkschrift für den Prinzen Heinrich[32]:

„Der Krieg, der aus diesem Kampfzustand entstehen kann, und, wie viele behaupten, entstehen muß, hat nach einer bei uns landläufigen Ansicht, das Ziel des Brechens der englischen

---

[30] Kaiser Wilhelm II. Ereignisse und Gestalten aus den Jahren 1878–1918 (Leipzig/Berlin 1922) 112f.
[31] Mitteilung von John C. G. Röhl, vgl. auch „Zur Einführung" S. X.
[32] *Walter Görlitz* (Hrsg.), Der Kaiser ... Aufzeichnungen des Chefs des Marinekabinetts Admiral Georg Alexander von Müller über die Ära Wilhelms II. (Göttingen 1965) 36–41.

Weltherrschaft und damit das Freilegen des notwendigen Kolonialbesitzes für uns, da Mitteleuropa für uns zu eng wird ...".

Und nur sieben Jahre später – dazwischen liegen das I. (1898) und das II. (1900) Flottengesetz – äußert Theobald von Bethmann Hollweg, der dem Kaiser sehr nahe stand: seine Politik sei keine „schwankende". Vielmehr[33]:

> „Seine erste und Grundidee ist, Englands Weltstellung zugunsten von Deutschland zu brechen; dazu bedarf es einer Flotte, um diese zu haben, vielen Geldes, und da nur ein reiches Land dies geben kann, soll Deutschland reich werden; daher die Bevorzugung der Industrie, und die Wut der Landwirte, die, um nicht zugrunde zu gehen, sich gegen diese Politik wehren."

Baronin Spitzemberg, die diese Äußerung überliefert, hält diesen Gedanken für „grundfalsch", „unheilvoller noch als ein schwankender Kurs". Sie findet darin „ein bißchen Größenwahn, d. h. der Ehrgeiz, etwas ganz anders Geartetes zu schaffen als sein Großvater, der mit der Armee das deutsche Reich gründete"; „er (der Kaiser) will mit der Flotte Deutschland zur Handels- und Kolonialmacht erheben", und sie fügt hinzu:

> „Einstweilen buhlt man deshalb um Amerikas Gunst, das uns doch nimmermehr Englands Erbe antreten ließe, selbst wenn dieses Erbe frei würde, woran nicht zu denken ist, und vergißt ganz, daß wir als Kontinentalmacht niemals unsere Armee können schwächen lassen, Armee *und* Flotte aber uns auffressen."

Über drei Flottennovellen (1906, 1908, 1912) hält der Kaiser diesen antienglischen Kurs durch, vernachlässigt die Armee, und steigert sich im Hale-Interview (28. Juli 1908) zum Gipfel der Illusion einer Freundschaft und einer Zusammenarbeit mit dem amerikanischen Präsidenten Theodore Roosevelt in China und im Pazifik, verbunden mit der Überzeugung, die er öffentlich ausspricht, vom Niedergang des Britischen Empires.

Dabei signalisiert das gleiche Jahr 1908 die Rückkehr Rußlands – nach seiner Erholung von Krieg und Revolution – in die mitteleuropäische Politik, wie sein Widerstand gegen die Annexion von Bosnien und der Herzegowina durch Österreich-Ungarn anzeigt, der an den Rand eines kriegerischen Zusammenstoßes mit Deutschland führte, als Berlin noch unter Bülow durch Drohung mit der „Schimmernden Wehr" die im Jahr vorher entstandene Triple-Entente zu sprengen versuchte. Was hier an neuen Gefahren aufleuchtete, trat unvermittelt durch die Ereignisse der Balkankriege seit Oktober 1912 ins Bewußtsein der deutschen Führungsschicht. Der Kaiser, nach seiner „Bekehrung" durch den Reichskanzler v. Bethmann Hollweg am 9. November 1912, schaltete nun um auf Rußland als den Hauptgegner der Zukunft. Wilhelm II. wird zum leidenschaftlichen Propagandisten der Überzeugung vom „unvermeidlichen" baldigen Krieg, vom „Existenzkampf", vom „Endkampf" zwischen Slawentum und Germanentum. War diese Vorstellung zunächst ausgelöst durch die erdrutschartige Veränderung auf dem Balkan, so steigerte sie sich im Laufe des Herbstes 1913 und des Frühjahrs 1914 durch die Nachrichten über die geplante russische Heeresvermehrung,

---

[33] *Rudolf Vierhaus* (Hrsg.), Tagebuch der Baronin Spitzemberg (Deutsche Geschichtsquellen des 19. und 20. Jahrhunderts 43, Göttingen 1960) 427 f. (14. 3. 1903).

die 1917 abgeschlossen sein sollte, zur Forderung nach einem „Präventivkrieg" gegen Rußland und Frankreich. In diesen Monaten war Wilhelm II. führend in der Herstellung günstiger diplomatisch-psychologischer Vorbedingungen für diesen Krieg.

So engagiert der Kaiser in seinen mit dem Kanzler und dem Auswärtigen Amt abgestimmten Aktivitäten auch war, so blieb doch seine Umgebung, zumal die Militärs, aber auch die Diplomaten, seinem Charakter gegenüber mißtrauisch, ob sein Kriegswille auch durchhalten würde, sobald er sich der Entscheidung über Krieg und Frieden gegenübergestellt sehen würde. War es nun genuiner Friedenswille, die Verantwortung vor Staat und Nation, oder war es Schwäche gegenüber den harten Realitäten – er galt als ein Unsicherheitsfaktor, weil er mehrfach „umgefallen" war: 1905, 1909, 1911 und wieder Ende Juli 1914, und es mußten Umstände genutzt und Einwirkungen auf ihn angesetzt werden, die ihn über die Schwelle der letzten Entscheidung trugen. – Unter dem Druck des Mentors, des ebenso rechthaberischen wie beharrlichen und nervenstarken, von Machiavellismus nicht freien Kanzlers Bethmann Hollweg ließ Wilhelm II. mehrfach von eigenen Ideen ab und unterwarf sich der Politik des „verantwortlichen" Staatsmannes; aber freilich ebenso dem Druck der Militärs auf einen „Präventivkrieg", den am Ende auch der Kanzler bejahte, spätestens seit Dezember 1913/Februar 1914. Erst die Enttäuschung im September und im November 1914, als es nicht „geklappt" hatte, erst das Eingeständnis[34] im Frühjahr 1915, daß niemand erwartet hatte, daß es nicht „klappen" würde, macht offenbar, auf welches Vabanque-Spiel man sich eingelassen hatte, wie sehr man alles auf eine Karte gesetzt hatte. Der Kaiser nahm, unter dem Druck seiner militärischen und zivilen Ratgeber diese Rechnung, die dann nicht aufging, auf sich, lag doch bei ihm die letzte Entscheidung über Krieg und Frieden.

Trotz aller kaiserlichen Eskapaden (er schießt öfters übers Ziel hinaus bei ihm übertragenen Aufgaben) und dem Glauben des Kaisers, die Außenpolitik allein zu bestimmen, erscheint die Einheit der politischen Willensbildung in Berlin für Außenstehende verblüffend: Kaiser, Reichskanzler, Auswärtiges Amt, die Preußischen Ministerien, die Militärs, die Industrie, die Junker (nachdem sie im Dezember 1912 auf den antirussischen Kurs eingeschworen worden waren), die Presse und öffentliche Meinung, die Rechtsparteien, die Kirchen und Universitäten, alle sagen dasselbe von der „Unvermeidlichkeit" des großen Krieges gegen Rußland und Frankreich. – Nur die Marine steht abseits. Tirpitz ist sich bewußt, daß das von ihm geschaffene Instrument noch unfertig ist für den großen Krieg, sollte England daran beteiligt sein. Aber wann würde es je für diese Aufgabe fertig sein?

Dabei zeichnete sich ab – genau wie es der Kaiser und mit ihm die wirtschaftlichen (mit wenigen Ausnahmen wie Hugo Stinnes) und geistigen Eliten es sahen und erstrebten –, daß ein deutscher Sieg die Hegemonie Deutschlands auf dem Kontinent bedeuten würde: nach dem Sieg über Frankreich und seiner ökonomischen Angliederung; nach dem Sieg über Rußland und seiner Zurückdrängung (1917/18 schien das erreicht, und der Kaiser war begeistert über den Frieden von Brest Litowsk und

---

[34] *Wilhelm von Sternburg* (Hrsg.), Die deutschen Kanzler von Bismarck bis Schmidt (Königstein/Ts. 1 und 2 1985) 103. Die Nachweise für Februar, April und Mai 1915 in: Ebd., *Fritz Fischer,* Theobald von Bethmann Hollweg, (87–111) 103.

drängte noch darüber hinaus); nach dem „Aufräumen" auf dem Balkan und der Sicherung der Verbindung zum Osmanischen Reich. Die Europahegemonie würde zugleich die Gewinnung eines zusammenhängenden verteidigungsfähigen deutschen „Mittelafrika" ermöglichen.

Der Kaiser war „Vordenker" und Repräsentant der deutschen Gesellschaft und damit der rasanten wirtschaftlich-technischen, politisch-militärischen und kulturellen Entwicklung Deutschlands um die Jahrhundertwende. Die Bülowzeit erschien dabei den Zeitgenossen und den Nachlebenden als die goldene Zeit, die Zeit eines zukunftsfrohen selbstbewußten Optimismus, wie ihn der Kaiser ausstrahlte – obwohl in ihr doch durch politische Fehlentscheidungen, die maßgebend auf den Kaiser zurückgehen, eine Überspannung der deutschen Möglichkeiten und damit die Keime der Isolierung und des Niedergangs Deutschlands gelegt wurden. So war der Einfluß des Kaisers auf die Gestaltung der deutschen Politik vor 1914 gewiß groß. Das gilt auch für die Innenpolitik, wo seine starre Haltung als König von Preußen im Bunde mit den „Ostelbiern", den Konservativen, und mit dem Preußischen Staatsministerium ein Haupthemmschuh für notwendige innere Veränderungen war. Dabei waren wohl die Antriebe der Militärs und der mit ihnen verbundenen Kräfte in der Gesellschaft und Wirtschaft noch stärker als die selbstbewußten ‚Träume' des Kaisers von der künftigen Weltstellung Deutschlands; doch jene waren wiederum ohne diese gar nicht denkbar, so wie die Machtverteilung im Kaiserreich gegeben war. Ohne seine, wie die Baronin Spitzemberg sagt, „so mächtige Persönlichkeit" wäre vielleicht auch eine andere Entwicklung der inneren und äußeren Politik möglich gewesen. Doch das ist reine Spekulation; denn in der Wirklichkeit waren eben diese Persönlichkeit und die Strukturen, Kräfte und Interessen der deutschen Gesellschaft gegebene Größen, die einander steigerten und zu verhängnisvollen Illusionen und Konsequenzen führten.

IV. Der Kaiser, die national-sozialistische „Machtergreifung" und der „Vernichtungs-Antisemitismus" in Deutschland von Wagner bis Hitler

Willibald Gutsche

Monarchistische Restaurationsstrategie und Faschismus

Zur Rolle Wilhelms II. im Kampf der nationalistischen und revanchistischen Kräfte um die Beseitigung der Weimarer Republik

Die Bestimmung des Ortes Kaiser Wilhelms II. in der deutschen Geschichte wäre unvollständig, wenn sie die Rolle des letzten deutschen Kaisers im Kampf der nationalistischen und revanchistischen Kräfte um die Beseitigung der Weimarer Republik unberücksichtigt ließe[1]. Dabei geht es nicht nur um die Beantwortung der Frage nach den Nachwirkungen dieser historischen Persönlichkeit auf den weiteren, schließlich in faschistische Diktatur und zweiten Weltkrieg mündenden Gang der deutschen Geschichte, obgleich bereits dieser Aspekt ein eigenes Gewicht besitzt. Die Rolle des Exkaisers in den Jahren der Weimarer Republik, sein Verhältnis zur bürgerlich-parlamentarischen Demokratie und zum Faschismus zu bestimmen, ist auch deshalb unverzichtbar, weil eine solche Analyse in mancher Hinsicht Grundzüge seiner weltanschaulichen und politischen Positionen und Motivationen, aber auch seines Charakters deutlicher zutage treten läßt, als entsprechende Untersuchungen für die Zeit seines Wirkens als Monarch.

Der durch die Novemberrevolution vom Thron Gestoßene mußte seine konzeptionellen Vorstellungen und persönlichen Wesensmerkmale im Streben nach einer Restauration seiner Herrschaft viel klarer offenbaren als unter den Bedingungen der durch Erbfolge überkommenen, unangefochtenen Machtausübung. Infolgedessen werden hier zum einen die sozialen und politischen Kräfte, die ihn trugen, sowie jene, gegen die sein politisches Wirken gerichtet war, unverhüllter sichtbar und kann zum anderen damit auch ein wichtiger Beitrag zur Klärung der umstrittenen Frage nach dem Gewicht seiner Person im historischen Entwicklungsprozeß geleistet werden.

Für das politische Wirken Wilhelms II. ergab sich seit 1918 nach seinem Sturz und seiner Flucht nach Holland eine völlig neue Situation. Persönlich von der politischen Bühne isoliert, suchte er sich an der Inszenierung des Stückes, das nun dort mit verän-

---

[1] Siehe dazu: *Willibald Gutsche, Joachim Petzold,* Das Verhältnis der Hohenzollern zum Faschismus. Dokumentation, in: ZfG 10 (1981) 917 ff., im folgenden zitiert: *Gutsche/Petzold,* Verhältnis; *Willibald Gutsche,* Zur Rolle von Nationalismus und Revanchismus in der Restaurationsstrategie der Hohenzollern 1919–1933. Dokumentation, in: ebd., 7 (1986) 621 ff., im folgenden zitiert: *Gutsche,* Rolle.

derten Rollen gespielt wurde, gleichsam als Puppenspieler zu beteiligen. Dies gelang ihm deshalb zeitweilig in nicht geringem Maße, weil einerseits auf der Bühne des Deutschen Reiches Kräfte wirkten, die in ihm nach wie vor ihren heimlichen Intendanten erblickten, und weil sich andererseits seine Bestrebungen im Prinzip mit denen wichtiger Akteure deckten.

Wie Wilhelm II. bereits während seiner Regierungszeit Repräsentant von Klassenkräften und deren Interessen gewesen war, so blieb er es auch jetzt. Aber die Konturen jener Kräfte, deren Interessen er in erster Linie verkörpert hatte und weiter verkörperte bzw. die sich seiner Person als Gallionsfigur oder als Instrument ihrer Machtbestrebungen vor allem bedient hatten und weiter bedienten, traten jetzt ungleich schärfer hervor, weil sie unter den durch den revolutionären Sturz der Monarchie veränderten Bedingungen auf ihren harten Kern zusammengeschrumpft waren, mit dem wiederum der Exkaiser zusammenarbeiten mußte, wenn er sein Ziel – die Restauration der Hohenzollernmonarchie – erreichen wollte.

Daß Wilhelm II. überhaupt weiter eine politische Rolle zu spielen vermochte, war darauf zurückzuführen, daß die Revolution zwar Monarchie und Fürstenherrschaft hinweggefegt und eine bürgerliche Republik ermöglicht, jedoch die ökonomischen und politischen Grundlagen imperialistischer Herrschaft und damit der alten herrschenden Klassen nicht angetastet hatte[2]. Während ein Teil dieser Klassenkräfte seine Macht nun mit Hilfe bürgerlich-parlamentarischer Herrschaftsmethoden wieder zu festigen und auszubauen suchte, nahm ein anderer Teil, dessen soziales Umfeld sich im Zuge der historischen Entwicklung wandelte, Kurs auf eine Revision in Richtung auf eine diktatorische Staatsform.

In diesem Bereich des Spektrums der reaktionären Klassenkräfte spielte der Exkaiser in den Jahren der Weimarer Republik eine deren Sturz und die Errichtung einer faschistischen Diktatur befördernde Rolle. Mit dem Ziel, den Thron zurückzuerobern, orientierten sich Wilhelm II. und die Hohenzollernfamilie seit der Gründung der Weimarer Republik darauf, die Zersplitterung der antirepublikanischen nationalistischen, monarchistischen und revanchistischen Gruppen und Organisationen in Deutschland zu überwinden und diese unter ihrem Einfluß in einer „Einheitsfront gegen den Feind" zu sammeln. Der Lösung dieser Aufgabe galten – insbesondere nach dem Scheitern des Kapp-Putsches – in wachsendem Maße die politischen Aktivitäten des Kaisers, seiner zweiten Frau Hermine, des Kronprinzen und der anderen Kaisersöhne, der Hofmarschälle in Doorn und des Hausministeriums in Berlin. Die anfängliche Zersplitterung der antirepublikanischen monarchistischen Kräfte und deren strategisch-taktische Meinungsverschiedenheiten verhinderten jedoch zunächst einen greifbaren Erfolg. Enttäuscht reagierte der Exkaiser, der das Versagen des Adels als wesentliche Ursache beklagte und keinen „Führer" sah, der diese Situation in absehbarer Zeit zu ändern vermochte, im Juli 1924 auf die Äußerung des ehemaligen General-

---

[2] Siehe dazu *Willibald Gutsche,* Wilhelm II. Der Kaiser ging, die Generale blieben, in: *Helmut Bock, Wolfgang Ruge, Marianne Thoms* (Hrsg.), Gewalten und Gestalten. Miniaturen und Porträts zur deutschen Novemberrevolution 1918/19 (Leipzig, Jena, Berlin 1978) 66 ff.

feldmarschalls August von Mackensen, sein Schwert liege geschliffen bereit, er warte nur auf den Pfiff, mit der Marginalie: „Unsinn! Wer soll denn pfeifen?"[3]

Die bisherigen Mißerfolge veranlaßten den Kaiser und die Hohenzollern seit 1926 zu einem planmäßigeren Vorgehen. Es wurde insbesondere im Zusammenhang mit der Vorbereitung des Volksbegehrens und des Volksentscheids für die entschädigungslose Enteignung der Fürsten erkennbar. Die Hohenzollern beteiligten sich – auch finanziell – an den Aktivitäten des „Arbeitsausschusses der Fürstenhäuser". Das Ergebnis des Volksentscheids vom 20. Juni 1926 werteten sie als Mehrheitsentscheidung für die Monarchie, die die „Richtlinie für die Weiterarbeit" gebe[4]. Ihre Lagebeurteilung war insofern zutreffend, als sich die antirepublikanischen Kräfte inzwischen tatsächlich weiter konsolidiert und gewisse Kooperationsformen entwickelt hatten. Die 1922 gegründete Dachorganisation „Vereinigte Vaterländische Verbände Deutschlands", der 1925 fast 140 Organisationen angehörten und die zunehmend unter dem Einfluß des Nationalverbandes Deutscher Offiziere stand, verfügte unter Vorsitz des ehemaligen Generalmajors Rüdiger Graf von der Goltz über einen nicht unbeträchtlichen Masseneinfluß. Ihre korporativen Mitglieder wie das 1926 gegründete Deutschbanner Schwarz-weiß-rot, die Deutsche Adelsgenossenschaft oder der Deutsche Ostmarkenverein sowie weitere monarchistisch orientierte Verbände wie der Bund deutscher Marinevereine, die Deutsche Kaiserpartei, die Soziale Königspartei, die Front der Kaiserlichen, der Reichsverband der deutschen Kriegsbeschädigten, der Stahlhelm und Hunderte von regionalen Kriegervereinen unterminierten mit ihrer nationalistischen, militaristischen, revanchistischen und antikommunistischen und monarchistischen Propaganda die bürgerlich-demokratische Ordnung. Im ehemaligen und – wie viele hofften – auch künftigen Kaiser Wilhelm II. erblickten diese Kreise zunächst den Erlöser. Das dokumentiert in erschreckender Weise der im Utrechter Reichsarchiv erhaltene Schriftwechsel des Exkaisers in seinem Doorner Exil. Allein anläßlich seines 70. Geburtstages 1929 erreichten ihn über 3000 Telegramme und über 20 000 Briefe von Personen und Organisationen (auch der NSDAP), die Wilhelm II. ihre Treue und ihre Hoffnung auf Restauration der Hohenzollernmonarchie bekundeten[5].

Freilich blieben die monarchistisch orientierten Kräfte, gemessen an der für einen gewaltsamen Umsturz erforderlichen Massenbasis, relativ schwach. Berücksichtigt man aber den gesamten Personenkreis, der sich hinter solchen Bekundungen verbarg, dann darf doch festgestellt werden, daß der auf Wilhelm II. bezogene antirepublikanische Monarchismus in der Mitte der zwanziger Jahre bereits eine beträchtliche politisch-ideologische Potenz darstellte, deren Aktivierung für die weitere politische Entwicklung von wesentlicher Bedeutung war. Mit anderen Worten: Zwar hatten die

---

[3] Zit. nach *Sigurd v. Ilsemann,* Der Kaiser in Holland. Aufzeichnungen des letzten Flügeladjutanten Kaiser Wilhelms II., Bd. 2: Monarchie und Nationalsozialismus 1924–1941, hrsg. von *Harald v. Königswald* (München 1968) 12 f., im folgenden zitiert: *Ilsemann,* Kaiser.
[4] Zit. nach ebd., 40.
[5] Rijksarchief in de Provincie Utrecht. Archief van Ex-Keizer Wilhelm II. tijdens zijn Verblijf in Nederland 1918–1941 (1945) (RPU, Wilhelm II.); ebd., Nr. 339, Wilhelm v. Dommes an Generalmajor a. D. v. Enlitz, 9. 2. 1929.

eigenständigen Bestrebungen Wilhelms II., seine Herrschaft, allein gestützt auf die monarchistische Bewegung wiederzugewinnen, keine Chance. Aber der Einfluß der monarchistischen Kräfte konnte mit den Ausschlag geben für den Sturz der Republik und die Errichtung einer nichtmonarchistischen Form diktatorischer Herrschaft.

Daß sich diese Alternative durchsetzte, war darauf zurückzuführen, daß sich Wilhelm II. und seine Ratgeber seit 1927 zunehmend auf eine Kollaboration mit der aufsteigenden NSDAP orientierten. Entscheidende Motive für einen solchen Kurs, der dann auch von Doorn aus auf der Basis einer bis dahin nicht zu beobachtenden strategisch-taktischen Konzeption gesteuert wurde, waren vor allem:

1. die Enttäuschung über das Scheitern der bis dahin gehegten Hoffnungen, dem Ziel mit Hilfe der DNVP oder Hindenburgs näher zu kommen. Auslösende Wirkung kam dabei offenbar der Beteiligung der DNVP an der Bürgerblockregierung von Wilhelm Marx seit Januar 1927 sowie der Zustimmung der vier deutschnationalen Minister zur zweijährigen Verlängerung des Republikschutzgesetzes am 17. Mai 1927 zu, denn Wilhelm II. schlußfolgerte: Es bleibe nur noch eins übrig, mit klarstem Zielbewußtsein eine große nationale Bewegung mit dem Ziel der Wiederherstellung der Monarchie zu entfachen[6];

2. die Einsicht, daß die monarchistischen Kräfte allein nicht ausreichen würden, um den gewünschten Umsturz zu bewirken, und daß man sich deshalb entsprechender Bundesgenossen versichern müsse;

3. die Illusion des Exkaisers, daß Hitler nach einer Beseitigung der Republik die Monarchie wiederherstellen werde. Sie wurde durch die Äußerung Hitlers in dem 1925 erschienenen Buch „Mein Kampf" genährt, in dem Hitler die Frage der künftigen Staatsform offen gelassen hatte[7]. Offensichtlich hat aber zugleich das Beispiel des italienischen Faschismus, das den König in das faschistische Regime eingebaut hatte, fördernd gewirkt. Schon 1922 hatte Wilhelm seine Überzeugung geäußert, daß der Faschismus auf Deutschland übergreifen werde und so die Monarchie wiederhergestellt werden könne. Auch der Kronprinz erblickte im Faschismus Italiens eine „fabelhafte Einrichtung"[8];

4. die ungeachtet wichtiger Unterschiede beträchtliche politisch-ideologische Affinität zwischen dem wilhelminischen Monarchismus und dem Faschismus Hitlers, insbesondere im Hinblick auf Antidemokratismus, Rassismus und Antisemitismus, Revanchismus, Antikommunismus und Antibolschewismus. Kronprinz Wilhelm schrieb seinem Vater am 7. Mai 1928 aus Rom: „Sozialismus, Kommunismus, Demokratie und Freimaurerei sind ausgerottet, und zwar mit Stumpf und Stiel, eine geniale Brutalität hat dies zuwege gebracht."[9]

---

[6] Ebd., Nr. 248, Aufzeichnung Wilhelms II. zur Restaurationsstrategie, 26.8.1928, abgedr. bei: *Gutsche,* Rolle, Dok. 2, 629 f.
[7] Vgl. *Adolf Hitler,* Mein Kampf (München 1930) 305, 380.
[8] Zit. nach *Friedrich Wilhelm Prinz v. Preußen,* Die Hohenzollern und der Nationalsozialismus (München, phil. Diss. 1983) 71, im folgenden zitiert: *Preußen,* Hohenzollern; *Ilsemann,* Kaiser, 95.
[9] Zit. nach ebd.

5. Begünstigend wirkte, daß Hitler seit den Reichstagswahlen 1928 seinerseits verstärkt darum bemüht war, nationalistische und monarchistische Kreise im Bürgertum und in den Mittelschichten für die faschistische Bewegung zu gewinnen.

Mit dem von Doorn aus Ende der 20er, Anfang der 30er Jahre systematisch verfolgten, auf den Sturz der bürgerlichen Republik gerichteten Kurs gewann Wilhelm II. nochmals Einfluß auf die deutsche Geschichte, ein Einfluß, dessen Folgen für das deutsche Volk und für die anderen Völker noch weit schwerwiegender waren als die der Entscheidungen seiner Regierungszeit.

Die Doorner Aktivitäten standen in engem Zusammenhang mit den seit 1927/28 auch in den antirepublikanischen Verbänden und Parteien geführten Auseinandersetzungen über das künftige Vorgehen, bei denen sich zwei Hauptströmungen abzeichneten, nämlich eine, die vor allem durch eine Stärkung der rechten Flügel in den Parlamenten und eine andere, die vor allem durch außerparlamentarischen Kampf zum Ziel zu gelangen hoffte. Der Exkaiser schlug sich auf die Seite derer, die das entscheidende Schlachtfeld nicht im Parlament sahen, sondern die das „bestehende System" durch eine „Kampffront" „von außen her zu Fall ... bringen" wollten.

Wilhelm II. beschränkte sich nun nicht mehr auf mehr oder weniger sporadische Einflußnahmen, sondern ging zu einem planmäßigen Vorgehen über. Am 26. August 1928 verbreitete er eine „Anweisung für die vaterländische Arbeit", die erste bekannte so grundlegende Konzeption aus seiner Feder. Hier forderte er die „vaterländischen Verbände" auf, losgelöst von jeder Partei, Parteipolitik und Parteiorganisation sowie vom westländischen, ungermanischen und undeutschen Parlamentarismus eine große nationale Bewegung zu entfalten, mit dem Ziel der Wiederherstellung der Monarchie, und auf diese Weise ein neues Deutsches Reich unter seiner Führung zu erobern. Dabei seien Ausnutzung der DNVP und der Parlamente noch so lange in gewisser Weise erforderlich, bis die „deutsche Bewegung" das gesamte durch und durch verlogene parlamentarische Gebilde in Schutt und Trümmer geschlagen habe, und mit ihm seine ganzen Parteien, auch die DNVP.

Diese Dokumente widerlegen die bisherige Annahme Gerhard Graniers, daß der ehemalige Kaiser sich in den Sturmlauf der politischen Rechten zum Sturz der Republik eingereiht habe, „ohne daß es ihm selbst bewußt" gewesen sei, und daß dafür erst der Auftrag an Levetzow vom Herbst 1928 das Kriterium bilde[10].

Es widersprach dieser Konzeption nicht, wenn sich Wilhelm II. seit Herbst 1928 um eine Zusammenarbeit mit der NSDAP bemühte. Er beauftragte Admiral Magnus von Levetzow mit der Koordinierung der Arbeit der nationalistischen Gruppen und Bewegungen und ließ ihn insbesondere engere Kontakte zur NSDAP und ihren Führern knüpfen. Zugleich gestattete er den Prinzen August Wilhelm und Oskar den Beitritt zur faschistischen Partei[11].

---

[10] RPU, Wilhelm II., Nr. 330, Ulrich v. Sell an Wilhelm II., 21.6.1928, abgedruckt bei: *Gutsche*, Rolle, Dok. 1, 627 f.; vgl. *Gerhard Granier*, Magnus v. Levetzow. Seeoffizier, Monarchist und Wegbereiter Hitlers. Lebensweg und ausgewählte Dokumente (Boppard am Rhein 1982) 127 ff. und 129; im folgenden zitiert: *Granier,* Levetzow.
[11] Vgl. *Gutsche,* Rolle, 624 ff.; RPU, Wilhelm II., Nr. 339, Wilhelm v. Dommes an Wilhelm II., 19.6.1929, ebd., Nr. 340, Wilhelm v. Dommes an Wilhelm II., 30.10.1929, 24.12.1929.

Im Zusammenhang mit der Agitation für das von DNVP, NSDAP, Stahlhelm und anderen reaktionären Organisationen initiierte Volksbegehren über ein gegen Erfüllungspolitik, Versailler Vertrag und „Kriegsschuldlüge" gerichtetes Freiheitsgesetz, das im Oktober 1929 scheiterte, präzisierte Wilhelm II. die Restaurationsstrategie der Hohenzollern und intensivierte seine antirepublikanischen Aktivitäten. Er orientierte die nationalistischen Organisationen darauf, 1. das deutsche Volk aufzurütteln und die vaterländische Front zu stärken, 2. die Wirkung dieser Front auf den Feind zu erhöhen und 3. diese bereitzuhalten für die weiteren Aufgaben.[12] Die Übermittlung solcher Instruktionen erfolgte in erheblichem Maße durch Kuriere, insbesondere durch die Doorner Hofmarschälle und andere Bedienstete in ihrer dienstfreien Zeit.

Der erneute Mißerfolg, auf verfassungsmäßigem Wege voranzukommen, bestärkte den Exkaiser, der 1930 glaubte, daß Deutschland nun für einen „starken Mann" reif sei, und der sich nach wie vor selbst als einzigen „Führer" von Gottes Gnaden betrachtete, seine Beziehungen zur NSDAP zu verstärken. Da inzwischen der Vorsitzende des Direktoriums der Krupp AG, Alfred Hugenberg, an der Spitze der DNVP stand, der sich im Herbst 1930 zum Zusammengehen mit Hitler entschloß, setzte der Exkaiser seine Erwartungen nun insbesondere in eine Kooperation von NSDAP und DNVP, zumal Hitler am 24. Januar 1931 gegenüber Eulenburg-Hertefeld erklärt hatte, er sei zu einer Koalition mit der DNVP bereit. Hofmarschall Alexander Freiherr von Grancy-Senarclens drückte diese Erwartung seines Chefs aus, wenn er am 26. Dezember 1930 optimistisch an diesen schrieb: „Die Bewegung marschiert und wird der guten Sache große Dienste leisten, wenn sie weiter mit den Deutschnationalen zusammengeht."[13] Nachdem durch Levetzows Vermittlung Mitte Januar 1931 Hermann Göring zum ersten Mal in Doorn geweilt hatte, schrieb Hofmarschall Dettloff von Schwerin am 6. Juli 1931 im Auftrag des Kaisers: „Die Hitlerschen Ideen sind mir wohlbekannt, ich weiß den gesunden nationalen Leitgedanken und den heißen Willen, der ihn beseelt, sehr zu schätzen und erwarte weitere Fortschritte bis zu einem greifbaren Erfolge."[14]

Inzwischen hatte den Exkaiser eine Niederschrift des von der DNVP zur NSDAP übergewechselten Fürsten Friedrich-Wend zu Eulenburg-Hertefeld über ein Gespräch mit Hitler am 24. Januar 1931 in München erreicht, die Wilhelm II. dann verbreitete[15]. Hitlers auf entsprechende Wirkung berechnete Versicherungen, er wolle den Grundbesitz nicht antasten und paktiere mit den Arbeitermassen nur, um den Marxismus zu entthronen und das ganze Volk vom Kaisersohn bis zum letzten Proleten für dieses Ziel zusammenfassen, fielen in Doorn auf fruchtbaren Boden. Grancy schrieb am 26. September 1931 an Wilhelm II. aus Potsdam: „Zu meiner Freude haben Hitler und seine Leute auch schon mit führenden Wirtschaftlern in Hamburg ... Fühlung genommen und diesen die Zusicherung gegeben, daß sie sich von erfahrenen Wirt-

---

[12] RPU, Wilhelm II., Nr. 339, Wilhelm v. Dommes an Wilhelm II., 19.6.1929, abgedr. bei *Gutsche*, Rolle, Dok. 3, 630.
[13] Ebd., Nr. 341, Alexander v. Grancy-Senarclens an Wilhelm II., 26.12.1930.
[14] Ebd., Nr. 248, Detloff v. Schwerin an Haupt-Heydemark, 6.7.1931.
[15] Vgl. dazu *Kurt Gossweiler*, A. Schlicht, Junker und NSDAP 1931/32, in: ZfG 4 (1967) 646 und Dok. 2, 3, 7; *Granier*, Levetzow, 163 ff. und Dok. 35, 297 ff.

schaftlern würden beraten und leiten lassen, wenn sie die Verantwortung übernommen hätten."[16]

Solche Äußerungen bestärkten Wilhelm II. in seinem auf die NSDAP orientierten Restaurationskonzept. An der Bildung der Harzburger Front am 11./12. Oktober 1931 nahm außer Hofmarschall Wilhelm von Dommes als Vertreter des Exkaisers Prinz Eitel Friedrich teil. Das Harzburger Ergebnis pries Dommes ungeachtet gewisser Schwierigkeiten als Ausdruck „gleichen Willens" der „nationalen Organisationen", „das jetzt herrschende System zu stürzen und eine nationale Regierung an seine Stelle zu setzen"[17].

Die Hinwendung zur NSDAP war nicht auf Wilhelm II. oder einzelne Mitglieder des Hohenzollernhauses beschränkt. Sigurd von Ilsemann berichtet: „In Doorn hört man seit Monaten nur noch, daß die Nationalsozialisten den Kaiser auf den Thron zurückbringen werden; alles Hoffen, alles Denken, Sprechen und Schreiben gründet sich auf diese Überzeugung."[18]

Diese Überzeugung wurde dadurch bestärkt, daß Hitler gegenüber dem Hausminister der Hohenzollern in Berlin im Februar 1932 und Göring gegenüber dem Kaiser selbst in Doorn bei seinem zweiten Besuch im Mai 1932 die Wiedereinsetzung der Hohenzollern als ihr letztes Ziel versprachen.

Ungeachtet aller Rivalitäten im Hinblick auf den Thronprätendenten und Meinungsverschiedenheiten bei der Beurteilung der faschistischen Führer innerhalb des Hohenzollernhauses, auf die hier nicht näher eingegangen werden kann, herrschte in Doorn im Sommer 1932 dahingehend Übereinstimmung, daß die NSDAP die Hauptstütze der „nationalen Bewegung" sei, daß es sie zu stärken gelte, um eine Diktatur zu errichten und so die Restauration der Hohenzollernmonarchie zu ermöglichen. Trotz der Mißbilligung des Verhaltens Hitlers und Görings im Sommer 1932 und der Befürchtung, die faschistischen Führer könnten „das in ihrer nationalen Bewegung gesammelte Kapital" nationaler Energien verwirtschaften, hoffte Wilhelm II. Mitte September 1932, daß die NSDAP vom Einfluß „einiger demagogischer Führer" befreit und so mit dem Hohenzollernhaus „alliiert" werden könnte[19]. Diese Erwartung teilte auch der Kronprinz, der sich Ende September bei Hitler um einen Ausgleich zwischen NSDAP, Stahlhelm und DNVP bemühte. Da in diesem Zusammenhang ein Brief des Exkaisers mit kritischen Bemerkungen über Führer der Nazis in die Hände Görings gelangte, kam es Ende September 1932 zu einer gewissen Abkühlung des Verhältnisses zwischen den Hohenzollern und den Faschisten. Und der Exkaiser machte seinem Ärger in der ihm eigenen eruptiven Art Luft, zumal die von ihm erwartete öffentliche Erklärung über die Wiederherstellung der Monarchie ausblieb.

Aber all das bedeutete keinen Bruch. Die Errichtung der faschistischen Diktatur im Januar 1933 wurde in Doorn begrüßt und die Hoffnung auf eine Restauration der Monarchie durch die Nazis verstärkte sich wieder. Der Kronprinz brachte z. B. in der

---

[16] RPU Wilhelm II., Nr. 342, Alexander v. Grancy-Senarclens an Wilhelm II., 26.9.1931, abgedr. bei: *Gutsche,* Rolle, Dok. 4, 631 f.
[17] Ebd., Wilhelm v. Dommes an Wilhelm II., 13.10.1931.
[18] *Ilsemann,* Kaiser, 175.
[19] Vgl. dazu *Gutsche/Petzold,* Verhältnis, 919 ff. (auch für das Folgende).

britischen Presse seine Freude zum Ausdruck, daß Hitlers erbarmungsloser Kampf gegen den Marxismus Deutschland mehr als irgendein anderer vor dem Marxismus gerettet habe. Wilhelm II., der erkannte, daß nun die einzige Chance der Restauration in einem Zusammengehen mit den Faschisten bestand, suchte mehrfach – allerdings vergebens – eine feste Zusage Hitlers zu erlangen. Am 9. Mai 1933 versicherte Hitler dem ehemaligen Vorsitzenden der Deutschen Adelsgenossenschaft Friedrich von Berg-Markienen, als Abschluß seiner Arbeit sehe er die Hohenzollernmonarchie nach einem siegreichen Kriege. Am 26. September 1933 vertröstete der Chef der Reichskanzlei Hans Heinrich Lammers im Namen Hitlers den zu ihm entsandten Dommes, daß das deutsche Volk für die Krone noch nicht reif sei[20]. Am 24. Oktober 1933 nährte Hitler gegenüber Dommes die Erwartung der Hohenzollern mit der Erklärung, daß eine Monarchie nicht hart genug sei, um endgültig mit dem Kommunismus und dem Judentum fertig zu werden[21]. Und am 27. April 1934 erklärte er Dommes: Erst wenn Deutschland nach außen wieder zu Ansehen gekommen sei, könne man sich mit der Wiedereinführung der Monarchie befassen, schätzungsweise in zwölf bis fünfzehn Jahren[22]. Diese Beispiele lassen sich vermehren.

Ernsthaft haben die Faschisten eine Wiedereinführung der Monarchie nie erwogen. Ihr Interesse an Wilhelm II. und den Hohenzollern, das lediglich darauf berechnet war, auch die konservativ-monarchistischen Kräfte und monarchistisch beeinflußte Bevölkerungsteile unter faschistischen Einfluß zu bringen und auch im Ausland den Eindruck von Kontinuität zu erwecken, sank in dem Maße, wie sie ihre Diktatur festigten. Sie ließen die Frage lange in der Schwebe, während sie zugleich immer schärfer gegen die konservativ-monarchistische Konkurrenz vorgingen.

Es war in erster Linie keine prinzipielle Ablehnung des Faschismus oder seiner Methoden, die – beginnend Ende 1932 – eine allmähliche, abgestufte Distanz Wilhelms II. und der Hohenzollern zum Faschismus bewirkte, sondern Enttäuschung und Empörung des Exkaisers und seiner Familie über die unerfüllten Restaurationserwartungen. Wie sich der Exkaiser und die Hohenzollern verhalten hätten, wenn die deutschen Faschisten sie ähnlich Mussolini in Italien in das System ihrer Diktatur einbezogen hätten, ist zwar ebenso eine akademische Frage wie die, welche Rolle es gespielt hätte, wenn der ehemalige Kaiser sich entschieden gegen jede Zusammenarbeit mit den Faschisten ausgesprochen hätte. Aber beide Fragen erscheinen doch theoretisch bedenkenswert.

Den Ort Wilhelms II. in der deutschen Geschichte zu bestimmen, erfordert auch, den Anteil der Verantwortung zu enthüllen, den der Exkaiser für die Errichtung der offenen terroristischen Diktatur jener Kreise, die demokratische, parlamentarische

---

[20] Vgl. *Ilsemann*, Kaiser, 281; Geheimes Staatsarchiv Preußischer Kulturbesitz, Berlin (West)-Dahlem, Brandenburgisch-Preußisches Hausarchiv, Rep. 53, Nr. 167/2, Vertrauliche Aufzeichnung von Wilhelm v. Dommes über die Stellungnahme Hitlers zur Monarchie, 15.5.1933, abgedr. bei: *Gutsche/Petzold,* Verhältnis, Dok. 5, 935 f.

[21] Geheimes Staatsarchiv Preußischer Kulturbesitz, Berlin (West)-Dahlem, Brandenburgisch-Preußisches Hausarchiv, Rep. 53, Nr. 167/1, Aufzeichnung von Wilhelm v. Dommes über seine Besprechung mit Hans Heinrich Lammers, 26.9.1933.

[22] Ebd., Nr. 167/6, Aufzeichnung von Wilhelm v. Dommes über seine Besprechung mit Hitler, 27.4.1937; vgl. dazu *Tyler Whittle,* Kaiser Wilhelm II. Biographie (München 1977) 380 ff.

Verhältnisse kompromißlos ablehnten, und damit für die daraus folgende Katastrophe des zweiten Weltkrieges hatte. Oberflächliche entschuldigende Bemerkungen wie die, Wilhelm II. habe in Hitler nur einen Rattenfänger oder Emporkömmling gesehen, und den Anschluß seiner Söhne an die NSDAP habe er nur gestattet, weil er Antikommunist gewesen sei (Whittle), verschleiern und entstellen seine tatsächliche Rolle und gehen ebenso am Problem vorbei, wie die Erklärung, daß es sich bei der Kollaboration Wilhelms II. mit den Faschisten lediglich um ein „Miteinander und Durcheinander deutschnationaler und nationalsozialistischer Vorstellungen wie bei allen anderen national oder vaterländisch gesinnten Deutschen" gehandelt habe (Prinz Friedrich Wilhelm)[23].

Die Zusammenarbeit mit den Faschisten war nur die letzte Steigerungsform einer von Wilhelm II. und den Hohenzollern seit ihrem Sturz immer planmäßiger und intensiver betriebenen Strategie zur Mobilisierung und Sammlung aller nationalistischen, monarchistischen, militaristischen und revanchistischen Kräfte mit dem Ziel der Beseitigung der bürgerlichen Republik, der Liquidierung der revolutionären Arbeiterbewegung, der Vorbereitung eines Revanchekrieges und der Unterbindung auch jeder liberalen bürgerlichen Opposition durch die Errichtung einer von ihnen geführten Diktatur.

Noch deutlicher als während seiner Regierungszeit belegt das nicht mehr von Gottes Gnaden abgeleitete politische Wirken Wilhelms II. in den Jahren der Weimarer Republik seine Klassengebundenheit. Die subjektiv im Machtinteresse der Hohenzollern wurzelnde, im Detail anachronistische Restaurationsstrategie korrespondierte in wesentlichen Aspekten mit dem unter den Bedingungen des Erstarkens der revolutionären Arbeiterbewegung und der großen Wirtschaftskrise sich verstärkenden Interesse der reaktionärsten Teile des Finanzkapitals an einer faschistischen Diktatur. Durch die Beseitigung der Monarchie auf die ursprünglichen klassenmäßigen Wurzeln zurückgeworfen, artikulierten die Hohenzollern jedoch nun die politischen Ziele vor allem jener Fraktion der herrschenden Klasse, die im Zuge der weiteren Monopolisierungsprozesse und im Ergebnis der Novemberrevolution ihre ursprüngliche politische Vorherrschaft endgültig an die Monopolbourgeoisie hatte abtreten müssen und deren Konzept einer Diktatur deshalb nicht mehr den Zielen der Mehrheit der reaktionärsten Kräfte entsprach. Darauf beruhten letztlich das Scheitern der von Wilhelm II. und den hinter ihm stehenden Kräften erstrebten Variante einer Überwindung der republikanischen Herrschaftsform und die Hinwendung der Hohenzollern zur faschistischen Variante, die sich den Hohenzollern wie den von ihnen repräsentierten Kreisen objektiv als einzige Möglichkeit zur Behauptung ihrer ökonomischen und politischen Interessen darbot. Die Übereinstimmung mit grundsätzlichen Zielen der Faschisten erleichterte es ihnen, im Hinblick auf Formen und Methoden Kompromisse einzugehen. Und es dürfte von nicht geringem Gewicht gewesen sein, daß einflußreiche Teile des Finanzkapitals, auf die sich der Exkaiser ja während seiner Regierungszeit maßgeblich gestützt hatte, ebenfalls die Errichtung einer faschistischen Diktatur unterstützten und bewirkten.

[23] *Preußen,* Hohenzollern, 118.

Die persönlichen Eigenheiten des Kaisers – wie z. B. seine stark von Emotionen geprägten Beziehungen zu Personen seiner Umgebung, sein oft spontanes und widersprüchliches Reagieren oder sein Mangel an Sinn für taktische Feinheiten – haben – wie während seiner Amtszeit – seine politischen Entscheidungen auch in den Jahren der Weimarer Republik zwar modifiziert, nicht jedoch maßgeblich bestimmt. Deutlicher als zuvor tritt zutage, daß Wilhelm II. nicht einsame persönliche Entscheidungen fällte, sondern Klasseninteressen aufgriff und sie – kombiniert mit spezifischen Machtbestrebungen der Hohenzollern – artikulierte.

Auch ohne das Agieren Wilhelms II. und der Hohenzollern hätte sich die faschistische Bewegung formiert, hätten die nationalistischen monarchistischen Organisationen sich mit dem Ziel der Beseitigung der Weimarer Republik mit den Faschisten verbündet. Aber die Parteinahme und das Engagement des ehemaligen Kaisers für dieses Bündnis, das bis weit in die Zeit der faschistischen Diktatur hineinreichte, hat die Hinwendung nicht nur des Adels und des Offizierskorps, sondern auch großer Teile des Bürgertums, der Mittelschichten und der bürgerlichen Intelligenz zum Faschismus wesentlich gefördert. Denn der durch jahrzehntelange ideologische Beeinflussung nach wie vor wirksame Glaube an positive Werte des Monarchismus hohenzollernscher Prägung bewirkte die Illusion, eine Bewegung, die von den Hohenzollern unterstützt werde, müsse positive nationale Traditionen verkörpern. Das war den politischen Drahtziehern in Deutschland auch bewußt. Der Berater Hugenbergs, Paul Bang, formulierte dieses Kalkül mit den Worten: „Eine Bewegung, an deren Spitze der Prinz August Wilhelm von Preußen marschiert, kann man nicht als national unzuverlässig abtun."

Eine Analyse des politischen Wirkens Wilhelms II. in den Jahren der Weimarer Republik belegt also die Mitverantwortung der Hohenzollern für die Beseitigung der Weimarer Republik und für die Errichtung der faschistischen Diktatur. Im Hinblick auf die Erwartung einer Restauration der Hohenzollernmonarchie von Hitlers Gnaden zwar illusionär, hatte die Restaurationspolitik Wilhelms II. wesentlichen Anteil daran, daß die Faschisten eine Massenbasis gewinnen und eine Diktatur errichten konnten.

Hartmut Zelinsky

Kaiser Wilhelm II., die Werk-Idee Richard Wagners und der „Weltkampf"

1. Hitler und Chamberlain

Am 2. Dezember 1919 schreibt Kaiser Wilhelm II. an Generalfeldmarschall August von Mackensen in einem Brief:

„... Die tiefste, gemeinste Schande, die je ein Volk in der Geschichte fertiggebracht, die Deutschen haben sie verübt an sich selbst. Angehetzt und verführt durch den ihnen verhaßten Stamm Juda, der Gastrecht bei ihnen genoß! Das war sein Dank! Kein Deutscher vergesse das je, und ruhe nicht bis nicht diese Schmarotzer vom Deutschen Boden vertilgt und ausgerottet sind! Dieser Giftpilz am Deutschen Eichbaum!"[1]

Die Überzeugung der hinter diesen erschreckenden Worten aufscheinenden Dolchstoß-Legende – das Siegfried-Schicksal des deutschen Volkes – und den an der demagogischen Sprache ablesbaren fanatischen Vernichtungswillen gegen das Judentum teilt Wilhelm II. mit Adolf Hitler, der seit dem 16. Oktober 1919 als antisemitischer Propagandaredner in Versammlungen der „Deutschen Arbeiterpartei" zunehmendes Aufsehen erregte und in der ersten Massenversammlung der Partei am 24. Februar 1920 im Festsaal des Münchner Hofbräuhauses die 25 Thesen des Parteiprogramms erläuterte. Bei der ersten Massenversammlung der NSDAP im Zirkus Krone am 3. Februar 1921 sprach Hitler vor 6500 Zuhörern – neben Dietrich Eckart – über das Thema „Zukunft oder Untergang". Das 7. Kapitel von „Mein Kampf" beendet Hitler

---

[1] *John C. G. Röhl*, Kaiser, Hof und Staat. Wilhelm II. und die deutsche Politik (München ²1988) 22; im folgenden zitiert: *Röhl*, Kaiser. Auf die Frage, wer nach Brüning die Regierung bilden soll, antwortet Wilhelm II. am 1. Juni 1932: „Das ist ziemlich gleichgültig, jetzt kommt es nur darauf an, daß alles Republikanische mit Stumpf und Stiel ausgerottet wird!" Im selben Ton schreibt der Kronprinz im Mai 1928 in einem Brief an seinen Vater über den in Italien erlebten Faschismus, den er eine fabelhafte Einrichtung nennt: „Wenn man das Land vor dem Kriege gekannt hat, muß man sagen, daß Land und Leute durch den Willen eines Mannes vollkommen umgekrempelt sind; Sozialismus, Kommunismus, Demokratie und Freimaurerei sind ausgerottet, und zwar mit Stumpf und Stiel; eine geniale Brutalität hat dies zuwege gebracht ...". Zitiert nach *Sigurd von Ilsemann*, Der Kaiser in Holland, Aufzeichnungen aus den Jahren 1918–1941 (München 1971) 215, 172.

mit der Formel „Ich aber beschloß, Politiker zu werden", und betont unmittelbar davor:

> „... Kaiser Wilhelm II. hatte als erster Deutscher Kaiser den Führern des Marxismus die Hand zur Versöhnung gereicht, ohne zu ahnen, daß Schurken keine Ehre besitzen. Während sie die kaiserliche Hand noch in der ihren hielten, suchte die andere schon nach dem Dolche. Mit dem Juden gibt es kein Paktieren, sondern nur das harte Entweder-Oder."[2]

Doch diese Versöhnungsgeste Wilhelms II. gilt nur für den Beginn des Ersten Weltkrieges, um die Kriegskredite zu sichern, und es entspricht ganz seiner eigenen Entweder-Oder-Siegmentalität, wenn Hitler am Schluß des ersten Bandes von „Mein Kampf" über seine 25 Thesen-Rede schreibt:

> „... Ein Feuer war entzündet, aus dessen Glut dereinst das Schwert kommen muß, das dem germanischen Siegfried die Freiheit, der deutschen Nation das Leben wiedergewinnen soll. Und neben der kommenden Erhebung fühlte ich die Göttin der unerbittlichen Rache schreiten für die Meineidstat des 9. November 1918 ..."[3]

In dem Schwert des „germanischen Siegfried" hat Hitler einen unübersehbaren, wenn auch beiläufigen Hinweis auf Richard Wagner gegeben, dessen Werk-Idee – eine von einer „reinen Christuslehre" bestimmten, auf das Judentum gerichteten Vernichtungs-Idee – und im „Kunstwerk der Zukunft" (1849) anvisierte „siegreiche Ziel unseres Erlösungskampfes"[4] seinem eigenen vernichtungswilligen „Kampf" zugrundelagen. Hierin ist viel eher – um auf Ernst Nolte und den Verlauf des jüngsten Historikerstreits zu sprechen zu kommen – „das logische und faktische Prius des ‚Rassenmords' der Nationalsozialisten" zu sehen, als in der „asiatischen" Tat des „Klassenmords" der Bolschewiki, als deren „potentielle oder wirkliche Opfer" Hitler und die Nationalsozialisten sich betrachtet hätten[5], doch blieben die seit Jahren dazu vorliegenden Arbeiten[6] von der Diskussion ausgeschlossen. Durch Wagner entwickelte sich ein Begriff

---

[2] *Adolf Hitler,* Mein Kampf (München 1939, 489.–493. Auflage) 225.

[3] Ebd., 406.

[4] *Richard Wagner,* Sämtliche Briefe, Bd. III (1849–1851), Bd. IV (1851–1852), hrsg. von *Gertrud Strobel* und *Werner Wolf* (Leipzig 1975 ff.), im folgenden zitiert: *RW* B. Hier: *RW* B IV, 266. Nach Wagner würde die „Erfüllung der reinen Christuslehre" als „volle Emanzipation des Menschengeschlechtes" dann erreicht sein, wenn – wie er 1848 schrieb – „dieser dämonische Begriff des Geldes von uns" gewichen sein würde. *Richard Wagner,* Sämtliche Schriften und Dichtungen (Volksausgabe), Bd. XII (Leipzig o. J.) 223; im folgenden zitiert: *RW*.

[5] *Ernst Nolte,* Vergangenheit, die nicht vergehen will, FAZ 6. Juni 1986, in: Historikerstreit, hrsg. von *E. R. Piper* (München, Zürich ⁴1987) 45.

[6] Siehe hierzu: *Hartmut Zelinsky,* Die „feuerkur" des Richard Wagner oder „die neue religion" der „Erlösung" durch „Vernichtung", in: Richard Wagner – Wie antisemitisch darf ein Künstler sein?, in: Musik-Konzepte 5 (1978), im folgenden zitiert: Zelinsky, „feuerkur"; *ders.,* Der „Plenipotentarius des Untergangs" oder der Herrschaftsanspruch der antisemitischen Kunstreligion des selbsternannten Bayreuther Erlösers Richard Wagner. Anmerkungen zu Cosima Wagners Tagebüchern 1869–1883 (geschrieben 1979), in: Neohelicon IX (1982); *ders.,* Rettung ins Ungenaue. Zu Martin Gregor-Dellins Wagner-Biographie, in: Musik-Konzepte 25 (1982); *ders.,* Richard Wagners „Kunstwerk der Zukunft" und seine Idee der Vernichtung, in: Geschichtsprophetien im 19. und 20. Jahrhundert, hrsg. von *Joachim H. Knoll* und *Julius H. Schoeps* (Stuttgart, Bonn 1984), im folgenden zitiert: Zelinsky, „Kunstwerk der Zukunft"; *ders.,* Das erschreckende „Erwachen", und wie man Wagner von Hitler befreit, in: Neue Zeitschrift für Musik (September 1983),

des reinen Deutschtums und des – im Zentrum des „Parsifal" stehenden – reinen Blutes als Folgerungen der „reinen Christuslehre", der seit der Kampfschrift „Das Judentum in der Musik" (1850) unaufhebbar fixiert blieb auf das Judentum: So entstehen die Gegensatzworte und Kampfbegriffe deutsch – undeutsch, jüdisch oder rein – unrein, befleckt, entstellt, entartet, die schrecklich folgenreicher Bestandteil des deutschen Denkens werden. Nicht nur in der oben erwähnten Hitlerrede „Zukunft oder Untergang" (3. Februar 1921) spiegelt sich die Wagnersche Werk-Idee, sondern Hitler hat Hermann Rauschning gegenüber Wagner als seinen einzigen Vorläufer anerkannt und betont, daß im „Parsifal" das reine, adlige Blut verherrlicht werde, das in seiner Reinheit zu hüten und zu verherrlichen sich die Brüderschaft der Wissenden zusammengefunden habe, daß Wagner nicht bloß Musiker und Dichter, sondern die größte Prophetengestalt sei, die das deutsche Volk besessen habe, und daß er eine umstürzende Kulturlehre bis hinab in das scheinbar kleine belanglose Detail vertrete[7]. Dietrich Eckart, der am Schluß des zweiten Bandes von „Mein Kampf" angerufene Mentor Hitlers, der schon 1894 mehrere „Bayreuther Briefe" und einen literarischen Essay „Parsifal" veröffentlicht hatte, und der seit Dezember 1918 die antisemitische Hetzzeitschrift „Auf gut deutsch" herausgab, konstatierte bei Hitler einen „Messiaskomplex"[8]. Dessen Erfolg in einem seit Jahrzehnten immer breiter von der Wagnerschen Werk-Idee geprägten Deutschland und Österreich angesichts der verschärften politischen Situation nach dem verlorenen Weltkrieg und dem Versailler Vertrag, und insbesondere sein Erfolg in der sogenannten Münchner Gesellschaft der Häuser Bruckmann, Hanfstaengl, J. F. Lehmann, Bechstein und anderer, war der Erfolg eines fanatisch-antisemitischen Wagnerianers in antidemokratischen und antisemitischen Wagnerkreisen. Auch deshalb wurde München die „Hauptstadt der Bewegung", nachdem es 1901 durch das Prinzregenten-Theater zur Richard-Wagner-Stadt geworden war.

Die persönliche Beziehung Hitlers zum Hause Wagner beginnt am 1. Oktober 1923: Am 30. September spricht er beim „Deutschen Tag" in Bayreuth und besucht am Abend Houston Stewart Chamberlain, der 1908 die Wagner-Tochter Eva geheiratet hatte und seitdem in Bayreuth als Kämpfer für die „Bayreuther Sache" lebte, und der durch seine im Verlag Bruckmann 1896 erschienene Wagner-Biographie und

---

Fortsetzung Fußnote von Seite 298
im folgenden zitiert: *Zelinsky,* Erwachen; *ders.,* Hermann Levi und Bayreuth oder Der Tod als Gralsgebiet, in: Beiheft 6 zum Jahrbuch des Instituts für Deutsche Geschichte der Universität Tel Aviv, hrsg. von *Walter Grab* (Tel Aviv 1984), im folgenden zitiert: *Zelinsky,* Levi, und Fono Forum 7–11 (1985); *ders.,* Arnold Schönberg – der Wagner Gottes. Anmerkungen zum Lebensweg eines deutschen Juden aus Wien, in: Neue Zeitschrift für Musik (April 1986); siehe hierzu auch: *ders.,* Die deutsche Losung Siegfried oder Die „innere Notwendigkeit" des Judenfluches im Werk Richard Wagners, in: In den Trümmern der eigenen Welt. Hamburger Vorlesungen zu Richard Wagners „Der Ring der Nibelungen", hrsg. von *Udo Bermbach* (Berlin, Hamburg 1989), im folgenden zitiert: *Zelinsky,* Siegfried; und *ders.,* Der Dirigent Hermann Levi. Anmerkungen zur verdrängten Geschichte des jüdischen Wagnerianers, in: Geschichte und Kultur der Juden in Bayern. Aufsätze, hrsg. von *Manfred Treml* und *Josef Kirmeier* unter Mitarbeit von *Evamaria Brockhoff* (Ausstellungskatalog, Haus der Bayerischen Geschichte, München 1988), im folgenden zitiert: *Zelinsky,* Dirigent.
[7] *Hermann Rauschning,* Gespräche mit Hitler (Zürich 1940) 215 ff.
[8] *Joachim C. Fest,* Hitler – Eine Biographie (Frankfurt/M., Berlin, Wien 1973) 287 und 1070.

1899 erschienenen „Grundlagen des 19. Jahrhunderts" neben anderen Büchern und Aufsätzen als einer der wichtigsten und folgenreichsten rassenideologischen Popularisatoren der Wagnerschen Werk-Idee gelten kann. Am nächsten Morgen besucht Hitler die Villa Wahnfried und vor allem das Grab Wagners und gewinnt in Siegfried und Winifred ergebene und anhängliche Freunde, die sich am Tag des Hitler-Putsches in München aufhalten, da Siegfried einen Tag später – am 10. November 1923 – ein Odeon-Konzert geplant hat. Am 12. November schreibt Winifred Wagner einen offenen Sympathie-Brief an Hitler, an dessen Stelle aber ein Brief Chamberlains vom 7. Oktober abgedruckt wird[9], von dem außerdem zum Neujahrstag 1924 ein Flugblatt der „Großdeutschen Zeitung" über Hitler verbreitet wird. Darin heißt es:

> „... man kann sich nicht zugleich zu Jesus bekennen und zu denen, die ihn ans Kreuz schlagen. Das ist das Großartige an Hitler: sein Mut! ... es ist ihm z. B. unmöglich, unser aller Überzeugung über den verderblichen, ja über den todbringenden Einfluß des Judentums auf das Leben des deutschen Volkes zu teilen und nicht danach zu handeln; erkennt man die Gefahr, so müssen schleunigst Maßregeln gegen sie ergriffen werden, das sieht wohl jeder ein, aber keiner wagt's auszusprechen, keiner wagt die Konsequenz von seinem Denken auf sein Handeln zu ziehen; keiner außer Adolf Hitler.
> Ebenso in seinem Verhältnis zu den Marxisten; da kennt er nur Vernichtungskrieg, während ihre politischen Gegner im Reichstage ‚Koalition' mit ihnen bilden ..."[10]

Dieses Flugblatt ist auch gedacht als öffentliche Sympathieerklärung für den in der Festung Landsberg in Untersuchungshaft sitzenden Putschisten Hitler, auf den auch Siegfried Wagner in einem Brief zu Weihnachten 1923 zu sprechen kommt:

> „... Wir lernten den herrlichen Mann im Sommer hier bei dem Deutschen Tag kennen und halten treu zu ihm, wenn wir auch dabei ins Zuchthaus kommen sollten. Gesinnungslumpen waren wir ja in Wahnfried nie. Die Zustände in Bayern sind ja unerhört. Die Zeiten der spanischen Inquisition sind zurückgekehrt. Meineid und Verrat wird heilig gesprochen und Jude und Jesuite gehen Arm in Arm, um das Deutschtum auszurotten! – Aber vielleicht verrechnet sich Satan diesmal. Sollte die Deutsche Sache wirklich erliegen, dann glaube ich an Jehova, den Gott der Rache und des Hasses. Meine Frau kämpft wie eine Löwin für Hitler! Großartig! ..."[11]

Es ist nur konsequent, daß der Jahrgang 47 der Bayreuther Blätter 1924 mit dem Hitler-Motto beginnt: „Dem äußeren Kampf muß der innere vorausgehen. Unser Kampf gilt dem heiligen Inhalt", daß Hitler am 27. März 1924 im Schlußwort seines Prozesses emphatisch auf seinen Besuch am Grabe Wagners zu sprechen kommt und daß er am 5. Mai nach dem Erfolg des „Völkischen Blocks in Bayern" nach der Neuwahl des Bayerischen Landtags am 6. April in einem Brief an Siegfried Wagner dem Ehepaar für die entscheidende Mitarbeit mit den Worten dankt: „Stolze Freude faßte mich, als ich den völkischen Sieg gerade in der Stadt sah, in der, erst durch den Meister und dann durch Chamberlain, das geistige Schwert geschmiedet wurde mit dem wir heute

---

[9] *Hartmut Zelinsky*, Richard Wagner – ein deutsches Thema. Eine Dokumentation zur Wirkungsgeschichte Richard Wagners 1876–1976 (Frankfurt/M. 1976 und Berlin, Wien ³1983) 169; im folgenden zitiert: *HZ* I.
[10] *HZ* I, 170.
[11] *Michael Karbaum*, Studien zur Geschichte der Bayreuther Festspiele II (Regensburg 1976) 65; im folgenden zitiert: *Karbaum*.

fechten."¹² Es sei hier erinnert an die Anrufung des Schwertes des „germanischen Siegfried" und der „Göttin der unerbittlichen Rache" in dem oben zitierten Schluß des ersten Bandes von „Mein Kampf", für den Winifred Wagner das Manuskriptpapier nach Landsberg geschickt hat und dessen Druckfahnen – wie der Chamberlain-Verleger Hugo Bruckmann und seine Frau Elsa zu erzählen wußten – Chamberlain, seine Frau Eva und einige Strecken auch die greise Cosima Wagner „korrigierend mitgelesen haben"¹³. Denn das Schwert Siegfrieds wurde in den Wagner-Kreisen und gerade in Bayreuth im Jahre 1924, dem Jahr der Wiedereröffnung der Festspiele nach zehnjähriger Pause, zum antisemitischen und antidemokratischen Kampfsymbol und Bayreuth zur „deutschen Waffenschmiede"¹⁴. Fürst Ernst zu Hohenlohe-Langenburg schreibt an Cosima Wagner im Juli 1921: „Im Grunde sehnt sich das ganze Volk – abgesehen von einer kleinen, von volksfremden Hetzern geleiteten Minderheit – nach starken Führern und ist der demokratischen Phrasen müde."¹⁵. Cosima Wagner erhoffte sich schon 1920 Ludendorff als Diktator, sie stimmte Mussolini zu, mit dem Siegfried Wagner im April 1924 in Rom auch zusammentraf, und so nimmt es nicht Wunder, daß der Festspielhügel in Bayreuth im Sommer 1924 unter den Farben Schwarz-Weiß-Rot zum Treffpunkt der verbotenen Nationalsozialisten wurde. Hitler, der es als „unsere höchste Pflicht" ansah, „*alles* einzusetzen, damit nicht auch Deutschland den Kreuzestod erleidet!"¹⁶, besuchte erst 1925 zum ersten Mal die Festspiele, er hörte den „Ring", „Parsifal" und die „Meistersinger", die zum Festspiel der Reichsparteitage werden und 1935 die Verkündung der Nürnberger Rassengesetze flankieren, zu deren Vorgeschichte sie gehören.

2. Wilhelm II. und Chamberlain

Wie die selbstverständliche Verknüpfung von Christus-Idee und Vernichtungsideologie gegenüber dem Judentum in den angeführten Textbeispielen zeigt, machte Hitler die Werk-Idee Wagners zum politischen Programm, dessen brutale Verwirklichung er von Anfang an angekündigt hat. Chamberlain konnte in seinem Flugblatt zum Neujahr 1924 deshalb von „Vernichtungskrieg" sprechen, weil er diesen Wagnerschen Vernichtungsgedanken und Vernichtungssieg seit Jahrzehnten propagiert hatte, und keine Behauptung bestätigt und bekräftigt diesen Vernichtungswunsch stärker als die von dem dort angeführten „todbringenden Einfluß des Judentums auf das Leben des deutschen Volkes" oder wie Siegfried Wagner – ganz der Sohn seines Vaters – schrieb: „Jude und Jesuite gehen Arm in Arm, um das Deutschtum auszurotten!" Schon bei Wagner findet sich dieses perfide Projektionsverfahren, durch das man den Juden eben das unterstellt, was man selbst mit ihnen zu tun wünscht, wodurch man

---

¹² *HZ* I, 213 und *Karbaum* II, 66.
¹³ *Karl Alexander von Müller*, Im Wandel einer Welt. Erinnerungen, Bd. III (München 1966) 305.
¹⁴ *HZ* I, 173 ff., 176.
¹⁵ Briefwechsel zwischen Cosima Wagner und Fürst Ernst von Hohenlohe-Langenburg (Stuttgart 1937) 390; im folgenden zitiert: CW-EHL.
¹⁶ Adolf Hitlers Reden, hrsg. von *Ernst Boepple* (München 1934) 123.

Truppen für den eigenen „Kampf" rekrutiert. Vor dem Hintergrund dieser Kontinuitäten erweist sich der Versuch Ernst Noltes als absurd, durch die Anführung solcher Nazi-Behauptungen von der jüdischen Ausrottungsabsicht die Judenvernichtung als begründbar anzusehen.

Keine Gestalt ist geeigneter, diese Kontinuität eines Weltanschauungskampfes als eines Kampfes für die Heilsrolle des Deutschtums und dessen Weltherrschaft zu belegen, als Wilhelm II., der in seinem Briefwechsel mit Chamberlain (1901-1923) diesen in seinem ersten Brief als „Streitkumpan und Bundesgenossen im Kampf für Germanen gegen Rom, Jerusalem usw." bezeichnet, und hinzufügt: „Das Gefühl, für eine absolut gute, göttliche Sache zu streiten, birgt die Gewähr des Sieges!"[17]

Wilhelm II. eingangs zitierte Ausrottungsforderung gegenüber dem „verhaßten Stamm Juda" ist die Forderung eines Anhängers der Bayreuther „Sache", das heißt der Werk-Idee Wagners, und Wilhelm II. kann daher als das wichtigste, weil machtvollste und einflußreichste Bindeglied zwischen Wagner und Hitler betrachtet werden. Gefesselt durch die „Grundlagen des 19. Jahrhunderts" – deren 3. Buch mit „Der Kampf" überschrieben ist – sorgte Wilhelm II. für deren massenhafte Verbreitung in Hof- und Militärkreisen, und am 28./29. Oktober 1901 kam es durch die Vermittlung des Fürsten Philipp Eulenburg auf dessen Schloß Liebenberg zu einer persönlichen Begegnung mit Chamberlain, den der Kaiser noch für zwei Tage ins Neue Palais nach Potsdam einlud. Wilhelm II., der von Chamberlain zum „arischen Soldatenkönig" und zum den „Wurm" besiegenden Siegfried verklärt wurde, teilte dessen zum „Kampf gegen das zerfressende Gift des Judentums..." führende Überzeugung, „daß das moralische und geistige Heil der Menschheit von dem abhängt, was wir *das Deutsche* nennen können... auf den Deutschen allein baut heute Gott... Und ,das Deutsche' (ist) der Angelpunkt, auf dem die Zukunft des Menschengeistes ruht"[18]. Nach Chamberlains Auffassung würde ein „rassenbewußtes... einheitlich organisiertes und zielbewußtes Deutschland... die Welt beherrschen", er forderte die Züchtung einer „Preussischen Rasse" und die Ausschaltung des Judentums aus „unserem Kulturleben", da es „als Gesamterscheinung eine unberechenbar große Gefahr für unsere gesamte Kultur bedeutet". Damit verknüpfte er die Vorstellung eines „gereinigten, stolzeren Deutschland" und eines mit allen Kräften anzubahnenden, neuen, freien, jugendlichen, siegessicheren, germanischen Christentums[19]. In diesem Sinne sah er in seinen Büchern „ein Evangelium des Höchsten, was deutsches Wesen hervorgebracht hat, alle sind Kampfbücher für dieses Wesen und gegen das Undeutsche und Widerdeutsche", und in seiner Kriegsschrift „Deutscher Friede" – geschrieben am 12. Februar 1915, einen Tag vor Wagners Todestag – heißt es: „... was dieser Krieg uns ein für allemal gelehrt, ist, daß es einen Kampf gilt, einen Kampf auf Leben und Tod, und zwar einen Kampf

---

[17] *Houston Stewart Chamberlain,* Briefwechsel mit Kaiser Wilhelm II., in: *ders.,* Briefe 1882-1924, Bd. II (München 1928) 143; im folgenden zitiert: *Chamberlain* B.

[18] *Houston Stewart Chamberlain,* Kaiser Wilhelm II., in: *ders.,* Deutsches Wesen. Ausgewählte Aufsätze (München 1916) und *Chamberlain* B II, 134, 137-139. Am 31. Dezember 1901 schreibt Kaiser Wilhelm II. an Chamberlain: „Und nun mußte all das Urarische-Germanische, was in mir mächtig geschichtet schlief, sich allmählich in schwerem Kampf hervorarbeiten." (*Chamberlain* B II, 142).

[19] *Chamberlain* B II, 161, 211, 256; *Chamberlain* B I, 170f.

zwischen zwei Menschheitsidealen: dem deutschen und dem undeutschen." Er plädiert für eine „folgerichtige, starke Politik Deutschlands während hundert Jahren und mehr – stark nach außen und gestützt im Innern auf die bewußte Pflege des Deutschen und die entschlossene Ausrottung des Undeutschen", und er kommt – wieder auf den Wagnerschen „Ring" anspielend – darauf zu sprechen, daß Deutschland unterliegen könnte, wenn „an der reinen germanischen Kraft, wie bisher, ein ekler Wurm" nagen würde[20]. In der wenige Monate später, am 25. Mai 1915 – drei Tage nach Wagners Geburtstag –, verfaßten Kriegsschrift „Die Zuversicht", die voller Anspielungen auf Wagner ist, heißt es zu der „Errettung aus den Klauen des Undeutschen und Widerdeutschen": „Diesem Teufelsgezücht gegenüber steht Deutschland als Gottes Streiter: Siegfried wider den Wurm, Sankt Georg, der Drachenbezwinger."[21] In seinem Brief vom 15. Januar 1917, in dem Wilhelm II. Chamberlain für den Aufsatz „Der Wille zum Siege" dankt, teilt er seine übliche Antwort auf die Frage nach dem Frieden mit – und man erkennt den beflissenen Wagner- und Chamberlain-Schüler:

> „‚Der Krieg ist der Kampf zwischen zwei Weltanschauungen; der germanischen-deutschen für Sitte, Recht, Treu und Glauben, wahre Humanität, Wahrheit und echte Freiheit, gegen ... Mammonsdienst, Geldmacht, Genuß, Landgier, Lüge, Verrat, Trug und nicht zuletzt Meuchelmord!' Diese beiden Weltanschauungen können sich nicht ‚versöhnen' oder ‚vertragen', eine muß *siegen*, die andre muß *untergehen!* solange ‚muß *gefochten* werden'! ... Jetzt wird es dem deutschen Michel mit einemmal klar, daß der Kampf für ihn zum *Kreuzzug* geworden und daß er jetzt St. Michael geworden ist."

Fünf Tage später antwortet Chamberlain, daß keiner diesen Krieg verstehen würde, wenn er nicht die deutliche Vorstellung besitze, „daß es im tiefsten Grund der Krieg des Judentums und des ihm naheverwandten Amerikanertums um die Beherrschung der Welt ist ... Es ist der Krieg der modernen mechanischen ‚Zivilisation' gegen die uralte heilige ewig in Neugeburt befindliche ‚Kultur' auserlesener Menschenrassen."[22]

---

[20] *Houston Stewart Chamberlain,* Deutscher Friede, in: ders., Kriegsaufsätze (München 1915) 87f., 90. Siehe hierzu Zelinsky, Siegfried, Kapitel I.3. Blut-Ideologie und Wurm-Motiv, 191ff.
[21] *Houston Stewart Chamberlain,* Die Zuversicht (München 1915) 11f. In diesem Aufsatz führt Chamberlain, ohne den Verfasser zu nennen, eine Stelle aus einem Telegramm Wilhelms II. vom 25. November 1914 an, in dem die besondere „Bestimmung des deutschen Wesens" als Gottes „Werkzeug zur Rettung der Menschheit" hervorgehoben wird. Chamberlain verkündet den Glauben „an die göttliche Bestimmung Deutschlands" und die „felsenfeste Zuversicht ... auf den Sieg der deutschen Sache" und „daß Gott mit den Deutschen ist", und er bejaht mit dem deutschen Kaiser die Frage: „Ist es auf diesem Planeten infolge jahrtausendlanger Entwicklung dahin gekommen, daß Deutschland – und in einem weiteren Sinne überhaupt *das Deutsche,* innerhalb und außerhalb der Reichsgrenzen – ein Werkzeug Gottes, ein unentbehrliches, ein unersetzliches Werkzeug Gottes geworden ist?" (13–18). Daher sei es Deutschlands „gottgegebene Bestimmung", „der Welt zum Heil – die vorherrschende Weltmacht (zu) werden" (21). Chamberlain kommt auch emphatisch auf Wilhelm II. zu sprechen, der „in einem merkwürdigen Grade die Gabe (besitzt), dem dunklen, halbbewußten Willen der gärenden, zeugenden Schichten des Volkes Gestalt und damit Leben zu geben; daher das Zündende seines Wortes und Beispiels", und der „zu einer Zeit der Umwälzung und der Neugeburt, wie der jetzigen, ... sich nicht in der traditionellen Rolle des Hemmschuhs gefällt, sondern vielmehr den kühnsten Vortrab anführt". Ebd., 22.
[22] *Chamberlain* B II, 250ff.; vgl. HZ I, 140. Schon in seinem Brief vom 21. Dezember 1902 äu-

Diese Zitate machen sichtbar, welche fanatische und haßerfüllte ideologische Dimension dem militärischen Machtdenken der Flottenpolitik und dem „neuen Kurs" zugrundelag, und daß der – von Chamberlain so anmaßend formulierte – Heilsbegriff des Deutschen ein Gewalt- und Vernichtungsbegriff war, der von Wagner und Bayreuth ausgehend unter dem Deckmantel des Kunstbegriffes und des Künstler-Macht-Modells eines „Kunstwerkes der Zukunft" die Dominanz der ahumanen Traditionsspur der deutschen Vernichtungslust und Nekrophilie mit den Vernichtungshelden Siegfried und Parsifal begründete. Das aus Wagners Schrift „Wollen wir hoffen?" (1879) – eine der religiös-rassistisch-antisemitischen Begleitschriften zum „Parsifal", die beschönigend Regenerations-Schriften heißen – so häufig von Chamberlain herangezogene Wort, daß die Deutschen „zu Veredlern der Welt bestimmt sein dürften"[23], ist zu ergänzen durch Wagners seit der Untergangs-Losung am Schluß seiner Kampfschrift „Das Judentum in der Musik" unaufhebbare Vernichtungs-Idee. In „Religion und Kunst" (1880) thematisiert Wagner „das Werk der gänzlichen Auslöschung des Judentums", zu dessen Ausführung einst – wie Wagner im Projektionsverfahren schreibt – der Islam berufen zu sein schien, dessen Ausführung durch die Deutschen aus Anlaß der „gegenwärtigen, nur eben unter uns Deutschen" denkbar gewesenen antisemitischen Bewegung er jedoch als mögliche „große Lösung" – wenn es „keine Juden mehr geben (wird)" – dem „Ahnungsvollen" am Schluß seiner Schrift „‚Erkenne dich selbst'" andeutet[24].

Mit der Bezeichnung der Juden als „Giftpilz am deutschen Eichbaum" spricht Wilhelm II. die Verachtungs- und Gewaltsprache Wagners und seiner Jünger, deren Spur bis ins Dritte Reich – und vereinzelt bis in unsere bundesrepublikanische Gegenwart – genau verfolgt werden kann. In Gesprächen mit Cosima vergleicht Wagner die Juden mit Ratten, Mäusen, Fliegen, Trichinen; das Chloral, das Cosima abends einnimmt, nennt er die „Judenbeize", er will „alle Juden von sich abfallen lassen, ‚wie die Warzen', gegen welche kein Mittel hilft", er beschimpft sie als eine „wahre Pest" und vergleicht sie an einer der widerwärtigsten Stellen im „Judentum in der Musik" mit Würmern, ein Bild, das in seinem Unterbewußtsein so verankert war, daß es dreißig

---

Fortsetzung Fußnote von Seite 303

ßert Wilhelm II. Chamberlain gegenüber den Wunsch: „... mögen Sie unser deutsches Volk, unser Germanentum retten, dem zum Helfer und getreuen Eckhardt Gott Sie gesandt hat!" und schickt ihm als Weihnachtsgabe das Bild „Germans to the front". Wilhelm II. teilt Chamberlain außerdem mit, daß er die Broschüre des Vorwortes zur 4. Auflage der „Grundlagen des 19. Jahrhunderts" an viele Freunde, Geistliche, auch katholische Damen gesandt habe und fügt hinzu: „Habe überall reges Interesse gefunden, wobei mir zu meiner großen Freude ein älterer Stabsoffizier sagte, daß diese Schrift unsere Leutnants sehr interessieren werde, da fast jeder junge Offizier des Gardekorps die ‚Grundlagen' studiere und bespräche!" Zu den vier Essays des Vorwortes „Dilettantismus – Rasse – Monotheismus – Rom" bemerkt Wilhelm II.: „Ihre vier Essays – exklusive Rasse – habe ich im Kreise der meinen vorgelesen und haben wir herzhaft diskutiert und verhandelt. Ja das alte Testament! Und gar die Genesis! Ei! Ei! ...! (*Chamberlain* B II, 166).

[23] *RW* X, 130.
[24] *RW* X, 231, 274. Auf die Zusammengehörigkeit und Aufeinanderbezogenheit der Schlußworte vom „Judentum in der Musik" und von „‚Erkenne dich selbst'" kommt Chamberlain in seinem zuerst in den „Bayreuther Blättern" 1901 veröffentlichten Nachruf auf Hermann Levi ausdrücklich zu sprechen; siehe hierzu: *Zelinsky*, Levi.

Jahre später in einem Traume wiederkehrt: „R. hatte eine etwas unruhige Nacht, zuerst träumt er, ich hätte ihn nicht lieb, dann daß Juden ihn umgaben, die zu Gewürm wurden."[25] Der „Schlangenwurm" im „Ring" ist daher als eindeutiges Sinnbild des Judentums zu verstehen, das auch Alberich, Mime, Beckmesser und Kundry als Juden-Konzeptionen bestätigt. Diese Verachtungssprache durchzieht die Literatur der Wagnerianer, und auch bei Chamberlain sind Formulierungen in bezug auf das Judentum wie „zerfressendes Gift", „Knochenfraß", „Krebsschaden"[26] und die schon angeführten Wurm-Stellen an der Tagesordnung.

3. Eulenburg und die Kräftigung der „Wagnersache"

Die Lektüre der „Grundlagen des 19. Jahrhunderts" und das Interesse an Chamberlain ist allerdings nicht der Ausgangspunkt, sondern der Ausdruck der Verbindung Wilhelms II. zu Bayreuth und zur deutschen Heils-Idee Wagners, die schon vor seiner Thronbesteigung geknüpft wurde; schon 1895 subskribierte er die Nummer 1 der Luxusausgabe des Wagner-Buches von Chamberlain. Nachdem sein Großvater Kaiser Wilhelm I. durch seinen Besuch der ersten Festspiele im August 1876 die nationale Bedeutung Bayreuths bereits anerkannt und gewürdigt hatte, stellte Wilhelm II. dann entscheidende Weichen bei den schon von Wagner und dann von Cosima Wagner mit unbeirrbarer Strategie und unter Ausnützung aller sich bietenden Möglichkeiten verfolgten Bemühungen, die „Sache" Wagners und Bayreuths zu einer nationalen „Sache" zu machen; so erklärt sich die enge Beziehung zu so vielen Adeligen und Mitgliedern der Berliner Hofkreise.

Auch wenn die antijüdische Stoßrichtung der „Meistersinger" genau begriffen worden ist und jüdische Zuschauer gegen ihre Verhöhnung auf der Bühne vor allem beim Beckmesser-Ständchen bei Aufführungen z.B. in Mannheim, Wien und Berlin 1869/70 durch Zischen und Pfeifen protestiert haben – worüber in Zeitungen auch

---

[25] Cosima Wagner, Tagebücher 1869–1877, hrsg. von *Martin Gregor-Dellin* und *Dietrich Mack* (München 1976) 135; im folgenden zitiert: *CW* I. – Cosima Wagner, Tagebücher 1878–1883, hrsg. von *Martin Gregor-Dellin* und *Dietrich Mack* (München 1977) 293, 454, 460, 599, 888; im folgenden zitiert: *CW* II. Ähnlich schonungslos und brutal äußert sich *Paul de Lagarde,* dessen 1878 erschienene „Deutsche Schriften" im Hause Wagner zustimmend aufgenommen wurden: „Es gehört ein Herz von der Härte einer Krokodilhaut dazu, um mit den armen, ausgesogenen Deutschen nicht Mitleid zu empfinden und - was dasselbe ist - um die Juden nicht zu hassen, um diejenigen nicht zu hassen und zu verachten, die - aus Humanität! - diesen Juden das Wort reden, oder die zu feige sind, dies wuchernde Ungeziefer zu zertreten. Mit Trichinen und Bazillen wird nicht verhandelt, Trichinen und Bazillen werden auch nicht erzogen, sie werden so rasch und so gründlich wie möglich vernichtet." *Paul de Lagarde,* Ausgewählte Schriften. Als Ergänzung zu *Lagardes* Deutschen Schriften zusammengestellt von *Paul Fischer* (München 1924) 209. (Diese Schriften erschienen im J. F. Lehmanns Verlag. Zu dem auf rassistische Literatur – auch Wagner-Literatur – spezialisierten Verlag, in dem der auf Wagner eingeschworene Gobineau-Übersetzer und Lagarde-Biograph *Ludwig Schemann* seine „Studien zur Geschichte des Rassegedankens" in drei Bänden veröffentlichte und Chamberlain-Bücher von *Leopold von Schroeder* und *Georg Schott* erschienen, siehe: *HZ* I, 118 und 234).
[26] Chamberlain B II, 138, 253, 72.

berichtet worden ist –, so begann nach der Reichsgründung der Erfolgsweg der „Meistersinger" als nationaler Oper. Um die neue euphorische Reichsstimmung für sich nutzbar zu machen, schrieb Wagner ein „Dem deutschen Heer" gewidmetes Gedicht, das er an Bismarck schickte, der ihm am 21. Februar 1871 aus Versailles antwortete. Nachdem Wagners Plan, zum Einzug der Truppen in Berlin einen Marsch zu schreiben, sich zerschlug, komponierte er zu dem „Kaiserlied", das am Schluß des Marsches gemeinsam gesungen werden sollte, einen „Kaisermarsch"[27], dessen Berliner Erstaufführung er am 5. Mai 1871 in Anwesenheit Kaiser Wilhelms I. dirigierte. Über das Verhältnis des Kronprinzen Friedrich zu Bayreuth äußert Cosima Wagner sich im April 1894 rückblickend in einem Brief so: „Unserer Sache blieb sie (die Kaiserin Friedrich, HZ) fremd, ja, wie mir Marie Bülow (die Frau des späteren Reichskanzlers, HZ) erzählte, sie hielt ihren Gemahl, den damaligen Kronprinzen, davon ab, sich, wie er es zuerst wollte, zu beteiligen ... Die ‚rechnenden Raubtiere' (eine Umschreibung für die Juden, HZ), die sie als Träger der Kultur betrachtet, mögen auch daran die Hauptschuld tragen."[28]

Hingegen spricht Hermann Levi, der jüdische Dirigent der Uraufführung des „Parsifal" am 26. Juli 1882, am 3. Februar 1887 in einem Brief an seinen Vater vom „Enthusiasmus des Prinzen Wilhelm für die Sache" und betont: „Auf Prinz Wilhelm bauen wir (Wagnerianer) ganze Paläste von Hoffnungen."[29] Auch wenn bei diesem Enthusiasmus das Oppositionsverhältnis zur Mutter eine Rolle gespielt haben mag, so wurde er zweifellos unterstützt und wach gehalten, wenn nicht sogar geweckt durch Philipp Graf zu Eulenburg (1847–1921), mit dem der zwölf Jahre jüngere Prinz Wilhelm am 4. Mai 1886 im ostpreußischen Prökelwitz eine enge Freundschaft schloß. Begünstigt durch Herkunft und Neigung muß Philipp Eulenburg als Schlüsselfigur für die Beziehung des Prinzen Wilhelm – und dann des Kaisers Wilhelm II. – zu Bayreuth und für die gesellschaftliche Etablierung Wagners am Preußischen Hof bezeichnet werden. Er war auch befreundet mit dem Diplomaten und Rassenideologen Graf Gobineau, mit dem er bis zu dessen Tod am 13. Oktober 1882 auch Briefe wechselte[30], und der im Mai/Juni 1881 noch vier Wochen als Gast Wagners in der Villa Wahnfried verbrachte.

---

[27] Siehe hierzu *HZ* I, 29 f. Der „Kaisermarsch" wurde auch – nach der IX. Sinfonie Beethovens und vor dem „Wach' auf"-Chor aus den „Meistersingern" – bei der Feier zur Grundsteinlegung des Bayreuther Festspielhauses am 22. Mai 1872 – dem Geburtstag Wagners – gespielt.

[28] *Cosima Wagner,* Das zweite Leben, Briefe und Aufzeichnungen 1883–1930, hrsg. von *Dietrich Mack* (München, Zürich 1980), 375; im folgenden zitiert: *CW* III. Am 27. August 1882 besuchte Kronprinz Friedrich in Bayreuth eine „Parsifal"-Aufführung, vgl. *CW* II, 994, 1273.

[29] Hermann Levi an seinen Vater. Unveröffentlichte Briefe aus Bayreuth von 1875–1889, in: Bayreuther „Parsifal"-Programmheft (1959) 21; im folgenden zitiert: Hermann Levi an seinen Vater.

[30] Philipp Eulenburgs Politische Korrespondenz, Bd. I: Von der Reichsgründung bis zum Neuen Kurs 1866–1891; Bd. II: Im Brennpunkt der Regierungskrise 1892–1895; Bd. III: Krisen, Krieg und Katastrophen 1895–1921, hrsg. von *John C. G. Röhl* (Boppard am Rhein 1976 ff.); im folgenden zitiert: PhE. Hier: PhE I, 111 f. und 115 ff. Ende März 1877 verbrachte Gobineau eine Woche auf dem Eulenburgschen Besitz in Wulkow. Auszüge aus Gobineaus Briefen an ihn hat Eulenburg 1886 in den „Bayreuther Blättern" veröffentlicht; 1906 wurden sie im Auftrag der Gobineau-Gesellschaft von *Ludwig Schemann* unter dem Titel „Eine Erinnerung an Graf Arthur

Cosima Wagner lernte Eulenburg schon als Kind noch als Frau von Bülow kennen, da die Bülows in Berlin in der verlängerten Dorotheenstraße schräg gegenüber der Wohnung seiner Eltern wohnten. Die beiden Ehepaare verband die Verehrung für Wagner, und der Knabe Philipp hörte zu, wenn die beiden Frauen auf dem Klavier vierhändig Wagnersche Musik spielten, und schon als Siebenjähriger sah er in der Oper „Lohengrin" und „Tannhäuser". Am 26. Juli 1882 erlebte er die erste Vorstellung des „Parsifal" in Bayreuth und gehörte am Abend zu den Gästen im großen Salon Wahnfrieds. Am Tag davor schrieb er an Herbert Graf von Bismarck aus München:

> „... Sonst wüßte ich Ihnen nur vom Parsifal zu sprechen. Ganz Bayern, selbst seine ernsthaftesten Bewohner, fassen die Wallfahrt nach Bayreuth als etwas Selbstverständliches auf. Ein Jünger der neuen Schule sagte mir: ‚Wagner hat dem Menschengeschlechte durch den Parsifal die wahre neue Religion geoffenbart, die sich aus dem alten Bunde des düsteren nordischen Heidentums zu dem neuen Bunde des Grals gerungen hat. Seine musikalisch-dichterische Form bedeutet den Zusammenhang des menschlichen Religions-Bedürfnisses mit dem modernen Bedürfnis nach Kunst. Seine Religion ist die reinste, heiligste und höchste.
> Ich erlaubte mir, dem Sprecher (der noch dazu aus dem Stamme Levi ist) zu erwidern, daß ich trotzdem beabsichtige, evangelischer Christ zu bleiben.
> Wenn es meine Zeit erlaubt, möchte ich aber wohl die neue Religion betrachten. Durch die Courtoisie der bayerischen Eisenbahnbehörden gegen die Heilswahrheit in Bayreuth ist es möglich, die Anbetung binnen 16–18 Stunden von München aus zu erreichen ..."[31]

Wilhelm II. berichtet in seinem Buch „Aus meinem Leben 1859–1888", daß Eulenburg ihn und seine Frau im Sommer 1886 – wenige Wochen nach Beginn ihrer Freundschaft – in Reichenhall besucht habe und sie abends durch Klavierspiel und Vortrag seiner in nordischem Stil gedichteten und komponierten Balladen erfreut habe. Schon hier zog den Prinzen Wilhelm das Thema des Untergangs an, denn – wie er schreibt – „eine der schönsten, die den Untergang von Atlantis besingt, wurde mein Lieblingsstück"[32]. Von Reichenhall aus fuhren sie gemeinsam zu den Festspielen nach Bayreuth, worüber Wilhelm II. festhält:

> „Seiner Vermittlung danke ich es, daß ich das Haus und das Grab Wagners besuchen sowie seine Familie kennen lernen konnte. Des Abends lauschten wir gemeinsam den Aufführungen von ‚Tristan und Isolde' und vor allem des ‚Parsifal', der einen überwältigenden Eindruck auf mich machte."[33]

Fortsetzung Fußnote von Seite 306
Gobineau" als selbständige Schrift neu herausgegeben. Vgl. PhE I, 111 f. Die gemeinsame Wagner-Verehrung steht auch im Hintergrund dieser Briefe.
[31] PhE I, 137.
[32] *Wilhelm II.*, Aus meinem Leben 1859–1888 (Berlin, Leipzig 1927) 227. Die seine Politik beeinflussende Weltuntergangsstimmung Moltkes hebt Röhl ausdrücklich hervor: *Röhl*, Kaiser, 219.
[33] Ebd., 228. An einer späteren Stelle schreibt Wilhelm II. über diesen Bayreuth-Besuch: „... Ich selbst fuhr zunächst wieder nach Reichenhall zurück. Von dort aus begab ich mich am 19. August mit Philipp Eulenburg und dem Herzogspaar Karl Theodor in Bayern nach Bayreuth, weilte in ‚Wahnfried', legte an Wagners Grab einen Kranz nieder und besuchte, wie bereits erwähnt, die Bühnenweihespiele." (322) Am 11. August schreibt Prinz Wilhelm aus Salzburg an Eulenburg: „... Ich freue mich ungemein auf unsere Tour nach Bayreuth, dort können wir ordentlich Musik kneipen. Ich werde am 18. durch München kommen und nach Bayreuth fahren. Nach Beendi-

Wilhelm II. wurde mit seiner Frau Mitglied des von dem komponierenden Wagner-Anhänger Leutnant von Chelius mitbegründeten Potsdamer Wagner-Vereins, der in den Räumen der Kriegsakademie Wagner-Konzerte veranstaltete.

Am 22. Februar 1887 berichtete Eulenburg dem Prinzen Wilhelm aus München – wo er seit dem Juli 1881 als Legationssekretär lebte und dadurch über die bayerische Wagner-Szene gut informiert war – über den „vortrefflichen Wagner-Kapellmeister Kniese", von dem Wagner und Liszt viel gehalten hätten und der – nach seinen 1931 veröffentlichten Tagebuchblättern ein linientreuer Bayreuther Antisemit – von 1882 bis 1905 Chormeister der Bayreuther Festspiele und (mit Cosima Wagner) Leiter der Stilbildungsschule war; er berichtet, daß „Die Feen" und „Das Liebesverbot", die beiden im Besitz des Kabinetts befindlichen Opern Wagners, in nächster Zeit aufgeführt würden und daß angesichts der hohen Forderungen, die das Kabinett an die Erben Wagners habe, die Tantiemen geteilt würden; er berichtet von den 9 Millionen Schulden König Ludwigs II. – der 1886 gestorben war –, die in sieben bis acht Jahren getilgt seien, und daß man im Nachlaß des Königs viele Briefe Wagners gefunden habe, „die Meisterstücke der Stilistik sind und voller vernünftiger Ideen stecken"[34].

Am 8. und 9. Juni 1887 besuchte Prinz Wilhelm zum ersten Male Liebenberg, und am 3. August frühstückte er mit Eulenburg in München, der anschließend Cosima Wagner im Hotel Marienbad aufsuchte, worum sie ihn telegraphisch aus Bayreuth gebeten hatte, um mit ihm über die Aufführungen im nächsten Jahr zu sprechen. Darüber heißt es in seinem Tagebuch: „... Heute frägt sie mich um meine Meinung bezüglich der Stimmung in München für und gegen die Bühnenfestspiele im nächsten Jahr. Sie frägt mich um meinen Rat wegen des Verbotes der Beurlaubung des Hofkapellmeisters Levi, und die Schärfe ihres Verstandes, die feine Empfindungsweise in Beurteilung der Verhältnisse und Menschen zwingt mir Erstaunen und Bewunderung ab. Die Festspiele sind in guten Händen, solange sie lebt; und ihre so weitgehende Konzentration für diese Arbeit, daß sie nur mit Menschen spricht, die sie für die Festspiele braucht, wird das Werk kräftigen."[35]

Nachdem im Juni 1887 der Großherzog von Weimar Eulenburg die Intendantenstelle seines Hoftheaters angeboten hatte und Prinz Wilhelm bei der schließlichen Ablehnung dieses verlockenden Angebotes nicht unbeteiligt war, äußerte dieser bei seinem Besuch im Hause Eulenburg in Starnberg am 8. August den Wunsch, Eulenburg – an Stelle des Grafen Hochberg – zum Generalintendanten in Berlin zu ernennen. Da Hochberg als Wagnergegner eingeordnet wurde, kam dieser Wunsch den Absichten und Plänen Cosima Wagners entgegen, über die der folgende Tagebucheintrag Eulenburgs über sein Verhältnis zur „Wagnersache" nach einem Besuch bei ihr am 18. September zusätzlich Auskunft gibt:

Fortsetzung Fußnote von Seite 307
gung der Vorstellungen will ich nach München zurück, den Regenten – auf Erlaubnis des Kaisers – besuchen, und mehrere Tage dort bleibend, Neu-Schwanstein und die anderen Schlösser in Ruhe und gemütlich ansehen ..." PhE I, 192.
[34] PhE I, 217.
[35] *Reinhold Conrad Muschler,* Philipp zu Eulenburg (Leipzig 1930) 171 f., im folgenden zitiert: *Muschler.*

„Die Ziele dieser merkwürdigen Frau gehen zu hoch. Ein Lehrstuhl an der Berliner Universität für Wagner-Literatur und Musik, den sie gelegentlich erwähnte, ist ein Unding. Ich stehe auf dem Standpunkt, das ich das deutsche Element Wagnerscher Musik, verkörpert in den feststehenden Festspielen zu Bayreuth, für eine Kräftigung des nationalen Bewußtseins halte, deren der Deutsche mehr bedarf, als andere Nationalitäten. Deshalb ist es nicht nur *politisch* wichtig, die Festspiele zu erhalten, sondern sie zu fördern bedeutet auch eine deutsche Kultur-Aufgabe. Ich abstrahiere bei dieser Auffassung völlig von dem eigenen Gefühl, das mich ganz und gar der Wagnersache zugehörig sein läßt. Prinz Wilhelm mit seinem Wunsche, mich als Generalintendant in Berlin zu haben, folgt auch dem Gedanken, der Wagnersache die größtmögliche Kräftigung zuzuführen. Er erfaßt instinktiv die nationale Seite dieser Kunst, denn er hat in seinem Entzücken über Wagner noch nicht erkannt, daß sein musikalisches Empfinden schwächer ist, als sein nationales und daß möglicherweise seine Begeisterung nicht diesen Siedegrad erreicht haben würde, wenn Wagner lauter Stoffe, wie den Rienzi behandelt hätte."[36]

Diese Sätze dokumentieren auf eindrucksvolle Weise, wie weit die Nationalisierung und *„politisch* wichtige" Propagierung der „Wagnersache", das heißt der Werk-Idee Wagners, bereits gediehen war und welche entscheidende Rolle – neben dem Zugehörigkeitsgefühl Eulenburgs – der hohe „Siedegrad" der Begeisterung des Prinzen Wilhelm dabei spielte, die nach seiner Thronbesteigung noch zunehmen sollte. Bernhard von Bülow legt Zeugnis ab für diese Entwicklung, wenn er am 25. Dezember 1887 an Eulenburg schreibt: „... Wir wollen auch den Briefwechsel Wagner-Liszt lesen, der herrlich sein soll; ferner Darwins Biographie und (den gleichzeitig mit „Siegfrieds Tod" 1849 verfaßten Dramenentwurf, HZ) ,Jesus von Nazareth' vom Meister."[37]

Cosima Wagners erster Ausgang nach dem Tode Wagners führte sie daher ins Haus von Eulenburg, wo sie am 31. Januar 1888 mit ihren Töchtern Eva und Isolde und Levi den Abend verbrachte, den Eulenburg am nächsten Tag in einem Brief an Kuno Moltke ausführlich beschreibt, und in dem er bemerkt: „... ,Parsifal' und ,Meistersinger' sind festgestellt. Levi dirigiert im Anfang ... Der warme Enthusiasmus des Prinzen Wilhelm für die Bayreuther Sache stützt sichtlich das Unternehmen – denn der Blick in die Zukunft ist hell. Ich tue, was ich vermag, um den Prinzen dieser Richtung zu erhalten."[38] Der fünf Tage später, am 6. Februar, an diesen gerichtete Brief zeigt, wie geschickt Eulenburg dabei vorging:

„... Vor einigen Tagen ereignete sich das Wunderbare, daß Frau Cosima Wagner, die für einen Tag in München weilte, ,genehmigte', den Abend bei mir zuzubringen. Es ist dieses das erste Mal seit Richard Wagners Tod, daß sie ein fremdes Haus betritt. Wir sprachen viel von Euerer Königlichen Hoheit und konstatierten, daß in Ihnen allein die Zukunft der Bayreuther Sache liegt. Das Bestreben Münchens geht dahin, Bayreuth tot zu machen, um München an die Stelle zu setzen. Dieser musikalischen Politik gegenüber wollen wir doch aber daran festhalten, daß Bayreuth im Sommer und Berlin im Winter die Pflegestätte der deutsch-nationalen Musik sein muß. Darauf arbeiten Euere Königliche Hoheit hin, und darin werde ich allezeit nach Kräften sekundieren ..."[39]

---

[36] PhE I, 265.
[37] PhE I, 257.
[38] *Muschler* 183 f. Wegen Krankheit fiel Levi dann im Sommer 1888 als Dirigent des „Parsifal" aus, den er von 1882 bis 1894 ausschließlich dirigierte; nur 1882/84 dirigierte neben ihm noch Franz Fischer.
[39] PhE I, 265.

Mit dem „Totmachen" Bayreuths machte sich Eulenburg die schon auf das Jahr 1864 – als Wagner angeblich aus München vertrieben wurde – zurückgehende Vorstellung zu eigen, daß, wie Cosima Wagner im Juni 1889 an Ludwig Schemann, den Übersetzer Gobineaus, schreibt, in München „eine förmliche und sehr gut organisierte Verschwörung bestehe, welche zu der scheinbaren Teilnahme für Bayreuth griff, um es um so sicherer zu vernichten."[40] An Levi schreibt sie gleichzeitig: „... ,Wir' haben kein Münchner Publikum gehabt, sondern den König (die erste Aufführung vom ,Tristan' war schlecht besucht) und die Fremden (eine Umschreibung für die Juden, HZ). Gegen die Münchener geschah alles, was geschah ... Wenn in München 64–68 noch wirkt, so ist's, weil eine große Beschämung über eine unter den vielen Niederträchtigkeiten der Welt, vielleicht eine hervorragendste Niederträchtigkeit, sich unbewußt über die Leute ergossen hat; nun tut man gerne mit ..."[41] Hinter München verbirgt sich aber auch die Befürchtung, daß Bayreuth das durch das Vermächtnis Wagners bestimmte exklusive Aufführungsrecht für das Bühnenweihfestspiel „Parsifal" und damit seinen „Erlösungs"-Anspruch als Gralsburg einer Glaubensgemeinde und Hort des Deutschtums verlieren könnte; gerade Hermann Levi wurde von Cosima Wagner verdächtigt, bei der Entstehungsgeschichte des Münchner Prinzregententheaters zusammen mit Ernst von Possart als Jude eine Verräter-Rolle gespielt zu haben[42]. Wer die

---

[40] *CW* III, 184.
[41] *CW* III, 187. Der von Cosima Wagner hier verwendete Begriff der Niederträchtigkeit ist ein auf Wagner und seine Jünger zurückverweisender Projektions-Begriff wie auch der den Juden unterstellte Vernichtungs- und Ausrottungs-Begriff (siehe hierzu das Zitat zu Anm. 11). Am 26. Januar 1876 schreibt Wagner an Ludwig II.: „... Wir *wollen* niederträchtig sein; dies ist die Losung, seitdem die Jesuiten den Juden unsere Welt in die Hände geliefert haben. Hier ist alles verloren! Kaiser und Reich mögen sich noch so sehr in ihren Heeresordnungen gefallen: was sie beschützen, ist nicht einen Schuß Pulver wert!" König Ludwig II. und Richard Wagner, Briefwechsel, hrsg. vom Wittelsbacher Ausgleichsfonds und *Winifred Wagner*, bearb. von *Otto Strobel*, Bd. III (Karlsruhe 1936) 73 f. Chamberlain offenbart seine eigene Vernichtungsmentalität Wagnerscher Prägung, wenn er in seinem Kriegsaufsatz „Die Zuversicht" gegen die Juden gerichtet – ohne sie aber zu nennen – den „Dämon der Niedertracht" mit den „üblen, verräterischen Einflüssen" der „Hochschätzung des Geldes", der „Verspottung aller idealen Regungen", der „wachsenden Macht des undeutschen Teiles der Presse", der „systematischen Untergrabung der Verehrung des Königtums, des Heeres, der christlichen Überzeugungen" verbindet, wenn er die „gegenwärtige Weltenschlacht" einen „Kampf auf Leben und Tod zwischen dem Niederträchtigen und dem Edelgesinnten" nennt, und wenn er behauptet: „... das Niederträchtige ist es – alles Niederträchtige in der ganzen Menschheit – das auferstanden ist, um einen Vernichtungskampf gegen das Redliche, das Emsige, das nach Veredelung Strebende, das Hochgemute, das Heiligernste zu führen ..." Er verklärt das dem „Teufelsgezücht" gegenüberstehende Deutschland als „Gottes Streiter; Siegfried wider den Wurm ...", so daß dieser Krieg einstens als „Deutschlands Errettung aus tödlicher Gefahr" gepriesen werde. *Houston Stewart Chamberlain,* Die Zuversicht (München 1915) 5 f., 10 ff.
[42] In bezug auf ihren „Gedanken des Monumental-Theaters, am Ausfluß des Maines in den Rhein, für gesamtnationale Spiele" schreibt Cosima Wagner am 7. September 1893 an Ernst zu Hohenlohe-Langenburg: „Diesem behutsamen, schlichten Weg greifen affenartig Mime und Alberich [,Levi und Possart in München' wie eine Anmerkung hervorhebt, HZ] vor und verwandeln den großen Gedanken, den ich auszuführen nie aufgab, in eine schnöde Spekulation, so daß wir es handgreiflich vor uns haben, was das jüdische Unwesen dem deutschen Geiste ist. Ich hoffe auf Gott und hoffe, von den Deutschen nicht ganz verlassen zu werden, wenn wir im nächsten Jahr

Werk-Idee Wagners bejahte, der bejahte auch den exklusiven „Parsifal"-Aufführungsort des Bayreuther Festspielhauses und war bereit, für diese Glaubensüberzeugung zu kämpfen: So entstehen die von Cosima Wagner angeregten und geförderten „Parsifal"-Schutzbewegungen und Eingaben an den Reichstag, um die nur dreißigjährige Schutzfrist bis 1913 völlig aufzuheben, die auch die Unterstützung Wilhelms II. und der zahlreichen Bayreuth nahestehenden Vertreter der Berliner und anderer Hofkreise fanden. Die in dem oben zitierten Brief vom 6. Februar 1888 mit dem Prinzen Wilhelm verbundene „Zukunft der Bayreuther Sache" spielt auch an auf die zu diesem Zeitpunkt absehbar gewordene Thronbesteigung, die dann am 15. Juni erfolgte; einen Tag davor schrieb Chamberlain zwei Tage nach ihrer ersten persönlichen Begegnung im Hause des Bildhauers Gustav Kietz in Dresden seinen ersten Brief an Cosima Wagner.

Bereits zwei Tage nach seinem Regierungsantritt schrieb der neue Kaiser Wilhelm II. – in Wagnerkreisen nach dem Titurel des Großvaters und dem Amfortas des Vaters insgeheim als dem König Ludwig II. nachfolgender Parsifal verklärt – an Cosima Wagner einen Brief, der die Bereitschaft, neuer Protektor von Bayreuth zu werden, erkennen ließ, doch sollte vorher die ausdrückliche Zustimmung zur Übernahme des Protektorats in München eingeholt werden. In ihrem „untertänigsten" Antwortbrief, in dem sie den Bayreuther Zuschauerraum als „Gleichnis einer Gemeinde" bezeichnet, „die (im „Parsifal", HZ) in der Erschauung des Ideals sich eng verbunden fühlt", erbittet Cosima Wagner „vertrauensvoll Euerer Majestät Allerhöchstes Protektorat für die Festspiele zu Bayreuth" und bittet gleichzeitig untertänigst, „es mir zu verzeihen, daß ich – wohl dazu Allerhöchst ermuntert, dennoch aber nicht dazu aufgefordert – es mir erlaubte, dieses Bittgesuch Euerer Majestät zu Füssen zu legen". Mit diplomatisch meisterhaft gesetzten und aufgeladenen Worten, aus denen – um ein Wort Eulenburgs über ihre grauen großen Augen heranzuziehen – „die ungewöhnliche Intelligenz halb gutmütig, halb verschlagen leuchtet", vermag sie die selbstherrliche Gefühlslage Wilhelms II. anzusprechen. Am Ende ihres Briefes schreibt sie:

„... Euerer Majestät gnadenreiche Worte haben wie ein Gottesruf meine Seele erfüllt, und unter heißen Tränen habe ich in der Einsamkeit, in welcher ich mich und das Werk so tief empfinde, Gott dafür gepriesen und gedankt, daß aus höchster Höhe der Schutz uns kommt, dessen wir bedürfen ... Wie auch die Entscheidung Euerer Majestät falle, ob selbst Euere Majestät in diesem Augenblicke keine zu fassen belieben, alles soll mir heilig sein, und in Gefühlen, die ich niemals in Worte zu fassen vermöchte und die als inbrünstiges Gebet zu Gott sich wenden, erbitte ich von dem Allerhöchsten Herrn die Gnade, mich nennen zu dürfen Euerer Majestät dankerfüllte untertänigste Dienerin Cosima Wagner."[43]

Nach langwierigen Verhandlungen, an denen auch Eulenburg mitwirkte, übernahm schließlich Prinzregent Luitpold mit einem Schreiben vom 11. Januar 1889 das Protektorat, die Voraussetzung dafür, daß München durch das nach dem Prinzregenten

---

Fortsetzung Fußnote von Seite 310
den ‚Lohengrin' mit aller Liebe, aller Hingebung und aller Arbeit, die nur in unseren Kräften liegt, aufführen und mit ihm, ‚Parsifal' und ‚Tannhäuser' unser christlich-germanisches Kunstbekenntnis aus tiefster Seele ablegen." CW-EHL, 65 f.
[43] *CW* III, 155 (23. August 1888); *Muschler,* 171.

genannte, nach dem Bayreuther Modell gebaute Wagner-Theater mit der bekenntnishaften Aufschrift „Der deutschen Kunst" dann 1901 zur Richard-Wagner-Stadt wurde.

Am 29. Juni 1888 erhält Eulenburg bereits einen konjunkturbewußten Brief von Georg Graf von Werthern über den jungen Thüringer Maler Hermann Hendrich, der, „wie Wagner in der Musik, die deutsche und nordische Sache in der Malerei wieder zur Geltung" bringen wolle, der als letztes Werk „Der Tod Siegfrieds" geschaffen habe, und der durch die bildliche Darstellung der Wilhelm II. so besonders erfreuenden tiefempfundenen Balladen Eulenburgs, wenn diese Bilder einen „tiefen Eindruck auf Seine Majestät machen", zu anderen Bestellungen käme, „die dem Künstler und seiner Richtung überraschend zustatten kämen"[44]. Wilhelm II. bestellte schließlich tatsächlich ein Bild aus der nordischen Sagenwelt „Atlantis", und Hendrich wurde – wie auch Fidus, Hans Thoma, Franz Stassen, Richard Guhr und andere – als Maler von Wagner-Themen bekannt. 1913 wurde auf dem Drachenfels bei Königswinter zum hundertsten Geburtstag Wagners die „Nibelungenhalle" mit zwölf Wandgemälden von Hendrich eingeweiht[45].

Wenige Tage nach dem Hendrich-Brief – am 5. Juli 1888 – schickt Eulenburg an Wilhelm II. eine ihm von Cosima Wagner übersandte Adresse des Vorstandes der Bayreuther Festspiele mit der Bemerkung: „Bei den engen Beziehungen, die mich an die Bayreuther Sache knüpfen, werden es Euere Majestät allergnädigst genehmigen, daß ich mich zum Anwalt dieser Angelegenheit mache", und er bedauert es, „daß nun auch die Bayreuther Reise aufgegeben werden muß"[46]. Doch Eulenburg und seine Frau fuhren nach Bayreuth, wo sie sich am 4. August mit Kuno Moltke trafen und wo Eulenburg von Hans von Wolzogen – Herausgeber der „Bayreuther Blätter", in denen Eulenburg 1886 Auszüge aus Gobineaus Briefen an ihn veröffentlichte – erfuhr, „daß man mich durchaus zum Generalintendanten nach Berlin haben will". Über Cosima Wagner notierte Eulenburg sich nach einem Besuch: „Sie scheint sehr energisch gegen Hochberg zu arbeiten und meine Kandidatur zu betreiben. Es ist mir Hochbergs wegen höchst unangenehm und peinlich, doch glaube ich keineswegs an seine so stark erschütterte Stellung."[47]

Statt des erkrankten Levi dirigierte in diesem Jahr Felix Mottl den „Parsifal", und Hochberg hatte Chelius gegenüber dessen Dirigentenleistung und Mängel der Aufführung kritisiert, was als Wagner-Feindschaft ausgelegt wurde. In einem Brief an Eulenburg vom 16. August schafft Hochberg sich über diese Erfahrungen Luft:

„... Ich schreibe dies alles nur, um Dir Aufklärungen zu geben, die Wagner-Bande zu bekehren fällt mir nicht ein. Sie ist gegen mich mit blindem Haß erfüllt. Dieselbe Cosima, die die Berufung Mottls 67 notorisch vereitelt hat, will ihn 88 partout nach Berlin haben. Es soll bloß anders sein, als ich es einrichte ... Aber hat man es hier mit ehrlichen Feinden zu tun? Nein, mit einer hinterlistigen, verlogenen, gemeinen Schwefelbande, an deren Spitze eine alte von

---

[44] PhE I 300f.
[45] Siehe hierzu *HZ* I, 129.
[46] PhE I, 300.
[47] Ebd., 305.

einer H... geborene Ehebrecherin steht, welche einen H... Judenbengel zu ihrem Propheten macht. So ist es! hole sie der Teufel! Man muß ausspucken, wenn man nur daran denkt ..."[48]

Hochberg, der diesen freimütigen und antisemitischen Ton seines Briefes bei seinem Jugendfreund Eulenburg gut verstanden und aufgehoben weiß, berichtet diesem am 23. August – dem Tag des „untertänigsten" Briefes Cosima Wagners an Wilhelm II. – in einem Brief mit der Anrede „Mein gutes Vielliebchen alias Filippo", daß er am Tag davor dem Kaiser ganz offen von seinen Bayreuther und Mottlschen Eindrücken erzählt habe und daß dieser im übrigen „so überaus reizend herzlich, eingehend und mit einem Wort entzückend" gewesen sei, daß er noch ganz weg sei[49]. Hochberg blieb – auch durch Eulenburgs Fürsprache – bis 1902 im Amt. In einem Brief an Eulenburg vom 28. August, in dem Wilhelm II. sich für das „herrliche Skaldenlied" „König Hokan" bedankt, das sich auf ihn bezog, und von einer Reise mit seinen „Drachen" nach Schweden erzählt, findet sich der auf die Bayreuther Gespräche anspielende Satz: „... Vor allem freut es mich, daß Sie in Bayreuth gefallen und vor Frau Cosima Gnade gefunden haben."[50] Bei seinem ersten Besuch in Bayern als Kaiser am 1. Oktober 1888 zeichnete Wilhelm II. Eulenburg auf demonstrative Weise durch Bevorzugung aus: „Er behielt mich (schreibt Eulenburg an seine Mutter über den ersten Abend, HZ) bis 1 Uhr tête à tête bei sich – ganz der Alte – von allen Dingen, die uns beschäftigen, redend"[51], und überreichte ihm am nächsten Tag überraschend den Hohenzollern-Orden. Zweifellos zählte die „Bayreuther Sache" zu diesen „Dingen", denn in den nächsten Wochen fanden unter Eulenburgs Beteiligung die Verhandlungen wegen der Protektorats-Frage statt, die Cosima Wagner so beschäftigten, daß sie – wie sie in einem Brief vom 23. Oktober an Chamberlain schrieb – in einem Traum „den Kaiser zu empfangen (hatte)"[52]. Auch als Eulenburg den Kaiser am 19. November nach Liebenberg zur Jagd einlädt, lockt er ihn mit Wagner, wenn er von seiner Hoffnung spricht, daß der Kaiser nach der nur an einem Tag zumutbaren Jagd dennoch bleiben und den Schwerpunkt auf Musik und Unterhaltung legen werde, und er fügt hinzu: „Ich werde mit Kuno Moltke und Chelius eine Art Sängerkrieg aufführen. Wenn Eberhard Dohna kommen darf, würde er als Frau Venus nicht übel sein. Der

---

[48] Ebd., 308 f.
[49] Ebd., 309.
[50] Ebd., 310. In dem Gedicht „König Hokan", das Eulenburg dem Kaiser am 1. August 188 schickte, heißt es in Anspielung auf die kurz zurückliegende Thronbesteigung: „Auf loderndem Drachen, im rauschenden Meer/versank König Helge mit Schild und Speer ...,/ *jetzt* gilt unser Ruf einem neuen Mann!/Herr Hokan, der junge in strahlender Wehr,/der führt uns wohl sieghaft weit über das Meer'". Ebd., 303. Auf dieses Gedicht bezieht sich Wilhelm II. in seinem Brief an Eulenburg vom 28. August 1888 über die Reise nach Schweden. Siehe hierzu auch den Text zu Anm. 157.
[51] PhE I, 314. Am Anfang seines Briefes über den Kaiserbesuch schreibt Eulenburg: „Ich habe allerdings *niemals* an den Gesinnungen des Kaisers für mich gezweifelt – aber die *demonstrative* Art seiner Bevorzugung und Auszeichnung hat mich doch überrascht – und sehr erfreut. Es lag ihm daran, auch anderen zu zeigen, daß er mich lieb hat – und wie rührend ist das! Ein junger Mann, dem die mächtigste Krone der Erde keinen Schwindel verursacht, der einfach und treu bei seiner Gesinnung verharrt, kann nur eine großartige und bedeutende Natur haben. Der mittelmäßige Mann verliert den Kopf – er nicht!" Ebd., 313.
[52] *CW* III, 161.

Gedanke meinen geliebten Kaiser in aller Gemütlichkeit hier haben zu sollen, macht mich ganz toll vor Freude."[53]

Am 16. Dezember hatte Eulenburg, den Wilhelm II. am 31. Oktober zum Gesandten in Oldenburg und Braunschweig als Vorstufe für den Münchner Gesandtschaftsposten ernannt hatte, bei einer Abendeinladung im Berliner Schloß nach dem Vorsingen mehrerer Balladen eine besondere Audienz, über die er sich in sein Tagebuch notiert: „Ich fahre mit Hochberg ins Schloß und bleibe eine Stunde mit ihm (Kaiser Wilhelm II., HZ) allein. Wir sprechen eingehend über München, Bayreuth, Spiritismus." Dabei ging es vermutlich auch um mehrere – im Nachlaß Eulenburgs erhaltene – Briefe Cosima Wagners aus dieser Zeit, in denen sie eine demonstrative Unterstützung der Bayreuther Festspiele durch den Kaiser zu erreichen versuchte[54].

Mit der Thronbesteigung Wilhelms II. beginnt nicht nur die Kräftigung der „Wagnersache" als einer „deutschen Kultur-Aufgabe" und die „Kräftigung des nationalen Bewußtseins" in und durch Bayreuth – wovon Eulenburg in seinem oben zitierten Tagebucheintrag vom 18. September 1887 so zukunftsorientiert sprach –, sondern seit 1888 wird über die Prägungsmilieus Familie, Schule, Militär, Universität die Wagnersche Werk-Idee – Sieg des reinen Deutschtums bedingt Untergang des Judentums – immer stärker entscheidender Bestandteil des deutschen Bewußtseins und Unterbewußtseins. Wer in diesem Sinne deutsch oder national sagte, der schloß das Judentum aus diesen Formulierungen aus, das als undeutsch und widerdeutsch gebrandmarkt wurde, und es genügte, von deutscher Kunst – *deutscher* Kunst – zu sprechen, wie es Wagner am Schluß der „Meistersinger" mit subtiler Demagogie vorführt, oder von deutscher Kultur, um sich als wilhelminischer Antisemit verständlich zu machen. Die Wilhelminische Zeit bedeutete den endgültigen Sieg des Deutschtums-Begriffes als antisemitischer Parole, das heißt des von Wagner usurpierten Deutschtums-Begriffes. Es gibt zudem keinen in der auch neben der Wagner-Bewegung zunehmenden antisemitischen Bewegung führenden Kopf – wie Paul de Lagarde, Eugen Dühring, Bernhard Förster, Wilhelm Marr, Otto Glagau, Constantin Frantz, Heinrich von Treitschke, Theodor Fritsch, Adolf Stoecker, H. S. Chamberlain, Julius Langbehn und andere –, der nicht in mehr oder weniger enger Verbindung zu Bayreuth stand oder sich auf Wagner bezog.

4. Adolf Stoecker: „Kampf bis zum völligen Siege"

Adolf Stoecker – Hofprediger seit 1874 – begann seine öffentliche Auseinandersetzung mit dem Judentum am 19. September 1879 mit der Propagandarede für die christlich-soziale Arbeiterpartei „Unsere Forderungen an das moderne Judenthum". Zwei Monate später, im November 1879, eröffnete Treitschke seinen Kampf gegen das Judentum mit einer Artikelfolge in den „Preußischen Jahrbüchern", die 1880 als Schrift unter dem Titel „Ein Wort über unser Judentum" erschien und die den Universitäts-Antisemitismus hoffähig machte. Stoecker wollte mit seiner Berliner Bewe-

---
[53] PhE I, 322.
[54] Ebd., 324.

gung, einem Gegenstück des durch Treitschke ausgelösten Berliner Antisemitismusstreites, „ein Stück deutscher Erweckung"[55] erkämpfen, ein Ziel, das – wie der „Wach' auf"-Chor der „Meistersinger" verkündet – auch Wagner vor Augen hatte und das dann in der Nazi-Parole „Deutschland erwache" schließlich auch erreicht wurde[56]. Im Jahre 1880 wird Bernhard Förster, als Wagner-Jünger antisemitischer Agitator und Kolonist und seit 1885 der Ehemann der Schwester Nietzsches, in Bayreuth zu der von ihm mitgetragenen antisemitischen „Massenpetition gegen das Überhandnehmen des Judentums" angeregt, die im April 1881 Bismarck überreicht wurde. In dem an die Geistlichkeit gerichteten Exemplar hat Stoecker diese Petition, die seine eigenen Forderungen aufnahm, auch unterschrieben, während Wagner mit der Begründung, er habe „das Seinige getan" und er habe sich vorgenommen, „seit dem Schicksal der Petition wegen der Vivisektion ... nie mehr eine Petition zu unterschreiben"[57], seine Stimme – auch aus taktischen Gründen – verweigerte. Im protestantischen Preußen war der Boden gut vorbereitet: Von den 255 000 vor allem in dem nördlichen und östlichen Preußen erreichten Unterschriften stammten 9000 aus Bayern und 7000 aus Württemberg und Baden[58]. Im Preußischen Abgeordnetenhaus gab es eine zweitägige Auseinandersetzung wegen einer Interpellation zu dem Inhalt der Petition, die die Anhänger der Fortschrittspartei einbrachten, deren Führer Eugen Richter dabei gegen den Abgeordneten Stoecker gerichtet sagte:

„... das ist gerade das besonders Perfide an der ganzen Bewegung, daß während die Socialisten sich bloß kehren gegen die wirtschaftlich Besitzenden, hier der Racenhaß genährt wird, also

---

[55] Siehe hierzu: *Adolf Stoecker*, Die Berliner Bewegung ein Stück deutscher Erweckung, in: *ders.*, Reden und Aufsätze, hrsg. von *Reinhold Seeberg* (Leipzig 1913) und Der Berliner Antisemitismusstreit, hrsg. von *Walter Boehlich* (Frankfurt/M. 1965), im folgenden zitiert: *Boehlich*, Antisemitismusstreit.
[56] Siehe hierzu: *Zelinsky*, Erwachen.
[57] *CW* II, 546, 564. Am 16. Juni 1880 notiert Cosima Wagner sich die drei Gründe für Wagners Unterschrifts-Verweigerung: „Er wird aufgefordert, eine Petition an den Reichskanzler zu unterschreiben behufs Ausnahme-Gesetze gegen die Juden, er unterschreibt nicht, 1. habe er das Seinige getan, 2. wende er sich ungern an Bismarck, den er als leichtsinnig, seinen Capricen nur folgend erkannt habe, 3. sei in der Sache nichts mehr zu machen." (546)
[58] Siehe hierzu *Peter G. J. Pulzer*, Die Entstehung des politischen Antisemitismus in Deutschland und Österreich 1867 bis 1914 (Gütersloh 1966) 85; *Walter Frank*, Hofprediger Adolf Stoecker und die christlichsoziale Bewegung (Hamburg ²1935) 93, im folgenden zitiert: *Frank*. *Werner Jochmann*, Stoecker als nationalkonservativer Politiker und antisemitischer Agitator, in: *Günter Brakelmann, Martin Greschat, Werner Jochmann*, Protestantismus und Politik, Werk und Wirkung Adolf Stoeckers (Hamburg 1982) 152f.; im folgenden zitiert: *Jochmann*. Nach Jochmann zog Stoecker seine Unterschrift wieder zurück, „ohne sich allerdings völlig von der Aktion zu distanzieren", vielmehr trat er in seinem Anhängerkreis und in der ihm nahestehenden Presse weiterhin für die Unterstützung der Eingabe ein. Jochmann bemerkt weiter dazu: „Er wandte sich in einem persönlichen Brief an Superintendanten und Pastoren mit der Bitte, der Unterschriftensammlung ihre Förderung angedeihen zu lassen. Es besteht kein Zweifel, daß ein Großteil der 255 000 Unterschriften, die am 24. April 1881 zugunsten der Petition in der Reichskanzlei vorgelegt wurden, aus dem Anhängerkreis Stoeckers kam. Die Mehrheit der Unterzeichner wohnte in den Zentren des Stoeckerschen Wirkens in Berlin, der Mark Brandenburg, Schlesien und Westfalen." Ebd.

etwas, was der einzelne nicht ändern kann und was nur damit beendigt werden kann, daß er entweder totgeschlagen oder über die Grenze geschafft wird."[59].

Während der Kronprinz der antisemitischen Agitation ablehnend gegenüberstand und die antisemitische Bewegung „eine Schmach des Jahrhunderts" nannte, wegen deren Ausbreitung man sich vor dem Ausland schämen müsse, fühlte Stoecker sich durch das Wohlwollen Kaiser Wilhelms I., der ihn als „kaiserlichen Lanzenbrecher" bezeichnete, geschützt[60]. Als seine Stellung nach dem Baecker-Prozeß im Juni 1885 wegen der nun betonten Unvereinbarkeit von Hofpredigeramt und Agitation gefährdet schien, schrieb Prinz Wilhelm am 5. August seinem Großvater einen die drohende Entlassung Stoeckers tatsächlich abwendenden Brief, in dem er Stoecker trotz seiner Fehler die mächtigste Stütze und den tapfersten, rücksichtslosesten Kämpfer für die hohenzollernsche Monarchie nannte, den das Judentum – hinter ihm Sozialdemokratie und Fortschritt – mit Hilfe der moralisch minderwertigen jüdischen Presse stürzen wolle; Stoecker habe u.a. in Berlin 60 000 Arbeiter dem Fortschritt und der Sozialdemokratie entrissen und sei durch seine Arbeit in der Berliner Stadtmission auch der Prinzessin Auguste Viktoria nähergetreten[61]. Wie bei Wagner fand der junge Prinz Wilhelm in den Reden Stoeckers den schonungslosen und siegesgewissen Entweder-Oder- und „Zerschmetter"-Ton, der sein eigener werden sollte. Einige Beispiele dafür seien angeführt:

„... Für Berlin steht es in den Augen der Vaterlandsfreunde so, daß der jüdische und der christliche Geist um die Herrschaft kämpfen; sie oder wir – das ist die Losung."

Diese Stelle findet sich in einem Brief Stoeckers an Kaiser Wilhelm I. vom 23. September 1880, in dem Stoecker den „Berliner Börsen-Courier" „das gemeinste Blatt Berlins, vielleicht ganz Europas" und dieses „rein jüdische Blatt, welchem Herr von Bleichröder die Unterredung mit Ew. Majestät anvertraut hat", nennt. Daraufhin bemerkt er:

„Das unverkennbare Bestreben dieser indiskreten Publikation geht dahin, Ew. Majestät *als Gegner der gegen die Anmaßungen des Judentums gerichteten deutschen Bewegung darzustellen* ... Ich würde auf das schmerzlichste betroffen sein, wenn Ew. Majestät diese gegen unerhörte jüdische Angriffe endlich erfolgte Reaktion mißbilligten ..."[62]

---

[59] *Boehlich,* Antisemitismus, 255 f.
[60] *Frank,* 84, 98. Am 17. Februar 1897 schreibt Cosima Wagner an Ernst zu Hohenlohe-Langenburg: „... Ich brachte einige Tage vor kurzem im München zu und konnte mich wieder des unversöhnlichen Hasses gegen Deutschland vergewissern. ‚Der König von Preußen oder wie sie ihn nennen', erwiderte ein Volksmann, als er über die Flaggen am 27. Januar befragt wurde! Und Sie haben abermals recht, teuerster Erbprinz, der Kulturkampf konnte uns gegen diesen Feind nicht nützen. Nur ein tiefes Sich-Besinnen auf das, was man ist und wodurch man etwas bedeutet, kann gegen Jude und Jesuite uns helfen.
Ich halte dafür, daß Stöcker ein Mensch ist, dessen Kraft man zum Wohl des Volkes hätte ausnützen können. Und der Schutz, den ihm Kaiser Wilhelm I. angedeihen ließ, gehört zu den großen Zügen, von denen das Leben dieses schlichten Monarchen so viele aufweist. Ich lege hier Stöckers Verteidigungsrede bei dem jüngsten Prozeß bei, weil sie mir bezeichnend erscheint ..." *CW* III, 448.
[61] *Frank,* 145 f., 310.
[62] Ebd., 89. Im Juli 1878 schon schreibt Stoecker an den antisemitischen Atheisten Wilhelm

Am 28. Oktober 1881 schrieb Stoecker:

> „Wir werden durch unsere Arbeit die Sozialdemokratie in Berlin von der politischen Bildfläche hinwegfegen; nachher werden wir dem Fortschritt zu Leibe gehen und ihn zertrümmern ..."[63]

Ganz entsprechend heißt es in Stoeckers Rede „Die Berliner Juden und das öffentliche Leben" 1883:

> „Wir bieten den Juden den Kampf an bis zum völligen Siege (Bravo!) und wollen nicht eher ruhen, als bis sie hier in Berlin von dem hohen Postament, auf das sie sich gestellt haben, heruntergestürzt sind in den Staub, wohin sie gehören (Lebhafter Beifall!). Wir sind mitten drin im Strome der Berliner Bewegung ... und wir danken Gott, daß endlich der Simson des deutschen Geistes von der Delila sich frei macht und wieder er selbst werden will ... Meine Herren, wir wollen eine Hohenzollernstadt sein und freuen uns dessen von ganzem Herzen, aber wir wollen verhindern, daß Berlin – wozu alle Aussicht ist – eine Judenstadt werde!"[64]

Die Fanatisierung dieser offen zu Gewalt aufrufenden „deutschen Bewegung" durch Stoecker und seine bis in die höchsten und einflußreichsten Gesellschaftskreise reichenden Sympathisanten ist über die Haßpredigten protestantischer Geistlicher während des Ersten Weltkrieges und über die deutschnationale Fraktion der Weimarer Nationalversammlung, die in ihrem Sitzungszimmer das Bild des Hofpredigers aufgehängt hatte, bis ins Dritte Reich zu verfolgen. Stoecker war sich bewußt, daß er „die Judenfrage aus dem literarischen Gebiet in die Volksversammlungen und damit in die politische Praxis" überführt habe[65], und er hielt Verbindung zu nahezu allen antisemitischen Agitatoren seit seiner Gründung der „Christlich-sozialen Arbeiterpartei" im Januar 1878 und seiner ersten gegen das moderne Judentum polemisierenden Rede am 19. September 1879. Er korrespondierte mit Wilhelm Marr, der 1879 seine die deutsche Sieg-Ideologie schürende Broschüre „Der Sieg des Judenthums über das Germanenthum. Vom nichtconfessionellen Standpunkt aus betrachtet" veröffentlichte, er empfahl Otto Glagau und dessen antisemitische Zeitschrift „Der Kulturkämpfer", er förderte den Rektor Ahlwardt, und er unterstützte die Aktivitäten von Förster, Fritsch, Henrici und Liebermann von Sonnenberg. Doch Stoeckers antisemitisches Wirken wurde vor allem im Hause Wagner mit Aufmerksamkeit und Zustimmung verfolgt und in den – 1878 von Wagner gegründeten – „Bayreuther Blättern" mehrfach gewürdigt. An deren Herausgeber, Hans von Wolzogen, hatte Stoecker am 8. März 1880 seine Schriften und Reden zur Judenfrage geschickt, und mit ihm korrespondierte er bis zu seinem Tode im Jahre 1909, der Wolzogen auch zu einem Nachruf veranlaßte. Wenn nicht in protestantischen Blättern und in christlich-sozialen Kreisen im Sommer 1882 ein „heißer Streit über ‚Parsifal' ausgebrochen" wäre und

---

Fortsetzung Fußnote von Seite 316
Marr: „Es ist seit langem meine Überzeugung, daß unser Volk an der Juden- und Judengenossenpresse sittlich und intellektuell zugrunde geht, wenn nicht bald Abhilfe kommt." Vgl. *Jochmann,* 149.
[63] *Frank,* 118.
[64] Ebd., 84. Ein Aufsatz-Titel Stoeckers aus dem Jahr 1882 lautet „Das Judentum im öffentlichen Leben – eine Gefahr für das deutsche Reich", siehe hierzu: *Jochmann,* 227.
[65] *Jochmann,* 160.

„die Sache in Berlin sich so zugespitzt" hätte, daß Stoecker es für besser hielt, „zurückzubleiben, um den Streit nicht zu verschärfen und tausend Schwierigkeiten zu vermeiden"[66], hätte er im Uraufführungsjahr wie Eulenburg in Bayreuth den „Parsifal" gesehen; erst 1894 kam es dann dazu, nachdem Stoecker und Cosima Wagner sich im März 1893 in Berlin persönlich kennengelernt hatten[67]. Später pflegte sie Predigten Stoeckers in Berlin zu hören und sah ihn gelegentlich dort und auch an anderen Orten wie in Partenkirchen zu Gesprächen.

Seit dem oben angeführten Verteidigungs-Brief des Prinzen Wilhelm an seinen Großvater vom 5. August 1885 wußte Stoecker sich durch den Prinzen und wegen der Berliner Stadtmission auch durch die Prinzessin Wilhelm bei seiner Agitation geschützt; es war nur konsequent, daß er nach dem Scheitern der Berliner Bewegung bei den Februarwahlen 1887 wieder mehr seine Aufgaben als Hofprediger betonte, der sich um die Stadtmission kümmerte. Unter dem Protektorat des Prinzen und der Prinzessin traf sich am 28. November 1887 in der Wohnung des Bismarckgegners Graf Waldersee ein gesellschaftlich auserlesener Kreis, um die finanzielle Unterstützung der Berliner Stadtmission zu beraten. Dabei hielt der zukünftige Thronerbe in Gegenwart des Hofpredigers eine öffentliche Aufmerksamkeit auf sich ziehende Ansprache, in der er sich dafür aussprach, daß über die künftig zu unterstützende Stadtmission der christlichsoziale Gedanke „mit mehr Nachdruck noch als bisher zur Geltung zu bringen" sei[68]. Nannte Waldersee in seinem Tagebuch auch das Eintreten des Prinzen für den „festen christlichen Standpunkt" ein Ereignis von „weitgehender Bedeutung", und brachte das Stoeckersche „Deutsche Volksblatt" einen Bericht mit der Überschrift „Eine frohe Botschaft", so reagierte die freisinnig-fortschrittliche Presse kritisch; zudem wurden Äußerungen des todkranken Kronprinzen aus San Remo bekannt, wie sehr es ihn betrübe, daß Persönlichkeiten den Prinzen zu beeinflussen suchten, die ihm „im Grunde der Seele zuwider" seien. Nach der Versammlung hatte Prinz Wilhelm zu Herbert Bismarck gesagt „Der Stoecker hat doch etwas von Luther", und am 8. Dezember – anläßlich der Hofjagd in Letzlingen – erfuhr der Minister von Puttkammer vom Prinzen persönlich, er werde später als Kaiser nicht dulden, daß Juden in der Presse tätig seien[69]. Am 9. Dezember hält Minister Lucius bereits Bismarcks Kommentar fest:

---

[66] *Frank*, 321.
[67] *CW* III, 341. Am 11. Oktober 1879 notiert Cosima Wagner in ihr Tagebuch: „... ich lese gerade eine sehr gute Rede des Pfarrers Stoecker über das Judentum. R. ist für völlige Ausweisung. Wir lachen darüber, daß wirklich, wie es scheint, sein Aufsatz über die Juden den Anfang dieses Kampfes gemacht hat." (*CW* II, 424) Daß Cosima Wagner großen Wert auf den Besuch Stoeckers bei den Festspielen und insbesondere bei einer Aufführung des „Parsifal" legte, zeigt die folgende Briefstelle an Ernst von Hohenlohe-Langenburg vom 21. Mai 1893: „(Ich muß doch noch einen Sprung aus den Lüften auf die Erde tun und sagen, daß Stöcker mir seinen Besuch nach Bayreuth für das nächste Jahr versprochen hat und daß ich überzeugt bin, daß er günstig für uns wirken wird.)" *CW* III, 341. Stoecker schrieb dann auch in der „Deutschen Evangelischen Kirchenzeitung" über „Parsifal" und Bayreuth. Siehe hierzu: *HZ* I, 84 f.
[68] *Frank*, 167.
[69] Ebd., 167 f. Als Minister von Puttkamer dem Prinzen Wilhelm erschrocken erwiderte, daß wegen der geltenden Gewerbeordnung nicht zu verhindern sei, daß Juden in der Presse tätig seien, konterte dieser: „Dann schaffen wir die ab." Ebd., 168.

„Wer lange Röcke trage – Frauen, Pfaffen, Richter – tauge nichts in der Politik, und wer diese Richtung begünstige, mit dem sei das Tischtuch zerschnitten. Stoecker müsse sich vom Prinzen und von der Politik zurückziehen. Der Prinz Wilhelm habe die reaktionärsten Anwandlungen; er wolle z. B. den Juden verbieten, in der Presse tätig zu sein. Er werde in die bedenklichsten Konflikte geraten und müsse einen vernünftigen Ziviladlatus erhalten, welcher ihn gehörig informiere und beeinfluße."[70]

Zwei Tage später, am 11. Dezember – und dann am 14. Dezember –, erschienen in der „Norddeutschen Allgemeinen Zeitung", dem Organ Bismarcks, ausgehend von der Waldersee-Versammlung kämpferische Artikel gegen Stoecker und die christlichsoziale Partei, die insgeheim auch auf Waldersee zielten. Dennoch konnten dieser und Puttkammer den Prinzen dazu bringen, durch einen erklärenden Brief zu versuchen, den Kanzler versöhnlich zu stimmen. In diesem Brief von taktischer Glätte und Übertreibung heißt es u. a.:

„Meine hohe, warme Verehrung und herzliche Anhänglichkeit, die ich für Ew. Durchlaucht hege – ich ließe mir stückweise ein Glied nach dem anderen für Sie abhauen, eher, als daß ich etwas unternähme, was Ihnen Schwierigkeiten machen oder Unannehmlichkeiten bereiten würde –, sollten, meine ich, Bürge sein, daß ich mich bei diesem Werke auf keine politischen Parteigedanken eingelassen habe."

Am Schluß des Briefes steht ein Glückwunsch zum neuen Jahr 1888, in dem der Kanzler das Land leiten möge, „sei es zum Frieden, sei es zum Kriege", und „falls das letztere sich ereignen sollte – fügt Prinz Wilhelm hinzu –, mögen Sie nicht vergessen, daß hier eine Hand und ein Schwert bereit sind von einem Manne, der sich wohl bewußt ist, daß Friedrich der Große sein Ahnherr ist und dreimal so viel allein bekämpfte, als wir jetzt gegen uns haben, und der seine zehn Jahre militärischer Ausbildung nicht umsonst hart gearbeitet hat"[71].

Eine Äußerung des Prinzen im Tagebuch des Ministers Lucius vom 31. Dezember bezeugt die brodelnde Unterschicht dieser Siegfried-Pose: „Den Fürsten Bismarck brauche man natürlich noch einige Jahre sehr dringend, später würden seine Funktionen geteilt werden und der *Monarch selbst* müsse mehr davon übernehmen." Als er eine Woche später das belehrende und zurechtweisende Antwortschreiben Bismarcks erhält, haut er mit der Faust auf den Tisch und ruft: „Wie kann der Kanzler so an mich schreiben. Er vergißt wohl, daß ich bald sein Herr sein kann?"[72] Wenn Stoecker am 3. Januar 1888 in seiner Festrede zum zehnjährigen Bestehen der christlich-sozialen Partei betont: „...Wer die Jugend hat, der hat die Zukunft. Wir Alten werden die Zeit des vollen Sieges nicht mehr erleben"[73], dann ist er sich bewußt, daß Prinz Wilhelm bald der Herr sein kann und daß er als ein Siegfried den „Wurm" des Judentums bezwingen werde. Mit Bezug auf die durch die Waldersee-Versammlung ausgelösten Presse-Artikel schreibt Eulenburg am 26. Januar 1888 an den von „ewigen Nadelstichen der Presse" geplagten Prinzen, daß er wirklich sehr zu leiden habe unter „dem endlosen Wurm jüdischer Niedertracht in der Presse"; zweifellos hat der Prinz diese

---

[70] Ebd., 168 f.
[71] Ebd., 170.
[72] Ebd., 174.
[73] Ebd., 173.

Wagner-Anspielung verstanden, denn zehn Tage später, am 6. Februar, berichtet Eulenburg ihm aus München, daß er mit Cosima Wagner viel „von Euerer Königlichen Hoheit" gesprochen habe, und sie konstatiert hätten, „daß in Ihnen allein die Zukunft der Bayreuther Sache liegt" und „daß Bayreuth im Sommer und Berlin im Winter die Pflegestätte der deutsch-nationalen Musik sein muß"[74].

Nach der Thronbesteigung Kaiser Wilhelms II. witterte Stoecker, der bei längerer Regierungszeit Kaiser Friedrich III. zweifellos sein Hofpredigeramt verloren hätte, auch weil die Kaiserin Viktoria Stoecker und Waldersee offen als ihre Hauptfeinde bezeichnet hatte, Morgenluft, denn er wußte – nach einem Ausspruch des Justizministers Heinrich Friedberg vom 27. Juni 1888 –, „daß der Kaiser die Semiten nicht protegiert"[75]. Am 12. Juli veröffentlichte Stoecker – anonym – in der „Kreuzzeitung" den Artikel „Ein Schandfleck des öffentlichen Lebens", der gleich darauf als Sonderdruck verbreitet wurde und Aufsehen erregte. Darin behandelte er die Beurteilung Wilhelms I., Friedrich III. und Wilhelms II. durch die „allmächtige Internationale jüdischer Kritik", deren Zielscheibe seit der Waldersee-Versammlung Wilhelm II. gewesen sei. Darin heißt es:

> „Wir hoffen aber, daß ein Befreier kommen wird. Es ist ein *Schandfleck der europäischen Staatskunst*, daß man die Juden eine so verächtliche und gefährliche Rolle spielen läßt. Die Judenmacht muß gebrochen werden. *Welcher Fürst, welcher Staatsmann* beginnt diesen nationellsten aller Feldzüge? ..."[76]

Die auf Wilhelm II. gerichteten Vernichtungs-Hoffnungen werden noch offener und brutaler ausgesprochen in Stoeckers am 25. August veröffentlichten Artikel „Ja, man hätte früher etwas tun müssen". Darin wird hervorgehoben, daß Treitschke in seinem Nachruf auf Friedrich III. in den „Preußischen Jahrbüchern" dessen ablehnende Haltung zum Antisemitismus kritisiert habe und daß Wilhelm II. Treitschke telegraphisch für diesen Nachruf gedankt habe. Hier findet sich ein unmißverständlicher Vernichtungs-Aufruf:

> „In Rom rief Cato sein ceterum censeo, bis Karthago zerstört war; so rufen wir den heutigen Regierungen unser ceterum censeo zu, bis die Judenherrschaft gebrochen ist. Entweder das Judentum verzichtet auf seine unerträgliche Stellung oder es fordert einen Kampf heraus, der nur mit seiner allgemeinen Unterdrückung enden kann ... Daß der *nächste große, innere Staatsmann Europas* diesen Kampf aufnehmen wird und muß, ist gewiß."[77]

Doch die Rechnung Stoeckers ging nicht auf: Da der junge Kaiser entschlossen war, als selbstherrlicher Monarch, der eigenwillige und einflußreiche Figuren wie Bismarck und Stoecker als unerträgliche Konkurrenz empfand, immer mehr *selbst* zu überneh-

---

[74] Ebd., 175; PhE I, 265.
[75] *Frank*, 180. Am 27. Juni 1888 – zwölf Tage nach der Thronbesteigung Wilhelms II. – notiert Fürst Chlodwig Hohenlohe sich über seine Berliner Eindrücke in sein Tagebuch: „Friedberg fand ich etwas gedrückt; er ist nicht mehr der große Mann, der er zur Zeit Kaiser Friedrichs war, wo alles ihm die Cour machte. Er weiß, daß der Kaiser die Semiten nicht protegiert ... um 5 Uhr zu Bleichröder. (Er meinte), der Kaiser müsse sich hüten, nicht in die Hände der Orthodoxie zu geraten ... Eine andere Gefahr sei Waldersee. Waldersee sei der Gegner Bismarcks und halte sich zu allem befähigt und berufen ..."
[76] Ebd., 184, 185.
[77] Ebd., 185.

men – wie er gesprächsweise bekannte –, ließ er schon wenige Monate später durch die Rede des freikonservativen Abgeordneten Graf Douglas vom 4. Oktober, „Was wir von unserem Kaiser erhoffen dürfen" – die auch im Druck erschien –, die Öffentlichkeit wissen, daß über die Rolle als Hofprediger hinaus keine Verbindung mit Stoecker bestanden habe und daß „unser Kaiser" am wenigsten „den extremen politischen und konfessionellen Parteianschauungen (huldigt), welche man an den Namen dieses Abgeordneten zu knüpfen pflegt"[78]. Stoeckers Versuch, mit „Fragen wie Judenfrage, Martineum, Harnack, Reichstagswahl im sechsten Wahlkreis..." „rings um das politische Zentrum resp. Kartell Scheiterhaufen" anzuzünden und sie hell auflodern lassen, um dem Kaiser den Eindruck zu machen, daß er in diesen Angelegenheiten nicht gut beraten sei und ihm so den Schluß auf Bismarck zu überlassen[79] – formuliert in einem Brief vom 14. August 1888 an Freiherrn von Hammerstein, den Chefredakteur der „Kreuzzeitung" –, scheiterte. Der Einfluß des Hofpredigers nahm rapide ab, im Jahr der ohne Zweifel von ihm mit inspirierten Arbeiterschutzgesetzgebung 1890 wurde er wie Bismarck entlassen, der ihm immerhin einst attestiert hatte, er „habe ein Maul wie ein Schwert"[80]. Die Veröffentlichung des „Scheiterhaufen"-Briefes durch den sozialdemokratischen „Vorwärts" 1895 verstärkte seine Isolierung in konservativen Kreisen, und 1899 wäre er wegen eines Artikels – „Die Leitung der Kirche" – fast wegen Majestätsbeleidigung angeklagt worden.

5. Deutsche Verklärungs- und Vernichtungs-Sprache

Aber auch wenn Stoeckers direkter politischer Einfluß immer mehr abnahm und verblaßte, so blieb doch sein Aufruf zum Rassenhaß im Verein mit den zahlreichen anderen antisemitischen Aktivitäten, die einig waren in dem „ceterum censeo...", ein durchgehender schriller Fanfarenton der Wilhelminischen Zeit, zu dem allerdings Wagner die wirkungsbewußte und wirkungsmächtige Grundmusik geschrieben hat. Nach außen sprach man von deutscher Bewegung, deutscher Kunst, von „deutscher Art und deutscher Sitte, deutscher Treue und deutschem Glauben" – die Ideale der von Stoecker mitgeprägten Vereine Deutscher Studenten[81] –, von deutscher Mission und christlich-germanischem Ideal, von Bayreuther Sache, deutscher Kultur-Aufgabe, Bayreuther Idealismus, Bayreuther Christentum, von reiner Christuslehre, Regeneration und Siegfrieds „ächtem Ariertum"[82] – um diese Formeln zu nennen –, aber automatisch verband man damit insgeheim oder auch ganz öffentlich eine gegen das Judentum – das hieß auch Fortschritt, Liberalismus, Sozialdemokratie, Moderne – gerichtete rücksichts- und schonungslose Kampf-, Sieg- und Vernichtungs-Mentalität. Nichts bezeugt diesen Zusammenhang genauer als die Sprache: Je höher das Ideal ge-

---

[78] Ebd., 187. Am 25. Mai 1895 schreibt der Hofprediger a. D. Stoecker an Hans von Wolzogen: „Wäre unser junger Kaiser auf dem Prinzenwege geblieben, so hätte ich vielleicht mehr leisten dürfen. Jetzt muß ich mein Werk mehr in der Kirche als im öffentlichen Leben tun."
[79] Ebd., 318.
[80] *Jochmann*, 174.
[81] Siehe hierzu: ebd., 163.
[82] *CW* II, 1056.

schraubt und das Deutsche verklärt wurde, desto fanatischer, unerbittlicher und brutaler klingen die Zerstörungswünsche und Vernichtungsparolen. Nicht nur die Reden Stoeckers und seiner Gesinnungsgenossen bieten dafür anschauliche Beispiele, sondern die Verzahnung von Verklärungs- und Vernichtungs-Sprache (das heißt Kampf-, Gewalt-, und Sieg-Sprache) stellt eine entscheidende Verbindungslinie zwischen Wagner, Wilhelm II. und Hitler dar. Für alle drei gilt, was Bernhard von Bülow am 15. Dezember 1894 an Eulenburg über Wilhelm II., „unsern stolzen Herrn", geschrieben hat:

„Für unsern Herrn gilt das Wort von Fichte: ‚Die Losung sei nicht siegen oder sterben, sondern siegen um jeden Preis, siegen schlechtweg.'"[83]

Der Ausrottungswunsch Wilhelms II. gegenüber dem „verhaßten Stamm Juda" im Jahre 1919 ist kein Ausrutscher, sondern der konsequente und brutale Ausdruck einer seit Jahrzehnten latenten Grundhaltung, die über den Briefwechsel mit Chamberlain zurückverweist auf die Parteinahme des Prinzen Wilhelm für die „national" wichtige Zukunft der „Bayreuther Sache". Die Rolle von kaisertreuen und wirtschaftlich nützlichen deutschen Juden wie Rathenau oder Ballin, oder die Bereitschaft Wilhelms II., durch die Vermittlung Eulenburgs, die Pläne Theodor Herzls, einen Judenstaat in Palästina zu gründen, durch Übernahme des Protektorates zu unterstützen – am 18. Oktober 1898 empfing der Kaiser in Gegenwart Bülows Herzl in Konstantinopel und am 2. November in Jerusalem[84] –, scheinen jene Grundhaltung eher noch zu bestätigen. Denn eine solche Gründung hätte in seinen Augen eine willkommene Lösung der „Judenfrage" dargestellt. Auch die Beschwörung der gelben Gefahr kann man als einen Ableger der „Judengefahr" ansehen, wodurch das Vernichtungsgebot der berüchtigten Hunnenrede am 27. Juli 1900 eine zusätzliche Facette erhält.

Einige Beispiele für das bei Wagner und Wilhelm II. schon von Zeitgenossen konstatierte Gewalt- und Vernichtungsdenken seien im folgenden angeführt.

Am 22. Oktober 1850, einen Monat nach Erscheinen der Kampfschrift „Das Judentum in der Musik", schreibt Wagner an Theodor Uhlig, daß er an keine Revolution mehr glaube, als an die, welche mit dem Niederbrande von Paris beginne; da er kein Geld habe, habe er ungeheuer viel Lust, etwas künstlerischen Terrorismus auszuüben, und er betont im August 1852: „Wenn ich zu etwas komme, geschieht es nur durch terrorismus." In dem Brief, in dem Wagner Theodor Uhlig Ende November 1849 sein Manuskript von „Das Kunstwerk der Zukunft" mit der Bitte um Weiterleitung an den Stirner-Verleger Otto Wigand schickt, heißt es: „... Ich bringe ja keine Versöhnung mit der nichtswürdigkeit, sondern den unbarmherzigsten krieg ... Hier ist nichts zu überzeugen und zu gewinnen, sondern nur auszurotten: dies mit der Zeit zu thun, dazu erhalten wir die Kraft, wenn wir als jünger einer neuen religion uns erkennen lernen, und durch gegenseitige liebe uns im Glauben stärken: halten wir uns an die Jugend, – das Alter laßt verrecken, an dem ist nichts zu holen!" Im Februar 1880 bemerkt Paul von Joukowsky – der Maler der Bühnendekorationen für den „Parsifal" –, daß es ergreifend sei, „einen so Schaffenden einzig auf Vernichtung bauen zu sehen", und im Zusammenhang mit dem Ring-Theater-Brand notiert Cosima Wagner sich am

[83] PhE II, 1432.
[84] PhE III, 1920 ff.

17. Dezember 1881: „Daß 416 Israeliten bei dem Brand umkamen, steigert R.s Teilnahme für das Unglück nicht." Am nächsten Tag kommt Wagner darauf zu sprechen, „daß bei einer neulichen Aufführung des ‚Nathan' bei der Stelle, Christus war auch Jude, ein Israelit im Parterre bravo gerufen habe", und er fügt im „heftigen Scherz" hinzu: „Es sollten alle Juden in einer Aufführung des ‚Nathan' verbrennen."[85] Hier war durch das Bravo des „Israeliten" die – durch die gleichzeitige Arbeit am „Parsifal" noch verstärkt präsente – Werk-Idee in Frage gestellt worden, deren Vernichtungsdimension Wagner daher als „heftiger Scherz" plötzlich herausrutscht, und man entdeckt diesen „Scherz" am Schluß des „Ringes" wieder, wo das Feuer den „furchtbaren Ring" vom „Judenfluch" reinigt, der dann dem Rhein zurückerstattet wird[86].

Wie genau diese Werk-Idee begriffen wurde und werden konnte, bezeugt die im August 1882 in der „Wiener Zeitung" – also noch zu Lebzeiten Wagners – veröffentlichte „Parsifal"-Kritik von Max Kalbeck, in der es heißt: „Der moderne Glaubensheld ist zu der Einsicht gekommen, daß das neunzehnte Jahrhundert keinen christlich-*semitischen* Heiland mehr gebrauchen kann, sondern einen christlich-*germanischen* Erlöser dringend erheische, und die Herren Antisemiten von reichswegen ... mögen sich bei Wagner für diesen blonden Christus bedanken ..."

Für Wagner – schreibt Kalbeck – sei die moderne Kultur, das heißt die moderne Judenwelt, wert, „vom Teufel geholt oder in einem Racenkrieg vernichtet zu werden; nur er mit seinem Messiasgedanken und seine gläubigen Apostel sollen übrig bleiben, um die Chinesen, Russen oder Moslemin zu Wagnerianern zu bekehren"[87]. Die zahlreichen Juden um Wagner, die so gerne und beflissen zur Relativierung von Wagners Antisemitismus als seine Freunde ausgegeben werden – zuletzt in der Bayreuther Ausstellung „Richard Wagner und die Juden" –, kann man als die ersten Opfer seiner Werk-Idee betrachten, die als Leser vom „Judentum in der Musik" und der anderen Schriften Wagners und als Enthusiasten seiner Musik ihrem eigenen „Untergang" zustimmten. Hermann Levi spricht am 13. Mai 1879 gegenüber dem Ehepaar Wagner von seiner Hoffnung, daß die Juden „in 20 Jahren mit Stiel und Stumpf ausgerottet (würden) und das Publikum des ‚Ringes' ein anderes Volk abgeben", und am 10. Januar 1881 schreibt Cosima Wagner an ihre Tochter Daniela von Bülow, daß Josef Rubinstein zu Joukowsky „vom Heiland und von seiner Hoffnung des Untergangs der jüdischen Race seufzend und rührend gesprochen habe"[88].

Als Antwort auf das 1881 erschienene rassistische Pamphlet „Die Judenfrage als Racen-, Sitten- und Culturfrage" von Eugen Dühring, das auch Theodor Herzl zur

---

[85] *RW* B III, 74, 166, 470. *RW* B IV, 436. *CW* II, 495, 852. Siehe hierzu: *Zelinsky*, „feuerkur"; *ders.*, „Kunstwerk der Zukunft"; *ders.*, Siegfried, insbesondere Kap. I.2: ‚Unbarmherzigster Krieg und Terrorismus für die Losung des Untergangs', und Kap. II.2: ‚Wagners Brand-Behagen und Vernichtungsklänge'.
[86] Siehe hierzu den Tagebuch-Eintrag Cosima Wagners vom 15. Februar 1881: „In diesen Tagen freute sich R., im Ring des Nibelungen das vollständige Bild des Fluches der Geld-Gier gegeben zu haben und des Unterganges, welcher daran geknüpft ist." *CW* II, 692 f.
[87] *Susanna Großmann-Vendrey*, Bayreuth in der deutschen Presse, Dokumentenband 2, Die Uraufführung des Parsifal 1882 (Regensburg 1977) 174, 183.
[88] *CW* II, 290 und *Cosima Wagner*, Briefe an ihre Tochter Daniela von Bülow 1866–1885 (Stuttgart, Berlin 1933) 113. Siehe hierzu: *Zelinsky*, Dirigent.

Konzeption seines „Judenstaates" veranlaßte, veröffentlichte Joseph Popper-Lynkeus 1886 – anonym – seine Streitschrift „Fürst Bismarck und der Antisemitismus"[89]. Darin kommt er auf die Wagnersche Spezies der Antisemiten zu sprechen, in deren Schriften der tiefe Haß und die Verachtung, „die sie gegen die Juden hegen und kultivieren", zu beachten sei. Anschließend heißt es:

> „Nicht eine einzige Andeutung in allen ihren, doch so viele Gegenstände, Himmel, Erde und Hölle betreffenden Aufsätzen und Broschüren, daß sich mit den Ungerechtigkeiten und Brutalitäten des Antisemitismus nicht befreunden können, oder daß sie dagegen protestieren; im Gegenteil, sie schüren das Feuer nur immer mehr, und jene, die vor lauter Liebe zu den Tieren zerfließen, würden Mord an jüdischen Menschen in aller Ruhe gewähren lassen …"[90]

Der Machtantritt Wilhelms II. bedeutete auch einen entscheidenden und folgenreichen Machtzuwachs für die „Bayreuther Sache", das heißt auch für deren Vernichtungs-Ideologie, die nun von höchster Warte aus protegiert wurde und dem Kaiser die Möglichkeit bot, in der Öffentlichkeit auf antisemitische Äußerungen zu verzichten. Doch auf die menschenverachtende Sprache der Gewalt verzichtete er nicht, sondern er kultivierte sie geradezu. Seine rücksichtslose und auch fanatische „Neigung für gewaltsame Worte und Handlungen" – die Graf Robert Zedlitz-Trützschler konstatierte – erkennt man in seiner Bemerkung zu Kaiser Friedrich II. von Hohenstaufen beim Besuch vom Castel del Monte: „Ja, wenn man denkt, was dieser große Kaiser alles geleistet! Aber wenn ich auch ebenso peitschen und köpfen lassen könnte wie er, dann würde ich auch mehr schaffen können."[91] 1899 sagte der Kaiser, es sei keine Besserung zu erhoffen, „ehe nicht die sozialdemokratischen Führer durch Soldaten aus dem Reichstag herausgeholt und füsiliert sind", und während eines Streiks der Berliner Trambahner 1900 ließ er den Stadtkommandeur wissen: „Ich erwarte, daß beim Einschreiten der Truppe mindestens 500 Leute zur Strecke gebracht werden."[92] Diese ständig präsente Vernichtungslust dokumentiert auch der in Rominten in Ostpreußen aufgestellte Gedenkstein mit der Inschrift, daß der Kaiser dort sein 50000. Tier geschossen habe. Romain Rolland hat diesen Wilhelminischen Geist treffend erfaßt, wenn er 1898 in sein Tagebuch schreibt: „Nietzsche, Richard Strauss, Kaiser Wilhelm – es riecht nach neronischen Möglichkeiten."[93] Diese neronische Seite der wilhelminischen Wagnerianer, die auch in Stefan Georges 1892 erschienenem Gedichtband „Algabal" und in Julius Langbehns 1890 herausgegebener „Brandschrift" „Rembrandt als Erzieher" sichtbar wird, wird besonders scharf beleuchtet durch die im März 1894 zuerst veröffentlichte, auf Wilhelm II. zielende „Studie über römischen Cäsarenwahn-

---

[89] Siehe hierzu *Ingrid Belke*, Die sozialreformerischen Ideen von Josef Popper-Lynkeus (1836–1921) (Tübingen 1978) 114.
[90] *Josef Popper-Lynkeus*, Fürst Bismarck und der Antisemitismus (Wien, Leipzig 1925) 42.
[91] *Robert Graf Zedlitz-Trützschler*, Zwölf Jahre am deutschen Kaiserhof. Aufzeichnungen des ehemaligen Hofmarschalls Wilhelms II. (Berlin, Leipzig [5], [6]1924) 130, 198 f.; im folgenden zitiert: *Zedlitz-Trützschler*.
[92] *Röhl*, Kaiser, 22.
[93] Ausstellungskatalog zu „Richard Strauss und seine Zeit" (München 1964) 111. Siehe hierzu auch *Hartmut Zelinsky*, Der „Weg" der „Blauen Reiter". Zu Schönbergs Widmung an Kandinsky in die „Harmonielehre" in: Arnold Schönberg – Wassily Kandinsky. Briefe, Bilder und Dokumente einer außergewöhnlichen Begegnung, hrsg. von *Jelena Hahl-Koch* (Salzburg 1980) 223 ff.

sinn" „Caligula" von Ludwig Quidde, der schon im Jahre 1881 in seiner anonymen Schrift „Die Antisemitenagitation und die deutsche Studentenschaft" sich kritisch mit Försters und Treitschkes antisemitischem Treiben auseinandergesetzt hatte.

6. Die Brandschrift „Der Rembrandtdeutsche" oder „Nibelungengeist gegen Synagogengeist"

Die Korrekturfahnen zu seinem „Rembrandt als Erzieher", das mit der Autorenangabe „von einem Deutschen" erschien, las Langbehn im November 1889. Er entschloß sich dabei, zwei Wochen lang dem umnachteten Nietzsche in der Jenaer Heilanstalt durch vertrauten Umgang einzureden, daß er ihn retten werde, um anschließend auch noch den Versuch zu unternehmen, die Vormundschaft für Nietzsche zu ertrotzen. Da Langbehn auf sein Honorar verzichtet hatte und den Preis von zwei Mark durchsetzen konnte, wurde die Veröffentlichung dieser Antisemiten-Bibel, in der gegen den „zersetzenden" jüdischen „Wurmfraß" das „arische Blut", ein „Deutschland für die Deutschen", ein „Akt der Wiedergeburt" und ein „heimlicher Kaiser"[94] beschworen werden, ein zeitgemäßer Erfolg: sechzigtausend Exemplare wurden allein im ersten Jahr gedruckt, und es folgten in den ersten beiden Jahren über vierzig Auflagen, denen eine zweite Welle in den Jahren der Weimarer Republik folgte[95]. Der unüberhörbare wilhelminische Ton dieses ohne Verfassernamen erschienenen Buches war so auffallend, daß unter den vermuteten Autoren u.a. neben Nietzsche und Lagarde – dessen „Deutsche Schriften" durch Langbehns Einsatz 1891 in einer zweiten Auflage herauskamen – auch der Hauslehrer Wilhelms II. Hinzpeter genannt wurde. Warnend schrieb der Wiener Kritiker Leo Berg zu der erfolgreichen Zeitgemäßheit dieses zum Kampf gegen die Juden aufrufenden Buches:

> „Wir haben es hier mit einem törichten und gefährlichen Buche zu tun: gefährlich, weil die Torheiten darin sich mit den allgemeinen Torheiten berühren ... Wenn der Erfolg dieses Buches ein Thermometer ist für den Chauvinismus der jetzigen Deutschen, dann wäre es an der Zeit, gegen dieses nationale Fieber kühlende und lindernde Mittel zu ersinnen."[96]

Für Langbehn waren „Ariertum, Deutschtum, Aristokratismus" sich deckende Begriffe und blieb der Deutsche immer „der Antipode des Juden"; er setzte dem „jüdischen Materialismus, Skeptizismus, Demokratismus" „deutschen Idealismus, deutschen Glauben, deutschen Aristokratismus" entgegen, und er hetzte „die Jugend

---

[94] *[Julius Langbehn]*, Rembrandt als Erzieher. Von einem Deutschen. Nach der 1. Auflage, mit Ergänzungen nach der 17. Auflage bearbeitet von *Gerhard Krüger* (Berlin 1944) 407, 409, 424, 416; im folgenden zitiert: *Langbehn* I.
[95] Siehe hierzu *Fritz Stern,* Kulturpessimismus als politische Gefahr – Eine Analyse nationaler Ideologie in Deutschland (Bern, Stuttgart, Wien 1963) 192; im folgenden zitiert: *Stern.*
[96] Siehe hierzu: *Stern,* 199. Langbehn reagierte auf diese Kritik in seinem nächsten Buch mit der Bemerkung: „‚Ein gefährliches Buch' nannte das Berliner Tageblatt das Rembrandtbuch; ja gefährlich für die Juden." *[Julius Langbehn]*, Der Rembrandtdeutsche. Von einem Wahrheitsfreund (Dresden 1892) 78; im folgenden zitiert: *Langbehn* II.

gegen die Juden" auf[97]. Ganz im Fahrwasser Wagners war auch für ihn Siegfried das Sinn- und Leitbild dieser Jugend. Als unvermeidliches Supplement der demokratisch-naturwissenschaftlichen Richtung der modernen Zeit kündigte er einen „cäsaristisch-künstlerischen Typus" an, eine „gewaltige und rein geistig dominierende Einzelindividualität – sei er nun ein Demagog oder ein Cäsar ...", und er fügte hinzu, daß das deutsche Volk in Wagner „bereits einen Anlauf zu jener cäsaristischen Erscheinung genommen" habe. Diese Wagnerspur nimmt Langbehn auf der Schlußseite wieder auf:

> „... Das Schmieden ist ein spezifisch deutsches Handwerk; Siegfried war ein Schmied, ehe er ein Held wurde; und der ist der beste Held, welcher seine Waffen selber schmiedet. Auch der ‚heimliche Kaiser', wenn er kommen sollte, wird etwas von dieser Eigenschaft an sich haben müssen. Das Feuer seines Geistes wird die alten Volksanschauungen zerschmelzen und die Kraft seines Arms wird sie zu neuen – und darum doch alten – streit- wie sieghaften Anschauungen umformen müssen. Möge er kommen! ..."[98]

Langbehn verglich sich nur mit den größten Figuren der Geschichte, er suchte und fand Anhänger und Gönner in der zeitgenössischen Publizistik, die seinen Namen bekannt machten, so wie er durch die Erwähnung Nietzsches zur antisemitischen Wirkungsgeschichte des von der antisemitischen Elisabeth Förster-Nietzsche diktatorisch und manipulierend geleiteten Nietzsche-Archives gehört. Doch er suchte auch die Mächtigen: 1891 hat Bismarck – ein Leser seines Buches – ihn auf seinen Landsitz Varzin für zwei Tage eingeladen, und zu Wilhelm II., der – wie Langbehn erfuhr – „erklärte, er habe das Rembrandtbuch ‚nicht zu Ende lesen können'", notierte er sich: „Die zwei wichtigsten Thatsachen in der bisherigen Regierung Kaiser Wilhelms II. sind: daß er Bismarck entließ und den Rembrandtdeutschen nicht zu sich berief. Er hätte jenes lassen und Dieses thun sollen."[99]

Diese Notiz ist eine der 666 „Schlußbemerkungen", die Langbehn 1892 mit der Verfasserangabe „von einem Wahrheitsfreund" nach dem Bändchen „40 Lieder" als drittes Buch unter dem Titel „Der Rembrandtdeutsche" veröffentlichte. Diese „Schlußbemerkungen" sind eines der furchtbarsten Dokumente haßerfüllter antisemitischer Vernichtungs- und Mord-Lust, die es in deutscher Vernichtungssprache gibt, und das Spracharsenal antisemitischer Hetzpropaganda ist vollständig vorgeführt: Brunnenvergiftung, Synagogengeschmeiß, Ungeziefer, Fliege, Laus, Floh, Berliner Judenpest, Pest und Cholera, vergiften, Fäulnisgeruch, jüdisch infiziert, Otterngezücht, Juden- und Hurenliteratur, Rittermoral gegen Drachenmoral, Verrat, Judenmalerei, unerbittliche Reinigungskur tut not, Michel wehr dich! – um diese Beispiele anzuführen. So wie Richard Strauss am 3. März 1890 an Cosima Wagner über seine Lektüre von Wagners Dramenentwurf „Jesus von Nazareth" berichtet und wenig später bemerkt: „Bayreuth und Jerusalem (und alles, was von des letzteren Geiste durchtränkt und zerfressen ist) sind eben Pole, die sich wohl nie berühren werden", so sind für

---

[97] *Langbehn* I, 407, 410, 412 f.
[98] *Ders.*, 416.
[99] *Stern*, 135; *Langbehn* II, 108, 115. Über Bismarcks Reaktion schreibt Langbehn: „Bismarck hat sich über das Rembrandtbuch beifällig geäußert, Moltke schwieg darüber. Und das ist natürlich. Denn Bismarck ist weitherziger, bäuerlicher, niederdeutscher als Moltke ...". Ebd., 58.

Langbehn Christus und die elf Apostel „Galiläer, also nicht Juden, sondern ganz oder halb arischen Stammes" und der Jude „der stärkste Gegensatz des ‚Deutschen'"[100]. Den „Herren Juden" empfiehlt Langbehn nachzurechnen, „daß genau mit dem Auftreten des Rembrandtbuches sich in Deutschland das Blatt zu ihren Ungunsten gewandt hat" und weist darauf hin, „daß es nur etwas vorbereiten soll". Er läßt den Leser auch nicht im geringsten Zweifel, was er damit meint: Wie Wagner ist er beherrscht von Brandphantasien und Blutbädern und von der Überzeugung, daß „die deutsche Jugend und folglich die deutsche Zukunft zweifellos antisemitisch (sind)"[101]. Dieser Jugend der „deutschen Bewegung" – von der Stoecker schon im Oktober 1880 gesprochen hatte – schärfte er ein, daß „der Kampf gegen die heutigen Juden der Kampf für den deutschen Idealismus" sei und daß „Rembrandtschriften" „Brandschriften" seien, das heißt – wie er unmißverständlich erklärt –, „das Rembrandtbuch ist wie eine brennende Fackel am Himmel aufgestiegen, die dem Judenthum den Untergang verkündet – in Deutschland". Er hat auch verkündet, wie er sich diesen „Untergang" vorstellt: „... Deutschland steht auf der Wacht! Nibelungengeist gegen Synagogengeist! In Worms sind schon einmal Juden verbrannt worden! Geben die letzteren Acht, daß es nicht wieder so kommt!... wer weiß, ob nicht doch noch einmal in Deutschland Juden verbrannt werden ..."[102]

Wenn Langbehn sagte, daß die „deutsche Jugend und folglich die deutsche Zukunft zweifellos antisemitisch" seien, dann äußerte er sich als gut beobachtender Demagoge der wilhelminischen Gegenwart, der wußte, daß Wagner als bewußter Luther-Nachfolger diesen Kampf gegen die Juden mit der Untergangsankündigung als die Leitidee seines „Kunstwerkes der Zukunft" und seiner neuen Religion einer reinen Christuslehre in seiner Kampfschrift „Das Judentum in der Musik" schon 1850 neu eröffnet hatte. Als Cosima Wagner am 11. Oktober 1879 in einem Tagebucheintrag sich die Lektüre „einer sehr guten Rede des Pfarrers Stoecker über das Judentum" festhält, fügt sie hinzu: „R. ist für völlige Ausweisung. Wir lachen darüber, daß wirklich, wie es scheint, sein Aufsatz über die Juden den Anfang dieses Kampfes gemacht hat."[103] Wagner war sich seiner Vorreiter-Rolle bewußt, auch was die Gewinnung der Jugend anbetrifft: „Halten wir uns an die Jugend, – das Alter laßt verrecken, an dem ist nichts zu holen", hatte er – wie schon zitiert – bereits 1849 ausgerufen, und die auf die Re-

---

[100] *Cosima Wagner – Richard Strauss,* Ein Briefwechsel (Tutzing 1978) 28; *Langbehn* II, 148, 191. Auf Strauss' Brief vom 3. März 1890 antwortet Cosima Wagner drei Tage später und bezeugt dabei, wie eng der Dramenentwurf „Jesus von Nazareth" aus dem Jahre 1848/49 und der „Parsifal" zusammengehören und aufeinander bezogen sind: „(...) Da ich das leider nicht kann, stelle ich Sie mir nun als Trost vor, wie Sie auf der einsamen Fahrt an dem schneebedeckten Gebirge vorbei in ‚Jesus von Nazareth' sich vertiefen. Ein Wort aus dieser Dichtung verläßt mich nicht mehr, seitdem ich sie las: der Heiland zu Petrus: ‚Du folgtest mir hierher, um mich zu verleugnen, nun bleibe, um mich zu bekennen.' – ‚Sünde, wo ist dein Stachel' darf man wohl nach diesem Worte ausrufen. Und es hat etwas Erhabenes, sich zu sagen, daß, nachdem die Gestalt unseres Heilandes so mächtig scharf gefaßt worden war, gerade aus dieser Erfassung das Bedürfnis entstand, das Göttliche dieser Erscheinung uns zu enthüllen durch die Vermittlung des Heiligen; Parsifal." *CW* III, 212.
[101] *Langbehn* II, 60f., 119, 131.
[102] *Ders.,* 49, 60, 136, 146, 161.
[103] *CW* II, 424.

krutierung von Anhänger-Truppen ausgerichtete Strategie der Jugendpflege ist als eine Bayreuther Konstante von der Gründung der Wagner-Vereine (seit 1872) über die Stipendien-Stiftung (1882) und den „Bayreuther Bund der deutschen Jugend", der seit 1925 zu dem Erlebnis der „innigen Gemeinsamkeit von Weltanschauung, Ethos, nationalem, sozialem und kulturellem Willen, die zwischen Bayreuth und dem Nationalsozialismus besteht"[104], verhelfen wollte, bis zu dem „Internationalen Jugend-Kultur-Zentrum Bayreuth" und den internationalen Jugend-Festspielen nach 1945 zu verfolgen.

Es scheint die Jugendlichkeit des jungen Kaisers gewesen zu sein, die die Aufbruchsstimmung der gegen das Erbe des Jungen Deutschland gerichteten *deutschen* Jugendbewegung verstärkt hat, die sich seit 1897 von Berlin aus zu organisieren begann. Als Paul de Lagarde, der am Schluß der Schrift „Was ist deutsch?" (1865/78) von Wagner neben Constantin Frantz zur Beantwortung dieser Frage aufgefordert wurde, im Jahre 1886 seine „Deutschen Schriften" (1878) dem Prinzen Wilhelm übersandte, da erhob er diesen zum „Führer der deutschen Jugend" und erhoffte sich in ihm den langersehnten demokratischen Cäsar[105]. Nach der Thronbesteigung veröffentlichte dann Hermann Conradi, der Verfasser des Romans „Adam Mensch", 1889 die Schrift „Wilhelm II. und die junge Generation", in der es heißt: „Vielleicht brechen dann die Tage herein, wo das alte, eingeborene germanische Kulturideal, allem Semitismus, seinem gefährlichsten, seinem immanenten Feinde zum Trotz, sich zu erfüllen beginnt."[106] In seiner 1893 erschienenen Schrift „Die künstlerische Erziehung der deutschen Jugend" beschreibt Konrad Lange Langbehns Einfluß auf die Kunsterziehungsbewegung, an deren Spitze Alfred Lichtwerk, der mit Langbehn befreundet war, und Ferdinand Avenarius, der 1902 den „Dürerbund" gründete, standen. Die weltanschauliche Ausrichtung der Jugendbewegung und des Wandervogel haben Lagarde und Langbehn entscheidend geprägt; Karl Fischer, der Gründer des Wandervogel in Berlin-Steglitz im Jahre 1897, las auf Fahrten aus dem Rembrandtbuch vor und wurde von Hans Blüher als „völkisch denkender Rembrandtdeutscher" bezeichnet. In seinem 1919 erschienenen Buch „Wandervogel. Geschichte einer Jugendbewegung" – das ein Motto von Langbehn trägt – wird Langbehn an vielen Stellen zustimmend zitiert, und man erkennt dessen ideologischen Einfluß auf Blüher auch in dessen folgenden Schriften. 1921 veröffentlichte Blüher das Buch „Die Aristie des Jesus von Nazareth", das auch eine für „relativen Antisemitismus" plädierende antijüdische Streitschrift ist, und 1922 – im Wandervogel-Verlag „Der weisse Ritter" – eine diesen Streit fortsetzende „Philosophische Grundlegung der historischen Situation des Judentums und der antisemitischen Bewegung" unter dem Titel „Secessio Judaica", die er eigens für die Jugendbewegung verfaßt hatte und deren Diktion in knappen Sätzen Herzls „Judenstaat" entsprach. Darin schreibt er: „Auch heute gibt es nur eine einzige geistige Bewegung in Deutschland, und das ist die deutsche. Ihr negativer Flügel ist der Antisemitismus", er beschwört die „*deutsche* Renaissance", und er verkündet: „... Nur Deutschland ist wirklich verjudet. Nur hier kulminiert die *secessio* ... Er (der Jude, HZ)

---

[104] *Karbaum* II, 69. Siehe hierzu auch: *HZ* I, 41, 284.
[105] *Stern*, 363.
[106] Siehe hierzu: *Langbehn* I, 10.

muß das Banner des Judentums tragen oder er geht unter ... Das Weltpogrom kommt zweifellos. Deutschland wird das einzige Land sein, das vor dem Morde zurückschreckt ..."[107] Blüher übersandte diese Schrift an Wilhelm II. in Doorn, der dann hundert Exemplare kaufte und in Europa und Amerika verteilte. Bei einem Besuch in Doorn erlebte Blüher, daß Wilhelm II. in einem Gespräch über „Freimaurerei, Judentum, Internationale – die damals landläufigen Themen"[108] die wichtigsten Stellen auswendig konnte. 1931 veröffentlichte Blüher eine weitere antisemitische Kampfschrift in der „Ringbücherei" der Hanseatischen Verlagsanstalt in Hamburg „Die Erhebung Israels gegen die christlichen Güter" – im Klappentext angepriesen als „antisemitisch in einer wohl noch nie dagewesenen Schärfe" und mit Chamberlains „Grundlagen" verglichen –, und im Mai 1933 erschien eine dritte Auflage der „Secessio Judaica".

7. Nietzsche contra Wagner und Wilhelm

Als den Beginn der machtgeschützten „Secessio judaica" – der „Abhebung von den Juden", wie Blüher schreibt, doch genauer heißt das die Erfüllung einer „reinen Christuslehre" mit einem unjüdischen deutschen arischen Christus als einer Vernichtungslehre – kann man den 15. Juni 1888, den Tag der Thronbesteigung Wilhelms II., ansehen, denn von diesem Tag an trat Wagner – wie Max Nordau 1892 bündig formulierte – „seinen Siegeszug um den Erdball gedeckt von der deutschen Reichsflagge an"[109]. Niemand hat mit dem überscharfen Konkurrenz-Blick des Erfolglosen, Anhängerlosen und Ruhmlosen die Vorgänge in Deutschland vor und vor allem nach dem 15. Juni 1888 aufmerksamer verfolgt als Nietzsche, der – nach eigenem Bekenntnis – seit zehn Jahren Krieg gegen Wagner führte und mit seinem „Fall Wagner" „eine Kriegserklärung ohne pardon an diese ganze Bewegung"[110] veröffentlichen wollte. Alle Werke des Jahres 1888 – „Der Fall Wagner", „Götzen-Dämmerung", „Der Antichrist – Umwertung aller Werte", „Ecce Homo", „Nietzsche contra Wagner" – sind Zeugnisse dieses „Krieges gegen Wagner", der aber gleichzeitig und in beziehungsreicher Verknüpfung ein Krieg gegen Deutschland und die Deutschen und ein Krieg gegen das Christentum war. Das grelle terroristische Vernichtungsvokabular, mit dem Nietzsche – vor allem in seinen Briefen – diesen Krieg beschreibt und ankündigt, zeigt, daß er sich auch in dieser Hinsicht als der absolute Antipode Wagners verhielt, gegen dessen „reine Christuslehre" und Vernichtungs-Antisemitismus Nietzsche seine

---

[107] *Hans Blüher*, Secessio Judaica. Philosophische Grundlegung der historischen Situation des Judentums und der antisemitischen Bewegung (Berlin 1922) 42f., 48, 57, 66; *Stern*, 219.
[108] *Hans Blüher*, Werke und Tage. Geschichte eines Denkers (München 1953) 164. Nach S. 176 ist dem Band das Faksimile eines Briefes Wilhelms II. vom 3. April 1931 an Blüher beigefügt. Das Blüher-Archiv in Berlin enthält auch eine Reihe von Telegrammen Wilhelms II. an Blüher.
[109] *Max Nordau*, Entartung, Bd. I (Berlin o. J.) 377. Zum 5. Kapitel „Der Richard Wagner-Dienst" des Zweiten Buches „Der Mysticismus" siehe: HZ I, 77–80.
[110] *Friedrich Nietzsche*, Sämtliche Briefe. Kritische Studienausgabe, Bd. VIII (München, Berlin 1986) 425, 523; im folgenden zitiert: *FN* B VIII. Am 10. Dezember 1888 schreibt Nietzsche an Ferdinand Avenarius: „Ich führe nunmehr seit zehn Jahren Krieg gegen die Verderbnis von Bayreuth, – Wagner hielt mich seit 1876 für seinen eigentlichen und einzigen Gegner, die Spuren davon sind überreich in seinen späteren Schriften ..." Ebd., 517.

Zarathustra-Lehre und seine Gewalt- und Machtvisionen setzte, die seinem Zusammenbruch vorangingen. Nennt Nietzsche seinen „Zarathustra" die „Bibel der Zukunft" oder „das erste Buch aller Jahrtausende", dann erkennt man darin ebenso sein antipodisches Bewußtsein, wie in der Unterschrift „Der Gekreuzigte"[111] unter einigen der sogenannten Wahnsinns-Zettel Anfang 1889 kurz vor dem Zusammenbruch, in der das Zentrum von Wagners Werk-Idee und Christus-Bewußtsein[112] präzise, wenn auch umnachtet, gespiegelt wird. Als ebensolche Spiegelungen und Zeugnisse für Nietzsches Wissen um das durch Wilhelm II. seinen Siegeszug antretende antisemitische Wagner-Deutschland erweisen sich einige der Macht- und Nacht-Bilder in diesen Wahnsinns-Zetteln:

> „... Ich habe einen Fürstentag nach Rom zusammenbefohlen, ich will den jungen Kaiser füsilieren lassen ... Nietzsche Cäsar." (31. Dezember 1888) – „In zwei Jahren habe ich die höchste Gewalt in Hand, die je ein Mensch gehabt hat – ich will das ‚Reich' in einen eisernen Gürtel einschließen ..." (Ende Dezember) – „Die Welt ist verklärt, denn Gott ist auf der Erde. Sehen Sie nicht, wie alle Himmel sich freuen? Ich habe eben Besitz ergriffen von meinem Reich, werfe den Papst ins Gefängnis und lasse Wilhelm, Bismarck und Stöcker erschießen ..." (3. Januar 1889) – „... Ich lasse eben alle Antisemiten erschießen ... Dionysos" (4. Januar) – „Wilhelm Bismarck und alle Antisemiten abgeschafft ..." (6. Januar)[113]

Gerade hinter dem Namen Wilhelms II. als Repräsentant des protestantisch-preußischen Deutschen Reiches verbirgt sich der Wagner-Komplex, und nur unter dieser Voraussetzung ist die so häufige und zum „vernichtenden Attentat auf die Deutschen" entschlossene Nennung dieses Namens nachvollziehbar, zumal einige der Wahnsinns-Zettel auch an Cosima Wagner gerichtet sind und in einem von ihnen Wagner von Nietzsche als eine seiner Inkarnationen bezeichnet wird[114]. Am 26. Dezember 1888 schreibt Nietzsche an Franz Overbeck, er arbeite eben an einem „Promemoria für die europäischen Höfe zum Zwecke einer antideutschen Liga", er wolle das „Reich" in ein eisernes Hemd einschnüren und zu einem Verzweiflungs-Krieg provozieren, und er fügt hinzu: „Ich habe nicht eher die Hände frei, bevor ich nicht den jungen Kaiser, sammt Zubehör in den Händen habe". Daran anschließend spricht er vier Tage später in einem Briefentwurf an Heinrich Köselitz (alias Peter Gast) davon, daß er in einem „heroisch-aristophanischen Übermuth" an die europäischen Höfe eine Proklamation

---

[111] *FN* B VIII, 492, 563, 572 ff.
[112] Siehe hierzu *Zelinsky,* Siegfried, Kap. I: Das Geheimnis der „wundervollen Geburt" und das „siegreiche Ziel unseres erlösungskampfes".
[113] *FN* B VIII, 567, 572, 575, 579.
[114] *FN* B VIII, 512, 573. Am Anfang des Brief-Entwurfes vom 8. Dezember 1888 an Helen Zimmern heißt es: „Mein Leben kommt jetzt zu einem lang vorbereiteten ungeheuren Eklat: das, was ich in den nächsten zwei Jahren thue, ist der Art, unsere ganze bestehende Ordnung, ‚Reich', ‚Triple allianz' und wie all diese Herrlichkeiten heißen über den Haufen zu werfen. Es handelt sich um ein Attentat auf das Christenthum, das vollkommen wie Dynamit auf Alles wirkt, das im Geringsten mit ihm verwachsen ist. Wir werden die Zeitrechnung verändern, ich schwöre es Ihnen zu. Es hat nie ein Mensch mehr Recht zur Vernichtung gehabt als ich! Es sind zwei Schläge, aber mit Zwischenraum von 2 Jahren, der erste heißt *Ecce homo* und soll sobald als möglich erscheinen. Deutsch, englisch, französisch. Der zweite heißt der *Antichrist*. Umwerthung aller Werthe. Beide sind vollkommen druckfertig: ich gebe soeben das Ms von Ecce homo in die Druckerei ..." Ebd., 511 f.

schreibe, „zu einer *Vernichtung* des Hauses Hohenzollern, dieser scharlachnen Idioten und Verbrecher-Rasse seit mehr als 100 Jahren ..."[115] In diesem Brief erwähnt er auch, daß er gestern den Schluß von „Ecce Homo" in die Druckerei geschickt habe, in dem – wie er am nächsten Tag an Köselitz schreibt – „Wagner durchaus der erste Name (ist)", der darin vorkomme, und in dem – „ein *Attentat* ohne die geringste Rücksicht *auf den Gekreuzigten"* – „die Herren Deutschen ... als die zweideutigste Art Mensch, als die im Verhältnis zum Christenthum fluchwürdigste Rasse der Geschichte" am schlimmsten wegkommen würden[116]. Eben den „Ecce Homo" plante Nietzsche an Wilhelm II. zu schicken, an den er in einem Briefentwurf Anfang Dezember 1888 schreibt:

„Ich erweise hiermit dem Kaiser der Deutschen die höchste Ehre, die ihm widerfahren kann, eine Ehre, die um so viel mehr wiegt, als ich dazu meinen tiefen Widerwillen gegen alles, was deutsch ist, zu überwinden habe: ich lege ihm das *erste* Exemplar meines Werks in die Hand, mit dem sich die Nähe von etwas Ungeheurem ankündigt – von einer Crisis, wie es keine auf Erden gab, von der tiefsten Gewissens-Collision innerhalb der Menschheit, von einer Entscheidung heraufbeschworen *gegen* Alles, was bisher geglaubt, gefordert, geheiligt worden war ... *Umwerthung aller Werthe*: das ist meine Formel für einen Akt höchster Selbstbesinnung der Menschheit, – ... Ich fordere nicht das, was jetzt lebt heraus, ich fordere mehrere Jahrtausende gegen mich heraus: ich widerspreche und bin trotzdem der Gegensatz eines *neinsagenden* Geistes ... Es giebt neue Hoffnungen, es giebt Ziele, Aufgaben von einer Größe für die der Begriff bis jetzt fehlte: ich bin ein *froher Botschafter* par Excellence, wie sehr ich auch immer der Mensch des Verhängnisses sein muß ... Denn wenn dieser Vulkan in Thätigkeit tritt, so haben wir Convulsionen auf Erden wie es noch keine gab: der Begriff Politik ist gänzlich in einen Geisterkrieg aufgegangen, alle Macht-Gebilde sind in die Luft gesprengt, – es wird Krieg geben, wie es noch nie Kriege gab. –"[117]

Wie eine Stelle in einem gleichzeitigen Brief an August Strindberg zeigt, hatte Nietzsche mit seinem Brief an den „jungen Kaiser" ein die drohende „Confiskation" verhinderndes strategisches Ziel vor Augen. Dort heißt es:

„... Andererseits ist es *antideutsch* bis zur Vernichtung; die Partei der *französischen* Cultur wird durch die ganze Geschichte hindurch festgehalten (– ich behandle die deutschen Philo-

---

[115] *FN* B VIII, 551, 565f. Von Nietzsches „Promemoria" finden sich nur noch einige Fragmente in seinen nachgelassenen Papieren, die Angriffe gegen Bismarck – auch wegen der Geffcken-Affaire –, Wilhelm II., Stoecker und überhaupt das Haus Hohenzollern enthalten (siehe hierzu die „Chronik zu Nietzsches Leben", in: *Friedrich Nietzsche*, Sämtliche Werke. Kritische Studienausgabe, Bd. XV München, Berlin 1980) 206; im folgenden zitiert: *FN*. Ende Dezember schreibt Nietzsche in einem Briefentwurf an Ruggero Bonghi in Rom: „Was geht uns Alle um des Himmels Willen der dynastische Wahnsinn des Hauses Hohenzollern an! ... Es ist ja keine nationale Bewegung, nichts als eine dynastische ... Fürst Bismarck hat nie ans ‚Reich' gedacht, – er ist mit allen Instinkten bloß das Werkzeug des Hauses Hohenzollern! – und diese Aufreizung zur *Selbstsucht* der Völker wird als große Politik, als Pflicht beinahe in Europa empfunden und gelehrt! ... Damit muß man ein Ende machen – *und ich bin stark genug dazu ...*" *FN* B VIII, 569.
[116] Ebd., 482, 567.
[117] Ebd., 503. An Bismarck schreibt Nietzsche Anfang Dezember 1888 in einem Brief-Entwurf: „Seiner Durchlaucht dem Fürsten Bismarck. Ich erweise dem ersten Staatsmann unserer Zeit die Ehre, ihm durch Überreichung des *ersten* Exemplars von ‚Ecce homo' meine Feindschaft anzukündigen. Ich lege ein zweites Exemplar bei: dasselbe in die Hände des jungen deutschen Kaisers zu legen, wäre die einzige Bitte, die ich jemals an den Fürsten Bismarck zu stellen gesonnen bin. – *Der Antichrist* Friedrich Nietzsche. Fromentin ..." Ebd., 504.

sophen allesammt als ‚unbewußte' Falschmünzer, ich nenne den jungen Kaiser einen *scharlachnen Mukker* ...) ... Um mich gegen deutsche Brutalitäten (‚Confiskation' –) sicher zu stellen, werde ich die ersten Exemplare, vor der Publikation, dem Fürsten Bismarck und dem jungen Kaiser mit einer brieflichen *Kriegserklärung* übersenden: darauf *dürfen* Militärs nicht mit Polizei-Maßregeln antworten. – Ich bin ein *Psychologe* ..."[118]

Nietzsche wollte Strindberg, der durch seinen Freund Georg Brandes Nietzsches Werk kennnenlernte, wie auch Brandes zu Übersetzern seines „Ecce Homo", der gleichzeitig in drei Sprachen, und des „Antichristen. Umwerthung aller Werte", der gleichzeitig in sieben Sprachen übersetzt werden sollte, gewinnen. Die erste Auflage in jeder Sprache beider Werke sollte eine Million Exemplare betragen. Außerdem plante Nietzsche Anfang Dezember 1888, in drei Monaten die Herstellung einer Manuskript-Ausgabe des „Antichristen" in Auftrag zu geben, die ihm – wie er an Brandes schreibt – als „Agitations-Ausgabe" dienen und vollkommen geheim bleiben solle, er rechnete bei diesem „Vernichtungsschlag gegen das Christentum" und des Weltdimensionen annehmenden Propagandafeldzuges für die „Erdregierung" auf die Unterstützung der „internationalen Macht" der Juden, die ein „Instinkt-Interesse an der Vernichtung des Christenthums" haben würden. Dazu schreibt er am 6. Dezember:

„... Folglich müssen wir aller entscheidenden Potenzen dieser Rasse in Europa und Amerika sicher sein – zu alledem hat eine solche Bewegung das Großcapital nöthig. Hier ist der einzige natürlich vorbereitete Boden für den größten Entscheidungs-Krieg der Geschichte: das Übrige von Anhängerschaft kann erst *nach* dem Schlage in Betracht gezogen werden ..."[119]

Der „Antichrist" mit seiner „frohen Botschaft" sollte nicht nur die Welt, er sollte auch – wie Nietzsche in dem großen Brief-Entwurf an Brandes zukunftsgewiß voraussagt – die Zeitrechnung verändern: „... Wir sind eingetreten in die große Politik, sogar in die allergrößte ... Ich bereite ein Ereignis vor, welches höchst wahrscheinlich die Geschichte in zwei Hälften spaltet, bis zu dem Punkte, daß wir eine neue Zeitrechnung haben werden: von 1888 als Jahr Eins an ..."[120]

Nietzsche wies – in einem Brief an Malwida von Meysenbug vom 20. Oktober 1888 – präzise darauf hin, daß er von Ekel erfüllt „mit allen anständigen Naturen vor 10 Jahren Wagnern den Rücken kehrte, als der *Schwindel,* mit den ersten Bayreuther Blättern, handgreiflich wurde", und daß er seitdem, „seit 10 Jahren Krieg gegen die *Verderbnis* von Bayreuth (führe)"[121]. Da in den „Bayreuther Blättern" seit dem Grün-

---

[118] Ebd., 509.
[119] Ebd., 500 ff.
[120] Ebd. 500.
[121] Ebd., 458, 517. Über Wagner und seine Musik heißt es in dem Brief vom 20. Oktober 1888 an Malwida von Meysenbug: „Und wenn Sie gar, in *meiner* Gegenwart, den ehrwürdigen Namen Michel Angelo in Einem Athem mit einer durch und durch unsauberen und falschen Creatur wie Wagner in den Mund nehmen, so erspare ich Ihnen und mir das Wort für mein *Gefühl* dabei ... Ihnen ist die tiefe Erbitterung unbekannt, mit der ich, gleich allen rechtschaffenen Musikern, diese *Pest* der Wagnerischen Musik, diese durch sie bedingte Corruption der Musiker, immer weiter um sich greifen sehe? Sie haben nichts davon gemerkt, daß ich, seit zehn Jahren, eine Art Gewissensrath für deutsche Musiker bin, daß ich an allen möglichen Stellen wieder die artistische Rechtschaffenheit, den vornehmen Geschmack, den tiefsten Haß gegen die ekelhafte Sexualität

dungsjahr 1878 Wagner seine in den Anhängerkreisen zu „Regenerations-Schriften" idealisierten religiös-rassistisch-antisemitischen, das heißt seine „reine Christuslehre" propagierenden Begleittexte zum „Parsifal" veröffentlichte, wird erkennbar, warum gerade der „Parsifal" eine so dominante Rolle in Nietzsches „Kriegs"-Schriften gegen Wagner spielte und warum gerade er nach dem Machtantritt Wilhelms II. das Leitmotiv von Nietzsches immer überdrehter und übersteigerter sich ausweitenden „Krieges" wurde. Den „Parsifal"-Text hatte Nietzsche von Wagner am 3. Januar 1878 bekommen, und er kommt in „Ecce Homo" darauf zu sprechen, daß sich „Parsifal" und das gleichzeitig an Wagner geschickte „Menschliches, Allzumenschliches" gekreuzt hätten und daß ihm war, als ob er bei dieser Kreuzung der zwei Bücher einen ominösen Ton hören würde, worauf er fortfährt: „Klang es nicht, als ob sich *Degen* kreuzten? ... Jedenfalls empfanden wir es beide so: denn wir schwiegen beide. – Um diese Zeit erschienen die ersten Bayreuther Blätter: ich begriff, *wozu* es höchste Zeit gewesen war. – Unglaublich! Wagner war fromm geworden ..."[122] Doch Wagner – muß man ergänzen – war nun noch antisemitischer geworden, oder genauer, er hatte sich nun entschlossen, sein seit Jahrzehnten präsentes Christus-Bewußtsein und die damit verknüpfte Idee eines vom Judentum „erlösten" und „gereinigten" deutschen Christus durch die Ausführung dieses „Bühnenweihfestspiels" mit seiner Schluß-Losung „Erlösung dem Erlöser" als bindendes weltanschauliches Vermächtnis vom Bayreuther Festspielhaus aus zu verkünden. Bayreuth wurde so zu einem Zentrum und einer Schule des Antisemitismus – was gerade die bis 1938 erscheinenden „Bayreuther Blätter" auf erschreckende Weise belegen –, und der Wagnerianer zeichnete sich dadurch aus, daß er ein dem in der Musik und in den Schriften verkündeten absoluten und keinen Widerspruch zulassenden Herrschafts- und Erlösungs-Anspruch selig und fanatisch folgender Bayreuther Antisemit wurde.

Nietzsches Kampf gegen den Antipoden Wagner, der seine die „Heraufkunft des Nihilismus" durchsetzende „Umwertung aller Werte" prägte, mußte auch ein Kampf gegen Wagners und den Bayreuther Antisemitismus werden und davon abhängig eine Sympathieerklärung und Parteinahme für die Juden: der „Antichrist" und Verfasser des „Zarathustra" verachtete das Gegenbild „Parsifal". In dem Maße, in dem sich während des Jahres 1887 diese „Umwertung aller Werte" vorbereitet, verschärft sich – lange vor dem „Fall Wagner" im Mai 1888 – dieser Kampf und die endgültige Abgrenzung vom Antisemitismus und dessen Parteigängern und Agitatoren wie Bernhard Förster und Theodor Fritsch vor allem, mit denen Nietzsche sich gerade im Jahre 1887 in zahlreichen Briefen auseinandersetzte. Förster hatte nach der „Antisemitenpetition" des Jahres 1881 und nach Veröffentlichung seiner Schriften „Richard Wagner als Begründer eines deutschen Nationalstils" (1880) und „Das Verhältnis des modernen Judenthums zur deutschen Kunst" (1881) als direkte Folge seines Besuches des „Parsifal" am 29. August 1882 im Jahr 1883 seine „Parsifal-Nachklänge" „in Commission bei Theodor Fritsch" veröffentlicht; er widmete sie dem Mitstreiter Hans von

---

Fortsetzung Fußnote von Seite 332
der Wagnerischen Musik angepflanzt habe? daß der letzte *klassische* Musiker, mein Freund Köselitz aus *meiner* Philosophie und Erziehung stammt? ..." (458f.).
[122] *FN* VI, 327.

Wolzogen – dem Herausgeber der „Bayreuther Blätter" – und „allen ächten Anhängern Richard Wagners ... mit herzlichstem Abschieds-Grusse". Der „Abschieds-Gruß" deutet an, daß Förster – den rassistischen Auswanderungsgedanken Wagners in die Tat umsetzend – im selben Jahr nach Paraguay auswanderte, um dort ein von Juden freies arisches Neu-Germanien zu errichten, für das in den „Bayreuther Blättern" auch geworben wurde und für das Wagner zwei Tage vor seinem Tod – am 11. Februar 1883 – mit einer Depesche, die Förster auf dem Schiff in Hamburg erreichte, seine guten Wünsche aussprach. Am 16. Januar hatte Wagner die „Parsifal-Nachklänge" gelesen, in deren Einleitung es heißt:

> „... Welche Stellung nimmt Richard Wagner in der Entwicklung der deutschen, der arischen Kultur ein? – ... Warum mußte der Künstler zum Reformator, zum Propheten seines Volkes werden? Welches Thun schreiben uns Wagners Werke und Worte vor ...?"[123]

Für Nietzsche war Förster ein besonderer Dorn im Auge, weil dieser sich bei seiner antisemitischen Vortragspropaganda auf Nietzsche und seine Schriften zu beziehen pflegte und vor allem, weil er 1885 seine Schwester Elisabeth heiratete, die mit ihrem Mann 1886 endgültig nach Paraguay auswanderte und von dort immer neue – allerdings vergebliche – Versuche machte, von ihrem Bruder für das großspurige „arische" Betrugsunternehmen Geld loszueisen. Nietzsche mußte einsehen, daß – wie er Ende Januar 1888 an seine Schwester nach Asuncion schrieb – „fast alle mir bekannten und befreundeten Menschen nachgerade in das mir fremdeste Parteilager abgeschwenkt sind (z. B. auch Wagner, dessen letzte 6 Jahre ich als eine ungeheuerliche Entartung empfunden habe). Wo sie verehren, verachte ich." Ähnlich schrieb er in bezug auf die „Antisemitische Correspondenz" Theodor Fritschs, die dieser ihm trotz seines energischen Protestes regelmäßig zuschickte, am 29. Dezember an seine Mutter:

> „Diese Partei hat der Reihe nach mir meinen Verleger (Ernst Schmeitzner, HZ), meinen Ruf, meine Schwester, meine Freunde verdorben – nichts steht meinem Einfluß mehr im Wege, als daß der Name Nietzsche in Verbindung mit solchen Antisemiten wie E. Dühring gebracht worden ist: man muß es mir nicht übel nehmen, wenn ich zu den Mitteln der Nothwehr greife. Ich werfe Jeden zur Thüre hinaus, der mir in diesem Punkte Verdacht einflößt. (Du begreifst, in wie fern es mir eine *Wohlthat* ist, wenn diese Partei anfängt, mir den Krieg zu erklären: nur kommt es 10 Jahre zu spät –) ..."[124]

In einem gleichzeitigen Brief an seine Schwester kommt Nietzsche ausdrücklich darauf zu sprechen, daß es eine Ehrensache für ihn sei, „nach seiten des Antisemitismus

---

[123] Siehe hierzu: *HZ* I, 56f. Auf den Umschlagseiten werden neben den genannten Schriften *Försters* unter dem Titel „Brennende Fragen!" „nationale Flugblätter zur Erweckung des deutschen Volksbewußtseins und zur Klärung der öffentlichen Meinung" angepriesen und durch denselben Verlag beziehbare „Antisemitische Kernsprüche" unter dem Titel „Leuchtkugeln" von *Thomas Frey*, hinter welchem Pseudonym sich *Theodor Fritsch* verbirgt. Siehe hierzu auch den dankbar herangezogenen und informativen Aufsatz „Bernhard und Eli Förster" von *Erich F. Podach*, der ausführlich die Wagner-Abhängigkeit Försters und die Geschichte des Paraguayer Betrugsunternehmens behandelt, in: *Erich F. Podach*, Gestalten um Nietzsche (Weimar 1932) 125–177; im folgenden zitiert: *Podach*, Förster. Nach seinem Selbstmord wird Förster in dem Nachruf in den „Bayreuther Blättern" ein „Soldat des Bayreuther Idealismus" genannt (Bayreuther Blätter (1889) 307).

[124] *FN* B VIII, 216f., 237.

hin absolut reinlich und unzweideutig zu sein, nämlich *ablehnend,* wie ich es in meinen Schriften tue", und er betont: „Deine Verbindung mit einem antisemitischen Chef drückt eine Fremdheit gegen *meine* ganze Art zu sein aus, die mich immer von neuem mit Groll oder Melancholie erfüllt."¹²⁵ Noch schärfer äußert er sich in einem auch von Ende Dezember 1887 stammenden Briefentwurf:

„Man hat mir inzwischen schwarz auf weiß bewiesen, daß Herr Dr. Förster auch jetzt noch nicht seine Verbindung mit der antisemitischen Bewegung aufgegeben hat ... ich habe nichts Verächtlicheres bisher gelesen als diese Correspondenz ... Willst Du einen Katalog der Gesinnungen die ich als antipodisch empfinde? Du findest sie ganz hübsch bei einander in den ‚Nachklängen zum Parsifal' Deines Gatten; als ich sie las, ging mir als haarsträubende Idee auf, daß Du nichts, nichts von meiner Krankheit begriffen hast, ebenso wenig als mein schmerzhaftestes und überraschendstes Erlebniß – daß der Mann, den ich am meisten verehrt hatte, in einer ekelhaften Entartung gradwegs in das überging, was ich immer am meisten verachtet hatte, in den Schwindel mit moralischen und christlichen Idealen. – Jetzt ist so viel erreicht, daß ich mich mit Händen und Füssen gegen die Verwechslung mit der antisemitischen Canaille wehren muß ... Nachdem ich gar den Namen Zarathustra in der antisemitischen Correspondenz gelesen habe, ist meine Geduld am Ende – ich bin jetzt gegen die Partei Deines Gatten im Zustand der *Nothwehr.* Diese verfluchten Antisemiten-Fratzen *sollen* nicht an mein Ideal greifen!!
Daß unser Name durch Deine Ehe mit dieser Bewegung zusammen gemischt ist, was habe ich daran schon gelitten! Du hast die letzten 6 Jahre allen Verstand und alle Rücksicht verloren. Himmel, was mir das schwer wird!"¹²⁶

Theodor Fritsch hatte Nietzsche schon im März 1887 in zwei Briefen kühl in seine Schranken verwiesen, in Briefen, in denen er sich zudem unmißverständlich zu seinem Verhältnis zu den Juden äußert, die ihm, da ihre Geschichte viel grundsätzlichere Probleme aufwerfe, „objektiv geredet, interessanter als die Deutschen (sind)", auch

---

¹²⁵ Nietzsches Briefe. Ausgewählt und hrsg. von *Richard Oehler* (Leipzig 1911) 316f. Die ausführliche Stelle dieses Briefes vom 26. Dezember 1887 aus Nizza lautet: „Du sagst zwar, Du habest den Kolonisator Förster und nicht den Antisemiten geheiratet, und dies ist auch richtig; aber in den Augen der Welt wird Förster bis an sein Lebensende der Antisemitenchef bleiben. Also um des Himmels willen kein ‚Friedrichsland' oder ‚Friedrichshof'! Ich habe Dich doch ausdrücklich um den Namen ‚Lamaland' gebeten. Weißt Du, mein gutes Lama, es ist eine Ehrensache für mich, nach seiten des Antisemitismus hin absolut reinlich und unzweideutig zu sein, nämlich *ablehnend,* wie ich es in meinen Schriften tue. Man hat mich in den letzten Zeiten mit Briefen und antisemitischen Korrespondenzblättern heimgesucht; mein Widerwille vor dieser Partei (die gar zu gern ihren Vorteil von meinem Namen haben möchte!) ist so *ausgesprochen* wie möglich, aber die Verwandtschaft mit Förster, ebenso wie die Nachwirkung meines ehemaligen antisemitischen Verlegers Schmeitzner bringen immer wieder die Anhänger dieser unangenehmen Partei auf die Vorstellung, ich müsse wohl zu ihnen gehören. *Wie sehr mir das schadet und geschadet hat,* kannst Du Dir kaum vorstellen. Die gesamte deutsche Presse schweigt meine Schriften tot – seitdem! sagt Overbeck! Es erweckt vor allem Mißtrauen gegen meinen Charakter, wie als ob ich öffentlich etwas ablehne, was ich im Geheimen begünstige, – und daß ich nichts dagegen zu tun vermag, daß in jedem antisemitischen Korrespondenzblatt der Name ‚Zarathustra' gebracht wird, hat mich schon mehrere Male beinahe krank gemacht ..." Ebd., 317.
¹²⁶ *FN* B VIII, 218f. Am 24. März 1887 schreibt Nietzsche an Overbeck ganz ähnlich: „In der ‚antisemitischen Correspondenz' (die nur privatim versandt wird, nur an ‚zuverlässige Parteigenossen') kommt mein Name fast in jeder Nummer vor. Zarathustra ‚der göttliche Mensch' hat es den Antisemiten angethan; es giebt eine eigne antisemitische Auslegung davon, die mich sehr hat lachen machen ..." *FN* B VIII, 48.

wenn er unter seinen Freunden keinen Juden und allerdings auch keinen Antisemiten habe. Am Schluß dieses Briefes vom 23. März äußert Nietzsche einen Wunsch: „Geben Sie doch eine Liste deutscher Gelehrter, Künstler, Dichter, Schriftsteller, Schauspieler und Virtuosen von jüdischer Abkunft oder *Her*kunft heraus! (Es wäre ein werthvoller Beitrag zur Geschichte der *deutschen Cultur,* auch zu deren *Kritik*!)".[127] Am 29. März sandte Nietzsche an Fritsch die ihm zugeschickten drei Nummern der „Antisemitischen Correspondenz" zurück mit der Bitte, ihn – nachdem er einen Blick „in den Principien-Wirrwarr auf dem Grund dieser wunderlichen Bewegung" geworfen habe – in Zukunft nicht mehr mit diesen Zusendungen zu bedenken, da er zuletzt für seine Geduld fürchte. Daran anschließend bemerkt er:

> „Glauben Sie mir: dieses abscheuliche Mitredenwollen noioser Dilettanten über den Werth von Menschen und Rassen, diese Unterwerfung unter ‚Autoritäten', welche von jedem besonneneren Geiste mit kalter Verachtung abgelehnt werden (z.B. E. Dühring, R. Wagner, Ebrard, Wahrmund, P. de Lagarde – wer von ihnen ist in Fragen der Moral und der Historie der unberechtigtste, ungerechteste?), diese beständigen absurden Fälschungen und Zurechtmachungen der vagen Begriffe ‚germanisch', ‚semitisch', ‚arisch', ‚Christlich', ‚deutsch' – das Alles könnte mich auf die Dauer ernsthaft erzürnen und aus dem ironischen Wohlwollen herausbringen, mit dem ich bisher den tugendhaften Velleitäten und Pharisäismen der jetzigen Deutschen zugesehen habe.
> – Und zuletzt, was glauben Sie, das ich empfinde, wenn der Name *Zarathustra* von Antisemiten in den Mund genommen wird? ..."[128]

In diesem Jahr 1887 veröffentlichte Fritsch – unter dem Pseudonym Thomas Frey in seinem Verlag – dann tatsächlich „Eine Zusammenstellung des wichtigsten Materials zum Verständnis der Judenfrage" unter dem reißerischen Titel „Antisemiten-Katechismus", von dem 1888 bereits eine „fünfte verbesserte Auflage" erschien. Damit war allerdings Nietzsches oben angeführter Wunsch in sein Gegenteil verkehrt. Unter den von Wagner angeführten Äußerungen findet sich auch der – aus „‚Erkenne dich selbst'" (1881) entnommene – höhnisch-brutale Satz „Der Jude ist der plastische Dämon des Verfalls der Menschheit"[129] in Sperrdruck, ein Satz, dessen schreckliche Vernichtungsspur bis in den Nazi-Hetzfilm „Der ewige Jude" (1937) verfolgt werden kann.

Nietzsche hat *seine* Auffassung über die Zukunft der Juden in Europa, die vorausweist auf seinen Hinweis in einem Brief vom 6. Dezember 1888, „daß ich für *meine* internationale Bewegung das *ganze jüdische* Großkapital nöthig habe", in einem Briefentwurf an seine Schwester vom 5. Juni 1887 ausgesprochen. Er hebt darin hervor, daß er sich über das Zugrundegehen der antisemitischen Unternehmung in Paraguay freuen würde und fügt am Schluß als fünften Punkt hinzu:

> „Mein Wunsch ist zuletzt, daß man Euch deutscherseits etwas zu Hülfe käme, und nämlich dadurch daß man die Antisemiten *nöthigte,* Deutschland zu verlassen: wobei ja nicht zu zweifeln wäre, daß sie Euer Land der ‚Verheißung' Paraguay anderen Ländern vorziehen würden.

---

[127] Ebd., 46; siehe hierzu auch: 48.
[128] Ebd., 51.
[129] *Thomas Frey* (alias *Theodor Fritsch*), Antisemiten-Katechismus (Leipzig ⁵1888) 55. Auf S. 178 befindet sich auch die in Anm. 25 angeführte Haß- und Vernichtungsbemerkung des deutschen Professors Paul de Lagarde.

Den Juden andererseits wünsche ich immer mehr, daß sie in Europa zur Macht kommen, damit sie ihre Eigenschaften verlieren (nämlich *nicht mehr nöthig haben*) vermöge deren sie als Unterdrückte sich bisher durchgesetzt haben. Im übrigen ist meine ehrliche Überzeugung: ein Deutscher, der bloß daraufhin, daß er ein Deutscher ist, in Anspruch nimmt mehr zu sein, als ein Jude, gehört in die Komödie: gesetzt nämlich daß er nicht ins Irrenhaus gehört."[130]

Kaum ein Deutscher dieser Jahre war genauer geeicht auf diesen deutschen antisemitischen Irrsinn, der bereits zum Grundmuster der achtziger Jahre gehörte und zu einer Hauptspur der Wilhelminischen Zeit wurde, als Nietzsche durch seine Erfahrungen mit Wagners „Schwindel mit moralischen und christlichen Idealen", zumal er in deutschen Kritiken, die ihm sein Verleger Naumann zuschickte, selber als exzentrisch, pathologisch oder psychiatrisch abgetan wurde.

Als daher am 26. November 1887 Georg Brandes seinen ersten Brief an Nietzsche schrieb und ankündigte, sich mit ihm gründlich befassen zu wollen, was dann zu den erfolgreichen Vorlesungen im Februar 1888 führte, da hebt Nietzsche immer wieder hervor, daß dieser „geistreichste Däne, den es jetzt gibt" und der ihn mit dem Ausdruck „aristokratischer Radikalismus" so genau verstanden habe, ein Jude sei, der „zu jenen internationalen Juden (gehört), die einen wahren *Teufels-Muth* im Leibe haben"[131]. Die Überzeugung Nietzsches, daß „solche Prädikate wie ‚excentrisch' ‚pathologisch' ‚psychiatrisch' regelmäßig jedem großen Ereigniß in der Geschichte und der Literatur voraus (laufen): ich bin für meinen Theil für solche Worte dankbarer als für irgendein Lob"[132] – geschrieben am 3. Januar 1888 –, dokumentiert, daß mit seiner Formel „Umwertung aller Werte" sich seit dem Herbst 1887 ein neuer Abschnitt seines Lebens vorbereitete und daß er mit dem Beginn des Jahres 1888 *seine* neue Zeitrechnung datierte.

Formeln der Vorwegnahme und Voraussicht durchziehen bereits die Briefe des Jahres 1887, und sie häufen sich auffallenderweise im Dezember und um die Jahreswende. Am 14. April schreibt er an Franz Overbeck, daß das gegenwärtige Europa keine Ahnung davon habe, „um welche furchtbaren Entscheidungen mein ganzes Wesen sich dreht, und an welches *Rad* von Problemen ich gebunden bin – und daß mit mir eine *Katastrophe* sich vorbereitet, deren Namen ich weiß, aber nicht aussprechen werde"; am 19. April 1887 spricht er von seinem Gefühl, „daß es jetzt einen Abschnitt in meinem Leben giebt – und daß ich nun die ganz große Aufgabe vor mir habe! *Vor* mir und, noch mehr, *auf* mir!" Am 12. Mai betont er, daß er seine Angel ohne Ungeduld nach den Wenigen ausgeworfen habe, „denn es liegt in der unbe-

---

[130] *FN* B VIII, 82, 515.
[131] Ebd., 213, 399. Zu Weihnachten 1888 schreibt Nietzsche an Overbeck über seine Schwester und deren Verachtung gegenüber Brandes: „Ich wage noch zu erzählen, daß es in Paraguay so schlimm als möglich steht. Die hinüber gelockten Deutschen sind in Empörung, verlangen ihr Geld zurück – man hat keins. Es sind schon Brutalitäten vorgekommen; ich fürchte das Äußerste. – Dies hindert meine Schwester *nicht*, mir zum 15. Oktober mit äußerstem Hohne zu schreiben, ich wolle wohl auch anfangen ‚berühmt' zu werden. Das sei freilich eine süße Sache! und *was* für ein Gesindel ich mir ausgesucht hätte, Juden, die an allen Töpfen geleckt hätten wie Georg Brandes … Dabei nennt sie mich ‚Herzensfritz' … *Dies* dauert nun 7 Jahre! – – Meine Mutter hat keine Ahnung bisher davon – das ist mein Meisterstück. Sie schickte mir zu Weihnachten ein Spiel: *Fritz* und *Lieschen* …" (549).
[132] Ebd., 223.

schreiblichen Fremdheit und Gefährlichkeit meiner Gedanken, daß erst sehr spät – und gewiß *nicht* vor 1901 – die Ohren sich für diese Gedanken aufschließen werden"[133]. Der „Hymnus an das Leben", ein Chorgesang mit Orchester – auch dieser gegen Wagner gerichtet –, der später einmal zu seinem Gedächtnis gesungen werden solle und den er am 24. Juni an seinen Verleger Fritzsch schickt, kann als eine Art Übergang zu der neuen Zeitrechnung angesehen werden, die sich im Dezember unübersehbar ankündigt. In diesem Monat findet auch die energische und scharfe Kennzeichnung des Wagner-„Schwindels" und der antisemitischen Bewegung statt. An Carl Fuchs schreibt er am 14. Dezember:

> „... Fast Alles, was ich jetzt thue, ist ein Strich-drunter-ziehen. Die Vehemenz der inneren Schwingungen war erschrecklich, die letzten Jahre hindurch; nunmehr, wo ich zu einer neuen und höheren Form übergehn muß, brauche in zuallererst eine neue Entfremdung, eine noch höhere *Entpersönlichung*. Dabei ist es wesentlich, was und wer mir noch bleibt ... Aber da man nicht weiß, wo mein Centrum ist, wird man schwerlich darüber die Wahrheit treffen, wo und wann ich bisher ‚excentrisch' gewesen bin ... heute scheint mir eine Excentricität, daß ich Wagnerianer gewesen bin. Es war ein über alle Maaßen gefährliches Experiment; jetzt, wo ich weiß, daß ich *nicht* daran zu Grunde gegangen bin, weiß ich auch, welchen *Sinn* es für mich gehabt hat – es war meine stärkste Charakter-Probe. Allmählich disciplinirt Einen freilich das Innewendigste zur Einheit zurück; jene *Leidenschaft*, für die man lange keinen Namen hat, rettet uns aus allen Disgressionen und Dispersionen, jene *Aufgabe,* deren unfreiwilliger Missionär man ist ..."[134]

Eine weitere und letzte Dezember-Stelle aus einem sechs Tage späteren Brief an Carl von Gersdorff, den er auch auf die eben erschienene „Hymnus an das Leben"-Partitur aufmerksam macht, bezeugt Nietzsches gegen das „deutsche Reich" und den „deutschen Geist" gerichtete Kampf-Bewußtsein, mit der „Umwertung aller Werte" der „erste Philosoph des Zeitalters" zu sein und damit „irgend etwas Entscheidendes und Verhängnißvolles, das zwischen zwei Jahrtausenden steht", was eine „immer wachsende, immer eisigere, immer schneidendere Absonderung" zur Folge habe. Diese Stelle lautet:

> „In einem bedeutenden Sinn steht mein Leben gerade jetzt wie im *vollen Mittag:* eine Thür schließt sich, eine andere thut sich auf. Was ich nur in den letzten Jahren gethan habe, war ein Abrechnen, Abschließen, Zusammenaddieren von Vergangenem, ich bin mit Mensch und Ding nachgerade fertig geworden und habe einen Strich drunter gezogen. Wer und Was mir übrig bleiben soll, jetzt wo ich zur eigentlichen Hauptsache meines Daseins übergehn muß (überzugehn *verurtheilt* bin ...) das ist jetzt eine capitale Frage. Denn, unter uns gesagt, die Spannung, in welcher ich lebe, der Druck einer großen Aufgabe und Leidenschaft, ist zu groß, als daß jetzt noch neue Menschen an mich herankommen könnten. Thatsächlich ist die Oede um mich ungeheuer ..."[135]

Die ständige Präsenz Wagners und die gegen ihn gerichteten Ersetzungswünsche Nietzsches werden durch ein kleines, aber bezeichnendes Detail beleuchtet: die erste Niederschrift seiner „Umwertung aller Werte" beendet er am 13. Februar 1888, was er in zwei Briefen an diesem Tag ausdrücklich mitteilt und als „große Ruhe und Erleichterung" beschreibt: „Eine lange, äußerst schmerzhafte Krisis, bei der meine ganze Sen-

---

[133] Ebd., 57 f., 61, 70.
[134] Ebd., 209 f.; siehe hierzu auch: 213.
[135] Ebd., 214, 248; siehe hierzu auch: 140, 266.

sibilität in Aufruhr war, scheint ad acta gelegt"[136]; dieser Tag war der Todestag Wagners.

Zwei Wochen vor diesem Datum hatte Cosima Wagner mit ihren Töchtern Eva und Isolde und mit Hermann Levi bei Eulenburg den Abend verbracht und damit zum ersten Mal seit Wagners Tod ein fremdes Haus betreten. Einen Tag später – am 1. Februar 1888 – schrieb Eulenburg an Kuno Moltke, wie bereits an früherer Stelle zitiert wurde, daß „der warme Enthusiasmus des Prinzen Wilhelm für die Bayreuther Sache sichtlich das Unternehmen (stützt) – denn der Blick in die Zukunft ist hell", und am 6. Februar schrieb er dem Prinzen selbst: „... Wir sprachen viel von Euerer Königlichen Hoheit und konstatierten, daß in Ihnen allein die Zukunft der Bayreuther Sache liegt."[137] Ohne Zweifel wußte Nietzsche um diesen „warmen Enthusiasmus des Prinzen Wilhelm für die Bayreuther Sache" Bescheid, deren siegreiche „Zukunft" durch den zu diesem Zeitpunkt absehbaren Machtantritt des Prinzen besiegelt sein würde. Über den Zustand des kranken Kronprinzen in San Remo war Nietzsche – wie er im Februar und März in verschiedenen Briefen ausdrücklich hervorhebt – durch eine Tischnachbarin in seiner Pension in Nizza, die ihm „intima intimissima dieser schauerlichen und nicht ganz mitteilbaren Geschichte" erzählte, bestens informiert. Am 20. März 1888 – bereits nach der mit so vielen vergeblichen Hoffnungen auch der Juden verbundenen Thronbesteigung Kaiser Friedrichs III. am 12. März – schreibt Nietzsche darüber an seine Mutter:

> „Meine Tischnachbarin ist auch diesen Winter wieder die Baronin Plänckner, eine geb. Seckendorff: und als solche mit allen Seckendorffs am Hofe und in der Armee in allernächstem Verkehr (z.B. mit dem Grafen Seckendorff, der, wie bekannt bei der neuen Kaiserin die ‚rechte Hand' ist – und noch etwas mehr!) Auch ist sie mit dem Geheimrath *von Bergmann* befreundet und selbst in seiner Kur: so daß ich über die Dinge in San Remo sehr gut unterrichtet war. Ich habe sogar Blätter, die der Kronprinz ein Paar Tage vor seiner Abreise geschrieben hat, in den Händen gehabt."[138]

Angesichts dieser aktuellen Unsicherheit – „Ein stummer Kaiser, der den Tod im Leibe trägt"[139] – und des zu erwartenden Siegeszugs Wagners und der „Bayreuther Sache" als Staats-Sache ist anzunehmen, daß Nietzsche den „Fall Wagner" bereits im Februar 1888 noch in Nizza als Flankenschutz für die „Umwertung aller Werte" kon-

---

[136] Ebd., 250 ff.
[137] *Muschler*, 184 und PhE I 265. Siehe hierzu Anm. 38 und 39.
[138] *FN* B VIII, 261, 273. An seine Mutter schreibt Nietzsche am 5. März 1888: „Die Nachrichten von San Remo haben auch nichts Wohlthuendes: dies System von Lüge und willkürlicher Entstellung der Fakten, wie es diese Engländerin, im Bunde mit einem nichtswürdigen englischen Arzte, von einem Monat in den andern fortsetzt, hat sogar die Ausländer empört, gar nicht zu reden von dem deutschen Arzte, von der ganzen kaiserlichen Familie, von Bismarck. Ich bin durch einen Zufall sehr gut, zu gut über die intima intimissima dieser schauerlichen Geschichte unterrichtet." (269). Auch durch seinen alten Freund Gersdorff hatte Nietzsche einen direkten Draht zum Kaiserhaus; über einen Brief von diesem schreibt er am 21. März an Köselitz: „Auch sagt er ‚wie viel Kraft und Muth muß man haben, um heute gute Musik zu machen. Es giebt heute kaum einen Menschen, dem Wagner nicht das Concept verrückt hätte'. Gersdorff hatte eben seinen Hofdienst wieder hinter sich: er ist, wie Sie wissen werden, Kammerherr der alten Kaiserin. –" (276).
[139] PhE I, 278 (Philipp Konrad Graf zu Eulenburg an seinen Sohn am 16. März 1888).

zipiert hat. Strategisch gesehen – und Nietzsche wies immer wieder darauf hin, daß er ein alter Artillerist und von militärischer Genauigkeit sei[140] – erscheint demnach der „Fall Wagner" als ein vorweggenommener Angriff auf den bald zu erwartenden Sieg Wagners, dessen Endgültigkeit und Unaufhebbarkeit dann nach dem 15. Juni 1888 die zunehmende und immer maßloser werdende Schärfe und den aussichtslos-verzweifelten, überaktiven und auf Ruhm und Unsterblichkeit fixierten Durchsetzungsdrang Nietzsches bis zu seinem Zusammenbruch erklärt. Die Briefe der Monate vor und nach dem 15. Juni vermitteln einen beklemmenden Eindruck von der ständigen Präsenz des Wagner-Themas als „Reichs-Sache" seit der Ankunft in Turin Anfang April, wo die Niederschrift vom „Fall Wagner" erfolgt, eine Präsenz, die allerdings vor allem an den vielfältigen Gegenpositionen abzulesen ist. Ende März preist er – in einem Brief an Brandes – die Sonne Nizzas, „die Gott mit dem ihm eigenen Cynismus über uns Nichtsthuer, ‚Philosophen' und Grecs schöner leuchten (läßt) als über dem so viel würdigeren militärisch-heroischen ‚Vaterlande'", oder – wie er seiner Schwester schreibt – „über Deinen philosophisch-nihilistischen Nichtsnutz von Bruder schöner leuchten (läßt) als über Herrn von Bismarck und die deutsche *reichsfromme* Tugend"[141]. Gegen dieses Bismarck-Reich, „das – nach einer Brief-Stelle vom 12. Februar – mit fieberhafter Tugend an seiner Bewaffnung arbeitet und ganz und gar den Aspekt eines heroisch gestimmten Igels darbietet"[142], beginnt Nietzsche *seine* „Kriegserklärungen" vorzubereiten und seinen „Krieg" zu führen, dessen Aktualität und Reflex Ende März eine Stelle über Brandes' häufiger werdende Briefe, die voll vieler Zeichen einer leidenden Existenz seien, dokumentiert: „Brandes ist dermaaßen im *Krieg* und allein, daß er Jemanden nöthig zu haben scheint, zu dem er persönlich redet."[143] Diese Worte gelten uneingeschränkt für Nietzsche selber, der Brandes gegenüber vertrauensvoll bekennt, daß „eine Philosophie, wie die meine, wie ein Grab (ist) – man lebt nicht mehr mit", und „daß in mir ein Hauptbegriff des Lebens geradezu ausgelöscht ist, der Begriff ‚Zukunft'"[144]. Nietzsches Zukunftsgewißheit für seine „Umwertung aller Werte" korrespondierte mit seiner eigenen Zukunftslosigkeit, die die Schärfe seines Antipoden-Blickes auf Deutschland, auf Wagner und auf Wilhelm II. stärkte. Nietzsche beschrieb sich als „verunglückten Musikus", und als er am 4. Mai 1888 Brandes seine Komposition „Hymnus an das Leben" schickte – schon im Oktober 1887 hatte er sie an Hermann Levi und Felix Mottl aus Venedig mit begleitenden Briefen geschickt –, da fügte er hinzu: „Der vortreffliche Hofkapellmeister Mottl von Carlsruhe (Sie wissen, der Dirigent der Bayreuther Festaufführungen) hat mir eine

---

[140] *FN* B VIII, 432.
[141] Ebd., 279, 281.
[142] Ebd., 249; siehe auch: 281.
[143] Ebd., 276.
[144] Ebd., 207 (2. Dezember 1887 an Georg Brandes), 318 (23. Mai 1888 an Georg Brandes). In dem zuletzt genannten Brief schreibt Nietzsche über seine Zukunftslosigkeit: „Kein Wunsch, kein Wölkchen Wunsch vor mir! Eine glatte Fläche! Warum sollte ein Tag aus meinem siebzigsten Lebensjahr nicht genau meinem Tage von heute gleichen? – Ist es, daß ich zu lange in der Nähe des Todes gelebt habe, um die Augen nicht mehr für die *schönen Möglichkeiten* aufzumachen?" Ebd., 318.

Aufführung in Aussicht gestellt."¹⁴⁵ Einen Tag vor dem Tod Kaiser Friedrichs III., am 14. Juni – auch der Tag des ersten Briefes Chamberlains an Cosima Wagner –, teilt Nietzsche Köselitz nun schon aus Sils-Maria mit, er höre von Levi, „daß er krank ist und diesen Sommer nicht in Bayreuth dirigirt"¹⁴⁶. Über den Tod Friedrichs III. schreibt Nietzsche am Schluß eines Briefes ebenfalls an Köselitz vom 20. Juni, in dem er beziehungsreich auch darauf zu sprechen kommt, daß er in der Bibliothek des Hotels ein „in einem kostbaren Stil" abgefaßtes „Leben Wagners von Nohl" gefunden habe:

> „Der Tod des Kaisers hat mich bewegt: zuletzt war er ein kleines Schimmerlicht von *freiem Gedanken,* die letzte Hoffnung für Deutschland. Jetzt beginnt das Regiment Stöcker: – ich ziehe die Consequenz und weiß bereits, daß nunmehr mein ‚Wille zur Macht' zuerst in *Deutschland* confiscirt werden wird ..."¹⁴⁷

Das „Schimmerlicht" meinte zweifellos auch die Situation der Juden und die antisemitische Bewegung, der Wilhelm schon als Prinz durch seine Unterstützung Stoekkers Sympathien entgegengebracht hatte und die dagegen Kronprinz Friedrich „eine Schmach des Jahrhunderts" genannt hatte. Treitschke kritisierte in seinem Nachruf in den „Preußischen Jahrbüchern" diese ablehnende Haltung Friedrichs III. zum Antisemitismus, doch die deutschen Juden wußten, was sie mit ihm verloren und mit dem neuen Regiment zu erwarten hatten. Am 17. Juni erfuhr Eulenburg von seinem Vater Einzelheiten aus Berlin, daß niemand wissen würde, „wer überhaupt bleibt und wer fortgejagt wird", daß der neue Kaiser die Zimmer seines Vaters versiegeln habe lassen, und daß für die Trauerfeier am nächsten Tag viele Kränze von den Regimentern gekommen seien, aber – fügt er hinzu – „noch mehr von den Juden. Eine ganze Stube voll von Bleichröder, Schwabach, Heimann etc."¹⁴⁸. Wilhelm II., der vor allem die – längst nach England gebrachten – Tagebücher seines Vaters sichern wollte, hatte schon vor dessen Tod seine neue Machtrolle eingeübt, was auch genau registriert

---

[145] Ebd., 309, 320. An Hermann Levi schreibt Nietzsche am 20. Oktober 1887 den auf den „Hymnus an das Leben" bezogenen Brief-Entwurf: „Verehrter Herr, Darf ich mich Ihnen auf eine vielleicht etwas überraschende Weise ins Gedächtniß rufen? Nämlich mit Musik – der einzigen, welche von mir übrig bleiben soll (und die irgendwann einmal, vorausgesetzt, daß *sonst* wenig von mir übrig bleibt, zu meinem Gedächtniß ‚in memoriam' gesungen werden dürfte. Ich hörte gern Ihr Urtheil darüber, ob sie das *verdient.* – Vielleicht hat es nie einen Philosophen gegeben, der in dem Grade im Grund so sehr Musiker war, wie ich es bin. Deshalb könnte ich natürlich immer noch ein gründlich *verunglückter* Musiker sein – Mit dem Ausdruck meiner alten und unveränderlicher Hochschätzung ..." (172). Seltsamerweise unterschreibt Nietzsche den Brief mit „Levi". In dem am selben Tag geschriebenen Brief an Felix Mottl lautet der letzte Satz: „... Der *Affekt* meiner Philosophie drückt sich in diesem Hymnus aus." Ebd., 173.
[146] Ebd., 332.
[147] Ebd., 338 f. Im September nahm Nietzsche dann vorübergehend an, daß die Abwendung Wilhelms II. von Stoecker – siehe hierzu den Text zu Anm. 78 – auch eine Abwendung vom Antisemitismus bedeuten würde; am 14. September 1888 schreibt er an Overbeck: „Bei der Berufung Harnacks habe ich sehr Deiner gedacht: dieser junge Kaiser präsentiert sich allmählich vortheilhafter als man erwarten durfte, – er ist neuerdings scharf *anti*-antisemitisch aufgetreten und hat den Beiden, die ihn in der rechten Zeit von der compromittirenden Gesellschaft Stöcker und Co. taktvoll auslösten (*Bennigsen* und dem Baron *v. Douglas*) jetzt vor aller Welt seine große Erkenntlichkeit dafür ausgedrückt." Ebd., 433. Siehe hierzu auch 439.
[148] PhE I, 299.

wurde. Am 30. Mai schrieb Friedrich von Holstein an Eulenburg: „... von der Schüchternheit des Prinzen Wilhelm, die Sie mir vor vier Monaten beschrieben, ist nichts mehr übrig: im Gegenteil, der Herr flößt *aller Welt* Angst ein. So gehört's sich für einen Herrscher ..." Die von Wilhelm II. gehaßte Mutter, die Kaiserin Friedrich, bemerkte klarsichtig: „Wilhelm hält sich schon ganz für den Kaiser – und zwar für einen absoluten und autokratischen", und Wilhelm ließ noch vor dem Tod des Vaters von Gardetrompetern den Marsch aus Wagners „Götterdämmerung" blasen.[149]

Wie eng – auch zeitlich eng – die Veröffentlichung von „Der Fall Wagner" nun mit der „aller Welt Angst einflößenden" Thronbesteigung Wilhelms II. verknüpft ist, hat Nietzsche in einem Brief an Jakob Burckhardt, dem von ihm ungetrübt verehrten Leser seiner Schriften und geliebten Basler Kollegen, am 13. September aus Sils-Maria über die nun national führende Rolle der Wagner-Bewegung ausgesprochen:

„Die Bewegung ist jetzt in höchster Glorie. Drei Viertel aller Musiker ist ganz oder halb überzeugt, von St. Petersburg bis Paris, Bologna und Montevideo leben die Theater von dieser Kunst, jüngst hat noch der junge deutsche Kaiser die ganze Angelegenheit als nationale Sache *ersten Ranges* bezeichnet und sich an deren Spitze gestellt: Gründe genug, daß es *erlaubt* ist, auf den Kampfplatz zu treten ..."[150]

Der Hinweis, daß „die Bewegung" *jetzt* in höchster Glorie stehe, durchzieht als dieses immer wieder auftauchende „jetzt" die Briefe seit dem 15. Juni 1888. Am 21. Juni schreibt Nietzsche an Karl Knortz in Evansville (Indiana) über die Veränderung seines Verhältnisses zu Wagner: „Wenn ich jetzt zu den Gegnern der Wagner'schen Bewegung gehöre, so liegen, wie es sich von selbst versteht, dahinter keine mesqinen Motive." Köselitz teilt er am 17. Juli über das in Turin geschriebene „kleine Pamphlet" „Der Fall Wagner" mit: „Wir drucken es jetzt; und Sie sind auf das Inständigste ersucht, dabei mitzuhelfen ..."[151] Hatte Nietzsche schon am 18. April dem Herausgeber des „Kunstwart" Ferdinand Avenarius, der glaubt, „daß ich begeistert für dies Schund- und Schandblatt bin", durch Overbeck mitteilen lassen, daß er sich die Zusendung weiterer Nummern verbete, so schreibt er ihm am 20. Juli nun in einem Brief-Entwurf selber: „... Das Andere ist, daß ich wirklich verstimmt war – durch das *Preisgeben* H. Heine's; gerade jetzt, wo ein verfluchter Wind von Deutschthümelei bläst, bin ich ohne Milde für solche Condescendenzen." Er fügt nach Ausführungen über das von Cosima Wagner wegen „einiger Seiten über die Juden und ihre Art von ausgezeichneter Schärfe" geschätzte Buch „Gedanken über Goethe" des – wie Nietzsche betont – „verfluchten (Victor) Hehn" hinzu, „daß z. B. die Deutschen Lessing *und* Heine mehr verdanken dürfen, als sie z. B. Goethe verdanken – sie haben sie nöthiger gehabt. Das

---

[149] Ebd., 295 und *Franz Herre,* Mit ihm kam die Wende. Ein Jahr und drei Kaiser, in: FAZ-Magazin 20. November 1987, 44.
[150] *FN* B VIII, 421. Der Schluß eines Briefes an Hans von Bülow vom 10. August 1888, in dem Nietzsche diesen für die Oper „Der Löwe von Venedig" von Peter Gast (alias Heinrich Köselitz) gewinnen möchte, lautet: „Jetzt, wo Wagner von St. Petersburg bis Montevideo die Theater beherrscht, gehört ein Bülow'scher Muth dazu, *gute* Musik zu riskieren ..." Ebd., 385.
[151] *FN* B VIII, 340, 355.

sagt nichts gegen Goethe (im Gegentheil) – aber es sagt Etwas *gegen* die Miserabilität und Undankbarkeit die jetzt gegen Lessing und Heine eifert."[152]

Elf Tage nach der Thronbesteigung Wilhelms II. trat Nietzsche auf den „Kampfplatz": Am 26. Juni teilt er seinem Leipziger Verleger Constantin Georg Naumann mit, daß es etwas zu drucken geben würde und daß „wir diese kleine Sache ungesäumt in Angriff nehmen (wollen)", und er erwägt zunächst sogar, es in „*deutschen* Lettern" drucken zu lassen, um – so möchte man vermuten – für diese so entschieden „undeutsche" Kampfschrift möglichst viele deutsche Leser zu gewinnen; doch zwei Tage später teilt er dem Verleger seinen neuen Entschluß mit: „Alles wohl erwogen, es ist doch Nichts mit den *deutschen* Lettern. Ich kann meine ganze bisherige Literatur nicht desavouieren. Auf die Dauer zwingt man die Menschen zu seinem *eignen* Geschmack. Und mir wenigstens sind die lateinischen Lettern unvergleichlich sympathischer!"[153] Dem vertrauten Freund Köselitz teilt Nietzsche mit, daß die Schlußworte des „Parsifal" „Erlösung dem Erlöser" „diese ‚letzten Worte' Wagner's ja mein Leitmotiv (waren)", und ihm teilt er auch eine direkte Anspielung auf Wilhelm II. mit: „Daß ich unsern jungen deutschen Kaiser als einen ‚unästhetischen Begriff' bezeichnet habe, *wird man schon heraushören* ..." Brandes gegenüber kommt Nietzsche nach Erscheinen seiner „Kriegserklärung ohne pardon an diese ganze Bewegung" Anfang September noch einmal auf diese Anspielung und ihre möglichen Konsequenzen zu sprechen:

„Vielleicht wehrt man sich, von Bayreuth aus, auf reichsdeutsche und kaiserliche Manier, durch eine Interdiktion meiner Schrift – als der ‚öffentlichen Sittlichkeit gefährlich': der Kaiser ist ja in diesem Fall Partei. Man könnte selbst meinen Satz ‚wir kennen Alle den unaesthetischen Begriff des christlichen Junkers' als Majestätsbeleidigung verstehn –"[154]

Der Druck von „Der Fall Wagner" erfolgt Ende Juli/August während der Bayreuther Festspiele, die von Chamberlain und Eulenburg mit seiner Frau besucht wurden und von denen Nietzsche – wie er mehrfach mitteilt – „mitten aus dem Bayreuther Parsifal heraus im Namen eines ganzen Kreises von ‚Jüngern' aus Wien" von einem unbekannten Wiener Verehrer einen Brief erhält, „der mich seinen ‚Meister' nennt (oh!!!) und mich zu einer Art Großmuths-Akt gegen den Parsifal auffordert: – ich sollte großmüthiger sein als Siegfried gegen den alten *Wanderer*"; „Doch verhalte ich mich" – so lautet Nietzsches Kommentar – „sehr kühl allen solchen jugendlichen Anstürmen gegenüber. Ich schreibe ganz und gar nicht für die gährende und unreife Altersklasse."[155]

Nietzsches Briefbemerkung vom 16. September, daß Graf Hochberg leider „nun auch ad acta gelegt (ist), irgendein *unzweideutiger* Wagnerianer soll sein Nachfolger

---

[152] Ebd., 297, 359f. In einem Brief an Overbeck aus Sils vom 20. September 1888 bemerkt Nietzsche zum „Kunstwart": „Im Übrigen habe ich das Blatt abgeschafft: auf einen jüngst eingetroffenen Brief des Hr. Avenarius, der sich schmerzlich über die Abmeldung beklagte, habe ich ihm kräftig die Wahrheit gesagt (– das Blatt bläst in das deutschthümelnde Horn und hat z. B. in der *schnödesten Weise* Heinrich Heine preisgegeben – Herr Avenarius, dieser Jude!!!)." Ebd., 362 und *CW* III, 185.
[153] *FN* B VIII, 342 ff.
[154] Ebd., 398, 439, 456.
[155] Ebd., 375, 381.

werden"¹⁵⁶, zeigt, wie gut er über die vom Prinzen Wilhelm schon im Herbst 1887 gewünschte und von Cosima Wagner durch energische Arbeit gegen Hochberg gerade im August während der Festspiele betriebene Kandidatur Eulenburgs zum Generalintendanten in Berlin informiert war, und daß er über den nun aktuellen Grund der geplanten Ablösung Hochbergs Bescheid wußte. Ebenso aufmerksam verfolgte Nietzsche die Schwedenreise Wilhelms II. und kommentierte in einem Brief an Carl Fuchs in Danzig vom 26. August die Reaktion von Georg Brandes auf diese Reise mit zustimmender Sympathie:

> „Eben hat er wieder, *nach* dem Besuch des Kaisers, in ‚einer wahren Teufelslaune', wie die Kölnische Zeitung sagt, seine Verachtung gegen alles Deutsche ausgedrückt. Nun, man giebt es ihm reichlich zurück. In den gelehrten Kreisen genießt er des allerschlechtesten Rufs: mit ihm in Beziehung zu stehen gilt als entehrend (Grund genug, für *mich, so wie ich bin,* der Geschichte von den Winter-Vorlesungen die allerweiteste Publizität zu geben). Er gehört zu jenen internationalen *Juden* die einen wahren *Teufels-Muth* im Leibe haben, – er hat auch im Norden Feinde über Feinde …"¹⁵⁷

Dieser so betonte „Teufels-Muth" eines Juden gegenüber dem Danziger Musikschriftsteller Carl Fuchs hatte seine besonderen Gründe, denn dieser hatte – wie Nietzsche am 20. Juli an Overbeck schrieb – „jahrelang eine Höllenangst, daß seine Beziehung zu mir ihm bei Wagner schade", und es folgt wenig später der von Nietzsches unbeirrbarer Empfindlichkeit in Fragen des Wagner-Wilhelminischen Antisemitismus zeugende Satz: „Er ist auch Organist an der Synagoge in Danzig; Du kannst Dir denken, daß er sich in der *schmutzigsten* Weise über den jüdischen Gottesdienst lustig macht (– aber er läßt sich's *bezahlen*!!)"¹⁵⁸ Nietzsche empfand das Mißgeschick, „mit einer Verarmung und Verödung des *deutschen* Geistes gleichzeitig zu sein, die Erbarmen macht", und er fühlt sich „im lieben Vaterlande wie Einen (behandelt), der ins Irrenhaus gehört"; diesen Bemerkungen aus einem Brief Ende Juli an Malwida von Meysenbug, in dem wieder das so erfolgreiche Wagnis des Vorlesungs-Zyklus des „geistreichen Dr. Georg Brandes" erwähnt wird und Nietzsche sich als den *„unabhängigsten* Geist Europa's und den *einzigen* deutschen Schriftsteller" bezeichnet, folgt die von seiner Verletztheit und Wundheit zeugende zentrale Stelle:

> „Außerdem steht mir auch der Bayreuther Cretinismus im Wege. Der alte Verführer Wagner nimmt mir auch nach seinem Tode noch den Rest von Menschen weg, auf die ich wirken könnte. – Aber in *Dänemark* – es ist absurd, zu sagen! – hat man mich diesen Winter gefeiert!!…"¹⁵⁹

Jetzt war Nietzsches Absonderung durch seine weitausgreifende „Umwertung aller Werte" endgültig geworden, er empfand die Welt um sich leer und antwortlos, und er fand sich damit ab, „daß ich" – wie er am 14. September an seine Schwester schreibt – „meine Schriften *selbst* drucken muß – und daß die Zeit für immer vorbei ist, wo es zwischen mir und der *Gegenwart* irgend noch ein anderes Verhältnis gäbe als *Krieg*

---

¹⁵⁶ Ebd., 440; siehe auch die Texte zu Anm. 47 und 48.
¹⁵⁷ Ebd., 399.
¹⁵⁸ Ebd., 361.
¹⁵⁹ Ebd., 378.

aufs Messer"¹⁶⁰. Dieses „für immer" zielt auch auf die Endgültigkeit seiner Gegenposition zur siegreichen Reichs-Macht Wagner und Bayreuth, der sich nun auch eine Reihe seiner Freunde unterwarf. Zwar macht Nietzsche – in einem Brief vom 10. August – noch den Versuch, Hans von Bülow, der einst auf seine eigenen Kompositionen mit einem sarkastisch-abfertigenden Brief reagiert hatte, für eine Aufführung der Oper „Der Löwe von Venedig" von Peter Gast (alias Heinrich Köselitz) zu gewinnen und ruft dessen Mut an: „Jetzt (sic!), wo Wagner von St. Petersburg bis Montevideo die Theater beherrscht, gehört ein Bülow'scher Muth dazu, *gute* Musik zu riskiren."¹⁶¹ Doch Bülow schweigt, und auch den Freunden Nietzsches fehlt der Mut, sich für ihn zu entscheiden und einzusetzen. Ende August schreibt er über seinen Jugendfreund Gustav Krug:

„... derselbe, jetzt (sic!) ein großes Thier, das 80 Angestellte unter sich hat, Justizrath und Direktor der linksrheinischen Eisenbahn, Sitz Köln, hat ganz vor Kurzem in Köln einen *Wagner-Verein* großen Stils in's Leben gerufen: er ist dessen Präsident. –"¹⁶¹

Auf Krug und andere Freunde kommt Nietzsche noch einmal am 20. Oktober in einem Brief an Brandes zu sprechen, in dem er mitteilt, daß der Kaiser im Falle Bayreuths Partei sei, und in dem er die „Götzen-Dämmerung" mit den Worten ankündigt: „Diese Schrift ist meine Philosophie *in nuce* – radikal bis zum Verbrechen." Er gesteht Brandes, daß sein Brief bisher der einzige sei, „der überhaupt ein Gesicht zu meinem Attentat auf Wagner machte", und fährt dann fort:

„*Denn* man schreibt mir nicht. Ich habe selbst bei Näheren und Nächsten einen heillosen Schrecken hervorgebracht. Da ist zum Beispiel mein alter Freund Baron Seydlitz in München unglücklicherweise gerade Präsident des Münchener Wagner-Vereins; mein noch älterer Freund der Justizrath Krug in Köln Präsident des dortigen Wagner-Vereins; mein Schwager Bernhard Förster in Südamerika, der nicht unbekannte Antisemit, einer der eifrigsten Mitarbeiter der Bayreuther Blätter; und meine verehrungswürdige Freundin Malwida von Meysenbug, die Verfasserin der ‚Memoiren einer Idealistin' verwechselt nach wie vor Wagner mit *Michel Angelo* ..."¹⁶²

Zwei Wochen vor diesem Brief an Brandes, am 4. Oktober, hatte Nietzsche drei Exemplare von „Der Fall Wagner" an Malwida von Meysenbug mit dem Hinweis geschickt, daß diese Schrift, „eine Kriegserklärung in aestheticis, wie sie radikaler gar nicht gedacht werden kann, eine bedeutende Bewegung zu machen (scheint)", und er teilt ihr mit, daß inzwischen „Der Antichrist", das erste Buch seiner „Umwertung aller Werte" fertig sei, um hinzuzufügen: „Das größte philosophische Ereigniß aller Zeiten, mit dem die Geschichte der Menschheit in zwei Hälften auseinander bricht ..."¹⁶³ Nietzsches Bewußtsein, mit der „Umwertung aller Werte" seit dem Jahr 1888 eine neue Zeitrechnung zu beginnen und damit durch die Aufhebung der christlichen Zeitrechnung die „Menschheit in zwei Hälften" auseinanderzubrechen, führte nach dem 15. Juni 1888 zu einem immer verzweifelteren, immer übersteigerteren und immer vergeblicheren „Kampf" und „Krieg" gegen die siegreiche „Bayreuther Sache"

---

[160] Ebd., 429.
[161] Ebd., 401.
[162] Ebd., 456.
[163] Ebd., 447.

und das mir ihr verknüpfte Deutschland. Doch dieser „Kampf" und die von ihm bestimmte Werk-Reihe Nietzsches des Herbstes 1888 wird auch immer mehr zum Reflex und zum Spiegel dieser „Bayreuther Sache" und der Werk-Idee Wagners mit ihrem Vernichtungs-Antisemitismus, den die sogenannten Wahnsinns-Zettel kurz vor dem Zusammenbruch dann direkt – mit umgekehrten Vorzeichen – widerspiegeln. Wenn Nietzsche am 24. November in einem Brief schreibt, daß Frau Wagner es am besten wissen wird, „wie ich das Verborgenste von dieser *versteckten Natur* erraten habe, aber sie hat hundert Gründe, den *mythischen* Wagner aufrecht zu halten …", dann scheint er hier auf das Geheimnis der „reinen Christuslehre" Wagners, die Vernichtung des Judentums, anzuspielen – auch darauf bezog sich wohl sein *„Antichrist"*. Nietzsche hat mehrfach von der durch den „Zarathustra" ausgelösten antwortlosen Abseits-Position und Vereinsamung, gegen die er sich wie gegen „eine Art Schlinge, die mich erwürgen will", zu wehren versuchte, gesprochen und dazu bemerkt, „daß man daran zu Grund gehen (kann), etwas Unsterbliches gemacht zu haben" oder „unsterblich" zu sein[164]. Doch auch wenn er überzeugt war, an dem „über alle Maaßen gefährlichen Experiment", ein Wagnerianer gewesen zu sein, *nicht* zu Grunde gegangen zu sein[165], so weisen alle Anzeichen in den letzten Monaten des Jahres 1 der neuen Zeitrechnung darauf hin, daß Nietzsche vor seinem Zusammenbruch doch schon an Wagner zugrunde gegangen war. Doch auf andere Weise begann mit dem 15. Juni 1888 eine neue deutsche Zeitrechnung: Die Thronbesteigung Wilhelms II., der aller Welt Angst einflößen wollte, ist der Beginn der Verhängnisspur des staatlich geduldeten, geförderten und schließlich organisierten und exekutierten deutschen Vernichtungs-Antisemitismus, der durch die deutsche Losung Siegfried verbreitet wurde und verfolgt werden kann. Der „Wach' auf"-Chor aus den „Meistersingern", der schon seit deren Uraufführung im Juni 1868 auf ein „Deutschland erwache" und eine das Judentum ausschließende *deutsche* Kunst abzielte, das Schwert Siegfrieds und die zum Bayreuther Ideal oder zur Bayreuther Idee verklärte und einen vom Judentum „erlösten" und „gereinigten" Christus ankündigende „Parsifal"-Schlußformel „Erlösung dem Erlöser" werden unter dem Deckmantel der Musik und Kunst zu Erkennungszeichen der Bayreuther Gemeinde, die durch Wilhelm II. zum deutschen Volk erweitert wurde. In diesem Sinne ist das Jahr 1933, das Jahr 1 der nationalsozialistischen Zeitrechnung, deren symbolischer Beginn in der von Hitler angeordneten Neuinszenierung des „Parsifal" in Bayreuth für 1934 gesehen werden kann, bereits im Jahr 1888 erkennbar.

8. 1888–1913: „Führung im Weltkampfe für die Kultur der Zukunft"

Auf Wunsch Kaiser Wilhelms II., dem Cosima Wagner in ihrem – oben zitierten – Brief vom 23. August 1888 geschrieben hatte: „Sollten Euere Majestät die Wiederholung der diesjährigen Spiele für das Jahr 1889 wünschen …", fanden im Jahr 1889 in

[164] Ebd., 363, 377.
[165] Ebd., 210.

Bayreuth die Festspiele statt; deren „Geheimnis" konnte Cosima Wagner bei dem Kaiser, der nach ihrem eigenen Zeugnis den „Parsifal" auswendig kannte, voraussetzen, wenn sie über den sich bevölkernden Bayreuther Zuschauerraum schrieb, daß „wir" in diesem „das Gleichnis einer Gemeinde erblicken durften, die in der Erschauung des Ideales sich eng verbunden fühlt"[166]. Zusammen mit seiner Gemahlin Auguste Viktoria besuchte Wilhelm II. auch die Festspiele, worüber Hermann Levi am 16. August 1889 an seinen Vater schreibt: „Heute nachtmittag kommt Wilhelm; heute abend der Regent, der von den Künstlern im Schlosse empfangen wird; ich werde dabei (in Uniform!) die Jubel-Ouverture dirigieren; morgen früh ist in gleicher Weise die Kaiserbegrüßung, bei welcher Mottl dirigieren wird."[167] Am 17. August sah das Kaiserpaar die „Meistersinger" und am 18. August den „Parsifal". Als fünfter Jahrgang des vom „Allgemeinen Richard Wagner-Verein" herausgegebenen „Bayreuther Taschen-Kalenders" erscheint in diesem Jahr 1889 das „Bayreuther Taschenbuch" mit einer Phototypie Wilhelms II. in Parade-Uniform. Hatte Hans von Wolzogen 1885 im ersten Taschenkalender geschrieben, diese sollten dazu dienen, die „große Sache Richard Wagners ... mehr und mehr zu einer wahrhaft *nationalen Sache* werden zu lassen", so wird in diesem fünften Jahrgang in Erinnerung an die hundert Jahre zurückliegende Französische Revolution mit der ihr folgenden „undeutschen Herrschaft und Politik" die *deutsche* Revolution als „germanische Reformation" und „rein menschliche Regeneration" beschworen, „um vorbereitend darauf hinzuleiten, was der Begriff der ‚Revolution' uns, als des Meisters Schülern und Anhängern, einzig noch bedeuten kann". Ein ausführlicher Teil des Taschenbuches ist unter Berufung auf Wagners Dramen-Entwurf „Jesus von Nazareth" von 1848 – den Cosima Wagner 1888 beim Verlag Breitkopf & Härtel mit der Widmung: „Dem Andenken Heinrich von Steins widmet diese Veröffentlichung Siegfried Wagner", herausgegeben hatte – den „Christlichen Monatsheiligen" gewidmet; im vorausgegangenen Jahr waren die „Deutschen Monatsgötter" behandelt worden. Diese im deutschen Sinne „revolutionären" Arbeiten sollten – wie es heißt – teilnehmen an der im Dienste von Wagners „Regenerations"-Schrift „Religion und Kunst" stehenden „grossen Kulturaufgabe des neuen Jahrtausends", und im Rückblick auf die „herrlichen Erlebnisse von 1888" kann man lesen:

> „Aber auch die Kunst als solche hat uns mit des Meisters eigenen Wort' und Weisen im letzten Jahre, der nahen romanischen Jubelfeier ins Gesicht, das grosse Lied der ‚deutschen Revolution' gesungen: das reformatorische: ‚Wach' auf, es nahet gen den Tag' – und das regeneratorische: ‚Erlösung dem Erlöser'!"

Von C. F. Glasenapp enthält das Taschenbuch den Aufsatz „Richard Wagner als Revolutionär", und im Vorwort heißt es über die Hohenzollern-Fürsten: „Nun aber thront gar auf deutschem Kaisersitze selbst ein realpolitisch-gewaltiges, geschichtliches Geschlecht ‚deutscher Revolutionäre'." Am Schluß des Vorwortes heißt es dann mit Blick auf Wilhelm II.:

---

[166] *CW* III, 155 f.
[167] Hermann Levi an seinen Vater, 23.

„... *Feiern wir desshalb im Revolutionsgedenkjahre vor Allem unsern deutschen Kaiser!* Sein Bildniss schmücke in diesem Jahre unseren Bayreuther Zeitweiser. Der Heldenklage um den erhabenen Reichsbegründer, den greisen Kaiser-‚Erfüller', sei der Jubelgruss für die Jugendliche Majestät des Ersten der hohen fürstlichen ‚Vollender' zugesellt, von denen wir uns und unsern Nachkommen die Führung erhoffen im Weltkampfe für die *Kultur der Zukunft!* Denn nach diesem Ziele wandern und weisen wir Bayreuther – durch die Zeit."[168]

Dieser Wagner folgende „Führungs"-Anspruch im „Weltkampfe" für eine in Bayreuth eingeübte und von Bayreuth ausgehende antisemitisch-deutsche „Kultur der Zukunft" wird ein Leitmotiv der Wilhelminischen Zeit, und er korrespondiert mit dem imperialistischen Weltherrschaftsanspruch der Flotten-Politik und Flotten-Rüstung seit 1897. Von Bayreuth aus und nach 1888 immer mehr von Deutschland aus konnte der Begriff der Kultur der Zukunft als die Welt erobernder Begriff nur als *deutscher* Begriff gedacht werden, der – wie an dem oben zitierten Vorwort ablesbar – der romanische, undeutsche Begriff der Revolution nicht nur entgegengesetzt, sondern als minderwertig untergeordnet wurde: So entstanden die ideologischen Kampfbegriffe der Zivilisation – gegen *deutsche* Kultur –, des Materialismus – gegen *deutschen* Idealismus –, der Gesellschaft – gegen *deutsche* Gemeinschaft – u. ä. Dieses demagogische Brandmarkungsprinzip steht auch hinter zahlreichen Äußerungen über die Juden und Sozialdemokraten bei Wilhelm II. und seinem engeren Kreis und bei den weiteren Kreisen der antisemitischen Bewegung, insbesondere der Anhängerschaft Stoeckers, Langbehns, Lagardes, Chamberlains u. a. Auch die Briefe Eulenburgs an den Kaiser sind voller vertraulicher, die Erwartungshaltung des Empfängers berücksichtigender antisemitischer Äußerungen und Anspielungen, die sich häufig auf das Werk Wagners beziehen. Am 22. November 1892 berichtet Eulenburg über den leidenschaftlichen Widerstand gegen die Militärvorlage und bemerkt dazu: „Überall sehe ich die Fährten des Raubzeuges, – besonders die Abdrücke jüdischer Plattfüße. Das Volk Israel hat der Fürst durch seinen Mythos von dem verwesenden deutschen Reich ‚angeludert'. Sie glauben, die Republik zu wittern."[169] Am 17. Dezember 1892 empfiehlt er Wilhelm II. „eine pointierte Haltung gegenüber dem Antisemitismus" der konservativen Ultras einzunehmen, da dieser aus einem „ganz allgemeinen politischen Gesichtspunkt (wegen der denkbaren Vorteile für Bismarck als dem Führer der Unzufriedenen, HZ) ... *jetzt* etwas auf den Kopf bekommen" müsse, doch er betont ausdrücklich: „Ich bin kein Judenfreund, Euere Majestät auch nicht – wir haben bisweilen Meinungen ausgetauscht."[170] Wie judenfeindlich Eulenburg zu äußern sich nicht entblödete, zeigt ein in höhnisch-sarkastischem Ton gehaltener Brief vom 1. September 1895 aus Wien, in dem er von einem Liebhaber-Konzert im Hotel Bellevue zu Vöslau berichtet, in dem er als „einziger Arier" in der Mitte „Israels" vier Wochen verbracht hatte. Er schreibt dazu: „Da sich *nur* Juden in Vöslau zur Sommerfrische aufhalten, sind auch Zuschauer und Künstler *ausnahmslos* Juden", und garniert seinen ausführlichen Hohn-Bericht mit unübersehbaren Beckmesser-Anspielungen, um dann mit den

---

[168] *HZ* I, 70 f.
[169] PhE II, 979.
[170] Ebd., 997 f.

Worten zu schließen: „... Die Judenfrage glaube ich durch diesen Sonntags-Ferienaufsatz erschöpfend behandelt zu haben."[171]

Dieser höhnische Ton den Juden gegenüber ist von Wagner ausgehend ein durchgehender Zug der Literatur der Wagner-Anhänger geworden, als welcher Eulenburg sich auch hier erweist. Die Tatsache, daß Wilhelm II. nach 1889 nicht mehr zu den Bayreuther Festspielen fuhr, hat keineswegs mit einer Distanzierung von Bayreuth oder Wagner zu tun, sondern damit, daß er nie nach Bayreuth fahren konnte, ohne mit der automatischen Ankunft des bayerischen Prinzregenten rechnen zu müssen, der sonst Bayreuth eher gleichgültig-duldend gegenüberstand. Am 21. März 1892 berichtet Eulenburg dazu aus München:

> „Frau Cosima hat alles aufgeboten, um es zu ermöglichen, daß ein eventueller Besuch Bayreuths durch Ew. Majestät in diesem Jahr ohne den Apparat Königlich Bayerischer Hofbegleitung stattfinden könnte. Vergebens. Sie blieb der Prediger in der Wüste. Der Protektor der Festspiele, Regent Prinz Luitpold, denkt nicht daran zu kommen, wenn aber Se. Majestät der Kaiser erscheint, *wird* er kommen; dann aber sitzt er wie Mime neben Siegfried, der alle Huldigungen einsteckt.
> Frau Cosima ist außer sich, weil sie (mit Recht) gar zu gern Ew. Majestät *allein* in Bayreuth haben würde."

In diesem Brief berichtet Eulenburg auch von einem Zusammentreffen mit Cosima Wagner im Hause des Kunstphilosophen Konrad Fiedler, „wo ihr ‚göttliche Ehren' erwiesen werden" und wo das „variierte Thema unserer Unterhaltungen" „Bayreuth und der Kaiser" gewesen sei; auch in diesem Brief kann Eulenburg es nicht unterlassen, Levi als jemanden hinzustellen, „der mit jüdischen Argusaugen meine etwaige antisemitische Unterhaltung überwachte" oder der zwei Tage später wiederum „verdachtsvoll die semitischen Löffel (spitzte), als Johannes in der Wüste (eine launige Kennzeichnung Cosima Wagners, HZ) über katholische Politik sprach"[172].

Doch auch wenn Wilhelm II. äußerlich eine gewisse Distanz zu Bayreuth eingenommen zu haben schien, so blieb er doch ein Sympathisant und auch Förderer der Wagnerschen Sieg- und Vernichtungs-Ideologie und der damit verknüpften „reinen Christuslehre", das heißt, Siegfried und sein Schwert, der „Parsifal" mit seiner Schlußformel, die „Meistersinger" als deutsche Kampf- und Erweckungs-Oper wurden zu Sinnbildern und Instrumenten des Wilhelminischen „Weltkampfes". Auch an scheinbar beiläufigen Einzelheiten ist das abzulesen: das deutsche Schwert und das Bild des Schmiedens und damit verbunden Bilder der Vernichtung und die Pflege der Ideale sind durchgehende Motive in den Reden Wilhelms II. In seiner Rede zum Stapellauf der „Ägir" – ein neues Schiff der sogenannten Siegfriedklasse – sagte er am 3. März 1895 in Kiel:

> „... Du sollst dienen zum Schutze des Vaterlandes, du sollst dem Feinde Trutz entgegenbringen und Vernichtung. Der alten germanischen Sage entsprossen sind die Namen der Schiffe, die zu der gleichen Klasse gehören. Daher sollst du gleichfalls an die graue Vorzeit unserer Ahnen erinnern, an die gewaltige Gottheit, die von allen germanischen meerfahrenden Vorfahren angebetet und gefürchtet wurde, und deren gewaltiges Reich bis an den eisigen Nordpol und fernen Südpol sich erstreckte, in deren Gebiet die nordischen Kämpfe ausgefochten,

[171] PhE III, 1527 ff.
[172] PhE II, 816 ff.

Tod und Verderben in das Land des Feindes gebracht wurden. Dieses großen Gottes gewaltigen Namen sollst du führen ..."[173]

Ein Kaiser, der so sprach, mußte alle militanten, antisemitischen und imperialistischen und auf Weltgeltung und Weltherrschaft des *Deutschen* gerichteten Tendenzen und Bestrebungen ermuntern, sich auch so zu Wort zu melden und sich zu organisieren. Der „Rembrandt-Deutsche" ist nur ein besonders herausragendes Beispiel dieser neuen Wagner-Konjunktur nach 1888, die deutlich wird an dem Erfolg des 1896 erscheinenden Wagner-Buches und der 1899 erscheinenden „Grundlagen des 19. Jahrhunderts" von Chamberlain, aber auch an der 1891 von Glasenapp herausgegebenen „Wagner-Encyclopädie" mit dem bezeichnenden Untertitel: „Haupterscheinungen der Kunst- und Kulturgeschichte im Lichte der Anschauung Richard Wagners". Lautet der Untertitel des 1883 erschienenen „Wagner-Lexikons" „Hauptbegriffe der Kunst- und Weltanschauung Richard Wagners" und der der „Bayreuther Blätter" im selben Jahr „Zeitschrift zur Verständigung über die Möglichkeiten einer deutschen Kultur", so lautet deren Untertitel 1894 – dann bis 1938 – „Deutsche Zeitschrift im Geiste Richard Wagners". Auch die seit 1888 bis zum Ersten Weltkrieg zunehmenden Gründungen antisemitisch-nationalistischer Wagner-Verbände oder Bayreuth nahestehender Verbände, die „Parsifal"-Schutzbewegung und die zahlreichen Wagner-Denkmäler dokumentieren die Nationalisierung der „Bayreuther Sache". Einige seien angeführt: Alldeutscher Verband 1890, Gobineau-Vereinigung 1894 (gegründet vom Wagnerianer und Gobineau-Übersetzer Ludwig Schemann), Ein Nationaldenkmal für Richard Wagner 1903, Nationaldank-Bewegung 1904, Richard Wagner-Gesellschaft für germanische Kunst und Kultur 1905, Werdandi-Bund 1907, Richard Wagner-Verband deutscher Frauen 1909[174]. Die Gestalt Siegfrieds über dem Eingang des „Deutschen Hauses" bei der Pariser Weltausstellung 1900 und die Einweihung der Berliner Sieges-Allee im Dezember 1901 dokumentieren, daß der Wilhelminische Welt-Anspruch nun ein immer kämpferischer werdender Sieg-Anspruch geworden ist, der seine schärfste ideologisch-rassistische Fundierung in den „Grundlagen des 19. Jahrhunderts" von Chamberlain erfuhr. Dessen Begegnung mit Wilhelm II. war nicht nur durch dessen Bayreuth-Nähe und durch dessen Lektüre des in der Luxus-Ausgabe 1895 subskribierten Wagner-Buches vorbereitet, sondern auch durch die publizistische Tätigkeit Chamberlains in dem Zeitraum davor, die das Wagner-Thema mit dem Wilhelm- und Preußen-Thema auf geschickte Weise in Verbindung brachte.

Am 28. Mai 1900 veröffentlichte Chamberlain in der „Jugend" seinen Jubel-Aufsatz „Kaiser Wilhelm II.", an dessen Schluß der den „Wurm" besiegende Siegfried angerufen wird, am 24. September und 1. Oktober 1900 ebenfalls in der „Jugend" den Aufsatz „Richard Wagners geschichtliche Stellung", und am 18. Januar 1901 erscheint in der „Täglichen Rundschau" der Aufsatz „Die Preußische Rasse". An diesem Tag schreibt Chamberlain seinen ersten Brief an Wilhelm II., um sich für ein ihm überreichtes Gedenkblatt zur Feier des 200. Jahrestages der Begründung des Königreiches Preußen zu bedanken. Eine Woche später schreibt er an Cosima Wagner:

---

[173] Kaiser Wilhelm II., Kaiserreden, hrsg. von *A. Oskar Klaußmann* (Leipzig 1902) 262 f.
[174] *HZ* I, 338, 41, 96, 100, 112 f.

„Ja, von der Lektüre der ‚Grundlagen' durch den Kaiser habe ich insofern erfahren, als Seine Majestät mir zum 18. Januar durch Fürst Eulenburg ein Gedenkblatt zugleich mit dem Ausdruck seines Interesses für mein literarisches Wirken hat überreichen lassen. (Ich bitte es nicht zu erzählen; denn für nichts in der Welt möchte ich, daß es in die Zeitungen käme.) Auf Fürst Eulenburgs Aufforderung und durch seine Vermittlung habe ich auch an den Kaiser geschrieben ..."[175]

Chamberlains Aktivitäten in diesem Jahr 1901 standen unter dem Eindruck zweier von Bayreuth aus mit Mißtrauen und Konkurrenzgefühlen beäugter Ereignisse: die Ablehnung der Verlängerung der „Parsifal"-Schutzfrist Anfang Mai durch den Reichstag und den Bau des Prinzregenten-Theaters in München, das am 20. August mit den „Meistersingern" eröffnet wurde. Am 9. Mai reagierte Cosima Wagner in einem Brief an die Mitglieder des Reichstages auf deren ablehnende Entscheidung und schrieb wenig später darüber an Marie Gräfin Wolkenstein:

„... der Aufsatz Chamberlains (‚Nation und Rasse' in der ‚Täglichen Rundschau', HZ) wies wohl auf eine der schwärenden Wunden hin, aber nicht auf den Krebsschaden des deutschen Wesens an dem im Grund genommen doch Deutschland zugrunde gegangen ist: das war der Parlamentarismus. Freilich Bayreuth konnte er nicht vernichten, schon deshalb nicht, weil er es zwang, selbständig zu bleiben und unabhängig von einer Regierung, die sich selbst dem Reichstag gegenüber versklavt hatte."[176]

Am 13. Mai dankt Cosima Wagner Chamberlain für die Aufnahme ihres Schreibens an den Reichstag und regt an, den österreichisch-ungarischen Wagner-Verein zu einem Schritt für ein Schutzgesetz für „Parsifal", der ihren Brief unterstützen würde, zu bewegen, und sie fügt hinzu: „Ich schicke nun mein Schreiben an Fürst Eulenburg, vielleicht kann er es dem Kaiser zu Gesicht bringen, der in dieser Sache wohl wichtig wäre."[177] Im Frühjahr 1902 verbrachte Cosima Wagner dann einen „kaiserlichen Abend" in Berlin, wo sie einige Wochen in der von Ernst Schweninger geleiteten Klinik in Großlichterfelde wegen einer Venenentzündung verbrachte, und über die dabei stattfindende Begegnung mit Wilhelm II. schreibt sie an Gräfin Wolkenstein:

„... der Kaiser selbst war hinreißend. Er begrüßte Eva und mich herzlich mit den Worten, er habe uns lange nicht gesehen. Ich benützte die Gelegenheit, um ihm meinen Dank zu Füssen zu legen für seine gnädige Gesinnung in der Schutzfrage. Darauf sprach er von München, der Sorge, die es ihm einflöße."[178]

---

[175] *Cosima Wagner – Houston Stewart Chamberlain, Briefwechsel 1888–1908*, hrsg. von *Paul Pretzsch* (Leipzig 1934) 607; im folgenden zitiert: CW-HSCh.
[176] *Richard Graf du Moulin Eckart*, Cosima Wagner, Bd. II, Die Herrin von Bayreuth 1883–1930 (München, Berlin 1931) 664; im folgenden zitiert: *ME*. Der Haß auf die Demokratie und den Parlamentarismus ist ein durchgehendes Merkmal der orthodoxen Wagner-Literatur. Am 1. Januar 1912 teilt Chamberlain dem Kaiser mit, was er dem Verleger Diederichs, der ihn wegen seiner geplanten „Erziehung des deutschen Volkes zur Politik" drangsaliert habe, geschrieben habe: „Bitte fangen Sie damit an, daß Sie sämtliche Mitglieder aller Parteien des Reichstags zusammenberufen und dann sprengen Sie das ganze sogenannte Hohe Haus mit Dynamit in die Luft; nachher wollen wir sehen, was sich machen läßt." (*Chamberlain* B II, 238).
[177] *CW-HSCh*, 617.
[178] *ME*, 663. Siehe hierzu die „Parsifal"-Schutz-Broschüre von R. Frhr. von Lichtenberg und L. Müller von Hausen mit der Widmung: „Seiner Königlichen Hoheit dem Prinzen Dr. August Wilhelm von Preußen, dem hochherzigen Förderer des Parsifal-Schutzes untertänigst zugeeig-

Im Festspielsommer des Jahres 1901 ist Chamberlain einer der Mitunterzeichner eines von Bayreuth ausgehenden Aufrufes zum „Parsifal"-Schutz, nachdem er am 1. Juni in der „Woche" seinen Wagners „Geheimnis" anrufenden Propaganda-Aufsatz „Richard Wagners Bayreuth" veröffentlicht hatte, der dem fünfundzwanzigjährigen Jubiläum der ersten Festspiele in Bayreuth gewidmet war. Das waren günstige Voraussetzungen zu der Begegnung zwischen dem Rassenfanatiker und dessen Bewunderer, dem deutschen Kaiser, die beide für das „Deutsche", für „deutsche Ideale" und für den „deutschen Christus" schwärmende Vernichtungs-Antisemiten Wagnerscher Prägung waren. Am 13. Oktober 1901 lädt Eulenburg Chamberlain für den 28. und 29. Oktober nach Liebenberg ein, wohin am 27. Oktober abends „Se. Majestät zu mir zu Besuch" komme und wo auch der Reichskanzler mit Frau zu dem „kleinen Kreise" gehören werde; in dem Brief heißt es:

> „... Sie kennen die Verehrung meines kaiserlichen Herrn für Sie – und die meinige auch. Se. Majestät hat den großen Wunsch, *Sie persönlich kennenzulernen*. ... Mein Haus würde *stolz* sein, Sie aufnehmen zu können! Sie finden tiefes Verständnis für Sie vor ..."

Nach Chamberlains Zusage schreibt Eulenburg diesem am 17. Oktober:

> „Kaiser Wilhelm kennt Ihr letztes Werk (,Die Grundlagen des neunzehnten Jahrhunderts', Bruckmann Verlag München 1899, HZ) so genau wie kaum ein anderer und verschenkt es in ungezählten Exemplaren an Freunde und Bekannte. Während der letzten Nordlandreise lasen wir uns stets nachmittags daraus vor. Es wird eine Art Kultus mit Ihnen getrieben!
> So werden Sie begreifen, daß es Se. Majestät eine außerordentliche Freude machen wird, Sie kennen zu lernen ..."[179]

In seinen Tagebüchern hat Eulenburg festgehalten, wie fasziniert der Kaiser von der bei Chamberlain verkündeten „Mission des Deutschtums" war, in der er sich in der Überzeugung von seiner eigenen Mission als Deutscher Kaiser bestätigt und bestärkt fühlte; so habe der Kaiser dem Vorschlag einer persönlichen Begegnung begeistert zugestimmt. Eulenburg hält auch in seinem Tagebuch die grenzenlose Verehrung des Kaisers für Chamberlain fest und betont, daß er rauchenderweise abseits von den anderen Gästen den ganzen Abend des ersten Tages nichts anderes als Chamberlain hören und sehen wollte. Am nächsten Tag habe der Kaiser am Nachmittag ein weiteres Mal mit Chamberlain und Harnack die „Mission des Deutschtums" von allen möglichen Gesichtspunkten diskutiert, und er sei vollständig im Banne dieses Mannes gestanden, den er durch das gründliche Studium seines Buches besser als alle anderen Gäste verstanden habe[180]. Chamberlain wird anschließend noch zwei Tage ins Neue Palais nach Potsdam eingeladen.

Aus seinen Briefen nun geht hervor, daß bei den Gesprächen mit dem Kaiser auch der „Parsifal"-Schutz zur Sprache kam: Am 19. Oktober hatte er bei Cosima Wagner

---

Fortsetzung Fußnote von Seite 351
net." (*HZ* I, 122). Siehe auch den Brief Chamberlains an den Kaiser vom 25. September 1908 über den Besuch der drei Prinzen Eitel Friedrich, August Wilhelm und Oskar bei den Bayreuther Festspielen (*Chamberlain* B II, 228 f.).
[179] *PhE* III, 2039.
[180] *Philipp Fürst zu Eulenburg-Hertefeld,* Erlebnisse an deutschen und fremden Höfen, Bd. II (Leipzig 1934) 321 ff., 329 f., 333, 335.

brieflich angefragt, „ob Sie in dieser Beziehung mir irgendeinen Wunsch oder Ratschlag oder Instruktion zu geben hätten – vielleicht auf eine Hauptsache aufmerksam zu machen oder dergleichen", woraufhin sie ihm am 22. Oktober antwortet:

> „... Sollte es zu der Berührung dieses Gegenstandes kommen, so vertraue ich Ihnen unbedingt, im Moment das Rechte zu treffen. Nach den Festspielen habe ich S. M. geschrieben und ihr für die Spende (jährlich 1000 Mark, HZ) gedankt, zugleich die Erfahrung mit dem Reichstag berührt und meine Hoffnung auf eine Lex specialis für ‚Parsifal' ausgesprochen. Großherzog und Großherzogin von Baden haben die Gnade gehabt, den Aufruf zu unterzeichnen.
> Wir würden uns *sehr* freuen, Sie hier zu sehen, und Siegfried bittet Sie herzlich, bei ihm abzusteigen ..."

Nach den Gesprächen mit dem Kaiser stattet Chamberlain am 31. Oktober aus dem Neuen Palais Bericht ab:

> „... nur in aller Eile will ich Ihnen sagen, daß S. M. gleich am Montag abend von Bayreuth und ‚Parsifal' gesprochen hat, und zwar, indem er den bestimmtesten, unweigerlichen Willen kundgab, niemals zu erlauben, daß ‚Parsifal' auf einer anderen Bühne aufgeführt werde. Er fügte noch einiges hinzu, was Sie wahrscheinlich schon längst wissen, und was ich zu wiederholen nicht beauftragt wurde, über Maßregeln, die er schon ergriffen habe, um in diesem Sinne auch über Deutschlands Grenzen hinaus zu wirken. Ich weiß, dies ist noch lange nicht die Lex specialis, die Sie mit Recht ersehnen; doch ist es immerhin etwas und bezeugt eine Gesinnung, die der evtl. Einbringung eines Gesetzes nur förderlich sein kann.
> Ihren alten Freund, den Reichskanzler, kennenzulernen, war mir eine große Freude; heute abend speise ich bei ihm ..."[181]

Wilhelm II. fühlte sich durch die Begegnung mit Chamberlain so angeregt, daß er am 12. November 1901 eigenhändig einen Entwurf zu einem Denkmal für Wagner zeichnete, nach dem dann das Wagner-Denkmal im Berliner Tiergarten von Gustav Eberlein auch gestaltet wurde. Die Einweihung dieses Denkmals am 3. Oktober 1903, an der auch der zweite Sohn Wilhelms II. Prinz Eitel Friedrich teilnahm, wurde von Anton von Werner in einem Gemälde festgehalten[182]. Das ideologische Zentrum dieses

---

[181] *CW-HSCh*, 619, 621.
[182] Siehe hierzu: *HZ* I, 2 und 96–99. Bereits am 22. Mai 1883 – dem Tag des ersten Geburtstages Wagners nach seinem Tod – trat in Leipzig ein Denkmalskomitee zusammen, um die Errichtung eines Wagner-Denkmals zu fördern. Es gab Pläne der Bildhauer Fritz Schaper, H. Dammann, der einen Brunnen entworfen hatte, und Gustav Adolf Kietz – um diese zu nennen –, der als Modell eine Statuette aus weißem Marmor geschaffen hatte, auf dessen Sockel er die Worte schrieb: „Durch Kampf zum Sieg." Am 22. Mai 1913 fand am Fuß der Matthäikirche die Grundsteinlegung des geplanten Leipziger Wagner-Denkmals von Max Klinger statt, der bereits für das Leipziger Musikzimmer auf der Weltausstellung in St. Louis 1904 eine Wagner-Büste geschaffen hatte (siehe hierzu: *HZ* I, 130). Am 6. März 1934 legte Hitler in Leipzig den Grundstein zum „Richard-Wagner-National-Denkmal des Deutschen Volkes", das aber nie errichtet wurde (siehe hierzu: *HZ* I, 223–226).
An zwei scheinbar beiläufigen Details kann man ablesen, wie sehr Wilhelm II. den Wagnerschen Verkehrston seiner Zeit einführte und anführte, die auch deshalb genauer Wagner-Wilhelminische Zeit zu nennen wäre: Für den Besuch des „Fliegenden Holländers" zog der deutsche Kaiser, der durch seine Neigung zu häufigem Umkleiden und zahlreichen Kostümierungen sein Leben wie eine Oper inszenierte, die Uniform eines Seeoffiziers an, und seine Autohupe ließ er das Donnerhall-Motiv aus „Rheingold" verkünden (siehe hierzu *Zedlitz-Trützschler*, 89, und *HZ* I, 97). Noch 1929 führte Wilhelm II. bei der Aktion zugunsten der die „Tannhäuser"-Neuinszenie-

Denkmals bildet die „Parsifal"-Idee: vor dem himmelwärts blickenden, erhöht sitzenden Wagner steht Wolfram von Eschenbach, der als Verfasser des mittelalterlichen „Parzifal" dem Verkünder des neuen „christlich-germanischen" „arischen" „Parsifal" mit ergebener Handbewegung einen Eichenkranz überreicht. Damit hatte der deutsche Kaiser die Hauptlinie seines Weltbildes und seines Sieg- und Machtdenkens auch öffentlich gemacht, dessen Weltherrschaftsanspruch – wie Rudolf Louis 1909 formulierte – von Wagners „musikalischer Weltherrschaft" und „künstlerischen Universalmonarchie", das heißt vom „Wagnerschen Dogma"[183] unabtrennbar begleitet und instrumentiert wurde. Im Jahr 1913 wurde dieses Bündnis auch mit Fanfarentönen gefeiert: Es war nicht nur das Jahr der Erinnerung an die „Freiheitskriege", sondern es war vor allem auch das Jahr des hundertsten Geburtstages und dreißigjährigen Todestages von Richard Wagner und das Jahr des Jubiläums der Thronbesteigung Wilhelms II. vor fünfundzwanzig Jahren. In diesem Jahr erschien kurz vor dem Ende der dreißigjährigen Schutzfrist für den „Parsifal" eine Broschüre mit dem Titel „Mehr Schutz dem geistigen Eigentum – Der Kampf um das Schicksal des ‚Parsifal'", die „Seiner Königlichen Hoheit dem Prinzen Dr. August Wilhelm von Preussen, dem hochherzigen Förderer des Parsifal-Schutzes untertänigst zugeeignet" war[184]; ein anderer zukünftiger „Parsifal"-Schützer, dessen Parteigänger Prinz „Auwi" werden sollte, kam um den hundertsten Geburtstag Wagners nach München, das er zum Ausgangspunkt seines „Kampfes" und seiner „Bewegung" machen sollte und in dessen Wagner-Kreisen um die Häuser Bruckmann, Hanfstaengl, Bechstein er Gesinnungsgenossen und Förderer fand. Ein im Verlag von Breitkopf & Härtel 1913 unter dem Titel „Richard Wagner – sein Leben in Briefen" erschienenes und von Carl Siegmund Benedict, dem Mitbegründer des „Nationaldank", herausgegebenes Jubiläums-Buch dokumentiert auf eindrucksvolle Weise, was durch Wagner vorbereitet wurde und was sich nun als deutsche Zukunftslinie ankündigte: Auf die vordere Umschlagseite ist der Schwan aus dem „Parsifal" vor einem Goldhintergrund mit Strahlenkranz eingedruckt, und auf dem Rücken prangt in einem Goldkreis ebenfalls mit Strahlenkranz das Hakenkreuz. Das Ende der dreißigjährigen Schutzfrist führte seit dem 1. Januar 1914 durch die nun an allen Opernhäusern mögliche Aufführung des „Parsifal" zur weiten Verbreitung des „arischen" Heilsgedankens und seines Kreuzzeichens als antisemitisches Kampfsymbol und Mordzeichen schon Monate vor der Entfesselung des Ersten Weltkrieges. Cosima Wagner schreibt am 12. Mai 1914 in einem Brief:

Fortsetzung Fußnote von Seite 353

rung für das Jahr 1930 sichernden „Tannhäuser"-Spende das „Verzeichnis der Spender" an (siehe hierzu *Karbaum* I, 79 ff.).

[183] *Rudolf Louis,* Die deutsche Musik der Gegenwart (München, Leipzig 1909) 46 f., 53 f. „Unter den Auspizien des Kaisers Wilhelm II." wurde Cosima Wagner am 12. Oktober 1910 – zur Jahrhundertfeier der Berliner Universität – der Dr. h.c. verliehen, wodurch nun auch die wissenschaftliche Macht- und Vormachtstellung Wagners offiziell besiegelt wird. Sie habe – wie es in der Begründung heißt – durch mehr als fünf Lustren Wagners Andenken und Kunst heilig gehalten und verteidigt und „alles, was er bestimmt hat, mit so glücklicher Treue bewahrt, daß man vom ganzen Erdenkreis zusammenkommt, deutscher Kunst Heiligtum zu besuchen..." (*CW* III, 867 f.).

[184] Siehe hierzu: *HZ* I, 122.

„... da der Kaiser selbst die Regie in Berlin ausübt, muß wohl jeder loyale Berliner dort ‚Parsifal' ansehen ..."[185] Am 22. Mai 1914 – dem Geburtstag Wagners – hat Hitler in München die erste Möglichkeit, im Prinzregenten-Theater den „Parsifal" – unter Bruno Walter – zu sehen. Nach Beginn des Krieges vertont Peter Gast, einst der Freund und Lieblingskomponist Nietzsches und nun schon seit Jahren Parteigänger der Nietzschefälschungen und Nietzscheverbreitung in antisemitischen Kreisen der Schwester, das Gedicht von Isolde Kurz „Deutsches Schwert 1914", und auf eben dieses Schwert kommt Wilhelm II. in seiner Rede an das Volk vom Balkon des königlichen Schlosses in Berlin am 31. Juli 1914 zu sprechen, in der das Schwert, das ihm nun in die Hand gedrückt werde, und das Motiv des Neides, des Neides der Deutschland „überfallenden" anderen Völker, zentrale, auf den Bereich des Undeutschen und des Judentums zielende Wagner-Motive sind[186]. Heinrich Mann hat in seinem „Untertan", der seit Januar 1914 in der Münchner Zeitschrift „Zeit im Bild" abgedruckt wird, bis der Kriegsbeginn die Veröffentlichung bis Ende des Krieges abbricht, auf kenntnisreiche Weise vorgeführt, wie genau man die Wagner-Dimension der deutschen Geschichte seit 1888 erkennen konnte[187]. Im Juli 1918 – eineinhalb Jahre

---

[185] CW-EHL, 328.
[186] Siehe hierzu *Podach,* Förster, 122. Das Gedicht „Deutsches Schwert 1914" lautet:
„Der Neid mißgönnt uns den Platz am Licht
Schwert in der Scheide
Feinde umziehen uns wie Wolken so dicht
Zehn gegen eins im Waffenschein
Wer bleibt uns treu? – Wir uns selbst allein!
Die Erde zuckt und der Himmel flammt
Schwert, nun tu dein heiliges Amt!
Schwert aus der Scheide!"
Podach teilt auch kriegsbegeisterte Briefe Gasts an den fanatischen „Parsifal"-Schützer Michael Georg Conrad mit und weist darauf hin, daß Gast mit „Vier Heeresmärschen" – Kaisermarsch, Rupprecht-Marsch, Warschauer Einzugsmarsch, Mackensen voran! – erfolglos blieb. Zu der Schwert-Rede Wilhelms II. vom 31. Juli 1914 siehe *Hans Blüher,* Die Erhebung Israels gegen die christlichen Güter (Hamburg, Berlin 1931) 194 ff. „Unser reines Schwert!" beschwört Wilhelm II. in seinem Telegramm an Chamberlain vom 25. November 1914 aus dem Großen Hauptquartier (*Chamberlain* B II, 24 f.). Aus diesem Telegramm zitiert *Chamberlain* in seinem Kriegsaufsatz „Die Zuversicht", siehe Anm. 21.
[187] Siehe hierzu: *HZ* I, 133–135.
In seinem Aufsatz „Kaiserreich und Republik" vom Mai 1919, dessen Veröffentlichung bis nach dem Friedensschluß hinausgeschoben wurde, schrieb *Heinrich Mann:* „Einfacher fanden sie zu ihrem Wagner. Der war nicht rein, war einer der Ihren, erfolgsüchtig, vom Stoff besessen, mit der Lüge auf bestem Fuß – und machte Musik, was über alles Fragwürdige, wenn Meister und Jünger es wünschen, Unklarheit verbreitet. Der Tag wird gleichwohl aufgehen über seinen herrlichen Helden, und sie werden als Verräter dastehen. Sie haben das Volk, in das sie sich hineinmusizierten, an die schlechtesten Triebe des Zeitalters verraten, sie haben das Zeitalter, an dem sie mitwirkten, erst recht zum Ausbruch gebracht, es seelisch entfesselt. Es wäre nicht ganz so abgründig schlecht geworden ohne die Helden Wagners. Viele haben neben ihm mitgeschaffen an der Verderbnis, haben, wie der berüchtigte Treitschke, ihr erquältes Deutschtum auf den Haß begründet, Haß der Welt und Haß des natürlich, harmonisch Deutschen, das die Weltfreunde Schiller, Mozart, Goethe darstellen. Geister jedes Faches haben Paradoxe, künstlerische Verführungen, gelehrtes Blendwerk beigebracht, deren Folge und Ergebnis ‚alldeutsch' heißt. Wagner benutzte unter allen den populärsten Apparat, er entzog seine Mittel der Aufsicht der Vernunft,

vor dem Ausrottungs-Brief Wilhelms II. – hat Walther Rathenau rückblickend und vorausweisend den „theatralisch-barbarischen Tugendpomp" der Vernichtungshelden Siegfried und Parsifal beschrieben:

> „Es ist kaum einzuschätzen, wie stark die letzte Generation vom Einfluß Richard Wagners gebannt war, und zwar nicht so entscheidend von seiner Musik wie von der Gebärde seiner Figuren, ja seiner Vorstellungen. Vielleicht ist dies nicht ganz richtig: vielleicht war umgekehrt die Wagnersche Gebärde der erfaßte Widerhall – er ein ebenso großer Hörer wie Töner – des Zeitgefallens. Es ist leicht, eine Gebärde aufzurufen, schwer, sie zu benennen: sie war der Ausdruck einer Art von theatralisch-barbarischem Tugendpomp. Sie wirkt fort in Berliner Denkmälern und Bauten, in den Verkehrsformen und Kulturen einzelner Kreise, und wird von vielen als eigentlich deutsch angesehen. Es ist immer jemand da, Lohengrin, Walther, Siegfried, Wotan, der alles kann und alles schlägt, die leidende Tugend erlöst, das Laster züchtigt und allgemeines Heil bringt, und zwar in einer weitausholenden Pose, mit Fanfarenklängen, Beleuchtungseffekt und Tableau. Ein Widerschein dieses Opernwesens zeigte sich in der Politik, selbst in Wortbildungen, wie Nibelungentreue. Man wünschte, daß jedesmal von uns das erlösende Wort mit großer Geste gesprochen werde, man wünschte, historische Momente gestellt zu sehen, man wollte das Schwert klingen und die Standarten rauschen hören."[188]

Fortsetzung Fußnote von Seite 355
und er war bedenkenlos wie einer, weil im Vorrecht des Künstlers. Ein revolutionäres Erlebnis verraten und zu der Macht überlaufen, die wieder obenauf ist: gesetzt, daß niemand es dürfte, so doch ein Künstler? Was ist ein Künstler, wenn nicht der wirksamste Bekräftiger des gerade Bestehenden! 1848 hätte dem willigen Künstler mehr Gelegenheit zur Wirkung bieten sollen! Freiheit und Menschentum, die versagen, haben allem anderen Platz zu machen, das auf der Opernbühne nur ziehen kann: einer schwitzenden Kraftentfaltung, dem als Zustand waltenden Siegesgetöse, gewissen Schwülsten von Deutschtum, die um des Farbenspiels und Effektes willen sogar antisemitisch schillern ..." *Heinrich Mann,* Macht und Mensch (München 1919) 195 f.; die Widmung des Bandes lautet „Der deutschen Republik".
[188] *Walther Rathenau,* Schriften aus Kriegs- und Nachkriegszeit (Berlin 1929) 171. Über Wagners Wirkung auf Wilhelm II. schrieb *J. M. Keynes:* „Manchmal mag man glauben, daß kein einziger Mann so viel Verantwortung für den Krieg trägt wie Wagner. Offenbar war des Kaisers Vorstellung von sich selbst nach ihm geformt. Und war nicht eigentlich Hindenburg nur der Baß und Ludendorff der fette Tenor einer drittklassigen Wagner-Oper?" *J. M. Keynes,* Politik und Wirtschaft (Tübingen 1956) 98.

Register

bearbeitet von Stefan Mauerer

Personenregister

(Verfassernamen kursiv)

Acton, Lord 57
Aehrenthal, Alois Freiherr von 86
Ahlwardt, Hermann 317
Albert I., König der Belgier 270
Albrecht, Erzherzog von Österreich 86
Alexander der Große 98
Althoff, Friedrich 101, 105
Anschütz, Gerhard 154
Aschrott, Paul Felix 83
Attila, König der Hunnen 170
August Wilhelm, Prinz von Preußen 291, 296, 354
Auguste Viktoria, Deutsche Kaiserin, Königin von Preußen 316, 347
Avenarius, Ferdinand 328, 342

Baernreither, Joseph Maria 83 f.
Bahr, Hermann 82, 89
Balfour, Arthur James 45
Ballin, Albert 82, 120, 224, 231, 263, 275, 322
Bang, Paul 296
Baradon, Karl 125
Bassermann, Ernst 4, 61, 68, 157, 161
Bauer, Max 159
Baumgarten, Otto 154
Bebel, August 139 ff., 143
Benedict, Carl Siegmund 354
Berchtold, Leopold Graf von 269, 280
Berg, Leo 325
Berghahn, Volker VII, X, 240
Bergmann, Ernst von 339
Berg-Markienen, Friedrich von 294
Bernstein, Eduard 113, 141
Bernstorff, Johann Heinrich Graf von 218
Bethmann Hollweg, Theobald von 37 f., 50, 54 ff., 60 ff., 68 f., 153 f., 156, 158 f., 161, 179, 188, 236 f., 255, 262 f., 265 f., 269, 271 f., 274, 279–283
Beyens, Eugène Baron 270 f.

Bismarck
– Herbert Graf von 307, 318
– Otto Fürst von VII, XII, 7, 9, 27, 29, 43, 71–75, 79, 81, 83 f., 87, 106, 131, 143, 148, 166, 185, 197, 206, 227, 238, 262, 306, 315, 319 f., 324, 326, 330, 332, 340, 348
Bleichröder, Gerson von 316, 341
Blomberg, Werner von 42
Blücher von Wahlstatt, Gebhard Leberecht Fürst XII
Blüher, Hans XI, 328 f.
Bötticher, Karl Heinrich von 9
Borchardt, Rudolf 154
Bosch, Robert 128, 154
Brandes, Georg 332, 337, 340, 344 f.
Brentano, Lujo 154
Bromme, Moritz 143
Bronsart von Schellendorff, Walter 31
Bruckmann
– Elsa 301
– Hugo 299, 301
Bryan, William Jennings 232
Budde, Hermann von 125
Bülow
– Bernhard Fürst von IX, XI, 3, 9 f., 12 ff., 18, 43–52, 55 f., 61, 68, 100, 178, 183 ff., 187–190, 200, 202, 204, 212, 215, 218 ff., 222 f., 225, 231, 235, 238 ff., 242–245, 247, 249 f., 252 f., 259–262, 272, 322
– Daniela von 323
– Hans von 345
– Marie 306
Burckhardt, Jacob 76, 342
Burdach, Konrad 89
Burgess, John W. 107, 248

Cambon, Jules 271
Capelle, Eduard 175
Caprivi, Leo Graf von 43, 190, 205 f., 211, 225

Carol I., König von Rumänien 268
Cassel, Sir Ernest 263
Cassirer, Ernst 89
Cattaruzza, Marina X
Chamberlain
- Eva (geb. Wagner) 299, 301, 309, 339
- Houston Stewart XI, 99, 102, 104, 297, 299–305, 311, 313 f., 322, 341, 343, 348, 350, 352
- Joseph 45
Chelius, Oskar von 308, 312
Claparède, Alfred de IX, 53–70
Clausewitz, Carl von XII
Cleveland, Stephen Grover 232
Cole, Terence IX
Conrad von Hötzendorf, Franz Freiherr 87, 268, 277–280
Conradi, Hermann 328
Crailsheim, Krafft Freiherr von 240
Crowe, Sir Eyre 59

Dahlmann, Friedrich-Christian 30
Darwin, Charles 309
David, Eduard 154 f.
Dehio, Ludwig 173 f., 181
Deist, Wilhelm IX, X, 11
Delbrück
- Hans 27, 145 f., 148, 154, 156, 161
- Ludwig 119, 121
Delitzsch, Friedrich 97, 102 ff.
Demosthenes 98
Dernburg, Bernhard 52, 82, 152, 154
Diederichs, Otto von 197 f., 200, 211
Dietz, Heinrich 139
Dörpfeld, Wilhelm 102 ff.
Dohna-Schlobitten, Eberhard Graf von 313
Domann, Peter 141
Dommes, Wilhelm von 293 f.
Douglas, Hugo Graf 120, 321
Dove, Alfred 154
Dühring, Eugen 314, 323, 336

Eberlein, Gustav 353
Ebert, Friedrich 160, 164
Ebrard, August 336
Eckart, Dietrich 297, 299
Eduard VII., König von England 60, 219, 233, 260
Ehrhardt, Heinrich 117
Einem, Karl von 37, 41, 158
Eisendecher, Karl von 190
Eisenmann, Louis 79
Eitel Friedrich, Prinz von Preußen 293, 353
Eley, Geoff 11 ff., 15 ff., 180

Elias, Norbert 10, 19, 44 f.
Engels, Friedrich 140
Enver Pascha 273
Erdmann, Karl-Dietrich 27
Ernst Günther, Herzog zu Schleswig-Holstein 229, 235
Erzberger, Matthias 61, 154, 160
Eulenburg-Hertefeld
- Philipp Graf (Fürst) zu XI, 3, 8 f., 11, 14, 104, 148, 159, 163, 205, 214, 218, 223, 225, 227, 231, 252, 302, 306–309, 311–314, 318 f., 322, 339, 341–344, 348 f., 351 f.
- Friedrich Wend Fürst zu 292
Eyck, Erich 7, 10

Falkenhayn, Erich von 30
Fehrenbach, Konstantin 154
Fehrenbach, Elisabeth 8, 39, 150
Fellner, Fritz X
Fichte, Johann Gottlieb 82, 322
Fidus (d. i. Hugo Höppener) 312
Fiebig-von Hase, Ragnhild XI
Fiedler, Konrad 349
Fischbeck, Otto 154
Fischer, Fritz VII, XI, 179
Fischer, Karl 328
Flotow, Ludwig Freiherr von 85
Förster, Bernhard 314 f., 317, 325, 333 ff., 345
Förster-Nietzsche, Elisabeth 326
Foerster, Friedrich Wilhelm 89
Fontane, Theodor 113
Francke, Kuno 247
Frantz, Constantin 314, 328
Franz Ferdinand, Erzherzog von Österreich 69, 265, 268 f., 277 ff.
Franz Joseph, Kaiser von Österreich 86 f., 278, 280
Friedberg, Heinrich 320
Friedell, Egon 89
Friedjung, Heinrich 81, 88
Friedrich II. von Hohenstaufen 107, 324
Friedrich II., König von Preußen XII, 6, 89, 106, 319
Friedrich III., Deutscher Kaiser, König von Preußen 99, 149, 320, 339, 341
Friedrich Wilhelm II., König von Preußen 7
Friedrich Wilhelm III., König von Preußen 7
Friedrich Wilhelm IV., König von Preußen 165
Fritsch, Theodor (alias Thomas Frey) 314, 317, 333–336
Fritzsch 338
Fröbel, Julius 72
Fuchs, Carl 338, 344

Personenregister

Gatzke, Hans W. 224
Georg V., König von England 58, 273
George, Stefan 324
Gersdorff, Carl von 338
Gerlach, Hellmuth von 4, 168
Geyer, Michael 188
Glagau, Otto 314, 317
Glasenapp, C. F. 347, 350
Gneisenau, August Graf Neithardt von XII
Gobineau, Joseph Arthur Comte 306, 310, 312, 350
Goebel, Julius 248
Göring, Hermann 292 f.
Goethe, Johann Wolfgang von 103, 342
Goldberger, Ludwig Max 228, 230
Goltz
– Colmar Freiherr von der 62
– Rüdiger Graf von der 289
Goluchowsky, Agenor Graf von 235
Goschen, Sir Edward 57, 67, 280
Gothein, Georg 154
Gradnauer, Georg 154
Graefe, Albrecht von 162
Grancy-Senarclens, Alexander Freiherr von 292
Granier, Gerhard 291
Grey, Sir Edward 57 f.
Großmann, Stefan 154
Grotjahn, Alfred 161
Guhr, Richard 312
Gutsche, Willibald XI
Grumme, Karl Ferdinand von 125
Gunßer 158
Guthmann, Herbert 154

Haldane, Richard Burdon, Viscount Haldane of Cloan 58 ff., 63, 237, 263, 265, 267
Hale, William Bayard 253 f., 282
Halle, Ernst von 230
Haller, Johannes 159
Hammacher, Friedrich 230
Hammerstein, Freiherr von 321
Harden, Maximilian 3, 5, 22
Hardinge, Charles Baron 260
Harnack, Adolf von 94 f., 100–104, 108, 127, 154, 247, 321, 352
Hartung, Fritz 6 ff., 10, 14–17
Hatzfeldt, Paul Graf von 206, 208
Hauptmann, Gerhart 105, 113
Haußmann, Conrad 154 f., 157
Hecht, Hermann 228
Heeringen, Josias von 36 ff., 61, 266
Heffter, Heinrich 72
Hehn, Victor 342

Heimann, Hugo 341
Heine, Heinrich 342 f.
Heinrich, Prinz von Preußen 93, 221 f., 234, 246, 267, 280 f.
Helfferich, Karl 157
Henckel-Donnersmarck, Guido Graf (Fürst) 114
Hendrich, Hermann 312
Henrici, Ernst 317
Hermine (2. Frau Wilhelms II.) 288
Hertling, Georg Graf von 61, 156, 159
Herzfeld, Hans 26
Herzl, Theodor 322 f., 328
Heuss, Theodor 154
Heydebrand und der Lasa, Ernst von 55 f., 263
Hildebrand, Klaus 178 f., 185 f., 188
Hill, David J. 232
Hillgruber, Andreas 178, 223
Hindenburg, Paul von Beneckendorff und 22, 30, 40 f., 101, 146, 158 f., 163
Hintze, Otto 107, 109
Hinzpeter, Georg Ernst 325
Hitler, Adolf VII, XI, XII, 178, 290, 292 ff., 297 f., 300–302, 322, 346, 355
Hochberg, Bolko Graf 308, 312 f., 343 f.
Höhn, Reinhard 142
Hoffmann, Admiral 207
Hoffmann, Stanley 178
Hofmannsthal, Hugo von 79, 82
Hohenlohe-Schillingsfürst, Chlodwig Fürst zu 43, 137, 140, 198, 208 f., 215
Hohenlohe-Langenburg, Ernst Fürst zu 301
Holleben, Theodor von 233, 247
Hollmann, Friedrich von 31, 123, 125 f., 183, 193, 195, 209
Holstein, Friedrich von 148, 192, 206, 208, 234, 250, 342
Holtzendorff, Henning von 154
Holz, Arno 82
Homer 98
Hoyos, Alexander Graf 86 f., 279
Hubatsch, Walther 173
Huber, Ernst Rudolf 28, 32
Huerta, Victoriano 255
Hugenberg, Alfred 292, 296
Hull, Isabel V, IX, 123, 143
Humboldt, Wilhelm von 96

Ilsemann, Sigurd von 293
Intze, Otto 95, 101, 103

Jäckh, Ernst 154, 161
Jagow, Gottlieb von 70, 84, 269, 274, 279

Jencke, Hans 116, 120
Jesus Christus 300, 329
Jonas, Manfred 224
Josty 198
Joukowsky, Paul von 322 f.
Junck 154

Kalbeck, Max 323
Kant, Immanuel 82
Kardorff, Wilhelm von 149
Karl I., Kaiser von Österreich 87
Kehr, Eckart 13, 173, 179 f.
Keinath, Otto Traugott 154
Kennedy, Paul 200
Ketteler, Klemens Freiherr von 137
Kiderlen-Wächter, Alfred von 56, 60, 64, 261–265, 269
Kietz, Gustav 311
Kissinger, Henry 178
Kirdorf, Emil 128
Klehmet, Reinhold 210
Knorr, Eduard von 185, 197 f., 200, 210
Knortz, Karl 342
Köselitz, Heinrich (alias Peter Gast) 330 f., 341 ff., 345, 355
Kohut, Thomas A. 214
Kokowzeff, Wladimir Nikolajewitsch 65, 274
Koser, Reinhold 109
Kramář, Karel 79
Kramer, Hans 80, 88 f.
Kraus, Karl 80
Krug, Gustav 345
Krupp
– Alfred 124
– Bertha 120, 124 f.
– Friedrich Alfred 115 f., 119 f., 123–126, 280
– Margarethe 120, 125
Krupp von Bohlen und Halbach, Gustav 111, 120, 124, 129
Kühn, Hermann 61
Kurz, Isolde 355

Lagarde, Paul de 314, 325, 328, 336, 348
Lammers, Hans Heinrich 294
Lammersdorf, Raimund 226
Lamprecht, Karl 107
Langbehn, Julius XI, 314, 324–327, 348
Lange, Konrad 328
Lascelles, Sir Frank 216, 233
Lassalle, Ferdinand 141, 143
Lee, Arthur 251, 254
Legien, Carl 154
Lehmann, J. F. 299

Lensch, Paul 154
Lenz, Max 106
Lerchenfeld, Hugo Graf von und zu 156, 158
Lerman, Katharine A. IX
Lessing, Gotthold Ephraim 103, 342 f.
Levetzow, Magnus von 291 f.
Levi, Hermann 306, 309 f., 323, 339 ff., 347
Lichnowsky, Karl Max Fürst 264 f., 280
Lichtwerk, Alfred 328
Liebermann von Sonnenberg, Max 317
Liebknecht, Karl 113, 143
Liman von Sanders, Otto 273 f.
Lindenau, Karl von 43
Liszt, Franz 309
Lloyd George, David 263
Lodge, Henry Cabot 245
Loewe, Isidor 127
Louis, Rudolf 354
Lucius von Ballhausen, Robert Freiherr 318 f.
Ludendorff, Erich 22, 30, 37, 40 f., 266, 301
Ludwig II., König von Bayern 73, 308, 311
Ludwig III., König von Bayern 158
Ludwig XIV., König von Frankreich 44
Lueg, Heinrich 116
Luitpold, Prinzregent 93, 311, 348
Luther, Martin 318, 327
Lutz, Johann von 73 f.
Lyncker, Moritz Freiherr von 262

Mackensen, August von 289, 297
Mahan, Alfred Thayer 207
Malet, Sir Edward Baldwin 194
Maltzahn, Curt von 175 f., 185
Mann, Heinrich 21, 355
Marconi, Guglielmo 126
Marr, Wilhelm 314, 317
Marschall von Bieberstein, Adolf Freiherr 9, 204, 206, 208 f., 211 f., 214, 221, 263, 265
Martin, Rudolf 120
Marx
– Karl 81, 143
– Wilhelm 290
Masaryk, Tomàs Garrigue 79
Mauthner, Fritz 89
Matthias, Erich 184
Max, Prinz von Baden 128, 163, 165
Mayer, Gustav 161
McKinley, William 232, 238, 242
Mehring, Franz 113, 141
Meinecke, Friedrich 89, 107, 181
Melotte, Henri de 270
Menck, Johannes 142
Mendel, Ewald 121 f.
Meyer, Eduard 98

Meysenbug, Malwida von 332, 344 f.
Michelangelo Buonarroti 345
Miquel, Johannes von 9, 12 f., 175, 180
Mittnacht, Hermann Freiherr von 73
Möckl, Karl X
Moltke
- Helmuth Graf von (der „ältere") 29, 143
- Helmuth von (der „jüngere") 12, 29, 37 f., 61, 64, 84, 262, 265–271, 276–281
- Kuno Graf von 309, 312 f., 339
Mommsen, Theodor 81 f., 106
Monts, Graf 277
Morgan, John P. 233
Mottl, Felix 340
Mühling, G. 168
Muehlon, Wilhelm 128
Müller
- Georg Alexander von 23, 26, 38, 61, 221 f., 266 f., 281
- Johannes 89
Müller-Fulda, Richard 154
Müller-Meiningen 160
Mussolini, Benito 294, 301

Napoleon I. Bonaparte 205
Naumann
- Constantin Georg 337, 343
- Friedrich 5, 18, 146, 154, 201, 221
Nieberding, Rudolf Arnold 51
Nietzsche, Friedrich 81, 315, 324 f., 329–346, 355
Nikolaus II., Zar von Rußland 273
Nipperdey, Thomas 42
Nolte, Ernst 298, 302
Nordau, Max 329

Oncken, Hermann 7, 154
Oskar, Prinz von Preußen 291
Overbeck, Franz 330, 337, 342, 344

Paasche, Hermann 61, 83
Payer, Friedrich 154
Perikles 98
Phidias 98
Plänckner, Johanna von, geb. Freifrau von Seckendorff 339
Pleß, Hans Heinrich XI. Fürst 114
Plessen, Hans von 37
Podbielski, Viktor von 48
Pogge von Strandmann, Hartmut X
Pollio, Alberto 268, 279
Pol Pot VII
Pommerin, Reiner 224 f.
Popper, Karl 181

Popper-Lynkeus, Josef 324
Possart, Ernst von 310
Pourtalès, Friedrich Graf von 277
Preußen, Friedrich-Wilhelm Prinz von 295
Preuß, Hugo 154
Propp, Adelheid 143
Puttkammer, Robert von 318

Quidde, Ludwig 109, 148, 325

Ranke, Leopold von 82
Raschdau, Ludwig 207
Rathenau, Walther 118, 126, 154, 230, 236, 263, 322, 354
Rauscher, Ulrich 154
Rauschning, Hermann 299
Rechenberg, Albrecht Freiherr von 154
Redlich, Joseph 82 f., 85
Reinhold, Peter 154
Rheinbaben, Georg Freiherr von 116, 121
Richter, Eugen 148, 315
Riedler, Alois 126
Rießer, Jakob 228
Ritter, Gerhard 26, 181
Röhl, John C. G. 8–11, 15, 27, 35, 187, 226
Roetger, Max 228
Rohwer, Jürgen 177
Rolland, Romain 324
Roosevelt, Theodore 226, 242, 244–247, 249 f., 252, 254, 261, 282
Root, Elihu 252
Roth, Günther 143
Rubinstein, Josef 323
Rupprecht, Kronprinz von Bayern 159

Sack, von 125
Saint-Simon, Louis de Rouvroy, Herzog von 46
Salewski, Michael 181
Salisbury, Robert Cecil Marquess of 194, 201, 215
Sazonow, Sergej Dmitrijewitsch 65
Schäfer, Dietrich 108
Scheffer-Boichorst, Paul 108
Scheidemann, Philipp 143, 160
Schemann, Ludwig 310, 350
Scherer, Wilhelm 103
Schneuner, Ulrich 74
Schieder, Theodor 76
Schiemann, Theodor 102, 104 f., 107
Schiffer, Eugen 154
Schlieffen, Alfred Graf von XII, 29, 32, 241, 261
Schliemann, Heinrich 97

Schlutow, Albert 131
Schmidt, Erich 101, 103, 105
Schmidt-Ott, Friedrich 96
Schmoller, Gustav 154, 230
Schöllgen, Gregor 188
Schoen, Wilhelm Eduard Freiherr von 261
Schüßler, Wilhelm 8
Schulze-Gaevernitz, Gerhard von 146
Schumpeter, Joseph A. 181, 224
Schwabach, Paul 154 f.
Schweninger, Ernst 351
Schwerin, Detloff von 292
Seckendorff, Götz Graf 339
Seeckt, Hans von 25, 42
Ségur, de 233
Senden-Bibran, Gustav Freiherr von 195, 218
Sering, Max 230
Seton-Watson, Robert William 79
Severing, Carl 143
Seydlitz, Reinhart von 345
Silberstein 84
Siemens, Georg von 82, 230
Simmel, Georg 89
Simon, Christian X
Simon, James 127
Singer, Paul 4
Slaby, Adolf 93 f., 101, 103
Sösemann, Bernd X
Solf, Wilhelm 83, 154
Spahn, Martin 108
Speck von Sternburg, Hermann Freiherr 244, 247, 251, 253
Spitzemberg, Hildegard Baronin 282, 284
Stadelmann, Rudolf 173
Stanley, Henry Morton 215
Stassen, Franz 312
Steed, Henry Wickham 79
Stein
– August 154
– Heinrich von 347
– Ludwig 161
Steinberg, Jonathan 174 f., 203
Sternberg, Graf Adalbert 85
Stinnes, Hugo 128, 275, 283
Stoecker, Adolf XI, 314–322, 330, 341, 348
Stosch, Albrecht von 184, 197
Strauss, Richard 324, 326
Stesemann, Gustav 119, 129, 154, 157 f., 160
Strindberg, August 331
Stumm, Carl Ferdinand von 120
Stumpf, Johannes 126
Stürmer, Michael 180 f., 184 f.
Südekum, Albert 154

Szögyény-Marich, Ladislaus Graf von 57, 60, 64 f., 70, 85, 217

Taft, William H. 232, 254
Thoma, Hans 312
Thun-Hohenstein-Salm-Reifferscheidt, Oswald Graf 86
Thyssen, Fritz 128
Tirpitz, Alfred von VII, 9, 12 f., 15, 35 f., 38, 40, 61, 64, 84, 158, 163, 173–178, 181–185, 187–192, 195 f., 198–204, 212–215, 218 ff., 222, 239 f., 242 f., 260, 262 f., 266 f., 283
Tisza von Borosjeno und Szeged, Stefan Graf 278
Tönnies, Ferdinand 154
Tower, Charlemagne 231 f.
Treitschke, Heinrich von 76, 191, 198, 314, 320, 325, 341
Treutler, Carl Georg von 269
Triepel, Heinrich von 71, 73
Troeltsch, Ernst 89, 154
Trott zu Solz, August von 101
Tschirschky und Bögendorff, Heinrich von 48, 270, 277, 279

Uhlig, Theodor 322

Vagts, Alfred 224
Valentini, Rudolf von 281
Varnbüler, Axel Freiherr von 51
Viktoria, Deutsche Kaiserin, Königin von Preußen 216, 306, 320
Victoria (Viktoria), Königin von England 18, 213, 216, 281
Voigt, Paul 230
Vollmar, Georg von 141
Vollmoeller, Karl 154

Wagner
– Cosima 301, 304–314, 318, 322, 326 f., 330, 339, 341 f., 344, 346, 349–352, 354
– Isolde 309, 339
– Richard XI, 81, 297–356
– Siegfried 300 f.
– Winifred 300 f.
Wahrmund, Adolf 336
Waldersee, Alfred Graf von XI, 204, 221, 278 f., 318 ff.
Waldstein, Felix 154
Walter, Bruno 355
Waltershausen, August Sartorius von 230
Warburg, Max 278
Weber, Max 21, 146
Wehler, Hans-Ulrich 13, 27, 34

Wermuth, Adolf 61
Werner, Anton von 352
Werner, Karl Ferdinand 17, 23
Werthern, Georg Graf von 312
White, Henry 246
Whittle, Tyler 295
Wiemer, Otto 4
Wigand, Otto 322
Wilhelm I., Deutscher Kaiser, König von Preußen XII, 29 f., 53, 109, 124, 143, 166, 305 f., 316, 320
Wilhelm, Kronprinz 290
Wilson, Woodrow 165, 169, 255
Winnig, August 154
Winzen, Peter XI
Witt, Peter-Christian 188

Wolf, Julius 228, 230
Wolff, Theodor 153 ff., 157, 161
Wolff-Metternich zur Gracht, Paul Graf 263
Wolfram von Eschenbach 354
Wolkenstein-Trostburg, Marie Gräfin von 351
Wolzogen, Hans von 312, 317, 333, 347

Yorck von Wartenburg, Ludwig Graf XII

Zedlitz-Trützschler, Robert Graf von 262, 324
Zelinsky, Hartmut XI
Zeppelin, Graf Ferdinand von 94
Ziese, Carl 127
Zimmermann, Artur 67–70, 84 f., 279

Orts- und Länderregister

Aachen 101
Adria 264
Afrika 193, 215, 217, 222
Agadir 262
Albanien 264, 266, 268
Alexandrette 274
Algeciras 251, 254
Amazonas 242
Amerika 223, 227, 231 f., 234, 237, 253 f., 282
Argentinien 193
Asien 193
Asunción 334
Athen 102
Atlantik 252
Australien 193

Baden 315
Balkan 35, 62 f., 65, 67 f., 268, 273, 278, 282, 284
Basel X
Bayern 73, 157, 300, 307, 315
Bayreuth 301, 304–312, 314 f., 318 f., 326, 328, 332, 341, 343, 345, 349, 351 f.
Belgien 270, 281
Bergisch Gladbach XI
Berlin X, 43 f., 48 f., 51, 53 f., 58, 60, 67, 69, 84, 96, 112, 117, 119 f., 124, 133, 137, 154, 176, 186, 206, 215 f., 231, 237, 247 ff., 251, 259–263, 265, 268 ff., 274, 277–280, 282, 288, 305 f., 308 f., 316 ff., 320, 328, 351, 355
Berlin-Charlottenburg 93, 101
Bern 63
Björkö, Vertrag von (24.7.1905) 46, 148, 223
Bodensee 190
Böhmen 63
Bologna 342
Bosnien 261, 282
Braunschweig 167, 314
Brasilien 193, 238, 261
Bredow 131
Bremerhaven 137, 212
Breslau 93
Brest Litowsk, Frieden von (3.3.1918) 283
Buckau/Magdeburg 124
Bukarest, Frieden von (10.8.1913) 268

Bulgarien 63, 85, 266, 268, 275
Byzanz 169

Capri 117, 123
Castel del Monte 324
China 137, 139, 192, 201 f., 205, 208 f., 211, 222, 239, 243, 251, 253 f., 261, 282

Dänemark 191, 196, 344
Danzig 93, 344
Dardanellen 273
Darmstadt 57
Delagoa-Bucht 207
Deutsch-Ostafrika 222
Deutsch-Südwestafrika 215
Doorn 104, 288, 290–293, 329
Drachenfels bei Königswinter 312
Dresden 311
Dünkirchen 35
Düsseldorf 115 f.
Durazzo 264

Edinburg IX
Elsaß-Lothringen 54
England (s. auch Großbritannien) X f., 13, 18, 35, 46, 56, 58, 60, 63, 69, 111, 174 ff., 191, 196–200, 202 f., 205 f., 211 f., 214–219, 221 f., 224 f., 227, 230–234, 236, 240, 243 ff., 250, 252–256, 259 f., 262–265, 268 ff., 274 f., 280–282
Essen 117, 122, 124–126
Europa 53, 149, 199, 222 f., 227, 230, 232 f., 237, 241 f., 249 f., 254, 256, 261, 265, 267, 271, 316
Evansville (Indiana) 342

Formosa 207 f.
Frankfurt/Oder 25
Frankreich XII, 25, 33 f., 53, 56, 58, 66, 69, 140, 174, 191 f., 196, 200, 205, 208, 214–216, 221 f., 232, 236, 250, 262, 264–266, 268, 270 f., 274–277, 280, 283
Freiburg IX, 175

Galizien 266

Großbritannien (s. auch England) 33 ff., 53,
  57, 59, 62, 68, 178, 242

Haager Friedenskonferenz (15.6.–18.10.1907)
  259
Haiti 239, 255
Hamburg 131, 137–142, 144, 278, 292, 329,
  334
Hannover 102
Harvard 248
Helgoland 196
Herzegowina 261, 282
Hohenfinow (Gut) 279
Holland VII, 127, 129, 168, 287

Indien 222, 280
Italien 221, 263, 267, 278, 290, 294

Japan 204, 208, 242, 249, 251 ff., 261
Jerusalem 102, 302, 322, 326

Kalifornien 251
Karlsbad 278
Karlsruhe 340
Karolinen 211
Karthago 320
Kiautschou-Bucht 205, 211
Kiel 124, 212, 231, 280, 349
Kieler Kanal 266
Kleinasien 271, 273
Köln XI, 116, 345
Kongo 263
Konopischt (Jagdschloß) 84, 268, 278
Konstantinopel 264, 273, 275, 322
Korfu 59 f., 97, 102, 104, 277
Korea 207 f.
Kuba 238

Landsberg 301
Lateinamerika XI, 225, 227, 238, 240 f., 243 ff.,
  255
Leipzig 79, 268
Letzlingen 318
Leuthen XII
Liebenberg (Schloß) 104, 302, 308, 352
London 58, 62 f., 194, 205, 214 f., 261, 263 ff.,
  280

Mandschurei 249
Manila 261
Mannheim 305
Marianen 211
Marokko 56, 236, 249 f., 253, 262
Meppen 122, 124

Mersina 274
Mesopotamien 274
Messina 216
Mexiko 238, 251, 255, 261
Miramare 277
Mittel-, Zentralamerika 238 f., 242, 255 f.
Montevideo 342, 345
Moskau 264
Mozambique 207
München IX, 93, 292, 299, 308–311, 314,
  345, 349, 351 f., 354 f.

New York 231, 247, 253
Nizza 339 f.
Nordamerika 193
Nordsee 177, 198, 251
Norwegen 57

Österreich-Ungarn 15, 33, 63, 65 f., 70, 79 f.,
  89, 221, 261, 263–266, 268 f., 273, 276 f.,
  279 f., 282, 299
Oldenburg 314
Olmützer Punktation (29.11.1850) 148
Olympia 99, 102
Ostasien 202, 207–211, 217, 233 f., 237, 241,
  249, 253, 255
Ostsee 198
Oxford X

Palästina 274, 322
Panamakanal 234, 255
Paraguay 334, 336
Paris 116, 192, 260, 264, 274, 322, 342
Partenkirchen 318
Pazifik 251, 282
Peking 137
Philippinen 211, 237, 251
Polen XII
Port Said 209
Potsdam 68, 270, 278 ff., 292, 302, 352
Preußen X, 72, 74, 82, 88, 110, 148, 182, 231,
  272 f., 284, 315, 350
Preußen-Deutschland 11, 34, 206
Prökelwitz (Ostpreußen) 306
Puerto Cabello 239
Puerto Rico 241, 244

Reichenhall 307
Rheinland 115
Rom 102, 123, 274, 277, 290, 301 f., 320, 330
Rominten (Ostpreußen) 223, 324
Ruhr 132, 137
Rumänien 63, 85, 266, 269

Rußland XI, 33, 46, 53, 63, 65 f., 69 f., 174, 189, 191 f., 196, 200, 202, 205, 214 f., 218, 221 f., 225, 230, 236, 249 ff., 261 f., 264–270, 273, 276–280, 283

Sachsen 137, 157
Samoa 205 ff., 211, 237
San Francisco 256
San Remo 318, 339
Sarajevo 69, 279
Schantung 249
Schelde 35
Schlesien 95
Schweden 313
Schweiz 53, 62
Serbien 63, 85, 261, 264 f., 267–270, 278 ff.
Sils-Maria 341 f.
Spanien 211
St. Petersburg 63, 70, 86, 196, 200, 251, 260 ff., 277, 342, 345
Stettin 131, 138, 141–144, 149
Straßburg 108
Südamerika 235, 238 f., 242, 256, 345
Syrien 274

Tannenberg, Schlacht von (26.–31. 8. 1914) 40
Themse 35, 196 f., 266
Tokio 261

Triest X
Türkei 63, 264, 266, 269, 273 ff.
Turin 340

Venedig 340
Venezuela 235, 239, 243, 245, 247, 261
Vereinigte Staaten von Amerika X, 53, 107, 152, 205 f., 223–257, 259, 261, 270
Versailles 306
Versailles, Vertrag von (28. 6. 1919) 292, 299
Vöslau 349

Wales IX
Walfischbai 215
Washington 53, 232 f., 239, 247, 253, 261
Westfalen 115
Westindien 222, 242, 261
Westminster 186
Wien 53, 63, 70, 86, 259, 261, 264, 267, 269 f., 274, 277–280, 305, 343
Wilhelmshöhe (Schloß) 190
Württemberg 315

Yangtse 202, 211
Yokohama 207 f.

Zabern 272

Schriften des Historischen Kollegs

Kolloquien 1 Heinrich Lutz (Herausgeber)
Das römisch-deutsche Reich im politischen System Karls V.
1982, XII, 288 S.
ISBN 3-486-51371-0

2 Otto Pflanze (Herausgeber)
Innenpolitische Probleme des Bismarck-Reiches
1983, XII, 304 S.
ISBN 3-486-51481-4

3 Hans Conrad Peyer (Herausgeber)
Gastfreundschaft, Taverne und Gasthaus im Mittelalter
1983, XIV, 275 S.
ISBN 3-486-51661-2

4 Eberhard Weis (Herausgeber)
Reformen im rheinbündischen Deutschland
1984, XVI, 310 S.
ISBN 3-486-51671-X

5 Heinz Angermeier (Herausgeber)
Säkulare Aspekte der Reformationszeit
1983, XII, 278 S.
ISBN 3-486-51841-0

6 Gerald D. Feldman (Herausgeber)
Die Nachwirkungen der Inflation
auf die deutsche Geschichte 1924–1933
1985, XII, 407 S.
ISBN 3-486-52221-3

7 Jürgen Kocka (Herausgeber)
Arbeiter und Bürger im 19. Jahrhundert.
Varianten ihres Verhältnisses im europäischen Vergleich
1986, XVI, 342 S.
ISBN 3-486-52871-8

8 Konrad Repgen (Herausgeber)
Krieg und Politik 1618–1648.
Europäische Probleme und Perspektiven
1988, XII, 454 S.
ISBN 3-486-53761-X

9 Antoni Mączak (Herausgeber)
Klientelsysteme im Europa der Frühen Neuzeit
1988, X, 386 S.
ISBN 3-486-54021-1

Schriften des Historischen Kollegs

Kolloquien 10 Eberhard Kolb (Herausgeber)
Europa vor dem Krieg von 1870.
Mächtekonstellation – Konfliktfelder – Kriegsausbruch
1987, XII, 220 S.
ISBN 3-486-54121-8

11 Helmut Georg Koenigsberger (Herausgeber)
Republiken und Republikanismus im Europa der Frühen Neuzeit
1988, XII, 323 S.
ISBN 3-486-54341-5

12 Winfried Schulze (Herausgeber)
Ständische Gesellschaft und soziale Mobilität
1988, X, 416 S.
ISBN 3-486-54351-2

13 Johanne Autenrieth (Herausgeber)
Renaissance- und Humanistenhandschriften
1988, XII, 214 S. mit Abbildungen.
ISBN 3-486-54511-6

14 Ernst Schulin (Herausgeber)
Deutsche Geschichtswissenschaft nach dem Zweiten Weltkrieg
(mit Beiträgen von V. Berghahn, W. Berthold, R. Bichler,
A. Dieckmann, F. Fellner, K. Kwiet, J. Kudrna, G. Lozek,
H. Möller, K. Schreiner, W. Schulze, P. Stadler, H. Wolfram),
1989, XI, 303 S.
ISBN 3-486-54831-X

15 Wilfried Barner (Herausgeber)
Tradition, Norm, Innovation.
Soziales und literarisches Traditionsverhalten in der Frühzeit
der deutschen Aufklärung
(mit Beiträgen von Th. Anz, K. O. Frhr. v. Aretin, L. Boehm,
W. Busch, G.-L. Fink, G. Frühsorge, K. S. Guthke, N. Hammerstein, U. Herrmann, R. Krebs, W. Martens, M. Menhennet,
W. Schmidt-Biggemann, B. A. Sørensen, M. Stolleis)
1989, XXV, 370 S.
ISBN 3-486-54771-2

16 Hartmut Boockmann (Herausgeber)
Die Anfänge der Stände in Preußen und seinen Nachbarländern
(in Vorbereitung)
ISBN 3-486-55840-4

17 John C. G. Röhl (Herausgeber)
Der Ort Kaiser Wilhelms II. in der deutschen Geschichte
1991, XIV, 366 S.
ISBN 3-486-55841-2

Schriften des Historischen Kollegs

Kolloquien 18 Gerhard A. Ritter (Herausgeber)
Der Aufstieg der deutschen Arbeiterbewegung.
Sozialdemokratie und Freie Gewerkschaften im Parteiensystem und Sozialmilieu des Kaiserreichs
(mit Beiträgen von F. Boll, M. Cattaruzza, D. Fricke, D. Hertz-Eichenrode, B. Mann, M. Niehuss, G. A. Ritter, K. Rohde, A. v. Saldern, K. Schönhoven, W. H. Schröder, P. Steinbach, P. C. Witt)
1990, XXI, 461 S.
ISBN 3-486-55641-X

19 Roger Dufraisse (Herausgeber)
Revolution und Gegenrevolution 1789–1830.
Zur geistigen Auseinandersetzung in Frankreich und Deutschland
(mit Beiträgen von H. Berding, G. de Bertier de Sauvigny, P.-A. Bois, M. Botzenhart, H. Brandt, M. Bruguière, J. Clédière, R. Dufraisse, F. L'Huillier, J. Laspougeas, E. Riedenauer, W. Siemann, P. Stadler, J. Tulard, R. Vierhaus, J. Voss, J. B. Yvert)
1991, XIX, 274 S.
ISBN 3-486-55844-7

20 Klaus Schreiner (Herausgeber)
Laienfrömmigkeit in sozialen und politischen Zusammenhängen des späten Mittelalters
(mit Beiträgen von P. Bange, W. Brückner, K. Hoffmann, V. Honemann, E. Kovács, F. Machilek, A. Mischlewski, F. Rapp, H. Rüthing, K. Schreiner, G. Steer, A. G. Weiler)
(in Vorbereitung)
ISBN 3-486-55902-8

21 Jürgen Miethke (Herausgeber)
Das Publikum politischer Theorie im 14. Jahrhundert
(mit Beiträgen von J. Coleman, C. Fasolt, Chr. Flüeler, J.-Ph. Genet, M. Kerner, J. Krynen, R. Lambertini, B. Michael, J. Miethke, K. J. Pennington, D. Quaglioni, K.-V. Selge, F. Šmahel, T. Struve, K. Walsh, H. G. Walther)
(in Vorbereitung)
ISBN 3-486-55898-6

22 Dieter Simon (Herausgeber)
Ein Fleisch, ein Gut?
Aspekte des Familienvermögens in den Rechtskulturen der griechischen Polis, der Spätantike und des byzantinischen Mittelalters
(mit Beiträgen von J. Beaukamp, L. Burgmann, M. Th. Fögen, F. Goria, V. Kravari, R. Macrides, E. Papagianni, A. Schminck, W. Selb, G. Thür, S. Troianos)
(in Vorbereitung)
ISBN 3-486-55885-4

Schriften des Historischen Kollegs

Sonderpublikation

Horst Fuhrmann (Herausgeber)
Die Kaulbach-Villa als Haus des Historischen Kollegs.
Reden und wissenschaftliche Beiträge zur Eröffnung,
1989, XII, 232 S.
ISBN 3-486-55611-8

Schriften des Historischen Kollegs

Vorträge 1 Heinrich Lutz
Die deutsche Nation zu Beginn der Neuzeit. Fragen nach dem Gelingen und Scheitern deutscher Einheit im 16. Jahrhundert, 1982, IV, 31 S.

2 Otto Pflanze
Bismarcks Herrschaftstechnik als Problem der gegenwärtigen Historiographie, 1982, IV, 39 S.

3 Hans Conrad Peyer
Gastfreundschaft und kommerzielle Gastlichkeit im Mittelalter, 1983, IV, 24 S.

4 Eberhard Weis
Bayern und Frankreich in der Zeit des Konsulats und des ersten Empire (1799–1815), 1984, 41 S.

5 Heinz Angermeier
Reichsreform und Reformation, 1983, IV, 76 S.

6 Gerald D. Feldman
Bayern und Sachsen in der Hyperinflation 1922/23, 1984, IV, 41 S.

7 Erich Angermann
Abraham Lincoln und die Erneuerung der nationalen Identität der Vereinigten Staaten von Amerika, 1984, IV, 33 S.

8 Jürgen Kocka
Traditionsbindung und Klassenbildung.
Zum sozialhistorischen Ort der frühen deutschen Arbeiterbewegung, 1987, 48 S.

9 Konrad Repgen
Kriegslegitimationen in Alteuropa.
Entwurf einer historischen Typologie, 1985, 27 S.

10 Antoni Mączak
Der Staat als Unternehmen.
Adel und Amtsträger in Polen und Europa in der Frühen Neuzeit, 1989, 32 S.

11 Eberhard Kolb
Der schwierige Weg zum Frieden.
Das Problem der Kriegsbeendigung 1870/71, 1985, 33 S.

12 Helmut Georg Koenigsberger
Fürst und Generalstände. Maximilian I. in den Niederlanden (1477–1493), 1987, 27 S.

13 Winfried Schulze
Vom Gemeinnutz zum Eigennutz.
Über den Normenwandel in der ständischen Gesellschaft der Frühen Neuzeit, 1987, 40 S.

Schriften des Historischen Kollegs

Vorträge 14 Johanne Autenrieth
„Litterae Virgilianae".
Vom Fortleben einer römischen Schrift, 1988, 51 S.

15 Tilemann Grimm
Blickpunkte auf Südostasien.
Historische und kulturanthropologische Fragen zur Politik,
1988, 37 S.

16 Ernst Schulin
Geschichtswissenschaft in unserem Jahrhundert. Probleme und
Umrisse einer Geschichte der Historie, 1988, 34 S.

17 Hartmut Boockmann
Geschäfte und Geschäftigkeit auf dem Reichstag im späten
Mittelalter, 1988, 33 S.

18 Wilfried Barner
Literaturwissenschaft – eine Geschichtswissenschaft?
1990, 42 S.

19 John C.G. Röhl
Kaiser Wilhelm II. Eine Studie über Cäsarenwahnsinn, 1989, 36 S.

20 Klaus Schreiner
Mönchsein in der Adelsgesellschaft des hohen und späten Mittelalters.
Klösterliche Gemeinschaftsbildung zwischen spiritueller Selbstbehauptung und sozialer Anpassung, 1989, 68 S.

21 Roger Dufraisse
Die Deutschen und Napoleon im 20. Jahrhundert,
1991, 41 S.

22 Gerhard A. Ritter
Die Sozialdemokratie im Deutschen Kaiserreich
in sozialgeschichtlicher Perspektive, 1989, 72 S.

23 Jürgen Miethke
Die mittelalterlichen Universitäten und das
gesprochene Wort,
1990, 48 S.

24 Dieter Simon
Lob des Eunuchen
(in Vorbereitung)

Schriften des Historischen Kollegs

Vorträge 25 Thomas Vogtherr
Der König und der Heilige. Heinrich IV., der heilige Remaklus und die Mönche des Doppelklosters Stablo-Malmedy, 1990, 29 S.

26 Johannes Schilling
Gewesene Mönche. Lebensgeschichten in der Reformation, 1990, 36 S.

Schriften des Historischen Kollegs

Dokumentationen

1 Stiftung Historisches Kolleg im Stifterverband für die Deutsche Wissenschaft
   Erste Verleihung des Preises des Historischen Kollegs.
   Aufgaben, Stipendiaten, Schriften des Historischen Kollegs, 1984, VI, 70 S., mit Abbildungen

2 Theodor-Schieder-Gedächtnisvorlesung
   Horst Fuhrmann: Das Interesse am Mittelalter in heutiger Zeit. Beobachtungen und Vermutungen
   Lothar Gall: Theodor Schieder 1908 bis 1984, 1987, 68 S.

3 Leopold von Ranke
   Vorträge anläßlich seines 100. Todestages. Gedenkfeier der Historischen Kommission bei der Bayerischen Akademie der Wissenschaften und der Stiftung Historisches Kolleg im Stifterverband für die Deutsche Wissenschaft am 12. Mai 1986, 1987, 48 S.

4 Stiftung Historisches Kolleg im Stifterverband für die Deutsche Wissenschaft
   Zweite Verleihung des Preises des Historischen Kollegs.
   Aufgaben, Stipendiaten, Schriften des Historischen Kollegs, 1987, 100 S., mit Abbildungen

5 Theodor-Schieder-Gedächtnisvorlesung
   Thomas Nipperdey: Religion und Gesellschaft: Deutschland um 1900, 1988, 29 S.

6 Theodor-Schieder-Gedächtnisvorlesung
   Christian Meier, Die Rolle des Krieges im klassischen Athen, 1991, 55 S.

7 Stiftung Historisches Kolleg im Stifterverband für die Deutsche Wissenschaft
   Dritte Verleihung des Preises des Historischen Kollegs.
   Aufgaben, Stipendiaten, Schriften des Historischen Kollegs, 1991, 122 S.

8 Stiftung Historisches Kolleg im Stifterverband für die Deutsche Wissenschaft
   Historisches Kolleg 1980–1990.
   Vorträge anläßlich des zehnjährigen Bestehens und zum Gedenken an Alfred Herrhausen
   1991 (in Vorbereitung)

Die Vorträge und Dokumentationen erscheinen nicht im Buchhandel; sie können über die Geschäftsstelle des Historischen Kollegs (Kaulbachstraße 15, 8000 München 22) bezogen werden.